Las sociedades paleolíticas de Europa

Ariel

Ariel Prehistoria

Clive Gamble

Las sociedades paleolíticas de Europa

Ariel

Título original:
The Palaeolithic Societies of Europe

Traducción de:
JOSEP BALLART HERNÁNDEZ

Diseño cubierta: Vicente Morales

Ilustración cubierta: *Familia de la Sima de los Huesos ante su árbol familar*, Atapuerca. Dibujo de M. ANTÓN.

1.ª edición: junio 2001

ISBN: 84-344-6637-6

Depósito legal: B. 25.804 - 2001

Impreso en España

2001. - A&M GRÀFIC, S. L.
Polígono Industrial «La Florida»
Santa Perpètua de Mogoda (Barcelona)

Para Kim Hahn y Catherine Farizy

SUMARIO

PRÓLOGO A LA EDICIÓN ESPAÑOLA

La apuesta que la editorial Ariel ha hecho al traducir esta obra de Clive Gamble al español debería marcar un hito en la bibliografía arqueológica en nuestro idioma.

Dos han sido los estímulos que nos han llevado a impulsar decididamente la traducción de esta obra: por un lado está la lógica acumulación de datos actualizados que aparecen a lo largo del texto, un esfuerzo del autor para estar al día y para brindarnos sus conocimientos e interpretaciones de los mismos; y por otro creemos que lo más importante es el planteamiento teórico del que arranca la concepción del libro, la Arqueología social de la que tanto hemos oído hablar, e incluso de la que tanto hablamos, pero que los paleolitistas no hemos osado afrontar casi nunca.

En la obra de Gamble, por lo tanto, encontraremos unos planteamientos valientes de cara a exprimir los datos de la escasa docena de yacimientos que pueden proporcionarnos informaciones válidas para entrar en esa trama de la arqueología social, de las relaciones internas de los grupos, de la ocupación del territorio y de todo lo que ata al ser humano a sus semejantes y a su entorno.

Parte el autor, por supuesto, de numerosos datos procedentes de las sociedades primitivas actuales, ya sean los de las actividades familiares, ya los de las económicas o de las territoriales. Pero pronto entra en la propuesta no exenta de audacia de establecer unas serie jerárquica de redes personales de las que todos los individuos se han valido y nos seguimos valiendo en nuestras relaciones cotidianas. Nos habla de una red íntima, que da seguridad personal en nuestras relaciones cara a cara; de una red eficaz, relacionada con la logística, con la consecución de fines materiales diarios en todos los campos (reproductivos, económicos, políticos, sociales...); de una red ampliada, la de los amigos de los amigos; y de una red global, que trata ya de los elementos ajenos al propio grupo, a «los demás».

Si hemos profundizado en este aspecto de la obra de Gamble, es para dar un ejemplo de su deseo de análisis muy profundo de los elementos arqueológicos de Boxgrove, de Bilzingsleben o de Dolní-Věstonice-Pavlov, por citar tres de los casos paradigmáticos que son invocados de forma continuada a lo largo del libro.

Pero los aspectos de ocupación del territorio son tanto o más apasionantes e innovadores que los personales que acabamos de esbozar. Gamble llena de contenido una serie de conceptos teóricos hasta ahora inéditos en los estudios del Paleolítico. Establece el concepto de escenario («locale» en el original inglés), un lugar en el que suceden cosas, ya sea la recogida de una canto de cuarcita para tallarlo luego, ya sea la caza de un mamut, ya sea una ceremonia iniciática del grupo. Los conceptos de «escenario» y de «yacimiento» muchas veces se superponen y ha habido que hilar muy fino para distinguirlos en el texto español. Dentro de la misma idea de entrar a fondo en la más íntima concepción de la vida paleolítica, Gamble nos propone ideas como el «entorno de intervención» («taskscape» en el original inglés), en cierta manera contrapuesto al «landscape», el paisaje o entorno natural, no intervenido por el ser humano. Se concede una gran importancia a las pistas y senderos que van creando el «paisaje de la costumbre», aquel en el que los seres humanos se mueven con confianza, sin recelos, que explotan de forma intensiva y que acaba convirtiéndose, a más gran escala, en el «paisaje social» tantas veces invocado en fases más recientes de la Prehistoria.

¿Cómo osa Gamble adentrarse en una época aparentemente tan falta de datos como el Paleolítico (exclusión hecha de los momentos finales, desde hace 21.000 años hasta el final de esta fase)? Él mismo se dice que lo hace para demostrarse y demostrarnos que es posible aplicar los postulados teóricos a este mundo paleolítico, del cual muchas veces no sabemos nada más que los recuentos de útiles líticos y algunos análisis geológicos de los lugares en los que se han encontrado. Por suerte los nuevos planteamientos, mucho más próximos a la interpretación histórica, mucho más sociales, han ido calando entre los paleolitistas y han hecho que la pura cacharrología de los primeros tres cuartos del siglo pasado haya sido superada por trabajos que ya apuntaban estos datos que Gamble nos sintetiza en esta obra.

La portada de la obra, el célebre grupo de 32 homínidos de Atapuerca (Sima de los Huesos), no deja de ser un reconocimiento explícito a uno de los yacimientos claves para entender hoy un poblamiento europeo anterior al que, durante muchos años, Gamble y otros prehistoriadores ingleses propugnaron, que no superaba el medio millón de años; debieran haber aparecido los restos antiguos, los de 800.000 años de la Trinchera Dolina, pero el mero hecho de que salga Atapuerca en la portada es importante y sintomático. De hecho, el texto que el lector tiene ahora en sus manos deja traslucir aún una aceptación poco vehemente de una colonización del continente europeo anterior a dicha fecha; pudieron llegar antes, de hecho llegaron, los hallazgos como el ya mencionado de la Trinchera Dolina de Atapuerca no dejan lugar a dudas, pero una cosa es que llegasen y otra que colonizasen, que se estableciesen y ocupasen un territorio, que trenzasen esas redes sociales, que se comunicasen entre grupos más o menos cercanos. Sintetizando mucho, ese límite de los 500.000 años sigue siendo, a los ojos de Gamble, un momento clave para que varíe el poblamiento europeo, de ocasional a estable. Sin ir más lejos, el enunciado del capítulo 4 nos habla de las primeras sociedades europeas, entre los 500.000 y los 300.000 años; toda una declaración explícita de unos principios cuyos cimientos se mueven, pero que el autor aún ve como muy sólidos.

Las subdivisiones cronológicas de la obra guardan una relación con los tipos humanos que vivieron en cada una de ellas; a esa primera fase (500.000-300.000) le sigue la eclosión de los neanderthales, entre hace 300.000 y 60.000 años; finaliza la obra tratando de encontrar un cambio social que explique el progresivo descenso de los neanderthales y el paulatino ascenso de los *Homo sapiens sapiens*, los HAM (Hombres Anatómicamente Modernos). Esta fase la hace durar desde los 60.000 hasta los 21.000 años, poco después de que desapareciesen los últimos neanderthales del refugio que fue la península Ibérica. En el texto se omite la fase posterior, la última de las sociedades cazadoras-recolectoras en nuestro continente, que termina con su desaparición; el motivo que nos expone Gamble es su extrema complejidad social y la gran cantidad de información que ha generado (excavaciones, arte, ornamentaciones, etcétera); no habría que descartar que futuros trabajos del autor abordasen este tema e intentasen explicar otra de las bisagras de la Humanidad, el paso hacia las sociedades productoras.

Pero no se olvide, pese a lo expuesto hasta aquí, que el autor es un profesor universitario y que sus miras son también docentes. Queremos decir con ello que este libro es un excelente manual de Prehistoria, de sus fases iniciales en Europa. Dejando de lado la innovadora visión teórica y práctica que nos aporta y que ya hemos comentado, la actualidad de los datos arqueológicos (siempre encontrará el investigador perspicaz la falta de algún yacimiento que debiera figurar y que el autor omite, pero no puede estar «todo») y de las cronologías y datos paleoambientales basados, por supuesto, en los estadios isotópicos del oxígeno (EIO en el texto), conforman un libro altamente recomendable en las asignaturas de Prehistoria general e imprescindible en las asignaturas especializadas, de segundo ciclo, que traten los temas del Paleolítico, de las sociedades de cazadores-recolectores o de cualquier otro enfoque que intente explicar las primeras sociedades europeas.

Y, *last but not least*, no queremos dejar de mencionar la compleja traducción de la obra, debida a los neologismos que el propio autor crea. Creemos que el traductor ha llegado a una versión más que fidedigna en los matices ligüísticos, la misma a la que hemos llegado en los tecnicismos paleolíticos, una «jerga» especializada que los que la hablamos queremos poner al día constantemente y hacerla inteligible y lógica a los que a ella se acerca con afán de aprender.

Por todo lo expuesto hasta aquí, sólo nos queda recomendar al que tiene este libro en sus manos una atenta lectura para salir con una idea distinta de cómo podemos aproximarnos a lo que sucedió durante las primeras fases de la Historia en nuestro viejo continente. Los esfuerzos del autor, del editor y del traductor se verán así ampliamente recompensados mediante la transmisión de la información y de la investigación al estudiante, al profesional y al aficionado.

Barcelona, marzo 2001.

JOSEP M. FULLOLA PERICOT
Catedrático de Prehistoria
Universitat de Barcelona

PREFACIO

El origen de este libro fueron dos congresos. El primero, que tuvo lugar en Bradford en 1981, pretendía hacer un repaso a la evolución social de Europa desde una perspectiva arqueológica. Entregué el manuscrito correspondiente, una parte del cual se incluye en el capítulo 1, sin pensar en sacar nada positivo del mismo publicándolo, puesto que apenas había en el artículo algo que valiera la pena anterior al neolítico; cosa que el compilador del volumen a editar debió remarcar puesto que concentró sus esfuerzos en proporcionar nuevos puntos de vista sobre los períodos que tenían que ver con los cazadores y los recolectores. La verdad es que tenía pocas cosas que decir sobre el Paleolítico por lo que empecé a preguntarme a qué era debido.

El segundo fue el congreso de 1986 sobre las sociedades de cazadores y recolectores que se celebró sobre los mullidos sillones de la biblioteca de la London School of Economics. Había puesto grandes esperanzas en este congreso puesto que tenía un pedigrí de sangre azul. Era la continuación del primer congreso de 1968 sobre *El Hombre Cazador* que nos proporcionó el modelo del moderno cazador recolector. A los arqueólogos que se les había invitado a participar con comunicaciones se les excluyó completamente de los volúmenes de actas publicados a no ser que hubieran acertado en plantear cuestiones de tipo social. Nadie lo hizo excepto uno.

Mientras era difícil aguantar sin dormirse, dada la comodidad de los sillones, a expertos diferentes que discutían acaloradamente sobre los ¡Kung/Zhu/Ju/'hoansi, tuve la suerte de mantener una conversación que valió la pena. Pregunté a un experto en los aborígenes australianos qué esperaba escuchar de los arqueólogos. En concreto le dije: «¿Qué podemos aportar los arqueólogos para que un antropólogo no caiga en el sopor?» No lo tenía muy claro pero dijo: «Bien, algo social sería bonito.»

«¿A qué te refieres al decir social?»

«Bien, algo que tenga que ver con el parentesco, por ejemplo», se interrumpió, y luego dijo: «Ah, pero vosotros los arqueólogos sois incapaces de ello, ¿verdad?»

No hay mucho parentesco en lo que sigue, sin embargo hay bastante sobre lo que un enfoque social puede significar para el estudio de 500.000 años de la prehistoria de un continente. Igual que en mi libro anterior *El poblamiento paleolítico de Europa* reconozco la dificultad que existe en definir qué es Europa, por lo que utilizo un modelo regional con nueve espacios con el fin de estandarizar el problema. El lapso de tiempo recorrido en el libro es una novedad. En vez de concluir la discusión en una fecha tan convencional como el 10.000 BP he optado por cerrarla en el 21.000 BP justo antes de que la última glaciación alcanzara su máximo. Hay dos razones para ello. Una es la dimensión del libro. Incluir la última glaciación hubiera supuesto alargar en demasía el libro y hacerlo inmanejable así como tener que restringir ciertos detalles en muchos casos. En segundo lugar, el haber retrasado la fecha de conclusión del estudio me permite confundir expresamente lo que es, para lo mejor, una división arbitraria, y para lo peor, una convención que impide considerar al Paleolítico como parte de la prehistoria más reciente, simplemente porque tuvo lugar antes de que el período interglacial se abriera camino. Es cómico que 500.000 años de prehistoria queden excluidos de muchas síntesis sobre prehistoria debido al parte meteorológico. Así pues, el mover el límite hacia atrás en el tiempo a una posición que no puede ser tildada de arbitraria ni de especialmente significativa, sino simplemente de conveniente, se justifica no por terquedad o cansancio, sino por llamar la atención sobre algo importante: la vida social nunca cejó durante el Paleolítico europeo, no quedó congelada por el clima y ciertamente no fue descubierta fruto de una coyuntura determinada. Preveo conceder al último período glacial el tratamiento que se merece en un próximo libro.

Durante la década que ha transcurrido desde la publicación de *El poblamiento Paleolítico de Europa* ha tenido lugar un espectacular boom de excavaciones y estudios arqueológicos. La cantidad y calidad de información obtenida exigía más que una segunda edición, una nueva redacción completa del libro. Además, mis propios intereses científicos han evolucionado. Cada vez me alejo más de los dos modelos que hasta el momento han regido el análisis del Paleolítico; que he calificado, uno como interpretación gástrica del Paleolítico y el otro como interpretación obtusa. La primera todavía se basa en la importancia de las calorías, con su fascinación por las habilidades de los primeros homínidos para cazar animales con palos y piedras. La otra atribuye la evolución al gradual despertar de las mentes de la grey homínida, como si durante largos milenios hubiesen tenido los mismos problemas para abrocharse el calzado. En efecto, lo que las dos visiones dicen es que existe un motor inicial que la arqueología puede descubrir y explicar. Éste puede consistir en algo parecido al desarrollo de un comportamiento cooperativo, a la aparición de una nueva tecnología, o de un lenguaje que confiere ventajas a sus poseedores y explica nuevos desarrollos. Los argumentos que utilizan la idea del motor inicial nunca han funcionado en arqueología y aún menos con el Paleolítico. En este libro pretendo proporcionar un contexto dentro del cual se puedan generar desarrollos, y en mi opinión el único marco aceptable es el marco social. Seguramente decepcionaré a muchos al abogar por el individuo y presentar un modelo interactivo para el desarrollo de la vida en sociedad. No pido excusas por tal modelo ni por el nuevo vocabulario que debe acompañarlo si de lo que se trata es de romper con los hechos sobrecargados de teoría que impiden el progreso de nuevos análisis. No pido excusas porque mientras me quedo impresionado por el virtuosismo con que se excavan yacimientos al aire libre y abrigos del Paleolítico, me veo, no obstante, obligado a preguntar: ¿a qué responde tanta precisión en documentar hallazgos tafonómicos y demás? ¿Qué nos dicen los estudios de remontaje aparte de servir para convencer a los encargados de proporcionarnos financiación? ¿Qué arqueólogo social de la antigua Roma se preocuparía por invertir la misma energía en el rutinario remontaje de vasijas a la escala con que se hace para el Paleolítico? ¿Es que ya no nos quedan cosas por hacer, ni preguntas que formular? No lo creo. Lo que sigue es en parte un experimento que plantea de que forma, con tanta precisión alcanzada, es posible dar un salto hacia delante superando las interpretaciones gástrica y obtusa, para dirigir nuestro ingenio analítico al tesoro de datos sociales que contiene el registro arqueológico.

Mucha gente me ha ayudado en mi empeño. La invitación recibida de Wil Roebroeks y Gerhard Bosinski en 1992 para ocupar un cargo de coordinador de la European Science Foundation Network para el estudio de los primeros pobladores de Europa, me procuraron además de tres años de viajes, seminarios y congresos, el ambiente académico más estimulante posible para la discusión de problemas alrededor del Paleolítico. El resto de coordinadores, Manual Santonja, Lars Larsson, Alain Tuffreau, Luis Raposo, Nikolai Praslov y Margherita Mussi, confío que aprobarán algunas de las ideas que expongo aquí. Max Sparreboom merece un agradecimiento especial por su contribución a facilitar los trabajos.

Quisiera agradecer a distintas personas, que incluyo sin un orden prefijado, por las visitas de campo, las discusiones y los entretiempos felices: Thijs van Kolfschoten, John McNabb, John Gowlett, Paul Mellars, Steve Mithen, Nick Ashton, Tjeerd van Andel, Martin Street, Elaine Turner, Sabine Gaudzinski, Paul Pettitt, Leslie Aiello, Mark White, Dietrich Mania, Patrick Auguste, John Wymer, Eudald Carbonell, Geoff Bailey, Andrew Lawson, Janusz Kozlowski, Jean-Michel Geneste, Chris Stringer, Alan Turner, Alain Turq, HansJürgen Müller Beck, Elaine Morris, Rob Foley, Nick Conard, Clemens Pasda, Francis Wenban-Smith, Rupert Housley y Geraldo Vega-Toscano. Las personas que siguen leyeron mis borradores y me brindaron sus valiosos comentarios: Stephen Shennan, Quentin Mackie, Paul Graves-Brown, JD Hill, Wiktor Stoczkowski, Catherine Perlès, Adam Kuper, Vernon Reynolds, Antony Firth, Stephanie Moser, Richard Bradley, Kate Gregory, Nathan Schlanger, Alasdair Whittle, Anne Best, James Steele, Chris Gosden, Wil Roebroeks, Yvonne Marshall y Olga Soffer. Como siempre, he aprendido mucho de las intervenciones de Lewis Binford, con quien he mantenido algo parecido a una carrera para terminar nuestros respectivos libros el primero.

Los trabajos de investigación fueron generosamente mantenidos por la Universidad de Southampton y por una licencia especial de investigación, así como mediante fondos para viajes procedentes de la British Academy. Todo ello me permitió disfrutar de un año sabático en 1994-1995 y de tiempo para leer. Debo un especial agradecimiento a mis colegas del Departamento de Arqueología, que vieron incrementado su trabajo durante ese tiempo, y a Anthony Sinclair, que me sustituyó en las aulas. Sophie Shennan puso en orden la bibliografía y los índices, y Martin Porr me ayudó en las tareas de investigación bibliográfica. Jessica Kuper fue una coordinadora editorial tranquila y estimulante y Janet Hall se encargó de conducir el libro a la prensa. Las ilustraciones fueron expertamente producidas por Erica Hemming, asistida por Nick Bradford y Peter Hodge. Estoy muy agradecido a Mauricio Antón por su ilustración de cubierta de los homínidos de la Sima de los Huesos, retratados frente a su árbol genealógico en Atapuerca. Las acciones y el carácter de la gente de hace 300.000 años que vemos en esa ilustración, dieron lugar a la formación de sus redes íntima y eficaz de relación.

Finalmente, resulta muy triste que Catherine Farizy que formó parte de nuestra particular familia científica ESF y Kim Hahn, que tanto me ayudó cuando era estudiante de postgrado, no puedan ya concederme el beneficio de sus opiniones sobre lo que he escrito. Este libro es parte de su legado a los estudios de Paleolítico por lo que lo dedico a su memoria.

Constitution Hill, Nevis WI
Enero de 1998

CAPÍTULO 1

SE LEVANTA EL TELÓN DEL PALEOLÍTICO

La sociedad representa una afirmación que se fija y sanciona con el fin de construir un estado de cosas que no existía con anterioridad.

ERIC WOLF,
Inventar la sociedad

Introducción

El Paleolítico europeo es un conjunto de observaciones y un registro de ideas. A base de utilizar esta combinación, los arqueólogos han identificado en los datos a escala continental diversos patrones, y han propuesto, a la vista de su repetición en el tiempo y el espacio, soluciones variadas. Estas explicaciones han enfatizado las distintas capacidades biológicas de los primeros homínidos, su adaptación a las circunstancias ecológicas y la manera como expresaron, en forma de útiles de piedra, sus persistentes identidades regionales. La capacidad de transformación inherente a las migraciones humanas, combinada con la difusión selectiva de elementos culturales, han servido tanto a la elaboración de una historia cultural como a la investigación de los propios restos arqueológicos del Paleolítico, en tanto que sistemas adaptativos de ciclo largo que abarcan la continuidad y el cambio.

En el proceso de estudio de los datos y de desarrollo de conceptos analíticos, el tema al que se dedica este libro, las sociedades de la Europa paleolítica, ha recibido cierta atención. No obstante, la investigación de la sociedad en el Paleolítico nunca ha gozado del mismo nivel de desarrollo que los estudios económicos, el análisis espacial de los asentamientos, el arte rupestre o la tipología y tecnología líticas. Aunque los arqueólogos dedicados al estudio de las sociedades del final de la prehistoria (Hodder 1990a, Refrew, 1973) han hecho progresar notablemente los conocimientos existentes, sólo han abordado aspectos relativos a las interpretaciones del Paleolítico Superior (Clark y Lindly 1991, Price y Brown 1985a, Soffer 1987). El medio millón de años de ocupación de tierras de Europa anteriores al Paleolítico Superior permanece poblado por criaturas ecológicas en vez de por verdaderos actores sociales. Hemos creado estos medio hombres, medio bestias, mediante una yuxtaposición desproporcionada de sus simples tecnologías líticas con las fuerzas gigantescas de la geología del cuaternario. De acuerdo con nuestro dictamen, esperaron pacientemente la llegada de humanos modernos procedentes de África para desembarazarse de una larga servidumbre a una naturaleza agobiante.

Gordon Childe fue particularmente escéptico acerca de las posibilidades de reconstrucción social en este período. Cuando escribía *Social evolution* expresaba un punto de vista muy común:

> Lamentablemente aunque no sorpresivamente, el registro arqueológico es muy insuficiente en indicaciones sobre la organización social o la falta de ella entre las hordas del Paleolítico Inferior. A partir de los pocos restos de que disponemos no podemos permitirnos hacer generalizaciones (Childe 1951: 85).

Tampoco puede decirse que Childe fuera muy animoso en relación al Paleolítico Superior y al Paleolítico Medio donde, aunque la información fuera más voluminosa, resultaba muy sesgada.

> Sólo ofrece una imagen clara de una economía y una cultura material adaptadas a entornos ambientales particulares de la edad de hielo europea y de la zona nórdica forestal, en los primeros tiempos del postglaciarismo (*ibid.*).

Esta gente del mesolítico parece que estuvieran esperando que alguien les reemplazara. Escribiendo treinta años después, Richard Bradley se lamentaba con frases memorables de que los arqueólogos todavía insistieran en cómo:

> [...] unos agricultores prósperos mantenían relaciones sociales entre ellos, mientras que los cazadores recolectores sólo tenían relaciones ecológicas con las castañas (Bradley 1984: 11).

Pero esta imagen empieza a cambiar. Un cierto grado de autodeterminación ya se acepta para la gente del mesolítico, mientras que la complejidad de su registro arqueológico regional (Bonsall 1991) está proporcionando una fuente rica para la reconstrucción social, tal como sucede con el Paleolítico Superior.

La imagen del Paleolítico más antiguo

Todo progreso que pueda hacerse en dirección a una arqueología social unificada ha de sustentarse sobre el fundamento del Paleolítico más antiguo. Desde los comentarios de Childe de 1951 el Paleolítico Inferior y Medio han ido adquiriendo relieve hasta alcanzar hoy día el estatus investigador que Childe concedió entonces al Paleolítico Superior y al Mesolítico. En los últimos cuarenta años, proyectos pluridisciplinares a gran escala en yacimientos repartidos por toda Europa han recuperado un gran caudal de información ambiental y arqueológica. Además, el desarrollo de una cronología continua del Pleistoceno basada en el registro isotópico del fondo del mar (Imbrie y Imbrie 1979), y la datación científica de más allá del período cubierto por el radiocarbono (Aitken 1990), han producido un marco que estimula la interpretación por encima de la mera descripción.

Estas interpretaciones se presentan a menudo en forma de imágenes. Muchos de los proyectos proporcionan perspectivas realizadas por dibujantes que reconstruyen el paisaje que habitaron los homínidos (Lumley 1979, Mania y Dietzel 1980). Tal como arguye Moser, estas imágenes «son algo más que ilustraciones que sintetizan la información presentada en los textos; son de hecho el refuerzo de... teorías, por lo que constituyen en sí mismas juicios o puntos de vista» (1992: 833). Mediante la presentación de datos excavados como síntesis visuales, se nos facilita de forma implícita la manera de interpretarlos. Vemos a un grupo de homínidos enfrentándose a un bisonte en Bilzingsleben (Mania y Dietzel 1980), a otros viviendo en su tienda de Lazaret (Lumley 1969a), o planeando, ejecutando y celebrando la caza del elefante en Torralba/Ambrona (Howell 1965). Mediante esta herramienta interpretativa el extraño profundo pasado, tan pobre en vestigios comparado con otros períodos, adquiere una presencia reconocible a la que podemos acercarnos sin miedo.

Estas imágenes influyen en nuestra imaginación teorética más de lo que solemos reconocer (Stoczkowski 1994, Gamble 1992a, Moser 1998, Moser y Gamble 1997, Gifford-González 1993). Nos hacen sentirnos cómodos con este tipo de enfoque sacado de las ciencias naturales y aplicado a la reconstrucción del pasado. Son escenas que se parecen a las escenas creadas sobre las eras remotas por los geólogos del siglo pasado (Rudwicck 1976) con el fin de reivindicar su capacidad para reconstruir los mundos perdidos del Eoceno, el Carbonífero o cualquier otra época geológica.

Estas reconstrucciones son válidas para expresar las relaciones «naturales» entre los distintos tipos de datos que rutinariamente se recogen y analizan en cualquier yacimiento Paleolítico. Hoy día la imagen de un homínido sobre un paisaje puede combinar las evidencias obtenidas del análisis de microfaunas y macrofaunas, herpetofaunas, nanoplanctons calcáreos, de la micromorfología de los suelos, la palinología, la geología y la sedimentología, por mencionar sólo algunas de las posibilidades existentes en el armario del científico del Cuaternario. A menudo usamos las imágenes del pasado más remoto, tal como revela la asistencia a los congresos de Paleolítico, cuando hay que mostrar lo que pensamos acerca del significado de los datos que poseemos. El uso de este tipo de imágenes nos permite alcanzar un consenso acerca de lo que normalmente ocurría —cazar, reunirse, cocinar, comer, cuidar la prole, producir útiles, dormir, enterrar a los muertos— y sobre qué, sexo y grupo de edad recaía la responsabilidad de cada tipo de actividad (Gifford-González 1993, Moser 1989).

Pero mientras que estas imágenes parece que abren una ventana al Paleolítico, también resulta que corren los telones. El telón más importante que corren ante lo que es nuestro objeto de investigación, es el tema de este libro, la sociedad del Paleolítico. La razón es sencilla. El Paleolítico nunca ha sido, dentro de la arqueología, el caldo de cultivo para la discusión de la teoría social. En cambio, ha habido importantísimos debates sobre el proceso de formación del registro Paleolítico y sobre las causas de la subsiguiente variabilidad de restos líticos y faunísticos (Binford 1973, 1981a, 1981b, Binford y Binford 1966, Bordes y de Sonneville-Bordes 1970, Dibble 1987, Mellars 1996, Mellars 1970, Stiner y Kuhn 1992). Tal teoría de alcance medio (Binford 1983a) ha alcanzado rango en el campo de la tafonomía y en el estudio del proceso de formación de yacimientos, de forma que hoy día tenemos una idea mucho más clara de lo que se conoce y de lo que se puede llegar a conocer sobre el Paleolítico. Se han generado nuevos datos que han posibilitado obtener nuevas perspectivas tanto de cada yacimiento en concreto como de una región entera. Sin embargo estas nuevas perspectivas no han sido explicadas como el resultado de factores sociales. En realidad la crítica de Binford a las cinco tribus Musterienses del sudoeste de Francia (Bordes 1968a, 1972) definidas por sus diferentes conjuntos líticos, fue una maniobra deliberada para huir de las interpretaciones histórico-cultural y social.

Si el registro de observaciones ha crecido enormemente, el registro de ideas ha ido a la zaga, aunque siguiendo un rumbo predecible. El rumbo es el que indican esas imágenes de artistas que captan las relaciones ecológicas entre los homínidos y sus recursos sobre los paisajes del Paleolítico. Estas relaciones se han ido expandiendo gracias a las intuiciones de la ecología de la evolución, para incluir los debates sobre optimalidad (Bettinger 1991), sobre reglas para la toma de decisiones (Mithen 1990) o sobre prevención de riesgos (Torrence 1989) entre los forrajeadores prehistóricos; en cualquier caso, sin embargo, el énfasis se ha decantado claramente hacia una prehistoria natural más que hacia una de social.

Las relaciones sociales no se nos muestran fácilmente, excepto en los diagramas simbólicos; pero observemos la ilustración de cubierta de este libro, obra de M. Antón. No sorprende que un antropólogo nos proporcione antes un árbol genealógico que una fotografía. Este tipo de gráficos son una ayuda esencial para la argumentación de los antropólogos sobre la estructura de la vida social. Para los arqueólogos, la reconstrucción naturalista de una escena de caza de bisontes es más «creíble» que la representación imaginativa, pongamos, de los mismos homínidos adorando la puesta de sol, ya que al menos la primera puede ser refutada mediante la investigación tafonómica. Una reconstrucción artística de un concepto complejo como el mismo concepto de sociedad encontraría parecidas dificultades, y no sólo debido a que el artista tendría que empezar sin la ayuda de convenciones científicas sobre la forma de retratar la vida social en el pasado. Las típicas escenas geológicas sobre el pasado más remoto originadas en el siglo pasado, sí que proporcionan una convención para la reconstrucción de los paisajes naturales, por lo que éstos pueden hacerse más accesibles. Las sociedades, en cambio, sean humanas o animales, nunca aparecen.

Contraposiciones paleolíticas, convicciones y soluciones

En los dominios de la prehistoria más cercana, si ha existido desde hace algún tiempo un compromiso hacia la arqueología social (Flannery 1976, Friedman y Rowlands 1977, Redman *et al.* 1978, Renfrew y Shennan 1982). A partir de esa base, fundamentalmente procesual y materialista, en los últimos años se ha trabajado en distintas teorías sociales alternativas (Barrett 1994, Barrett, Bradley y Greeen 1991, Bradley 1984, Gosden 1994, Hodder 1990a, Moore, 1986, Shanks y Tilley 1987a, y 1897b, Thomas 1991). Estos últimos trabajos han insistido en el carácter textual del registro arqueológico, con su riqueza de significados e implícita ambigüedad, que constituye el paisaje en el que los actores sociales se involucran en una acción deliberada. La implicación de los agentes sociales en la creación de sus mundos sociales dinámicos y variados, aparece como algo lleno de contrastes si lo comparamos con lo que ofrecían los primeros textos de arqueología social. En éstos, la investigación del sistema social y de sus distintos procedimientos de regulación constituía el meollo, por lo que la creatividad social de los individuos se veía reprimida por un sistema dominador.

Los eones del Paleolítico, cuando parece que apenas nada cambia, combinado con aquellos pobres «restos» mencionados por Childe, nunca han sugerido otra interpretación que la propiamente natural, o en el mejor de los casos, la sistémica. Pero incluso con esta última, parece que para largos períodos de tiempo, ciertos subsistemas clave, como la religión o la especialización artesana, no aparecen por ninguna parte. Ello hace que sea más difícil todavía argüir que el cambio se originase internamente debido a la fricción entre subsistemas, y que se alterase la tendencia a la homeostasis. El cambio dinámico, consecuentemente, debía proceder de fuera. Esto significaba aceptar o bien la sustitución de una población por otra o que los ciclos climáticos del Pleistoceno forzaran cambios en la subsistencia, el poblamiento y las tecnologías asociadas.

Como resultado de todo ello, la interpretación del Paleolítico enfatizó la contraposición entre humanos antiguos y modernos, entre ambiente y cultura, entre recolección y agricultura. Este enfoque fijó lo que muchos arqueólogos aún contemplan como el propósito principal del estudio de la prehistoria más lejana: el descubrimiento de cuándo y dónde se establecieron los fundamentos del proceso civilizador, del cual nuestra civilización occidental ha sacado el mayor provecho (Gamble 1993a: 20-3). Durante muchos años el Paleolítico ha sido separado del resto de la arqueología por un telón interpretativo fundado en las citadas contraposiciones. Por esta razón, tanto como por el argumento de la falta de «restos», el Paleolítico no ha formado parte de los últimos desarrollos en arqueología social y, consecuentemente, ha sido sumamente ignorado por los postprocesualistas (ver Hodder 1990a).

Muchos arqueólogos es posible que contemplaran este olvido como positivamente beneficioso para los estudios de Paleolítico, y yo mismo durante largo tiempo estuve de acuerdo con ellos. Cambié mi forma de pensar no porque me haya convencido el conjunto de las propuestas postprocesualistas, sino porque sus críticas han puesto de relieve la pobreza de la teoría vigente en mi área de conocimiento. Esta pobreza afecta a la mayoría de los ámbitos de análisis que contempla el Paleolítico y los objetivos que se propone. Todo esto se examina de forma más extensa a continuación y en los capítulos 2 y 3. Mi intención es horadar este telón interpretativo y buscar soluciones que no se apoyen en las divisiones tradicionales.

No trabajo solo en este proyecto. La zapa ya ha empezado. El telón interpretativo que parece dividir un pasado humano *activo* que implica comercio, agricultura, rituales, monumentos, ciudades y poder, de un pasado humano inactivo de adaptación a las condiciones de la existencia, en el caso del Mesolítico, ya está siendo agujereado (Bender 1985: 21). Tampoco parece que haya problemas en levantarlo un poco más para incluir el rico registro del Paleolítico Superior (Price y Brown 1985a, Soffer 1987). Sin embargo, mientras estos progresos en la dirección de contemplar el pasado como una corriente continua no son en modo alguno insignificantes, parece que el telón que nos separa a «nosotros» de aquellos «otros», los civilizados de los no civilizados, hoy atraviese la transición del Paleolítico Medio al Superior, del Neanderthal al hombre moderno (Gamble 1991, Stringer y Gamble 1993). Todo lo que hemos hecho es mover su posición unos 30.000 años.

Pienso que deberíamos entre todos rasgar este telón de una vez. El pasado más remoto del Paleolítico no demanda ser investigado mediante este tipo de contraposiciones. Mientras sigamos manteniendo estos contrastes sólo conseguiremos hacer una arqueología dual, en la que la mayor parte del Paleolítico seguirá alejada de los intereses de la mayoría de los arqueólogos. Así, el estudio de los orígenes del ser humano es como una narración sobre un mundo perdido, tan extraño a la gente como las épocas de la geología.

Mi propuesta es contemplar la sociedad como un foco unificador. Puede parecer una opción rara dado lo complicado de definir, utilizar e interpretar un concepto como ése. Lo he adoptado debido a una serie de convicciones que he ido adquiriendo a lo largo del trabajo realizado en anteriores libros. En primer lugar, sigo sin ver justificación al hecho de que la arqueología deba adoptar procedimientos y esquemas distintos en cada uno de los dos lados del telón interpretativo que divide a la humanidad en moderna y antigua. No hay razón para pasar de una explicación básicamente ecológica a una de fundamentalmente social sólo porque varía la naturaleza del registro arqueológico debido a la aparición de la agricultura y el sedentarismo (Barker y Gamble 1985, Gamble 1986a, 1986b, 1986c). Tampoco existe razón alguna para cambiar el tipo de explicación en el momento en que con el Paleolítico Superior aparece un registro más variado. Mi interés se centra en las diferencias entre las sociedades paleolíticas, no en las divisiones que las separan. Lo que más me preocupa es el análisis, no las definiciones.

En segundo lugar, considero que debe constituir un objetivo de la arqueología llegar a comprender la vida social en todas sus formas, puesto que como antropólogos del pasado poseemos los datos para extender y enriquecer esta experiencia (Gamble 1991a, 1991b, 1993a, 1993b, 1993c). Seríamos unos malos antropólogos si no fuéramos capaces de contribuir a incrementar la diversidad de sociedades disponibles para un estudio sistemático (Gamble y Soffer 1990, Soffer y Gamble 1990, Stringer y Gamble 1993). La investigación de las sociedades paleolíticas es, en particular, una exploración de las alternativas a la experiencia etnográfica. Tal como dijo Wobst:

> Los arqueólogos son los únicos antropólogos cuyos datos contienen información sobre cambios de comportamiento en todas las dimensiones: en la de las personas, desde los individuos a las grandes tomas de posición estructurales; en la del espacio, desde el área más pequeña a la matriz poblacional más extensa, y en la del tiempo, desde el acontecimiento puntual a los procesos milenarios (Wobst 1978: 307).

En tercer lugar, el núcleo de la investigación arqueológica es la explicación de las fases de estancamiento y cambio. La vida social es el motor que mantiene funcionando a los demás sistemas, haya o no cambio (Gamble 1993a, 1993d, 1995a, 1995b). En la mayoría de los casos la investigación del estancamiento y el cambio puede progresar muy poco, por lo que se acostumbra a optar por otra variable del sistema social, por ejemplo, la presión de la población sobre los recursos. A pesar de las críticas hacia esta manera simplista y asocial de explicar el cambio (Bender 1978, 1981, Lourandos 1977, 1985), todavía quedan los evolucionistas sociales no reconstituidos para derivar de una causa única, los valores absolutos de población y las consiguientes limitaciones ambientales, todo desarrollo humano (por ejemplo, Johnson y Earle 1987). Me pongo del lado de los críticos de estos textos pasados de moda al proponer un punto de vista diferente sobre las relaciones entre los seres humanos y su entorno. Se trata de hacer hincapié en el compromiso activo y la implicación del individuo en la construcción y negociación de su entorno.

Finalmente, es hora ya de que la arqueología reclame su lugar dentro de las ciencias sociales e históricas. Para ello necesitamos establecer nuestro propio programa, no sólo para ofrecer reflexiones sobre la utilización del pasado en la construcción de las sociedades contemporáneas (Gamble 1993b, 1993c), sino también para ofrecer la perspectiva prehistórica sobre las interacciones modernas (Gamble 1992b). Esta idea ya fue expresado claramente por Binford:

> Tenemos la oportunidad de entender la humanidad de una forma que ningún otro experto, o ningún otro científico social que atiende a los acontecimientos de la experiencia social directa que se suceden rápidamente, pudo nunca imaginar. Si fallamos en reconocer este potencial, si fallamos en proponer una comprensión nueva de la humanidad desde esta perspectiva —la perspectiva de las grandes fuerzas que condicionan y modifican las formas de vida en contextos que no pueden apreciar los expertos que trabajan los sistemas complejos termodinámicos— es como si literalmente prescindiéramos de nuestra «carta de identidad» (1989a: 52).

Puede razonablemente afirmarse que las ciencias sociales apenas se han dado cuenta de la ausencia de la arqueología prehistórica, y no digamos del Paleolítico, en sus síntesis sobre la vida social. Es difícil que esta situación cambie a menos que se reivindique con fuerza la causa que asiste a la dimensión histórica, concretamente la que implica una comprensión de la calidad del registro prehistórico (Murray 1987). Las reflexiones de la teoría social, y en particular el vocabulario del análisis de redes, ha sido adoptado en este libro con la finalidad de llevar a cabo una interpretación de las pruebas de muy distinto signo de la acción social humana, a distinta escala temporal y con diferentes grados de resolución. Sin embargo, no se trata de argüir más en favor de una paleosociología del Paleolítico que de una paleosicología o paleoantropología del período. La base histórica y material de la arqueología condiciona las explicaciones que producimos sobre las sociedades del pasado y sobre los individuos. No se encontrará en este texto un apoyo manifiesto a lo que reivindica una teoría social por encima de lo que reivindica otra, en su pretensión de alcanzar una comprensión de los individuos y las sociedades en el mundo moderno. Los métodos y las preocupaciones del presente y del pasado separan proyectos tan distintos en relación al análisis social.

No obstante, el análisis de las sociedades prehistóricas de poco serviría si sólo tuviera relevancia para los arqueólogos. Nuestra contribución debe, por lo tanto, dirigirse en el sentido de influenciar las futuras síntesis de teoría social. Pienso que tales síntesis seguirán reconociendo, a la manera postmoderna, que industrialización y civilización, en tanto que formas sociales dominantes, no incluyen toda la experiencia social humana, y menos aún, representan sus logros más altos. Es aquí donde la arqueología descubre la contribución que le corresponde. Las síntesis, por la propia naturaleza del proceso que las produce y por el conocimiento que supone realizarlas, deben seguir buscando ampliar nuestra experiencia. La prehistoria proporciona una ruta para acercarse a este tipo de saber.

Las explicaciones de la arqueología teorética

Uno de los factores principales que ha disminuido nuestra potencia de voz ha sido la ausencia de un esquema común para la comparación y la discusión. Una de las razones ha sido la adherencia de los arqueólogos del Paleolítico al método científico. En su forma más cruda ello tiene que ver con la pretensión de contemplar los hechos de forma objetiva, y con la creencia manifiesta de que las estructuras existen «ahí fuera» por lo que pueden ser investigadas a base de precisión analítica y acumulación de datos. Por ejemplo Flannery y Marcus han expresado no hace mucho su creencia en una pretendida objetividad de la ciencia, como sigue:

> Siempre que la ciencia se combine con los temas candentes relacionados con la política y la sociedad —al margen de la nobleza de los objetivos que se ventilen— *es inevitable que sufra* (Flanery y Marcus 1994: 441, la cursiva es mía).

En cambio, yo encuentro difícil concebir cómo una rama de la ciencia histórica como la arqueología del Paleolítico puede separarse de la realidad política y social (Gamble 1993b, 1993c), si es que ha de valer para algo como forma de conocimiento. El estudio del pasado igual que el estudio de las partículas de la física, no es una actividad neutral llevada a cabo por que sí, por gente que, mientras la realiza, suspende temporalmente su pertenencia a la humanidad.

Por ello es lógico que muchas teorías sociales hayan mantenido unas relaciones poco cómodas con un enfoque científico del conocimiento. La cuestión clave parece ser la forma de verificar las presunciones del conocimiento y de establecer la causalidad (Clark 1993). Algunos de estos temores conducen a una casi completa refutación de las presunciones de la ciencia, como sucede con el trabajo de Giddens (1984). Esta refutación ha sido recogida por los arqueólogos que censuran la visión científica estrecha. Dicen, con bastante acierto, que ésta deja la acción humana fuera del problema (Thomas 1991).

Sin embargo, casi todo el mundo está de acuerdo en que el método científico funciona como método de estructuración de la investigación en las ciencias físicas. No cabe duda de que la arqueología del Paleolítico ha hecho progresos considerables en el terreno de los procedimientos a base de adoptar el enfoque científico. Pero este enfoque, como veremos, nos ha proporcionado sólo una perspectiva limitada acerca de lo que los datos pueden aportar para el conocimiento de la sociedad. La semejanza con mi anterior discusión acerca del alcance restringido de las imágenes visuales es patente.

Por lo tanto, al escoger a la sociedad como el objetivo de mis desvelos pretendo expandir las limitaciones actuales del debate sobre el Paleolítico. Ello no ha de significar una ruptura con los enfoques vigentes hasta ahora. Al escribir este libro sobre la cuestión de las sociedades paleolíticas no he podido, ni lo he pretendido, abandonar los procedimientos del enfoque científico. Sigo involucrado con la verificación de las presunciones del conocimiento. Por lo tanto, en los capítulos que siguen podrá encontrarse abundante discusión sobre ecología y medio ambiente, no tanto porque estas cuestiones proporcionen un estándar objetivo, sino porque constituyen asimismo un objetivo inevitable en la interpretación de las acciones humanas en el pasado. He pretendido ampliar el alcance del método científico a base de considerar qué puede dar de sí un enfoque común entre las ciencias históricas y las ciencias sociales. Este tipo de tentativa ha de involucrar, además de las cuestiones conceptuales, como la propia de sociedad, la forma de expresarlas. En este punto sigo a Haraway, quien observa, en otro contexto, —el uso por la ciencia y la sociedad contemporáneas de los estudios sobre primates—, que los hechos sólo adquieren significado cuando forman parte de una explicación (1989). Pero este enfoque todavía precisa de una advertencia para aquellos, como yo mismo, que están interesados en la forma de verificar lo que se explica.

> Deberíamos resistir la tentación de asumir, ya que las explicaciones son explicaciones, que hayan de ser, en cierto sentido, irreales o no del todo verdaderas, ya que ello supondría que la única realidad o verdadera verdad es, en tanto que seres vivos, aquella con la cual nada tenemos que ver (Ingold 1993: 153).

El problema del Paleolítico es que tiene pocas historias que contar. Las que funcionan tratan principalmente de los orígenes (Conkey y Williams 1991, Knight 1991a, 1991b, Landau 1991) y de la incubación de transformaciones más que de los largos períodos de estancamiento entre estos raros momentos de excitación. Enfocando a la sociedad pretendo dirigir la luz hacia el marco narrativo necesario para examinar y explicar los datos correspondientes a un largo período de tiempo, los 500.00 años de la Europa del Paleolítico. Durante ese largo tiempo nuestro registro de ideas va muy despacio, algo parecido a lo que le ocurre al álbum de imágenes del artista.

Un enfoque social del Paleolítico requiere, además de poder identificar los significados de los datos, que podamos reproducirlos. Desde el primer momento es importante entender que las sociedades paleolíticas, al margen de su definición, no esperan ser descubiertas por medio de la tabulación de sus atributos. El Paleolítico presenta el reto de que no podemos dar por supuestas las presunciones básicas de los elementos de la vida social que apuntalan el grueso de la arqueología social. Tales presunciones tienen que ver, por lo menos, con el lenguaje, el simbolismo de origen material, el pensamiento reflexivo, la metáfora del parentesco, el ritual y las distintas formas de ejercicio del poder. Partiendo de un cóctel tan potente como ése estamos en disposición de mezclar distintas teorías sociales (Turner 1991), aparte de tener en consideración, lógicamente, la subsistencia, la ecología, la selección natural y la demografía.

Los estudios sobre la sociedad paleolítica: los orígenes sociales humanos

Cuando Childe se refería en 1951 a las deficiencias del registro correspondiente al Paleolítico Inferior, ya había iniciado la investigación destinada a dibujar un modelo de organización social a partir de los elementos que acabamos de mencionar. Ello dio lugar a la publicación de una de las síntesis principales de la antropología moderna, *Social life of early man* (Washburn 1961). Entre los participantes en el simposium origen del libro había antropólogos físicos, paleontólogos, primatólogos, psicólogos, especialistas en genética, zoólogos, geólogos y arqueólogos.[1]

Aunque haya calificado de «principal» aquella síntesis, cualquiera que se acerque a ella es posible que vuelva decepcionado. Los artículos que incluye aparentemente dicen bien poca cosa acerca de la organización social y en cambio abundan en las referencias cronológicas que señalan cuando empezó a ocurrir esto o aquello. Hay

1. Ningún antropólogo participó aunque Raymond Firth estuvo involucrado en la planificación del simposium.

algunas conclusiones que parecen apuntar a cuestiones sociales, aunque sólo remarcando lo que parece obvio:

> Todas las evidencias físicas sugieren que las bandas del Paleolítico no constituían unidades territoriales, que eran capaces de emprender largas migraciones, y que se daban relaciones sexuales entre ellas (Vallois 1961: 229).

Asimismo se inferían fácilmente estadios evolutivos:

> Según la perspectiva evolucionista, constituye un escenario necesario y una condición indispensable para cualquier sistema cultural, la existencia de un sistema organizado de acción social en el cual el comportamiento social responda a una distinción de roles... Una estructura social, por lo tanto, puede ser considerada como uno de los rasgos característicos de un estadio protocultural en la evolución de los homínidos (Hallowell 1961: 240).

Sin embargo, la mayoría de los artículos del libro sólo parecen especular sobre las formas sociales y sus orígenes basándose en una elemental etnografía sobre los cazadores recolectores.

La importancia del libro *Social life of early man* estriba en tres factores. Primero, demuestra las ventajas de un enfoque pluridisciplinar para el estudio de los orígenes de la humanidad. Esta forma de trabajar será a continuación seguida por la investigación de los primeros homínidos. La mezcla de disciplinas se inclinó a favor de las ciencias físicas y naturales, por lo que de sus laboratorios salieron los esquemas para la investigación de nuestros ancestros.

Segundo, la contribución más destacada del volumen fue la firmada por Washburn y DeVore, de título «El comportamiento social de los babuinos y los primeros hombres». El artículo examinaba cosas como el tamaño de los grupos, el rango, la dieta, la estructura poblacional, el juego, las relaciones madre-hijos, el comportamiento sexual, la dependencia económica, las relaciones de dominio, las bases o asentamientos, los sonidos y los gestos. Este índice de temas ha servido de base a la investigación ulterior. A lo largo de todo el artículo los autores comparaban la vida de los babuinos con los forrajeadores modernos, produciendo al final un cuadro resumen con las diferencias espaciales, demográficas, afectivas y de comportamiento en relación a los temas mencionados. Concluían diciendo: «Puesto que existe una gran brecha entre el comportamiento de los seres humanos y el comportamiento de sus parientes más cercanos, es posible hasta cierto punto reconstruir el comportamiento en sociedad» (Washburn y DeVore 1961: 103). Esta brecha seguramente indica estadios transicionales intermedios extintos entre las sociedades de los humanos y los simios.

El tercer factor no emerge tan claramente. Washburn y DeVore animaron a Richard Lee para que llevara a cabo, entre 1963 y 1964, su primer estudio sobre los forrajeadores ¡Kung San de Bostwana (Lee 1979: 9-15). Ello marcó la entrada de los antropólogos en el proyecto multidisciplinar sobre los orígenes humanos (*ibid.:* 9) y condujo directamente al importante simposium titulado *Man the hunter* (Lee y DeVore 1968). El volumen correspondiente y los demás volúmenes comparativos que fueron apareciendo sobre las sociedades forrajeadoras (Bicchieri 1972, Burch y Ellanna 1994, Damas 1969, Hunnn y Williams 1982, Ingold, Riches y Woodburn 1991, Leacock y Lee 1982, Lee y DeVore 1976, Miracle, Fisher y Brown 1991, Smiley *et al.* 1980) proporcionaron un rico recurso para definir los parámetros de las sociedades sobre las que no se podía presumir apenas nada excepto que vivían en pequeños grupos y se movían mucho (Lee y DeVore 1968: 11).[2]

Caracterización de los cazadores recolectores

Para la investigación sobre las sociedades forrajeadoras que siguió, la descripción del estilo de vida nómada resultó el modelo básico (Mueller-Wille y Dickson 1991: 26). En una síntesis comparativa de los artículos de *Man the hunter*, Lee y DeVore (*ibid.*: 11-12) establecieron una distinción entre los elementos de la base organizativa y del sistema social (cuadro 1.1).

Cuadro 1.1. *Modelo del estilo de vida nómada de los cazadores recolectores (Lee y DeVore 1968: 11-12).*

Base organizativa

- Sistemas sociales abiertos en los que los grupos locales acostumbran a asociarse dentro de un espacio geográfico.
- La comunicación entre los grupos se realiza bajo la forma de alianzas matrimoniales y visitas mutuas. Ello estimula la formación de grupos compuestos por diversas "bandas" que forman parte de una comunidad lingüística mayor.
- El sistema económico se basa en un núcleo que presenta rasgos comunes:
  - un campamento base;
  - una división del trabajo según la cual los hombres cazan y las mujeres recolectan;
  - el reparto de los recursos obtenidos.

Sistema social

- La necesidad primordial de movilidad restringe la posesión de objetos y la cultura material. Este factor actúa en favor del mantenimiento de una estructura igualitaria.
- La provisión de comida hace que el tamaño de los grupos sea pequeño, a menudo inferior a las cincuenta personas, así la población se distribuye en bandas que pueden conservar su eficiencia.
- Las relaciones intergrupales mediante el matrimonio y otros sistemas de alianza constituyen la mejor manera de contrarrestar la escasez de recursos.
- Es rara la existencia de derechos exclusivos sobre los recursos.
- El entorno ambiental es la única despensa en la que difícilmente se producen casos de exceso de recursos. Ello restringe el uso social de los recursos alimentarios.
- La costumbre de hacer visitas a distintos lugares impide un fuerte apego a un lugar concreto. El conflicto entre grupos se acostumbra a resolver con una ruptura.

2. No quiero comentar aquí el debate sobre los estudios sobre cazadores recolectores, conocido como revisionista (Barnard 1992, Schrire 1984, Wilmsen 1989). Aunque esté totalmente de acuerdo en que los forrajeadores contemporáneos nuestros no son lo mismo que los de las sociedades prehistóricas, no por ello dejo de coincidir con el comentario de Wilmsen (1989: 352) de que la aceptación de la crítica revisionista no significa que «nada útil al estudio de la evolución humana puede provenir del estudio de la cultura San, *excepto aquellos aspectos relacionados con el conocimientos y la técnica empleados en el propio hecho de forrajear, pues sólo esos son relevantes para el estudio de los forrajeadores*. Además, a menos que uno insista en el hecho de que permanece un residuo del Paleolítico en las poblaciones de lengua San, no hay razón para singularizar estos pueblas para tales investigaciones» (1989: 352 el énfasis es mío).

Tal como se podía esperar, este modelo básico progresó a partir de los puntos de vista sintetizados por Washburn y DeVore (1961) en su estudio comparativo entre forrajeadores y babuinos. El énfasis en los sistemas abiertos, las alianzas, la movilidad y la no adscripción a un territorio (Lee 1976), aunque no fue apoyado por otros autores participantes en el simposium, ofreció un punto de vista alternativo al modelo de bandas promovido por Service (1966, 1971) en su contribución clásica a la evolución social. El modelo de Lee y DeVore se hacía eco de una propuesta anterior formulada por Lesser, que pedía considerar, a modo de hipótesis de trabajo,

> [...] la universalidad de la influencia y del contacto humanos —como un rasgo fundamental del proceso sociohistórico; y concebir las sociedades humanas— fueran prehistóricas, primitivas o modernas, no como sistemas cerrados sino abiertos... deberíamos contemplar cada agregado social no como algo aislado, separado de los demás por una especie de muro, sino como algo inextricablemente unido a otros agregados, fueran cercanos o lejanos, por conexiones del tipo trama o red (Lesser 1961: 42).

Pueden encontrarse paralelos etnográficos suficientes como para apoyar ambos puntos de vista. La realidad, tal como Stanner (Peterson 1986, Stanner 1965) puntualizó, muestra un contínuum caracterizado por un acceso social diferenciado a los grupos locales y a los recursos que controlan. Este criterio de la asociación variable se protegía con lo que Stanner llamó relaciones *estate* (el núcleo fundamental de creencias de tipo religioso) y *range* (área de forrajeo) (Gamble 1986a: 33-4). La posición de cada grupo estaba fuertemente influenciada por la modificación de las condiciones ecológicas. Cuanto más tupido se volvía el núcleo de creencias de un grupo y su área de forrajeo más cerrada, más probable era encontrar un sistema de acceso restringido. Al contrario, cuando los recursos eran escasos, el área de forrajeo tendía a exceder ampliamente el área cubierta por el sistema de creencias de un grupo; consecuencia, el acceso se facilitaba y se tendía a compartir los frutos, configurándose un sistema abierto (figura 1.1).

Peterson (1986) ha mostrado cómo funciona este contínuum social en distintas sociedades australianas de forrajeadores (cuadro 1.2). Ordenados según un gra-

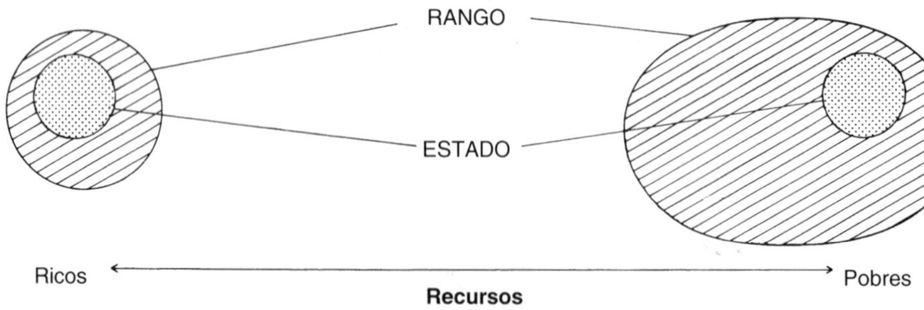

FIG. 1.1. *Transformación del comportamiento espacial de los cazadores recolectores bajo condiciones ecológicas variables, según Stanner (1965).*

CUADRO 1.2. *Organización social australiana según el gradiente ecológico (a partir de Peterson 1986: Figs. 6:5 y 151-3).*

Recursos	*Individuos/Km²*	*Integración*	*Vinculación a la tierra*	*Matrimonio*	*Principo social*
Pobres	1:200 (Pintupi)	Mitades generacionales	Concepción	Monogamia	INCLUSIVO
Medios	1:86 (Walpiri Pitjantjatjara)	Mitades generac. patriliniales	Tenencias		
Ricos	1:20 (Yolngu) 1: 4 (Kurnai)	Ninguna	Grupos de descendencia	Poliginia	EXCLUSIVO

diente ecológico[3] de recursos que va de pobres a ricos, es posible ver cómo se producen cambios sistemáticos en los principios que rigen la integración social, las formas de relación con la tierra y las reglas que regulan los matrimonios. Los principios sociales de inclusión y exclusión que varían según el gradiente se examinan en el capítulo 3.

Hago referencia a este debate sobre la naturaleza abierta o cerrada de los grupos de forrajeadores no sólo porque tiene que ver directamente con mi principal preocupación que son las relaciones sociales, sino también porque ilustra acerca de un rasgo recurrente en la forma de establecer dicotomías entre los cazadores recolectores (cuadro 1.3).

Varios de estos autores discuten el contínuum que Stanner exploró de forma tan provechosa. Sin embargo esta glosa a menudo se olvida y se toman los extremos por definiciones que estructuran el análisis arqueológico y caracterizan el modo de vida de los cazadores recolectores prehistóricos (ejemplo, Johnson y Earle 1987, Keeley 1988).

LA HISTORIA DE UN ÉXITO MULTIDISCIPLINAR

Las dicotomías que muestra el cuadro 1.3 fueron introducidas a partir de los años 1960, una vez que arqueólogos y antropólogos hubieran descubierto que podían investigar la vida social de los primeros homínidos. La clave de este descubrimiento fue la adopción de un enfoque multidisciplinar al estudio de los problemas relacionados con los orígenes sociales y biológicos del ser humano.

Esta estrategia queda perfectamente ejemplificada por el éxito de los Leakey en Olduvai, Tanzania, donde se pudo datar un conjunto de fósiles y de yacimientos arqueológicos utilizando métodos científicos específicos (Leakey 1951, Leakey 1971).

3. El volumen de lluvia caída se usa para medir este gradiente, tal como expuso Birdsell (1958).

CUADRO 1.3. *Dicotomías usadas en la caracterización de los cazadores recolectores, en el pasado y actualmente.*

Grupo local	Patrilocal Unilocal	Bandas mixtas Bilateral	(Service 1971, Steward 1936) (Gardner 1966, Layton 1986)
Organización social	Territorial Nivel tribal	No territorial Nivel de banda	(Lee 1966) (Constandse-Westermann y Newell 1991, Fox 1967)
Sistema de parentesco	Complejo, ej. esquimales	Elemental, ej. australianos	(Lévi-Strauss 1969) (Fox 1967)
Redes	Nucleadas	No nucleadas	(Yellen y Harpending 1972)
Tipo de interacción	Cerrada Exclusiva No igualitaria	Abierta Inclusiva Igualitaria	(Lee 1976) (Gamble 1993d) (Woodburn 1982)
Poblamiento	Recolector Circulante	Forrajeador Irradiante	(Binford 1980) (Marks 1983)
Sistema de retorno	Retardado	Inmediato	(Woodburn 1980)
Organización sistémica	Compleja	Simple	(Keeley 1988)
Fundamento del conocimiento	Opinión de grupo	Recuerdo experiencia personal	(Gardner 1966)
Organización tecnológica	Cuidada Segura	Oportunista Defendible	(Binford 1973, 1979) (Bleed 1986)
Posición en la historia	Activa "caliente"	Pasiva "fría"	(Bender 1985)
Entorno social	Abierto Prístino	Cerrado Aculturado	(Woodburn 1991) (Service 1971)
Tipología de la evolución	Grupo local acéfalo	Grupo familiar sin domesticación	(Johnson y Earle 1987)

Estos descubrimientos estimularon paralelamente la investigación de los chimpancés con resultados sorprendentes en lo referente a uso de herramientas y comportamiento en grupo (Goodall 1986). Algunos elementos clave de la comparación entre babuinos y forrajeadores de Washburn y DeVore, que habían sugerido la posibilidad de investigar la vida social en el Paleolítico, podían ahora investigarse de nuestros parientes primates más cercanos.

Ante tales posibilidades de éxito, el grueso de este tipo de estudios multidisciplinares tuvo lugar, tal como era de esperar, en el continente africano (Clark 1976). Este tipo de investigación conectaba con los *orígenes* de la vida en sociedad[4] que luego abordaron los trabajos de Reynolds (1966), Howell (1965), Isaac (1972, 1978), Leakey y Lewin (1977), Zihlman (1978), Wilson (1980), Tanner (1981), Lovejoy (1981) y Humphrey (1983), y más recientemente, por Parker (1987), Wilson (1988), Foley (1989, 1989), Knight (1991a 1991b), Maryanski y Turner (1992), Rodseth (*et al.* 1991), Potts (1993) y Quiatt y Reynolds (1993). Varios de estos modelos son comentados por Richards (1987: 206-233) y por Knight (1991a: capítulo 5). Fedigan (1986), Conkey (1991) y Sperling (1991)[5] aportan un valioso conjunto de críticas feministas.

De estos estudios extraemos que lo *social*, en el contexto de la investigación sobre los orígenes humanos, constituía una forma de relacionar estrechamente datos dispares procedentes del trabajo multidisciplinar, con el fin de formar una narración coherente. Era el paradigma que justificaba la empresa, que funcionaba a base de sustentar dos historias distintas: la historia del cambio y la historia de la adaptación.

Glynn Isaac, en particular, intentó caracterizar la naturaleza de estas primitivas sociedades y sus trayectorias de desarrollo, a partir de la arqueología del Pleistoceno inicial del Este de África. De ahí su análisis de los campos base (1978), de las redes de transmisión cultural (1972), y de la superestructura de la cultura (1976), que situó, en palabras de Hallowell (1961), sobre una base protocultural comparable a la organización de los grandes simios (figura 1.2).

Empecemos por los orígenes

Pero puede que no todo sea tan bonito en el jardín de la investigación sobre los orígenes humanos. Mientras que los arqueólogos celebran los logros de la investigación multidisciplinar y los productos del método científico aplicado a un problema, que, sólo hace cuarenta años, Childe vio imposible de resolver, nosotros nos tenemos que preguntar qué hemos aprendido de todo ello. No en términos de los nuevos yacimientos arqueológicos, sino en términos de aquellos orígenes sociales para los que la empresa multidisciplinar fue creada.

Latour y Strum (1986) examinaron siete textos sobre los orígenes sociales del ser humano, que van cronológicamente desde el *Leviatán* (1651) de Hobbes al estudio sociobiológico de Axelrod y Hamilton (1981). Incluyen un texto arqueológico

4. Richards (1987: 306-331) ofrece un examen muy útil de la literatura sobre evolución social y nos recuerda que «la evolución social ha sido históricamente una de aquellas cuestiones que de forma permanente atraen la atención desde direcciones muy diferentes, sin ser el coto específico de ninguna disciplina en particular. El resultado final es que hasta la pasada década más o menos, a pesar de la tinta vertida, es difícil encontrar un corpus coherente de literatura científica o académica sobre el tema. Lo más probable es encontrar un capítulo final en el cual el autor del correspondiente libro se complica en disquisiciones sobre la condición humana» (*ibid.*: 207).

5. Sorprende cómo se presentan estas historias derivadas de evidencias de tan distinto signo. Algunos autores proporcionan explicaciones sumamente imaginativas sobre lo que podía suceder en las sabanas del África Oriental con el fin de reconstruir las relaciones sociales (ver particularmente Fox 1967: 175:180, Gamble 1993a: 108-12, Humphrey 1983: 48-55, Isaac 1976: 483-485, Reynolds 1966: 446-50). Estas historias conllevan muchos elementos de similitud en su intención de dar un nuevo giro significativo a la historia evolucionista. La forma que toman, en parte viene determinada por el hecho de que manejan descripciones de tipo ecológico (Gamble 1993a: 36-37) para explicar un gran número de datos procedentes de cientos de miles de años y a menudo de lugares geográficamente alejados.

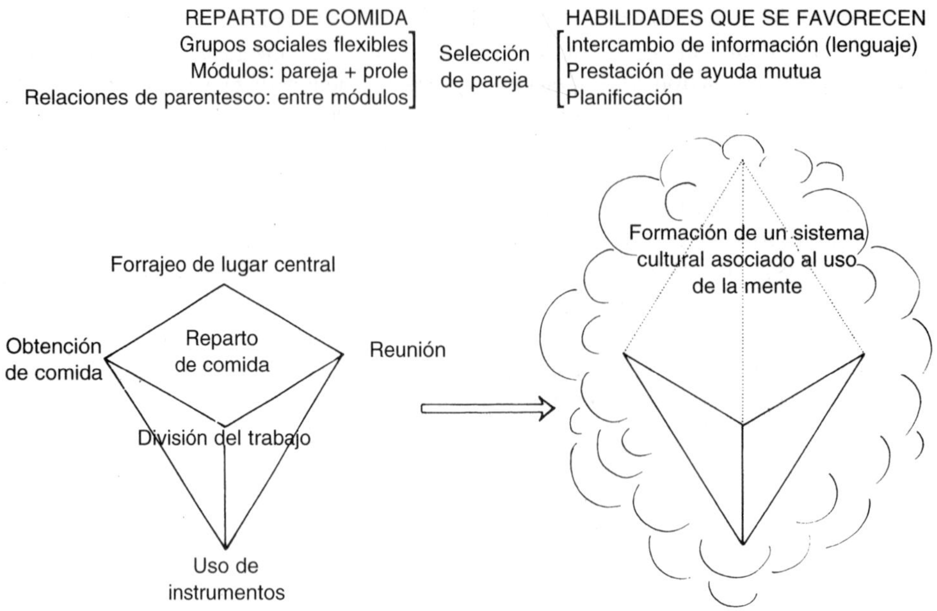

FIG. 1.2. *El modelo conocido como de «reparto de comida» o de «forrajeo de lugar central» con sus implicaciones con respecto a la evolución social de los primeros homínidos (a partir de Isaac 1989: Fig. 4.14).*

Origins (1977) de Leakey y Lewin, que difiere de los demás[6] en que suma a una cronología sobre los orígenes sociales científicamente establecida, la presentación de varios de estos hechos multidisciplinares que tan cuidadosamente han sido reunidos. Pero cuando aquellos autores comparan *Origins* con la obra de Rousseau, escrita mucho antes de que se hubiera encontrado ningún fósil de homínido, se dan cuenta de que hay muy pocas diferencias por lo que se refiere al esquema organizativo de estas obras y a las presunciones que contienen. Tras su examen sucinto, Latour y Strum llegan a la siguiente conclusión:

> Habíamos asumido que los conocimientos que poseíamos más la llegada de nuevos «hechos» sobre los orígenes de lo social, producirían mejores resultados. *Sin embargo éste no es el caso.* Parece que con nuestro trabajo funcione una ley inversa: cuantos más hechos incorporamos, menos atención se pone en la coherencia del marco dentro del cual estos hechos se situan. Como resultado, parece que *la cantidad de hechos se torne irrelevante*, puesto que los textos más coherentes de nuestro corpus son aquellos, como el de Rousseau, que dejan de lado los hechos, y los menos coherentes, aquellos que tienen en cuenta más hechos. (Latour y Strum 1986: 185, la cursiva es mía).

6. Los otros trabajos son *A discourse on the origin of inequality* de Rousseau (1755), *Totem y taboo* de Freud (1913), *The selfish gene*, de Dawkins (1976), y *The evolution of reciprocal altruism* de Trivers (1978).

Ni que decir que es un reto —sobre todo para aquellos que esperan que la respuesta a los orígenes sociales humanos aparecerá a base de reunir todas las señales posibles—. Es un reto también para aquellos, como Landau (1991), que piensan que es suficiente con señalar a la naturaleza repetitiva de las explicaciones sobre los orígenes humanos ofrecidas por los arqueólogos, sin juzgar su coherencia en relación a otro tipo de autores que abordan el mismo tema. Saco las siguientes conclusiones de la precavida historia de los constructivistas sociales. Tal como Haraway reclama, los hechos sin explicación no tienen ningún significado. Debemos contrapesar la coherencia narrativa con la necesaria selección de la información. No precisamos incluir todo lo que se ha descubierto para producir síntesis coherentes, pero sí que debemos poner gran atención a la estructura de nuestra explicación. El método científico precisa reconocer el carácter mítico de las narraciones sobre los orígenes sociales ya que están cargadas de valores que conciernen nuestro presente estatus, nuestra función y nuestros derechos.

Latour y Strum nos recuerdan que debemos ser explícitos con nuestras presunciones iniciales. Siempre hay espacio para fortalecer los procedimientos lógicos y considerar qué es lo que hace convincente un texto científico en términos de verificación de las afirmaciones del conocimiento (Gardin 1980). También acepto buenamente su crítica, puesto que aunque ponen énfasis en la calidad mítica de la investigación científica, no desechan la idea de la necesidad de estudiar los orígenes sociales. Ello contrasta con lo que dijo una vez el antropólogo británico Evans-Pritchard sobre la pérdida de tiempo que suponía este tipo de estudios; sólo especulaciones sobre cuestiones irresolubles (1965).[7] Su insistencia en la genealogía social, donde los debates sobre los orígenes constituyen oportunidades para negociar el significado de nuestra sociedad, proporciona el contexto necesario para justificar la empresa, una empresa que no perjudica a la ciencia cuando se la mezcla con un programa político o social noble.

Los estudios sobre la sociedad del Paleolítico: el origen de las modernas sociedades de forrajeadores

La tipología sobre la evolución social más influyente a lo largo de los últimos treinta años señaló a bandas, tribus, jefaturas y estados como sus unidades básicas (Service 1971). Aunque haya bastante gente que piensa que esta tipología está superada, sospecho que todavía muchos estudiosos la utilizan a modo de taquigrafía mental (Yoffee y Sherrat 1993). Esta tipología facilita una primera aproximación; así, cualquier ejemplo etnográfico o arqueológico recibe acomodo dentro de un esquema organizativo, que por su carácter generalista damos por supuesto que nos ha de decir alguna cosa substancial acerca del sujeto que estudiamos.

El problema es que mientras que en su sentido amplio tales categorías responden a una realidad —las bandas y los estados *constituyen* efectivamente realidades sociales diferenciadas—, existe poco acuerdo sobre los criterios por medio de los cuales clasificar las conceptualmente menos diáfanas sociedades en transición. Por otra

7. Otro antropólogo social británico Radcliffe-Brown (1952) dio un apoyo muy limitado al estudio de la evolución social, aunque estuvo más inclinado a considerarlo como historia conjetural. Este punto de vista ha sido seguido por la mayoría de sus discípulos británicos (ver Ingold 1986a).

parte, la progresión inevitable que tal tipología implica, que Johnson y Earle designan como espiral hacia arriba (1987: 15), no es otra cosa que una forma de explicar los beneficios de la civilización. Siendo como es un mito confortable sobre nuestros orígenes sociales, este evolucionismo nos dice bien poca cosa fuera de confirmarnos en nuestra creencia en el progreso.

Sociedades abiertas y cerradas: ¿cuáles llegaron antes?

La primera de las categorías, la banda, nos ilustra perfectamente acerca de los problemas que comentábamos. Costó muchos años que europeos y norteamericanos llegaran a reconocer que los cazadores y los recolectores tuvieran vida social, y que valiera la pena investigarla de forma sistemática (Kuper 1988). Una vez empezó, el problema fue cómo clasificar una muestra tan heterogénea, que se desperdigaba por todo el mundo, explotaba recursos diferentes y mostraba una gama extensa de costumbres.

Steard (1936, 1955) y Service (1966, 1971) pusieron cierto orden en el asunto al reconocer que muchas de estas bandas eran el resultado de un contacto con el mundo moderno. Fueron las llamadas bandas *mixtas*, por ejemplo, los algonquinos del norte y los athabascos (Service 1971: 48-52), cuyas sociedades acabaron destruidas por el contacto con los occidentales dejando como resultado un tipo de organización fluida de nivel familiar (*ibid.*: 97). Tales bandas fueron contempladas como un vestigio de anteriores bandas *patrilocales*, que Service definió por su práctica de la exogamia fuera del grupo local y por adoptar la residencia de los varones, es decir, que la mujer casada se muda al hogar o campamento del marido (1971: 64). Tal como Lee escribió, «la impresión dominante que se obtiene de las bandas patrilocales es que se trata de grupos patriarcales bastante aislados que se encierran en su territorio» (Lee 1976: 75). Según Service esta forma de organización debe de haber sido predominante durante el Paleolítico. Las sociedades australianas y los californianos del desierto central constituyen típicos ejemplos etnográficos de bandas patrilocales.

Sin embargo este esquema todavía dejaba fuera muchas bandas. Por ejemplo, los esquimales y los shoshones de la Gran Cuenca parecían una anomalía (Service 1971: 83-97), ya que a pesar de ser afectados por el contacto europeo, conservaban rasgos característicos de las bandas patrilocales. Los bosquimanos del Kalahari seguían siendo contemplados, en las ediciones de los estudios de Service (1971: 50) que siguieron a *Man the hunter*, como una sociedad difícil de clasificar, aunque claramente no patrilocal. Finalmente, las sociedades forrajeadoras de la costa del noroeste de América del Norte por varias razones no podían entrar en el esquema de sociedades de bandas, por lo que fueron incluidas en las de jefaturas.

Lee, en cambio, puso en un aprieto la idea de que las bandas patrilocales estuvieran extendidas por todas partes al contemplarlas como etnográficamente raras (1976: 76). Su modelo, que se inspira en la obra de Mauss (1906), resalta el hecho de que los grupos se fusionaban y escindían fácilmente, organizándose la pertenencia a un grupo por ambos lados y no sólo por descendencia patrilineal. Los ¡Kung constituyeron el principal ejemplo de «grupo social relativamente abierto con territorios superpuestos compartidos, que parece ser la forma más extendida entre los cazadores recolectores contemporáneos» (Lee, 1976: 76). Todo ello sugería un replanteamiento del estatus de banda mixta. Quizás su forma no se debía exclusivamente a su casi destrucción por contacto con la civilización industrial (Lee, 1976: 77).

Como hemos visto, los estudios sobre nuestros más remotos orígenes sociales africanos se interesan más por la adquisición de los elementos de sociabilidad (por ejemplo la tecnología, la territorialidad, la cooperación, la caza) que por la identificación de categorías sociales como las bandas. Tal como muestra Isaac en su influyente modelo sobre reparto de alimentos (1976: figura 6, 1978) la estrategia consistió en añadir algo al modelo de organización de los primates y restar algo procedente de los modernos cazadores (figura 1.2). El punto de vista dominante insistía en que estas sociedades primitivas eran abiertas y no territoriales. Se parecían, pues, a lo descrito respecto a los grupos San (Barnard 1992, Lee 1976, Silberbauer 1981). La estructura social fluida y los sistemas de retorno inmediato de estas sociedades modernas han sido reprimidos por las sociedades agrícolas y ganaderas hasta provocar el encierro de estas sociedades en sus territorios (Woodburn 1991).[8] De ahí que haya reaparecido la sugerencia de que estas sociedades, al mostrar muchos rasgos comparables con lo establecido por Service (1971) en relación a las bandas mixtas, sean un producto de la aculturación y no un indicio de formas sociales anteriores muy difundidas (cuadro 1.4).

De la investigación iniciada por Lee y colegas en el Kalahari destaca el hecho de que contradice la presunción que acabamos de reseñar. Afirman que los sistemas de redes abiertas deben también ser contemplados como un rasgo original (Yellen y Harpending 1972: 244). La ventaja de un sistema como éste reside en el ajuste de la población a los cambios en la provisión regional de alimentos, utilizando el recurso a la disgregación como forma de resolver los conflictos; es decir, literalmente «expulsando el problema» al tiempo que se reestructura el tamaño de las familias entre los

CUADRO 1.4. *Clasificación de las sociedades cazadoras recolectoras contemporáneas (Woodburn 1991: 35).*

Abierta *Sistema de retorno inmediato*	*Cerrada* *Sistema de retorno retardado*
África ¡Kung Mbuti Hadza	**América del Norte** Sociedades Inuit Sociedades de la costa noroeste
India Malapantaram Naiken Paliyan	**Australia** Sociedades aborígenes
Malasia Negritos Batek	

8. Gardner (1966: 406) muestra algunas similitudes con lo descrito al dividir las sociedades cazadoras entre sociedades refugiadas por presión intercultural de sus vecinos poderosos (ej., los ¡Kung) y sociedades insulares no sometidas a presión (ej., los Tlingit y los Walbiri).

grupos locales de las bandas (Layton 1986, Lee 1979). Sin embargo, la llamada crítica revisionista (Schrire 1984, Wilmsen 1989) apoya con firmeza la noción de que se puede rastrear la forma de esas sociedades «abiertas» en las fuerzas económicas y sociales dominantes que han dado forma a la historia política reciente del sur de África. Se ha descubierto que los individuos pasan de una economía cazadora a una ganadera con cierta facilidad y con escasa atención a las sutilezas de la tipología.

El resultado es que el péndulo ha vuelto a moverse para considerar que aquellas sociedades que no sufren la presión territorial de los granjeros o de países industriales, son en buena medida más típicamente representativas de un sistema social preagrícola generalizado. En un mundo en el que sólo existen cazadores y recolectores, es posible que una mayor proporción tenga sistemas de retorno retardado (Woodburn 1991: 61). Tal tipo de sociedades se encuentran fundamentalmente en el Ártico, la costa noroeste de América del Norte y Australia (cuadro 1.4). Woodburn (1980, 1982) sostiene que estas sociedades se caracterizan por un sistema de retorno retardado que implica la existencia de derechos sobre determinados activos valiosos. Estos activos pueden ser:

— Instalaciones técnicas (redes de pesca, barcas, trampas).
— Alimentos procesados almacenados que se guardan en las viviendas o en instalaciones anexas.
— Cosechas silvestres cuyos rendimientos se han incrementado por intensificación.
— Hembras de la familia destinadas a ser entregadas en matrimonio (Woodburn 1991: 32).

Australia, el continente de los cazadores recolectores, presenta muchos interrogantes a las ideas de Woodburn sobre la forma original de las sociedades de forrajeadores. La práctica del almacenamiento está poco difundida y el confinamiento de los aborígenes por los granjeros no ocurrió hasta después de la llegada del capitán Cook. Además, en el continente no existían bandas de forrajeadores de tipo patrilocal (Hiatt 1962). Para solventar este problema Woodburn propone que los sistemas matrimoniales constituían una forma de retorno retardado con respecto a los hombres de edad que controlan la distribución de mujeres entre los grupos locales. «Los australianos son granjeros disfrazados que se dedican a apacentar a sus mujeres y a sacar provecho de ello» (Woodburn 1980: 108-9).

Pero al insistir en el sistema de retorno, retardado o inmediato, para caracterizar a las sociedades forrajeadoras, Woodburn ignora la importancia del espacio y la propiedad como activos. Se trata de una omisión importante toda vez que, tal como demuestra Layton (1986: 30), en las sociedades de cazadores recolectores son las transacciones de propiedad las que modelan los procesos a largo plazo, y por tanto, determinan las estructuras políticas. En el caso estudiado por Layton la propiedad pertenece a los clanes o grupos de descendencia de pequeño tamaño, que integran de quince a cincuenta individuos (*ibid.*: 22). Otros estudios se refieren a estos grupos con las expresiones banda mínima (Damas 1972) o grupo local (Birdsell 1968).

En Australia la verdadera propiedad la forman los lugares sagrados sobre los que cada clan ostenta unos derechos exclusivos. Estos lugares conforman el concepto de estado que aplica Stanner (1965). Las sociedades forrajeadoras australianas se caracterizan por una peculiar asociación de la gente con la tierra y por la forma activa que tienen de conservar los significados relacionados con determinados lugares. Layton (1986: 30) compara este tipo de derechos exclusivos sobre lugares geográficos y sobre conocimientos sagrados, con lo que hacen otros cazadores recolectores que también practican derechos exclusivos sobre territorios y recursos. Estos derechos también recaen en linajes, lo que forma la base de las estructuras sociales no igualitarias.

Meillassoux (1973) ofrece un punto de vista muy diferente. Arguye que la forma de explotar la tierra da lugar a relaciones de producción que se resuelven mediante la reproducción física y social de la sociedad. Las relaciones de producción entre los miembros de un grupo de cazadores no exige, en opinión de este autor, la permanencia ininterrumpida en el grupo por parte de cada individuo, por lo que el sistema no conduce a una cohesión social duradera. Por otra parte, cuando la tierra es algo más que el instrumento de trabajo, como sucede con los agricultores, se produce una explotación que agota la tierra forzando al grupo a trasladarse de una zona a otra en busca de nuevos recursos. Para este autor, la comprensión del proceso que lleva de la caza a la agricultura es francamente difícil si los protagonistas del mismo no reciben del entorno alguna ventaja extra.

El uso espacial de los recursos o propiedad, proporciona el enfoque necesario para contemplar la acción social a través de una participación basada en derechos y obligaciones. Si solamente nos concentramos en el sistema de retorno, es decir, en el uso a tiempo de los recursos, como aboga Woodburn, podemos caer en la tentación de utilizar extraños argumentos evolutivos. Por ejemplo, podría argüirse que los ¡Kung se pasarían a un sistema retardado si las fuerzas políticas y económicas que les rodean se lo permitieran. Este punto de vista les negaría cualquier participación activa en su propia historia, requiriendo únicamente el mantenimiento de cierto equilibrio organizativo por su parte. Cazadores y recolectores son, pues, devueltos a un estado de pasividad cuando son afectados por fuerzas externas como los cambios climáticos o el influjo de otra civilización. Los miembros de estas sociedades son apenas contemplados como agentes sociales activos; si no se les ve más bien como esclavos de la naturaleza. Las sociedades que habitan son «frías» en términos de posibilidades de cambio de origen endógeno, cambio que depende siempre, por tanto, de un empuje exterior. En este escenario sólo pueden ser sociedades «calientes» las sociedades agrícolas y civilizadas. Ellas sí que están pobladas de gente con la «sangre caliente» necesaria para hacer historia (Bender 1985: 21).

Dejando aparte las caricaturas, el problema sigue siendo cómo y por qué sucedieron unos cambios sociales tan profundos. Woodburn tiene la misma preocupación. Piensa que:

> [...] los sistemas de retorno retardado de los cazadores recolectores están, en cierto modo, preadaptados para el desarrollo de la agricultura y el pastoreo. Gozan de la organización (los lazos que unen, los grupos sociales) que facilitará el desarrollo de una economía basada en la agricultura y el pastoreo una vez que las técnicas lo permitan (Woodburn 1991: 57).

Por lo tanto, fue entre las sociedades no confinadas a unos territorios, que practicaban un sistema de retorno retardado, hoy desaparecidas, donde ocurrió el cambio. En otras palabras, su éxito provocó su desaparición.

Meillassoux también orilló el problema apuntando a las sociedades de la costa noroeste de América del Norte, que dependían de la pesca, como el probable caldo de cultivo del que surgió el sistema agrícola con sus derechos de tenencia y propiedad sobre las tierras (1973: 201). Pero al igual que Woodburn este autor tampoco explica por qué en estos ambientes tan desapacibles el estilo de vida forrajeador aún perdura.

Causas simples

Estos estudios señalan las dificultades, cuanto no la imposibilidad, de establecer un prototipo a partir de la etnografía para el estudio de las sociedades en transición a la agricultura, y a partir de aquí deducir una trayectoria evolutiva. Ello no ha frenado a Johnson y Earle (1987: 18) de presentar a los ¡Kung y a los Inuit como ejemplos de dos extremos de la organización cazadora-recolectora, representando, respectivamente, los primeros una organización social de nivel familiar y los segundos una organización de grupo local. La sociedades forrajeadoras prehistóricas desde Olduvai hasta la Dordoña del Paleolítico Medio, son pasadas por el rasero de los parámetros demográficos de los ¡Kung y de los shoshones de la Gran Cuenca. Todo lo que sucede durante el Paleolítico Superior fue «provocado por el continuo crecimiento de la población» (*ibid.*: 55). De hecho estos autores sostienen que el crecimiento de la población constituye el principal factor determinante de todo cambio social (*ibid.*: 3). La intensificación precipitada por tal crecimiento produciría sociedades de grupo local, como los Inuit de la costa o los Nunamiut del interior. Por lo tanto nos dejan con la idea de que los sistemas mixtos abiertos son algo ancestral y de que los forrajeadores están pasivamente a la espera que el cambio los agite bajo la «inesperada» forma de un crecimiento de población. Esta manera de explicar el cambio social es claramente insatisfactoria. La lección sobre cómo practicar etnografía con un pico y una pala (Wobst 1978) no ha sido todavía completamente absorbida por este tipo de esquemas evolutivos.

Los estudios sobre la sociedad del Paleolítico: los orígenes de la banda y de las sociedades complejas

Mientras que los antropólogos se las tienen con sus tipologías contradictorias, los arqueólogos han estudiado otros dos conceptos cuyos orígenes se remontan a las categorías que acabamos de nombrar. La primera es la *Sociedad de Banda*s (con las iniciales en mayúscula) que Wobst (1974: v) contempla como el sistema cultural subyacente a partir del cual emerge el comportamiento cultural específico de cada población de cazadores recolectores. El rasgo distintivo de las Sociedades de Bandas es su carácter grupal y la aparición de límites territoriales.[9] Se apoya en el modelo de-

9. Constandse-Westermann y Newell (1991, Newell 1984 y Newell y Constandse-Westermann 1986) han revisado los datos de población de los cazadores recolectores de América del Norte. Proponen dos tipos de sociedad que llaman, nivel de Banda, y nivel de Tribu, pero que, confusamente, ambos contienen bandas y dialectos tribales. Argumentan que los niveles de densidad demográfica necesarios para soportar la endogamia y el confinamiento en grupos (eso es, la Sociedad de Bandas) sólo se encuentra en sociedades de nivel Tribu (1991: Cuadro 1). Son las mismas tribus comentadas por Service (1971) que normalmente se asocian a la producción de alimentos.

mográfico y ecológico creado por Birdsell (1958, 1953) para las tribus australianas con dialecto propio que dependían para su existencia de «su competencia en el habla y en la capacidad de desplazarse a pie» (1968: 232).

El segundo concepto es el de los cazadores-recolectores complejos (Ames 1985, Hayden *et al.* 1985, Marquardt 1985, Shnirelman 1992) que cada vez más incluye varios de los denominados agricultores neolíticos (Bender 1985). El ímpetu por estudiar la complejidad entre unas sociedades que durante mucho tiempo fueron consideradas poco más que hordas primitivas, surgió, por un lado, de la clasificación, por parte de Service, de algunos cazadores como jefaturas, y de otro, de la pregunta de carácter evolutivo que decía: ¿de dónde proceden los agricultores? No obstante, debemos darnos cuenta de que hay que contemplar el potencial para la complejidad como una propiedad de todas las bandas forrajeadoras modernas, sea cual sea la clasificación preferida. El uso del término no debe indicar, como hace Keeley (1988), que estos cazadores «complejos» vayan hombro con hombro con los forrajeadores «simples».

Es importante mantener estas dos concepciones de banda, Sociedad de Bandas y cazadores-recolectores complejos, separadas. El propósito de revisar estos términos es que, como arqueólogos, podemos predecir con alguna confianza que la organización Sociedad de Bandas es casi del todo necesaria para producir complejidad material. Como resultado, el concepto de Sociedad de Bandas se ha aplicado al problema que presenta la interpretación de los cambios importantes asociado al Paleolítico Superior (Gilman 1984, Mellars 1973, White 1982).

La Sociedad de Bandas y las alianzas

> La forma social de organización durante el Paleolítico más frecuente y característica entre los cazadores recolectores, es la integración a nivel de banda, aunque es posible que no tuviera un carácter del todo universal (Service 1971: 47).

Si esto es así, ¿qué sucede con los orígenes de la Sociedad de Bandas que Wobst señala como tema de investigación futura clave sobre el cambio «cultural», a la altura de la aparición física de los seres humanos o de los orígenes de la agricultura (1974: vi)?

Hay que darse cuenta, en primer lugar, que la Sociedad de Bandas es, de forma parecida a la definición de banda patrilocal dada por Service (1971: 64), un concepto limitado que sólo se refiere a los aspectos territoriales y residenciales de la organización social. Se reconocen seis postulados en relación a la Sociedad de Bandas (cuadro 1.5). Williams (1974) los expuso tras un estudio de los Birhor, habitantes de la India oriental, combinado con una simulación por ordenador de las implicaciones genéticas de las estructuras espaciales de las redes de matrimonio.

Las consecuencias espaciales de estos postulados se examinarán más tarde, en los capítulos 2 y 3. Aquí voy a considerar únicamente de qué manera ha sido utilizado este modelo para investigar los orígenes de la «marca» Sociedad de Bandas, a partir del cual se han abordado las distintas sociedades de banda conocidas desde la etnografía.

Wobst (1976: 52) asimila Sociedad de Bandas a «redes de emparejamiento que permanecen cerradas hasta el punto de que los grupos locales que participan de las

CUADRO 1.5. *Los seis postulados de las sociedades de bandas (Williams 1974).*

1. Las especies que se dividen en grupos sociales con autonomía con respecto a la provisión de alimentos o de recursos vitales, mostrarán territorialidad.
2. Dado que los alimentos son compartidos por la unidad familiar y que existe una división sexual del trabajo con respecto a las actividades de caza y recolección, los grupos territoriales tenderán a ser patrilocales.
3. En las sociedades cazadoras recolectoras las unidades sociales son unidades de parentesco.
4. En las sociedades cazadoras recolectoras la unidad de parentesco con mayor autonomía con respecto a los recursos es el linaje.
5. La banda formada por un linaje es exogámica.
6. El tamaño óptimo de una banda es el tamaño mínimo que permite mantener indefinidamente las alianzas por matrimonio con las demás bandas.

mismas hacen derivar todas sus parejas prácticamente de las mismas personas»; o lo que es lo mismo, un sistema de connubio que Fox (1967: 1176) hace remontar a Taylor (1881). Dentro del connubio, ese hábitat próximo, existe la exogamia para establecer alianzas matrimoniales. Consecuencia de ello, «nuestras bandas de cazadores-recolectores paleolíticos... intercambiaban las mujeres con el fin de vivir en paz» (Fox, 1967: 176).

El énfasis en el concepto de redes de emparejamiento (Wobst 1974) era deliberado, ya que proporcionaba un instrumento analítico comparable a los de sociedad, cultura o población, del que carecía la arqueología, pero que precisaba para comprender los procesos a escala regional (Wobst 1976: 49). Además, estas redes podían ser investigadas a través de la transmisión cultural de elementos estilísticos, puesto que los individuos se trasladaban de un sitio a otro en busca de pareja. El modelo fue comparable por su utilidad al estudio de los flujos genéticos de Williams (1974), excepto que en el caso anterior eran los rasgos estilísticos de los objetos los que proporcionaban las unidades de medida.

El concepto clave para expresar la organización de la Sociedad de Bandas fue el de proximidad dentro de unos límites territoriales. De esta manera se podía esperar encontrar el predominio de unos rasgos estilísticos comunes con su soporte ritual, destinados a reforzar la lealtad en el interior de la red. Y todo ello se tendría que poner de manifiesto a escala espacial (Wobst 1977) a través de la aparición de fronteras. La presión selectiva de la red de emparejamiento constituía el marco adecuado para diferenciar los niveles de información necesarios para mantenerla. Los mensajes correspondientes tenían que ver con la pertenencia y la afiliación.

Wobst demostró también (1976: 55) que el confinamiento característico del sistema de emparejamiento producía mayor dependencia social y menor éxito en la reproducción debido a un aumento de los costes de la interacción social (capítulo 3). Este principio, que confirmarían los estudios en el Kalahari (Yellen y Harpending 1972, Lee 1976), fija la trayectoria evolutiva:

> Los elementos estilísticos que pueden ser tomados para simbolizar la conformación de lindes entre grupos étnicos y grupos sociales más próximos, escasean en conjunto hasta la mitad de la última glaciación. Ello indica que la Sociedad de Bandas —y el sistema de emparejamiento en la proximidad que constituye una de sus expresiones, quizá no se remonte al primitivo *Homo sapiens* (Wobst 1976: 54).

La utilización del concepto de Sociedad de Bandas, implica que la secuencia histórica evolucione de unas estructuras de emparejamiento abiertas a unas de cerradas, es decir, del «nos emparejamos con cualquiera» a reconocer que «nos emparejamos con miembros de esta banda pero no de aquélla».

Gilman (1984: 121) nos ofrece un esquema (figura 1.3) sobre la aparición de la Sociedad de Bandas, que surge especialmente cuando existe conciencia de las ventajas obtenidas por la cooperación entre miembros de grupos locales (Wobst 1976: 55). Esta cooperación puede deberse a la necesidad de dar cumplida respuesta a la existencia de manadas de animales. Sin embargo, en vez de asociar este tipo de desarrollos a escenarios ecológicos específicos, Gilman prefiere fijarse en las relaciones sociales generales de producción (figura 1.4) y utilizar la teoría de la alianza entre estructuras de parentesco (Barnard 1992, Fox 1967, Kuper 1988, Lévi-Strauss 1969), para explicarse los procesos de reclutamiento de mano de obra.

El resultado es que se evidencia un fallo importante del modelo de Sociedad de Bandas de Wobst, que hace equivalentes lo social con lo específicamente demográfico. La red de emparejamiento, aunque sigue siendo un componente importante de la organización social, no equivale a la *sociedad*, a no ser que la contemplemos desde un punto de vista sociobiológico ultrarreduccionista. De hecho, los primatólogos seguidores de Wrangham (1980), que contemplan la organización social vinculada a la hembra como la clave para entender el comportamiento social (Foley y Lee 1989), dis-

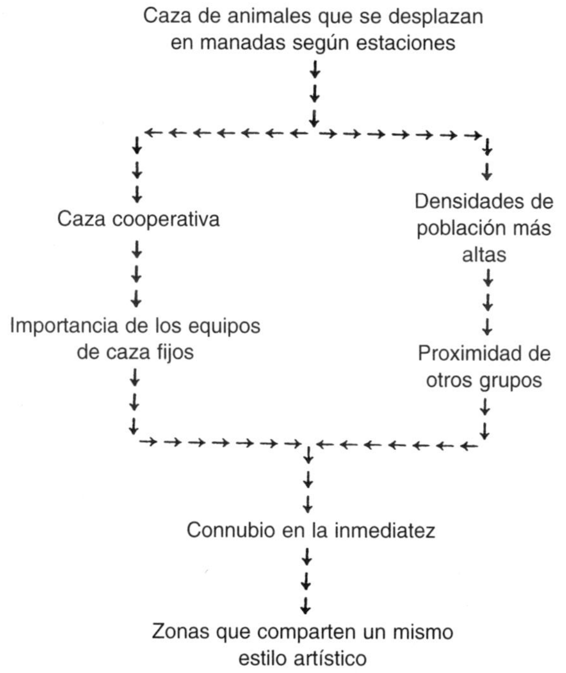

FIG. 1.3. *Desarrollo de redes de proximidad y de zonas con rasgos estilísticos distintivos en el Paleolítico Superior según Wobst (a partir de Gilman 1984: Fig.2).*

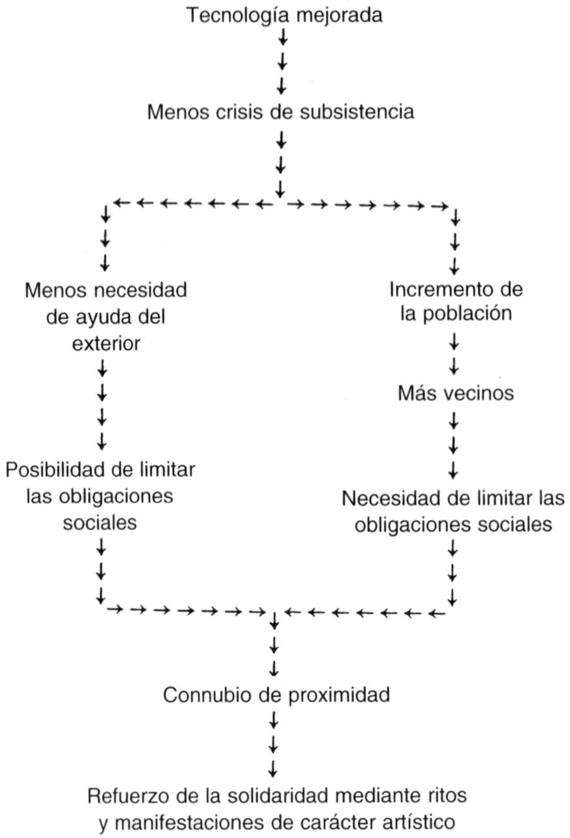

FIG. 1.4. *Relación entre mejoras técnicas y cambio social durante la revolución del Paleolítico Superior (a partir de Gilman 1984: Fig. 3).*

tinguen claramente entre sistema de emparejamiento y organización social (Quiatt y Reynolds 1993: 51-2).

No obstante, también hay un punto débil en el modelo de Sociedad de Bandas de Gilman. En su teoría de la alianza Lévi-Strauss dio una enorme importancia a los matrimonios exogámicos como forma de lograr la integración de grupos en conjuntos mayores (1969: 480). Su interpretación considera un axioma la organización por parte del parentesco del intercambio de relaciones a largo plazo entre grupos.

Pero el matrimonio es sólo una forma posible de alianza y los grupos no son necesariamente los únicos conjuntos posibles que emanan de una sociedad (capítulo 2). Otras formas de alianza involucran a los individuos por separado en negociación con otros individuos para causas comunes, basándose en la edad y el sexo. Las alianzas pueden definirse a través de lazos afectivos, materiales y simbólicos, mediante fiestas y canciones, amor y agresiones. (capítulo 2).

La estructura variable de las alianzas, definida como un estatus social adquirido basado fundamentalmente en la negociación (Guemple 1972: 56), ha sido estudiada en otro lugar con relación a los forrajeadores prehistóricos (Gamble 1982).

> Estas alianzas negociables proporcionan el modo de lograr la viabilidad de los individuos y los grupos locales dentro de un marco regional. Una red de alianzas señala un entramado de relaciones sociales en el que la circulación y el intercambio de bienes y personas establece y mantiene lazos de duración y compromiso variables. (Gamble 1986a: 54).

El entramado de alianzas, negociado por individuos, más que la red de emparejamiento con su énfasis en los grupos, proporciona una base más amplia para el análisis de la sociedad del Paleolítico. Además, los límites del entramado pueden cerrarse o mantenerse abiertos (Gamble 1991b). La escala espacial de estos sistemas de alianza abiertos puede ser mucho mayor que la correspondiente al connubio; de este modo se atiende a la llamada de Wobst (1976) y Bender (1978) en favor de la toma en consideración de unidades de análisis mayores que el simple grupo, ya que la diversidad local está condicionada en parte por los procesos de adaptación regionales e interregionales (Gamble 1986a: 54-62). La Sociedad de Bandas es una forma de expresar la red de alianzas sociales que implica el análisis de la sociedad del Paleolítico.[10]

Los forrajeadores complejos

> Todas las sociedades con un nivel de integración del tipo banda son forrajeadoras de alimentos silvestres. Sin embargo, no todos los forrajeadores están al nivel de banda. A lo largo de la costa noroeste de Norteamérica había grandes poblaciones de pueblos marítimos disfrutando de un entorno natural tan extraordinariamente bueno que vivían en comunidades complejas a nivel de jefaturas... La era del Paleolítico pudo también haber tenido aparte de las bandas, otras formas de integración social parecidas a las jefaturas. (Service 1971: 47)

Los últimos veinte años no han confirmado la predicción de Wobst (1974: vi) de que la Sociedad de Bandas se convertiría en una cuestión básica para el estudio del cambio cultural. El interés se ha dirigido, en cambio, hacia la aparición de la complejidad cultural (Koyama y Thomas 1982, Price y Brown 1985a). Los arqueólogos se han dedicado a perseguir a aquellos jefes entre las bandas (King 1978, Mueller-Wille y Dickson 1991).

El libro *Prehistoric hunters and gatherers: the emergence of cultural complexity* (1985a) de Price y Brown es instructivo por la forma como sitúa el problema. La complejidad, noción que fue definida como aquello que se compone de diferentes partes

10. Constandse-Westermann y Newell sostienen que los modelos de Sociedad de Bandas no han conseguido apreciar la existencia de dos niveles de organización social entre los cazadores y los recolectores (1991: 110); la banda y la tribu. Steward y Service propusieron una división entre banda mixta y banda patrilocal, que fue el punto de partida de gran parte de la discusión que hemos visto. Las tribus se hacían equivaler a producción de alimentos. Sin embargo, Newell y Constandse-Westermann (1986) mantienen que durante el mesolítico europeo se produjo un gradual desarrollo del nivel de banda al nivel de tribu, esto es, de unas redes de emparejamiento abiertas a unas redes cerradas, asociado a la aparición dentro del nivel tribal, de tribus que se distinguían por el uso de dialectos. Una densidad de población de 0,1 individuos por km^2, de acuerdo con su estudio etnográfico de 256 poblaciones norteamericanas, es un importante umbral para esta transición, aunque no suficiente. El problema de su modelo es que no nos ofrece lo suficiente para entender como era la sociedad cazadora-recolectora. Para ellos la estructura social no es más que una tabla de unidades demográficas y lingüísticas (*ibid.*: 259-60).

interrelacionadas (Price y Brown 1985b: 7), pasó a ser, según distintas contribuciones del mismo volumen (Conkey 1985, Mellars 1985, Soffer 1985a), un factor de la vida social destacado a partir del 35.000 BP, el principio del Paleolítico Superior. La extensión geográfica cubierta apunta al potencial del conjunto de las sociedades paleolíticas para convertirse en sociedades complejas en el marco de la revolución social del Paleolítico Superior. Aunque no queda claro si esto significa que estas sociedades siguieran rodeadas por sociedades más simples. Parece más probable, como sugiere Bender (1981) que a escala continental existieran en momentos diferentes, distintos centros geográficos de poder y complejidad.

Estos centros de complejidad se reconocen en el registro arqueológico por los siguientes elementos:

— Densidad de población.
— Tamaño máximo del asentamiento.
— Existencia de refugios permanentes.
— Existencia de elementos ceremoniales permanentes.
— Estilos artísticos.
— Diferencias en los enterramientos en función de la importancia de la tumba, su localización y la energía invertida en su preparación (Brown y Price 1985: 437).

Se podría argüir que ya que un gran número de sociedades de cazadores recolectores presentan algunos de estos elementos, y todas muestran estilos artísticos diferenciados, luego todas son sociedades complejas, por lo que no hace falta establecer ningún tipo de clasificación. En mi opinión así es, por lo que en el capítulo 2 voy a argumentar que la complejidad puede reconocerse no sólo en el Paleolítico Superior sino en todas las demás sociedades anteriores a esta revolución social. Lo que importa en este asunto es descubrir vivencias sociales complejas. La conclusión de Brown y Price de que «el potencial que lleva a la complejidad social y cultural se fundamenta en la economía de los cazadores recolectores» (1985: 436) es correcta siempre que definamos complejidad en términos de los elementos del anterior listado. Pero yo lo diría de otra manera: la complejidad cultural y económica reside en la vida social de los cazadores recolectores. Es en este terreno donde la movilización de recursos y la implicación de los actores en la producción del mundo material se va configurando a través de procesos de negociación propios.

Mientras que Constandse-Westermann y Newell intentan prolongar la vida de la banda, Brown y Price (1985: 436) optan, a mi favor, por enterrarla como categoría de una tipología evolucionista. En tanto que arqueólogos les preocupa por encima de todo el cambio cultural y la complejidad, puesto que,

> [...] procuramos captar la diversidad de adaptaciones que caracterizan al cazador recolector prehistórico, así como perfilar algunos de los rasgos básicos de la complejidad societaria (Price y Brown 1985c: xiii).

Estos autores destacan tres cuestiones: la intensificación en la obtención de alimentos; el origen de las comunidades sedentarias; y la emergencia de la desigualdad social y la organización jerárquica. Y dan las claves para investigar estos temas:

> Debemos apuntar no sólo a los orígenes de este tipo de fenómenos sino también a las relaciones; es decir, de qué forma aspectos importantes de la adaptación humana como el poblamiento, el tamaño de la población, la subsistencia, el intercambio, el conflicto y la tecnología participan en la configuración de la sociedad (*ibid.*).

El ser social emerge, pues, como parte de su explicación adaptativa (Price y Brown 1985c: figura1.1). La aparición de vida social compleja deberá asociarse a unas determinadas circunstancias económicas e históricas que darán razón de las distintas formas culturales, tanto cronológicamente como geográficamente.

Hay otra forma de contemplar este enfoque adaptativo en que lo social forma parte de la explicación. Ya he comentado el punto de vista de Layton (1986) de que los procesos profundos en la sociedad cazadora recolectora son debidos a la existencia de la propiedad y a las transacciones que implica su existencia. Layton arguye que la complejidad social puede ser más o menos desigual según se manifieste por medio de bienes de subsistencia o por medio de saberes asociados a rituales (*ibid.*: 30). Ello hace interesante el contraste entre las sociedades de la costa noroeste de América del Norte y el ártico con las sociedades de Australia y el Kalahari. Las diferencias que se observan en los comportamientos sociales complejos no han de ser necesariamente resultado de procesos adaptativos sino que pueden constituir un rasgo destacado del modo como se va estructurando una sociedad, cuestión que se examinará en el capítulo 2.

Dos formas de explicar la cultura

Ya que el estudio de la evolución de la sociedad paleolítica resulta tan difícil, ¿por qué no probar con el desarrollo de la cultura? Los arqueólogos suelen definir cultura como el sistema de normas y símbolos que proporciona a los seres humanos una forma extrasomática de adaptación al entorno. Como que normas y símbolos son tan variados existen culturas muy distintas. Sin embargo, a los antropólogos lo que más les ha interesado ha sido descubrir que por debajo de esta miríada de formas existen unos pocos principios sociales simples y universales. Su tarea consiste en desmontar el edificio de la cultura para poner a la vista la estructura subyacente, y luego reunir de nuevo las partes para ver los mecanismos que hacen posible la transformación. La relación existente entre el genotipo de un organismo (la estructura social) y el fenotipo (la expresión cultural) proporciona la imagen de una adecuada analogía. Lo primero nos dota de nariz, piel y piernas. Lo segundo expresa esta estructura básica en términos respectivamente de tamaño, color y longitud.[11]

Cultura se hace oponer a menudo a naturaleza. El argumento es sencillo: nosotros tenemos cultura, los animales no. La posesión de cultura es un rasgo definitorio

11. El enfoque antropológico tradicional a esta distinción fue expresado por Gellner así: «la idea consiste en que toda sociedad tribal tiene una determinada estructura u organización, y cada escalón de esta estructura impone las presiones y sanciones necesarias a los inviduos que dependen de la misma con el fin de asegurar que se comportan de la forma precisa para contribuir a sostener la estructura, y así sucesivamente...» Gellner 1985: 135). La misión del antropólogo consiste en estudiar estas estructuras. Las distintas expresiones culturales que estas estructuras adquieren no se consideran lo bastante importantes. La cultura era algo de más, a menudo contemplada como una trivialidad. Tal como dijo Gellner, «la estructura era la persona con quien uno se casaba; la cultura era el vestido de boda» (*ibid.*: 136).

de los seres humanos. Es lo que hace que nuestra adaptación sea extrasomática, ya que existe fuera de nosotros, siendo parte de nuestra vida social como humanos. La cultura toma la forma, no sólo de ritual, costumbre o tecnología, sino también de habilidad, conocimiento e información.

El problema de aceptar esta yuxtaposición naturaleza-cultura es que echa encima del Paleolítico aquel telón interpretativo del que hablábamos (Gamble 1991a). Entonces el trabajo del estudioso consiste en determinar en qué momento los humanos nos volvimos seres culturales (es decir no naturales), qué tipo de nuevas capacidades conllevó este paso, y si la andadura del cambio comportó un estadio previo protocultural o no. El concepto de cultura es, por lo tanto, poco útil para el estudio del Paleolítico a no ser que el objetivo principal sea examinar nuestras propias definiciones. El problema, como se ha señalado repetidas veces en antropología, es que no podemos utilizar la noción cultura para explicar la cultura.

La tendencia actual entre primatólogos y biólogos es no separar por un lado el estudio de las sociedades humanas y por otro las sociedades no humanas de primates. Según este enfoque, cultura es la forma que tienen las especies de estructurar toda información social vital para la supervivencia (Quiatt y Reynolds,1993: 179). La cultura regula el conocimiento y la interacción sociales. Puede cambiar y transmitirse. La información que canaliza está sometida a selección. Esta selección explica por qué los arqueólogos descubrimos estructuras en el registro paleolítico, y también por qué hallamos las correspondientes explicaciones. La cultura puede ser un elemento de adaptación al medio o puede ser un elemento de respuesta al medio, al que se llega a través de la cultura misma y no por una especie de determinismo de la historia (Gamble 1993a: 5, Gould 1991, Gould y Vrba 1982). Por lo tanto, nos encontramos ante un modelo, aunque lleve una trayectoria impredecible.

Pero no sólo de información vive la cultura. Cultura es una forma de expresar principios de comportamiento social que tienen que ver con la vida de los individuos, pero por sí misma no tiene vida, ni puede utilizarse para explicar las estructuras que encontramos en nuestros datos. La cultura no es algo que ha ido engendrándose y desarrollándose durante el proceso de evolución humana, sino que es algo que surge espontáneamente del necesario compromiso activo de los individuos en el negocio de vivir y relacionarse. En este sentido representa un contínuum entre animales y humanos, entre los primitivos homínidos y los homínidos modernos, entre nosotros y nuestros ancestros. La cultura varía en función de las especies y el tiempo, puesto que los individuos para sustentar sus relaciones y promover proyectos sociales, hacen un uso selectivo de los distintos recursos a su alcance (capítulo 2).

El gusano se transforma en serpiente y luego en gesto simbólico

Dos ejemplos valdrán para indicar los puntos fuertes y los puntos débiles del enfoque cultural en relación a los orígenes sociales humanos. Existen dos formas diferentes de abordar el problema, pero ambas ponen el mismo interés en valerse del registro paleolítico para estructurar su explicación.

Knight (1991a, 1991b) en una sugerente aproximación al tema arguye que la evolución de la sociedad está en función de la pérdida de poder de la hembra. En su tesis, la cultura es una expresión de la solidaridad. La cultura femenina se basaba en la atracción sexual colectiva facilitada por una ovulación oculta y una sincronía menstrual vinculada a los ritmos señalados por los ciclos lunares. Así, la acción colectiva generaba grupos, cuyo propósito era, según Knight, motivar a los hombres a organizar la caza. Al regresar de la caza se cambiaba carne por sexo. Se establecía un vínculo cultural entre la sangre de las hembras y la sangre de los animales. La atracción sexual femenina constituyó el primer tabú, dejando preparada la escena para el uso de la sangre como agente poderoso de la vida cultural. El fundamento del comportamiento simbólico quedó establecido con su parafernalia de signos substitutivos y significados atribuidos.

Así nació el estado pre-cultural. La revolución del Paleolítico Superior que transformó este modelo antiguo e hizo del ser humano un ser plenamente cultural es atribuida al declive ecológico:

> Al disminuir la caza, al ver que la caza colectiva inspirada por las hembras se hacía cada vez más difícil, y al hacerse también cada vez más necesaria la dispersión en grupos pequeños, la solidaridad entre las hembras empezó a resquebrajarse (Knight 1991b: 35).

Las mujeres perdieron su poder sobre los hombres por la traición de los animales. La edad de hielo supuso un retroceso en el número de animales, la suerte de los cazadores cambió y las mujeres pagaron por ello un precio. La cultura del poder femenino basado en el ritual y la acción colectivas se derrumbó al tiempo que se dibujaba el destino del mundo tal como hoy lo conocemos (*ibid.*: 37). La idea de que la sangre simbolizaba la solidaridad sexual femenina sobrevivió a esta cultura ancestral. Tras una incursión por los rituales y las historias mitológicas del mundo, Knight (1991a) piensa que la iniciación sexual masculina y diversos mitos relacionados con la substracción de un poder, constituyen resonancias del tiempo en que las mujeres perdieron su poder. Esta exacción cultural se evidencia en los mitos de dragones y serpientes que encontramos en diversas mitologías. Estas leyendas tratan sobre fuego, sangre, nacimiento y renacimiento, sobre el matrimonio y sus amenazas, sobre la potencia sexual masculina y sobre los orígenes del poder ritual masculino (Knight 1991b: 44). Apropiándose del simbolismo que anteriormente indicaba el poder femenino, el hombre matador de dragones del Paleolítico Superior se hizo con el fundamento cultural de su propio poder de grupo.

Esta audaz explicación, a pesar de depender tanto de un marcado determinismo ambiental y sociobiológico casi merece el éxito. Aunque no esté particularmente de acuerdo con ella ni en el fondo ni en el detalle, no por ello no dejo de reconocer de que se trata de un relato necesario, un relato que los estudios de la sociedad paleolítica requerían aunque sea sólo para mostrarnos lo que no queremos.

Contrastemos este relato con el segundo ejemplo que quisiera sacar a colación. Se trata del relato de André Leroi-Gourhan de título *Le geste et la parole*, publicado en 1964-1965 y largamente ignorado fuera de Francia hasta su traducción a la lengua inglesa en 1993.* Leroi-Gourhan es más conocido por su estudio sobre el arte rupes-

* No es así realmente puesto que esta obra fue traducida al español mucho antes, concretamente en 1971 por Ediciones de la Biblioteca de la Universidad Central de Venezuela, y por lo tanto es desde hace años suficientemente conocida por el público especialista de habla hispana. *(N.del t.)*

tre paleolítico (1968) y por sus trabajos pioneros sobre excavaciones de área, por ejemplo, Arcy sur Cure (1961, 1964) y Pincevent (Leroi-Gourhan y Brézillon 1966, Leroi-Gourhan y Brézillon 1972). *El gesto y la palabra* es algo totalmente distinto puesto que representa un enfoque original verdaderamente audaz de la evolución de la sociedad y del estudio de la acción humana.

El argumento es complejo por lo que deberé volver al mismo en ocasiones distintas a lo largo de los capítulos siguientes. Aunque él apenas lo reconoce, Leroi-Gourhan debe mucho al estudio de Mauss (1936) *Les techniques du corps*, donde se estableció que las técnicas son por encima de cualquier otra cosa, una producción social (Lemmmonier 1993: 3). A base de unir las técnicas y los procesos sociales Leroi-Gourhan propone un enfoque único para el estudio del Paleolítico. Lo consigue sin tener que dedicar ni una sola palabra al concepto de cultura. Ya no hace falta que nos lamentemos, como hizo Childe, de la falta de datos de contenido social para este período. Como nos muestra Leroi-Gourhan, para profundizar en la trayectoria del cambio social debemos estudiar la evolución de las técnicas. Además, esta fusión de técnica y procesos sociales hace prescindible en el análisis de los objetos la distinción entre estilo y función (White 1993a: xviii). La sociedad ya no se apoya en el estilo como expresión de normas sobre la propia identidad y etnicidad, sino que descansa sobre las representaciones sociales que literalmente se personifican en el acto de la manufactura, el uso y el rechazo.

Aquí hay una visión muy distinta de la arqueología social y de lo que significa cultura. Es una visión que se basa en la biología, en la forma y el crecimiento. Trata del cuerpo como fuente de valor y trata de la importancia de los ritmos que enlazan las distintas secuencias operativas (cadenas operativas) que dan como resultado las formas y las tradiciones en la manera de hacer, lo que los arqueólogos denominarían habitualmente culturas.

Según el particular enfoque sobre la evolución humana de Leroi-Gourhan, llegamos a un punto donde lo individual se torna anticuado. Lo que importa es la especie en tanto que infraestructura de la humanidad (1993: 253). Se llega a este punto debido a la externalización sin pausa de la memoria humana. Con el tiempo se van desarrollando nuevas formas de almacenar la memoria de la cultura fuera del cuerpo humano. El resultado final ha sido un cambio en la forma de organización de las sociedades humanas provocado por el cambio de la estructura de la acción.

> Estamos siempre disponibles para iniciar nuevas formas de acción, nuestra memoria transferida a los libros, nuestra fuerza multiplicada en el animal de tiro, nuestro puño mejorado en el martillo (Leroi-Gourhan 1993: 246).

La cultura bajo la forma de un entramado de símbolos ha venido a reemplazar al cuerpo como fuente de esos ritmos que estructuran la acción. Esta forma de organización del tiempo y el espacio representa la tendencia evolutiva del género humano. La aparición de la tecnología avanzada y los robots representa la culminación del mismo proceso ya que el panorama se abre a lo artificial que ahora puede reproducirse a sí mismo socialmente. La confianza en el futuro depende, en cambio, en «la idea de que lo individual es socializable hasta el infinito» (1993: 407) y en que las relaciones individuo-sociedad, pueden repensarse, tal como ha ocurrido siempre.

He aquí una explicación que, a pesar de su fe confiada en el cambio gradual, merece, no obstante, alcanzar el reconocimiento. ¿Por qué? Después de todo, las ideas de Leroi-Gourhan suponen también la existencia de una verdadera revolución, coincidente con la aparición de las artes visuales en el Paleolítico Superior, que explica la trayectoria por la cual la memoria experimenta un proceso de externalización. Tales representaciones contribuyeron a fijar nuevos sistemas rítmicos e implicaron el uso de señales y palabras. Se creó una nueva gramática de las formas con nuevos gestos y nuevas secuencias operativas (White 1993a: xix).

Merece prevalecer como un enfoque a tener en cuenta no tanto porque nos muestra un nuevo santo grial que perseguir —el origen de la representación—, sino porque reúne al Paleolítico con el resto de la arqueología y la historia en un proyecto de contenido social. De esta manera contempla la evolución del género humano como parte de la investigación actual sobre nuestro comportamiento social.

Resumen

En los estudios sobre el Paleolítico han predominado dos usos distintos del enfoque social. El primero, asociado al estudio de los orígenes humanos en África, ha utilizado lo social como forma de suscribir el necesario esfuerzo multidisciplinar. Los orígenes sociales del ser humano han proporcionado un objetivo deductivo y un paradigma de la investigación hacia el que se han dirigido las observaciones de anatomistas, geólogos, arqueólogos y demás especialistas. La principal meta ha sido definir la plataforma protocultural de la que el ser humano surge.

El segundo uso se ha dirigido al otro extremo de la escala temporal del Paleolítico. Aquí el interés se ha volcado hacia el desarrollo de la Sociedad de Bandas o la aparición de la sociedad compleja como componente de los humanos modernos. Aquí lo social es *la explicación en vez del paradigma. Por tanto, tenemos revoluciones sociales (Stringer y Gamble 1993) y revoluciones culturales (Knight 1991a, 1991b) que impulsan los cambios propios de la revolución humana general (Mellars y Stringer 1989). Tales transformaciones se interpretan como necesarias para explicar adecuadamente el registro que da la revolución del Paleolítico Superior (Gilman 1984: 123). Este registro es notoriamente diferente porque viene marcado por la aparición de rasgos estilísticos particulares y por la definición en el tiempo y el espacio de culturas distintivas. Estilo y simbolismo constituyen la base de la geografía social de complejos de Conkey (1978: 78), que aparece tardíamente en la evolución humana durante el Paleolítico Superior. Se quiere buscar la explicación del origen de este nuevo mundo tan lleno de vida, por medio de un materialismo social más que cultural (Bender1978: 218).*

En este capítulo no me he decantado por ninguna de las distintas explicaciones ofrecidas. Lo que me interesa más es la conceptualización del problema, tal como han propuesto repetidamente Latour y Strum (1986). Podría decirse que las explicaciones que hemos examinado incorporan poca cosa de verdadero contenido social. Sólo disponemos de descripciones de parte de las propiedades de un sistema, sean las redes de emparejamiento (Williams 1974, Wobst 1974, 1976) o los sistemas tecnológicos (Gilman 1984). La investigación sobre los orígenes de la Sociedad de Bandas, que ignora un punto de vista más amplio de sus redes de alianzas, no es más que un estu-

dio de grupo y no el estudio de las dinámicas individuales, aparte de ser la prehistoria de un tipo determinado de institución. Esta institución existe en el presente bajo dos formas principales (Service 1971, Woodburn 1991) que pueden clasificarse según unas características ancestrales. Lo social es la explicación puesto que es la explicación la que determina el orden —¿los sistemas abiertos desembocaron en sistemas cerrados, o fue al revés?

Al referirse a los orígenes sociales en los dos extremos cronológicos del Paleolítico, este capítulo ha servido también para hacer ver que el período situado a medio camino ha recibido muy poca atención. Los pocos estudios que se han producido han tenido poco impacto (ejemplo, Schmidt 1936). El período que transcurre entre la dispersión del Homo erectus *por el mundo a partir del África subsahariana y la revolución del Paleolítico Superior, sólo se ha tratado en términos de ecología y subsistencia. Los datos procedentes de Europa sirven perfectamente para estudiar el cambio y el estancamiento durante medio millón de años o más, cuando el continente fue poblado. Pero sólo podremos explorar realmente la vida social de esos homínidos que están en medio, si desarrollamos una mayor sensibilidad sobre lo que queremos expresar cuando decimos social o sociedad, que la que normalmente desarrollan los arqueólogos del Paleolítico.*

CAPÍTULO 2

EL INDIVIDUO, LA SOCIEDAD, LAS REDES

> Los hombres producen su propia historia, pero no la producen a placer, no la hacen bajo unas circunstancias escogidas por ellos mismos, sino bajo las circunstancias que se encuentran, que son circunstancias dadas y transmitidas por el pasado.
>
> KARL MARX, 1869

Grupos e individuos[12]

La arqueología social se ha centrado en el estudio de los grupos y las instituciones. Estos conceptos se han clasificado en términos de culturas, tradiciones, sistemas, subsistemas y civilizaciones. Lo más habitual ha sido presentarlos siguiendo la conocida secuencia evolucionista: banda, tribu, jefatura y estado (Service 1971). Este enfoque al estudio de las instituciones sociales de la prehistoria ha resultado un éxito por una sencilla razón: los arqueólogos saben de antemano lo que van a encontrar. Estas jefaturas y estados y sus sistemas y subsistemas, ya han sido definidos antes de empezar la excavación. El descubrimiento de altares y de salas amplias, de enterramientos ricamente provistos y de materias primas exóticas, de pinturas murales y de escultura monumental encuentran fácil acomodo dentro de esquemas de clasificación previamente establecidos. La técnica clásica consiste en proveerse de un listado con el que contrastar los descubrimientos arqueológicos (Gamble 1986b). Tampoco hace falta alcanzar un mínimo de elementos. Las culturas prehistóricas igual que las sociedades modernas son entidades que presentan características de muy distinto signo en su configuración cultural (Clarke 1968).

En estos esquemas lo individual no ha sido tenido en cuenta. Según Clark, en el registro arqueológico sólo queda evidencia de la acumulación de resultados de las actividades de grupo (1922a: 107). Mithen ha contrarrestado este punto de vista así:

> Toda buena explicación en arqueología demanda una referencia explícita a los individuos en su quehacer cotidiano. Hay que atribuir a la gente conocimien-

12. Puede encontrarse un a versión abreviada y anterior de los modelos presentados en los capítulos 2 y 3 en Gamble (1998).

> tos sobre el mundo, capacidad de planificar y tomar decisiones, habilidad para responder creativamente y de forma inteligente a los retos de su entorno físico y social (Mithen 1993a: 396).

Mithen piensa además que la arqueología social de los años 1970 y 1980, con su énfasis en la adaptación de grupo, hundió a la gente de la prehistoria bajo poderosas fuerzas mecanicistas e impersonales como «selección de grupo» y «presión sobre la población».[13]

La ausencia del individuo del Paleolítico y en general del individuo de la prehistoria, se puede entender como un daño colateral procedente del modelo de «sociedad primitiva» (Kuper 1988) que ponía énfasis en ciertas instituciones preexistentes dentro de las cuales el individuo nacía y crecía quedando a merced de las mismas.

Este punto de vista es suscrito por otra tendencia teorética. El pensamiento de Shanks y Tilley, que deriva de la teoría de la estructuración, establece que:

> [...] el comportamiento individual no puede dejarse fuera del análisis arqueológico. El comportamiento individual debe ser contemplado como algo reconocible y activo, y al mismo tiempo debe situarse en relación a las estructuras sociales y sus estrategias, como un indicio dentro de un campo social estructurado. Ello significa que las relaciones sociales no pueden quedar reducidas a la interacción entre individuos creativos (Shanks y Tilley 1987a: 210).

El problema de la pequeña y la gran escala, del individuo y del grupo, nunca ha sido adecuadamente planteado en el debate sobre la sociedad Paleolítica. Este debate debe tener lugar a partir del reconocimiento de la existencia de maneras distintas de comprender la sociedad. Por un lado tenemos que evitar convertir a los individuos en unidades de análisis que no sean otra cosa que meras cifras (Wolf 1988: 760), por otro no podemos ignorar los obstáculos manifiestos que existen para la acción individual debidos a la acción de las estructuras sociales.

El primer enfoque va de abajo a arriba, y toma al individuo como punto de partida. El segundo enfoque va de arriba a abajo, y contempla al grupo como el elemento dominante. En el primer modelo el individuo juega un papel activo en la *construcción* de la sociedad y sus estructuras. En el segundo, la sociedad *precede* al individuo y modela al individuo gracias el poder de sus instituciones. Estos modelos opuestos serán analizados más abajo. Para ilustrar de qué forma el estudio de la sociedad paleolítica puede salir beneficiado si se opta por en enfoque que va de abajo a arriba, sacaré a colación las similitudes en enfoque que presentan el estudio de las sociedades de primates y la teoría de la estructuración. Ello me conducirá a tratar el análisis de redes que ofrece una estructura formal pero flexible apta para pasar de la escala pequeña a la grande y viceversa. Como que los estudios de redes ponen el acento en lo individual, resultan apropiados para un enfoque de abajo a arriba en el análisis social. El trabajar con redes implica poner particular atención a los recursos y las normas sociales de comportamiento, y producir modelos demográficos.

13. También coincido con Mithen (1993ª: 394) en que, aunque no siempre podamos observar a las personas en el registro arqueológico, no por ello debemos rechazarlas como instrumento analítico. Los científicos han utilizado conceptos como el inconsciente, los genes, el átomo o las moléculas desde mucho antes de poder observarlos directamente.

Dos puntos de vista sobre la sociedad

El etólogo Robert Hinde (1976, 1987) ha descrito dos modelos de sociedad diferentes. Se trata de una distinción fundamental, aunque, según apunta, no mutuamente excluyentes. Según el enfoque que va de arriba abajo:

> [...] las estructuras sociales humanas pueden contemplarse como el producto de relaciones duraderas, organizaciones e instituciones que constriñen la acción individual; o como el resultado de la acción de los individuos creadora del universo social que los envuelve. El primer punto de vista estructural implica un alto nivel de abstracción con respecto a los datos de la vida real, pero proporciona un método para analizar las sociedades como unidades formadas por procesos y elementos interdependientes de acuerdo con principios de amplia validez (Hinde 1976: 14),

mientras que el enfoque que va de abajo arriba

> [...] parte del individuo y pretende averiguar su forma de organizar y gestionar sus propias relaciones, así como cartografiar las relaciones en las que se ve envuelto (*ibid.*).

Esta distinción implica también dos puntos de vista antropológicos sobre cultura a menudo opuestos (Ingold 1994). El enfoque cognitivo es fundamentalmente un ejercicio clasificatorio que implica representaciones mentales de estructuras sociales en las que la estabilidad de una cultura proviene de la transmisión lingüística. En cambio el enfoque fenomenológico enfatiza el compromiso activo de la gente con su entorno. Los ritmos y gestos del cuerpo, propios de la vivencia social, las acciones habituales de la vida (Leroi-Gourhan 1993: 231-2), significan que la memoria social se transmite de una forma no textual, no lingüística (Connerton 1989: 72). Estas distinciones serán estudiadas más ampliamente en el capítulo 3.

La sociedad como arquitectura, un enfoque de arriba abajo

El enfoque estructural de arriba a abajo ve la sociedad como un edificio construido en un cierto momento del pasado y utilizado por los sucesivos habitantes del mismo, aunque apenas alterado. Es algo así como un teatro de barrio en cuya escena aparecen grupos en los que las individualidades sólo se reconocen por sus papeles institucionales de jefe, de gran hombre o de prelado. Este modelo ha dominado la escena arqueológica (Redman *et al.* 1978). Los arqueólogos sociales conocían de antemano lo que buscaban en términos de categorías sociales, ya que disponían de un modelo que decía que la sociedad *precede* a sus miembros. Dicho de otra manera, los individuos nacen en un marco social establecido. Y entran en relaciones que ya han sido predeterminadas por los grupos en que son admitidos por razón de nacimiento. Estas relaciones están codificadas en la cultura. Consecuentemente, el estudio de la evolución social enfatizará tanto las fases de transición como el mantenimiento de las instituciones.

La idea de que los grupos tienen una importancia fundamental y de que apuntalan las estructuras de la sociedad, deriva de la antropología social. La institución más importante para los antropólogos de unas «sociedades primitivas» con instituciones formales a menudo difíciles de definir, fue el grupo de parentesco. El grupo de parentesco podía además dividirse en instituciones constituyentes: clan, mitades, linaje, locus y familia. Estas instituciones generan la solidaridad necesaria para el desarrollo de la vida social y la realización de actividades colectivas. Esta visión muy comúnmente aceptada, está estrechamente asociada a Durkheim (Ingold 1986a: 227-30, Kuper 1988: 118-20).

El modelo parece bastante coherente. Es evidente que cualquier niño necesita un largo período de dependencia del entorno familiar. Durante la infancia el niño es introducido en las instituciones de la sociedad y crece familiarizándose con las normas y creencias de la vida en grupo. Ha de adaptarse al grupo por necesidad. El problema que presenta este enfoque para el análisis social es que transforma al individuo en un demiurgo destinado a servir eficazmente los deseos de la institución. La creatividad individual apenas cuenta.

La sociedad a modo de guión improvisado: un enfoque de abajo arriba

El segundo modelo de sociedad según Hinde (1976) enfatiza lo individual. En contraste con el punto de vista que sostiene que la sociedad precede al individuo, aquí la sociedad sale del individuo. En vez de verse introducidos en una estructura preexistente, aquí los individuos son los actores responsables de la creación de la sociedad.

En estos términos la sociedad es el producto de la interacción entre individuos, creándose campos yuxtapuestos de relación social (Grönhaug 1978: 120). La estructura social es una abstracción que deriva en último término de estas interacciones (Hinde 1987). La sociedad, pues, emerge del conjunto de redes creadas por los individuos.

Desde este punto de vista adquiere importancia el estudio de la teoría social, ya que ésta pretende hacer converger la investigación sobre el comportamiento humano a partir tanto de los procesos a pequeña escala como de los procesos a gran escala (Turner 1991: 632), combinar lo individual y lo colectivo. La escala va del instante fugaz de encuentro entre dos personas por la calle, al largo período de persistencia de los códigos morales y las instituciones internacionales.

Si los individuos negocian la sociedad, la red de alianzas que crean no podrá basarse únicamente en lazos de parentesco o matrimonio. Además, deberá haber una gran cantidad de participantes que se vean implicados en relaciones basadas, por ejemplo, en los parientes más lejanos, el comercio, las celebraciones y la amistad, relaciones que serán escenificadas a través de visitas, rituales, fiestas y conversaciones. Existen muchos ejemplos etnográficos sobre este tipo de actividad creativa.

> El parentesco en la sociedad Zhu (¡Kung), en vez de representar un rígido corsé es una realidad dinámica llena de posibilidades en la que los individuos escogen entre distintas opciones y ejecutan variaciones. Es... *cosa de cada individuo crear y mantener una red social eficaz* (Wilmsen 1989: 180, el énfasis es mío).

Una banda Zhu de ámbito regional es un nodo dentro de un área de parentesco en la cual las personas negocian sus contactos en relación a una comunidad más extensa (*ibid.*: 117). El estudio de Wiessner (1982) sobre los socios comerciales hxaro de los ¡Kung constituye un excelente ejemplo de este tipo de oportunidades de relación. Los socios son reclutados dentro de unas mismas familias, pero pronto la relación se expande por distintos campamentos con lo que se forma una red importante de gente involucrada en los mismos asuntos. En la construcción del sistema adquieren un relevante papel las interacciones y la posibilidad de ampliar las relaciones. Entre los forrajeadores, el recurrir al parentesco más lejano, con un número limitado de personas candidatas a ser incluidas en la red de relaciones, cosa que permite añadir a desconocidos, constituye una posibilidad real muy presente en el ánimo de cualquier negociador, al tejer una red (Lee 1979).

En su estudio de los Hill Pandaram del sur de la India, Morris afirma de ellos que «saben crear su propia vida social sobre la marcha» (Morris 1982: 150). Cada generación negocia su propio sistema social basado en vínculos afectivos persona a persona, es decir, basados en la interacción entre dos individuos.

En un entorno muy distinto, el mismo tipo de protagonismo individual en la creación de una rica vida en sociedad aparece claramente en el relato de Guemple sobre los Inuit de la isla de Belcher:

> El sistema de parentesco no es en modo alguno un sistema de estatus atribuido sino un sistema *negociable*... también es un sistema que descansa sobre una metafísica social que implica que la *relación social se contemple como un asunto que se ha de trabajar por parte de todos los participantes en cada contacto social*, y que los criterios prioritarios a utilizar son, primero, que la gente debe participar activamente en el sistema para poder ser tenido en cuenta como miembro de pleno derecho de un clan, y segundo, que los que entran en el terreno de las *relaciones cara a cara* deben ser tratados como verdaderos miembros del clan, existan o no conexiones genealógicas que lo justifiquen (Guemple 1972: 75, el énfasis es mío).[14]

Tal como Wilson observa (1988: 36), el parentesco no es una institución en el sentido utilizado normalmente para definir sociedad primitiva. Más bien se trata de una reserva llena de potencial pero de conexiones bastante vagas, que puede constituir en caso de necesidad un recurso social. El estudio de Bahuchet sobre los pigmeos del Congo proporciona el ejemplo requerido para entender este conglomerado de reglas y oportunidades. La regla regula la residencia patrilocal y virilocal (1992: 247); sin embargo, el investigador encontró muchos ejemplos en que el yerno rompía la regla permaneciendo en el campamento de su mujer en vez de trasladarse con ella a su propio campamento. Por lo tanto, la oportunidad, basada en la interacción y la preferencia, alteraba el modelo unilocal esperado para convertirlo en un modelo bilocal (*ibid.*: 219).[15]

14. Esta opinión es apoyada por Damas (11972: 50) que contempla el parentesco entre los esquimales Copper como si de un título que da acceso a potenciales alianzas se tratara.

15. Ver Kuper (1988: 241-3) para más ejemplos sobre cómo los modelos de parentesco determinaron lo que los antropólogos veían y también lo que decidían ignorar.

Las sociedades de primates

El estudio de las sociedades de monos y simios presenta dificultades comparables al estudio de las sociedades paleolíticas. Los primatólogos pueden observar el comportamiento pero siguen teniendo que inferir de ello la vida en sociedad. No disponen de una estructura autoafirmada como la del parentesco, ni ningún tipo de relación social con un estatus preferente con lo que reconstruir la sociedad primate. No pueden ahondar en las intenciones de sus sujetos puesto que sólo pueden observar acciones, aunque a base de estudiar secuencias pueden llegar a predecir acciones en situaciones futuras. Los arqueólogos del Paleolítico sólo pueden estudiar los residuos estáticos de acciones pasadas. De estos residuos han de inferir el comportamiento y la vida en sociedad.

Ante esta situación es interesante conocer la resolución de dos problemas conceptuales por parte de estudios recientes sobre sociedades de primates. Los problemas son las unidades de análisis y la caracterización de la sociedad. En primer lugar, Quiatt y Reynolds (1993: 52) afirman que en los estudios sobre comportamiento social de los primates el individuo animal ha de ser forzosamente la unidad de observación y muy posiblemente también la unidad de análisis. Segundo, que el concepto de sociedad de primates ha sufrido su propia transformación de forma parecida a la sufrida por la noción «sociedad primitiva», tal como documenta Kuper (1988).

Strum y Latour (1987), Cheyney y Seyfarth (1990) y Rowell (1991) han mostrado cómo el estudio de la vida social de los primates depende actualmente no tanto de la adquisición de nuevas técnicas sino de un cambio en el concepto de sociedad. Ello ha significado abandonar la metáfora arquitectónica basada en el comportamiento en grupo para decantarse por un modelo de actuación en el que el trato a través de la interacción juega un papel central al establecer cada uno de los individuos sus propias agendas de relación social. El estudio de Kummer (1968) sobre los babuinos y en particular el modelo de estructura social de Hinde (1976, 1987) han significado un hito en este terreno. Tal como lo resumen Strum y Latour,

> [...] si podemos confirmar que los babuinos no entran a formar parte de una estructura estable sino que negocian el tipo de estructura que han de tener e impulsan cualquier otro tipo de negociaciones, la diversidad de la sociedad de los babuinos y su desafortunado encaje en una estructura simple, podrán entenderse como la consecuencia del debatido asunto de la «actitud activa» (Strum y Latour 1987: 78).

Un enfoque de este tipo ha requerido una previa conceptualización como la ofrecida por Hinde en su modelo de tres niveles: interacción, relaciones y estructura social (cuadro 2.1).

El modelo integra procesos a escala pequeña y grande y reconoce los obstáculos de pasar de una a otra. Las interacciones cara a cara entre individuos son consideradas como los elementos fundamentales de cualquier estructura social, mientras que las relaciones son definidas como una sucesión de interacciones entre dos individuos (Hinde 1976: 3). Las relaciones surgen a partir de unas reglas de interacción simples en el momento en que lo social aparece como una propiedad emergente derivada de las interacciones entre individuos (Foley y Lee 1996). La estructura social, el ni-

CUADRO 2.1. *Modelo simple de sociedad (según Hinde 1976).*

Estructura social

|

Relaciones

|

Interacción

vel más alto del esquema de Hinde, puede explicarse en relación a la naturaleza, calidad y forma de la relación por la que es constituida (Hinde 1976: 3).

Los primates estudiados son contemplados como individuos que establecen relaciones de distinto tipo. Tal como Rowell puntualiza (1991: 258), las necesarias componendas entre unas relaciones tan variadas es lo que conduce a formar una estructura de grupo. Así, las diferentes personalidades de los individuos, que constituyen una evidencia para cualquier observador (y no sólo de los primates sino de la mayoría de los animales) se incorporan al modelo (Asquith 1996). Ello permite que aparezca una visión más fluida de sociedad menos dependiente de las estructuras fijas —modelo de sociedad biológico/genético— y más ligada al comportamiento variable utilizado en la negociación de la vida en sociedad. En consecuencia, la estructura social en los primates no humanos se constata en el conjunto de aspectos de contenido, calidad y forma de las relaciones sociales que muestran regularidades entre los distintos individuos y entre los grupos (Cheney y Seyfarth 1990).

Hinde enfatiza también en su modelo el elemento temporal. Las interacciones duran sólo un cierto tiempo, mientras que las relaciones requieren ser recordadas y reforzadas. Resumiendo, lo que tiene que ver con una relación, de acuerdo con el lapso de tiempo que dura, ha de ser identificado como tal por el animal (Hinde 1976: 7). Lo mismo aplica a las estructuras de mayor escala. Cheney y Seyfarth ponen el dedo en la llaga cuando afirman, en su estudio sobre los monos del África Oriental (*Cercopithecus aethiops*), que:

> [...] lo que define una relación no es únicamente lo que sucede en un momento dado (aseo, caricias, lucha, etc...), sino también las relaciones temporales que tienen lugar entre unos comportamientos y otros, así como la forma de llevar a cabo cada actividad (1990: 176).

En su estudio sobre la interacción de estos monos de Etiopía, las relaciones dependen del número de individuos en presencia y se perfilan mediante ofrecimientos de asistencia. La forma como estas interacciones conducen a formar alianzas y el número de éstas que pueden ser asumidas y mantenidas, proporciona una medida de las habilidades sociales de estos monos. Una alianza se produce «siempre y cuando dos individuos se ven implicados en una interacción agresiva y un tercero, hasta entonces mantenido al margen, interviene para ayudar a alguno de los dos, sea en defensa o ataque» (Cheney y Seyfarth 1990: 27). Entre los *Cercopithecus aethiopis* el grupo se organiza alrededor de un núcleo de hembras, formándose las alianzas principalmente entre las hembras emparentadas. Como regla general entre los primates no humanos las alianzas intergrupales parece que se basan en la propincuidad (Cheney y Seyfarth 1990: 299).

Estructuración, estructura e individuo

Existen diversos modelos de teoría social (Turner 1991), pero muy pocos, si es que hay alguno, tienen que ver con el Paleolítico. De entre todos ellos me decanto por determinados aspectos de la teoría de la estructuración (Giddens 1984) para ilustrar la convergencia existente en métodos y problemas con el estudio de las sociedades de primates. Los arqueólogos han aplicado ya la teoría de la estructuración al estudio del final de la prehistoria y a la arqueología de los humanos modernos (Barrett 1994, Gosden 1994, Shanks y Tilley 1987a y 1987b). Sin embargo, los principios básicos del modelo de Giddens son igualmente aplicables para la exploración de la sociedad paleolítica. Por un lado, Giddens insiste en la importancia del tiempo y el espacio para la comprensión de la actividad social; por otro, se enfrenta a los problemas de escala que van del individuo a la integración de los diferentes sistemas, de una forma unitaria.

La teoría de la estructuración de Giddens plantea «la estructuración de las relaciones sociales en el tiempo y el espacio en virtud de su estructura dual» (1984: 376).[16] Giddens se refiere a estructura dual en el sentido de que ésta *no* existe fuera, es decir, no existe como algo externo a la realidad del individuo. Es decir, la estructura es contenida en la propia acción, implicando toda acción un acto deliberado de intervención, el acto de hacer (*ibid.*: 10).

El concepto de intervención nos lleva de nuevo al individuo. Se refiere a los hombres modernos, a los neanderthales y al mismo *Homo heidelbergensis* puesto que lo importante en la vida social es la capacidad para la acción. Este potencial entra en contradicción con una estructura preconcebida, el enfoque de arriba a abajo, en la que hay un código que determina cómo debe actuar cada individuo. La distinción fundamental, tal como remarca Godelier, es que «al contrario que los demás animales sociales, el ser humano no se limita a vivir junto a otros de su especie, sino que crea una sociedad en la que vivir» (cita de Bahuchet 1992: 253).

La noción de *dualidad* en Giddens, que envuelve juntas las nociones de estructura y estructuración (1984: 162) contrasta con el *dualismo* de Durkheim en que la estructura social existe separadamente del individuo. Para Durkheim la estructura social constituía un obstáculo que inhibía la iniciativa individual. Este obstáculo preexistente producía una actividad social coherente y consistente por medio de la solidaridad de grupo y la participación colectiva en «sociedad».

En cambio, según la teoría de Giddens, la estructura constriñe *y* posibilita al mismo tiempo. Giddens constantemente se refiere a la dualidad de la mayoría de los conceptos sociales, aunque generalmente la teoría social sólo enfatice uno de los elementos; por ejemplo, el debate sobre el poder. Generalmente el poder se contempla

16. Recomiendo encarecidamente el análisis de J.Turner de la obra de Giddens (1991) y de las de otros teóricos sociales.

como una fuerza imperativa indicativa de la existencia de un conflicto (Giddens 1984: 257). Pero se trata sólo de una de las caras del poder, ya que, como dijo Firth, «la estructura social no sólo impone límites a la libertad de acción, también ofrece ventajas al individuo» (1951: 56). La conformidad del individuo con los principios impuestos por la sociedad es un diálogo que empieza en la infancia entre el propio individuo y el organismo social (Leroi-Gourhan 1993: 228). La dualidad de la estructura deriva entonces de la contraposición fundamental de dos elementos: *recursos* y *normas*. A partir de ahí se fijan las formas de la vida en sociedad. La vida no está libre de constreñimientos, tal como dijo Marx en la cita que abre este segundo capítulo, pero tampoco está absolutamente dominada por normas prescriptivas que determinan la manera de comportarse en el marco de una estructura preexistente.

Giddens nos ofrece el ejemplo del lenguaje (1984: 170). No escogemos el idioma que hablamos. Lo aprendemos igual que aprendemos el sistema de normas que constriñen el pensamiento y guían nuestra acción. Sin embargo, el aprendizaje de la lengua facilita al individuo la expansión de sus capacidades cognitivas y prácticas que le convierten en un ser activo y creativo. La posesión del lenguaje, no sólo habilita al individuo a hablar, sino que lo hace apto para acomodarse mejor al entorno por causa de su forma (Gamble 1993a: 5, Gould 1991, Gould y Vrba 1982) por lo que puede explorar, negociar, crear y recrear la sociedad. La sociedad proviene de esta dualidad y no del dualismo que separa al individuo de la sociedad.

Una correcta comprensión de toda esta cuestión depende de otra asociación de conceptos, los de integración social y integración en un sistema (Giddens 1984: 142). Integración social remite a la forma colectiva común de actuar. Cubre la mayor parte de las interacciones cara a cara, denominadas también de co-presencia (Goffman 1959, 1963). En relación a esta escala tan reducida de la acción humana Goffman (1963: 17) señaló que la co-presencia combina la riqueza del flujo informativo con la facilidad de respuesta entre individuos. Como resultado, este tipo de interacción tiene una gran significación estructurante para el estudio de las relaciones entre las personas, lo que este autor denominó como jerarquía simple (cuadro 2.2).

Integración en un sistema tiene que ver con la manera como progresan las formas de integración social *in absentia* (ver más abajo).

Los niveles de integración social y integración en un sistema varían en función tanto de los encuentros casuales entre individuos como de la persistencia continuada

CUADRO 2.2. *Jerarquía de la interacción (según Goffman 1963: 18).*

Ocasión social	Mediatizada por el tiempo y el espacio. Involucra a menudo a lugares conocidos, edificios, equipos y objetos.
Situación	El entorno espacial que aparece cuando la vigilancia mutua entre los individuos desaparece.
Reuniones	Se localizan dentro de los límites físicos de una situación implicando a dos o más individuos presentes en el acto (co-presencia).

de prácticas morales y de organizaciones internacionales. Pueden variar en el tiempo, de los quince minutos que se tarda en fabricar un hacha paleolítica a los 3.000 años del Solutrense. Los niveles espaciales de interacción comprenden, desde los restos que quedan a los pies del productor de hachas de mano, hasta las áreas de distribución de azagayas características a través de Francia, España y aún de más allá del mundo Solutrense. Lo que realmente marcó las diferencias entre las sociedades paleolíticas fue, como veremos más abajo, por un lado, los *recursos* —emocionales, materiales y simbólicos— que venían con las personas a las interacciones, y por otro, las *normas* —los límites a la organización y al tamaño de las redes— que emergían de éstas y con las que se daba forma a las relaciones.

Cuestiones básicas en evolución social

Los puntos de vista conceptuales sobre la vida en sociedad de primates y humanos que se han discutido hasta aquí, proporcionan el marco adecuado y el vocabulario preciso para conceptualizar lo que llamamos sociedad. Los puntos de vista escogidos no deben su presencia aquí a una moda intelectual, sino al hecho de que abordan cuestiones cruciales a la hora de plantearse una nueva forma de contemplar la sociedad del Paleolítico, que se aparta de una visión del grupo que va de arriba a abajo, que, como dijimos en el capítulo 1, languidecía. Las elementos comunes a ambos enfoques renovadores tienen que ver con el individuo como protagonista social activo, con la importancia concedida a la actuación de las personas en la creación de una vida en sociedad, y finalmente, con el papel destacado otorgado a la interacción personal en tanto que contexto para la negociación de la vida en sociedad.

Pero disponer de un marco y un vocabulario no significa que podamos evitar determinadas preguntas. Identifico dos importantes áreas donde los estudios sobre la vida social de los primates y sobre la estructuración afectan a los problemas que plantea el evolucionismo en relación a los datos del Paleolítico. Estas preguntas son:

— ¿Qué ocurre a nivel social cuando se abandona una reunión?
— ¿Cómo la vida en sociedad se volvió tan compleja?

Liberarse de la inmediatez

Al salir de la co-presencia tropezamos con una de las principales cuestiones que plantea de la teoría social, a saber:

> [...] de qué forma las limitaciones de la «presencia» individual son superadas por la «extensión» de las relaciones sociales a lo largo y ancho del espacio y del tiempo (Giddens 1984: 35).

La cuestión no es baladí, ya que, literalmente, ¿cómo se puede estar en dos lugares al mismo tiempo? Si la sociedad se construye mediante la interacción cara a cara una vez que la atención alcanza su zenit, ¿cómo puede extenderse algo tan fuerte una vez que el individuo que interacciona con uno se ha ido? Además, ¿cómo es posible manejar una relación similar con gente desconocida y a pesar de ello, sentir su presencia?

Esta primera pregunta tiene una dimensión histórica evidente. Además es altamente pertinente con relación al Paleolítico cuando los medios y mecanismos para la extensión de las relaciones sociales parecen a primera vista tan rudimentarios, aunque, *no obstante*, en desarrollo.

Esta misma pregunta también ha sido considerada, aunque de forma independiente, por los primatólogos. Rodseth (*et al.* 1991: 240), subrayan la importancia que tiene entre las sociedades humanas el poder desenganchar las relaciones de la proximidad espacial, en comparación con las sociedades de simios. Estos autores denominan con acierto estas relaciones, relaciones que «liberan de la inmediatez». Quiatt y Reynolds (1993: 141) discuten un problema parecido en términos de conocimiento social, cuando el «liberarse» de la información disponible es un signo de identidad de los seres humanos. La construcción de la vida en sociedad a partir de la interacción personal forma parte sin duda de nuestra herencia primate. El ir más lejos de eso y tener relaciones casi tan intensas con objetos como coches de carreras o animales de compañía, y ocasionales «enamoramientos» con entidades complejas y casi inimaginables como la antigua Grecia o la Italia del Cuattrocento, son cosas que los seres humanos hacemos y que, estoy dispuesto a apostar algo por ello, el *Ardipithecus ramidus* de hace casi cinco millones de años, no hacía. Saber si los primeros humanos lograron liberarse de las reglas de la vida en sociedad establecidas por los recursos inmediatos de sus propios cuerpos, voces y acciones, es verdaderamente una de las grandes cuestiones del Paleolítico.

Sociedades complejas y complicadas

La segunda pregunta plantea el problema de la acción. Aquí Strum y Latour han trazado una distinción muy útil entre sociedades *creadas* por los humanos y sociedades *creadas* por los primates no humanos. Estos autores reconocen el carácter complejo de las sociedades de primates no humanos y califican de socialmente complicadas las sociedades de los humanos. Por ejemplo:

> [...] los babuinos viven en sociedades complejas y tienen una relación social compleja. Cuando construyen y reparan su orden social, lo hacen armados de sus limitados recursos, sus cuerpos, sus habilidades sociales, sus estrategias sociales (Strum y Latour 1987: 790).

Los babuinos necesitan tener habilidades sociales con el fin de implicar a otros individuos de su especie en la representación de la sociedad (Strum y Latour 1987: 795), de ahí la naturaleza actora de los vínculos sociales. El cuerpo deviene un instrumento para expresar e interpretar valor social (Leroi-Gourhan 1993: capítulo 11). De ahí que el babuino sea descrito con mayor acierto como un *miembro competente*

> [...] que tiene problemas a la hora de negociar una cuestión cada vez, constantemente sujeto a la interferencia de otros que tienen problemas parecidos. Strum y Latour (1987: 790).

La consecuencia es una limitación en el nivel de estabilidad social, ya que ésta sólo puede lograrse en función de la intensidad de la interacción y la frecuencia con las que se producen las relaciones, por ejemplo, las alianzas en un contexto agresivo.

La alternativa humana complica la vida en sociedad. «Una cosa se complica —arguyen Strum y Latour— cuando se realiza mediante una sucesión de operaciones simples» (1987: 791). Para estos autores esta complicación es vital para incrementar la estabilidad. Los humanos, para reforzar un punto de vista particular sobre la sociedad, además del cuerpo y de determinadas habilidades sociales, utilizan materiales externos y, más importante aún, símbolos. Ello contribuye a que las tareas sociales sean menos complejas.

Todos estos elementos son básicos para poder responder a la pregunta fundamental de Giddens acerca de cómo es posible que exista una estructura social *in absentia*, es decir, cómo se pueden desbordar los límites marcados por la co-presencia. La simplificación a base de la utilización de símbolos sobre la gente y las cosas, permite en cualquier contexto social que una gran variedad de factores no varíen. La consecuencia es que las demandas distintas de la vida en sociedad puedan ser negociadas secuencialmente una a una (Strum y Latour 1987: 792-3).[17] El *actor o practicante habilidoso* en una sociedad complicada es el especialista. Él o ella tienen los recursos necesarios para afectar a los lapsos espacio-temporales, esta extensión de la vida social más allá de los límites prácticos establecidos por la interacción en co-presencia, por el tiempo, el cuerpo y el espacio.

Las redes y sus componentes

El enfoque de abajo a arriba que sugiero para el estudio de la vida en sociedad en el Paleolítico, requiere un marco que exprese las interacciones en el tiempo y el espacio. Sin esta metodología las cuestiones que hemos planteado más arriba quedarían sin respuesta. Aunque la teoría de la estructuración y los estudios sobre primates proporcionan una forma de conceptualizar el problema, ninguna de las dos se interesa particularmente, como lo hace la arqueología, por el papel reservado a los objetos, sea para investigar la vida en sociedad, como para profundizar en su estructura.

Pienso que el análisis de redes proporciona este marco necesario para poder formalizar conceptos sociales basados en la interacción y el trato entre individuos. El análisis de redes se opone al enfoque centrado en el grupo típico del análisis antropológico y sociológico (Barnes 1972, Bott 1957, Maryanski 1993, Milardo 1992, Mitchell 1974, Turner y Maryanski 1991, Wellman y Berkowitz 1988). Es importante

17. Desgraciadamente Strum y Latour (1987: Fig.1) desarrollan su modelo de vida en sociedad complicada haciendo un uso acrítico del concepto de sociedad primitiva, algo contra lo que ya se había pronunciado Kuper (1988: 243). Strum y Latour contemplan la diferenciación entre las sociedades cazadoras recolectoras, agrícolas e industriales como resultado del aumento de los recursos materiales y simbólicos puestos a disposición de la construcción de la sociedad. Ello se traduce en una habilidad creciente para organizar a la gente a niveles cada vez mayores. Sin embargo, yo no contemplo estas implicaciones relativas a la evolución social como formando parte de su noción de complicación. Un punto de vista similar al de estos autores se puede consultar en Maryanski y Turner (1992), quienes sostienen que la construcción de la estructura social por parte de sociedades que practican la horticultura coloca a la gente en una especie de «jaula social» que no respondería a las ancestrales (es decir, cazadoras recolectoras) tendencias genéticas del género humano.

CUADRO 2.3. *Modelo de sociedad vista como red (según Boissevan 1968).*

Sociedad
|
Complejos institucionales
|
Grupos
|
Cuasi grupos
|
Red de interacciones
|
Individuos

aclarar, no obstante, de que se trata de una manera de analizar la realidad y no de una teoría sobre la acción social (Boissevain 1979: 392, Mitchell 1974: 282).

En el análisis de redes los individuos son creativos, conformando nodos dinámicos que crean vínculos de distinto signo más o menos fuertes y duraderos. Las redes de cada individuo cambian constantemente pero siempre mantienen un grado mínimo de vitalidad suficiente como para dejar constancia de su existencia (Douglas 1973: 89). Las redes suponen un conjunto de contactos en forma de entramado que han sido descritos como de superposición de ámbitos de carácter social (Grönhaug 1978, Lesser 1961, Paine 1967). El conjunto de la sociedad, en último término, no es otra cosa que una red de redes (Boissevain 1979: 392), un contínuum, como se indica en el cuadro 2.3.

Antes de seguir con los recursos y las normas, hay que identificar y examinar brevemente los componentes de las redes.

LAZOS QUE UNEN

Los individuos son actores sociales reconocidos y los vínculos que crean a través de la interacción unen y atan al mismo tiempo. Las relaciones que crean los individuos (cuadro 2.1) se caracterizan por tener diferentes tipos de vínculos. Hay dos tipos de vínculo particularmente importantes, a saber. Existe un tipo de relación entre dos individuos que evidencia lazos múltiples, que tienen que ver con distintas oportunidades o situaciones, por ejemplo, una relación de hermanos o de amigos íntimos. Los vínculos son múltiples puesto que se basan en la historia y en una enorme variedad de actividades y contextos de creación. Estos distintos vínculos tienen que ver con aquellas posibilidades de signo diverso, de tipo afectivo, afín, económico o social. Los lazos se fortalecen en función de las oportunidades. En cambio, una relación basada en vínculos simples (lo contrario de múltiples) sólo implica una relación pobre, como el que se tiene con el conductor del autobús o el empleado de una tienda de comestibles. La calidad del vínculo no depende necesariamente de la frecuencia de la interacción. Se puede ver sólo una vez al año a un hermano y en cambio encontrarse cada día con el mismo conductor del autobús de camino al trabajo.

Densidad y conectividad

Hasta cierto punto las redes pueden cuantificarse mediante la densidad y conectividad de los vínculos sociales que emergen de la interacción y de las relaciones subsiguientes (Milroy 1987). La densidad de vínculos sirve para comprobar hasta qué punto las posibles relaciones entre individuos se producen efectivamente.[18] Una red de alta densidad a menudo implica la existencia de valores altamente estandarizados que condicionan el comportamiento individual; en cambio, una red de baja densidad implica normalmente un fuerte individualismo (Boissevain 1974, Turner y Maryanski 1991).

La centralidad es una medida de la accesibilidad. Esta característica está en función del tamaño y estructura de la red, siendo generalmente más alta cuanto más baja es la densidad. Cuanto más central es la posición que ocupa un individuo mejor dispuesto se encuentra para la comunicación.

La transitividad de los vínculos tiene que ver con el nivel de transferencia de una relación entre individuos que no interaccionan. Si A conoce a B y B conoce a C, por un vínculo transitivo A también conoce a C. Una alta trasitividad da como resultado una red de alta densidad puesto que las conexiones potenciales son explotadas a fondo a base de comunicarse a través de amigos de los amigos. Los vínculos transitivos también miden la accesibilidad de una red. La accesibilidad de una red se delimita por el número de conexiones necesarias para llegar a un forastero y ser presentado al mismo por medio de la red de conocidos y amigos. La cifras sorprendentemente son bajas. En poblaciones que van de los 300.000 a los 200 millones de habitantes sólo son necesarias de 3 a 5 conexiones para llegar hasta cierta persona escogida al azar, vía la red de relaciones múltiples de un individuo (Boissevain 1974, Jacobson 1978). Esta separación tan estrecha con respecto a alguien ajeno constituye un claro ejemplo de transitividad y de agrupamiento de vínculos, de manera que un individuo puede actuar fácilmente de agente transmisor (Turner y Maryanski, 1991).

Los elementos estructurales de una red han sido estudiados de forma gráfica para poner de manifiesto sus propiedades de densidad y conectividad (cuadro 2. [illegible]). Una forma de medir los resultados a partir de distintos esquemas de red, utiliza los flujos de información. Por ejemplo, Argyle (1969: 309) analiza la estructura de una red en términos de resolución de problemas. Utilizando a cinco personas formando redes alternativas dispuestas en círculo, en cadena, en forma de Y, y en rueda, Argyle confirmó el trabajo de Leavitt que estudiaba de qué forma diferentes estructuras afectaban la comunicación y consecuentemente la resolución de conflictos. El círculo dio la comunicación más lenta, provocó muchos errores y requirió el mayor número de mensajes. La forma en Y fue la que menos errores contabilizó. Kapferer (1973) apunta

18. Kephart (1950) calculó el número de relaciones que pueden darse potencialmente dentro de un grupo. Un grupo formado por cinco individuos da unas 90 relaciones posibles. La cifra sube a 7.133.616 si el grupo es de 15 individuos.

que la rueda de baja densidad basada en el reparto de información, resulta la más eficiente para la resolución de problemas. A continuación venía la estructura estrellada de alta densidad y finalmente el círculo.

El cuadro 2.4 cuantifica las propiedades de diferentes redes espaciales (figura 2.1), y dirige la atención al alcance y estructura de los enlaces o conexiones que definen a las redes. El cuadro ilustra acerca de las consecuencias que producen las redes de alta y baja densidad y muestra el grado de centralidad de que disfrutan algunos nodos

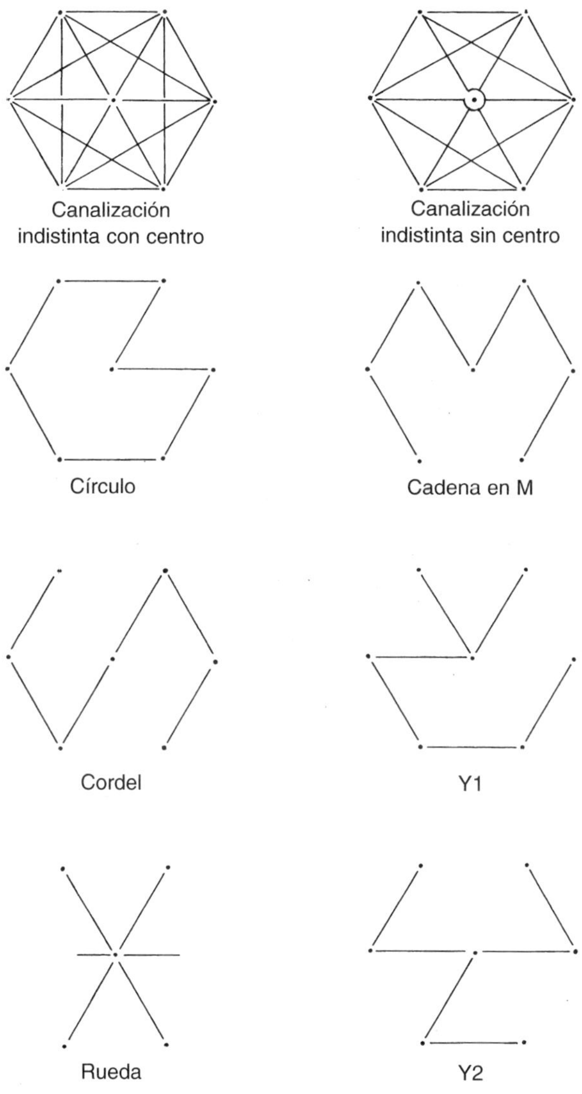

FIG. 2.1. *Modelos alternativos de redes con siete nodos con los correspondientes flujos de información/recursos (ver cuadro 2.4).*

CUADRO 2.4. *Ejemplos de variación en la estructura de una red. La densidad se calcula de acuerdo a la fórmula de Boissevan (1974).*

		Conexiones y conectividad				
	Densidad	*Del centro al extremo*	*Del final al centro*	*Extremo a extremo*	*Número de finales*	*Núm. conexiones en la red*
Estrella (alta densidad sin centro)	87	0	0	1	0	18
Estrella (alta densidad con un centro)	80	1	0	1-2	0	15
Círculo	33,3	0	0	1-6	0	7
Cadena en M	27	1-2	3	1-4	2	6
Cordel	33,3	1-5	6	1-4	1	6
Y1	20	1-3	1-4	1-2	3	6
Y2	20	1	2	1-2	3	6
Rueda (baja densidad)	0	0	1	2	6	6

de determinadas redes. Uno de los resultados obtenidos es poder comprobar como las distintas estructuras influencian la forma de la interacción, particularmente por los costes dependientes de la localización (ejemplo, Mandryk 1993, Wobst 1976). Ello hace que nos apercibamos de las consecuencias que tiene operar en una red de baja densidad o en una red de alta densidad. Por ejemplo, Steele (1994) ha simulado esquemas de dispersión a partir de conexiones en tres estructuras diferentes en rejilla (figura 2.2). Ello le ha permitido observar cómo se transmiten culturalmente unas determinadas características entre los nodos de tales redes. La densidad de conexiones determina la mayor o menor facilidad de adopción de un nuevo rasgo. Steele vio que las conexiones más débiles de su red Poisson y la más baja conectividad de su red de baja densidad, daban como resultado una más rápida difusión de nuevos rasgos adaptativos. En cambio, el esquema de alta densidad de conexiones de su red Tribal generaba su propia resistencia interna a la dispersión de nuevos rasgos, evidenciando la poca idoneidad de este tipo de estructuras para imponer normas de comportamiento.

EL EFECTO DE LA EDAD EN LA ESTRUCTURA DE UNA RED

Los diagramas en red (figura 2.3) con sus conexiones y sus nodos, constituyen una herramienta descriptiva muy útil para expresar tanto el movimiento de los individuos a través de sus rutas (Carlstein 1982), como el flujo de información o el flujo de objetos (Isaac 1972, Yellen y Harpending 1972). Las redes tienden a ser duraderas puesto que los individuos viajan continuamente por los mismos senderos mientras dan forma a sus propias vidas en sociedad. Pero las redes también suelen cambiar una vez

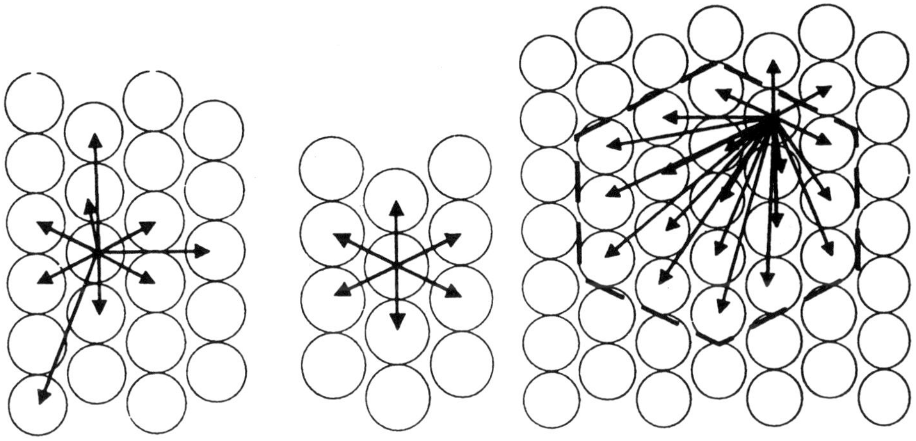

FIG. 2.2. *Tres modelos de red utilizados en simulaciones sobre comunicación y dispersión. De izquierda a derecha tenemos: la red Poisson, la red de Baja Densidad y la red Tribal (a partir de Steele 1994: Fig. 2).*

que los individuos se hacen mayores y alcanzan otras posiciones dentro del conglomerado. Un buen ejemplo de ello nos lo proporciona Wiessner (1982) que identifica entre los ¡Kung un cambio, fruto de la edad y los compromisos, en el número de socios comerciales hxaro (cuadro 2.5).

No sorprende que la mayor expansión de las redes hxaro tiene lugar cuando los ¡Kung San buscan esposa para sus hijos (*ibid.*: 74).

Este ejemplo ilustra acerca de algunos de los elementos básicos que intervienen en la estructuración de las redes debido a la edad. Es obvio que dentro de esta categoría los individuos tejerán redes que diferirán en intensidad y duración, siempre en función de la frecuencia de la interacción. Las desviaciones estandar del cuadro 2.5 indican esta variación.

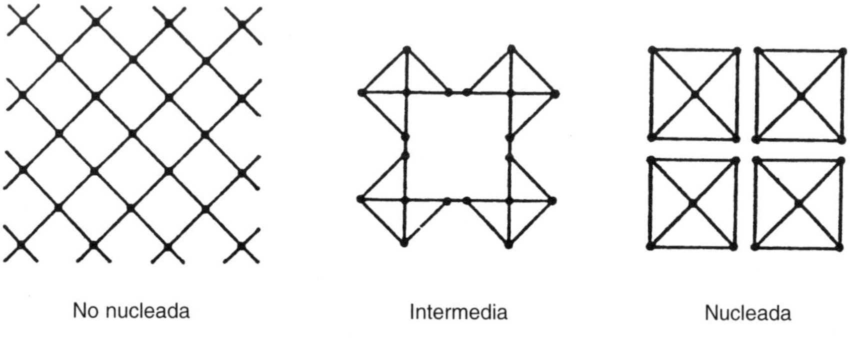

FIG. 2.3. *Enlaces y flujos de información entre nodos representados por individuos o grupos en redes abiertas y cerradas (a partir de Yellen y Harpending 1972: Fig.15).*

CUADRO 2.5. *Socios hxaro por grupo de edad (Wiessner 1982: cuadro 3.1).*

Grupo de edad	*Número de San implicados*	*Núm. medio de socios hxaro por persona*	
		x	s.d.
Adolescentes	6	10	4
Adultos casaderos jóvenes	4	16	5
Adultos con hijos pequeños	27	13	7
Adultos con hijos mayores	14	24	8
Adultos mayores dependientes	8	12	6

DIVISIÓN SEXUAL DEL TRABAJO Y ESTRUCTURA DE LA RED

Howell (1988) comenta las diferencias entre los sexos que se evidencian en la red de relaciones de los ¡Kung. Las mujeres tienen lapsos de tiempo de generación de las redes más cortos, veintiocho años, que contrastan con los lapsos de treinta y cinco años de los varones (*ibid.* 1988: 70-1). Las mujeres ¡Kung obtienen sus conexiones sociales a una edad más precoz que sus hermanos, gracias al matrimonio, lo que conlleva que alcancen antes su máximo de conectividad. Los hombres tienen, por lo tanto, menos posibilidades de sobrevivir a sus conexiones.

Un ejemplo de la importancia de la división del trabajo en la estructura de una red nos lo proporciona el estudio sobre segregación de roles entre los primates no humanos de Maryanski y Ishii-Kuntz (1991). El estudio se basa en el trabajo de Bott (Bott 195, Kapferer 1973) sobre redes urbanas, que afirma que la densidad de interacción de las redes de familia, medida por el número de conexiones y su contexto emocional, puede explicar el grado de segregación de los roles de los dos sexos. Maryanski y Ishii-Kuntz midieron la consistencia de los vínculos entre sexos en los primates no humanos sobre una escala que iba de inexistencia de vínculos a vínculos fuertes. Su cuadro (2.6) revela que la densidad de la red está estrechamente relacionada con el modelo de dispersión. Las redes tupidas de las hembras prevalecen cuando los machos se dispersan, y viceversa. Cuando ambos sexos dejan el hogar sólo subsisten redes de baja densidad, tanto entre los machos como entre las hembras (Maryanski y Ishii-Kuntz 1991: 417).

Maryanski y Ishii-Kuntz apoyan la hipótesis principal de Bott, abstracción hecha de los comportamientos reproductivos de los primates no humanos, esto es, «cuanto más grande es la densidad de la red de al menos uno de los dos sexos, mayor es el grado de segregación de roles», y al revés, «cuanto menos densa es la red, mayor grado de convergencia en los roles macho-hembra» (Maryanski y Ishii-Kuntz 1991: 417).[19] Cuando los esquemas de dispersión de machos y hembras del cuadro 2.6 se comparan con los ejercicios de simulación de Steele (1994: Fig 2.2) vemos que los babuinos hamadryas machos presentan una red del tipo Poisson, basada en una disper-

19. Concluyen que el comportamiento de la familia de clase media moderna socialmente móvil es análogo al de la familia monogámica gibón —falta de vínculos fuertes y reducida segregación de roles—, una conclusión que apoya el estudio de Milroy (1987) en que la movilidad social se relaciona con las redes personales de baja densidad.

CUADRO 2.6. *Densidad de vínculos entre los sexos en primates no humanos y su relación con la segregación por rol (Maryanski y Ishii-Kuntz 1991: Cuadro 1).*

Roles	*Dispersión en la pubertad*	*Esquema de densidad de la red*		*Especie*
		Machos	*Hembras*	
Altamente segregados	Machos	Baja	Alta	Monos Pata
	Machos	Baja	Alta	Geladas
	Hembras	Alta	Baja	Babuino Hamadryas
	Hembras	Media	Baja	Chimpancé común
Medianamente seg.	Machos	Baja	Alta	Babuinos comunes
Medianamente seg.	Machos y hembras	Baja	Baja	Gorilas
No segregados	Machos y hembras	Baja	Baja	Gibones

Nota: la segregación por roles entre parejas se midió con respeto a: *a)* tiempo de ocio pasado juntos, *b)* implicación de los machos en el cuidado de los hijos; *c)* actividades de mantenimiento compartidas; *d)* dominio.

sión con baja densidad y algo de transitividad. En cambio las hembras presentan una red del tipo Tribal, basada en una alta y frecuente interacción entre todas las hembras que ocupan una misma área.

Finalmente, el cuadro 2.7 compara el chimpancé común (*Pan troglodytes*) con el pequeño bonobo (*Pan paniscus*) revelando redes estructuradas por sexos muy diferentes (ver también Foley y Lee 1996, Foley y Lee 1989). Ello implica, a la vista de dos especies tan estrechamente relacionadas, con un dimorfismo sexual medido en peso, tan parecido, que la estructura social deriva tanto de la historia como de los genes. En tanto que ello no afecte los resultados reproductivos, los dos esquemas de alianza basada en el sexo son posibles. Pero mientras que esto hace difícil especificar el esquema de los homínidos ancestrales para especies incluso más parecidas —tales como el *Homo heildelbergensis, el Homo neanderthalensis* y el *Homo sapiens*— las implicaciones para con la densidad de las redes, no varían.

CUADRO 2.7. *Variación en la densidad de red en dos especies similares medida genéticamente y por dimorfismo sexual (Parish 1996).*

Chimpancé común	*Bonobo*
Las hembras se dispersan	Las hembras se dispersan
Las hembras están solas con los hijos (redes de densidad baja)	Las hembras forman alianzas (redes de alta densidad)
Alianzas de distintos machos (redes de densidad alta)	Machos en solitario (redes de baja densidad)
Las hembras tienen el 84 % del peso de los machos	Las hembras tienen el 82,5 % del peso de los machos

Recursos y estructura de la red

Una vez que hemos examinado algunos de los componentes de las redes podemos volver la atención hacia los recursos, los cuales son responsables de la generación de estructuras particulares. Turner y Maryanski (1991: 550) han estudiado el contenido de las redes con relación a tres recursos entrelazados: recursos emocionales, recursos simbólicos y recursos materiales. Los tres tipos de recursos están a disposición de los negociadores de los vínculos sociales entre individuos. El cuadro 2.8 presenta un modelo sobre la forma de utilización por parte de los individuos de los recursos a su disposición, con el fin de estructurar la sociedad con la ayuda de un entramado de redes personales y globales.

Los recursos emocionales son los que crean lazos afectivos de alta densidad entre parientes cercanos y amigos. Dependen del contacto cara a cara y de reafirmación frecuente. De su densidad el individuo saca seguridad. La limitación del tamaño de la red íntima hace que el número de individuos con los que uno puede interaccionar intensamente, con el fin de alcanzar aquel estado psicológico benefactor, es limitado. La personificación de la interacción, que hace tan singular a esta red, limita las relaciones que emergen a través de su práctica, a un pequeño círculo íntimo. El tiempo del aseo es restrictivo a nivel de relaciones en todas las redes íntimas de los primates (Cheney y Seyfarth 1990, Dunbar 1992a).

Los recursos materiales pueden ser ilustrados por el intercambio de parejas para matrimonio. Por ejemplo, la distinción de Sahlins (1972: 194-195) entre reciprocidad generalizada y reciprocidad equilibrada es un reconocimiento de que la última

CUADRO 2.8. *Cambios en los recursos y en el contenido de las interacciones y las redes.*

	RECURSOS		
	Emocionales (Milardo 1992, Boissevain 1968, 1974)	Materiales/ intercambio Shalins 1972, Valeri 1992)	Simbólicos/ estilísticos (Wobst 1977)
REDES PERSONALES			
Íntima (5)	**** Individuos importantes	Generalizados *** Hogar	* Círculo hogareño
Eficaz (20)	*** Colegas, amigos	Generalizados ♀ ♀ ♀ Linaje, sector aldea	** Amigos, parientes
Ampliada (100-400)	** Amigos de amigos	Equilibrados * ♀ Sector tribal	*** Grupo seleccionado distante socialmente
RED GLOBAL (2500)	* Neutrales o antagonistas	Negativos * Sector intertribal	* Grupo no seleccionado muy distante socialmente

Nota: Los asteriscos indican el uso relativo de cada recurso. El tamaño de cada red se indica en paréntesis. Las redes se describen en el cuadro 2.9.

CUADRO 2.9. *Jerarquía de redes relacionadas con la persona.*

Red íntima. La red íntima se beneficia de una inversión alta en recursos genéticos y emocionales. Proporciona al individuo la seguridad ontológica de que los mundos natural y social son lo que aparentan (Giddens 1984). Implica un alto nivel de interacción cara a cara.

Red eficaz. La red eficaz tiene que ver con la logística de la vida corriente. La gente implicada sirve de instrumento a cada persona para la consecución de fines reproductivos, económicos, políticos y sociales. Los recursos materiales constituyen un acicate importante en la creación de relaciones.

Red ampliada. La red ampliada integra amigos de los amigos que son conocidos, que si es necesario pueden pasar a formar parte de la red eficaz. Los recursos simbólicos, organizados por medio del estilo y la cultura material, ocupan un lugar privilegiado a la hora de negociar esta red.

Estas tres redes pueden contemplarse como formando una **red de redes personal** que varía en escala y contenido de una persona a otra. Las distintas posibilidades de alianza negociada comprometen a los individuos dentro de su red de redes personal.

Red global. La red global se caracteriza por referirse a «los demás». Integra a todas las personas que podemos catalogar como desconocidos. Pueden convertirse en accesibles, pero en términos de alianzas selladas a partir de la interacción, son gente neutral. Es así porque nunca se llega a topar con ellos (sociedades forrajeadoras pequeñas) o porque existe una limitación en relación a la cantidad de gente con la que uno puede interaccionar (como pasa con la gente que asiste a un partido de fútbol o viaja con nosotros en el metro). Es una característica de las sociedades urbanas.

se refiere a las alianzas generadas a través del matrimonio. En cambio, la reciprocidad generalizada no conlleva contra obligación «estipulada en cantidad de tiempo, o en calidad: la expectativa de reciprocidad es indefinida» (*ibid.*: 194). Esta distinción se contempla aquí, referida al individuo, como la diferencia existente entre las redes íntima, eficaz y ampliada.

Las relaciones que se dan es este tipo de redes reconvierten los recursos materiales utilizados. Así, los mismos materiales que, pongamos por caso, en la red eficaz de una persona sirven de regalo, en la red ampliada de la misma persona se convierten en mercancía (Gregory 1982). Como explica Valeri (1992: 15), la transición del «comprar» al «regalar» coincide con la creación de una relación (figura 2.4). Como indica el cuadro 2.8 los recursos materiales son especialmente importantes en las redes íntima y eficaz, aunque deberán ser de tipo muy distinto. El compartir voluntariamente los alimentos, los instrumentos y las materias primas puede ser muy habitual en la primera de esas redes. La segunda, en cambio, se caracterizará por el intercambio de jóvenes destinados al matrimonio y el consumo ritual de comida en el marco de reuniones sociales. Finalmente, los contactos con «los demás» en la red global, cuando la distancia social es tan grande que esos «otros» son verdaderos desconocidos, vendrán caracterizados por una reciprocidad negativa —procurar obtener algo a cambio de nada—. La afirmación de una alianza mediante el intercambio permite que cualquier individuo pueda sobreponerse a lo distinto o desconocido a base de atraer a su red personal a personas especialmente escogidas.

Los recursos simbólicos se expresan en las sociedades humanas a través de la cultura material. El contenido de tales expresiones ha sido tradicionalmente anali-

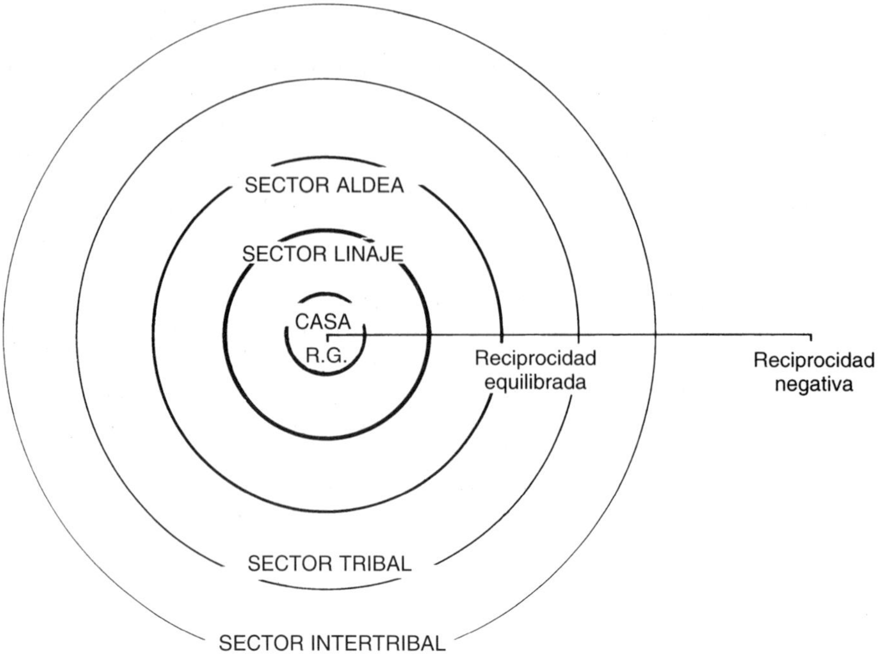

FIG. 2.4. *Sectores de reciprocidad y parentesco, el último de los cuales representa una jerarquía de integración con relaciones cambiantes expresadas a través del intercambio y la entrega de regalos. R.G. = reciprocidad generalizada (a partir de Shalins 1972: Fig.5.1).*

zado a partir de la noción de estilo. Wobst (1977) señala que si la información contribuye a la supervivencia debe hacerlo bajo el criterio de la selección. Así, las manifestaciones estilísticas siguen reglas que pueden reconocerse con referencia a los individuos a los que tales expresiones se dirigen (figura 2.5). Cuando los destinatarios de la información son objeto de frecuentes contactos (amigos y colegas), la codificación estilística de la información y su envío son innecesarios. En su análisis de un código restrictivo propio de una interacción frecuente, Douglas (1973) encuentra una expresión muy pobre en recursos rituales y simbólico-estilísticos. Dice Douglas:

> La condición necesaria para que un código restrictivo aparezca, es que los miembros de un grupo se conozcan lo suficientemente bien como para que sean capaces de compartir un fondo de presunciones que nunca hace falta explicitar (1973: 78).

Los códigos restrictivos prosperan en el contacto cara a cara y la interacción frecuente. Por lo tanto, los fuertes lazos afectivos que hacen uso de los recursos emocionales se correlacionan negativamente (cuadro 2.8) con la presencia de recursos simbólicamente organizados y estilísticamente expresados. Los recursos simbólicos se dedican a las redes eficaces y especialmente a las redes ampliadas.

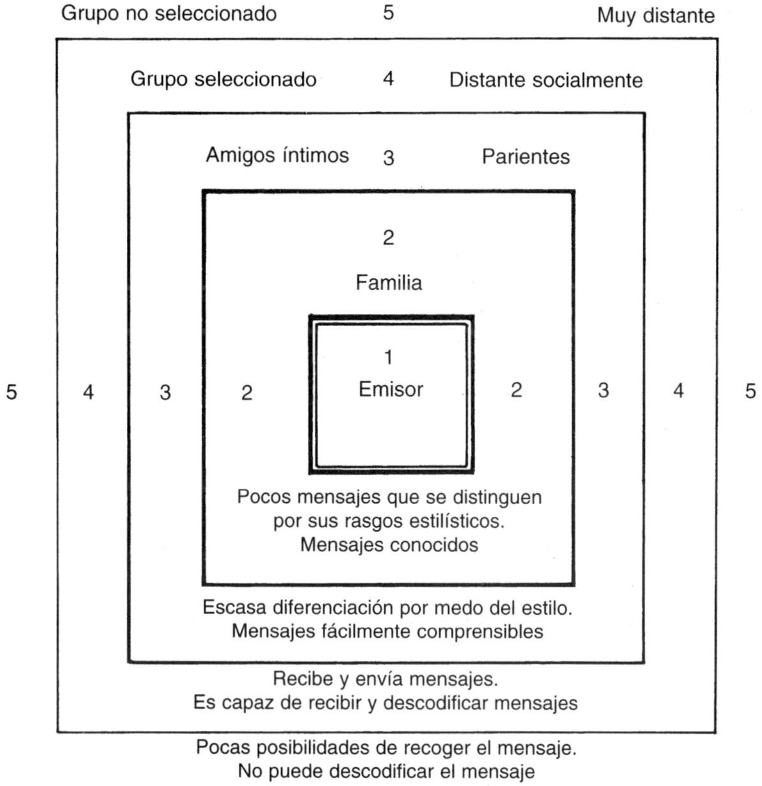

FIG. 2.5. *Los destinatarios de los mensajes con rasgos estilísticos propios forman también una jerarquía de integración que repercute en el diseño y la expresión de la cultura visual (a partir de Wobst 1977: Fig.1).*

No es mi intención ponerme a clasificar estas redes juntamente con los recursos que las caracterizan con el fin de iniciar la búsqueda de sus correspondientes ejemplos arqueológicos. Mi intención es proporcionar un marco conceptual que exprese la presión selectiva que todas las redes en las que un individuo participa ejercen sobre la negociación, la afiliación y la reciprocidad. En pocas palabras, la suma de las redes afectan la toma de decisiones en todos los aspectos de la vida de cada uno. Los vínculos sociales que forman las redes unen y atan al mismo tiempo.

Elementos que explican el tamaño de las redes

Hay dos elementos que limitan el tamaño de las redes:

— el tiempo, especialmente cuando el comportamiento afectivo implica aseo y habla, y

— el conocimiento, cuando nuestra capacidad de manejar información se contempla como crucial.

REDES Y TIEMPO

Dunbar (1992a) planteó el importante problema del tiempo como recurso en cualquier negociación.

> Incluso teniendo los primates una capacidad cognitiva suficiente para manejar todas las relaciones que tienen lugar en los grupos grandes, pueden darse circunstancias bajo las que los animales no tengan el tiempo necesario para dedicarlo a aquellas relaciones que implican un aseo social. Las relaciones que no se puedan responder de esta forma han de dejar de funcionar efectivamente; como resultado, el grupo tenderá a dispersarse y la población a buscar un nuevo equilibrio con menos integrantes (Dunbar 1993: 687).

El estudio de Cheyney y Seyfarth (1990) sobre los *vervet* contemplaba separadamente el aseo entre individuos en intervalos de 5-10, 10-15, 15-20, 20-25 y más de 25 minutos. Dunbar (1992a) mostró que el tiempo ocupado al día en el aseo aumentaba de acuerdo con el tamaño del grupo. Al aumentar el tamaño del grupo se genera una presión sobre los individuos que los impele a establecer coaliciones para contrarrestar el acoso por parte de otros miembros del grupo. En el ejemplo de los *vervet* estas coaliciones siguen siendo pequeñas aunque el tamaño del grupo sea considerable. En mi terminología las coaliciones de *vervet* son comparables a las redes íntimas y eficaces (cuadro 2.8). Aquí es donde se negocian las alianzas en el contexto de una vida de grupo cohesiva.

Entre los babuinos el tiempo dedicado a la socialización varía entre el siete y el veinte por ciento del tiempo total disponible. Esta variación no comporta diferencias apreciables en la organización social de los grupos, por ejemplo, en el tamaño medio de los grupos. Dunbar (1992a: 42) afirma que el obstáculo más importante es el tiempo que un babuino necesita dedicar a alimentarse.

Dedicar cerca del 20 por ciento del día (2,4 horas en 12 horas hábiles con luz de día) al aseo social roza el límite absoluto para los primates no humanos (Dunbar 1993: 688). Incluso con altas tasas de actividad dedicada al aseo, los grupos se mantienen reducidos, oscilando entre los 30 y los 40 individuos (*ibid.*: Fig. 3). Un grupo humano de 150 individuos precisaría, según la ecuación de Dunbar, de un abultado 42 por ciento del tiempo total disponible para dedicarlo a este tipo de actividad.

Ello representaría un constreñimiento sólo si el objetivo del aseo social fuera contribuir a una estabilidad permanente del grupo. Los humanos, con sus sistema de fusión y escisión que cambia el tamaño del grupo y los miembros que en el mismo permanecen, son capaces de rebajar el problema a base de reducir el tamaño de los grupos que ocupan una misma área. Dunbar arguye que los humanos pueden usar alternativamente el lenguaje como sustitutivo del aseo social. En la hipótesis del aseo social vocal desarrollada por Aiello (y Dunbar 1993), se establece una relación entre tamaño de grupo y tamaño del neocórtex (Dunbar 1992b, 1993, 1996). El neocórtex, literalmente la materia gris, es la «parte pensante» del cerebro (Dunbar 1992b: 473) y su expansión en los últimos dos millones de años, la razón por la cual los humanos tenemos los cerebros tan desarrollados.

Steele (1996) ha ampliado este análisis hasta hacer una estimación del tamaño medio de los grupos de homínidos (cuadro 2.10) Lo consigue comparando tamaños

CUADRO 2.10. *Selección de predicciones sobre tamaño de grupo medio y sobre diámetros de la zona de hábitat para grupos con tamaños que oscilan entre los 25 y los 300 individuos. A partir de Steele (1996: Cuadros 8.7 y 8.8).*

	Tamaño de grupo medio	*Diámetros (km) de la zona de hábitat*	
	Predicción a partir de tamaño de grupo/peso total cuerpo y cerebro	*Modelo primates*	*Modelo carnívoros*
H. habilis s.s	91.3	3.0- 8.5	26.2- 78.0
H. rudolfensis	74.7	3.6-10.4	32.4- 96.2
H. erectus	107.6	3.7-10.6	32.9- 97.9
Neanderthal primitivo a.m.	308.7	3.6-10.5	32.6- 96.8
H. sapiens	312.1	3.8-11.0	34.4-102.2

de grupos de primates conocidos con las medidas de cerebro y cuerpo. Además, utilizando la masa del cuerpo en la misma muestra comparativa (Grant, Chapman y Richardson 1992), es asimismo posible calcular el tamaño medio de las áreas de asentamiento de los homínidos de acuerdo tanto con el modelo de los primates como con el modelo de los carnívoros (cuadro 2.10). Los resultados muestran un esquema consistente para las especies *Homo* más modernas. Las pruebas arqueológicas correspondientes a esos resultados se ofrecen en el capítulo 3.

Aiello y Dunbar sostienen que el lenguaje proporcionó un método más eficiente de respuesta a las interacciones, que produjo relaciones más estables dentro de estos grupos grandes (1993). Es una forma «barata» de aseo social puesto que gente diferente puede beneficiarse del «aseo» en el curso de una conversación, con ahorro de tiempo. Además, la información puede rápidamente transmitirse a gente que no está presente. No hay que perder tiempo observando a los demás. Lo mínimo que se requiere es tener una idea de la relación de manera que la información social pueda transmitirse. Dunbar insiste en que:

> [...] el límite impuesto por la capacidad de procesamiento del neocortex aplica únicamente al número de individuos con los que se puede mantener una relación interpersonal estable. Ello de ninguna manera nos compromete con ninguna forma particular de estructuración de tales grupos (ejemplo, vía parentesco) (Dunbar 1993: 692).

REDES, TRANSMISIÓN DE LA INFORMACIÓN Y LA MENTE

El tiempo es muy importante a la hora de limitar el tamaño de las redes íntima y eficaz. Parece que el elemento conocimiento controla las redes ampliada y global. La explicación de la existencia de grupos de población de tamaño parecido, se relaciona con la capacidad de los individuos de procesar y almacenar información (Bernard y Killworth 1973, Johnson 1982, 1978, Kosse 1990, Williams 1981).

Pero, ¿qué entendemos por información? Yo definiría cada elemento de información como aquel elemento necesario para poder actuar como agente de conocimiento en las interacciones de la vida en sociedad. En tanto que acto de comunicación la información válida tendrá que ver con las personas y sus relaciones. Lo que se transmite, intercambia y recuerda como información es la manera distintiva de utilizar los recursos emocionales, simbólicos y materiales que, combinados, producen los personajes completos con los que nos relacionamos.

El enfoque cognitivo aplicado a la memoria divide el proceso de recordar en memoria a corto plazo y memoria a largo plazo. Simon (1974) considera que la transferencia de información del corto al largo plazo y su fijación en éste, constituye la cuestión clave para entender el proceso de resolución de problemas. La memoria a corto es muy limitada. Pruebas experimentales han demostrado que el ser humano sólo es capaz de retener en la memoria a corto plazo unas siete cosas, e incluso menos. De ahí se tarda entre cinco y diez segundos en fijar información en la memoria a largo plazo (Simon 1981: 75). El «número mágico» siete (Miller 1956) puede interpretarse como una restricción psicológica (Bernard y Killworth 1973) a nuestra capacidad de recordar e integrar información.

Ya que la memoria a corto plazo tiene un límite muy marcado, la solución para expandirla pasa por combinar la información o empaquetarla (Miller 1956, Simon 1981, 1974).[20] El término empaquetar, tal como lo introduce Miller (1956) es deliberadamente vago pero ayuda a distinguir entre el flujo continuo de información (por ejemplo fonemas, palabras o sonidos) y los bloques o unidades que identificamos como portadores de una determinada significación psicológica o social (Simon 1974: 482).

Con la ayuda del concepto de *fuente de información*, que varía en escala según se refiera a un individuo o una unidad de población mayor, Johnson (1978) ha estudiado las dificultades de integrar un número creciente de unidades de población. Su conclusión es que se llega a un umbral, en las posibilidades de intercambio de información, entre cinco y siete unidades de población. Por ejemplo, el modelo de territorios de forrajeo predice que disponiendo cada grupo local de seis vecinos se optimiza la distribución geográfica de las poblaciones, reduciéndose las distancias de contacto en el interior de una retícula hexagonal. Cuando se puede medir el número real de fronteras entre territorios como sucede, por ejemplo, con los mapas de la Australia aborigen de Tindale (1974), los valores se acercan a los seis vecinos contiguos, aunque quedan algo por debajo. Johnson lo atribuye a la falta de jerarquía típica de la sociedad cazadora recolectora, la cual solucionaría de una forma u otra el problema de integrar tales fuentes de información.

En otro lugar esta cuestión ha sido abordada como si fuera un problema originado por la presión o estrés que significa el cambio de escala (Johnson 1982). Este punto de vista reconoce que el problema no es la cantidad de gente que necesita ser integrada sino el número de unidades portadoras de información o fuentes de información. Un ejemplo sacado del estudio de la dinámica de grupos pequeños ayuda a comprenderlo al nivel de la interacción entre individuos. Argyle (1969: 231) demostró que el esquema de interacción cambiaba de forma muy notoria cuando se aumentaba

20. Como se ve por el título de la obra de Miller *El número mágico siete más o menos dos*, el siete es la cifra estrella aunque el autor tuvo el cuidado de no cebarse en ella. Simon (1974: 487. fn.2) rehace el número mágico en un cinco rechoncho más conveniente para poder ser almacenado en la memoria a corto.

el número de personas en los grupos formados por entre tres y ocho individuos. Cada una de las personas tenía una participación distinta en el grupo; como cabía esperar, sin embargo, sólo cuando el grupo alcanzaba los cinco participantes se generaba una jerarquía en las interacciones y aparecía un claro líder en el sentido de dominio de la conversación. Al mismo tiempo la participación de los demás miembros empezaba a declinar claramente y a ser mucho más parecida entre uno y otro. La estructura de una reunión de este tipo es obra de los individuos aunque se ve sometida a la influencia de las relaciones producidas por un número distinto de personas. Es un ejemplo de integración de fuentes de información a través de la aparición de un mecanismo integrador —en este caso un líder.

Johnson (1982: 394) sostiene que el problema organizativo, derivado de un aumento de la escala, es un problema de estrés comunicativo que estropea e invalida la posibilidad de integración de la información fruto de nuestras propias capacidades cognitivas, a no ser conservemos el número mágico de cinco a siete unidades que propone Miller. En consecuencia, en tanto que podamos recolocar a la gente en función de su número, de las calles a los pueblos y de las ciudades a los estados, o de las familias a los linajes y a las tribus e introducir jerarquías capaces de integrar tales unidades, el número total de personas en el sistema podrá seguir creciendo. La restricción psicológica de siete unidades que Bernard y Killworth (1973) identifican como controladora del tamaño de grupos y subgrupos, proporciona un ejemplo sociométrico de este mismo principio.

Según Johnson (1982: 392) las dificultades en la comunicación aumentan porque «el potencial de intercambio de información en un grupo debería estar siempre en función del potencial máximo de interacción del grupo». La máxima interacción tiene lugar cuando cada miembro del grupo interacciona cara a cara con todos los demás miembros del grupo. No cabe duda de que parece una forma muy complicada y lenta de tomar una decisión. Es improbable que pueda garantizar una reducción de los conflictos, ya que la información se comparte ahora de forma igualitaria, o tampoco la toma de la mejor decisión, puesto que la información requiere ser constantemente actualizada. La solución estriba en nombrar a un portavoz y reorganizar el número de unidades a base de empaquetarlas bien (Williams 1981: 248).

Johnson (1982) nos ofrece un ejemplo de este tipo de unidades responsables de la generación de una estructura organizativa mejorada. Los datos proceden del estudio de Yellen (1977) sobre los campamentos ¡Kung. Según esta información, la cantidad de pobladores por campamento variaba de un promedio de once a uno de cuarenta para los campamentos más grandes (cuadro 2.11). Pero el estudio de Johnson muestra que el número de unidades permanecía constante, alrededor de tres unidades por campamento. Por tanto sucede que los mayores agregados de gente están integrados por grupos que no se instala en el campamento como familia nuclear, como hacen en los campamentos pequeños, sino como familias ampliadas completas.

A base de incrementar el tamaño de las unidades (empaquetado) se compensa el estrés comunicativo que podríamos esperar de un incremento del número de gente, y la agregación puede seguir su curso sin requerirse una jerarquía formal que facilite la integración.

Kosse define aquellos límites provocadores de estrés en función de la carga cognitiva que los individuos pueden acarrear cuando manejan una red cara a cara. La unidad máxima fijada por Kosse es de 500 más menos 100 individuos (Kosse 1990: 291).

CUADRO 2.11. *Organización de los grupos ¡Kung según unidades organizativas (a partir de Johnson 1982: Cuadro 21.3).*

Grupo	*Unidad organizativa*	*Unidades por grupo* *intervalo*	*promedio*	*Población media por grupo*
Campo estación seca	Familia ampliada	3-4	3,5	40,00
Campo estación lluviosa	Familia nuclear	2-6	3,08	14,83
Familia ampliada	Familia nuclear	1-5	3,00	11,43
Familia nuclear	Adulto	2-3	2,10	3,43
Unidad social	Adulto	1-3	1,86	2,96

Sin embargo, ya hemos comprobado vía redes que aunque podamos conocer los nombre de 500 personas, no hay manera de saber todas las relaciones que pueden darse entre ellas (ver más abajo Colson 1978). El conocimiento de las relaciones decrece a lo largo y ancho de la red personal del círculo íntimo al círculo ampliado. Al declinar el conocimiento basado en el contacto regular cara a cara, se tiende a reemplazarlo por un incremento del uso de señales simbólicas y estilísticas.

El tamaño demográfico de las redes

Podemos situar en su debido contexto los tres tipos de recursos al alcance a base de examinar el tamaño demográfico de las cuatro redes definidas en los cuadros 2.8 y 2.9. Puesto que las redes que hacen uso de estos recursos son comunes a todas las sociedades humanas, podemos utilizar datos extraídos del análisis de redes de las sociedades contemporáneas industriales y urbanas, suplementados por observaciones en las comunidades rurales tradicionales.

REDES PERSONALES

Red íntima

En un estudio intercultural sobre las sociedades occidentales Milardo (1992: cuadro1) descubrió que el número de personas que interacciona a intensidad máxima con cada persona es de tres a siete personas de promedio, con una media global de cinco. Se trata de gente que los individuos consultados categorizaban como importante. La intensidad se mide por la frecuencia de los contactos, implicando a menudo el contacto cara a cara. En la muestra de Milardo sólo el 50 por ciento de la gente perteneciente a esta red eran parientes próximos, aspecto que también enfatiza un estudio sobre una comunidad de vecinos de Toronto (Wellman, Carrington y Hall 1988). Ello quizá sorprenda dada la existencia del argumento de la selección familiar (Quiatt y Reynolds 1993) por el que esperábamos encontrar una mayor cohesión entre personas tan allegadas con el fin de proteger y promover unos mismos recursos genéticos. Sin embargo, el rasgo importante de la red íntima es su estabilidad y persistencia y no tanto el capital genético que representa. Esta unidad, que Williams (1981: 249) denomina unidad doméstica, forma una red para temas económicos, sociales y políticos en todas las sociedades. Los altos costes de su formación, por ejemplo, el emparentarse, la prestación de cuidados y las demandas de las grandes amistades en desarrollo, sólo reciben compensación si los vínculos sociales creados resisten la prueba del tiempo. La red íntima es por encima de todo una red de seguridades, que proporciona al individuo un apoyo tácito e incuestionable. Esta seguridad contribuye a confiar en que los universos natural y social son lo que aparentan ser (Giddens 1984: 375). Los vínculos son, en consecuencia, múltiples y de alta densidad. Por vínculos múltiples entendemos los diversos caminos que llevan a la especial relación que se forja entre dos personas, por ejemplo entre dos hermanos o entre dos amigos íntimos. Son múltiples porque se fundamentan en una historia común y en una diversidad de escenarios que sirven para la escenificación de la relación. Son vínculos de alta densidad porque el número de los mismos es alto y porque se mantienen en buen estado (Boissevain 1974, Milroy 1987, Turner y Maryanski 1991).

Red eficaz

Integra a la gente que proporciona ayuda material y emocional y que trabaja a favor de la superación por parte de cada uno de nosotros, de las rutinas del día a día. Milardo (1992: Cuadro 2) descubrió que el tamaño promedio de esta red (que él denominó red de intercambios) era de veinte personas, y que la presencia de parientes en la red caía al 40 por ciento (ver también Cubitt 1973). Las redes estudiadas por Milardo en sus ocho muestras oscilaban en tamaño entre las 10,05 personas y las 22,8 personas, percibiéndose importantes diferencias entre unas y otras.

Un ejemplo clásico de red eficaz se encuentra en el estudio de Thrasher (1927) sobre las bandas de adolescentes de los suburbios de Chicago. Sobre una muestra de 895 pandillas, el 90 por ciento tenía menos de 50 miembros, mientras que el 60 por ciento oscilaba entre 6 y 20 miembros. Thrasher justificaba el tamaño más corriente por la necesidad de los integrantes de las bandas de mantener relaciones cara a cara. La interacción necesaria entre los miembros de una banda ponía límites a su tamaño ya que era importante que lo que cualquier miembro decía lo oyesen los demás. La escisión se producía sobre todo cuando dejaba de compartirse una misma experiencia mantenida hasta entonces por una interacción de alta intensidad (Hare 1976: 215)

La red eficaz es menos duradera y estable que la reducida red íntima. Los vínculos entre los individuos pueden ser múltiples o simples o tener un solo sentido. Los vínculos múltiples quedan bien ilustrados por el comentario de Damas (1972: 24-5) sobre la costumbre de los esquimales Copper de fijar cuotas de caza. Su sistema de *piqatigiit* distingue catorce partes en una foca, que son repartidas entre el mismo número de socios. El cazador recibe la porción establecida cuando uno de sus socios realiza una captura.

Colson (1978) nos muestra la cordura que muestran los Gwembe de Zambia al formar coaliciones permanentes de entre diez y doce miembros de un mismo linaje. Las interacciones con los difuntos también forman parte de estas redes eficaces. Por esta razón los espíritus de entre ocho y quince antepasados se consideran suficientes para intervenir en los asuntos humanos que afectan a cada individuo. Vivos y muertos crean una red eficaz que integra entre dieciocho y veinte personas. Howell (1988) estima que entre los ¡Kung la combinación entre las posibilidades demográficas y las reglas del parentesco da como resultado un promedio de dieciséis parientes por individuo.

Red ampliada

Esta es la red de los conocidos y de los amigos de los amigos. Los vínculos que cada persona mantiene con los demás integrantes de la red varían según se trate de miembros activos o pasivos. Incluye a gente con la que la interacción se limita al envío de una felicitación por Navidad, pero también a la gente con la que uno se encuentra habitualmente en el trabajo o en la tienda de la esquina. La mayoría de los vínculos son simples. La diferencia de estas redes con respecto a las anteriores por el tipo de interacción que se produce, es obvia: la misma que separa al tendero de la esquina de un gran amigo.

La fortaleza de las conexiones transitivas es aquí particularmente significativa a la hora de conformar la red. Estas conexiones miden el grado de transferencia de relaciones entre individuos que no interaccionan (Milroy 1987, Turner y Maryanski 1991). La red ampliada y la red eficaz son, en consecuencia, redes distintas. Milardo (1992) descubrió que entre las redes ampliada y eficaz sólo un 25 por ciento de sus componentes coincidía. De la red ampliada pueden emerger coaliciones temporales, por ejemplo, los quince equipos de trabajo reclutados entre los Gwembe que cita Colson (1978). Pero estos grupos, que pueden incluir a gente procedente de la red eficaz, sólo aparecen en situaciones coyunturales para mostrarse vigentes durante un período de tiempo corto.

Es difícil estimar el tamaño de la red ampliada. El origen del trato y la categoría de amigos de los amigos son a menudo términos vagos, por lo que resultan difíciles de delimitar cuando se pretende realizar un examen cuantitativo. Milardo (1992: 455) cita al estudio de Gurevich en el que 27 voluntarios tomaron nota de todas las personas con las que interaccionaron durante un período de 100 días. El promedio fue de 400 persona, aunque con una gama que varió de 72 a 1.000. Barths (1978: 175) realizó un experimento similar durante un período de 40 días en los que interaccionó con 109 personas diferentes. Su joven colega durante el mismo período interaccionó con 175 personas. Boisssevain (1968) calculó que su red ampliada la formaban 300 personas, la misma cifra que Colson (1978) sugiere para un colaborador suyo del distrito de Gwembe.

Bernard y Killworth (1973) examinaron la estructura de los grupos y los subgrupos con referencia a la matriz de interacciones entre los individuos. Se apercibieron que aparecía una restricción psicológica en el número de personas o unidades que podían ser integradas. Concluyeron su estudio con la hipótesis de que «todos los grupos de más de 140 elementos se ven obligados a formar sus propios subgrupos, lo que da lugar a la formación de una jerarquía» (Bernard y Killworth 1973: 184). Dunbar (1993: 686) observó un vínculo entre redes recurrentes de 150 miembros, sostenido por lazos creados en torno a la lengua. Para vencer las restricciones psicológicas causantes de problemas de integración y comunicación, se puede aumentar el tamaño de las redes ampliadas a base de agrupar conexiones o de utilizar vínculos transitivos.

Estas estimaciones sobre el tamaño de las redes ampliadas, aunque no son totalmente satisfactorias, si conducen a establecer tres conclusiones. Primera, que se da una enorme gama de tamaños de red (Killworth, Bernard y McCarty 1984, 1990). Ello confirma la utilidad de los modelos que utilizan las redes como instrumento de análisis social, ya que han de darse por sentadas en el pasado diferencias de comportamiento a nivel del individuo, diferencias que constituyen el origen del cambio selectivo. En segundo lugar, tal como comenta Milardo, esta enorme variedad de situaciones enfatiza la considerable influencia de la pequeña red íntima de cinco personas sobre la toma de decisiones individual, la seguridad y la formación de redes, en comparación con

> [...] el variado número de personas contactadas a través de los asuntos rutinarios del día a día y la gama de oportunidades que dichas personas presentan o obstaculizan en términos de oportunidades para la intermediación social, el compañerismo y el acceso a los recursos escasos (Milardo 1992: 455).

Finalmente, debemos concluir diciendo que sólo puede forjarse un número finito de vínculos. Las nuevas conexiones a menudo sólo pueden establecerse si se dejan de lado otras antiguas o se reemplazan por aquellas (Wellman, Carrington y Hall 1988). De ahí que las redes eficaz y ampliada sean testigo de una gran cantidad de intercambios y gocen de menor estabilidad en su composición que la red íntima (Boissevain 1968: 547).

En síntesis, una cifra entre las 100 y las 400 personas ha de representar la mejor aproximación que podamos hacer sobre el tamaño de la red ampliada. Si sumamos este contingente a las redes íntima y eficaz obtenemos una red personal completa que puede variar entre los 130 y los 430 individuos, con un límite máximo de componentes cercano a los 1.000.

Red global

Mientras que las tres subdivisiones de la red personal poseen tamaños limitados, la red global, en tanto que se refiere a la categoría social de «los demás», es potencialmente ilimitada. Es más, ofrece la posibilidad de llevar nuevas conexiones a la red personal. Con el fin de profundizar en su accesibilidad (Killworth, Bernard y McCarty 1984), se han hecho algunos estudios sobre la forma de manejarse en estas redes por parte de los individuos en las sociedades occidentales. Tal como vimos anteriormente, existen experimentos que prueban que sólo se precisan entre tres y cinco conexiones para preparar una introducción personal con alguien escogido al azar (Boissevaionb 1974, Jacobson 1978). Estos niveles de separación tan pequeños, constituyen un ejemplo de transitividad y agrupamiento de vínculos.

Pwero, ¿qué sucede con la red global en sociedades con una densidad de población baja? Kosse (1990: 278) sugiere un umbral de 2.500 individuos como límite máximo en una situación de adaptación a un territorio (Hill 1978). Esta estimación se ve apoyada por la estimación de Wiessner de 2.000 individuos conformando el sistema de intercambios comerciales entre los ¡Kung y los hxaro (1982), así como por los 2.815 individuos por término medio del estudio de Constandse-Westermann y Newell sobre las familias lingüísticas en las sociedades a nivel de banda (1991, Newell y Constandse-Westermann 1986). Con tales densidades de población la probabilidad de topar con alguien procedente de otras poblaciones, aparte de que fuera indirectamente a través de socios comerciales, no dejaba de ser remota hasta que aparecieron los modernos sistemas de transporte y comunicación. El estudio sociométrico de Bernard y Killworth (1973: 183) daba la interesante cifra de 2.460 personas como el tamaño de grupo máximo alcanzable con garantía de estabilidad mínima en ausencia de una jerarquía formal que dirija la interacción.

Más allá de eso, pasa lo que sucede en Alaska,

> [...] donde se cuentan muchas historias sobre grupos pequeños independientes de hombres que van a cazar muy lejos y que de pronto se topan accidentalmente con otros grupos, produciéndose momentos de tensión. Tras el encuentro, lo primero que hace cada grupo es tratar de identificarse para tranquilidad del otro grupo. Si no lo consiguen, el resultado del encuentro depende del número de componentes de cada partida y de la condición social de las personas implicadas. Si los grupos aparentan ser igualmente fuertes, la tendencia es que ambas partes se vayan retirando para evitarse unos a otros. Si un grupo aparenta mayor fortaleza es fácil que se produzcan escenas de violencia (Burch 1975: 25).

También era a menudo linchado el cazador solitario de focas que se perdía en el océano helado y no era capaz de identificarse a los pobladores del campamento al que iba a parar extenuado (Burch 1975).

Así, los límites de la interacción social se marcaban básicamente mediante un principio de exclusión que requería ser tratado de antemano (Mauss 1967: 79).

Para los que vivimos en sociedades industriales nuestras redes personal y global aparentan no tener límites gracias a las posibilidades sin precedentes que nos ofrece los medios de transporte y comunicaciones. Sin embargo, todo ello es muy relativo. Aun disponiendo de jumbos, teléfonos móviles e Internet no hay manera de tejer redes personales que alcancen los 6.0000 millones de habitantes del planeta. Tampoco puede un individuo Gwembe de Zambia tejer una red personal con todos los 600 escasos integrantes de su entorno (Colson 1978). Tampoco sería probable que lo consiguiese aun disponiendo todos ellos de teléfono móvil e Internet. Colson descubrió que los Gwembe daban la impresión de que los 600 componentes de su mundo estaban entrelazados por una única red con un alto grado de interacción. Por ejemplo, cada uno de ellos era conocido por su nombre, por el resto. Sin embargo,

> [...] un examen más pormenorizado sugiere que, de hecho, los Gwembe restringen la interacción intensiva a un grupo pequeño de allegados, manteniendo con los demás un tipo de relación fría, como si fueran miembros de una multitud indiferenciada, o concediéndoles una cortesía superficial que les permite saludar y pasar de largo sin mayor complicación. *Este tipo de cortesía es sobre todo un reconocimiento de que se ha topado con alguien y no una otorgación de papel o su tratamiento como personas de arriba a abajo* (Colson 1978: 153, el énfasis es mío).

Este ejemplo rebaja el papel del recurso tiempo a la hora de formalizar relaciones mediante la interacción. El problema no es tanto recordar a la gente como disponer de tiempo para surtir las relaciones con los recursos apropiados (cuadro 2.8). Esta dicotomía es descrita de forma muy bonita por Colson cuándo habla del «choque» (1978: 155) experimentado por ella misma y por otros antropólogos, al trabajar con comunidades que, según el estandar urbano occidental, son de tamaño ínfimo, pero que nos desbordan de una manera que no lo hacen los millones de habitantes de Nueva

York. Las respuesta es que los Gwembe tienen una forma parecida a la nuestra de enfrentarse a las multitudes. Su equivalente a mirar fijo al frente en el ascensor, hablar del tiempo, si hay que hablar de algo, y excusarse si se roza el pie de alguien, quedan contenidos en una ceremonia de saludo altamente ritualizada (véase capítulo 3).

Lo verdaderamente importante, más allá del conocimiento de los nombres, es la habilidad de negociar relaciones mediante la interacción. Quizá recordemos un gran número de nombres, pero posiblemente sólo negociamos un número de relaciones mucho más limitado, ya que el tiempo constriñe mucho al nivel de las redes íntima y eficaz. A la hora de incrementar la cantidad de gente que participa en estas dos redes también topamos con la limitación de los recursos que las caracterizan. Si la función de estas redes es proporcionarnos seguridad ontológica, definida como

> [...] la confianza en que los mundos natural y social son lo que aparentan ser, incluyendo los parámetros existenciales básicos del uno mismo y de la identidad social (Giddens 1984: 375).

entonces, hay que dedicar el tiempo necesario a estas relaciones puesto que demandan un gasto considerables de recursos emocionales.

Colson sostiene que la habilidad relacional que los seres humanos hemos desarrollado no tiene que ver con el tamaño de la red global dentro de la cual nos movemos. Se trata de saber realizar *exclusiones* de manera que la intensidad de la interacción con los que sí forman parte de nuestra red personal no sufra altibajos. Tal exclusión es comandada por las normas que regulan las interacciones y por los recursos disponibles. Fuera de esta interacción emergen individuos con apariencia de personajes, capaces de ganarse nuestras simpatías y de hacer demandas que deben de atenderse sin demora (Colson 1978: 151), por ejemplo, mediante una reciprocidad generalizada y equilibrada, y el intercambio mutuo de información visual (cuadro 2.8).

Reglas en acción: las cifras mágicas de los cazadores recolectores

Estas redes formadas por 5 (íntima), 20 (eficaz) y entre 100 y 400 (ampliada) individuos resultan muy familiares a los estudiosos de la demografía de los cazadores recolectores. Para nosotros entran a formar parte de la literatura especializada como los «números mágicos» de Birdsell (1958, 1968, 1976), entre ellos, fundamentalmente,

— las familias nucleares de 5 personas,

— el grupo local o banda mínima de 25 individuos, aunque con una posible gama que va de 20 a 70 individuos, normalmente asociada con una determinada localidad (Peterson 1986, Stanner 1965, Williams 1981: 240, Wobst 1974: 170),

— la unidad eficaz basada en el parentesco consanguíneo que integra entre 150 y 200 individuos, con cifras de población lo suficientemente altas como para hacer frente a cualquier fluctuación de los ratios por sexo, la mortalidad y la fertilidad (Howell y Lehotay 1978, Williams 1974, Wobst 1974),

— la debatida tribu con dialecto propio o banda máxima, formada por 500 individuos o más (Burch 1975, Constandse-Westermann y Newell 1991, Dixon 1976, Tindale 1974).

Lo bueno de los «números mágicos» es que se han convertido en las instituciones demográficas de las sociedades de cazadores recolectores del Paleolítico. Constituyen un buen ejemplo del enfoque unidireccional o de arriba abajo en los estudios sociales, que considero necesita ser revisado. Los modelos demográficos son una realidad pero no hace falta que se interpreten como una prueba para los modelos de sociedad basados en grupos.

Sostengo que contemplar estos grupos como si fueran redes tejidas por los individuos y centradas a su alrededor, como hacen muchos antropólogos (Bahuchet 1992: 247, Carrithers 1990, Guemple 1972: 75, Morris 1982: 150, Wiessner 1982, Wilmsen 1989: 180) y no tanto como grupos de parentesco o de crianza, proporciona un enfoque más flexible a temas clave como la transmisión de cultura (Steele 1994) y la formación de la sociedad. Este enfoque además facilita la comparación entre especies cuando se estudia el comportamiento social y los vínculos que se desarrollan (Maryanski y Ishii-Kuntz 1991, Maryanski 1996) en que las relaciones caracterizadas por los recursos emocionales, materiales y simbólicos, sirven para diferenciar la amplitud o alcance de la red en desarrollo.

Resumen

Al mismo tiempo que Giddens nos indica que la palabra «sociedad» tiene un útil doble sentido ... «significando tanto un sistema bien trabado como en términos generales, una asociación de carácter social» (Giddens 1984: xxvi), nos recuerda que, en la práctica, tales fronteras son difícilmente visualizables y que es la diversidad y los cruces entre sistemas sociales lo que de verdad importa. Ésta es una de las razones por las que he optado por el enfoque de redes para explicar que es lo que entendemos por vida en sociedad en el Paleolítico. Pero el problema es saber por dónde empezar. Una ruta va de arriba abajo, con la presunción clara de que la sociedad existe en tanto que estructura. Esta opción se presenta a menudo usando las metáforas arquitectónicas de construcción y edificio. Una vez construidas estas sociedades sirven para ser vividas, por lo que podemos contemplar a la gente entrando y saliendo de la estructura, aunque pronto nos damos cuenta de que las gentes alteran muy poco al diseño del edificio social. Una segunda ruta empieza con las interacciones entre individuos, que es la escala mínima en la cual la vida en sociedad tiene lugar, al margen de su tamaño o su complejidad material. En un enfoque que va de abajo a arriba los actores sociales negocian unos con otros y de esta manera crean y dan forma a la sociedad. Es obvio que lo más importante aquí es la persistencia. ¿Cómo es que las actividades sociales duran más que esos momentos de agitación? ¿Cómo es que dejan una huella que lleva a establecer relaciones de más alto nivel y contribuyen a la persistencia de las formas sociales? La respuesta se encuentra en la naturaleza dual de toda estructura, donde toda acción facilita tanto como constriñe (Giddens 1985, Hinde 1976). Estructura e interacción son procesos de doble sentido. Lo que hace preferible el punto de vista que presupone una actividad con relación al modelo estructural que sugiere que la sociedad nos precede, es la implicación del individuo con el mundo por medio de la vida social, con todos los constreñimientos y compromisos que conlleva. La sociedad no nos convierte a nosotros ni a los vervet en seres sociales. En primer lugar y por encima de todo, somos todos actores sociales cuya implica-

ción con el mundo hace de la sociedad la experiencia rica y personal que es para todos nosotros. Sólo cuando el antropólogo visita a los ¡Kung o el primatólogo a los chimpancés de Gombe o el arqueólogo la Dordoña de la edad del hielo, o el sociólogo a las pandillas de los suburbios de Chicago, aparece realmente la necesidad de comparar estructuras más allá de la implicación de la gente y los animales en la inmediatez de la vida social.

He propuesto en este capítulo que la forma de trasladar estos argumentos al Paleolítico, que tradicionalmente se ha resistido a tratar al individuo como objeto de análisis y donde se deplora la escasez de datos sociales (capítulo 1), es examinar las normas y los recursos que organizan la interacción. Este enfoque de abajo a arriba entiende que los tamaños recurrentes de las redes de cada individuo dependen de constreñimientos de carácter temporal y cognitivo. Estos obstáculos varían de un individuo a otro pero producen resultados predecibles en términos del contenido de los vínculos negociados, y del tamaño de las redes basadas en los recursos. Una vez examinado el esquema de la interacción humana, podemos proceder a examinar el marco necesario para el estudio de la vida social en el Paleolítico.

CAPÍTULO 3

UN ESQUEMA PARA EL PALEOLÍTICO: LOS ESCENARIOS, LOS RITMOS, LAS REGIONES

¿Por qué soy tan detallista? Porque la atmósfera cargada transformaba cada cosa por pequeña que fuera en una acción, en un movimiento singular y de enorme trascendencia. Fue en uno de esos momentos hipersensitivos cuando todos tus movimientos automáticos, tan conocidos y habituales, se convirtieron uno detrás de otro, en actos deliberados. No dabas nada por supuesto, absolutamente nada.

RAYMOND CHANDLER, *The Long Good-Bye*

En este capítulo voy a defender la idea de que la investigación de la sociedad paleolítica implica dos niveles de análisis: los *escenarios* y las *regiones*, que se presentan relacionados por los ritmos fruto de la tecnología social. Este énfasis espacial refleja los contextos de interacción entre individuos y la construcción por parte de los mismos de redes sociales. Estos dos niveles espaciales proporcionan los pilares metodológicos de la estructura o puente que debe edificarse entre los datos del registro paleolítico y los individuos y las sociedades que los produjeron. Estos pilares están separados por una serie de conceptos estrechamente relacionados, que denomino *ritmos*. Estos ritmos, estas acciones, tan importantes para entender el concepto de estructuración, son lógicamente invisibles para el paleolitista. Consisten en secuencias operativas, en movimientos a lo largo de caminos bien trillados y en actos que ponen a unos individuos en relación con otros. Los ritmos nos proporcionan el vínculo conceptual que precisamos entre las dinámicas resultantes de las acciones del pasado y los restos inertes de aquellas acciones. Los ritmos vinculan la acción al territorio, al individuo a una estructura social más extensa y a nosotros, al pasado.

En este capítulo los escenarios se analizan en términos de una arqueología del *encuentro*, de la *reunión*, de la *ocasión social* y de los *lugares* (Gamble 1998). La escala regional se enriquece mediante dos conceptos más: el *paisaje de la costumbre* y el *paisaje social* (Gamble 1993d, 1995b, 1996a). El análisis de ritmos debe mucho a la obra de Leroi-Gourhan (1966, 1993) así como al debate reciente sobre tiempo y paisaje (Gosden 1989, 1994, Head, Gosden y White 1994, Ingold 1993, Pickering 1994).

Estos nuevos conceptos son oportunos habida cuenta de la falta de un vocabulario específico para la investigación de la vida en sociedad durante el Paleolítico europeo, con sus fases de cambio y equilibrio (capítulos 4-7).

Análisis del poblamiento paleolítico

El esquema que vamos a examinar parte de un análisis previo que me ha permitido identificar tres ámbitos de desarrollo de la acción —espacial, demográfico y social— a tener en cuenta al analizar el registro paleolítico (Gamble 1986a). En aquella ocasión delineé un modelo regional simple con nueve circunscripciones o regiones distintas (figura 3.1) con el fin de observar pautas diferenciadas que pudieran predecirse de la estructura ecológica de los recursos. A escala continental la diversidad de poblamiento puede relacionarse con la latitud, la longitud y el relieve. Estos factores invariables determinaban el grado de continentalidad, la diversidad de las estaciones y, consecuentemente, la productividad de los recursos, independientemente de que las condiciones climáticas fueran glaciares o interglaciares.

Con este modelo simple se puede probar que, en cualquier momento, el poblamiento del Paleolítico difería en las nueve regiones del continente, sobre todo en relación a la densidad y frecuencia de la ocupación. El significado de los cambios en el comportamiento de los individuos durante el Paleolítico se podía rastrear, no tanto por la aparición de arte, de nuevas puntas de proyectil o de nuevas estrategias de caza, sino sobre todo en términos de intensificación a escala regional de trazas relacionadas con el poblamiento. La vara de medida comparativa para el modelo se sacó de la ecología y de la selección en el comportamiento adaptativo. Tal selección fue interpretada en relación a los cambios climáticos que empezaron hace 775.000 años con el primero de los ocho ciclos interglaciares y glaciares del Pleistoceno Medio.

Quizá esto suene a determinismo ecológico. Pero en otro lugar (Gamble 1986a: 61) ya he dicho que, por lo que respecta a los asentamientos de población, las relaciones sociales dominan las relaciones ecológicas (Ingold 1981). Las relaciones ecológicas puede que determinen a largo plazo muchas de las formas de ocupación y uso de la tierra, pero no debemos esperar que sean responsables de la rica diversidad que presenta el registro del Paleolítico. Esto último no fue difícil de defender habida cuenta de la magnitud de las nueve regiones, perfectamente capaces por sus dimensiones de integrar distintos sistemas sociales. Sin embargo, demostrar el dominio de las relaciones sociales ya fue otra cosa. Los estudios concretos capaces de poner de manifiesto esta aseveración se centran en el Paleolítico Superior, donde se prueba la existencia de contactos interregionales e intercambios (*ibid.*: capítulo 8). En cambio, los períodos anteriores a hace 40.0000 años parecen regirse básicamente por las relaciones ecológicas (capítulo 1). Vista retrospectivamente, esta conclusión no es nada sorprendente puesto que utilicé entonces un enfoque tradicional basado en el grupo. Además, el argumento que utilicé para saltar de lo estático de los datos del registro arqueológico a lo dinámico que representa el comportamiento de la población en el pasado, se basó fundamentalmente en las prioridades ecológicas.

El enfoque que ahora utilizo sigue fundamentándose en la escala regional, por lo que el modelo (figura 3.1) se volverá a utilizar en los últimos capítulos en los que se examinan los datos arqueológicos. Sin embargo, he ampliado suficientemente el enfoque para poder utilizar los escenarios y las regiones como marco para un detallado análisis de las sociedades paleolíticas, aunque ahora haciendo que aquellos ritmos generadores de vida social, hagan las veces de puente. También me ha valido esta doble

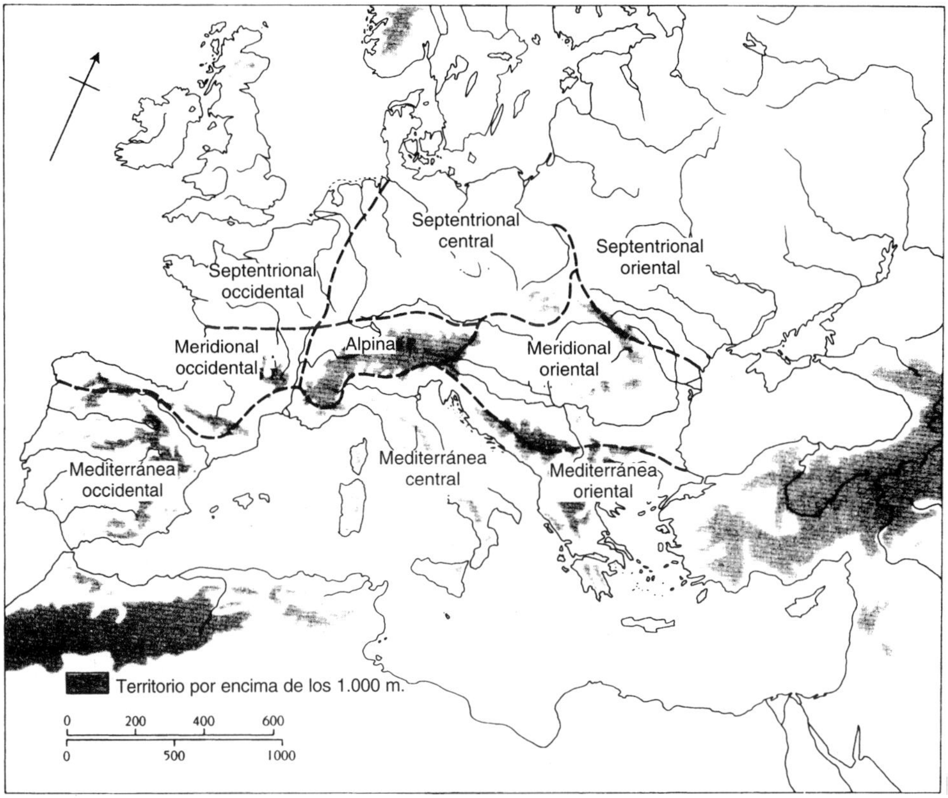

FIG. 3.1. *Modelo regional de Europa para el estudio de las estrategias de supervivencia de las poblaciones que se desplazan (a partir de Gamble 1986a: Fig.3.1).*

escala para contrarrestar una tendencia al exceso de especificidad de la mayoría de los debates sobre adaptación. Tal como señala Gould (1994: 28) hemos de alcanzar el nivel de abstracción que los datos reclamen. Tampoco queremos tratar a la arqueología como si fuera sólo una forma de ejercitar la búsqueda de la mejor definición. Ni, por otro lado, por querer construir un buen puente metodológico, debemos dejar a la teoría huérfana de datos. Es precisamente pensando en estas necesidades del discurso por lo que se han propuesto los tres niveles analíticos anunciados: escenarios, ritmos, regiones.

Un marco para el estudio de la sociedad paleolítica

En anteriores capítulos he resituado el estudio del Paleolítico con el fin de dirigir la atención hacia el individuo, la creación de redes y el papel de la acción individual en la vida en sociedad. Este enfoque significa que la arqueología social ya no empieza con el rico registro del Paleolítico Superior sino que se extiende por todo el

CUADRO 3.1. *Marco para el estudio de la sociedad paleolítica.*

Escenarios	*Ritmos*	*Regiones*
Encuentros Reuniones	Cadena operativa	Paisaje de la costumbre
	Entorno de intervención	
Ocasiones sociales Lugares	Pistas y senderos	Paisaje social
INDIVIDUOS ←	———————————	→ REDES

registro humano, desde hace cinco millones de años hasta la actualidad. Lo importante ya no son los orígenes de la sociedad de banda con sus implicaciones de grupo cerrado, estilo artístico propio y etnicidad (Gilman 1984, Williams 1974), sino explicar este «liberarse de la inmediatez» que supone que las relaciones sociales se ensanchan a través del espacio y el tiempo, así como la cuestión asociada de la complicación social (capítulo 2).

Con el fin de plantear adecuadamente estas cuestiones necesitamos salvar las distintas escalas del análisis, que van, de los breves momentos de una interacción a cinco millones de años de compleja vida social; del lugar donde se celebró una reunión, a las extensas regiones donde la vida en sociedad se desarrolló de forma autónoma; de los individuos a los colectivos, con las estructuras que crearon y que sirvieron para definir sus acciones. El enfoque distintivo que proporcionan las redes personales y globales para el estudio de la sociedad paleolítica, exige un marco temporal y espacial (cuadro 3.1).

Con este marco a la vista ya podemos empezar el análisis que nos proponemos contemplando nuestro tema, el mundo paleolítico, como un ejercicio interpretativo que nos obliga a ir regateando (figura 3.2), como si del rumbo o derrota de un barco de vela se tratara, entre los datos y la teoría (Wylie 1993: 23-4). Con el fin de elaborar y confirmar los argumentos que utilizamos, avanzamos desde la precisión que nos proporcionan los instrumentos que aún conservan su frescura, que constituyen los llamados yacimientos insignia, a los toscos palimpsestos que forman los instrumentos sobre canto, muy rodados, que se encuentran en las terrazas de los ríos (Gamble 1996b). La reconstrucción del comportamiento supone ir de los campamentos y demás yacimientos a los paisajes de los que forman parte. La gracia de estas maniobras metodológicas consiste en contrastar la escala del comportamiento en el pasado tal como se preserva en el registro arqueológico. Como veremos en posteriores capítulos, estamos en disposición de recuperar episodios de quince minutos que tuvieron lugar hace medio millón de años, así como de recuperar conjuntos de aproximadamente 70.000 años de antigüedad. Este avance a modo de zigzagueo funciona, ya que podemos reconocer a través de la estructura del registro exactamente la resolución temporal alcanzable. La arqueología comúnmente se apoya en este método para formular sus conclusiones; y el Paleolítico no es una excepción a pesar de que el lapso temporal con la que trabaja sea mayor.

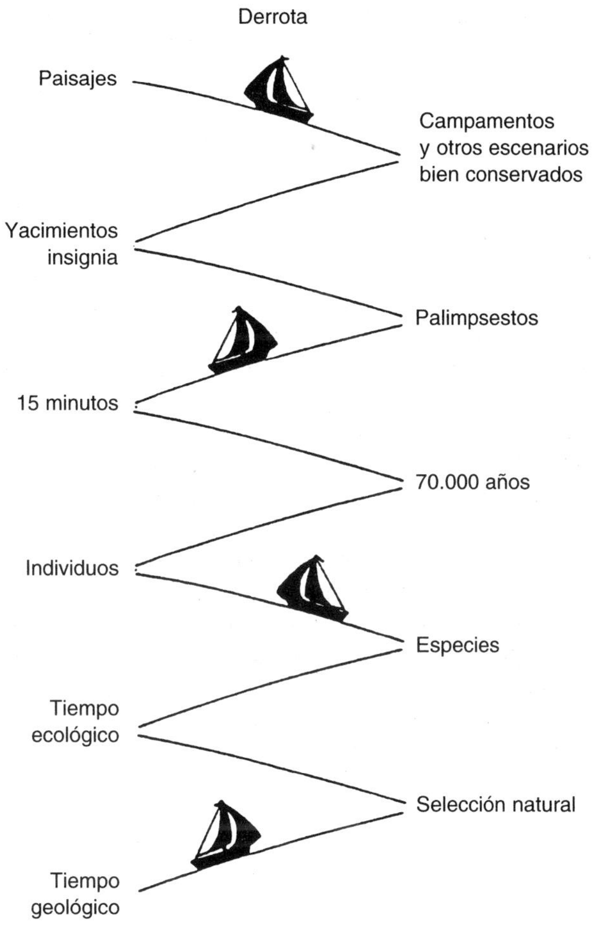

FIG. 3.2. *La «derrota» o zigzagueo como estrategia para interpretar las distintas escalas y los diferentes niveles de resolución que presentan los datos sobre el Paleolítico (a partir de Gamble 1996b: Fig.7.1).*

Los escenarios

LA ORDENACIÓN ESPACIAL DE LA INTERACCIÓN

Los escenarios son los lugares donde hubo algún tipo de interacción que se ha conservado. Los escenarios pueden tomar formas distintas. El punto de partida es el individuo y su movimiento sobre el territorio, cosa que implica la percepción del paso (Gibson 1979) a lo largo de senderos y pistas. Desde este punto de partida podemos empezar a construir un modelo de interacción. Las personas al moverse de un lado para otro se dan cuenta de lo que el entorno puede depararles, es decir qué valores de uso encontrarán. Cuando el camino de alguien se cruza con el camino de otra persona o de un animal se origina un escenario o nodo, el sitio donde acaece una interacción. El *encuentro* también se entiende referido al descubrimiento de plantas o materias primas. Las consecuencias de la percepción ambulatoria pueden ilustrarse con un ejemplo de colocación de trampas por parte de cazadores (figura 3.3 y Inglod 1986). En parecidos términos puede describirse tanto el esquema de encuentro de los forrajeadores como el esquema de intercepción de los recolectores.

Las posibilidades de un encuentro obligan a una toma de decisiones sobre las acciones a emprender, sean inmediatas o futuras —comer las plantas, matar al ciervo, construir una lanza, recoger las piedras, dar la bienvenida a un socio, ahuyentar al intruso, recordar y contar la información recogida a otras personas de tu círculo o red—. Los encuentros son como una alarma que nos pone sobre la pista de unidades de información, por ejemplo, sobre la pista medioambiental a lo largo de la cual el homínido viaja. Los encuentros no dan lugar a un residuo que perdure.

Las *reuniones* son escenarios que perduran. Perduran dada la cantidad y la calidad de los residuos que se producen y que se dejan abandonados. Se originan tanto a partir de una única visita como de muchas. En cualquier momento se producen encuentros, pero para poder hablar de lugar de reunión, los encuentros han de dejar rastro. En ambos contextos el individuo proporciona información, información que envía hacia afuera o que exuda. Esta información puede *encarnarse* literalmente, es decir, expresarse a través de elementos corporales como palabras, movimiento de cejas, gestos, bufidos, etc..., que sólo pueden transmitirse a través del cuerpo. Pero esta información también puede *desencarnarse*, es decir transmitirse a través de elementos no corporales como arte, escultura, cartas, fotos, pistas, objetos. Aquí el individuo hace algo que atrapa y retiene la información sacando partido de las propiedades de los objetos culturales con el fin de extender la co-presencia sin importar lo lejos que se encuentre la parte destinataria. La intensidad resultante es responsable, tanto de extender las redes íntima y eficaz *in absentia* (capítulo 2), como de producir sociedades dotadas de una enorme diversidad, además de conferir su estructura al registro arqueológico.

Las acciones que tuvieron lugar en los lugares de reunión pueden haber sido solitarias, por ejemplo, la muerte de un ciervo por parte de un único cazador, o pueden haber implicado a dos o más actores, por ejemplo, la construcción de una cabaña, un acto ceremonial o el descuartizamiento de un rinoceronte. No hace falta especificar el tipo de interacción entre gente diferente para inferir una reunión, que, adaptando la terminología de Goffman (1963), puede implicar tanto un contacto cara a cara como su sustituto simbólico. El único criterio exigido es que de ello quede un residuo.

Las reuniones comportan la presencia de recursos que pueden transportarse, como comida, piedras y cuerpos. Estos materiales forman parte de la acción que tiene lugar entre individuos al negociar algún tipo de vínculo social. Estos materiales organizan la interacción y determinan la estructura espacial del registro arqueológico. Por ejemplo, un hogar preserva la reunión por medio de los residuos que se apilan a su alrededor mientras la interacción tiene lugar. La muestra del residuo es lo suficientemente consistente como para sobrevivir a toda una serie de procesos tafonómicos (Stapert 1992, Whallon 1984).

Una reunión indica la capacidad de los individuo para relacionarse, y representa, a esta escala del análisis tan pequeña, un acontecimiento efímero, o en el mejor de los casos, un acontecimiento de corta duración. De estas asociaciones emerge un con-

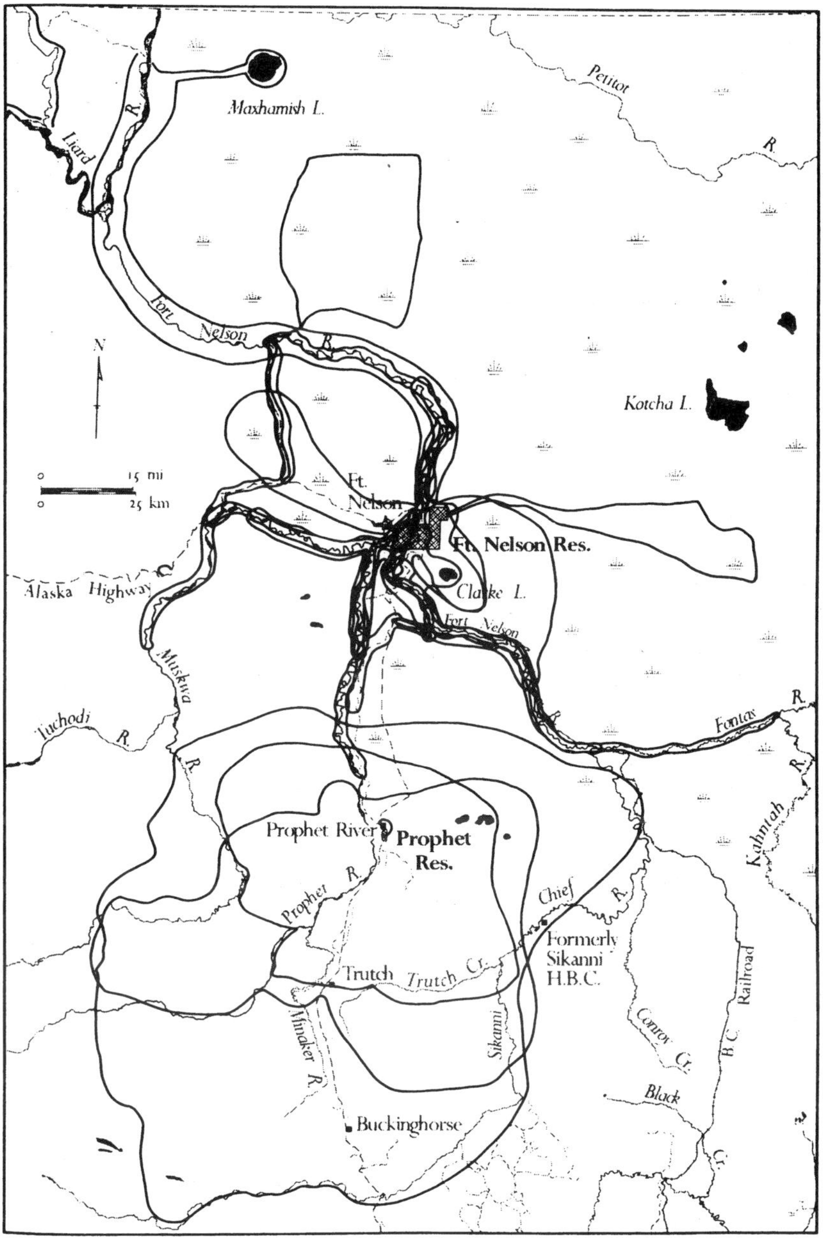

FIG. 3.3. *Caminos y pistas abiertos y utilizados por los cazadores de las reservas de Fort Nelson y Prophet River en el área sub-ártica del Canadá. Los habitantes de Prophet River describen amplios círculos cuando salen a cazar con el fin de acotar los terrenos de caza, de modo que parece que no para ellos no existen limitaciones físicas. Las áreas circunscritas están atravesadas por caminos que abren los cazadores individualmente. En cambio las pistas de los cazadores de Fort Nelson siguen sólo unos pocos valles, y se encuentran muy limitadas por lo dificultoso del terreno que se abre más al norte (a partir de Brody 1981: Fig. 15).*

texto, de manera que Goffman pudo decir que la forma correcta de estudiar una interacción, no era ir de «los hombres a sus circunstancias», sino al revés, «de las circunstancias a los hombres» (1963: 3). En su ejemplo, jurados, banquetes y acontecimientos deportivos serían circunstancias. Estas circunstancias son las estructuras que limitan los rituales de interacción que tienen lugar entre los grupos de gente que acude a estos acontecimientos.

El tamaño del cuerpo humano y sus facultades sensoriales imponen límites a la escala espacial de interacción a nivel de reunión. Dos personas que interaccionan cara a cara necesitan, al menos, verse y oírse uno al otro. Estas condiciones mínimas sólo se dan si entre las dos personas existe una razonable proximidad espacial. Dunbar (1993: 690-691) ha probado que el tamaño idóneo de un grupo de personas en conversación se limita a sólo unas cuatro personas (uno que habla, tres que escuchan). Cuando la gente acude a una reunión se forman inmediatamente camarillas que escinden el grupo en distintas unidades de conversación de parecido tamaño. La formación de camarillas se produce por múltiplos de cuatro, cosa fácilmente observable entre la gente que acude a los pubs, al teatro y a las recepciones. Dos es compañía, tres multitud y cuatro, la hora de empezar otra conversación en otro lugar (véase Dunbar 1993: figura 4). Una de las razones de la existencia de estos límites tiene que ver con la disminución de la potencia de un discurso al aumentar la distancia entre el que habla y el que escucha, en un medio con ruidos ambientales normales. Dunbar (1993) cita pruebas que demuestran que 1,7 m de distancia entre dos personas constituye el límite máximo aceptable para poder mantener una conversación en óptimas condiciones. Un grupo de cinco personas puestas en círculo, separadas por medio metro de distancia, permite la formación de un anillo de conversadores aceptable (figura 3.4). La incorporación de otra persona en el anillo es probable que rompa el grupo dando lugar a la formación de otra camarilla.

Binford (1978a) en su estudio sobre los Nunamiut nos ofrece un ejemplo etnoarqueológico sobre el grupo conversador. Este caso proviene de uno de los puestos de caza de los Nunamiut conocido por *Mask Site*. En este lugar también se desarrollaban algunas actividades artesanas, de ahí su nombre. Cuando los cazadores se sentaban alrededor del fuego, formando el dibujo de una herradura, las actividades predominantes eran la conversación y la comida (Binford 1983b [1978]: Cuadro 21.6). También a veces se jugaba allí a cartas o se fabricaban algunas máscaras. Raramente los grupos que conversaban incluían a más de cuatro o cinco personas. Esta actividad producía las dimensiones que muestra el cuadro 3.2.

Puesto que los hogares tenían de diámetro entre 50 y 75 cm (*ibid.*: Fig. 21.3), los hombres sentados en los lados opuestos de la herradura estarían separados entre

CUADRO 3.2. *Cuatro mediciones a partir de la posición sedente alrededor de los hogares de Mask Site (Binford 1983b: [1978] 303).*

Número de hombres formando herradura	*Distancia promedio rodilla izquierda a círculo exterior de brasas*	*Distancia promedio entre rodillas izquierda y derecha de hombres adyacentes*
3 y 4	62 ± 6,8 cm	33 ± 4 cm
5	71 ± 8,2 cm	24 ± 3 cm

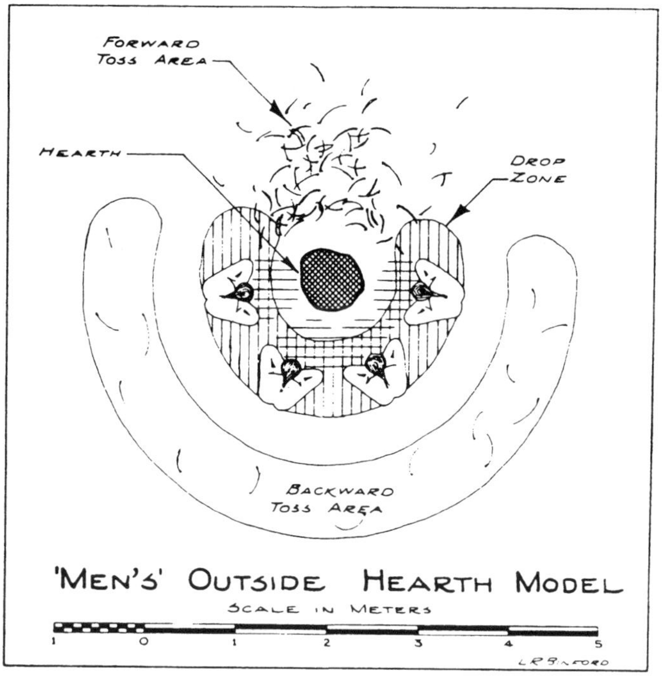

FIG. 3.4. *Esquemas espaciales que se producen alrededor de los hogares. Basado en la observación de Mask Site en Anaktuvak Pass, Alaska (a partir de Binford 1983a: Fig.89).*

190 y 217 cm cuando el grupo fuera de cinco miembros, y entre 174 y 199 cm cuando el grupo sentara a cuatro. Estos valores son muy comparables con los que cita Dunbar en reuniones de grupos que se mantienen de pie. Las mediciones hechas en *Mask Site* sugieren que con cinco personas la interacción cara a cara es más difícil.

Binford además nos informa de la distribución espacial de los restos de comida echados al suelo mientras se comía y de otros residuos abandonados durante la elaboración de las máscaras. Los residuos recibían un tratamiento distinto según el tamaño. Los residuos pequeños se dejaban caer al suelo en la misma zona donde se sentaban los hombres. Los residuos más voluminosos o se lanzaban por encima del fuego, si no había nadie sentado enfrente, o hacia atrás por encima del hombro. La zona de acumulación de residuos dejados caer, forma un anillo a 50-100 cm del fuego. La zona de acumulación de residuos lanzados, forma otro anillo más ancho a 2,25-2,75 m del fuego (figura 3.4).

Pero según Whitelaw (1994), en tanto que es el tamaño del cuerpo y no las acciones que realiza, el punto de partida para interpretar nuestra información espacial sacada de cuevas y yacimientos al aire libre (Binford 1983a), estamos condenados a realizar estudios meramente descriptivos y mecánicos. El hogar debería convertirse también en el foco que ha de propiciarnos nuevos elementos interpretativos acerca del uso social del espacio, tal como se indica en la figura 3.5 (véase también Wilson 1988: 36).

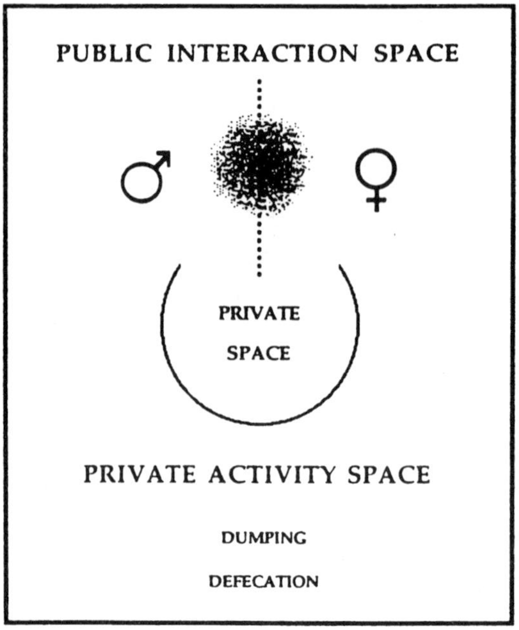

FIG. 3.5. *Modelo de organización espacial de los ¡Kung San alrededor de un hogar (a partir de Whitelaw 1994: Fig.11.4).*

Sin embargo, no podemos identificar cualquier forma como si siempre fuera la manifestación de un determinado significado cultural (Whitelaw 1994: 229). Se trata de un problema general que se presenta siempre que se investiga la organización simbólica del espacio en el registro del Paleolítico. El cuerpo humano y sus facultades puede que sean utilizados para delimitar las condiciones de un acto de comunicación, pero el contenido de las interacciones que alimentan estos actos no siemprc se reflejan en las formas espaciales que producen.

Sin cultura material los arqueólogos no podemos inferir ninguna división simbólica del espacio. El registro del Paleolítico no contiene pruebas de interacciones que tuvieran lugar en el equivalente a una calle o a una sala de trabajo llena de gente. Los residuos han de producirse necesariamente y nosotros estamos obligados a tener una idea mínimamente clara, como en este ejemplo que comentamos que ilustra la teoría de alcance medio, acerca de cuál es el origen de las formas que descubrimos. La función del lugar llamado Mask Site no era observar la caza como pudimos suponer, sino la de poder pasar el rato entretenidos para aliviar el aburrimiento (Binford 1983b [1978]: 291). En otras palabras, servía para interaccionar. Las actividades más solitarias de fabricar máscaras y observar la caza tenían lugar cuando allí coincidía muy poca gente, por lo que las oportunidades para interaccionar quedaban muy reducidas; entonces había menos ruido y uno podía concentrarse en aquellas labores que requieren mayor concentración. Tal como puntualiza Binford (*ibid.*: 315), el contexto social quizá no cambie, sin embargo sí lo hace la forma de interaccionar. Cambia, tal como esperamos, en función del tamaño del lugar según la disposición espacial de los hogares en el escenario de Mask Site. El tamaño del lugar de reunión y de estructuras materiales tales como los hogares, actúan de enganches uniformizadores con el pasado.

Por lo tanto, los materiales asociados con los lugares de reunión se interpretan de manera más correcta en tanto que extensiones del actor social, en tanto que gestos, tal como los describe Leroi-Gourhan (1993), en el sentido de acciones materiales (White 1993a). En las transacciones sociales, el valor de uso de los recursos transportables, por ejemplo los útiles, depende del grado de relación de tales recursos con el cuerpo, que es el verdadero protagonista de toda relación social.

En las reuniones, las relaciones se negocian a base de interaccionar y haciendo uso de los recursos apropiados (cuadro 2.8). Los escenarios en los que se celebran estos actos son lugares apropiados que han sido preparados o por individuos competentes que sólo aportan el recurso del propio cuerpo a la interacción, o por especialistas en el trato que aportan recursos externos adicionales para dar forma apropiada a la reunión.

Ocasiones sociales, lugares y la importancia de atender

Hago otra distinción importante entre lugar de encuentro y *ocasión social* (cuadro 3.1). Ocasión social implica un contexto de actuación marcado por objetos que no son encarnados por el propio actor, es decir que son externos al actor. La ocasión social habitualmente se traduce en arquitecturas y otros objetos no transportables (cuadro 2.2).

Sin embargo no siempre es necesario que haya un entorno edificado para poder hablar de ocasión social. Pueden tener lugar también en un escenario conocido muy concreto investido de asociaciones y significados. Para evitar confusiones, cuando se trate de ocasiones sociales de este segundo tipo pasarán a denominarse lugares (cuadro 3.1). Ingold ha definido los lugares en base a su carácter especial que deriva,

> [...] de las experiencias que aporta a los que allí acuden — las vistas, los sonidos, los olores que distinguen su especial ambiente—. Y estos elementos, a su vez, dependen del tipo de actividad a la que se dedican los que viven en tal sitio (Ingold 1993: 155).

Un buen ejemplo de «lugar» sería la típica cueva paleolítica. La cueva proporciona refugio a humanos y animales. Puede contener los recursos medio agotados de un cubil de huesos de hiena, egagrópilas de búho con algunos restos de roedor y la osamenta de un oso muerto durante la hibernación. También puede contener útiles de piedra, cuerpos, hogares y restos de alimentos humanos, así como muestras de actividad artística. Los condicionantes debidos al tamaño, al aspecto, a la altura del techo y a la superficie del suelo, aunque no sean resultado de una creación simbólica como sucede en el caso de la arquitectura, también ejercen su papel estructurador del comportamiento (Gorecki 1991, Nicholson y Cane 1991). La forma de interaccionar en el espacio y el tipo de relaciones que produce han de acomodarse necesariamente a la estructura de la cueva. Tal como muestran Parkington y Mills (1991) en su estudio comparativo de los campamentos al aire libre y las cuevas que habitan los San del sur de Africa, la utilidad de las últimas es completamente distinta dado el escenario que los San exigen para la realización de cualquier actividad social. Las cuevas permitían una gran privacidad allí donde podían relajarse las tareas comunales de vigilancia de los rebaños. Pero al mismo tiempo el tipo de relación estrecha de tú a tú, tan característica de la interacción que tenía lugar en los campamentos al aire libre, no era posible.

Los acantilados calcáreos de Les Eyzies en la Dordoña eran un lugar idóneo para las ocasiones sociales. Bajo las enormes masas rocosas que penden sobre el barranco discurrieron los cazadores a lo largo de todo el Paleolítico. Mientras esperaban que la caza apareciera entre los riachuelos que van al Vézère, elaboraban útiles de piedra y más tarde grabaron astas de ciervo o de hueso y hasta decoraron las mismas piedras. Éstos eran lugares que se llenaron con asociaciones basadas en el ritmo de los encuentros, las estaciones, la caza, el crecer y desarrollarse, el dormir y el comer alrededor del fuego, bajo los abrigos de roca. Estos ritmos establecieron un paso horario, diario, mensual, anual y generacional. Produjeron formas de hacer y de adaptarse que se repitieron y persistieron a través de sucesivas reuniones y ocasiones sociales durante muchos milenios. Nosotros las investigamos en nuestras reuniones y ocasiones sociales alrededor de la excavación, el trabajo de laboratorio, los congresos y las publicaciones que marchan a otros ritmos sociales. La formación de un elemento distintivo en el terreno es lo que hace accesible a nuestro análisis el pasado más lejano. Como acto de investigación, depende de las asociaciones de carácter social que podamos hacer.

Esos distintos escenarios —reuniones, ocasiones sociales y lugares— plantean el problema clave de la *atención.* Wilson (1988: 4) demuestra que la atención visual en estas reuniones es de vital importancia tanto para los humanos como para los primates no humanos. Ello es debido a que la atención contribuye a nuestra seguridad ontológica, que, como sabemos, existe cuando los mundos natural y social son lo que aparentan ser (capítulo 2).[21]

Los escenarios son por encima de todo los lugares donde se desarrolla la vida social, donde la atención es una necesidad ineludible. Estos contextos a la escala tan pequeña de una reunión, no necesitan ser amparados por estructuras que preceden al individuo. Tampoco a mayor escala es preciso aferrarse a la noción de que la sociedad precede a sus actores. Lo importante de los escenarios son los recursos que los actores traen consigo mismos —sus cuerpos y los objetos materiales que acarrean— y cómo los reproducen en el tiempo y el espacio.

Lo que interesa es la persistencia de las reuniones y las ocasiones sociales, su recurrencia en el espacio y el tiempo. ¿Se trata de ocasiones ligadas a escenarios particulares o son acontecimientos que viajan de un lugar a otro a través del territorio? ¿Cada cuándo tienen lugar: semanalmente, anualmente o sólo una vez cada generación? ¿Los recursos aportados para sellar una relación social tiene usos distintos o alternativos? Y ¿qué mecanismos hacen posible la persistencia de la que hablamos, partiendo de poco más que de una interacción entre personas con medios de

21. Este aspecto de la personificación ha sido estudiado por Chance y Larsen (1976). En este estudio unas organizaciones sociales de primates recibían el apoyo de distintos sistemas de atención. Estos sistemas eran fundamentalmente de carácter hedonístico (premios y aplausos como compensación por la realización de una acción), agonístico (saltos con amenazas), egocéntrico (un individuo rodeado por otros) y disperso (los individuos de un grupo se veían forzados a dividir continuamente su atención entre ellos mismos y los objetos de su entorno). Wilson (1988: 20) comenta todo ello.

comunicación corporales y no corporales tan limitados? Todas estas preguntas tienen que ver con la cuestión más general planteada en el capítulo anterior sobre cómo utilizan las personas esa información y esas habilidades sociales para ir «más allá» del limitado contexto que es el lugar de reunión y la ocasión social (Quiatt y Reynolds 1993: 141).

Es precisamente aquí donde la red como unidad de análisis adquiere su relevancia. Es el mecanismo que permite responder a las preguntas que acabamos de plantear, ya que las redes unen y envuelven a la personas, unas con otras. Proporcionan tanto el contexto como el pretexto de la co-presencia. Tal como dijo Goffman, mediante el análisis de la interacción

> [...] profundizamos en un acto por la complicación que parece expresar; observamos la complicación para descubrir las reglas que lo condicionan; y vemos estas reglas como signo de lo que representan la reunión y su ocasión social como realidades con derecho propio (Goffman 1963: 247).

Reparto, cooperación y estructura social

Refiriéndose a otra escala de análisis, Whitelaw (1991, 1989, 1994) sostiene que las variaciones observadas en la forma de los campamentos y el número de habitantes que contienen, pueden deberse a diferencias en las relaciones sociales de producción. Los datos provienen de 1.782 ocasiones sociales diferentes ocurridas en 800 comunidades pertenecientes a 124 culturas cazadoras recolectoras distintas (Whitelaw 1991: 141). A partir de esta muestra se estudia la disposición de los campamentos midiendo la distancia que hay entre las casas y las formas a que dan lugar —por ejemplo formas lineales o circulares (figura 3.6)—. Vemos en este caso que la densidad de ocupación (número de personas por hectárea) disminuye drásticamente al aumentar la población total del campamento.

En el análisis de Whitelaw, las actividades de cooperación y reparto que sirven de ayuda para hacer frente a los riesgos de una crisis alimentaria, sólo hasta cierto punto explican el grado de hacinamiento y la distancia de interacción en los campamentos. Ello da lugar a tres tipos de soluciones (figura 3.7). Primera, en las zonas áridas del Ártico y de Australia, en que las familias son generalmente autosuficientes, los campamentos cubren grandes extensiones debido a la distancia que hay entre las casas. Segunda, en la selva tropical lluviosa la cooperación es a menudo la mejor estrategia para reducir el riesgo. De ahí, los poblados pequeños en tamaño pero densamente poblados como los de los Pigmeos de Zaire, donde se necesitan muchas manos para manejar las redes para capturar los pequeños animales que viven en la selva (Fisher y Strickland 1991). Finalmente, es en la sabana y en la pradera donde encontramos la mayor variedad posible de tipos de campamento. Aquí se observan tanto campamentos densamente poblados como campamentos con una baja densidad de población lo que refleja la estructura diversa de estos hábitats y el grado variable en que cooperación y reparto sirven para reducir el riesgo de hambrunas. Estos elementos de la estructura social se reflejan en la disposición espacial de los habitantes de un campamento o poblado (Whitelaw 1991).

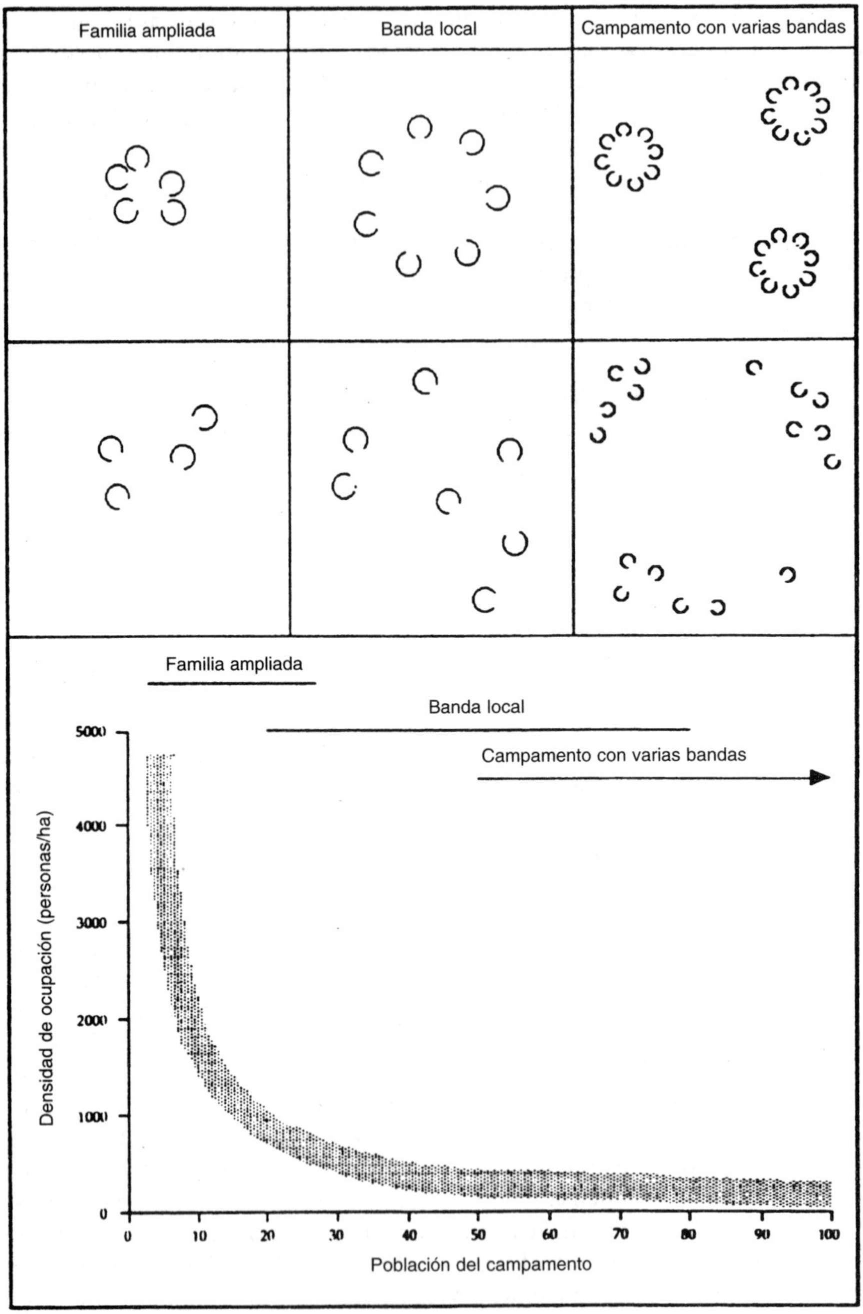

FIG. 3.6. *Modelo general de organización social de los cazadores recolectores, con los esquemas de distribución de los asentamientos y las densidades de ocupación (a partir de Whitelaw 1994: Fig.11.6).*

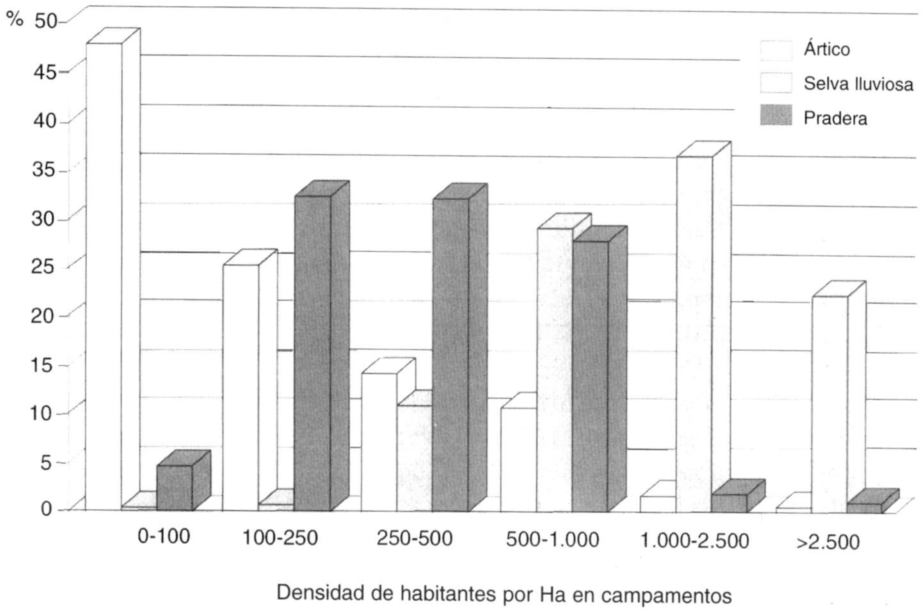

FIG. 3.7. *Variación de los campamentos de los cazadores recolectores en tres grandes tipos de hábitats. Los campamentos de alta densidad generalmente apuntan a la existencia de una estrecha cooperación entre individuos y familias, mientras que los de baja densidad apuntan a patrones de mayor autonomía de las familias (a partir de Whitelaw 1989).*

Binford (1991) estudió con gran detalle los campamentos de los Nunamiut. Comprobó que la forma de sus campamentos estaba condicionada no tanto por requerimientos fruto del parentesco como por necesidades organizativas relacionadas con la producción y el consumo. (*ibid.*: 128). En verano la seguridad se reduce necesariamente al mínimo ya que los caribús están muy delgados y hay poca caza. En consecuencia,

> [...] alianzas, vínculos emocionales y obligaciones entre parientes, todo vale para formar cuantas más partidas de caza sea posible con las mayores combinaciones de socios posible para ir a cuantos más sitios diferentes se pueda (*ibid.*: 126).

Estas partidas flexibles reclutan sus componentes entre las poblaciones que viven en los abarrotados campamentos de primavera y verano. Las familias se vuelven entonces interdependientes puesto que para poder obtener buena caza hay que formar partidas de hombres jóvenes que se dirijan a las montañas a perseguir a los carneros y a los pequeños rebaños de caribús. Pero esta cooperación, en contraste con el modelo de Whitelaw, no conduce a la formación de campamentos densamente poblados que ocupan poca superficie de terreno, con las casas pegadas unas a las otras. En vez de esto en los campamentos de verano pasa lo contrario, se separan más las tiendas (distancia promedio entre tiendas 69,7 m) que en cualquier otra época del año (figura 3.8). En términos de espacio entre tiendas cada unidad parece que hace vida

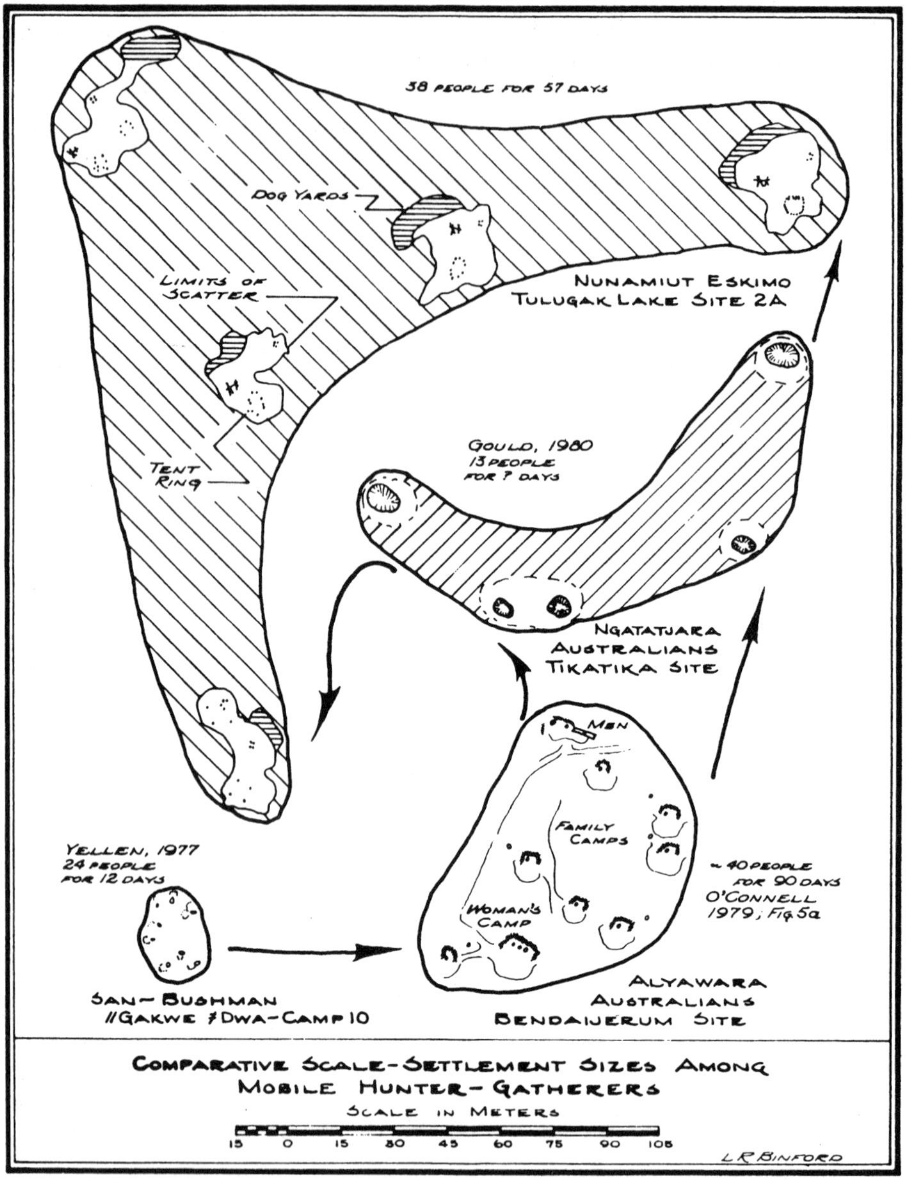

FIG. 3.8. *Campamentos de cazadores recolectores en distintos ambientes ecológicos (a partir de Binford 1991: Fig.19).*

independiente, que es lo que realmente sucede a la hora de consumir lo capturado. Según Binford no es el parentesco lo que se refleja en la disposición de los campamentos sino la separación que existe entre organización del trabajo y consumo. En invierno y en otoño todos los acampados se arraciman (distancia promedio entre tiendas entre 26,2 y 29,9 m) por más que sea la época en que la gente vive de las reservas almacenadas fruto de las capturas del período de las migraciones de otoño que hace que la independencia de las unidades familiares pueda ser mucho mayor.

Sin embargo, aunque Binford llegue a una conclusión diferente, lo más importante de su aportación es muy similar a lo aportado por Whitelaw, es decir, que la estructura social, definida aquí como un conjunto de relaciones basadas en niveles variables de interacción, se refleja y por lo tanto se preserva en la configuración espacial.[22]

Rituales de bienvenida y de despedida

En este apartado el reto que se nos presenta es tratar de volver a poner en marcha el desarrollo de la vida social mediante la interacción en escenarios tan distintos arqueológicamente, como el lugar de reunión de Bilzingsleben del Paleolítico Inferior, con su lago, sus árboles y sus percutores de piedra y hueso (Mania 1990) (capítulo 4), y Dolní Vestonice del Paleolítico Superior, donde la ocasión social se fundamentó en un entorno construido formado por cabañas, enterramientos y por distintos elementos de cocción (Svoboda 1991) (capítulo 7).

Una manera de abordarlo es considerar los rituales de bienvenida y despedida interpretados por la gente que acude a las reuniones, y por extensión, lo que sucede en las ocasiones sociales y en los lugares. Para Goffman (1959, 1963) este tipo de interacción estructurada tiene sus propios rituales que afectan a la mirada, al contacto físico, al compromiso y a la forma de dirigirse a los demás y de despedirse. Verdaderamente, el mismo fundamento de la conducta social podría describirse como un conjunto de reglas destinadas a enseñar al individuo cómo asociarse o integrarse a una reunión social y cómo desconectarse de la misma (Goffman 1963: 246).

Los rituales de bienvenida y despedida representan formas intensas de interacción para cualquier mamífero social, como testimonian las ceremonias de salutación entre chimpancés y entre elefantes (Moss 1988, Reynolds 1966). A veces incluso llegan a poner en ridículo la ceremonia de la ovación de gala que da la bienvenida al líder en los congresos de los partidos políticos:

> Los dos subgrupos de la familia empezarán a correr juntos, retumbando, gritando y trompeteando, levantando las cabezas, entrechocando los colmillos, empinando las trompas, agitando las orejas, entrecruzándose unos con otros en su camino hacia delante y hacia atrás, orinando y defecando y en general mostrando una gran excitación. Una salutación así puede durar a veces hasta diez minutos. Creo que la ceremonia de la salutación mantiene y refuerza los lazos que unen a los miembros de una familia (Moss 1988: 128).

Mediante esos rituales de salutación un elefante define a su sociedad como una red de relaciones negociadas (Moss 1988: 125). La unidad familiar de elefantes for-

22. El elemento distintivo en el análisis de Binford es que a mayor dependencia en la caza, algo insalvable a medida que aumenta la latitud, al parentesco le toca jugar un menor papel organizativo a nivel de configuración espacial. La seguridad antes que el riesgo manda en las relaciones sociales y en la forma de disponer los campamentos que han de llevar al éxito en la caza. El contraste se da entre jóvenes (fortaleza) y ancianos (conocimiento). Cuando ambos se combinan proporcionan la mejor estrategia contra el fracaso. Puesto que los ancianos ya han pasado sus conocimientos a sus parientes más cercanos, la disposición de los campamentos no hace falta que siga un esquema derivado del parentesco, entonces los vecinos en invierno se escogen por otras razones.

mada por ocho miembros, y el grupo de veinte miembros, tienen ciertas similitudes con nuestras redes íntima y eficaz (capítulo 2). Seguramente ello es así por la naturaleza similar de los recursos que se utilizan para definir las relaciones dentro de cada una de esas redes de recursos (cuadro 2.8).

Ritmos y tecnología social

Los rituales de bienvenida y despedida de las personas de las reuniones y las ocasiones sociales constituyen dos ejemplos de actuación social. Los ritmos del cuerpo —caminar, pisar, digerir, dormir, manufacturar— producen una temporalidad en la acción humana que hace converger comportamiento social y comportamiento técnico.

> Los ritmos son los creadores del espacio y del tiempo, *al menos para el individuo*. Espacio y tiempo no entran a formar parte de la experiencia vivida hasta que se materializan dentro de un marco rítmico. Los ritmos son también los creadores de las formas (Leroi-Gourhan 1993: 309; el énfasis es mío).

Formas de la conciencia

Muchos de esos ritmos son de hecho, acciones habituales que hacemos sin pensarlas. Tal como apunta Gosden (1994: 188) podemos actuar normalmente de forma compleja, sin llegar a percatarnos de ello. Giddens (1984) ha denominado este tipo de comportamiento conciencia práctica, para distinguirlo de la conciencia discursiva (cuadro 3.3).

La diferencia había sido ya explicada de forma muy acertada por Leroi-Gourhan:

> La mayoría de las secuencias que llevamos a cabo entre que nos levantamos y nos volvemos de nuevo a la cama, sólo requieren de una leve intervención consciente; son cosas que ocurren no en un estado de automatismo en que el grado de conciencia sería nulo, sino en una zona psicológica intermedia de la cual el individuo es sacado sólo por la irrupción de un suceso inesperado. En los gestos que hacemos cuando nos aseamos, vestimos, comemos o cuando escribimos, la vuelta a la plena conciencia es excepcional, aunque sea decisiva para poner fin a tales acciones, por eso prefiero hablar de «secuencias operativas mecánicas» y no de secuencias automáticas, inconscientes o instintivas (1993: 231-2).

Esta cita produce una sorprendente paradoja a los arqueólogos que investigan las causas del crecimiento del cerebro a lo largo de la evolución humana. ¿Por qué la selección favoreció el crecimiento de un órgano energéticamente tan gravoso si todo lo que parece que hace este órgano son tareas puramente rutinarias? Pero la paradoja probablemente procede del hecho de acercarnos a la conciencia armados del modelo del dualismo cartesiano, que separa mente y cuerpo. Si, en cambio, unimos mente y cuerpo como hacen los filósofos Heidegger y Husserl, ya no precisamos inferir el mundo sino que partimos con el mundo, dentro del mundo, a partir del mundo (Magee 1987: 261). Eso significa que ya no tenemos que construir un mapa o modelo del mundo para poder interpretarlo, organizarlo o entenderlo. El conocimiento práctico es transparente.

CUADRO 3.3. *Los fundamentos de la estructura social en la acción individual. El esquema reconoce una frontera permeable entre las dos formas de conciencia (Giddens 1984: 7).*

Conciencia discursiva	Lo que los actores son capaces de decir acerca de las condiciones sociales, especialmente las condiciones de sus propias acciones.
Conciencia práctica	Lo que los actores ya conocen o creen acerca de las condiciones sociales, pero que no pueden expresarlo en forma de discurso. Se incluye la costumbre y la rutina.
Motivos inconscientes	

Incluso no hace falta que pase a través de nuestra conciencia discursiva. Dreyfus describe el proceso como sigue:

> Un conductor tiene la misma experiencia conduciendo con la primera marcha que con la segunda marcha. Realiza un gran trabajo con el embrague, y, al mismo tiempo, puede permanecer absorto en una profunda conversación filosófica. *Su forma de habérselas con el coche no requiere la entrada de la conciencia* (en Magee 1987: 260, el énfasis es mío).

Sólo cuando algo sale mal, cuando la marcha no entra, cuando el pomo de la puerta de casa se encasquilla, cuando el contenido de la olla hirviendo se vierte, el actor pasa a otro tipo de conciencia. Entonces él o ella se convierte en un animal racional, puesto que la necesidad de meterse en el problema, de volver al mundo, le trasladan de la conciencia práctica a la conciencia discursiva.[23] Como dijo Leroi-Gourhan «las secuencias operativas mecánicas (conciencia práctica) forman la base del comportamiento individual; son nuestro elemento esencial de supervivencia» (1993: 232).

DETECTIVES ARQUEOLÓGICOS

Esta unificación de la acción, la implicación de los individuos *en* el mundo y no su alejamiento o separación del mismo, es lo que directamente abordan los concepto de ritmo y conciencia práctica. Esta intervención, el acto de hacer, es básico también para el modelo de sociedad que va de abajo a arriba que distinguí en el capítulo 2. Es una cuestión fundamental para el estudio de la sociedad del Paleolítico. Sin embargo, si lo dejamos en manos del pensamiento de Heidegger, el estudio de la sociedad del Paleolítico puede convertirse en una empresa laberíntica o en algo francamente impenetrable en el peor de los casos. Mientras recomiendo la síntesis interpretativa de Gosden (1994) dejadme que intente explicar la distinción de otra manera.

La arqueología a menudo se asemeja al oficio de un detective y en particular gusta de compararse con las hazañas de uno de ellos: Sherlock Holmes. La habilidad de

23. Gilbert Ryle se refiere a ello (la conciencia o conocimiento discursivo) como *knowing-how* (como Heidegger) distinguiéndolo de un *knowing-that* que representaría la tradición cartesiana (Magee 1987: 258).

deducir la vida de una persona a partir del cuello deshilachado de una prenda o de una bota embarrada, siempre ha llamado la atención de nuestra disciplina. Es un buen ejemplo de dualismo cartesiano, aplicar el pensamiento al entorno. Como contraste empecé este capítulo con una cita de otro detective, Philip Marlowe. En la situación que se relata, el detective sabía perfectamente que su conciencia discursiva había tomado posesión por un momento de sus rutinas prácticas. Un hombre en tu sala de estar con la pistola humeante hace que prepares el café de otra manera. Para Holmes deducir es algo muy normal. Con Marlowe, que normalmente sigue la corriente de la vida, la experiencia del detective es otra cosa muy distinta. Marlowe está metido en el mundo, vive rodeado de mundo y no hace como Holmes que espera tranquilamente en su casa de Baker Street a que los casos llamen a la puerta para que él pueda solucionarlos.

La cadena operativa

Ritmos y formas son elementos constitutivos del concepto de cadena operativa o secuencia operativa de Leroi-Gourhan, que fusiona actividad social y técnica (Boëda 1988, Boëda, Geneste y Meignen 1990, Coudret *et al.* 1994, Dobres y Hoffman 1994, Edmonds 1990, Julien 1992, Karlin y Julien 1994, 1986, Lemmonier 1990, Pigeot 1990, Schlanger 1996, White 1993b, 1993c).

A un nivel técnico básico, la cadena operativa

> [...] toma la forma de una secuencia ordenada de acciones, gestos, instrumentos e incluso agentes, conducentes a la transformación de un material determinado en un producto manufacturado, pasando por unas fases más o menos predecibles (Karlin y Julien 1994: 164).

Desafortunadamente la expresión «cadena operativa» se ha convertido en sinónimo de «secuencia de reducción lítica», aplicándose mayormente a la producción de útiles de piedra (Hodder 1990b: 157). Sin embargo, el concepto de secuencia operativa tiene un significado mucho más amplio que el que comúnmente se usa. Creo que Schlanger se acerca al sentido pleno del concepto cuando describe la cadena operativa como «el juego entre lo fijo y lo flexible» (1994: 144).

¿Qué quiere decir con ello? La acción material, o gesto, en parte está determinada por leyes físicas. Por lo tanto hasta cierto punto es algo fijo. La piedra y la madera tienen propiedades distintas que determinan, no sólo qué se puede hacer con ellas, sino también, cómo hacerlo. Pero la acción material es también flexible. Existen alternativas en relación al qué y al cómo de cualquier proceso técnico. La flexibilidad de estas opciones tiene que ver con los contextos culturales y sociales, con las reuniones y las ocasiones sociales que muestran a unos actores involucrados en la construcción de la sociedad. En consecuencia, las propiedades fijas en cualquier secuencia operativa por sí mismas no disminuyen el carácter social, cultural o incluso humano del acto técnico. Tal como dice White (1993a: xviii), el concepto de secuencia operativa elimina la dicotomía entre estilo, que expresa una identidad social, y función, dicotomía que ha planeado durante más de treinta años sobre la arqueología norteamericana entre debates a menudo muy enfervorizados. La aportación clave de Leroi-Gourhan es que los actos técnicos son al mismo tiempo actos sociales (Schlanger 1990: 23).

Esta manera de entender la cadena operativa no hace disminuir la importancia de los desacuerdos, en que

> [...] la identificación, la localización y la comprensión de las alternativas tecnológicas se corresponde con una serie de cuestiones cruciales que se refieren a cómo y en relación a qué, las tecnologías constituyen una forma de mediación (también un compromiso) entre unas leyes físicas universales insalvables y la inventiva sin freno de las culturas (Lemmonier 1993: 10).

sino que insiste, en cambio, en la idea de que nunca llegarán a resolverse en tanto que la división entre función y estilo se relacione con dos ámbitos de comportamiento diferentes y no con uno solo, el social.

Esta fusión social se produce necesariamente ya que para asegurar la supervivencia material se requiere de muchas secuencias operativas que provienen, como formas de hacer y actuar, de los ritmos de la tradición colectiva. Pero lejos de imponer condiciones rígidas en la forma de los objetos, las secuencias operativas varían considerablemente en relación a las producciones locales e individuales (Leroi-Gourhan 1993: 253). Aquí reside la flexibilidad en la cadena operativa definida como acción socializada aplicada a la materia (Lemmonier 1980: 1, Schlanger 1994: 145). La cadena operativa es algo más que una memoria muscular sobre la manera de hacer cosas sin tener que pensarlas. Lo que importa son los actos en sí mismos y las relaciones que proporcionan a través del tiempo y el espacio.

Graves (1994: 440) ha señalado, sin embargo, que Leroi-Gourhan no integraba totalmente lo social. Leroi-Gourhan insistió en la visión colectiva de la sociedad e hizo hincapié en la capacidad humana de lograr una separación cartesiana entre nuestro entorno interno y nuestro entorno externo (Leroi-Gourhan 1993: 235). Esto queda especialmente claro en un área clave, nuestra facultad para la proyección simbólica. Mediante la simbolización lo colectivo se hace perdurar y el desarrollo humano se canaliza a través de la exteriorización de la memoria. Él definió simbolismo como

> [...] la propiedad del cerebro humano que consiste en mantener una *distancia* entre la experiencia vivida y el organismo que le sirve de médium (Leroi-Gourhan 1993: 234-5, el énfasis es mío).

Como resultado, lo individual gradualmente desaparece en lo colectivo de manera que cada avance técnico representa un desplazamiento hacia fuera del propio cuerpo, de más secuencias operativas —arte figurativo, escritura, imprenta, cine, comunicaciones electrónicas y almacenamiento digital de datos—. Leroi-Gourhan no explica por qué se produjeron estos cambios salvo como una tendencia progresiva implícita que implica el paso de los ritmos naturales a los ritmos artificiales; de los ritmos corporales del forrajeador, a los ritmos simbólicos del habitante de una ciudad.

Así, mientras que Leroi-Gourhan profundiza en la estructura de la acción y en los desarrollos prefigurados por la teoría social,[24] no es difícil comprender por qué la cadena operativa ha sido utilizada sobre todo para analizar la reducción lítica y mucho menos para analizar la acción social.

24. White (1993a: xxi) señala que Derrida se refiere a Leroi-Gourhan en su *Gramatología*.

Utensilios en las reuniones

Lo que estamos discutiendo plantea el interesante problema de cómo caracterizar el uso de utensilios en las reuniones. Si este tipo de actuación que son las reuniones se conceptúa de simbólica, ya que se basan en un determinado concepto de relaciones, de ello se sigue que los objetos que se incorporan a este tipo de interacción deberían ser también simbólicos. Los objetos, los útiles son literalmente cargados (en el sentido de cómo se carga un arma) con el cuerpo en tanto que fuente de poder social y de todo tipo de actuación. La tecnología no sólo tiene que ver con la fabricación de hachas de piedra para poder cortar árboles. Los gestos que sirven para hacer el hacha y luego para usarla, encarnan representaciones sociales o ideas que forman parte de sistemas simbólicos más amplios (Lemmonier 1993: 3).

Como gesto corporal, la copa, la espada, el vestido o el pincel tienen el poder de simbolizar la acción que realizan. Cuando el objeto estaba siendo producido, o era transportado de un lugar a otro, tomó las propiedades de la persona como actor social. Ésta es una razón añadida por la que debemos rechazar la distinción entre función y estilo en el Paleolítico (Sackett 1982). Se entiende generalmente por estilo aquel elemento del objeto que tiene que ver con la identidad social y los valores, algo que se añade una vez se ha solucionado el problema de la función. Contemplar el mismo objeto desde la perspectiva de la acción material, del gesto, nos obliga a considerar los aspectos sociales de las técnicas como maneras de hacer con sus propias formas repetidas, sus propios ritmos y movimientos. La tecnología juega un papel mucho más activo que el estilo por sí solo, tanto en un estado de equilibrio como en un momento de cambio de la vida social, ya que los individuos interaccionan, convirtiéndose, mediante la creación de redes, en los auténticos protagonistas en la gestación de su propia sociedad.

Sin embargo, también podría argüirse que las representaciones sociales encarnadas por la tecnología son el resultado de rutinas habituales, por lo tanto no simbólicas. Esto ha sido discutido más arriba en términos del cambio simbólico al constatar un aumento de simbolismo en los objetos utilizados en las reuniones y en las ocasiones sociales. Por ejemplo, ¿qué ocurre cuando el hacha es lanzada al suelo y el gesto de enarbolarla cesa? Una vez separada del cuerpo como referencia de cualquier acción y de todo poder, ¿cómo puede seguir siendo una extensión simbólica de la acción? Liberada de su directa asociación, el hacha deja de ser un gesto y se convierte en una piedra como otra cualquiera. Tal como indica Schlanger, la idea seminal de Leroi-Gourhan era que un útil sólo tiene existencia real cuando está en acción, cuando está animado por gestos (Schlanger 1990: 20). En consecuencia yo estaría a favor de una definición estrecha de comportamiento simbólico. Lo reservaría para caracterizar la interacción entre gentes que tiene lugar lejos de la co-presencia típica de las reuniones. En este sentido los objetos son algo ambiguo no ya porque tradicionalmente hayan sido causa de disputas debido a contradictorias opiniones sobre estilo y función, sino porque

> [...] por su pura fisicidad y carácter inanimado los objetos son intrínsecamente simples cosas; sin embargo por su incorporación al nexo que identifica las relaciones sociales, son elementos personificados (Ingold 1994: 335).

Podemos tener relaciones íntimas con los objetos porque somos capaces de ampliar las relaciones sociales más allá de la reunión. Cuando los objetos se transforman en gente es que hemos alcanzado aquella liberación de la inmediatez que es nuestra primera herencia social.

Senderos y pistas

La cadena operativa nos conduce por los escenarios vía senderos y pistas (Boëda, Geneste y Meignen 1990, 1991, Geneste 1988a, 1988b). A los forrajeadores ambulantes les interesan los puntos de intersección que es el lugar por donde se cruzan con sus presas o donde encuentran una planta útil. Los escenarios y los senderos, más que las extensas áreas indiferenciadas que los rodean, son los elementos clave para configurar los paisajes sociales de los forrajeadores.

Esto se refiere a los hábitats boscosos, en los que, si se trata de los bosques boreales del norte, las líneas de trampas forman la pista que atraviesa un territorio que de otra forma quedaría inexplorado (Brody 1981: mapa 12, Nelson 1973); y si se trata del bosque tropical lluvioso, existen, como explica Bahuchet refiriéndose al territorio de los Mbuti de Zaire, «senderos estrechos que conectan varios campamentos de caza sucesivos» (Bahuchet 1992: 214). Entre estos forrajeadores de la selva lluviosa africana sendero es sinónimo de territorio o de vecindad. Un esquema parecido de pistas habituales se encuentra en Politis (1996) referido a los forrajeros Nukak de la Amazonía colombiana.

Los senderos son también importantes en los paisajes abiertos como los del centro de Australia, donde, por ejemplo,

> [...] una propiedad, por razones prácticas, puede equivaler a dos lugares sobre una pista o a un grupo de pistas entre unos exiguos manantiales en el desierto. (Stanner 1965: 2)

La imagen que los forrajeadores tienen del mundo se relaciona con un itinerario, no con un área de superficie concéntrica tal como propone el análisis de captación de recursos (Vita-Finzi y Higgs 1970). Además, la imagen que cada individuo tiene del mundo es la de una pista parecida a un itinerario. Ello es debido a nuestro modo de percepción ambulatorio (Gibson 1979). Senderos y pistas relacionan a los individuos entre ellos y con el paisaje circundante.

El entorno de intervención

Hace falta un ritmo más para ampliar el concepto de secuencias operativas y movimientos lineales, ya que frecuentemente unos y otros están relacionados con la adquisición de materias primas y la producción de útiles líticos. Este ritmo nos lo proporciona Ingold (1993: 157) con su noción de entorno de intervención,* noción

* Ingold y ahora Gamble juegan con el idioma. En el original en inglés la noción que comentamos recibe el nombre de *taskscape*, palabra inventada sugerida por el término *landscape*, paisaje. El paisaje es el entorno natural, el taskscape es, intentando resumir un concepto complejo en muy pocas palabras, el entorno creado por cada individuo al actuar. A la hora de traducir *taskscape*, me he decantado por la expresión «entorno de intervención». (*N. del t.*)

relacionada con las actividades por las que pasan necesariamente muchos procesos de la vida en sociedad. El entorno de intervención se define como un conjunto de actividades relacionadas, de la misma forma que, en sus propios términos, un paisaje es un conjunto de características relacionadas (*ibid.*: 158). El entorno de intervención constituye un entorno mutuo que envuelve al individuo y se traslada con él, proporcionándole así medios para la acción (Gibson 1979).

El valor del concepto reside en el hecho de que resalta la importancia del carácter continuo de las actividades del individuo. Ingold señala algo que por obvio no es menos importante: que toda actividad genera sonido (1993: 162). Conforme caminamos vemos el entorno y nos damos cuenta de lo que nos ofrece. Sin embargo, sólo sabemos que estos recursos tienen un uso cuando oímos el sonido producido por unas piedras que son golpeadas, o cuando oímos el aullido de un ciervo al ser atravesado por una lanza, o al oír el eco de las voces de unos niños jugando en una cueva, o unos pies golpeando rítmicamente en el suelo en una danza. En este sentido las acciones hablan «más alto» que las palabras. Nuestros ojos nos alertan de las posibilidades y nuestros oídos confirman el carácter social de la acción. Nos relacionamos con esta noción que hemos llamado entorno de intervención a través de habilidades como el caminar, el escuchar, el vigilar, el producir y el hacer. Se trata, como vemos, de un conjunto de cosas que requieren ser aprendidas y cuyo aprendizaje se realiza en el contexto de la vida en sociedad.

De la misma forma que un paisaje es un contínuum, el entorno de intervención también lo es. Si el paisaje es lo que vemos, el entorno de intervención es lo que oímos (*ibid.*: 163). En ambos casos se trata de cosas que no se pueden dividir en pequeños segmentos para poder analizarlos uno tras otro.

El entorno de intervención tiene, por lo tanto, su propia temporalidad intrínseca basada en los ritmos de la acción (Ingold 1993: 157). El entramado de movimientos produce formas que son interpretadas por los sentidos. Puede tratarse de movimientos asociados a una técnica, por ejemplo, la construcción de un arco, o puede que sean movimientos asociados a los ritmos de la reuniones cara a cara y a las ocasiones sociales.

Además,

> [...] la temporalidad del entorno de intervención es social... no porque la sociedad proporcione un marco externo contra el que las tareas particulares encuentren una vara de medida independiente, sino porque los individuos, en la realización de sus tareas *también se prestan atención unos a otros* (Ingold 1993: 159-60, el énfasis es mío).

Las personas se descubren unas a otras al observar movimiento y al oír sonidos de actividad. Esta atención proporciona la referencia entre los individuos para el desarrollo de formas de comportamiento esperadas y secuenciadas. Este punto en particular ha sido subrayado por Wilson:

> La visualización, la percepción y el reconocimiento de los demás ocurren más deprisa dentro del contexto de una determinada ordenación social por medio de la cual los individuos prueban su supervivencia y su bienestar de una manera más eficiente. La atención opera al mismo tiempo dentro de ese mismo contexto sirviendo de apoyo a la estructura (Wilson 1988: 15).

El entorno de intervención es, por lo tanto, un concepto cercano a la cadena operativa de Leroi-Gourhan, en la que

> [...] los seres humanos sólo son humanos en el sentido de que viven en medio de otros y se cubren de símbolos que dan sentido a su existencia... El acto humano por excelencia no es tanto la invención de los útiles como quizá... la creación de un espacio y un tiempo humanos (Leroi-Gourhan 1993: 313).

El entorno de intervención es un elemento más a añadir al trabajo de investigación colectivo sobre la construcción de la temporalidad por los ritmos, que, en vez de distanciar a los individuos, los comprometen con el mundo social de la acción humana (Gosden 1994: 188). Mientras eso ocurre en los escenarios, el entorno de intervención también es condicionado por la acción y las secuencias operativas a un nivel de análisis distinto: la región.

Las regiones

Paisajes de la costumbre

La extensa región que atraviesa el individuo en su quehacer cotidiano y todos los individuos que con él interaccionan, forma una red espacial de caminos que se cruzan. Para expresar este esquema territorial desarrollé previamente el concepto de red homínida local (Gamble 1993d, 1995b, 1996a, 1998) que identifica una estructura común en el comportamiento espacial y temporal de los forrajeadores, tanto del pasado como del presente. Esta estructura comprende tanto la subsistencia como el comportamiento social y contiene al conjunto de los homínidos de un territorio, a sus competidores no homínidos y a la suma de los recursos. Una particularidad destacable de esta estructura es que se centra en el individuo y en las decisiones que se ve obligado a tomar. En este sentido ésta es la red espacial más extensa que condiciona la negociación y reproducción de la vida en sociedad en el marco local.

Pero para evitar confusiones con el término red, que tiene en este libro otros usos, he puesto a este entramado singular el nombre de paisaje de la costumbre, tal como lo describe Gosden (1994: 182). Este cambio de denominación enfatiza el hecho de que las rutinas diarias que tienen lugar en los escenarios, poseen también su propia secuencia temporal que estructura los contextos de interacción. Este proceso continuado incluye interacciones entre individuos que acaban en negociación por medio de la gesticulación, el contacto físico, el intercambio de palabras, la representación y el uso de signos y símbolos. Dicho de otra manera, se trata de los elementos de rutina de la vida, que Giddens describe como el

> [...] carácter habitual y archisabido de un conjunto de actividades diarias que exige la vida social; la prevalencia de estilos familiares y formas de conducta consabidas (Giddens 1984: 376).

CUADRO 3.4. *Proporciones de materia prima que aparecen y han sido utilizadas y convertidas en útiles, en yacimientos del Paleolítico Medio en el sudoeste de Francia (Geneste 1988a, 1988b). Las mismas relaciones se constatan para el material del Paleolítico Superior y en muchas regiones distintas (véase nota al final para las referencias).*

Radios en km desde el yacimiento	*% de piedra en el yac.*	*% utilizado*
«Local» = en un círculo de max. 5 km	55-98	1-5
«Regional» = 5-20 km	2-20	1-20
«Lejano» = 30-80 km	< 5	74-100

La escala del paisaje de la costumbre

Desde la más remota prehistoria la forma que van adoptando las sociedades de los homínidos varía mucho. Por esta razón nuestra atención se dirige a las redes que constituyen el modelo apropiado para explicar esta variabilidad social. Pero las distintas redes son igualmente desiguales en el uso del espacio y los recursos. Afortunadamente los recursos pueden ser investigados para descubrir cambios cuantitativos y cualitativos en sus flujos y en el uso que se hace de los materiales extraídos, especialmente si son materiales líticos. Estos materiales contribuyen a definir las redes que sirven para la negociación de las formas sociales en momentos y lugares concretos.

En otro lugar (Gamble 1993d, 1996a) he comentado las dimensiones de este concepto espacial utilizando datos sobre transporte de materias primas. Estudios procedentes de continentes distintos sobre épocas diferentes, han producido resultados consistentes,[25] concernientes tanto a las distancias a las que se transportan regularmente los materiales, como al efecto que ello tiene sobre la cantidad y morfología de los instrumentos líticos encontrados en los yacimientos arqueológicos.

Las cifras se sintetizan en el cuadro 3.4 por referencia al importante estudio de Geneste sobre los materiales del Paleolítico Medio del sudoeste de Francia (1988a, 1988b, 1989).

Estos estudios sobre materias primas han permitido formular el siguiente principio general acerca del uso de materias primas por parte de los forrajeadores: *las materias primas distantes están representadas por las fases últimas de la secuencia de reducción* (Gamble 1993d: 36). Utilizando el resumen de Geneste (cuadro 3.4) vemos que se entiende por *distantes* los materiales transportados entre 30 y 80 km. A partir de una muestra más grande que incluye distintas partes del mundo, los datos indican la existencia de una escala común para el paisaje de la costumbre, con un radio medio de 40 km y un límite superior de 100 km (Gamble 1993d: 42). Dentro de este radio podemos hablar de cualquier actividad como actividad *local* en el sentido de sus implicaciones sociales y organizativas. El denominado «principio de las materias

25. Para Europa incluyen Bíro (1981), Féblot-Augustins (1993, 1997), Féblot-Augustins y Perlès (1992), Floss (1994), Geneste (1991, 1988a, 1988b), Kuhn (1995, 1992), Lebel (1992), Pasda(1994, 1996a, 1996b), Perlès (1992), Rensink (1993), Roebroeks, Kolen y Rensink (1988), Svoboda (1994a), Turq (1988, 1990, 1992a, 1993), White y Pettitt (1995). Para América del Sur, Africa y Australia véase Bar-Yosef (1991), Féblot-Augustins (1990), Franco (1990, 1991, 1994), Hiscock (1984), McNiven (1990), Potts (1988, 1993).

primas» es el resultado de la existencia de homínidos ambulantes capaces de optimizar un aspecto de sus estrategias de aprovisionamiento. Expresa una simple relación entre movilidad y distancia que separa los recursos. Es un ejemplo de secuencia operativa incrustada en una red de movimientos y personificada por esta misma red. Estos movimientos tienen un carácter rítmico y repetitivo que puede reconocerse a escala espacial regional. Es el trasunto de las cadenas operativas que encontramos en la manufactura de útiles de piedra (ver más arriba, y Boëda 1988, 1990, Lemmonier 1993, Schlanger 1990) a la escala espacial de la reunión y la ocasión social.

La exploración y el paisaje de la costumbre

El paisaje de la costumbre forma parte de nuestro bagaje humano. Lo podemos rastrear arqueológicamente a través del transporte de materias primas que representan los ritmos que dieron lugar a los senderos y las pistas (ver más arriba). Este transporte nos indica el esfuerzo de los individuos en la construcción de sus propios paisajes de la costumbre por medio de las rutinas de la vida en sociedad. El transporte de materias primas encaja perfectamente en las actividades sociales.

Un ejemplo etnográfico de la escala y variedad de estas actividades habituales nos lo ofrece el estudio de Hewlett *et al.* (1986) sobre las visitas que realizan los pigmeos Aka. A base de preguntar a la gente sobre sus conocimientos del territorio se comprobó que las visitas que realizan los Aka oscilan entre distancias tan dispares como 1 y 175 km, aunque el 95 por ciento de las mismas tiene lugar a lugares situados a menos de 100 km y la mitad de todas las vistas, a menos de 50 km de distancia (cuadro 3.5). Los autores del estudio calcularon también la mediana de las distancias desde el lugar de residencia a los lugares visitados por lo menos una vez, en desplazamientos individuales. Llamaron a este valor el campo de exploración «en que las actividades de subsistencia tienen lugar, en que uno puede encontrar esposa y en que se adquieren y se transmiten otros aspectos del conocimientos social y geográfico» (Hewlett, van de Koppel y Cavalli-Sforza 1986: 65). Los hombres poseían un campo de exploración más extenso, de 58 km, en contraste con los 32 km del campo de exploración de las mujeres. El promedio combinado de hombres y mujeres daba 35 km.

Entre los Aka, la densidad de población influía sobre estas distancias. Tomando dos regiones distintas, Bagandou (densidad alta de 0,031 personas por km cuadrado) y Ndele (densidad baja de 0,017 personas por km cuadrado), Hewlett (*et al.* 1986) mostraron que en la primera de las regiones el 77 por ciento de los hombres y el 83 por ciento de las mujeres vivían una vez casados a una distancia de 25 km del lugar de nacimiento. En la región Ndele esta última distancia sólo es válida para el 44 por

CUADRO 3.5. *Razones de los Aka para realizar una vista y distancias promedio recorridas (Hewlett, van de Koppel y Cavalli-Sforza) 1986: Cuadro 4.5).*

Visitas a familia	distancia promedio	47,6 km
Caza	distancia promedio	22,8 km
Ceremonias, fiestas	distancia promedio	17,6 km
Trabajo comunitario	distancia promedio	66,4 km

CUADRO 3.6. *Área de la red de emparejamiento y relaciones a distancia en relación a la densidad de población y a la densidad interior de la red de emparejamiento, en una parrilla hexagonal con 19 grupos locales.*

Densidad de población (personas/km²)	*Area km²*	*Diámetro km*	*VC km*	*Distancia entre los grupos más distantes en km*	*Distancia entre los grupos centrales y los grupos más distantes en km*
0,005	95.000	382	76	303	151
0,008	59.375	302	60	240	120
0,01	47.500	270	54	214	107
0,02	23.750	191	38	152	76
0,05	9.500	120	24	96	48

Nota: VC es vecindad más cercana (de Wobts 1976: cuadros 1 y 2).

ciento de los hombres y el 22 por ciento de las mujeres. Aquí el 72 por ciento de los hombres y el 77 por ciento de las mujeres vivían de casados a distancias de hasta 75 km del lugar de nacimiento.

Este estudio de los campos individuales, no obstante haberse realizado sobre una población de la selva tropical lluviosa, proporciona cierto número de datos para llegar a conocer las dimensiones del paisaje de la costumbre. Otro ejemplo teórico, esta vez relacionado con las actividades que dan lugar al transporte de materiales, nos lo ofrece el estudio de Wobst sobre los sistemas de matrimonio de los forrajeadores (1976). Estos sistemas de matrimonio implicaban a un grupo de individuos que oscila ente los 175 y los 475; las estimaciones sobre la extensión espacial que cubrían a diferentes densidades de población, se puede ver en el cuadro 3.6.

Los valores que da Wobst sugieren un máximo de 300 km aproximadamente. Wobst predice que este valor marca un umbral en el tamaño de las redes de matrimonio más allá del cual los costes de las interacciones necesarias para mantener un sistema cerrado asociado a determinados rituales, a formas de intercambio y prácticas de distribución de alimentos, resultarían prohibitivos.

De este examen de las relaciones espaciales, sean reales o modeladas, sale la idea de que los campos de exploración individual, e incluso las distancias que se recorren con motivo del casamiento, es improbable que excedan de 300 km, y, ya que se basan en distancias necesariamente variables, la mayor parte de estos campos probablemente queden por debajo de los 80 km, como indican las distancias al vecino más próximo (cuadro 3.6) y los datos relativos al transporte de materias primas (cuadro 3.4). Entre la población de Bangadou, el promedio del campo de exploración de los hombres de edad adulta es de 27,5 km (Hewlett, van de Koppel y Cavalli-Sforza 1986). Éstas son escalas como las que caracterizan a las redes íntima y eficaz, aunque podrían también incluir a la red ampliada. También coinciden aproximadamente con el hilo más largo posible de una red personal, cosa que refleja muy ajustadamente las pautas de movilidad de los individuos.[26]

26. Ninguna de estas distancias se refiere a migraciones (Rowley 1985); sólo tienen que ver con los movimientos de los individuos a través de sus sistemas sociales.

Es probable que estas distancias de exploración tengan una gran antigüedad. Indican la escala repetida del paisaje de la costumbre, común a todos los homínidos. A este respecto, las estimaciones de Steele sobre el tamaño de la zona de hábitat basado en el tamaño del cerebro y en la masa corporal, proporcionan una comprobación añadida independiente. El límite superior de un modelo para carnívoros, aplicado a los homínidos, indica zonas de hábitat que oscilan entre los 32 km y los 102 km de diámetro (cuadro 2.10). En consecuencia, el paisaje de la costumbre, construido alrededor de las redes íntima y eficaz, es parte integral de la herencia de los homínidos.

El paisaje social

El paisaje social se distingue, como concepto espacial, por la escala a la que se desarrollan las negociaciones entre los individuos. Es el resultado espacial producido por el desarrollo de la red ampliada y por la aparición de la red global (cuadros 2.8 y 2.9). Según la acertada expresión de Tindale referida a los aborígenes australianos, estas redes tienen que ver con «las pistas, los viajes, las intrusiones o invasiones y el comercio» (1974: 75). Su desarrollo modificó las redes personales así como la forma de utilizar los recursos a la hora de la negociación. El paisaje social también produce esa estructura superficial de grupo que simplifica las cosas cuando se trata de sumar redes individuales que se entrecruzan, representadas por una gran diversidad de escalas geográficas. El término grupo tiene la ventaja de dirigir la atención hacia la persistencia de las formas culturales en el espacio y en el tiempo de modo que parece que estas formas tengan «una vida» que trasciende tanto al individuo como a sus redes. El concepto de grupo, además, tiene la ventaja de que son «los demás» quienes lo delimitan a través de la red global, tal como hemos visto en el capítulo 2.

De forma parecida a como el grupo trasciende al individuo, el paisaje social comprende una serie de paisajes de la costumbre; que no sustituye sino que contribuye a redefinir. Del mismo modo, la participación en la red global no sustituye a las redes individuales íntima y eficaz que son parte esencial de nuestra herencia primate. El enfoque de abajo a arriba que defendemos no queda afectado por la existencia de grupos, una consecuencia no buscada de la interacciones individuales, aún a pesar de que los grupos influyan en la forma de estas interacciones.

Estructura social y cambio en el Paleolítico

El cuadro 3.7 sintetiza las relaciones espaciales de las que venimos hablando, y las sitúa dentro de un marco más general que obtenemos de los estudios sobre las sociedades de los humanos y los primates. Este esquema no significa que demos a entender que la sociedad paleolítica sólo existe allí donde descubrimos un paisaje social. Lo que queremos decir es que sin un paisaje social posiblemente estemos ante una forma diferente de sociedad.

El paisaje de la costumbre representa una estructura social en el sentido de Hinde (1976), en tanto que muestra una red personal completa basada en vínculos íntimos, eficaces y ampliados. Se trata, en consecuencia, de un concepto de ámbito regional.

Las relaciones entre escenarios y regiones que muestra el cuadro 3.7, indican cómo se ha desarrollado esta estructura en forma de red. En los capítulos que siguen

CUADRO 3.7. *Modelos de sociedades humanas y de primates comparados con una estructura sobre la evolución de la sociedad del Paleolítico. Ya que no existe una estricta equivalencia entre los términos consignados en los tres esquemas, la indicación de las posiciones relativas de cada uno de ellos se hace para clarificar la estructura arqueológica.*

Redes sociales Boissevain 1968	Redes de primates Hinde 1976	Redes paleolíticas estructura conceptual		
Sociedad		Paisajes sociales		Región
			global	
Complejos institucionales			*ampliada*	
Grupos	Estructura social	Paisaje de la costumbre		
		eficaz		
Cuasi grupos/no grupos	Relaciones			
		íntima		
Redes de interacción	Interacción	Escenarios		
Individuos				

examinaré las pruebas relacionadas con todo ello. Siempre hubo ritmos que relacionaron un escenario local con una región. Lo que cambió durante el Paleolítico fueron las características y la amplitud de la escala regional. Sostengo que la red ampliada contiene las claves que explican este cambio ya que hizo posible que los individuos pudieran estructurar sus redes globales. Fueron las necesidades materiales de las redes ampliadas (cuadro 2.8) incrustadas en un paisaje social y no los paisajes de la costumbre lo que condujo a una reestructuración de los recursos y a la elaboración de formas culturales capaces de entrañar las nuevas representaciones sociales.

El desarrollo de sistemas sociales inclusivos

El paisaje social consigue distanciar o alargar los sistemas sociales a través del espacio y el tiempo. A través del paisaje social las acciones de los individuos consiguen aquella liberación de la inmediatez de la que hemos hablado (capítulo 2); asimismo es en el marco del paisaje social donde se exploran las redes ampliada y global, como indica el cuadro 3.7.

Lo que singulariza al paisaje social es que la sola posibilidad de existencia de interacciones y no su efectiva realización, sea suficiente para establecer negociaciones. El entorno de los homínidos, por lo tanto, se extiende más allá del marco del forrajeo o la subsistencia. Trasciende, lógicamente, el marco de las acciones habituales y los esquemas de las rutinas diarias circunscritos en el paisaje de la costumbre. Y lo que es más importante, el paisaje social contempla el paso de una vida social compleja a una vida social complicada, en el sentido de lo que se ha explicado en el capítulo 2. En esencia, este cambio significa en palabras de Strum y Latour (1987: 791), la sustitución de «una complejidad evidenciada por comportamientos, relaciones y significados cambiantes y poco diáfanos, por un complicado aparato de elementos simples, simbólicos y perfectamente claros». Rowell (1991: 260) explica claramente la distinción:

> Mediante el uso de símbolos y de recursos materiales las sociedades complicadas son capaces de segregar los problemas sociales y convertirlos en una serie de tareas más simples cosa que facilita a los individuos el manejo de la negociación social a un nivel de elaboración muy superior.

Aparte de gozar de un nivel superior de elaboración social, las sociedades complicadas son mucho más diversas puesto que los mecanismos de negociación que muestran producen unas consecuencias sociales de profundo calado y efectos multiplicadores. Entre los problemas sociales a los que Rowell dedica atención, destacan los que surgen de los encuentros infrecuentes, puesto que ponen en entredicho la habilidad de la gente para reconocer una red formada por individuos que les son casi desconocidos (1991: 266).

Pero, podemos preguntarnos, ¿cómo puede mantenerse un entramado de gente tan amplio sin las interacciones frecuentes, intensas y complejas que reclama la negociación de una estructura de este tipo? Ciertamente éste era un factor claramente limitativo que afectaba de lleno al paisaje de la costumbre, fundamentado en una vida social localista y exclusiva. La solución hay que encontrarla en el hecho de que más allá de los sistemas exclusivos, el paisaje social abriga la posibilidad de incluir a más gente por medio de una red ampliada (Gamble 1993d). Por ello un paisaje social que incorpora diversos paisajes de la costumbre y que asociamos a un complicado sistema de negociación, habrá de tener carácter regional además de local. Un elemento importante para su desarrollo es el uso de objetos, de ahí su importancia en el ejercicio del poder personal a distancia (Gosden 1994). Todo ello nos conduce a la conclusión anunciada por Strum y Latour (1987: 796) de que con la creación de vínculos simbólicos y materiales, los actores sociales *parece* que entran a formar parte de una estructura social preexistente en vez de contribuir a crearla. Esta impresión es el origen de la confusión existente sobre la forma correcta de caracterizar la sociedad paleolítica, de la que ya hemos hablado en el capítulo 2.

Los objetos y los lugares se transforman en gente

Al trasladarse por las pistas entre los lugares de reunión y las ocasiones sociales, los individuos crean el paisaje social, de forma parecida a como han ido creando los paisajes de la costumbre. En el paisaje de la costumbre los útiles y los demás objetos de los que se sirven los individuos, viajan con ellos a través de las pistas como valiosas posesiones que pueden trasladarse de un lugar a otro. Su presencia es vital en cualquier actividad de caza, con ocasión de una visita y en los rituales de bienvenida y despedida de reuniones y ocasiones sociales. El estudio de McBryde sobre los sistemas de intercambio en Australia Central, dice:

> El sistema de distribución es parte integrante de la vida social y ceremonial de las sociedades a las que nos referimos, en las que los bienes materiales y el intercambio de bienes juegan un papel sustancial. El sentido de estos bienes y el significado del lugar de origen del que provienen se conservan, y de generación en generación se explican, dando lugar a historias que al mismo tiempo cartografían el mundo simbólico y geográfico de estas transacciones a larga distancia (McBryde, en prensa).

La diferencia con el paisaje social estriba en que, en un sentido muy real, los objetos se transforman ahora en gente. Al transportarse, los útiles y otros bienes muebles vienen a expresar unas relaciones que se refieren a estructuras sociales mayores. Gracias al intercambio los objetos proporcionan un recurso social, un medio más, ya que incorporan los actos sociales de recolección de los materiales necesarios y de manufactura de los útiles. Por ello los gestos asociados al intercambio son comparables a los gestos que crearon el útil o que recolectaron determinados materiales, ya que ambos se basan en secuencias operativas. En este sentido la acción material incorpora representaciones sociales pertenecientes al grupo, es decir, al conjunto de la comunidad. El uso de objetos en la «formación» de la estructura social y en la construcción del paisaje social produce un distanciamiento a efectos tanto de espacio como de tiempo (Giddens 1984). Los sistemas sociales se amplían y se extendienden fruto de los mecanismos de integración en el sistema, que es la forma que tienen de extenderse *in absentia* (capítulo 2).

Simbolismo, cultura y paisaje social

Esta extensión de la que hablamos se atribuye generalmente a la aparición del simbolismo. Como dijo Leroi-Gourhan, aunque sin contarnos las razones del cambio,

> [...] la «domesticación» de los símbolos permitió a los humanos pasar de los ritmos estacionales a los ritmos regulados y servidos por un entramado de símbolos (Leroi-Gourhan 1993: 315).

Según este punto de vista, la cultura empezó a organizar nuestras vidas por medio de sus representaciones colectivas. Se convirtió en nuestro único sistema de adaptación (White 1959: 3), así que a lo largo de la evolución humana el individuo se fue integrando cada vez más en el grupo (Leroi-Gourhan 1993: 253) hasta confundirse con él.

Esta explicación tan conocida que contempla el simbolismo, a menudo asociado al lenguaje, como el ingrediente final de una mezcla que nos convirtió en humanos, no resuelve el problema que supone partir mirando con desconfianza cómo la cultura explica lo cultural, lo que en mi opinión no significa explicar nada. Mi respuesta a este argumento circular se encuentra en el paisaje social que es la suma de todas las redes individuales. Puesto que los individuos son agentes activos que se implican en los problemas de la vida y son además capaces de crear ritmos, movimientos y formas, no se dejan aplastar por la cascada de símbolos que se les vienen encima, por esta especie de tiranía de la cultura. Los sistemas sociales que heredan no son sistemas inalterables, al contrario, están condenados a ser modificados. Estos actores sociales tienen unos cuerpos que ciertamente les limitan para ciertas cosas, pero al mismo tiempo les posibilitan para emprender otras, como ir de una lado a otro, tratar con el vecino y extender los vínculos sociales a través de las redes, cosa que pone en funcionamiento a una gama enorme de recursos (capítulo 2). Los actores sociales son seres inmersos en unas coordenadas espacio-temporales que utilizan en su favor, y no meros comparsas que evolucionan al son de una determinada construcción cultural.

Por eso los paisajes sociales se crean a base de trazar pistas entre individuos y entre lugares. Toda esa gente que se relaciona llega a confundirse con el paraje desde el que actúa en el sentido de que forma una red social en la que las asociaciones que se promueven y los movimientos que se realizan proporcionan los significados del entorno de cada uno y del de otros individuos. Además, la asociación de determinados individuos a determinados lugares físicos es la base sobre la que crear contextos sociales para la acción, que son siempre diversos en función de la cantidad de individuos y del tipo de gente que funciona en la red, que hace visitas y que interacciona.[27] Mediante el conocimiento de estas pistas y de estos lugares se construye el paisaje social y se conceptualiza el movimiento a lo largo de las pistas que van de un paraje a otro. Estos lugares, puesto que son incorporados a las redes, pasan a ser realmente algo así como gente sobre el paisaje. Para decirlo en pocas palabras, se personifican.

La escala del paisaje social y la creación de símbolos

No existen límites superiores a las dimensiones espaciales del paisaje social. La bandera americana sigue ondeando sobre la Luna y el *Voyager* II sigue viajando por la galaxia. El potencial de los homínidos para extenderse por la dimensión espacio es enorme, aunque no ha sido precisamente ésta la característica más descollante de la mayor parte de los homínidos durante la prehistoria; el factor que lo limitaba eran sus distintas formas de negociar la vida en sociedad (Gamble 1993d).

El cambio de escala del paisaje social es muy significativo. Ingold (1993: 162-163) sitúa los límites de los entornos de actividad en el mismo punto que los límites de la concurrencia. El paisaje de la costumbre tenía como vimos un límite superior entre 80 y 100 km. Entre los forrajeadores recientes este potencial para la expansión territorial en un paisaje social puede fácilmente medirse por el movimiento de los recursos.[28] Un estudio etnográfico de Féblot-Augustins y Perlès (1992) sobre el transporte de piedras y otros materiales indica distancias que van bastante más lejos del límite superior de los 100 km del paisaje de la costumbre. Pueden documentarse fácilmente transportes de material entre cazadores-recolectores por encima de los 600 km de distancia, llegando en algún caso hasta los 3.000 km.

Un ejemplo típico de este tipo de redes ampliadas entre los forrajeadores recientes nos lo ofrece el comercio de hachas de piedra en Australia (McBryde 1978, 1988, 1993 en prensa). En su estudio McBryde descubre que piedras procedentes de canteras de Mont William en Victoria son transportadas hasta distancias cercanas a los 800 km. y por término medio a zonas que distan 228 km del lugar de origen. Aunque podamos considerar ciertamente este tipo de piedra como una materia prima útil y muy

27. Posiblemente esta característica no es específica de los homínidos. Rowell (1991) examina las dificultades a las que se enfrentan los primatólogos cuando estudian una parte pequeña únicamente de un sistema social abierto cuya amplitud es indeterminada. Esta autora comenta los indicios existentes referidos a un elemento común de la estructura social animal, llegando a la conclusión de que «el comportamiento social a nivel de grupo y por encima del nivel de grupo, está entre los animales, determinado por el lugar» (Rowell 1991: 267). La dificultad de detectar este elemento se atribuye a la observación de Hinde (1976) de que cada nivel de organización social entre los primates muestra propiedades que no se pueden deducir desde el nivel inferior.

28. La importancia de trabajar con unidades sociales a gran escala como el paisaje social ha sido discutida por Hill (1978) en términos de adaptación a nivel de territorio. Estas adaptaciones regionales que revela el estudio de la exogamia lingüística, «constituyen pistas altamente significativas de la existencia de redes de contacto a larga distancia mantenidas de forma sistemática, en las que debemos ver fenómenos del tipo movimientos de refugiados e invasiones «como algo sistemático y no como meros accidentes o fallos del nivel local de adaptación» (Hill 1978: 9, el énfasis es añadido).

conveniente en la producción de hachas de mano, queda claro del estudio de McBryde que hemos traspasado los límites del paisaje de la costumbre para adentrarnos en un territorio, el del valor social, en el que los objetos constituyen recursos valiosos que forman parte de la negociación de redes ampliadas.

La misma transformación puede rastrearse con respecto a los bienes de prestigio, auténticas chucherías de la vida social, como las joyas, las cuentas de collar y demás ornamentos, así como materias primas como el ocre, las piedras de afilar y la obsidiana. Los objetos que viajan lejos parece que experimentan una transformación que los convierte automáticamente en objetos especiales (Gould 1989: 142-143). Una transformación similar es la que experimentan los propios viajeros que se impregnan de los lugares exóticos que visitan (Helms 1988). Pero, como señalan Féblot-Augustins y Perlés (1992: 13), no hay manera de saber exactamente cuándo tiene lugar dicha transformación. No existe una distancia mágica más allá de la cual un hacha deja de ser lo que es para convertirse en un bien de prestigio; en que ya no es un medio útil para derribar árboles sino que se transforma en un símbolo de alguien distante, quien *in absentia*, determina ahora el inicio de unas relaciones sociales. Pueden ser tanto 5 km como 500 km. Lo que es preciso comprender son los contextos sociales que fuerzan la transformación en valor al pasar de lo local a lo distante, de ser objeto a ser símbolo (Gamble 1993d: 37). La comprensión de estos contextos debe partir del papel que juegan los objetos en la negociación de redes.

En el marco del paisaje social también pueden negociarse sistemas inclusivos con amplios espacios abiertos a la movilidad individual. Aquí los bienes de prestigio sirven a una función añadida, la de consentir, en épocas de carestía, intrusiones controladas dentro del propio territorio. Hill lo resume bien cuando puntualiza que en Australia el concentrarse en el léxico por oposición a la diferenciación fonológica de las lenguas

> [...] no puede presuponerse a partir del modelo tribal con dialecto propio, sino que parece que resulta de la interpenetración dentro de los territorios de los sistemas locales de sistemas de adaptación regionales (Hill 1978: 18).

La diversidad de los sistemas sociales australianos muestra, a escala continental, los dos polos de la estructura social: inclusivo y exclusivo. Los resultados de la negociación en parte pueden entenderse, tal como Peterson (1986) arguye para Australia, en base a la diversidad de circunstancias ecológicas que determinan, tanto las condiciones de la existencia como el grado de integración, el tipo de vinculación con la tierra, o las costumbres a nivel de emparejamiento o matrimonio (cuadro 1.2).

A estos niveles de análisis el modo de transferencia (intercambio, visita, asociación, parentesco, etc...) tiene menos importancia que la demostración de la existencia de un paisaje social ampliado en el que las pistas que lo caracterizan son más largas y más variadas que las que asociamos a la percepción ambulatoria de cada individuo. Podemos decir que la dispersión a nivel local, las pistas asociadas con los hábitos y las rutinas del paisaje de la costumbre, ya no constituyen el único procedimiento para explicar la formación de un esquema o modelo espacial en cultura material.

Resumen

La vida social en el Paleolítico viene marcada por el quehacer continuado y multiforme de construcción por parte de los primitivos seres humanos de un entorno para vivir. Para investigar esta vida social que alegamos, he fijado un esquema conceptual que se sirve de las escalas espaciales de los escenarios locales y las regiones. Estas escalas se relacionan por medio de unos ritmos que ilustramos con las pistas y los senderos que los homínidos del Paleolítico recorrían, con las secuencias operativas mediante las cuales producían sus útiles, y con el entorno de intervención que les facilitaba servirse unos de otros.

También, a efectos de la arqueología, he definido los escenarios con unos términos nada corrientes, como encuentro, reunión, ocasión social y paraje. Servirán de fundamento para el análisis que sigue en los capítulos correspondientes. He utilizado estos términos en vez de los más habituales de campamento base, zona de hábitat, o campamento provisional, o los propuestos por Binford (1980) de lugar de residencia, asentamiento, escondrijo y estación por una razón muy simple: son términos especialmente útiles para investigar el poblamiento en general. Han sido utilizados ampliamente a modo de definiciones que como disciplina el análisis arqueológico ambiciona. Yo los he usado en muchas ocasiones, a pesar de estar estrechamente asociados al enfoque dicotómico aplicado al estudio de los forrajeadores (cuadro 1.3), hasta el punto de haber adquirido ciertas connotaciones debido a la influencia de la teoría. En vez de prescindir de ellos por estas razones, es preferible que los utilicemos específicamente en aquellos planteamientos analíticos para los que mejor sirven.

La justificación de un vocabulario nuevo tiene que ver con la irrupción de un nuevo tipo de inquietudes y la apertura de nuevos campos de exploración: en este caso el estudio de la sociedad paleolítica, en vez del estudio del poblamiento paleolítico. Como hemos visto en el capítulo anterior, este cambio de enfoque sólo producirá resultados si somos capaces de cambiar nuestras ideas sobre la sociedad y ajustar consecuentemente nuestra terminología y metodología.

El trabajo de Leroi-Gourhan (1993) es importante a ese respecto, ya que resalta la importancia de la naturaleza social de los actos de carácter técnico, desde la producción de láminas de sílex que tiene lugar en un determinado escenario, a la recolección y el transporte de materia prima de un escenario a otro. Estas secuencias operativas (la cadena operativa) son producciones sociales que despliegan sus ritmos y forma al ponerse el cuerpo humano manos a la obra en una acción material (el gesto). Desde esta perspectiva la arqueología social no puede contentarse con estudiar la evolución estilística de las puntas de proyectil o la estructura de las instituciones que presumimos más representativas de una sociedad. La arqueología social debe, en cambio, tratar la mayor parte de aspectos posible relacionados con la movilidad, la producción, el consumo y el desecho. Es la repetición y persistencia de la acción material en el tiempo y el espacio lo que da lugar a algo sustancial en una cultura arqueológica. Este algo, estas realidades físicas, son el resultado de la repetición de gestos técnicos aprendidos, realizados por individuos y no el fruto de la mente colectiva de una comunidad que produce y reproduce unos determinados esquemas culturales.

A escala regional hemos introducido dos conceptos más: el paisaje de la costumbre y el paisaje social. Para distinguir ambos conceptos es preciso tomar en con-

sideración las nociones de sociedad compleja y sociedad complicada, y el papel que juegan tanto la conciencia práctica como la conciencia discursiva en derivar toda estructura de la acción individual (cuadro 3.3). El paisaje de la costumbre representa una estructura social si aceptamos la discusión de Hinde sobre la sociedad de los primates (1976). Dentro de esta estructura los individuos construyen sus propias redes, pero sus redes ampliadas sólo se desarrollan débilmente, mientras que la red global es del todo inexistente. El principio social es puramente exclusivo. Las dimensiones espaciales del paisaje de la costumbre puede determinarse a partir de la distribución de materias primas que observamos en el registro arqueológico, puesto que nos proporciona un registro de los movimientos que constituyen un ejemplo de los ritmos y secuencias operativas de los individuos ocupados en las actividades propias de la vida en sociedad.

Propongo que el paisaje social es fruto de un desarrollo histórico a partir de esta herencia común homínida. Los individuos ampliaron la escala espacial y social de sus acciones e interacciones armados de unos recursos materiales que funcionan como objetos sociales. Los recursos simbólicos fueron la clave del cambio. El entramado de redes se amplió y se necesitaron nuevos recursos para abastecerla, lo que requirió la presencia de nuevas secuencias operativas y el uso elaborado de procesos técnicos a modo de representaciones sociales. El paisaje social pudo, en consecuencia, dar cobijo tanto a sistemas sociales inclusivos como exclusivos. Como resultado de todo ello el grupo aparece como una característica de la densidad, escala e intensidad interactiva de las redes de cada individuo. Aunque no aumentara el número de individuos en cada sistema, sí en cambio se crearon muchos más vínculos distintos entre ellos, facilitando y limitando al mismo tiempo la actividad social. Los extraños, los venidos de lejos nunca constituyeron un grupo sustancial en el paisaje social, aunque sí pudieron formar una relativa categoría social definida por la respuesta dada en el momento del encuentro. Esta situación contrasta con la que se daba en el paisaje de la costumbre donde sí que potencialmente podía haber extraños, venidos de lejos. La diferencia estriba en la ampliación de las relaciones sociales en el tiempo y el espacio. El carácter limitado de la acción propio de la co-presencia desapareció y con ella los límites al crecimiento, por lo que el potencial de crecimiento de la sociedad en cifras absolutas y en espacio geográfico se convirtió en algo casi ilimitado.

El desarrollo histórico que va del paisaje de la costumbre al paisaje social no puede atribuirse a un único factor sea el lenguaje, una mejor memoria, el desarrollo de una conciencia discursiva o la tecnología. Tampoco se trató de una tendencia gradual mediante la cual la externalización de la memoria a través de los símbolos experimentó un progresivo incremento. En la Europa del Paleolítico se trató tanto de un proceso de innovación a largo plazo como de una eventualidad relacionada con la sustitución de la población. Todos estos conceptos y modelos sobre la sociedad paleolítica se han dirigido tradicionalmente a resolver el problema del equilibrio y el cambio, por lo que a partir de aquí dirigiré mi atención a lo que nos sugieren los datos con el fin de contrastar mis propuestas.

CAPÍTULO 4

LAS PRIMERAS SOCIEDADES EUROPEAS HACE 500.000-300.000 AÑOS

Nuestro mundo europeo, sobretodo su parte occidental, es un cul-de-sac hacia el cual, las oleadas humanas llegadas del este o del sur, movidas por impulsos desconocidos, se dirigen para mezclar y superponer sus sedimentos.

ABBÉ BREUIL, 1912

Definir la Europa del Paleolítico

Los límites geográficos de la Europa del Paleolítico eran flexibles. En el norte, capas de hielo sucesivas habían modificado el área habitable del continente, mientras que en el oeste la tierra firme continental estaba anegada y sin protección, sometida a la alternancia de períodos climáticos interglaciar y glaciar. Es muy probable que en el sur el estrecho de Gibraltar permaneciera abierto durante las edades de hielo del Pleistoceno, si bien las islas del Mediterráneo central deben de haber servido para franquear el paso desde África a Europa durante los períodos de descenso del nivel del mar.

Es en el este donde encontramos las fronteras geográficas más frágiles de la Europa del Pleistoceno. Las estepas de Ucrania y Rusia, los mares Caspio y Negro, y el altiplano y montañas de Turquía, el Cáucaso y el Próximo Oriente, no constituyen una barrera para el poblamiento o para el contacto de unas poblaciones con otras del viejo mundo. En cambio, la falta de fronteras resalta la naturaleza peninsular de Europa que el abate Breuil describió como un cul-de-sac hacia el que fueron barridos sucesivas oleadas de seres humanos y de especies animales (Breuil, 1912).

Puede que parezca algo secundario la dificultad que tenemos para definir el tamaño y forma de la Europa del Paleolítico. Después de todo hoy día definir Europa plantea problemas similares (Graves-Brown, Jones y Gamble 1995). La idea de que las modernas fronteras políticas y culturales deben de tener alguna significación para el Pleistoceno, obviamente no tiene ningún sentido. Sin embargo, hay algo muy serio detrás de este ejercicio. La identificación de la escala geográfica a la que debemos investigar las sociedades paleolíticas es importante desde el punto de vista de la evolución. Debemos preguntarnos si las presiones selectivas a favor del cambio en el comportamiento homínido funcionaron a la escala de esta península asiática y africana al mismo tiempo, o si eran parte de un conjunto de cambios medioambientales a largo plazo que tuvieron lugar sobre una masa continental más grande. El modelo regional basado en la latitud, la longitud y el relieve (figura 3.1) es suficiente para detectar cambios de vida durante el Paleolítico en la Europa central y occidental (Gamble 1986a) pero puede ser un modelo inapropiado para poner de relieve los largos procesos que afectan a la evolución de los homínidos. Esta posibilidad aparece realmente cuando nos planteamos un interrogante histórico como el siguiente: ¿cuándo llegaron a Europa los homínidos?, y también cuando nos disponemos a examinar cuanta luz arroja la respuesta sobre su entramado social.

Cronología, climas y hábitats

En cualquier discusión sobre la llegada de los homínidos a Europa, hay varios aspectos de la cronología del Pleistoceno que han de ser tomados en consideración. La primera gran glaciación, que inicia el período del Pleistoceno, se produce en el 2,3 millones de años BP (Zagwijn 1992). Fue un período de fuerte enfriamiento del que poseemos indicios gracias al registro de polen terrestre y a las señales obtenidas del registro isotópico extraído del fondo del mar (Ruddiman y Raymo 1988). Esta cronología añade 700.000 años a la amplitud tradicionalmente establecida del Pleistoceno, que fijaba la frontera con el Plioceno en 1,6-1,8 millones de años BP (Aguirre y Pasini 1985).[29]

El enfriamiento producido hace 2,3 millones de años BP señala el inicio de un largo período climático, fruto, en parte, de los cambios experimentados por la órbita de la tierra, su giro y su inclinación (Goudie 1977, Imbrie y Imbrie 1979) y de los efectos acumulativos de la orogénesis, en particular de la formación del Himalaya y la altiplanicie tibetana, fenómenos que afectaron al clima terrestre (Ruddimqan y Raymo 1988). La combinación de estas dos fuerzas produjo unas condiciones climáticas globales de carácter recurrente que, en Europa, dieron lugar a una alternancia entre períodos templados —interglaciares— caracterizadas por la aparición de grandes bosques y abundante vegetación, y episodios fríos —glaciaciones— caracterizados por una vegetación abierta y unos niveles marinos bajos. Durante las glaciaciones grandes casquetes de hielo originados en las latitudes nórdicas avanzaron hacia el sur cubriendo Escandinavia, y las Islas Británicas, formándose también grandes glaciares en las cordilleras de los Pirineos, los Alpes, los Cárpatos, los Balcanes y el Cáucaso. La investigación del Cuaternario ha mostrado, sin embargo, que dentro de estas amplias categorías de fase interglaciar y glaciación coexistieron condiciones climáticas muy diversas, cuestión que será discutida, cuando corresponda, en los capítulos siguientes.

Cambios en la duración y amplitud de los ciclos climáticos

Aunque haya indicios suficientes para demostrar que hubo enfriamiento y deforestación en la zona de los Países Bajos hace 2,3 millones de años BP (de Jong 1988),

29. Esta datación se corresponde con el fin de la inversión magnética de Olduvai, en el 1,66 millones de años BP (Aitken 1990).

los ciclos más antiguos han dejado una señal casi inapreciable en los sondeos realizados en los sedimentos del fondo del mar. Los procesos de enfriamiento se miden comparando magnitudes entre temperaturas glaciares y temperaturas interglaciares, estudiando el tipo de vegetación, la oscilación del nivel del mar y la extensión de los hielos. Zagwijn (1992: figura 2) ha estimado, a partir del registro de polen de los Países Bajos, que las temperaturas de Julio fluctuaron entre los 10 °C y los 20 °C de promedio durante el período comprendido entre 2,3-1,5 millones de años BP. Tras este período el abanico se amplia con promedios que fluctúan entre los 5 °C y los 20 °C, hecho que debió de repercutir notablemente sobre el crecimiento de las plantas y el tipo de vegetación. El resultado de estos cambios se puede comprobar en el interglaciar Bavel de los Países Bajos, hace 1 millón de años BP. Ésta es la primera vez que un registro de polen muestra una secuencia estratigráfica con sus fases de migración, expansión y subsiguiente declive de especies forestales en el norte de Europa (de Jong 1988). En momentos anteriores los diagramas de polen interglaciares muestran que el clima tenía un efecto muy limitado en la composición de los bosques, lo que posiblemente indica que durante los períodos más fríos las áreas de refugio de las plantas estaban más cerca unas de las otras, de manera que el proceso de recolonización durante los períodos interglaciares era muy rápido. Además Zagwijn (1992: 587) señala que los primeros interglaciares irrumpieron sobre un tipo de suelo diferente, que limitaba la expansión de especies acidófilas como el *Abies* o la *Picea* que son especies clave para reconocer la evolución de un bosque.

A partir de 1 millón de años BP, la tendencia hacia unos climas más fríos con grandes diferencias entre los períodos de glaciación y los períodos interglaciares, es mucho más clara. Si hemos de establecer una cronología del Pleistoceno que explicite esta tendencia, hay que fijarse en un acontecimiento paleomagnético muy significativo que tiene lugar hacia el 775.000 ± 10.000 años BP: el cambio de polaridad magnética (Bassinot *et al.* 1994), de inversa a normal. Esta abrupta transición puede medirse en rocas ígneas como el basalto, que pueden ser datadas por métodos como el del potasio-argón (K/Ar) (Aitken 1990). Este marcador universal ayuda a distinguir entre las fases de Matuyama y Brunhes períodos que separan el Pleistoceno Inferior del Pleistoceno Medio.[30]

La cronología paleomagnética puede aplicarse también a los sedimentos de los fondos marinos. Estos sedimentos están formados por barros y limos que se va depositando en el fondo de los océanos. También contienen, ordenados estratigráficamente, organismos marinos microscópicos que viven en la superficie de los mares. Los esqueletos de carbonato cálcico de esta microfauna absorbieron, en vida de los organismos, los isótopos del oxígeno del océano. Al producir el sedimento una columna estratigráfica, estos organismos pueden utilizarse para medir los cambios habidos en la proporción entre dos isótopos importantes del oxígeno, ^{16}O y ^{18}O (figura 4.2). Estos cambios isotópicos reflejan el tamaño de los océanos en el momento en que esta microfauna

30. Hacemos una distinción entre Pleistoceno Inferior y Pleistoceno Medio por un lado, que internacionalmente se reconocen en el plano geológico, y Pleistoceno Inicial y Pleistoceno Medio por otro, que no admiten el establecimiento de una correlación semejante en el plano geológico, pero que por extrapolación los arqueólogos admitimos. En este libro la distinción entre Pleistoceno Inferior y Pleistoceno Medio se relaciona con la frontera que separa las fases Matuyama/Bruhnes, que constituye un marcador absoluto, de ahí que los yacimientos arqueológicos datados en el Pleistoceno Inicial y el Pleistoceno Medio se asignen a una relativa ubicación dentro de esta cronología estándar.

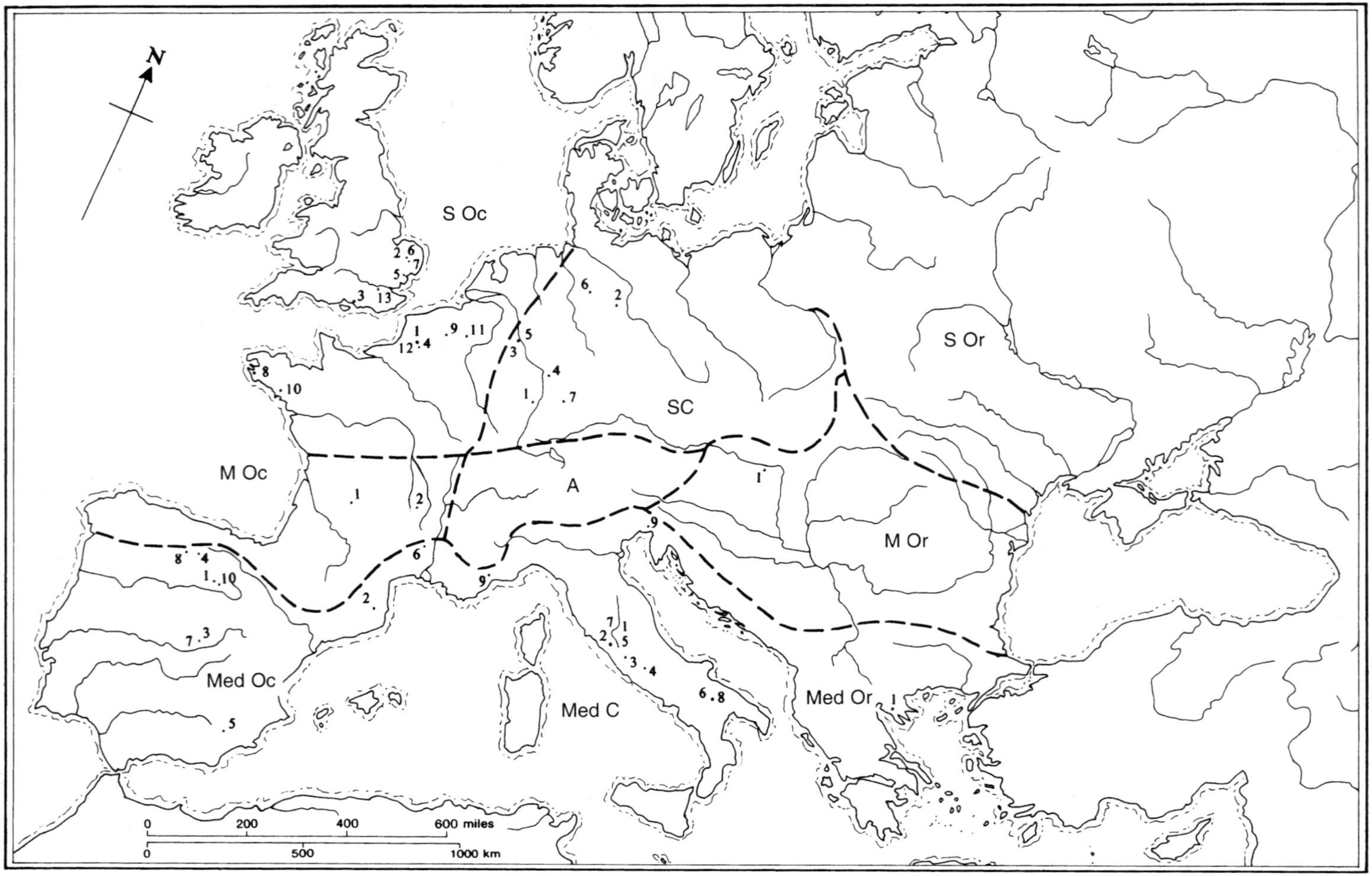
N
S Oc
M Oc
SC
A
S Or
M Or
Med Oc
Med C
Med Or
0 200 400 600 miles
0 500 1000 km

FIG. 4.1. *Principales yacimientos que se citan en este capítulo, a los que se refieren también los cuadros 4.3 y 4.19, distribuidos por regiones.*

S Oc	S C	M Oc	M Or
1. Abbeville	Achenheim	Barbas	Vértesszöllös
2. Barnham	Bilzingsleben	Soleihac	
3. Boxgrove	Kärlich		
4. Cagny	Mauer		
5. Clacton	Miesenheim		
6. High Lodge	Schöningen		
7. Hoxne	Steinheim		
8. Menez-Drégan			
9. Pa d'la L'iau			
10. Saint-Colomban			
11. Sprimont			
12. St. Acheul			
13. Swanscombe			

Med Oc	Med C	Med Or
1. Ambrona	Casal de' Pazzi	Petralona
2. Aragö	Castel di Guido	
3. Áridos	Fontana Ranuccio	
4. Atapuerca	Isernia	
5. Cúllar de Baza	La Polledrara	
6. Orgnac	Notarchirico	
7. Pinedo	Torre in Pietra	
8. San Quirce	Venosa-Loreto	
9. Terra Amata	Visogliano	
10. Torralba		

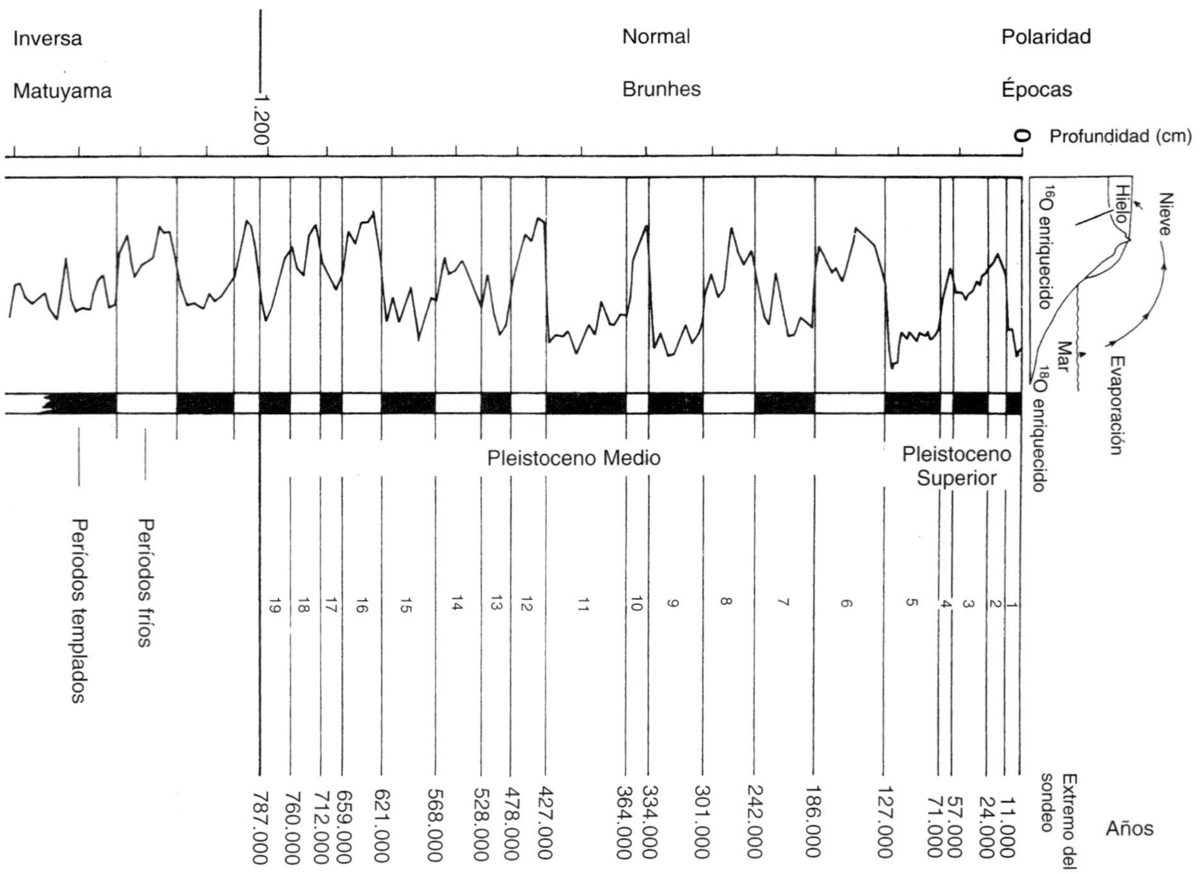

FIG. 4.2. *4.2 Registro continuo del Pleistoceno Medio y Superior a partir del sondeo V28-238 realizado en el Océano Pacífico. Los números impares indican los períodos cálidos /templados y los pares, las fases frías. Por lo que podemos observar desde el límite Brunhes/Matuyama, al inicio del Pleistoceno Medio, ha habido ocho ciclos interglaciares/glaciares completos. Los períodos 5 al 2 del Pleistoceno Superior conforman un ciclo completo perfectamente estudiado (véanse los últimos capítulos). Es importante darse cuenta del cambio abrupto que representa pasar de grandes masas oceánicas y pequeños casquetes de hielo a océanos más pequeños y grandes casquetes de hielo (a partir de Gamble 1993a: Fig. 3.2 y Bassinot* et al. *1994).*

vivía. Si los océanos eran más grandes, como ocurría durante los períodos interglaciares, tenían que contener una mayor cantidad de ^{16}O. Al disminuir de tamaño, debido a que el agua que fluía al mar quedaba atrapada en tierra en forma de casquetes de hielo, los océanos tenían mayor proporción del isótopo más pesado, el ^{18}O, al haberse evaporado el más ligero, el ^{16}O.

Así pues, la forma de las curvas de un gráfico nos da una idea de los cambios climáticos a lo largo del Pleistoceno. Estos cambios se resumen en el cuadro 4.1, que muestra que la longitud de los ciclos se más que dobló durante la fase de Brunhes, a partir del 775.000 BP, y que los ciclos se volvieron más variables.

Una inspección visual de la curva del Estadio Isotópico del Oxígeno (EIO) (figura 4.2) muestra también que con el tiempo la amplitud (la diferencia entre los valores de los estadios interglaciar y glaciar de cada ciclo) es más pronunciada. Una forma de ilustrar esta tendencia es comparar el número de ciclos de cada fase, que son iguales o mayores que los dos estadios mejor estudiados en el último ciclo interglaciar/glaciar (cuadro 4.2). El último período interglaciar (EIO 5e) duró 10.000 años (capítulo 5) y viene marcado por valores isotópicos que indican niveles marinos muy altos fruto de un mayor deshielo de los casquetes polares (Shackleton 1987). El último pico glaciar, en el 18.000-20.000 años BP, no representó, tal como muestra la figura 4.2, la mayor regresión de los océanos, aunque sí fue una glaciación significativa.

Estos datos indican que las dos fases tuvieron una proporción similar de períodos interglaciares con niveles marinos altos, sin embargo, la proporción de grandes glaciaciones se incrementó extraordinariamente en la fase de Brunhes. Es con referencia a este telón de fondo de unos ciclos climáticos más largos y más variados en términos de amplitud, que debemos contemplar la colonización de Europa. Además,

CUADRO 4.1. *Comparación de los ciclos climáticos de las fases Brunhes y Matuyama (Gamble 1995c: Cuadro 2).*

Fase Brunhes	**12.000-775.000**
Empieza en EIO	19
Número de ciclos interglaciar/glaciar	8
Duración de los ciclos	
Duración media en años	96.880
Intervalo máx/mín. en años	115.000-75.000
sd	13.310
Fase Matuyama	**775.000-1.636.000**
Empieza en EIO	63
Número de ciclos interglaciar/glaciar	22
Duración de los ciclos	
Duración media en años	40.910
Intervalo máx/mín. en años	45.000-38.000
sd	2.010

Notas: La fase Matuyama duró del 775.000 al 2.470.000. Los años a los que se refiere el cuadro son a partir de la inversión magnética de Olduvai (Bassinot et al. 1994, Ruddiman, Raymo y McIntyre 1986: cuadro 3). EIO: Estadio Isotópico del Oxígeno.

CUADRO 4.2. *Comparación de la amplitud de los ciclos climáticos en las fases Brunhes y Matuyama medida en relación a los valores isotópicos (Fig. 4.2) del último período interglaciar (EIO 5e) y del último máximo glaciar (EIO 2).*

Fase	*Núm, de ciclos*	*Niveles marinos altos y bosques abundantes % de ciclos ≥ último interglaciar (EIO 5e)*	*Niveles marinos bajos y bosques escasos % de ciclos ≥último máximo glaciar (EIO 2)*
Brunhes 12.000-775.000	8	25	75
Matuyama 775.0000-1.636.000	22	23	32

la tendencia a largo plazo fue hacia períodos de enfriamiento más largos, lo que supone unas condiciones de acceso al continente más abiertas.

LA GRAN GLACIACIÓN EIO 12, 427.000-478.000 AÑOS BP

Tras la publicación en 1973 de una cronología continua extraída de un sondeo del fondo marino (Shackleton y Opdyke 1973), la tarea de los geólogos del Pleistoceno ha sido consignar los indicios discontinuos de origen terrestre de que disponían, a este nuevo esquema global. Los antiguos esquemas de cuatro estadios de la Europa nórdica y alpina ahora tenían que ser contrastados con los ocho ciclos interglaciar/glaciar del Pleistoceno Medio y Superior contenidos en la fase paleomagnética de Brunhes (figura 4.2), aparte de con los veintidós ciclos de la fase de Matuyama precedente (cuadro 4.1). Todavía no se ha dado con una solución que satisfaga completamente a todos los especialistas en estratigrafía del Pleistoceno.

Sin embargo, los geólogos del Cuaternario han reconocido siempre que durante el Pleistoceno hubo un episodio glaciar que tuvo mayor impacto que cualquier otro.[31] En la Europa septentrional la glaciación de Elster fue la responsable de la máxima extensión hacia el sur de las morrenas del casquete escandinavo, hasta alcanzar los Países Bajos y el norte de Alemania, como lo fue la de Oka en Rusia, un fenómeno que en Inglaterra se plasma en el avance del hielo conocido con el nombre de Anglia.[32] Por difícil que sea que los especialistas del Pleistoceno se pongan totalmente de acuerdo, esta

31. Cincuenta años después de la síntesis alpina clásica de Penck y Brückner (1909), Zeuner (1959: 80), recogiendo la información disponible, señaló que localmente la glaciación Mindel fue muchas veces más extensa, aunque a menudo por poco, que la glaciación Riss. El esquema clásico de cuatro glaciaciones dado a conocer en 1909, Günz, Mindel, Riss y Würm, separadas por tres períodos interglaciares, ha sido hoy día abandonado como esquema válido para estudiar las glaciaciones. En su lugar tenemos un registro continuo extraído de los sedimentos del fondo del mar que da señales de muchos más episodios glaciares durante el Pleistoceno.

32. Roebroeks y Kolfschoten señalan (1994: 492), sin embargo, que localmente la máxima progresión de los hielos puede contradecir este esquema. En partes de los Países Bajos las morrenas del Saale alcanzaron una mayor extensión, mientras que en Rusia las que pertenecían al Dnieper pudieron ser mayores que las del Oka. Todo esto apoya el anterior comentario de Zeuner sobre la extensión a menudo comparable de las glaciaciones Riss y Mindel y nos recuerda que la progresión de los hielos depende de muchos factores.

gran glaciación en medio del Pleistoceno se relaciona claramente con el Estadio Isotópico del Oxígeno 12, entre el 427.000 y el 478.000 años BP (Sibrava 1986: gráfico 1).[33]

Si EIO 12, el episodio Anglia-Elster-Oka, constituye una inflexión en el Pleistoceno, por razones que seguidamente explicaré, la mejor alternativa sobre los cambios climáticos, que hace casar los indicios terrestres del Pleistoceno Medio con el esquema que nos proporcionan los sondeos marinos, implica la existencia de cuatro complejos glaciares/interglaciares. El primero, el Cromeriense, que antecede a EIO 12 (cuadro 4.3; figura 4.2) consiste en cuatro períodos interglaciares y tres glaciaciones (C. Turner 1996). El complejo se inicia antes de la línea que separa Brunhes de Matuyama, posiblemente en EIO 21 o EIO 23. Cromer IV, el último interglaciar del ciclo puede relacionarse con EIO 13.[34]

El segundo complejo, el Holsteiniense, viene después del EIO 12 e incluye EIO 11-9. Actualmente hay cierta controversia sobre la datación de yacimientos de época EIO 9 y EIO 11 (Bowen *et al.* 1989), probablemente porque el período intermedio frío EIO 10 es muy corto, de sólo 30.000 años (figura 4.2). Esta brevedad sin duda redujo las diferencias en flora y fauna entre EIO 11 y EIO 9, hecho que crea problemas de correlación ya que especies marcadoras similares se encuentran en ambos períodos templados. Además, ambos picos interglaciares tienen valores de 16O muy marcados, lo que indica unos niveles marinos altos, sólo comparables en otra parte, con el último período interglaciar, el EIO 5e (Shackelyon 1987). Estos episodios extremos parecen relacionarse con la aparición de la especie *Abies* en la Europa del norte que hoy se encuentra confinada a los Alpes (Zagwijn 1992: figura 10).[35] Ello quiere decir que estos períodos interglaciares debieron de tener un clima oceánico más pronunciado (ibid.: 590).[36]

Los principales yacimientos arqueológicos para estos dos complejos, así como ubicación de la mayor glaciación se muestran en el cuadro 4.3.

El tercer complejo, el Saaliense, cubre dos grandes glaciaciones, EIO 8 y EIO 6, con un flojo período interglaciar, el EIO 7, que se divide en tres subestadios (Ninkovitch y Shackelton 1975). Este complejo se discutirá en el capítulo 5. El cuarto complejo y último ciclo interglaciar/glaciar, el EIO 5e-2, se examinará con detalle en los capítulos 6 y 7.

La importancia del EIO 12 como punto de inflexión se basa, no tanto en la magnitud de las glaciaciones Anglia-Elster-Oka, como en las correlaciones bioestratigráficas. Los cambios experimentados por los pequeños y grandes mamíferos pueden investigarse hasta mucho más lejos en el tiempo que la geología de las glaciaciones de la Europa septentrional.

Uno de los aspectos más importantes de esta bioestratigrafía se basa en la evolución de los roedores. Estos pequeños mamíferos presentan diversas ventajas para el

33. En el esquema alpino de Penck y Brückner este episodio encajaría con las gravas del Mindel (Sibrava 1986: gráfico 1). Shackelton (1987: 187) describe EIO 12 como «una glaciación excepcionalmente larga» con valores del isótopo del oxígeno que sólo concuerdan con EIO 16

34. Zagwijn (1992: Figura 9) coloca Cromer IV en EIO 11, demasiado tarde si el episodio Elster que sigue ha de relacionarse con EIO 12, como mucha gente cree. Por mi parte, prefiero relacionar Cromer IV con EIO 13, como parece ser el caso en Boxgrove.

35. La especie *Abies* no tolera temperaturas invernales extremadamente bajas y prefiere veranos frescos con abundantes lluvias (Zagwijn 1992: 590).

36. Shackelton, utilizando pruebas isotópicas, caracteriza el EIO 11 como el período interglaciar más templado del último millón de años, y señala que sigue a un importante episodio de extinción de fauna (1987: 187).

Cuadro 4.3. *Cronología del Cromeriense y del Holsteiniense con los principales yacimientos arqueológicos y paleontológicos (los fósiles de homínido en cursiva).*

EIO	*años BP*		*S Oc*	*S C*	*M Oc*	*M Or*	*Med Oc*	*Med C*	*Med Or*
9–11	301.000	HOLSTEIN	Barnham Cagny l'Epinette Cagny la Garenne Cagny-Cimetière Clacton Hoxne Menez-Drégan 1 Saint-Colomban Sprimont *Swascombe*	Achenheim *Bilzingsleben* Kärlich H Schöningen 12 Schöningen 13 *Steinheim*	Barbas7		Ambrona Aragó A-C Cúllar de Baza I *Orgnac III* Pinedo *Sima de los Huesos* Terra Amata Torralba	Torre in Petra m	*Petralona*
12	427.000	ANGLIAN / ELSTER / OKA	Boxgrove Cagny la Garenne Cagny-Cimetière Pa d'la L'iau St. Acheul-Rue de Cagny				*Aragó D-G*		
13+	478.000	CROMER	Abbeville-Carpentier *Boxgrove* High Lodge Sprimont	Kärlich G *Mauer* Miesenheim I	Soleihac	*Vértesszöllös*	Aragó H-L *Atapuerca TD6* Atapuerca TD3-TD5	*Ceprano* *Fontana Ranuccio* Isernia La Polledrara *Notarchirico* Venosa-Loreto	

especialista ya que vivieron en la mayor parte de los biotopos europeos y apenas fueron afectados por la depredación humana y de los grandes carnívoros, aparte de que evolucionaron considerablemente (Stuart 1982, Sutclife y Kowalski 1976). Van Kolfschoten (Koenigswald y Kolfschoten 1996, 1993, Roebroeks y Kolfschoten 1995) ha estudiado las implicaciones cronológicas de la evolución de la rata de agua durante el Pleistoceno Inicial y Medio. Esta evolución se ve claramente en la progresiva desaparición de las raíces de los molares (figura 4.3), así como a través de cambios en el grosor del esmalte de los dientes, que afecta a diversas subespecies de su variedad más tardía, la *Arvicola*. En la estratigrafía, la transición de la variedad *Mimomys*, la más antigua, a la *Arvicola* se localiza partir del 550.000, y en la mayor parte de Europa *antes* del EIO 13, el período interglaciar de Cromer IV.[37] La transición viene señalada por un incremento de los ratones de agua sin raíces en los molares. Por ejemplo, en el yacimiento italiano de Isernia (Coltorti et al. 1982) el 20 por ciento de los molares aún muestran indicaciones de formación de raíces, aunque sin desarrollarse. (Roebroeks y Kolfschoten 1994: 495).[38] En Atapuerca (figura 4.4) la «extinción de la *Mimomys*» sucede en TD 6 (Carbonell y Rodríguez 1994: 300). Este nivel fue originalmente ubicado bastante por encima de la frontera Brunhes/Matuyama que anteriores estudios habían situado en TD 3, y se correlaciona con el EIO 13 (*ibid.*: figura 8, Carbonell *et al.* 1995: 456 y cuadro 1). Sin embargo, posteriores análisis de los sedimentos (Carbonell *et al.*1995, Parés y Pérez-González 1995) han obligado a revisar la estratigrafía paleomagnética para concluir que los primeros útiles y los primeros restos humanos son casi el doble de antiguos (compárese Carbonell y Rodríguez 1994 con Carbonell *et al.* 1995). Este nuevo escenario plantea el problema irresuelto de unos datos bioestratigráficos que demandan una defensa especial para poder acomodar los datos nuevos de Atapuerca dentro de la secuencia europea de la evolución de la rata de agua (Koenigswald y Kolfschoten 1996).

Los grandes mamíferos generalmente son indicadores cronológicos menos sensibles debido a sus lentos ritmos evolutivos, sus tolerancias medioambientales y sus modelos de recolonización. Sin embargo cuando se examinan conjuntamente es posible ver la importancia del EIO 12 como marcador de un cambio en la estructura de esta comunidad y en particular del equilibrio entre carnívoros y herbívoros.

Este cambio se muestra en el cuadro 4.4 en términos del número de porcentajes principales en cada una de las cuatro biozonas de Cordy (1992) que aparecen antes y después del EIO 12.[39]

Tiene un interés particular el declive experimentado por las especies de grandes carnívoros, particularmente la hiena y los grandes felinos, incluyendo el *Megantereon*,

37. La transición evolutiva de *Mimomys* a *Arvicola* señala la frontera entre las faunas Bihariense y Toringiense. El ejemplar más antiguo de *Arvicola* se encuentra en los depósitos de Cromer IV de Kärlich G en Alemania (Roebroeks y Kolfschoten 1994: 494).

38. Se asignan a la forma arvicólida primitiva, la *Arvicola terrestris cantiana*. Las especies sin raíces en los molares poseen una ventaja evolutiva ya que la irrupción acelerada de dientes permite un uso intensivo de los mismos, de modo que pueden incluir en su dieta materia vegetal más abrasiva (Koenigswald y Kolfschoten 1996: 214).

39. En términos generales la división de Cordy refleja la transición faunística desde el Bihariense final al Toringiense. En el primero la *Arvicola terrestris cantiana* se encuentra asociada a especies como la *Talpa minor* y el *Trogontherium cuvieri*. Ello incluiría aquí las faunas de Miesenheim I, Kärlich G, Mauer, Boxgrove, Westbury sub Mendip y Sprimont. Las faunas del Toringiense con un arvicólido avanzado (*Arvicola* ssp A y B) se encuentran asociadas a una fauna de mamíferos más moderna en Swanscombe y Bilzingsleben (Koenigswald y Kolfschoten 1996).

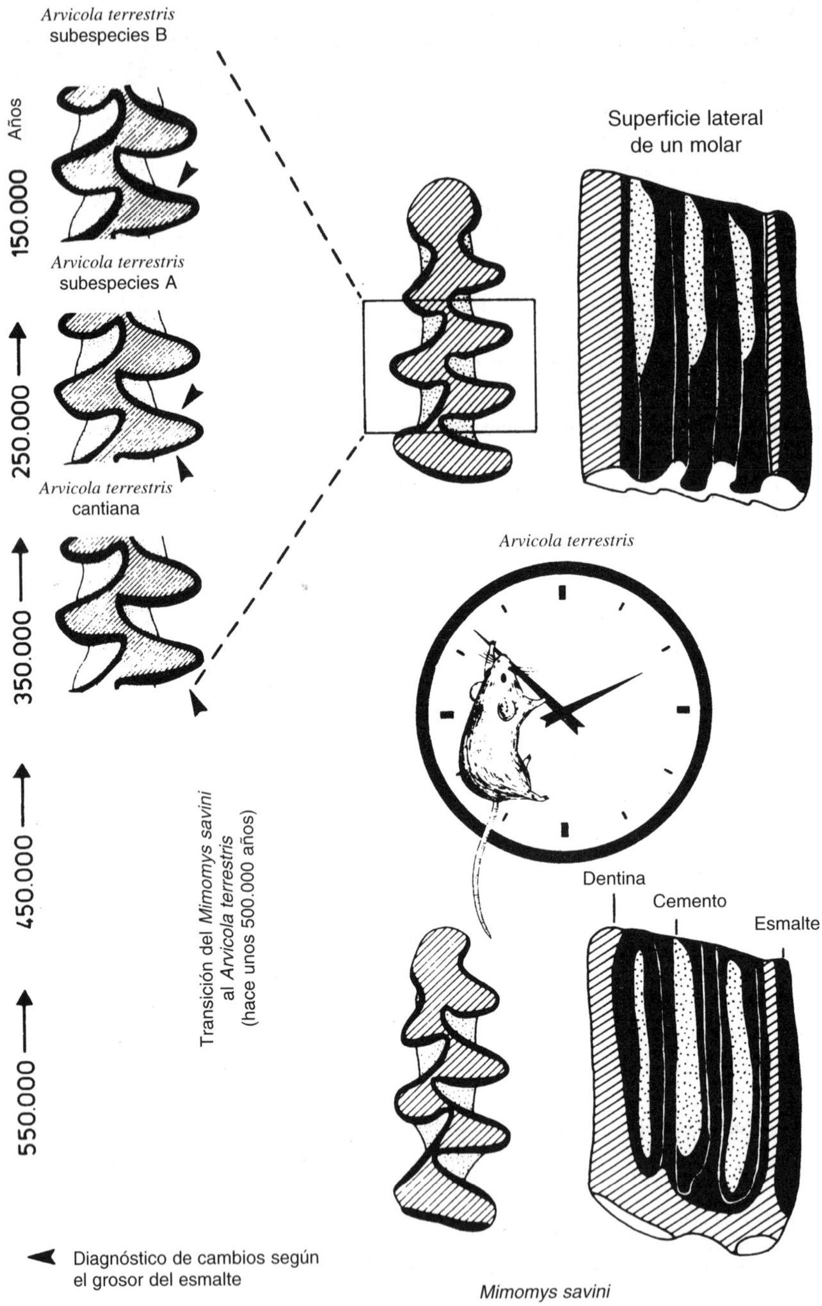

FIG. 4.3. *El reloj del ratón de agua utiliza la evolución del* Mimomys *a* Arvicola *y luego los cambios sucesivos que experimenta el* Arvicola *como herramienta bioestratigráfica para la datación. Nótese la reducción de la raíz en los molares del ratón (a partir de Van Kolfschoten en Bosisnki 1992a: Abb. 6).*

FIG. 4.4. *Vista de la Gran Dolina en Atapuerca, España, región mediterránea occidental, tal como quedó a la vista al abrir una zanja para hacer pasar un ferrocarril. El nivel TD6 queda por debajo de la figura montada en el andamio que queda más baja (foto del autor).*

CUADRO 4.4. *Cambios faunísticos en el Pleistoceno europeo. Las cifras representan el número promedio de especies de cada uno de los taxa principales en las cuatro biozonas (Cordy 1992). El cuadro muestra, por ejemplo, que el número de especies de rinoceronte se dobla en las biozonas después del 478.000 BP (a partir de Gamble 1995c).*

	Biozonas I-IV EIO 26-13	*Biozonas V-VIII EIO 12-2*
Mamuts	1,25	1,25
Rinocerontes	1	2
Caballos	1,75-2	1,5-1,75
Bos	1,75-2	2,75
Ovibos	1,5-2	1
Ovicápridos	1,25	2-2,25
Antílopes	0	1,25
Cervus	6,25-7,75	5,5-6,75
Cánidos	1-1,25	1,25
Vulpes/Alopex	1,25	1,5-1,75
Cuones	1,75-2	1
Osos	1,5-1,75	2
Hienas	2-2,75	1,25
Grandes felinos	2,5-3	1

y el dientes de sable (*Homotherium*) así como la hiena gigante (*Pachycrocuta brevirostris*) (A. Turner 1990, 1992).

También hay que señalar importantes cambios en la estructura de la comunidad herbívora después del EIO 12. Los ciclos más largos y más fríos están ahora dominados por el mamut (*Mammuthus*) y el rinoceronte lanudo (*Coelodonta*) con su fauna asociada (Khalke 1994), especies relacionadas con la ancha provincia faunística de Asia, Siberia y Beringia. Este biotopo ha sido descrito acertadamente por Guthrie como «la estepa del mamut» (1990, 1984), altamente productiva y capaz de dar albergue a una comunidad diversas cuyo elemento más característico fue el mamut o elefante lanudo (*Mammuthus primigenius*).[40]

La misma tendencia puede apuntarse con relación a la creciente importancia del reno (*Rangifer tarandus*) que aparece en el EIO 12 (Cordy 1992, Khalke 1994: 80). Hacia el EIO 8 es posible identificar en yacimientos como Ariendorf (Kolfschoten y Turner 1996, E. Turner 1990, 1991) en Alemania, la aparición de una fauna glaciar típica, dominada por elementos árticos, que hoy incluyen a un lemming, el *Dicrostonyx torquatus*.

El impacto del EIO 12 en los paisajes del norte de Europa fue particularmente dramático. En la Europa central y oriental las glaciaciones después del EIO 12 están marcadas por una aumento de los depósitos de loess ya que los sedimentos fueron expuestos a una fuerte erosión eólica debido al paso de fuertes corrientes de agua del

40. El origen geográfico de la fauna del mamut/rinoceronte lanudo del Pleistoceno Superior, ha sido investigado por R.-D. Khalke (1994: Cuadro 1) situándolo en Asia con elementos procedentes de la provincia faunística del Neártico (caballos y lobos) y del área Etiópica (elefantes y hienas).

deshielo procedentes de los glaciares. Estos mismos paisajes también fueron sometidos a una actividad periglaciar intensa causada por cuñas de hielo, por fenómenos de crioturbación y de solifluccíón, de hecho un proceso de desmonte y arrastre de sedimentos por las pendientes de las montañas. Las capas de hielo del EIO 12 cambiaron la forma de drenaje empujando hacia el sur los principales ríos, como sucedió con el Támesis (Bridgland 1994) y el Rhin (Gibbard 1988). Este impacto puede verse también durante las fases de regresión marina cuando un gran río apareció en el canal de la Mancha, junto con sus afluentes procedentes de Inglaterra y Francia (Allen y Gibbard 1994, Antoine 1990).

Respuestas de la flora y la fauna a los ciclos climáticos

Durante las glaciaciones las especies vegetales se extinguieron en el norte de Europa. No se trató de que la vegetación del norte fuera empujada hacia el sur, sino que una proporción importante de plantas y especialmente de especies arbóreas sobrevivió en determinados refugios del sur de Europa. Ciertamente sólo se encuentran secuencias continuas de polen en la Europa meridional (Tzedakis y Bennett 1995). Desde estos refugios meridionales partió la recolonización en las fases templadas. La historia de la recolonización explica por qué en la Europa septentrional cada interglaciar posee un carácter distintivo (de Jong 1988), si bien, al mismo tiempo, sigue una proceso similar de regeneración forestal.

Los animales compartieron con la vegetación estos refugios meridionales (Kolfschoten 1992). Durante las fases templadas, mientras los bosques se expandían por toda Europa, algunos animales clave como el mamut y el reno llegaron a extinguirse, debiendo ser recolonizada la península europea con posterioridad con ejemplares procedentes de las estepas del este. La localización de los refugios europeos de grandes mamíferos sin duda debió de variar de una glaciación a otra. La periodización de estos procesos de retracción y expansión y la mezcla de elementos procedentes de las estepas y el bosque, produjo lo que en términos de la comunidad animal moderna serían unas asociaciones realmente extrañas,[41] pero que pueden entenderse en términos del tipo de alimentación generalista que permitían unas estructuras ambientales tan productivas como aquellas (Geist 1978, Guthrie 1984).

Este esquema de colonización sucesiva por nuevas especies y de recolonización por parte de elementos antiguos procedentes de los refugios, favoreció las áreas de Europa septentrional más cercanas a las áreas de refugio de topografía diversa, situadas hacia el sur (Tzedakis 1993). En estas áreas las distancias de recolonización serían más cortas y la regeneración forestal más rápida. El menor impacto de la estacionalidad en el oeste del continente, debido al efecto del océano, generaría mosaicos de vegetación más espesos. Por contraste, en el este, fuera del área de distribución de los homínidos del Pleistoceno Medio, las distancias entre las llanuras y las áreas de refugio resguardadas eran mucho mayores. Allí la estacionalidad, medida por la variación a lo largo del año de la temperatura, sería mucho más acentuada. Los biotopos del oeste, en consecuencia, se recuperarían ecológicamente más deprisa ya que estarían

41. Por ejemplo buey almizclero y leopardo, castor y reno en la Francia mediterránea del yacimiento de la *Cova de l'Aragó* suelo G (Lumley 1979: 39).

menos amenazados por una caída del número de animales. Recordemos que el principal factor causante de la reducción del impacto de las estaciones es la proximidad al océano.

La estructura de la estepa del mamut

La estepa del mamut (Guthrie 1990, 1982, 1984, Khalke 1994: abb.13) que se desarrolla después del EIO 12 expande las fronteras de la Europa del Paleolítico desde el cul-de-sac de Breuil hasta Alaska, como parte del paleocontinente de Beringia.

La estepa del mamut fue un conjunto de mosaicos de vegetación ecológicamente complejos situados en latitudes medias y altas que produjo una fauna diversa de hervíboros generalistas. Estos mosaicos dependían en primer lugar de la duración de las estaciones de crecimiento que variaba según las regiones y en particular, como es de esperar teniendo en cuenta la latitud, la longitud y el relieve como referencia de la productividad relativa, de si las regiones eran más o menos septentrionales (Guthrie 1990: 263ff.). La principal característica ecológica de sus comunidades de plantas era el mosaico de ambientes que, utilizando la terminología de Guthrie (1984), producía una estructura a cuadros con apariencia de «manta escocesa» muy distinta del diseño «a rayas» o por franjas de las estructuras vegetales de otros momentos (figura 4.5). Estos mosaicos contribuirían a la flexibilidad ecológica de la estepa del mamut. Así cualquier desequilibrio provocado por el fuego o por un exceso de consumo sería subsanado rápidamente, especialmente si las distancias de recolonización eran cortas.

Podemos asumir que los ciclos interglaciar/glaciar alteraron el tamaño de las manchas o retazos de los mosaicos de vegetación, y que el efecto oceánico ejerció su

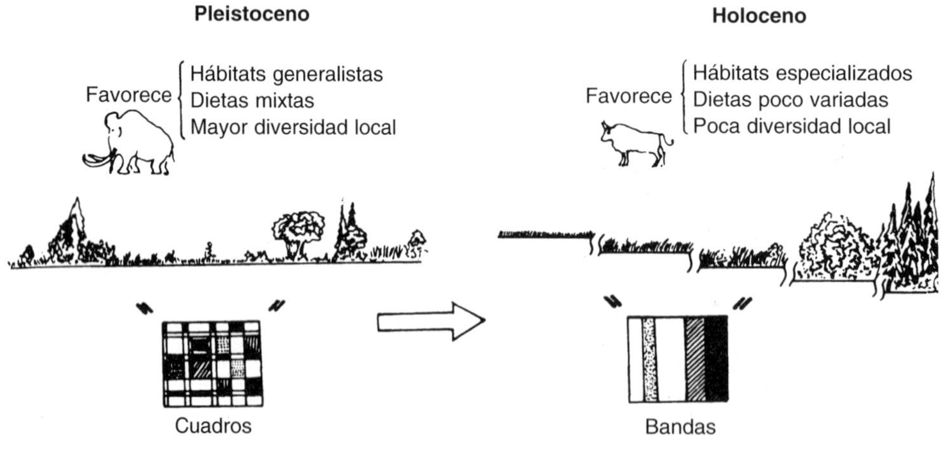

Fig. 4.5. *Cuadros y bandas: dos estructuras ecológicas que se dan durante el Pleistoceno y el Holoceno. La productividad de los ambientes en mosaico con estructura a cuadros, se refleja en la gran diversidad de especies que mantienen, que incluyen ejemplares de megafauna como el mamut (a partir de Guthrie 1984: Fig.13.1).*

importante influencia, aunque hoy por hoy no es posible cuantificarla (Auguste 1995, Gamble 1995c, Koenigswald 1992). No obstante, los distintos ambientes de cada ciclo interglaciar/glaciar no produjeron primero una comunidad vegetal con una estructura a franjas y luego una comunidad con una estructura a cuadros. Lo que tenemos son dos formas de mosaico —bosque y estepa— que forman dos diseños del tipo «a cuadros» porque contienen comunidades diferentes de plantas y animales.

Ambientes que proporcionan indicios arqueológicos

Los principales ambientes que han proporcionado materiales arqueológicos del período 500.000-300.000 años BP, son muy parecidos entre las ocho grandes regiones en que hemos dividido a Europa (véase Villa 1991: 193-6). Los restos proceden mayoritariamente de áreas ribereñas de ríos y lagos como la cuenca del Venosa en Italia (Mussi 192, 1995), los valles fluviales de las principales cuencas de la península Ibérica (Raposo y Santonja 1995, Santonja 1992, Santonja y Villa 1990), las áreas libres de hielos de Inglaterra y del norte de Francia (Antoine 1990, Antoine y Tuffreau 1968, Roberts *et al.* 1995, Roe 1981, Tuffreau y Antoine 1995, Wymer 1968) y el valle del Neuwied en Alemania (Bosinski 1992a, Bosinski 1995a, E. Turner 1990).

Por ejemplo, la ocupación en Cagny la Garenne, en Amiens, de una terraza de 27 m del río Somme empieza en el EIO 12. Los homínidos se fijaron en una pequeña área protegida de la terraza, de unos 12 m. de ancho, frente al talud de margas que formaba la ribera sur del río (figura 4.6). El agua y los materiales de piedra, combinados con el abrigo que proporcionaba el talud con respecto a los vientos dominantes, dieron a esta pequeña área unas características singulares que la convirtieron en el sitio preferido para instalarse (Antoine y Tuffreau 19934: 246), y al que volverían en repetidas ocasiones.[42]

Los materiales arqueológicos han sido encontrados en posición primaria y cubiertos de sedimentos fluviales y lacustres de deposición lenta. Yacimientos como Miesenheim I (Bosinski, Kolfschoten y Turner 1988, 1989, E. Turner 1990, 1991), Notarchirico (Belli *et al.* 1991, Cassoli *et al.* 1993) y Hoxne (Singer, Gladfelter y Wymer 1993) constituyen ejemplos remarcables de preservación que proporcionan una extraordinaria instantánea del pasado más remoto. Algo parecido puede encontrarse también en afloramientos de travertino de la región septentrional central, concretamente en Bilzingsleben (Mania 1991a) y Stuttgart (Reiff 1986), y de la región meridional oriental, en Vértesszöllös (Kretzoi y Dobosi 1990). Estos afloramientos colmataron pequeños lagos y en el caso de Stuttgart formaron una terraza de travertino en el Neckar.

En un caso se ha conservado de forma sustancial el paisaje; se trata de un área en el sur de Inglaterra a lo largo de la línea que constituye la playa levantada de 43 m de Sussex, que se puede seguir a lo largo de casi 30 km (ApSimon, Gamble y Shackley 1977, Roberts, Gamble y Bridgland 1995, Woodcock 1981).[43] Incorporados en los

42. Se trata del nivel CXCA de la unidad 16 de la sección de Cagny (Antoine y Tufreau 1993: Fig. 3).

43. Si asumimos que la conservación ha podido producirse sobre una banda de tierra de 300 m. de ancho frente al acantilado, estamos ante un yacimiento de potencialmente 9 km^2, en el que se ha podido conservar un retazo sustancial de paisaje del Pleistoceno Medio.

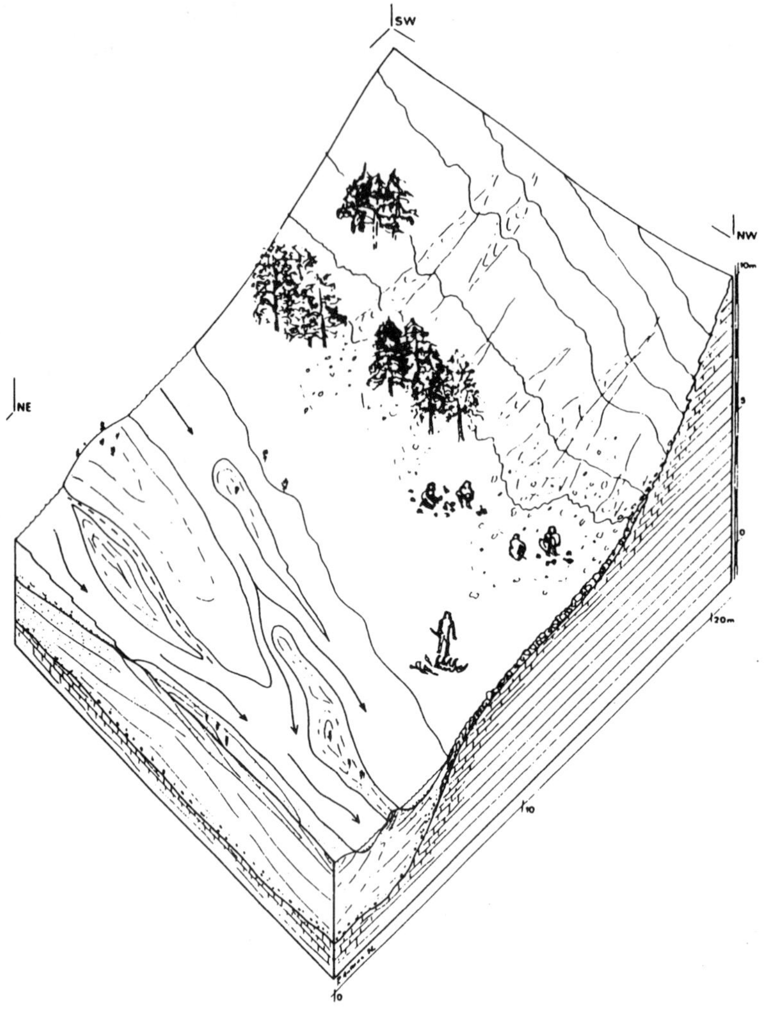

FIG. 4.6. *Reconstrucción del yacimiento-escenario de Cagny la Garenne, Francia, región septentrional occidental (a partir de Antoine y Tuffreau 1993: Fig.4).*

sedimentos marinos enterrados, hay una serie de yacimientos importante de los cuales los más conocidos son Boxgrove y Slindon. Terra Amata en la región del Mediterráneo occidental (Lumley 1969b, 1975) aunque no está tan bien conservado, constituye también una importante prueba de ocupación de playas.

Pero éstos son los yacimientos insignia (Gamble 1996b). La gran mayoría de yacimientos asociados a ríos, lagos, y sedimentos marinos pertenecen a contextos derivados, es decir, en posición secundaria. Realmente, describir este material como «yacimientos» es muy engañoso. Como mucho se trata de puntos donde aparecen unos hallazgos que fueron a parar allí en momentos distintos procedentes de diversos sitios y diferentes niveles antiguos.

Tanto en las regiones del norte como en las del sur, en muchas ocasiones las superficies sobre las que fueron abandonados estos útiles han sufrido desplazamientos y han caído pendiente abajo debido a posteriores episodios periglaciares o por la acción del agua. Una vez los materiales son depositados en el fondo de los valles, al encajar los ríos su lecho, se mezclan con la arena arrastrada y la grava de las terrazas fluviales. Por ello muchos útiles líticos muestran diferentes grados de desgaste, además de haber perdido datos de gran importancia arqueológica como la asociación entre la fauna y dichos útiles. En las regiones mediterráneas la acción periglaciar fue mucho menor, sin embargo la suerte de los útiles varió poco ya que fueron barridos hacia los sistemas fluviales cuando la cubierta vegetal se redujo durante las fases áridas. En las ocho regiones la costumbre de los homínidos de acampar en la orilla de los ríos y en barras de grava en medio de los brazos de los ríos, no favoreció en modo alguno la conservación para el futuro de sus documentos arqueológicos (figura 4.7).

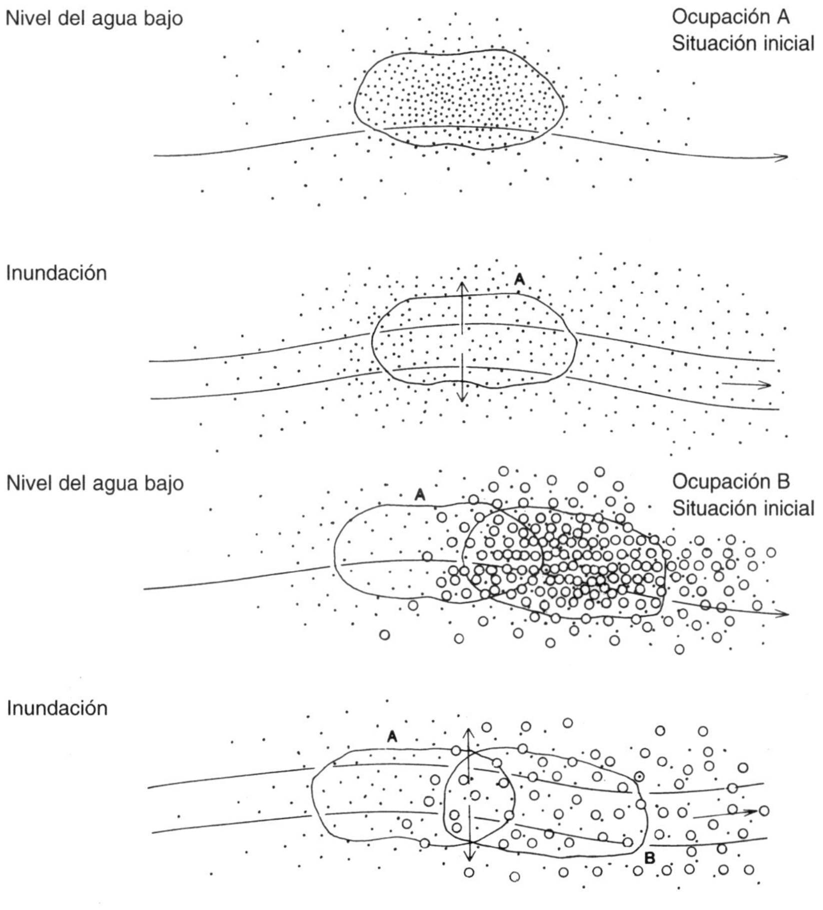

FIG. 4.7. *Modelo de cómo durante el Paleolítico Inferior sucesivas reuniones en escenarios situados junto a corrientes de agua se transforman en auténticos palimpsestos (a partir de Santonja 1991-2: Fig.4).*

Una buena conservación no depende sólo de que los restos de las actividades de los homínidos hayan sido cubiertas por finos sedimentos fluviales depositados de forma lenta. El hecho de que el material quede cubierto por depósitos de loess, como sucede en el valle del Somme (Antoine 1990) y en Kärlich, en Alemania del oeste (Bosinski *et al.* 1986), puede contribuir a conservar perfectamente al material *in situ*.

El descubrimiento de cuevas ocupadas es un hecho raro comparativamente en este período debido a la acción de lavado que tienen las corrientes rápidas de agua sobre posibles depósitos. Sin embargo la *Cova de l'Aragó* en Tautavel (Lebel 1992, Lumley 1979), Orgnac III (Combier 1967) y los niveles XIII y XI de la Grotte Vaufrey (Rigaud 1988a) en Francia, y Atapuerca en España (Bermúdez 1995, Carbonell y Rodríguez 1994) contienen largas secuencias de material. La *Cova de l'Aragó* y Atapuerca (Sima de los Huesos y TD 6) han producido grandes cantidades de restos humanos (Arsuaga, Bermúdez de Castro y Carbonell 1997, Arsuaga *et al.* 1993, Bermúdez de Castro *et al.* 1997, Carbonell et al. 1995, Lumley y Lumley 1979, Lumley 1976).

Cronologías larga y corta para la primera ocupación de Europa

Hoy día hay dos puntos de vista diferentes sobre la primera ocupación del continente. Los defensores de una cronología larga han expuesto sus opiniones en los libros coordinados por Peretto (1992), Bonifay y Vandermeersch (1991) y Gibert (1992) y en volúmenes compilatorios de estudios críticos a cargo de Bosinski (1992b) y Carbonell (*et al.* 1996). Sostienen que Europa fue ocupada antes del límite Brunhes de Matuyama, es decir, antes del 775.000 BP y en algunos lugares entre el 1 y 1,5 millones de años BP. Los yacimientos que se utilizan para apoyar la cronología larga se muestran en el cuadro 4.5. Si las fechas del Pleistoceno Inferior propuestas recientemente para Atapuerca TD 6 (Bermúdez de Castro *et al.* 1997, Carbonell *et al.* 1995) se aceptan, como parece probable, entonces este sería el único yacimiento de cronología larga con restos humanos incuestionables.

Otros yacimientos como la *Cova de l'Aragó*, Mauer, Isernia y Abbeville, a los que a menudo se refieren los partidarios de la cronología larga, han sido omitidos en el cuadro 4.5. En algunos casos se trata de yacimientos arqueológicos importantes, que, como veremos, pueden datarse con más precisión dentro del bloque cronológico posterior al 500.000 BP. En otros casos hay constancia clara de la existencia de restos de homínidos, cosa que generalmente no sucede en los yacimientos consignados en el cuadro 4.5, donde, por ejemplo, el supuesto molar humano de Prezletice ha sido identificado en última instancia como molar de oso (Fridrich 1989: 29) y el fragmento de cráneo de homínido de Venta Micena, como cráneo de caballo (Moyá-Solá y Köhler 1997, Palmqvist 1997).

Todos los yacimientos del cuadro 4.5 se sitúan dentro del cul-de-sac europeo. Parte del apoyo en que fundamentar su larga cronología proviene de una serie de hallazgos fuera del área europea, aunque situados en su inmediata cercanía geográfica (Bosisnki 1992b). Se relacionan en el cuadro 4.6.[44]

44. A una escala aún más amplia, nuevas dataciones absolutas han hecho pensar recientemente que la antigüedad de los fósiles de Java alcanza los 1,8 millones de años (Swisher *et al.* 1994). Esto los haría comparables en antigüedad al primer *Homo erectus* encontrado en el África Oriental. Como consecuencia, los que aceptan estas fechas se ven obligados a tomar en consideración seriamente la sugerencia de Groves (1989) y Clarke (1990) de que el primer homínido que abandonó África fue el *Homo habilis* y no el *Homo erectus*.

CUADRO 4.5. *Selección de yacimientos de cronología larga (de Bonifay y Vandermeersch 1991: 319). Los yacimientos se han agrupado en bloques de 500.000 años tal como los presentan estos autores. La mayoría de los yacimientos datados en el bloque cronológico 500.000-1 millón de años BP (por ejemplo Vallonnet, Prezletice y Kärlich A) se sitúan en sus inicios, en la inversión paleomagnética de Jaramillo, alrededor del 900.000 BP.*

Yacimiento	*País*	*Edad*	*Útiles*	*Restos de homínidos*
Valle del Duero	España	1-1,5	Cantos trabajados	
Cueva Victoria	España	1-1,5	Cantos trabajados	?
Venta Micena	España	1-1,5	Manuports	?
Orce	España	0,5-1	Lascas	
Atapuerca TD 6	España	> 0,78	Cantos trabajados	Sí
Chillac	Francia	> 1,5	Cantos trabajados	
Soleihac	Francia	0,5-1	Cantos trabajados/estructura?	
Escale	Francia	0,5-1	Hogar, lascas	
Vallonnet	Francia	0,5-1	Cantos trabajados	
Monte Poggiolo	Italia	1-1,5	Cantos trabajados	
Belleroche	Bélgica	0,5-1	Cantos trabajados	
Kärlich A	Alemania	0,5-1	Cantos trabajados	
Stránská Skála	Chequia	1-1,5	Cantos trabajados	
Beroun	Chequia	> 1,5	Cantos trabajados	
Prezletice	Chequia	0,5-1	Cantos trabajados	?
Korolevo	Rusia	1-1,5	Cantos trabajados	

Nota: las edades son en millones de años.

CUADRO 4.6. *Algunos yacimientos antiguos en regiones próximas a Europa.*

Yacimiento	*País*	*Edad*	*Útiles*	*Restos de homínidos*	
Ubeidiyah	Israel	1-1,5	Cantos trabajados/lascas		BarYosef (1980)
Yiron gravel	Israel	> 2,4	Lascas/núcleo		Ronen (1991)
Dmanisi	Georgia	1,6-1,8?	Cantos trabajados/lascas	Mandíbula	Dzaparidze *et al.* (1989)
Achalkalaki	Georgia	0,7	Una lasca		Loubine y Bosinski (1995)
Riwat	Pakistán	2	Canto trabajado		Dennell *et al.* (1994)
Pabbi hills	Pakistán	1-2	Cantos trabajados		Dennell *et al.* (1994)
Kuldara	Rusia	0,8-1	Lascas		Ranov (1991)
Casablanca	Marruecos	0,9	Cantos trabajados/lascas		Raynal *et al.* (1995a)

Nota: las edades son en millones de años.

La cronología corta ha sido defendida por Farizy (1993), Raynal, Magoga y Bindon (1995), Roebroeks y Kolfschoten (1994) y Roebroeks y Kolfschoten (1995), tras una revisión de los indicios en forma de útiles y de elementos de datación, de muchos de los yacimientos del cuadro 4.5.[45] Se dieron cuenta de que gran parte de los indicios para las dataciones de estos yacimientos deben seguir cuestionándose y que en muchos casos hay dudas sobre la naturaleza de ciertos supuestos útiles. Sin embargo, la nueva datación de Atapuerca ha obligado a modificar su primera cronología (Dennell y Roebroeks 1996).

No debemos sorprendernos de que sigan existiendo desacuerdos en torno a la consideración de elemento trabajado por mano humana de ciertas piedras. Las rocas se fracturan de forma natural y sus cantos pueden ser modificados a causa de haber sido pisoteados o por la crioturbación de los sedimentos, hasta formar algo parecido a un retoque obra de los homínidos. Es lo que se conoce como *geofactos*. La actividad volcánica también produce unos tefrofactos muy convincentes (Raynal, Magoga y Bindon 1995).[46]

Además, es fácil encontrar lascas, cantos tallados e incluso núcleos convincentes dentro de depósitos de grava donde el 99,99 por ciento del material no ha sufrido modificación alguna. Todo depende del tiempo que se tenga para mirar y rebuscar. Este hecho ya fue apreciado con ocasión del debate sobre los eolitos (literalmente, piedras del principio de los tiempos) que mantuvieron los paleolitistas británicos en la primera mitad del siglo XX. Los partidarios de los eolitos reivindicaban la existencia de útiles del Plioceno procedentes de las zonas boscosas del Cromer en la Inglaterra oriental. Todos estos eolitos hoy día se consideran producto «de una percusión accidental» (Warren 1914: 449), como por ejemplo, cuando las olas en la playa rompen los cantos, produciendo lascas geofactuales y supuestos cantos de factura humana.[47]

La cuestión clave para el coleccionista incauto fue enunciada con claridad por Hazzledine Warren, el enemigo más prominente de los eolitos:

> El hecho importante es que fenómenos como la formación de lascas de sílex y ciertos aparentes retoques se producen por causas completamente ajenas a la acción humana. El parecido entre las lascas producidas por la naturaleza y las producidas por el hombre es de por sí suficiente para modificar el valor de cualquier prueba ante los que mantienen el origen humano de las piedras, cosa *que no debe hacerse seleccionando cuidadosamente los especímenes, sino por medio de un estudio del grupo entero* (Warren 1920: 250, el énfasis es mío).

El mismo criterio aplicado a los yacimientos del cuadro 4.5, produce dudas comparables sobre el criterio de selección. Aunque, como puntualiza Roebroeks (1996), el debate de los eolitos haya sido olvidado completamente, nos proporciona un cor-

45. Este material fue también examinado críticamente en un taller de la European Science Foundation que tuvo lugar en Tautavel en Noviembre de 1993 (Roebroeks y Kolfschoten 1995).

46. Raynal, Magoga y Bindon (1995: 141) han aceptado como auténticos unos útiles procedentes de Soleihac-Centre (Región Mediterráneo Occidental). La tefroestratigrafía, que se ha tomado aquí como elemento de datación en lugar del paleomagnetismo indica una antigüedad entre 500.000 y 600.000 años

47. Tengo una copia del elegante artículo de Hazzledine Warren (1914) en el que anotó en 1948 cuando lo iba a enviar a F. E. Zeuner, lo siguiente: «Este artículo quizá debería ser revisado por lo que se refiere a la expresión, pero no en relación a los hechos, puesto que nadie ha encontrado en él ningún error, por lo que confirmo las conclusiones.»

pus considerable de pruebas negativas con las que contrastar las afirmaciones en favor de una larga cronología para ciertos útiles. Como resultado de la controversia de los eolitos, las colecciones de útiles en museos y universidades fueron revisadas con detalle y sólo entonces desautorizadas como prueba de la actividad de los homínidos, y los depósitos del Pleistoceno Inicial y del Plioceno fueron visitados con asiduidad por especialistas y coleccionistas, tanto en Inglaterra como en el continente. El resultado fue la retirada de los pocas opiniones que quedaban a favor de útiles de fechas tan tempranas.

Los descubrimientos arqueológicos en el África oriental, fundamentalmente en la zona de Olduvai (Leakey 1971), y el desarrollo de métodos absolutos de datación, cambiaron de nuevo el panorama. En el Nivel I de Olduvai, lascas y útiles sobre canto junto con restos fósiles de *Homo habilis* y de *Australopithecus boisei* fueron datados con la técnica del isótopo del potasio-argón, en una antigüedad de 1,8-2 millones de años BP. Roebroeks muestra (1996) hasta qué punto esta nueva escala temporal afectó las alegaciones y las estimaciones cronológicas en favor de ciertos cantos y lascas encontrados en Europa. Tan tempranas dataciones absolutas para ciertos útiles y fósiles de cráneos en una parte del mundo, tuvieron el mismo efecto en otra parte del mundo que el establecimiento de limitaciones de velocidad en una autopista. Estimularon una ola de opiniones extravagantes en Europa basándose en la creencia de que este continente podía competir en la carrera en pos del «hombre más antiguo». Ahora sabemos que aquellos útiles que se reivindicaban no eran tales, e incluso si lo eran, sus dataciones carecían de la precisión alcanzada en Olduvai y en otras partes de África gracias a la presencia de horizontes volcánicos bien ordenados estratigráficamente.

Este enfoque crítico a la investigación de los orígenes humanos debe aplicarse también por parte de los paleolitistas que trabajan en cada región a los yacimientos consignados en el cuadro 4.6, aunque en la mayoría de estos casos es la edad y no la autenticidad de los útiles de piedra o de los restos fósiles, lo que se cuestiona. Éste fue también el caso del yacimiento de Isernia la Pineta en Italia (Cremaschi y Peretto 1988, Palma di Cesnola 1996, Peretto 1991, Peretto, Terzani y Cremaschi 1983). Mediciones paleomagnéticas y dataciones absolutas situaron este yacimiento antes del límite Brunhes/Matuyama, por lo tanto anterior al 775.000 BP (Coltorti *et al.* 1982). Sin embargo, tal como ya hemos visto, la presencia del *Arvicola terrestris cantiana* indica, basándonos en fundamentos bioestratigráficos, una fecha mucho más tardía, la transición del *Mimomys* al *Arvicola*, entre el EIO 15 y el EIO 13 (Koenigswald y Kolfschoten 1996).

Los partidarios de la cronología corta, entre los que me encuentro, se apoyan en las pruebas incontestables de ocupación humana más antiguas, que situamos en el interglaciar Cromeriense IV. Si este período se acepta como EIO 13, que transcurrió entre 528.0000 y 478.000 años BP, incluiría hallazgos procedentes de Kärlich G, el yacimiento de Miesenheim I y la mandíbula de *Homo heidelbergensis* de Mauer, todos ellos asociados con el *Arvicola terrestris cantiana* (Kolfschoten y Turner 1996, Roebroeks y Kolfschoten 1994: 497, E. Turner 1990). Tal como sostienen Dennell y Roebroeks (1996) las fechas más antiguas para Atapuerca y posiblemente para Fuente Nueva 3 en la cuenca de Orce (Roe 1995), sugieren que la orilla norte del Mediterráneo puede haber sido ocupada en una fecha anterior que la Europa del norte de los Pirineos y los Alpes. La cronología más antigua que dan los conjuntos perfectamente estratificados, con útiles de piedra, de Casablanca, 800.000 años BP, es comparable a la edad propuesta para los yacimientos ibéricos (Raynal *et al.* 1995).

El cambiante registro arqueológico posterior al 500.000 BP

Incluso decantándose por no aceptar la cronología corta, cuyos partidarios rechazan por geofactuales yacimientos de cronología tan antigua y tan conocidos como la cueva de Vallonet,[48] la frontera del 500.000 BP para la ocupación humana más antigua, sigue representando un brusco punto de inflexión en el registro paleolítico. Los partidarios de la cronología larga están obligados a dar explicaciones sobre esta cesura (cuadro 4.7).

Un buen ejemplo del cambio observado en el registro después del 500.000 BP nos lo ofrece el yacimiento de Boxgrove en el sur de Inglaterra (Roberts, Gamble y Bridgland 1995, Roberts, Stringer y Parfitt 1994). La ocupación del lugar ocurrió durante el EIO 13 (figura 4.8) tal como demuestra la presencia de especies que en Inglaterra se extinguieron después del EIO 12, durante la glaciación de Anglia. Entre estas especies encontramos al *Stephanorhinus hundsheimensis* y al *Ursus deningeri*. Los ratones de agua de Boxgrove son de la variedad *Arvicola terrestris cantiana*. No existen fechas absolutas para la secuencia, que se extiende a lo largo del período interglaciar y durante el inicio del siguiente período glaciar.[49]

Durante el período interglaciar el paisaje de Boxgrove estuvo dominado por un acantilado marino de creta que va desplomándose y una cambiante geografía de la línea de la costa. Con el paso del tiempo la entrada del mar en forma de gran bahía quedó bloqueada, lo que dio paso a la aparición de una laguna de agua salada alimentada

Cuadro 4.7. *Cambios en el registro paleolítico europeo antes y después del 500.000 BP (a partir de Roebroeks y Kolfschoten 1994: Cuadro 1).*

Antes del 500.000 BP	*Después del 500.000 BP*
Colecciones muy pequeñas de útiles seleccionadas a partir de un fondo natural de cantos trabajados; escasos o nulos remontajes que sugieren una fractura natural.	Grandes colecciones de útiles; suelos de talla excavados con remontaje de nódulos, que indican una factura humana.
«Geofactos» encontrados en matrices toscas, contextos secundarios alterados.	Útiles encontrados en matrices de grano fino, yacimientos en posición primaria.
Conjuntos controvertidos de lascas y cantos trabajados, tallados con una apariencia «primitiva».	Industrias líticas achelenses (bifaces) y no Achelenses muy claras.
Sin restos humanos.	Con restos humanos.

48. Citado a menudo en manuales.

49. No todo el mundo está de acuerdo con la datación de Boxgrove en el EIO 13. Algunos se decantan por una cronología más tardía basándose en la epimerización isoleucina de los moluscos no marinos, que nos proporciona una cronología relativa (Bowen *et al.* 1989).

FIG. 4.8. *Sedimentos interglaciares de hace 500.000 años, durante el EIO 13, en Boxgrove, Inglaterra. La gente tiene a sus pies bloques calcáreos caídos del acantilado marino sobre los que se acumularon arenas y sedimentos marinos. En la parte superior del corte se aprecian depósitos potentes de gravas afectados por la soliflucción de las colinas vecinas, que señalan la vuelta a unas condiciones ambientales de frío en el EIO 12 (foto del autor).*

por las mareas. Esta laguna se colmató debido al aporte de sedimentos de Slindon. Estos delicados sedimentos conservaron con gran lujo de detalles las actividades de los homínidos que ocuparon esta extensa planicie.

Las excavaciones al pie del acantilado han documentado diversas áreas que muestran actividades de talla de sílex y de descuartizamiento de animales. El sílex

FIG. 4.9. *Proceso de excavación de bifaces, restos de talla y huesos de animal en Boxgrove, Inglaterra, región septentrional occidental (foto del autor).*

era arrancado de los restos desplomados del acantilado, probado *in situ* y acarreado doscientos o trescientos metros hasta el lugar apropiado fuera del cieno, para ser tallado y usado (figura 4.9). Hay muy pocos útiles sobre lasca. Gran parte de la actividad se dedicaba a producir bifaces, la mayor parte de los cuales eran ovalados, alargados (limandes) y cordiformes (Bordes 1961a). Para producir un bifaz se tardaba entre diez y quince minutos, menos, si la parte inicial del proceso de reducción del nódulo por desbastado tenía lugar al pie mismo del acantilado (Bergman *et al.* 1990). En algunos casos se pueden remontar en el bifaz algunos pequeños fragmentos de lasca procedentes de la zona del filo. Se trata de la última fase del proceso de reducción de manera que estos pequeños fragmentos pueden haber saltado tras un proceso de reavivado del filo, subsiguiente al uso del bifaz, como revela el análisis de desgaste del útil (*ibid.*: figura 11). Sin embargo la mayoría de los bifaces fueron abandonados sin más tras haber sido utilizados como instrumentos para descuartizar los animales, y aparecen repartidos por el suelo llano cenagoso expuesto a las mareas.

El remontaje de fragmentos extraídos durante el proceso de reducción de los bifaces no hace más que confirmarnos que nos encontramos ante un yacimiento intacto y en posición primaria. El material lítico permanece en el mismo lugar donde fue abandonado. En diciembre de 1993 se encontró en el lugar una tibia muy robusta atribuida al *Homo heidelbergensis* (Roberts *et al.* 1994) que fue datada como el resto de los materiales arqueológicos hacia el 500.000 BP, es decir, en el EIO 13. Desde entonces se han descubierto dos dientes pertenecientes a otro individuo.

Boxgrove es un yacimiento excepcionalmente bien conservado, aun cuando otros, como Miesenheim I y Bilzingsleben en Alemania y las margas inferiores de Swanscombe, la orilla del lago Hoxne y Clacton en Inglaterra, también gozan de una buena conservación. Las turberas de Schöningen al este de Alemania conservan fauna y útiles de madera, entre los cuales unas lanzas de 2,5 m. de largo. (Thieme 1997, Thieme y Maier 1995). En Cagny la Garenne y Cagny Cimetière, en el norte de Francia, la preservación es también buena. La palinología combinada con la geología señalan el inicio de la ocupación en el EIO 12, que prosigue en el EIO 11 (Antoine y Tuffreau 1993: 246).

Ninguno de los yacimientos del cuadro 4.5 ofrece este conjunto de pruebas, a la espera de que Isernia sea datado de nuevo. En Venta Micena, en Andalucía, hay una fauna muy rica que incluye al gran felino de dientes de sable (*Homotherium*) y a la hiena gigante (*P. brevirostris*). La fauna tiene una gran similitud con la del yacimiento de Dmanisi del Pleistoceno Inicial, donde se encontró, justo debajo de un cráneo de *Megantereon* (Dzaparidze *et al.* 1989) una robusta mandíbula de homínido clasificado como *Homo erectus* (Gabunia y Vekua 1995), por lo que podría tener entre 1,6 y 1,8 millones de años. Sin embargo los fragmentos de cráneo de Venta Micena que han sido publicados como pertenecientes a un homínido (Gibert 1992), han sido identificados más tarde como pertenecientes a un caballo (Moyá-Solá y Köhler 1997, Palmqvist 1997). Los elementos líticos de Venta Micena no son útiles; una inspección detallada de los mismos hace incluso difícil que puedan ser aceptados como manuports.[50] En la zona de Orce hay buenos ejemplos de útiles como los de Fuente Nueva (Roe 1995), por lo que estamos a la espera de los resultados de las excavaciones que actualmente se están llevando a cabo allí para poder fijar el lugar que ocupan los yacimientos de esta antigua cuenca lacustre en la secuencia del Pleistoceno (Raposo y Santonja 1995, Santonja 1992: 56-9).

50. Tuve la oportunidad de inspeccionar estos restos líticos gracias a una invitación del Dr. J. Gibert y del profesor M. Walker. En mi opinión no existe ninguna razón para que los podamos considerar útiles producidos por homínidos (véase Roe 1995).

Se abren las puertas de Europa

No hay duda de que saber la edad correcta en que tuvo lugar la primera ocupación de Europa es un objetivo importante por sí mismo; aunque no es el único ni el más importante. Me pongo del lado de los partidarios de la cronología corta porque no comprendo cómo puede llegar a cambiar tanto el registro arqueológico a partir del 500.000 si no es que coincide con la aparición de los homínidos en el continente. Puede argüirse que la conservación de restos del momento mejoró precisamente en este momento. Pero este es un argumento muy débil. Por ejemplo, la excelente preservación de yacimientos paleontológicos bien datados del Pleistoceno Inicial como Untermassfeld en el este de Alemania (Roebroeks y Kolfschoten 1994: 500) o West Runton en el este de Inglaterra (Stuart 1996) demuestra que eso no es así.

Sin embargo la aceptación de la cronología corta también plantea algunos problemas de interpretación. ¿Por qué los homínidos se plantaron en las «puertas de Europa» en Marruecos, Georgia, e Israel, hace por lo menos un millón de años y, si las dataciones de Dmanisi se aceptan, hace 1,6 o 1,8 millones de años (Bosinski 1992b)? Volvemos a la cuestión de que no parece que haya barreras aparentes al poblamiento procedente del este, y sin embargo, si aceptamos la cronología corta, es como si pidiéramos a los homínidos que se contengan durante medio millón o un millón de años antes de penetrar en Europa.

Una solución propuesta por A. Turner (1992) es que la barrera existía y consistía en la asociación de los grandes carnívoros.[51] El equilibrio en esta asociación, dice Turner, se mantuvo entre los carnívoros que comían carne fresca —el dientes de sable y el dientes de daga— y los carroñeros, principalmente las hienas. Aunque los elementos que formaban esta asociación cambiaron entre 1,5 y 1 millón de años BP, este hecho no produjo un beneficio apreciable para un potencial colono homínido (Turner 1992: 121). Pero hacia el 500.000 BP (cuadro 4.4) retrocedieron de forma drástica tanto las hienas gigantes (*Pachycrocuta brevirostris* y *Pachycrocuta perrieri*) como los grandes felinos (*Homotherium latidens* y *Megantereon cultridens*). Turner arguye que aunque muchos carnívoros más pequeños sobrevivieron tras el 500.000 BP, el cambio producido en la relación, hasta ahora equilibrada entre los grandes carnívoros comedores de carne fresca y los carroñeros, abrió por primera vez un nicho importante a la actividad carroñera de los homínidos. Turner concluye diciendo que el 500.000 BP

> [...] fue probablemente el momento en que debió producirse una mayor densidad de ocupación homínida permanente. Antes de entonces, hasta una antigüedad de por lo menos 1,5 millones de años, la ocupación debió de ser más esporádica (1992: 122).

Sin duda éste es un argumento atractivo para explicar el magro registro arqueológico utilizado en apoyo de una cronología larga. Sin embargo, no nos estamos refiriendo tanto a un aumento del número de lugares con hallazgos después del 500.000 BP (cuadro 4.3) como a una transformación completa del registro arqueológico (cuadro 4.7),

51. Una asociación se define por los recursos que utiliza y no por los métodos por los cuales se procura estos recursos. De ahí que las hienas y los cazadores humanos perteneciesen a la misma asociación, ya que su principal medio de subsistencia eran los ungulados (véase Stiner 1994).

que en mi opinión, sólo puede ser explicada por el hecho de que sea entonces cuando por vez primera se produjo la ocupación del territorio europeo.[52]

El modelo de Turner ciertamente proporciona una solución a la cuestión de la larga espera en las «mismas puertas de Europa». El retroceso de los grandes felinos y las hienas gigantes hacia el 500.000 BP marca un giro significativo hacia una Europa dominada por comunidades faunísticas asiático-beríngias en vez de por comunidades de origen afro-asiático. Ello coincide con un cambio de los ciclos climáticos en el sentido de una mayor duración y amplitud (Gamble 1995c: Cuadro 1); este proceso culminó con la aparición en la estepa de las comunidades asociadas al mamut y al rinoceronte lanudo, comunidades que llegaron a dominar la extensa región que va de los Pirineos a Alaska (Khalke 194). Curiosamente, Turner también advierte de la diferente composición de las asociaciones de carnívoros en la orilla norte del Mediterráneo, particularmente en la península Ibérica (1992: 122). En contraste con el norte de Europa esta zona tuvo grandes productores de carroña y menos carroñeros. Turner cree que en base a la paleoecología podría argumentarse una ocupación anterior de algunas de las regiones mediterráneas si no de todas.

Explicación de la colonización tardía como restricción social

He explicado en otro lugar (Gamble 1995c) que la colonización de Europa estuvo relacionada con los cambios climáticos y biotópicos que tuvieron lugar a escala continental con el paso del tiempo. La combinación de factores diversos: plantas procedentes de regiones meridionales, existencia de refugios para la fauna, entrada de fauna procedente del este, efecto variable del clima oceánico, y a escala regional, la existencia de paisajes tipo mosaico, crearon las condiciones necesarias para una colonización permanente, fuera mediante un único episodio, o como parece más probable, a través de una serie de ellos. La colonización de la península europea se produjo durante un período en que tendió a incrementarse la diversidad biológica, y tal como indica la biomasa animal, aumentó la productividad.

La cronología corta apunta a una conclusión importante con referencia a esta colonización: todas las regiones europeas la experimentaron excepto una, la región septentrional oriental (figura 3.1). Esta constatación sugiere que cualquier región de Europa sólo pudo ser colonizada si lo fue al mismo tiempo que la mayoría de las demás. Ello implica que para el sostenimiento de la población a escala continental, y por lo tanto, para superar el umbral de visibilidad arqueológica, fue condición necesaria que se ocuparan extensas zonas del continente. Sólo entonces se pudo asegurar un equilibrio demográfico en el interior del continente y dejar de depender continuamente de nuevas llegadas de contingentes destinadas a ocupar el vacío dejado por las comunidades locales en extinción.

Las limitaciones puestas a esta colonización a escala continental fueron precisamente las responsables de plantar a los homínidos a las puertas orientales de Europa: una extrema estacionalidad en las llanuras de una gran parte del noroeste, el norte y

52. Los partidarios de una cronología larga están obligados a plantearse la pregunta de por qué el umbral de visibilidad arqueológica es tan bajo para los hallazgos que ellos consideran anteriores al 500.000 BP (véase Gamble 1995a).

el sudeste de Europa. En términos del comportamiento homínido esta estacionalidad sólo pudo superarse mediante una mayor mobilidad anual y la escisión de la población en grupos.[53] La obligada separación y distanciación de los grupos de población sobre los espaciados mosaicos «a cuadros» de vegetación y fauna de las llanuras, difícilmente pudo haberse sostenido con los mecanismos disponibles por los sistemas sociales del Pleistoceno Medio (Gamble 1993a, 1993d, Stringer y Gamble 1993: Fig. 82). Por ello las poblaciones del Cáucaso, Oriente Medio y norte de África no se expandieron hacia Europa por más que en el interior de Italia existieran unas condiciones topográficas de concentración de recursos muy similares (Mussi 1995). Sólo cuando se alteraron los regímenes de estacionalidad en la Europa central y occidental, coincidiendo con cambios que fueron en detrimento de los grandes carnívoros, se produjo un ajuste entre el nivel de los sistemas sociales de los homínidos y la estructura espacial de los recursos del entorno que permitió la colonización.[54]

El estudio del problema de la colonización a escala continental y planetaria (Gamble 1993a, 1993e) nos da la medida de la importancia del debate entre cronología corta y larga. Sin embargo, para ser precisos, este debate debe basarse en la premisa de que las capacidades colonizadoras de estos homínidos no están limitadas únicamente por las condiciones ambientales, sino sobre todo por sus propias respuestas organizativas a la estructura de estos ambientes. Se trata de seres sociales, que para superar obstáculos se ayudan de un comportamiento transmitido por la cultura. Estos seres no se contentaban con danzar al son de la música del Pleistoceno.

Ritmos y tecnología social

Hemos visto hasta aquí dónde se encuentran indicios de la presencia de los primeros homínidos en suelo europeo y las posibilidades que ofrecen estos contextos espaciales para el debate de los problemas asociados a la colonización, el cambio y la adaptación. Pero, ¿qué podemos hacer para ir más lejos e investigar las habilidades de estos seres, no ya para la supervivencia, sino también para la creación de sociedades diferentes? ¿Cómo podemos investigar los ritmos de la acción humana? (cuadro 3.1).

Los útiles en piedra nos proporcionan la clave para poder responder a esas cuestiones puesto que permanecen en el tiempo y además van evolucionando. Los útiles nos indican diferentes niveles de temporalidad en su adquisición manufactura y abandono. También unen ámbitos territoriales diferentes en escala: el lugar de producción del útil con el lugar de extracción de la materia prima. Perlès (1992: 224) resume la tarea que exige el estudio de la variabilidad lítica al recordarnos que no se trata exclusivamente de un trabajo de carácter tipológico sino también conceptual, técnico y económico al mismo tiempo. En pocas palabras, se trata de abordar un trabajo de tecnología social. Ya podemos pues, ponernos a examinar los materiales de acuerdo con los ritmos de la acción que relacionan la región con el escenario local, el indivi-

53. No existe evidencia de otras alternativas, por ejemplo capacidad de almacenaje y/o aumento de la capacidad de aprovisionamiento de alimentos gracias a una mejora de la tecnología.

54. Una de las tareas urgentes que se plantea hoy día al enfoque ambiental del Pleistoceno Medio es la cuantificación de la estructura espacial de estos paisajes —localmente, regionalmente y para todo el continente—. Además, necesitamos ponernos de acuerdo para decidir desde qué punto de este marco espacial debemos empezar la investigación de los homínidos como animales colonizadores.

duo con la tradición cultural, las decisiones con las presiones selectivas y el gesto con la materia prima (cuadro 3.1). Los tres ritmos implican el análisis de:

— La adquisición y transporte de materias primas para poner de relieve los senderos y las pistas.
— La tecnología y producción de útiles a partir de la cadena operativa.
— Las habilidades puestas al servicio de la creación de un entorno, que hemos llamado entorno de intervención.

SENDEROS Y PISTAS: ADQUISICIÓN Y TRANSPORTE DE MATERIAS PRIMAS

Los datos que tenemos indican que la mayoría de las materias primas utilizadas tenían un origen local. El estudio de Lebel (1992, Svoboda 1987, L. Wilson 1988) sobre la *Cova de l'Aragó* en el sur de Francia, nos da un buen ejemplo de ello. Este estudio maneja cuatro niveles (D, E, F y G) que se correlacionan con el EIO 12, la glaciación Anglia-Elster-Oka de la Europa del norte. Las dos colecciones más grandes de materiales proceden de los niveles F y G, totalizando 118.000 piezas líticas para las que se utilizaron 99 tipos diferentes de roca (Wilson 1988: 377). Estas rocas pueden agruparse en ocho grandes categorías entre las cuales destacan los sílices, el cuarzo/cuarcita y las calizas.

El estudio de Lebel confirma el principio formulado por Geneste (capítulo 3: cuadro 3.4), de que la mayor parte de material lítico (80 por ciento) proviene de un área próxima, en este caso de una distancia de alrededor de 5 km (1992: 63). La distancia mayor son 35 km (figura 4.10). La cantidad de córtex, la parte que envuelve el nódulo original, es mayor entre las rocas locales —cuarcitas y calizas— y casi inexistente entre el sílex procedente de distancias entre 7 y 30 km. Los materiales de grano fino sólo vienen representados por las últimas fases de la cadena operativa (Lebel 192). Es decir, no aparece la secuencia entera de reducción, del nódulo hasta el núcleo, la lasca y la pieza retocada.

Hay pocos datos sobre movimiento de materiales, no obstante un estudio reciente de Féblot-Augustins (1997) se pronuncia por un modelo similar de abastecimiento local en la región meridional occidental. En otras regiones los datos son mucho más pobres aunque no contradicen este modelo. Para el conjunto de Europa una muestra de noventa y cuatro transportes de materia prima procedentes de treinta y tres yacimientos, produjo únicamente quince casos en los que la distancia recorrida superaba los 30 km. La distancia más larga fue de 80 km, observada en el yacimiento de Labastide d'Anjou en Francia (Féblot-Augustins 1997: inventarios 15-18). La distancia promedio de la transporte más alejada de cada yacimiento fue de 28 km.

Todo indica, por lo tanto, que se usaban materiales locales. Un ejemplo más procede de la distribución de útiles de cuarcita y de otros útiles hechos de materiales no silíceos en el sur de Inglaterra (MacRae 1988). Estos materiales, transformados en útil, sólo se encuentran en los depósitos de gravas de las área del Bunter donde hay cuarcita. En las áreas con materiales silíceos del sur de Inglaterra no se han encontrado útiles hechos de cuarcita (*ibid.*: Fig. 1). El uso de la cuarcita local es también un rasgo típico del área del Rhin, zona con hallazgos de bifaces de cuarcita, por ejemplo en Kärlich (Bosinski 1992a: Abb.17).

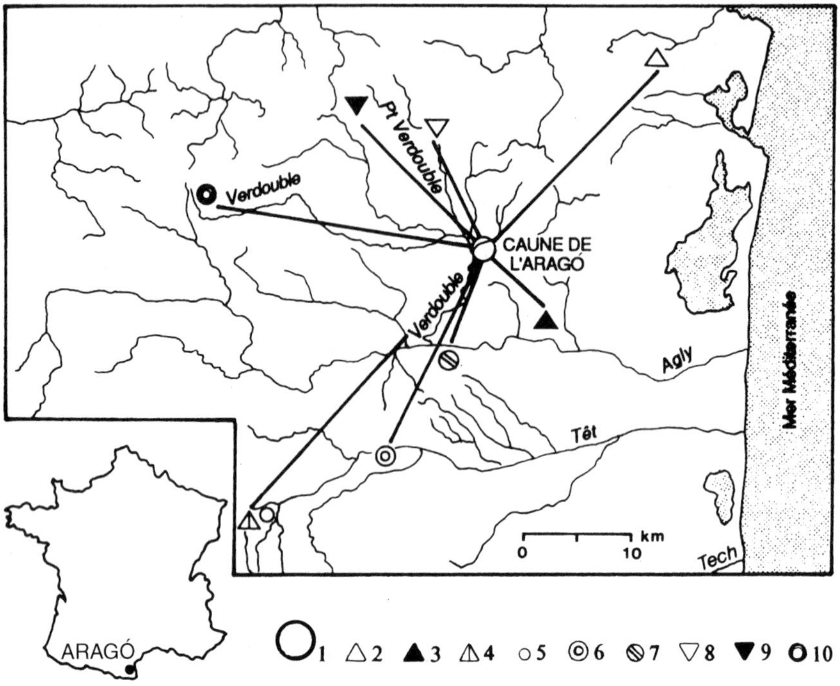

FIG. 4.10. *Transporte de materias primas en la* Cova de l'Aragó, *Francia, región mediterráneo occidental (a partir de Lebel 1992). Clave:*

1. *Caliza, arenisca, cuarzo, cuarcitas*
2. *Sílex, calcedonia (Roquefort des Corbières)*
3. *Sílex jurásico (La Joliette)*
4. *Jaspe marrón (Vinça)*
5. *Cuarzo azulado (Vinça)*
6. *Cuarcita (Millas)*
7. *Pegmatita, albita, cristal de cuarzo, gneiss (l'Agly)*
8. *Calcedonia , cuarcita (Segure)*
9. *Sílex (Col de Couisse)*
10. *Cuarzo y cuarcita azulada (Soulatge)*

Transportes de material más allá del umbral de los 80-100 km, que en el capítulo 3 se han considerado significativas, no han sido descubiertas hasta ahora durante este período. Para acabar, no hay indicios en ninguna región de transporte de moluscos marinos, conchas fósiles, ocre o marfil, ni de cualquier otra materia prima de la que pueda certificarse su origen.

CADENA OPERATIVA: TECNOLOGÍA Y PRODUCCIÓN DE ÚTILES

Hoy día hay un consenso general en considerar que la tecnología de este período no es tan complicada en términos de historia cultural, como alguna vez se supuso, hasta el punto de haberla considerado indicativa de las fases evolutivas de la cultura homínida. Este cambio de opinión puede ilustrarse a través de la secuencia británica. Aunque el interés por esta secuencia pueda parecer, en cierto sentido, localista, puesto que cuestiona la clasificación tradicional a nivel de este territorio de los grupos culturales, no por ello deja de servir perfectamente para ilustrar el cambio que desde hace poco están impulsando los estudios líticos.[55]

Durante muchos años se pensó que en la región noroeste existían dos tradiciones paralelas en la forma de trabajar el sílex —la tradición clactoniense y la tradición achelense (Gamble 1986a: 14lff)—. Representaban por un lado una industria de lascas, núcleos y *chopping-tools*, y por otro, una industria de bifaces, lascas y núcleos. El debate se centraba siempre en la relación entre estas dos culturas. Se discutía sobre si se trataba de dos variantes industriales que tenían que ver con la función, que si las diferencias podían tener una base étnica, que si existía un determinado impacto del entorno sobre los modelos de transmisión cultural (Mithen 1994), o si las diferencias podían ser consecuencia de la reacción a las circunstancias inmediatas.[56] Sin embargo, tras unas excavaciones bastante recientes en el yacimiento de Barnham (Ashton *et al.* 1994) perteneciente al EIO 11, y en el yacimiento del EIO 13 de High Lodge (Ashton y McNabb 1992) nos dimos cuenta que el Clactoniense ya no podía ser contemplado como una entidad tipológica, tecnológica y cultural distinta de la tradición Achelense. En Barnham, las excavaciones han mostrado que ambas tradiciones coexisten en el mismo horizonte temporal aunque se relacionan con microhábitats diferentes. Parece que un factor clave es la disponibilidad de materias primas y su localización en el paisaje. La decisión de optar por la secuencia de reducción clactoniense o achelense en vez de estar vinculada a una preferencia cultural, está vinculada al contexto inmediato de demanda de útiles.

En el yacimiento de Barnham descubrimos un proceso continuo, en que la llamada técnica clactoniense, que rompe los nódulos sobre yunques, de manera que se producen lascas irregulares pero utilizables, no es más que una parte de una secuencia más larga de gestos por medio de los cuales se producen también bifaces.

El mismo esquema se observa muy bien en Boxgrove, en el área GTP 17 (Pitts y Roberts 1997). Por lo menos seis grandes bloques de sílex fueron transportados unos pocos cientos de metros desde el acantilado hasta los restos de un caballo muerto (figura 4.11). Luego fueron tallados para producir lascas largas e irregulares con las que desollar al animal. Si sólo se hubiera excavado esta parte del yacimiento, sin duda Boxgrove hubiera sido clasificado como un yacimiento clactoniense. Sin embargo, en el mismo horizonte temporal, pero en otras partes de este paisaje fechado hace medio millón de años de antigüedad, hay abundantes pruebas de producción de bifaces de forma ovalada.

Estos mismos bifaces aparecen como una excepción para el pensamiento tipológico convencional que ordena los útiles según un esquema cronológico que va de los más rudimentarios a los más elaborados. Según esta lógica los bifaces ovalados de-

55. Esta limpieza terminológica también se puede constatar en Francia con el rechazo del término Abbevillense como indicador cronológico (Tuffreau y Antoine 1995), y en la península Ibérica donde se ha procedido a arrinconar los geofactos de las colecciones de materiales arqueológicos (Raposo y Santonja 1995).

56. Ohel (1979) sostenía que el Clactoniense era simplemente el estadio inicial del proceso de talla del Achelense; pero en aquel momento este autor no obtuvo ninguna credibilidad a la vista los comentarios vertidos sobre su artículo.

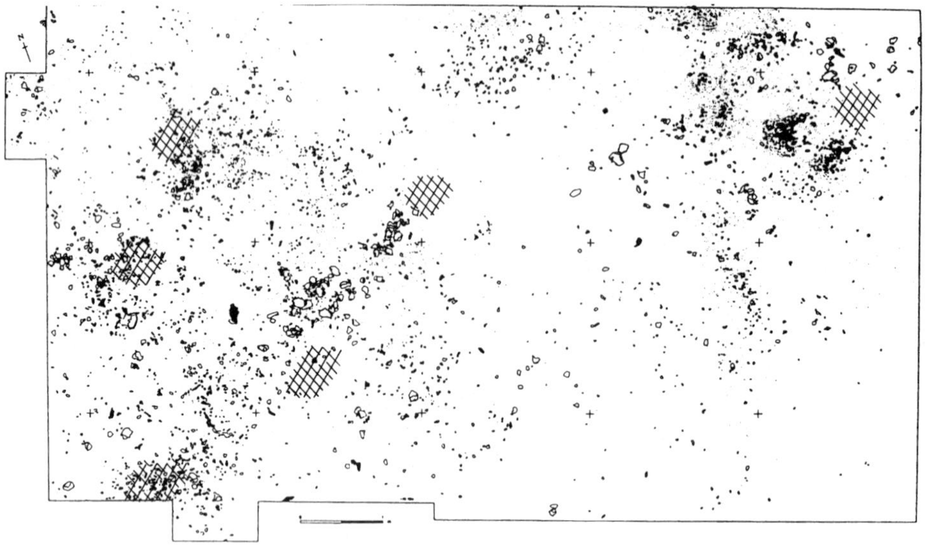

FIG. 4.11. *Distribución de materiales, útiles de sílex y huesos de animal, del sondeo (GTP) 17 de Boxgrove, Inglaterra. La mayoría de los huesos probablemente provienen de un mismo esqueleto de caballo. Las áreas en rejilla indican la posición de seis bloques de sílex traídos hasta la carcasa del equino, de los cuales salieron las lascas (a partir de Pitts y Roberts 1997: Fig. 38). Si se tallaron bifaces, debieron ser abandonados fuera del área que cubre esta cata.*

berían ir hacia el final del esquema evolutivo. Sin embargo, en Boxgrove van al principio. Además, en High Lodge la industria no productora de bifaces está dominada por lascas transformadas en raspadores y en laterales mediante retoque semiinvasor, semiescalariforme y simple. Tiempo atrás se pensaba que este tipo de retoque constituía un elemento diferenciador característico de las industrias del Paleolítico Medio. Sin embargo, en High Lodge puede demostrarse sin ningún género de dudas que los sedimentos que contienen útiles se desplazaron en bloque hasta la base de la lengua de hielo de la glaciación Anglia, durante el EIO 12 (Ashton *et al.* 1992). Tienen, por lo tanto, la misma edad que el material de Boxgrove.[57]

El proceso de configuración y lascado[*]

Y a partir de aquí ¿hacia dónde hay que seguir? Resolver las dificultades que encontramos a cada paso en la tecnología del sílex es siempre satisfactorio, sin embargo, ¿de qué manera puede ello hacer avanzar nuestra investigación sobre la sociedad del

57. Hubo desacuerdos entre arqueólogos y geólogos sobre la edad de High Lodge lo que retrasó su publicación. Los útiles parecían demasiado avanzados para la edad geológica que se les presuponía.

* Siguiendo las pocas buenas traducciones que se han hecho del francés al castellano de temas de tecnología lítica (particularmente la hecha por V.Villaverde de la obra *Instrumental prehistórico: formas, fabricación, utilización*, de J. L. Piel-Desruisseauz, ed. Masson 1989), nos inclinamos por traducir *débitage* por lascado, que conserva la misma idea que no ha podido expresar C. Gamble en inglés, ya que en su idioma no existe un concepto exacto, por esto en el original el autor ha conservado la forma francesa *débitage*. Del mismo modo hemos optado por traducir *façonnage* por configuración. (*N. del t.*)

Paleolítico? Una posible respuesta es poder ampliar nuestros conocimientos sobre tecnología y tipología mediante el uso del concepto de cadena operativa (véase capítulo 3). Las ventajas de emplear este procedimiento son de dos tipos. En primer lugar, por partir de la noción de que los actos de carácter técnico son actos sociales. En segundo lugar, por apuntar explícitamente a la relación entre las distintas escalas del análisis arqueológico, del útil al paisaje, del escenario local a la región (cuadro 3.1). El énfasis se pone tanto en los procesos de manufactura y consumo como en los de adquisición y transporte.

No hay duda de que este énfasis en los procesos, en los ritmos de la acción y los gestos que implica, constituye un antídoto necesario contra el significado que generalmente se atribuye a la forma. Según la visión formalista, la imagen del útil se posa sobre la mente del tallador paleolítico guiando sus acciones. Estas imágenes mentales permiten a los arqueólogos hablar de formas predeterminadas. Las imágenes mentales también sostienen la noción de culturas paleolíticas. Las formas de las hachas y las raederas siguen esquemas culturales tradicionales. Estos esquemas se trasladan a las formas de los útiles por medio de una señal mental que bien podía describirse como una estructura cognitiva de alta impedancia.

Davidson y Noble han calificado acertadamente este tipo de enfoque como la «falacia del objeto acabado» (1993: 365). Señalan que no se puede aceptar que la forma final de un útil sea la pretendida inicialmente. Si éste fuera el caso, no podríamos inferir de estos objetos el proceso de manufactura, ni sus implicaciones con respecto a las habilidades cognitivas y resolutorias de los homínidos. Tal como sostiene Schlanger (1996), lo que debemos hacer, en cambio, es seguir los gestos, lasca a lasca. Cuando así se procede uno se da cuenta de que no hay separación entre el hacer y el pensar en el acto de tallar una piedra.

No obstante, aunque resulte necesario equilibrar la balanza de los estudios líticos a base de poner énfasis en los procesos, siempre sin abandonar las formas, seguimos precisando de una clara orientación general que los guíe. Esta guía puede venir de la mano de las aplicaciones de la cadena operativa, de las que nos habla Boëda (*et al.* 1990), basadas en dos principios de la manufactura. El primero es el *façonnage* o configuración, cuando el objeto final, por ejemplo un bifaz (figura 4.12), se aprecia ya en el bloque de materia prima, como cuando un escultor se pone ante un bloque paralelepipédico de mármol. El segundo es el *débitage* o lascado,[58] cuando mediante distintos métodos, el bloque de materia prima se subdivide. El lascado produce formas y volúmenes muy diferentes por medio de procesos estandarizados, recurrentes o lineales según las circunstancias (*ibid.*: 45). Estas dos formas diferentes de abordar el trabajo han sido utilizadas para caracterizar respectivamente el Paleolítico Inferior —los bifaces— y el Paleolítico Medio —las lascas—.

Boëda (*et al.* 1990) distingue dos familias más de la cadena operativa basadas en la manera de captar el volumen de un bloque de materia prima. Puede tratarse de un útil o de un soporte que más tarde puede ser retocado hasta convertirse en útil también. Por ejemplo, un bifaz puede salir de un soporte o reducirse a partir de un nódulo. El primer caso sería un ejemplo de lascado y el segundo de configuración.[59]

58. Lascado a menudo se traduce por sobrante, pero esta interpretación es engañosa. Es mejor retener el término francés «extraer de», estrechamente asociado a la técnica de la talla, en vez de hacer una valoración que diferencia entre una lasca (el útil) de otra (el sobrante). Kuhn (1995: 81) lo llama apropiadamente «carnicería lítica».

59. Geneste (1991: Fig. 1) elabora estas diferencias aún más a base de distinguir entre secuencias de reducción ramificantes y secuencias de reducción escalariformes.

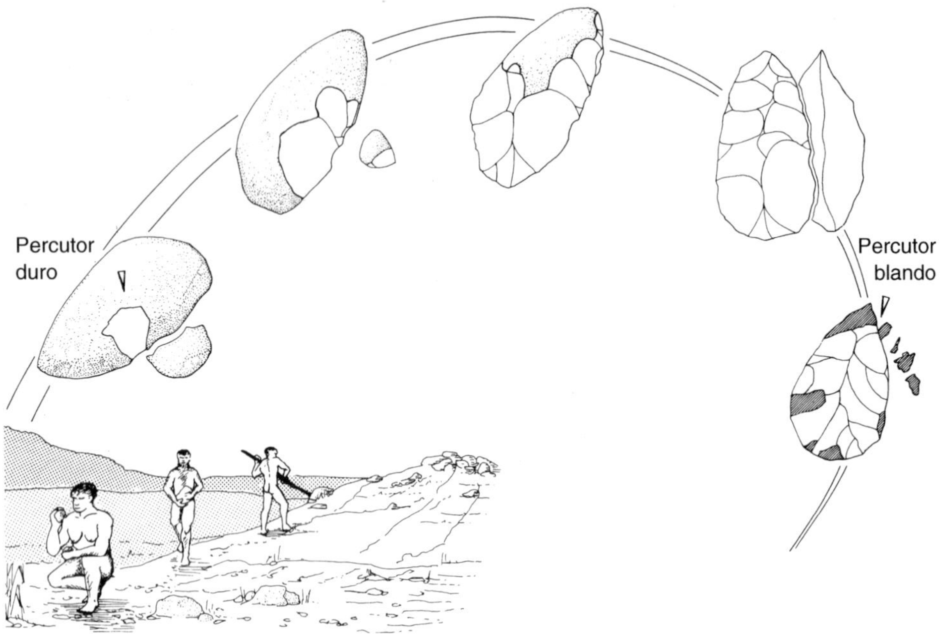

FIG. 4.12. *Cadena operativa para la configuración de bifaces (a partir de Lhomme y Maury 1990).*

Con estas distinciones se pueden identificar las cadenas que muestra el cuadro 4.8.

La noción de recurrencia o de formas repetidas es particularmente importante en relación a la cadena operativa, ya que establece que los productores de útiles no pretendían producir un único objeto a partir de un bloque de materia prima.[60] Por lo tanto el útil no es la representación de una idea aislada, no es una construcción de la mente del productor. Más bien se trata de una interacción de los productores con la materia prima, llevada a cabo de un modo creativo y no como si estos productores fueran unos demiurgos guiados por una plantilla mental preexistente. Lógicamente su creatividad estaba limitada por el material y por las tradiciones que estructuraban e informaban la serie de gestos a realizar. Por lo tanto, el objeto no es la representación física de una idea que todo el mundo comparte, sino una habilidad social negociada a través de gestos y acciones e inscrita en los movimientos corporales y los ritmos que llamamos talla.

Este enfoque ha sido recientemente clarificado por White y Pettitt (1995), al hacer una importante distinción entre los principios de la manufactura que hemos llamado configuración y lascado. El primero es un proceso de reducción en que los métodos se organizan en relación a un *plano secante*. Estos autores definen este plano conceptual como la disección de un sólido, por ejemplo, un nódulo de sílex (*ibid.*).

60. Tampoco la recurrencia o repetición se restringe a las secuencias Levallois. Por ejemplo, Kuhn (1995: 169) comenta la presencia de secuencias recurrentes en conjuntos italianos del Pontiniense, donde la materia prima local son pequeños cantos y donde difícilmente se encuentran muestras del típico Levallois (*ibid.*: 47).

CUADRO 4.8. *Principales cadenas operativas del Paleolítico Inferior y Medio (Boëda, Geneste y Meignen 1990).*

Cadena operativa bifacial		
Bifaces tallados como útiles		(configuración)
Bifaces producidos sobre soportes		(lascado)
Cadena operativa trifacial		
Núcleos tallados en tres caras y lascas de filo cortante		
		(desbordante)
Cadena operativa Levallois		
Lineal	— lasca preferencial	
Recurrente	— unipolar	
	— bipolar	
	— rotativa	(centrípetos)

En tanto que el volumen se distribuye alrededor de este plano, se sigue que la reducción de la masa de materia prima en relación al mismo necesariamente habrá de implicar sacar material de encima y de debajo del plano (véase figura 5.17). El añadir la noción del plano secante a la de configuración permite unificar nuestra concepción tecnológica y comprender cómo las tecnologías bifaz y Levallois estaban organizadas de forma similar (capítulo 5).

White y Pettitt (1995: 29-30) amplían la división tridimensional del material por medio del lascado, describiéndolo como tecnología del *plano migrante*. Volviendo a la dificultad del Clactoniense británico, podemos ver ahora, fijándonos en la cadena operativa, que éste representa, en términos de organización tecnológica, el proceso de lascado, por más que la tecnología del plano secante ligada a la configuración también fuera practicada, como demuestran algunos hallazgos ocasionales de hachas (McNabb y Ashton 1993).

Así pues, ya podemos proponer una división elemental de las principales técnicas líticas (cuadro 4.9) uniendo tradiciones diferentes, como pasa con la Levallois y la prismática, que hasta hace poco se consideraba que representaban respectivamente el Paleolítico Medio y el Superior.

Steele (*et al.* 1995) nos ofrece un análisis por vídeo de las habilidades motoras requeridas en la talla experimental de un bifaz y un núcleo clactoniense, que nos ayuda a apreciar la pericia asociada a estas técnicas. Contemplados como objetos acabados ambos serían ejemplos de configuración aunque usando técnicas diferentes organizadas alrededor de dos planos conceptuales (cuadro 4.9). El primero requirió de 301 golpes y un tiempo de 24 minutos; el segundo de 78 golpes y 6 minutos. El análisis fotograma a fotograma permitió examinar la carga cognitiva diferencial a base de medir la posición del brazo/codo empuñando el percutor y el tiempo de preparación entre cada golpe. Se constató una muy buena correlación entre tiempo de preparación (1-3 segundos) y complejidad motora del gesto siguiente (*ibid.*: 253). Cuanto más complicado tenía que ser el gesto, más tiempo de preparación se requería. Este correlato se marcó especialmente cuando hacia la mitad del trabajo, el percutor de piedra fue sustituido por un percutor más blando de asta, para dar los últimos 188 golpes necesarios para la obtención del bifaz. A pesar de que el experimento fue diseñado para contrastar ideas sobre aptitudes lingüísticas puestas de manifiesto en la manufactura

CUADRO 4.9. *Productos de las principales tecnologías líticas a partir de distintos principios de manufactura (basado en un esquema provisional amablemente cedido por P. Pettitt). Debe subrayarse que este esquema no pretende clasificar los objetos obtenidos.*

	Plano	
	Secante	*Migrante*
Configuración	Producción de bifaces	Producción de choppers a partir de cantos
Lascado	Tecnología Levallois Tecnología prismática Tecnología de núcleos discoidales (centrípeta)	Tecnología de núcleo globular Producción de núcleos a partir de cantos

de objetos, también sirve para mostrar cómo las habilidades motoras y cognitivas no trabajan para producir una forma final predeterminada. El proceso de manufactura por configuración o por lascado es literalmente un proceso que funciona «entre manos» (Schlanger 1996: 248). El resultado es una construcción sin costuras entre las actividades mentales y gestuales del productor, así como con el material a tallar.

La falacia del objeto acabado nos ha impedido ver durante muchos años la esencial unidad de la tecnología del Paleolítico. Sin embargo, tal como White y Pettitt sostienen (1995: 31), vemos que el reto interpretativo que hoy día pende sobre los estudios de tecnología del Paleolítico más antiguo gira en torno a dos cuestiones:

— La variación que se da entre sistemas basados en la configuración y el lascado.
— La diversidad que se da dentro del sistema del configuración para poder descubrir por qué sólo se encuentran bifaces en determinados conjuntos, y cuando así sucede, por qué su forma no es siempre la misma.

La respuesta a estas cuestiones significa subrayar el carácter no definitivo que tiene los estudios acerca de la tecnología del Paleolítico Inferior. La calidad y disponibilidad de las materias primas, la función de los yacimientos, y otras circunstancias, aparecen ahora como aspectos clave para la determinación del resultado material y no una especie de marca mental preexistente. En consecuencia, como dicen White y Pettitt (1995: 32), «la forma no responde a algo prefijado sino que resulta de la repetición rítmica de un repertorio tecnológico adaptable».

La disponibilidad de materia prima ha sido examinada en detalle por White (1995) como una de las causas de la diversidad de soluciones tecnológicas. Siguiendo la demostración métrica de Roe (1964) de que las industrias de bifaces del Paleolítico Inferior británico forman dos grandes grupos —el de las formas apuntadas (por ejemplo, Stoke Newington) y el de las formas ovaladas (por ejemplo la industria de Hoxne Lower), White ha examinado las materias primas presentes en estos conjuntos (figura 4.13). Sus descubrimientos indican que las formas apuntadas se correlacionan con el uso de cantos y gravas de los ríos, generalmente de menor calidad a la hora de extraer lascas. Es muy difícil, si no imposible, obtener bifaces ovalados a partir de este material.

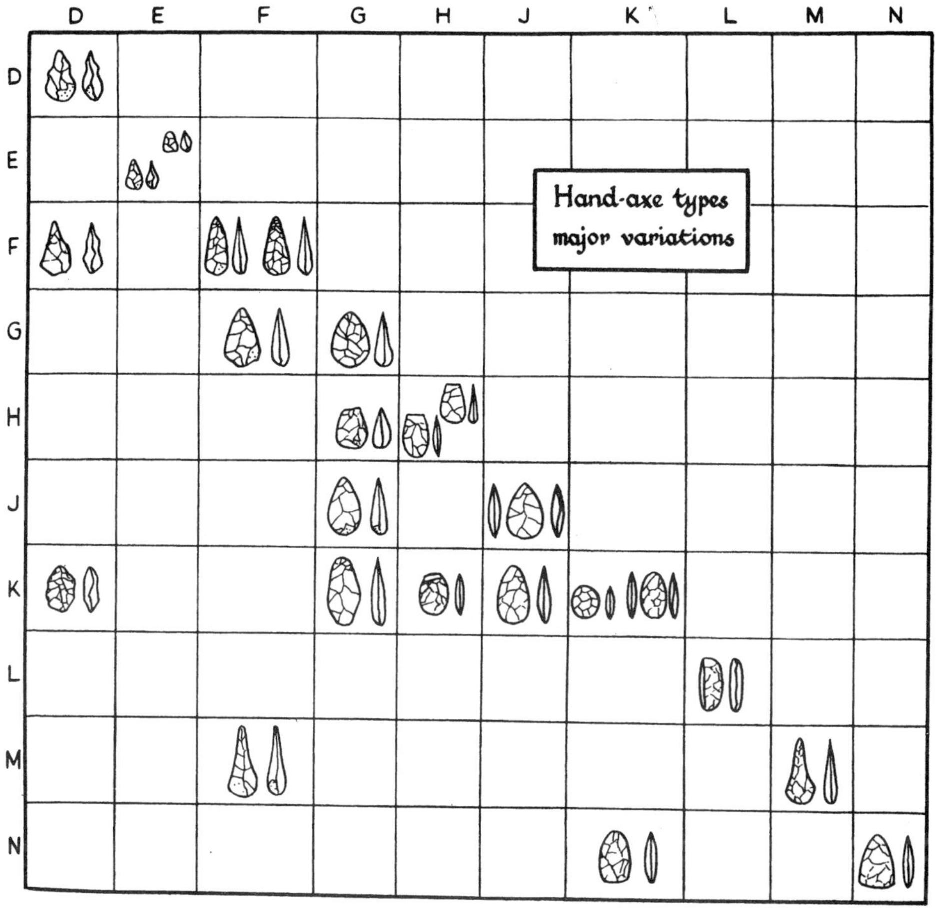

FIG. 4.13. *Matriz de formas de los bifaces (a partrir de Wymer 1968: Fig. 27). Clave:*
D Apuntado; más de 10 cm de largo, talla irregular del filo, hecho con rapidez
E Apuntado; 10 cm o menos de largo, hecho con rapidez
F Apuntado; bien realizado con filos delgados y base maciza
G Sub-cordiforme
H Hendedor
J Cordiforme
K Ovalado
L Chopping-tool fragmentada
M Ficron
N Cordiforme de base plana

Las industrias de bifaces ovalados invariablemente se encuentran cerca de zonas que proporcionan nódulos grandes en posición primaria, como sucede en Slindon Park o en Boxgrove. Swanscombe (cuadro 4.10) nos ofrece un ejemplo de cómo la variable disponibilidad de materia prima influye en la forma de los bifaces (véase también Callow 1986a y 1986b, Villa 1991). Los bifaces apuntados de la parte superior de las

CUADRO 4.10. *La secuencia de Swanscombe, EIO 11.*

Entorno deposicional	*Unidad*	*Industria*	*Forma de los bifaces*
Sedimentos origen terrestre	Gravera superior	Achelense	
	Suelo superior	Achelense	Ovalada
Depósitos torrenciales colmatado	Gravera intermedia superior	Achelense*	Apuntada
	Gravera intermedia inferior		
Depósitos en terraza	Suelo inferior	Clactoniense	
Depósitos fluviales colmatados	Gravera inferior	Clactoniense	

Nota: * Nivel del cráneo de homínido.

gravas intermedias están hechos con materiales derivados del nivel inferior, ahora incorporados a una playa fluvial. Por encima de este nivel, en los suelos margosos superiores había los bifaces ovalados del momento en que las gravas habían sido cubiertas por un metro de arena (Bridgland 1994). White sugiere (1995: 13) que con la pérdida de una fuente tan inmediata de materia prima, debió de traerse materia prima de mayor calidad de los alrededores.[61]

White concluye que el bifaz preferido fue el ovalado, por lo que el objetivo del tallador debía ser obtener la máxima longitud de filo a lo largo del perímetro del óvalo. Esta idea va en contra de la noción de que los homínidos procuraban que los bifaces se parecieran a la imagen que de los mismos tenemos (Wynn 1993a: 302). El estudio de White también demuestra que la estrategia de abastecimiento preferida de los homínidos era usar la fuente de materia prima más fácil e inmediata y no la mejor, aunque para ello se tuviera que cubrir una corta distancia. Es decir, parece que estuvieran siempre dispuestos a pararse en cualquier lugar y fabricarse sobre la marcha un bifaz apuntado. Finalmente, debemos recordar que Swanscombe también tiene dos niveles con lascas y núcleos clactonienses (Conway, McNabb y Ashton 1996). Los dos entornos en los que se produjeron los depósitos, gravas y suelo (cuadro 4.10), combinados con la evidencia procedente de Boxgrove y Barnham, indican que estas cadenas operativas más sencillas se producen con ambas formas de bifaz, la ovalada y la apuntada. Ambas tradiciones de talla, lascas y bifaces, aparecen como respuesta a condiciones inmediatas diferentes. Perece pues, a la vista de las evidencias, que sólo hasta cierto punto estos productos se planificaban más allá de la percepción de la existencia de unos recursos inmediatos.

Instrumentos de materia orgánica

Durante este período la piedra domina el registro de la tecnología social. Sin embargo, existen algunos ejemplos importantes de objetos orgánicos que nos proporcionan información añadida sobre la cadena operativa. Las pruebas existentes sobre el

61. El examen de White del conjunto de lascas de Hoxne pone en evidencia que en la industria de los niveles inferiores (en los que predominan las formas ovaladas) un 67 por ciento de las lascas estaban hechas a partir de nódulos nuevos (comunicación personal). En la industria de los niveles superiores (en los que predominan las formas apuntadas) el 69 por ciento de las lascas salían de cantos.

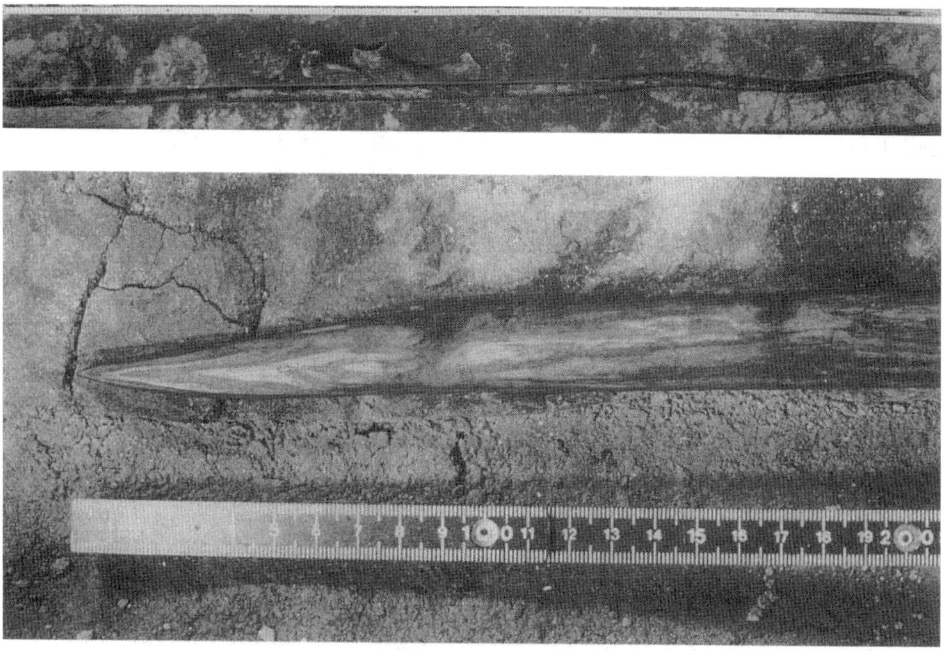

FIG. 4.14. *Lanza II de Schöningen, Alemania, región septentrional central. Hecha de madera de* picea, *de 2,30 m de longitud total. Fue encontrada junto a la pelvis de un caballo. Ver el detalle de la punta (a partir de Thieme 1997: Fig. 5).*

uso de materias primas orgánicas incluyen un interesante conjunto de lanzas de madera descubiertas en Schöningen, en el este de Alemania (Thieme 1997, Thieme y Maier 1995). En el yacimiento 12 uno de estos objetos muestra incluso en un extremo un probable elemento de enmangue, presumiblemente para fijar un útil de piedra. En el yacimiento 13 se encontró una lanza corta completa, de 78 cm., con punta en ambos extremos. Otras lanzas más largas, de 2,5 m., han sido exhumadas de distintas catas (figura 4.14). Tres de ellas están hechas de madera de abeto, posiblemente de una rama o árbol caído (Thieme 1997: 809), con las puntas trabajadas sobre la madera más densa de la base de los árboles. Este tipo de trabajo ha de haber implicado esfuerzo y según algunos expertos, además, sentido de la anticipación (Dennell 1997). Pero conceder un excesivo énfasis a esta prueba de planificación estratégica podría significar caer de nuevo, ahora por medio de un objeto madera, en la falacia del objeto acabado (Davidson y Noble 1993). El hecho de que los ejemplos de Schöningen parezcan casos de objetos perdidos o abandonados cuando aparentemente aún eran útiles, hace que los podamos relacionar por estas circunstancias con gran parte de los bifaces de piedra. ¿Podría ser que se acostumbrara a llevar encima los elementos tecnológicos sólo de vez en cuando y generalmente sobre distancias cortas? Esta forma de actuar va en contra de la noción de que la conservación y cuidado de los útiles refleja el grado de inversión en esfuerzo (Binford 1973, 1977). Esto sugiere reservar un papel más amplio para estos componentes de la tecnología social que el mero de poder matar caballos.

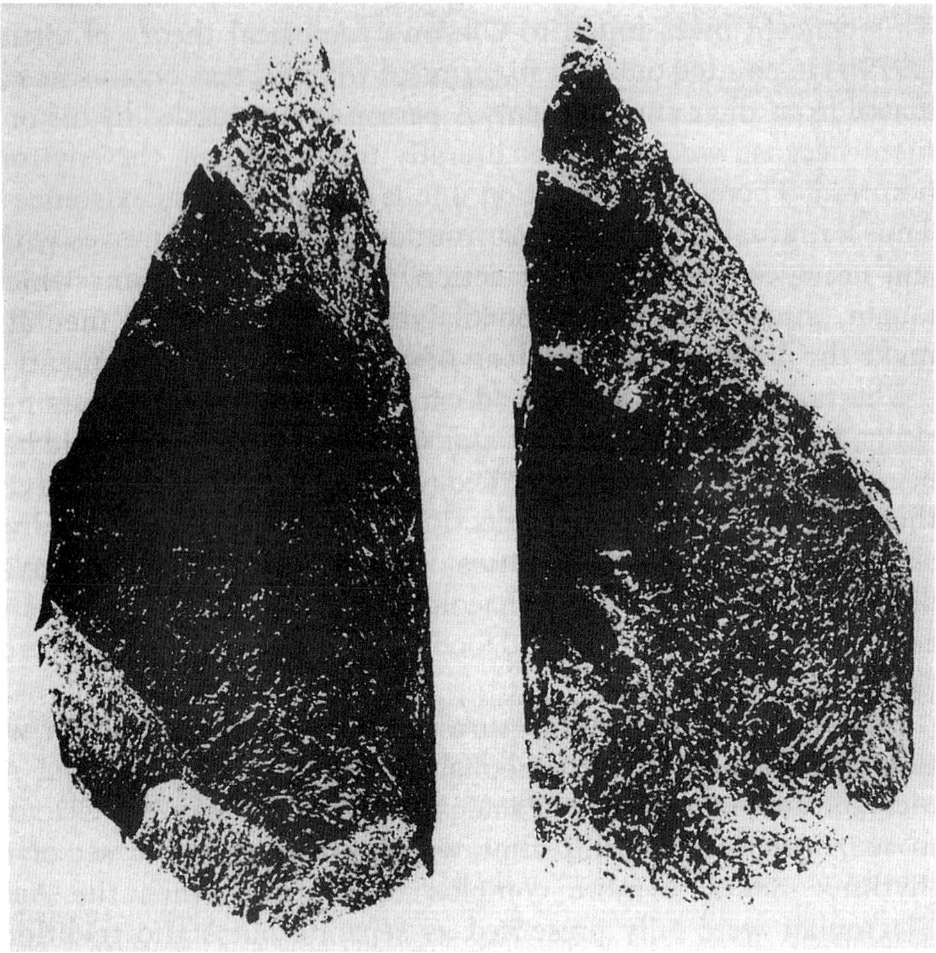

FIG. 4.15. *Bifaz realizado en hueso de elefante procedente de Castel di Guido, Italia, región Mediterránea central. Longitud = 18,7 cm (a partir de Villa 1991: Fig. 2).*

Hay otros objetos de madera conocidos, como la punta rota de lanza de Clacton (Oakley *et al.* 1977) y diversas piezas de madera de Torralba (Freeman y Butzer 1966) y Bilzingsleben (Mania 1990). Todos estos casos ilustran acerca de la tecnología de la configuración.

Los útiles de hueso también han sido estudiados, especialmente las lascas obtenidas por percusión a partir de huesos largos de elefante y rinoceronte, como las que han aparecido en Bilzingsleben (Mania 1990) y Isernia (Anconetani et al. 1995), Fontana Ranuccio (Segre y Ascenzi 1984: figura3.2) y La Polledrara (Anzidei y Huyzendveld 1992). Villa (1991) ha llamado la atención sobre estos útiles de hueso de Italia y en particular sobre el bifaz de hueso apuntado de Castel di Guido (figura 4.15). El uso de estos materiales orgánicos indica la existencia de recursos locales de esta clase, que fueron trabajados tanto en base al principio de la configuración como del lascado.

Mantenimiento de los útiles

Existen muy pocas pruebas relativas a este aspecto de la tecnología social. La extracción de pequeñas lascas de la punta de varios de los bifaces de Boxgrove (Roberts 1986) indicaría que estos útiles podían ser vueltos a usar en una segunda fase. Pero el remontaje indica que el nuevo uso tenía que ser local, formando presumiblemente parte de una actividad sin solución de continuidad. En otras palabras, el objeto no era guardado y, en otro momento o al cabo de unos días, vuelto a recoger para ser usado una vez afilado. El énfasis en este período en la configuración en vez de en el lascado (Boëda, Geneste y Meignen 1990), hace que descartemos para este período cosas como el reciclaje, nuevo uso y modificación o mantenimiento de útiles que, en cambio, caracterizan otros períodos (por ejemplo, Dibble 1987). El mismo tipo de comportamiento aplica a los materiales orgánicos. Como acabamos de ver los materiales orgánicos son bastante raros y siempre muy poco elaborados.

El entorno de intervención y el medio

Hemos definido la noción «entorno de intervención» como el aparato de actividades relacionadas que sirven para impulsar los procesos de la vida en sociedad (capítulo 3). Estas actividades pueden contemplarse como verdaderas habilidades que se producen de forma continua y no como posibilidades que se manifiestan por separado, parceladas en funciones específicas como el cazar, el tallar sílex o el sacrificar un animal. Son continuas en el sentido de que la vida social que las origina no cesa en sus ritmos y flujos diarios. Además, como ya sabemos, este entorno rodea de hecho al individuo. Esta idea debe mucho a la teoría ecológica de la percepción visual de Gibson (1979). Este autor señaló que en términos de lo que uno ve, de lo que vemos todos, los organismos no pueden separarse de su medio. Una persona está rodeada de su medio porque nosotros vemos que literalmente éste le toca. Es decir, el medio *es* el homínido. Por lo tanto mencionar a uno es suponer la existencia de otro. Luego, un medio mutuo rodea al individuo, se mueve con él y le proporciona recursos para la acción. Nuestros cerebros, en cambio, han sido instruidos para distinguir entre un organismo y su medio, por medio de conceptos analíticos como el de la imagen mental.

La noción entorno de intervención, durante este período, puede ilustrarse a través del examen de dos conjuntos de habilidades: la habilidades *genéricas* o transferibles y las habilidades *específicas*. Ambas se transmiten como rutinas que se aprenden a través de la vida en sociedad y la lucha por la supervivencia. Están, por lo tanto, sujetas a una constante selección y van siempre con el individuo. Estas habilidades sintetizan las capacidades de cambio de los homínidos en posibilidades que pueden ser directamente medidas en el registro arqueológico. Utilizaremos dos ejemplos que tienen que ver con la adaptación a la ecología local y el abastecimiento de alimentos, para ilustrar el abanico de habilidades que estamos considerando con esta noción de entorno de intervención.

Volvamos al Clactoniense, término que sugerimos debía ser abolido (Conway, McNabb y Ashton 1996, McNabb y Ashton 1993). Paradójicamente, deshacerse del Clactoniense con el fin de poder contemplar el trabajo del sílex del Paleolítico Inferior como un conjunto dinámico de rutinas y ritmos, se hace ahora más difícil que antes, cuando el Achelense y el Clactoniense se presentaban como tradiciones separadas y estáticas. La cadena operativa nos proporciona ahora las herramientas metodológicas y un modelo conceptual para encaminar el debate hacia el terreno productivo de la relación de los homínidos con su entorno de intervención. Por ejemplo, ¿se trataba de habilidades propias de los homínidos como el poder ayudarse de útiles para determinadas tareas (Binford 1989b), o se trataba de capacidades más sofisticadas comparables en muchos aspectos con las que exhiben los humanos modernos? (Thieme 1997).

Para entrar en la cuestión vamos a comparar dos tipos de entornos de actividad del Paleolítico Inferior de fecha parecida, pero situados en latitudes muy diferentes. Los dos escenarios son la garganta de Olduvai (Leakey y Roe 1994), en la zona ecuatorial y Swanscombe al sur de Inglaterra, sobre el paralelo 51° N (Conway, McNabb y Ashton 1996). Estos dos casos nos proporcionan un abanico enorme de comportamientos distintos relacionados con la producción ecológica (Kelly 1995). Además, los niveles más próximos temporalmente de Olduvai, los niveles Masek, son aproximadamente de la misma edad que Swanscombe en el Pleistoceno Medio, equivalente al Estadio Isotópico del Oxígeno 11, hace unos 400.000 años.

Esta comparación pone en evidencia de forma aplastante lo parecida que es la arqueología en todas partes (figura 4.16). La excavación FLK en los niveles Masek destapó un paleocanal que contenía una mandíbula de homínido (OH 23) y 2.465 elementos líticos, de los cuales 193 eran útiles, sobre un área de unos 38 m^2 (Leakey y Roe 1994: Fig. 6.2). La dispersión de huesos y útiles de piedra no revela ningún esquema especial que pueda ser atribuido a los homínidos. El yacimiento FLK produjo dieciseis tipos de mamíferos distintos (*ibid.*: cuadro 7.2).

A una latitud de 51° hacia el norte, el yacimiento de Swanscombe también contiene pruebas de presencia humana asociada a corrientes de agua y bancos de arena. Según los arqueólogos los suelos inferiores produjeron unos 375 elementos líticos en una extensión de 200 m^2, mientras que de las gravas inferiores se obtuvieron 104 elementos líticos en 62,5 m^2 (Waechter, Newcomer y Conway 1970). En las gravas y en los suelos inferiores se identificaron veintiocho tipos de mamíferos diferentes y en las gravas medias superiores apareció un cráneo de homínido (cuadro 4.10).

Sin embargo, a pesar de la buena conservación y de la posibilidad de encontrar diferencias en el registro arqueológico que puedan estar relacionadas con el efecto de la latitud sobre la productividad ecológica, la impresión dominante es la de una gran similitud entre los dos escenarios. El gran abanico de especies de mamíferos que descubrimos en ambas localizaciones está asociado a una parecida riqueza de las extensiones de hierba que las rodean, por más que estén separadas por 50° de latitud. Los prados de la latitud norte posiblemente eran más ricos en biomasa animal que los de aquella zona ecuatorial, toda vez que se detecta allí una mayor biodiversidad. Pero a pesar de ello los homínidos de Swanscombe se tendrían que ver obligados a afrontar un factor limitativo muy severo, incluso durante los períodos interglaciares, los largos inviernos de las latitudes septentrionales. Pero este elemento de presión tan selectivo no aparece reflejado claramente ni en la tecnología ni en los restos de los asentamientos.

Lo que sorprende más en ambos sitios es la ausencia de hogares y de señales de agujeros para plantar postes (que podrían haberse conservado igual que las huellas de animales en los suelos de Swanscombe) o incluso de restos de alguna actividad estructurada que no fuera la talla de sílex o el descuartizamiento de animales (figura 4.16). Qué diferente sería, en términos de tecnología, sistemas de asentamiento

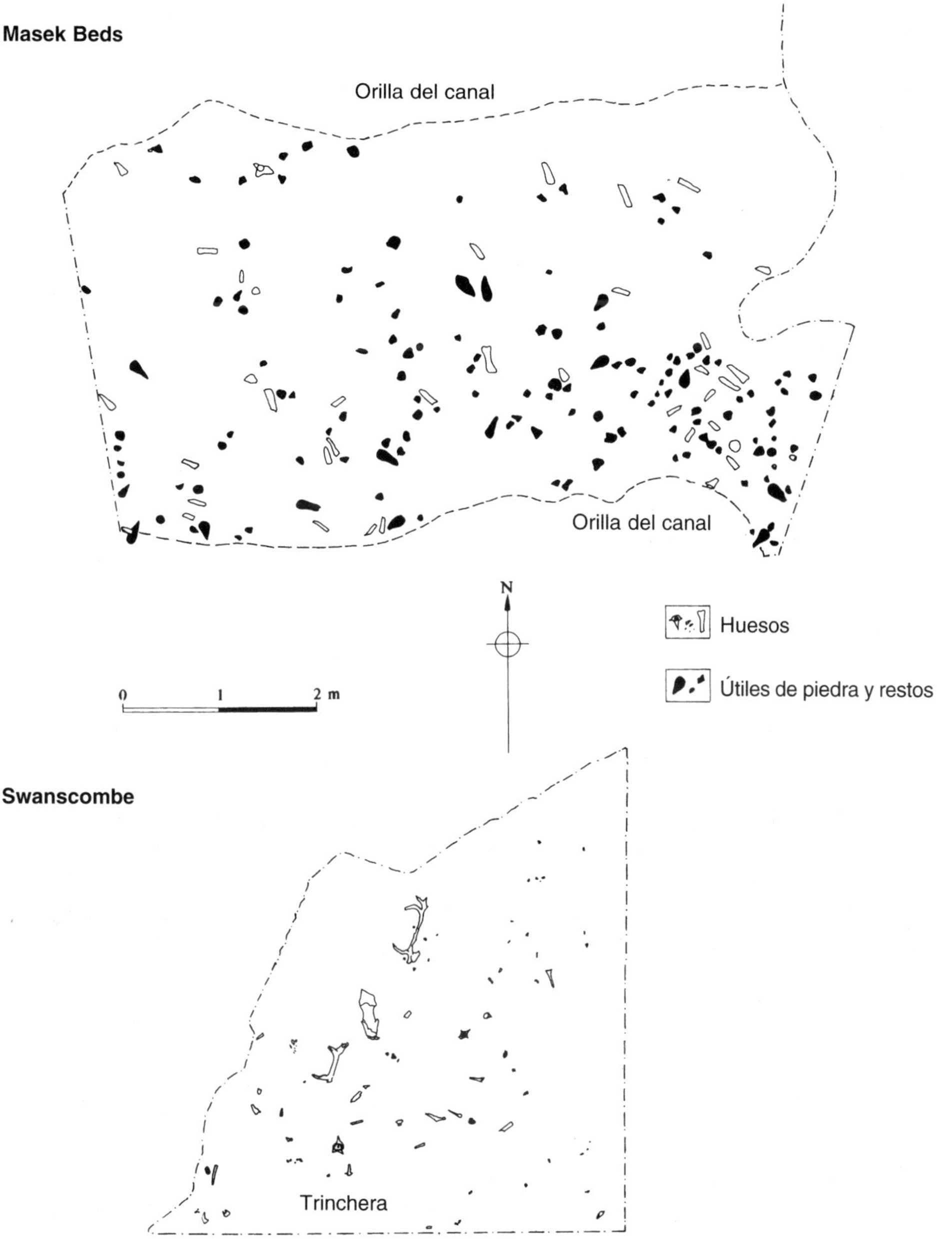

FIG. 4.16. *Comparación entre dos «suelos de habitación» de baja densidad ocupacional bien conservados. Uno es del yacimiento FLK en los Masek Beds, en Olduvai, y el otro de Swnascombe (Suelo Inferior). Ambos yacimientos están asociados a actividad fluvial y contienen útiles de piedra y restos de fauna, pero no presentan ningún esquema espacial definido. Un panorama similar de baja densidad también puede verse en las figuras 4.11, 4.20, 5.7, 5.30 y 5.34, y la versión con alta densidad en las figuras 4.18, 4.19, 4.22 y 4.24 (a partir de Leakey y Roe 1994: Fig. 6.2, Waechter 1969).*

y organización de campamentos, una comparación similar entre pueblos forrajeadores modernos separados por la misma distancia (Kelly 1995).

Interpreto este parecido entre la arqueología de Olduvai y Swanscombe como un indicio de la existencia de unas habilidades genéricas o transferibles, aplicadas a distintas condiciones ecológicas. Si los homínidos se caracterizaran por poseer este tipo de habilidades, tendería a pensar que su capacidad para mantener en el tiempo la ocupación de un territorio variaría entre un entorno y otro. En un medioambiente como el representado por Swanscombe la población tendería a decaer y a emigrar aunque en otro momento se produciría un flujo contrario. Este proceso de ocupación y desertización produciría una señal arqueológica muy marcada y los cambios se detectarían a escala regional. Si utilizáramos un esquema diferente en relación a esta cuestión clave de las habilidades desarrolladas por los homínidos, y consideráramos que estos seres actuaban razonadamente siguiendo pautas de conducta transmitidas culturalmente, deberíamos pensar entonces que los homínidos desarrollaron habilidades específicas distintas en cada localización. Podrían haberse desarrollado, por ejemplo, técnicas de almacenamiento, con el fin de hacer frente a los largos inviernos del norte, pero no hay indicios de nada parecido.

El entorno de habilidades que hemos denominado entorno de intervención, ha de ser del tipo que exige una atención inmediata y una situación de co-presencia. Por ejemplo, la dieta refleja este esquema. La propuesta de Aiello y Wheeler (1995) conocida como hipótesis del «tejido caro», parte del examen de las consecuencias que para la evolución humana ha de tener el hecho de que nuestros cerebros equivalgan a algo menos del 2 por ciento del peso total de nuestro cuerpo, cuando requieren algo más del 20 por ciento de nuestro consumo energético. Además, este consumo energético va asociado al consumo de alimentos de alta calidad, como las proteínas animales. Su modelo de análisis les lleva a contemplar el crecimiento del cerebro como una característica que va ligada a una reducción del tamaño del estómago. La especie seleccionaría entonces unos comportamientos nada usuales con el fin de compensar la reducción de la capacidad procesadora de los intestinos. Por ejemplo la carne cocida, el equivalente a un sistema digestivo externo (Aiello y Wheeler 1995), resultaría particularmente ventajosa.

Además, en términos de uso del paisaje este cambio en la dieta comportaría un cambio de tipo de comportamiento, el paso del comportamiento propio de los primates al de los carnívoros; lo que equivale a la ocupación de grandes extensiones de terreno (Steele 1996: cuadro 8.8). Además, habría costes sociales asociados a esta nueva escala en el uso del territorio, con períodos más largos de separación. Los esquemas tradicionales de mantenimiento de las alianzas sociales a través de una interacción constante y durante largo tiempo, que incluiría mecanismos como el aseo social, deberían cambiar.

¿Qué tipo de presiones indujeron a un cambio tan significativo? Se ha dicho que el proceso evolutivo favorecería el crecimiento del cerebro, una variable necesaria para una mejor gestión de la vida en sociedad. Esta hipótesis del intelecto social (Byrne y Whiten 1988, Humphrey 1976) parece más plausible que las que insisten en el papel de la tecnología (Oakley 1949) o de la dieta (véanse comentarios al respecto de Byrne 1995: capítulo 14 y Milton 1988). Unos cerebros más voluminosos favorecerían una mejor comunicación al complementar el aseo social con un contacto vía expresión vocal. El resultado sería, como expresa Dunbar (Aiello y Dunbar 1993, 1996), la formación de redes estables más extensas que las mantenidas por otros primates, incluso antes de llegarse a formalizar un lenguaje plenamente simbólico.

La hipótesis del «tejido caro» serviría, por lo tanto, para plantearse como lógicos hallazgos tipo lanzas de Schöningen que facilitan enormemente a los homínidos de cerebros voluminosos, colonizadores de las latitudes septentrionales, la caza de animales grandes. Esta idea es apoyada por la información de que disponemos acerca del transporte de materias primas, que señalan la existencia de dominios territoriales propios de los carnívoros y no de los primates, dentro de los cuales se producen transportes de material lítico que llegan a los 28 km de distancia. El Paleolítico Inferior africano da una distancia máxima de sólo14,6 km (Féblot-Augustins 1997: Inventario 4-13). Este dato no significa que no se cazara en el África oriental. Lo que pasa es que el hecho de que la distancia máxima de transporte de materiales se doble en la Europa septentrional con respecto a la de África, apunta al efecto de la latitud sobre los recursos, cosa que afecta el uso del territorio. Como se ha dicho más arriba, es plausible que también entre los modernos cazadores y recolectores se constate una variación espacial de este orden por encima de los 50° de latitud norte (Kelly 1995).

Estos datos de transporte de materia prima abundan en favor del predominio de unas habilidades técnicas de carácter genérico y no de carácter específico, capaces de producir las lanzas de Schöningen y los bifaces de Boxgrove. Tenemos pues, bifaces ovalados en el yacimiento FLK, en los niveles Masek, y bifaces ovalados a 6.800 km más al norte, en Boxgrove. Creo que lo que nos impide encontrar lanzas de madera perfectamente elaboradas en África oriental es la existencia allí de problemas de conservación. Para concluir con esta cuestión, pienso que las habilidades sociales a lo largo de este eje que va de África a la Europa del norte tuvieron un carácter genérico y se desarrollaron en una escala espacial reducida.

Regiones

Paisajes de la costumbre

Diría además que estas habilidades sociales se basaban firmemente en la utilización de recursos materiales y emocionales en el marco de una red homínida íntima y también en el de una red eficaz (cuadro 2.8). Esta escala de la relación se apoya en pruebas procedentes tanto del transporte de materias primas como de la actividad de reducción de nódulos en lascas, núcleos y bifaces, que indican lapsos temporales cortos. Los ritmos como mucho se debían establecer para las actividades de unas pocas jornadas. Los valores de la mayor parte de las distancias cubiertas (máximo 80 km, aunque la mayoría de las distancias no pasaban de 30 km) y la respuesta a las necesidades inmediatas, indican seguramente el predominio de unos ritmos aún más cortos, posiblemente de un solo día.

Las pistas y los senderos abiertos por los individuos sobre esos paisajes —por ejemplo a lo largo de la playa levantada de Sussex (ApSimon, Gamble y Shackley 1977, Woodcock 1981), alrededor de los estanques alimentados por las surgencias del karst de Wippertal (Mania y Dietzel 1980) o a lo largo de las orillas del Somme (Antoine y Tuffreau 1993) y del Aniene (Anzidei y Huyzenveld 1992, Mussi 195)— fueron fijándose al ritmo de las distintas respuestas condicionadas por el entorno.

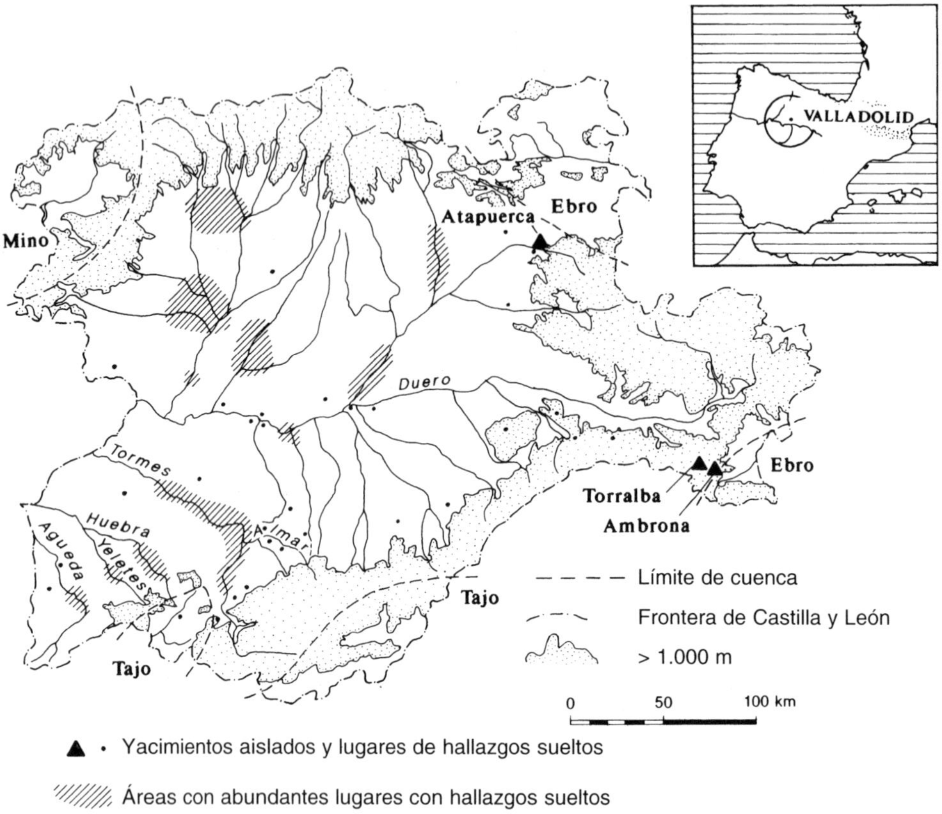

FIG. 4.17. *Distribución de los principales yacimientos y de los lugares donde se han producido hallazgos del Paleolítico Inferior en la cuenca del Duero, España, región mediterránea occidental (a partir de Santonja 1991-1992: Fig. 2).*

En estas localizaciones la conservación de restos puede tener un carácter excepcional facilitando el desarrollo de una futura etnografía de estos primitivos homínidos (Conard 1994) y el estudio del individuo. A escala regional este nivel de resolución se difumina por la acción glaciar y periglaciar causante de un efecto de selección y al mismo tiempo de acumulación de materiales arqueológicos. Ello da lugar a colecciones de material arqueológico con un poco de cada época (Stern 1993) y en las que los intervalos temporales pueden abarcar más de 50.000 años. Sin embargo, estos datos proporcionan una ventana muy interesante sobre el uso regional de los paisajes. Por ejemplo, si comparamos el último estudio realizado sobre los materiales del Paleolítico en los depósitos fluviales del sur de Inglaterra (Wymer 1996) con el estudio realizado en el área del suroeste del Duero (Santonja 1991-2) vemos que el material se agrupa en algunas secciones de los ríos (figura 4.17). Santonja ofrece una estimación del número de útiles encontrados en esta área del suroeste del Duero (cuadro 4.11).

Cuando se afirma que una distribución de hallazgos tan a retazos señala las áreas más frecuentadas dentro de este tipo de palimpsestos temporales, se está haciendo una

CUADRO 4.11. *El área del sudoeste del Duero y los hallazgos sueltos achelenses (Santonja 1991-1992).*

Valle del río	*Hallazgos sueltos*	*Núm. de objetos recogidos*
Águeda	8	520
Yeltes	7	920
Huebra	7	890
Tormes	27	1.820
Almar	3	30
Alagón	1	10

inferencia. Necesitamos conocer más cosas sobre la historia del uso moderno de la tierra, sobre el papel jugado por los coleccionistas y sobre las circunstacias geológicas que provocaron una acumulación de materiales. Estos factores han sido estudiados por Hosfield (1996) para una parte de los datos procedentes de los ríos ingleses. Su análisis de los útiles hallados en el río Solent y en particular, en los centros urbanos de Southampton y Fareham, le permiten cercionarse de algunos de los factores de los hallazgos gracias al estudio del Paleolítico como si se tratara de un ejercicio de arqueología industrial. Su conclusión es que aun prescindiendo de estos factores seguimos encontrando diferencias en la densidad y distribución del material achelense en estos extensos paisajes, diferencias que tienen que ver con el comportamiento de los homínidos. Esta conclusión sugiere que el área del Duero, que no es un área industrial ni urbana, puede interpretarse de una forma similar a la propuesta hace ya algunos años por Wymer (1968: Fig. 109). Wymer señaló que las principales concentraciones en Inglaterra se daban a lo largo del Ouse, el Támesis y el Solent. Después del desvío del Támesis durante el EIO 12, en la glaciación angliense, estos tres ríos citados se convirtieron en los principales ríos de la zona, transformándose por su productividad en un polo de atracción para los homínidos. La alta densidad de bifaces y lascas hallados entre sus gravas ha de reflejar la frecuencia con que los cruzaban los senderos del paisaje de la costumbre.

Estos paisajes de la costumbre llenos de actividad, combinaban los diversos entornos de actividad de los individuos. Se reflejan arqueológicamente gracias a las acciones realizadas, que se valieron de los recursos inmediatos del entorno, es decir, piedra, madera y huesos. Estas acciones sucesivas pueden producirse sobre una señal de actividad homínida profundamente enterrada y alejada de los yacimientos, situada en puntos aislados a lo largo y ancho de la región. Los «yacimientos» que contemplamos con sorpresa por su riqueza como es el caso de Miesenheim I o Bilzingsleben son reductos excepcionales de conservación que forman parte de estos retazos regionales que son evidencias de una tierra que ha sido utilizada a lo largo de muchos años. Ésa es una de las razones que hace que me incline por el término escenario. Podemos pensar que durante este período, en los paisajes de la costumbre, los individuos se comportan unos con otros de la misma forma espontánea. La vida social era un viaje de descubrimiento sin solución de continuidad a lo largo de los senderos conocidos establecidos gracias a las rutinas necesarias para sobrevivir, aunque sujetos a caprichosas alteraciones. El capricho del clima, la caza o del curso de los ríos competiría con el humor de los individuos con los que uno se encontraría en el camino y con los que habría que negociar alguna decisión social. Los recursos que estructuraban estas interacciones eran básicamente emocionales y materiales, dando todo ello origen al distintivo carácter demográfico y tecnológico de las redes íntima y eficaz.

Paisajes sociales

No hay indicios de paisajes sociales, como cabría esperar. En el capítulo 3 definí el paisaje social como el medio por el que se consigue *distanciar* las relaciones mediante los recursos simbólicos (aquella ampliación de las relaciones sociales más allá del aquí y ahora). La ausencia de redes sociales globales ha de haber repercutido negativamente en la capacidad de estos homínidos de colonizar el medio europeo, puesto que ello exigiría fragmentar el grupo para hacer frente a las carestías. Sin medios simbólicos para aumentar la co-presencia, habría dificultades considerables para mantener la vida en sociedad a tal escala únicamente con la asistencia de vínculos basados en medios afectivos y eficaces (cuadro 2.8).

Escenarios

Podemos ahora pasar a examinar algo más las habilidades que pueden reconstruirse a partir de los indicios de carácter tecnológico hallados en los escenarios, así como las acciones de carácter social que se derivan. Igual como sucedía con la noción de entorno de intervención, debemos planteamos la pregunta de hasta qué punto las habilidades evidenciadas en un escenario pueden transferirse directamente a otros escenarios situados en regiones europeas distintas. ¿Se trata de habilidades específicas relacionadas con determinados animales y paisajes, y a la estructura de unos recursos locales, o pueden aplicarse a cualquier otro lugar? Enfocaré las respuestas considerando los escenarios como lugares de reunión, puesto que constituyen el emplazamiento que nos proporciona el contexto en el que se produce la ejecución y la transmisión de las habilidades.

Lugares de reunión a la orilla de los ríos con megafauna

En los lugares de reunión más habituales que estudia la arqueología de este período, encontramos asociados animales y objetos. Diversos factores relacionados con la conservación y recuperación de restos, hacen que a menudo, aunque no siempre, esta asociación se produzca con animales grandes. Los datos italianos nos ilustran muy bien sobre esta circunstancia.

En Notarchirico, en la cuenca del Venosa (Belli *et al.* 1991, Cassoli *et al.* 1993, Mussi 1992), se ha descubrió sobre un área de 24 m^2, en una playa lacustre de gravas, el cráneo y mandíbula de un elefante adulto (*Elephas antiquus*).[62] Los colmillos seguían en su sitio y la mandíbula sólo se había movido un poco (figura 4.18). En conjunto se

62. El cráneo se encontró en el nivel A1. Sobre el cráneo en el último nivel, el nivel Alpha, se hallaron 2.000 elementos líticos y 800 huesos de elefante, ciervo y buey. En los sedimentos que cubrían el nivel Alpha se encontró la caña de un fémur humano (Belli *et al.* 1991).

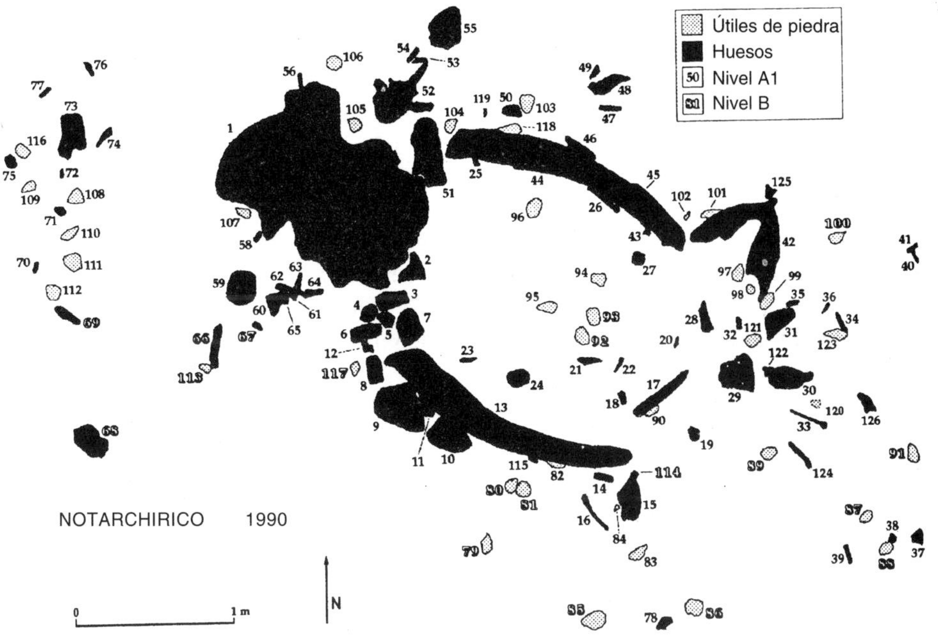

FIG. 4.18. *La zona del elefante en Notarchirico, Italia, región mediterránea central. El cráneo lleva el número 1 y la mandíbula el número 42 (a partir de Cassoli* et al. *1993: Fig. 2).*

recogieron ochenta y seis huesos y cuarenta y un líticos. Además de los restos del elefante había unos cuantos huesos de ciervo y otros posiblemente de una especie de gamo extingida, la *Dama clactoniana*. Los objetos eran choppers de caliza, algunos bifaces apuntados (Cassoli *et al.* 1993: Fig. 4) de sílex así como diversos denticulados pequeños y readeras.

A primera vista se ve que el área de excavación era demasiado pequeña como para poder recuperar el esqueleto entero. El descuartizamiento de grandes animales ocupa mucho espacio, tal como pudo descubrir O'Connell (*et al.* 1992) gracias a su estudio etnoarqueológico de los Hazda de Tanzania. Estos investigadores comprobaron que los restos de un animal muerto ocupaban una superficie que representaba el 75 por ciento de la variación en el tamaño del área sobre la que los animales eran descuartizados (*ibid.*: 330).

El mayor animal que vieron descuartizar fue una jirafa (750 kg) que obligó a utilizar tres áreas separadas. El diámetro de las tres áreas de descuartizamiento iba de 32 a 68 m, con un diámetro medio de 51 m. El área total sobre la que fueron trasladadas partes de una de las jirafas durante el proceso de descuartizamiento, se estimó en 750 m^2 (*ibid.*: 340), el doble del área detalladamente estudiada de Bilzingsleben (355 m^2), donde habitaban rinocerontes y mamuts, y treinta veces el área que comentamos de Notarchirico.[63]

63. Si aplicamos la equivalencia tamaño del área de descuartizamiento: tamaño de los restos, de Hazda, a los rinocerontes y mamuts de Bilzingsleben se obtienen todavía áreas mayores ya que ambas especies pesan más de 1.000 kg.

Sin embargo, hay que hacer otras puntualizaciones antes de aplicar estas observaciones etnoarqueológicas. En primer lugar, el estudio de Hazda muestra que el desmembramiento de un animal grande era una actividad estructurada socialmente en la que sexo y edad determinaban la formación de los equipos de trabajo, el emplazamiento de hogueras y el transporte de las partes del animal. Este tipo de organización no puede presuponerse que se hubiera dado también con ocasión del descuartizamiento ocurrido en Notarchirico. Es algo que hay que demostrar. En segundo lugar, dentro del ancho campo de descuartizamiento de Hazda, grupos de trabajo distintos se ocuparon de los diferentes segmentos de la jirafa sobre áreas mucho más pequeñas, que iban de 3 a 7,5 m de diámetro (O'Connell, Hawkes y Blurton-Jones 1992: figura 3). Esta escala espacial ya sería comparable con la escala de Notarchirico y coincidiría bastante con las áreas excavadas de Bilzingsleben.

Es evidente que en Notarchirico muchas incógnitas dependen de la demostración de la asociación entre útiles y cráneo. No se han conservado marcas de cortes aunque sí se observan fracturas por impacto (Cassoli, comunicación personal). Los arqueólogos prestaron mucha atención a los mecanismos fluviales de los sedimentos, concluyendo que la asociación que observamos no se debe a un revoltijo producido por las aguas (Isaac 1989: 143) sino que refleja un uso humano de la trompa y la cabeza (Cassoli *et al.* 1993). Esta conclusión no aclara si el animal fue muerto o aprovechado como carroña.

Estas asociaciones son menos claras en otros yacimientos con elefantes como Kärlich Seeufer en Alemania (Bosinski 1995a, Gaudzinski *et al.* 1996), y Aridos (Santonja 1992, Santonja *et al.* 1980) y Torralba (Santonja 1992, Shipman y J. Rose 1983) en España.[64] El rodamiento y selección de los huesos de elefante producidos por las corrientes de agua en Torralba hace difícil comprobar la consistencia de las asociaciones entre los seres humanos y esta fauna de gran tamaño. Aquí y en Kärlich Seeufer la asociación de restos de madera conservada y útiles líticos puede deberse a una causa natural (Gaudzinski *et al.* 1996).[65] En Aridos los depósitos formados por corrientes fuertes han formado un amasijo de útiles y pequeños huesos justo detrás de los colmillos y el cráneo. En Italia, el yacimiento de La Polledrara di Cecanibbio, al noroeste de Roma, ha ofrecido un rico palimpsesto de útiles de líticos y restos de fauna, en particular de elefantes y uros (*Bos primigenius*) (Anzidei y Huyzendveld 1992, Arnoldus-Huyzendveld y Anzidei 1993).[66] Los grandes huesos y los colmillos hicieron de barrera al paso de la corriente por lo que es normal que se haya producido una densa acumulación de material. En otras partes del área excavada había restos de por lo menos dos elefantes y un lobo conservados *in situ* en sedimentos de grano fino. En este yacimiento se recuperaron cinco mil huesos de animal y 350 útiles líticos fabricados con materia prima de la zona (Mussi 1992, 1995) que muestran un tosco desbastado (choppers, denticulados y raederas). Tanto aquí como en Isernia la Pineta y Fontana Ranuccio hay evidencia de producción de lascas de hueso (Giusberti, Ferrari

64. Gaudzinski (*et al.* 1996) comenta que en Kärlich Seeufer no puede demostrarse que haya una conexión entre los numerosos restos de madera y de fauna con los objetos de piedra. Los ocho elefantes se acumularon en aquel lugar a lo largo de un período de tiempo grande.

65. Hay voces que dicen que parte de la madera de Torralba está quemada (véase James 1989).

66. La cronología de La Polledrara está en estudio aunque parece holsteiniense, perteneciente al EIO 12 (478.000-303.000 BP), por lo tanto es comparable a la de otros yacimientos fluviales italianos como Notarchirico, Fontana Ranuccio y Torre in Pietra (Mussi 1995).

CUADRO 4.12. *Material procedente de la sección I, cata 3.ª de Isernia (Giusbert, Ferrari y Peretto 1991).*

	Núm.	*Densidad por m²*
Bloques de travertino	1.256	8
Cantos y losas	292	2
Útiles de sílex	137	1
Huesos	722	5

y Peretto 1991, Segre y Ascenzi 1984, Villa 1991: Fig. 3). Demostraciones experimentales han confirmado la fractura intencional de huesos de bisonte para la extracción de tuétano en Isernia, mientras que en Castel di Guido (figura 4.15), cerca de La Polledrara, se han hallado varios bifaces de hueso (Anzidei y Huyzendveld 1992: 146, Villa 1991).

Estos yacimientos italianos proporcionan un cuadro muy detallado de los complejos procesos fluviales. No se trata de yacimientos derivados en el sentido de gravas fluviales de origen glaciar que contienen bifaces muy rodados como los que encontramos en Inglaterra y el norte de Francia (Antoine 1990, Bridgland 1994, Wymer 1996). Los restos que encontramos en Italia (Cassoli *et al.* 1993, Anzidei y Huyzendveld 1992, Mussi 1995) llaman la atención sobre una gama amplia de ambientes deposicionales, que van desde los producidos por sedimentación lenta a los producidos por sedimentación muy rápida, responsables de la producción de una gran diversidad de asociaciones entre piedras y huesos.

Isernia ilustra perfectamente los problemas interpretativos que plantean estos escenarios (Cremaschi y Peretto 1988, Peretto, Terzani y Cremaschi 1983). En el sector I t.3.ª de Isernia, se excavaron 130 m^2, comprobándose que el depósito de huesos, útiles líticos, cantos y bloques de travertino se produjo sobre un nivel de barro no consolidado entremezclado con barras de grava. El material acumulado fue cubierto más tarde por depósitos fluviales de sedimentación rápida (cuadro 4.12; figura 4.19).

La fauna está dominada por el bisonte con diversos cráneos bien conservados. No hay marcas de cortes aunque si que se puede demostrar que diversos huesos han sido intencionadamente fracturados. Los útiles son de tamaño pequeño y en términos de factura y retoque, irregulares (Peretto, 1991). El conjunto de útiles, numéricamente reducido, está formado básicamente por lascas, denticulados y raederas. Igual que en Bilzingsleben (Mania 1991a) la masa de huesos y de bloques de travertino que aparecen en estas «áreas pavimentadas» se interpretan como resultado de una consolidación y se utilizan como prueba de la existencia de refugios y de suelos habitados (Cremaschi y Peretto 1988, Peretto, Terzani y Cremaschi 1983: figura27). Se hace difícil dar apoyo a este tipo de presunciones habida cuenta de las pruebas de fuerte actividad fluvial en esta parte del yacimiento.

LUGARES DE REUNIÓN EN CUEVAS

La información procedente de cuevas y abrigos de que disponemos es en general escasa. Los detalles disponibles procedentes del rico yacimiento de la *Cova de*

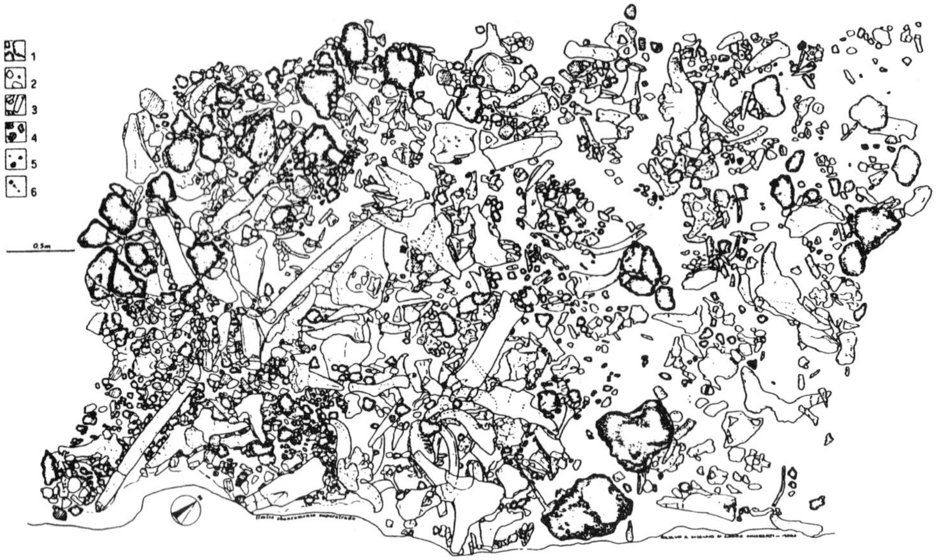

FIG. 4.19. *Planimetría del nivel t.3.ª de Isernia la Pineta, Italia, en el nivel de excavación más alto (a partir de Cremaschi y Peretto 1988: Fig. 18). Clave:*
1. *Travertino*
2. *Cantos*
3. *Restos de hueso*
4. *Útiles de caliza*
5. *Útiles de sílex*
6. *Trazas de coloración*

l'Aragó, en Tautavel, serán importantes para estudiar las estrategias de gestión alimentaria de los homínidos, aunque hasta el momento sólo se han publicado de forma preliminar (cuadro 4.13). La fauna es particularmente rica (Jourdan y Moigne 1981) pudiéndose documentar los cambios más importantes acaecidos, a nivel de especies, entre un período interglaciar (EIO 13) y un período glaciar (EIO 12). El reducido número de carnívoros sugiere que durante distintos momentos el ciervo, el caballo y el muflón fueron sus principales presas.[67] H. y M.A. Lumley (1979) contabilizan cuarenta y cuatro restos de homínido procedentes de, al menos, quince individuos, hallados en su mayor parte en el nivel G, equivalente al EIO 12. El 40 por ciento de la muestra son restos infantiles, hay constancia de una sola mujer adulta de unos cincuenta años, y el resto son adultos de menos de veinticinco años de edad.

En Atapuerca el material arqueológico procede en su mayor parte de las secciones obtenidas en las anfractuosidades de la zona de la galería (TG) y en la dolina (TD). En los últimos años, en el estrato Aurora, en TD6, se han hallado treinta y seis fragmentos de homínido asociados a útiles líticos bastante primitivos tecnológicamente (Bermúdez de Castro *et al.* 1997), Carbonell *et al.* 1995). También en Atapuerca,

67. La asociación entre el gato salvaje y el leopardo con el buey almizclero y el reno, en el sur de Francia (cuadro 4.13) hace de esta comunidad faunística un caso extraordinario digno de reseñar.

CUADRO 4.13. *La fauna de grandes mamíferos de la Cova de l'Aragó (Jourdan y Moigne 1981).*

EIO *NIVEL*		*13* *KL* %	*13* *HIJ* %	*12* *DEFG* %	*12* *SOLG* %	*12* *F2* %	*12* *F1* %	*12* *E* %
Carnívoros								
Canis etruscus	Lobo etrusco		10	3	2	4	4,3	5
Cuon priscus	Cuon			1,1	1,5		0,8	
Vulpes praeglacialis	Zorro extinguido			0,5	0,5	4		
Vulpes sp.	Zorro			0,5			0,8	5
Ursus deningeri	Oso de Deninger		7,5	2,5	3,5		1,7	
Felis sylvestris	Gato silvestre		5	0,2	0,5			
Felis lynx	Lince	+		0,5	0,5		0,8	
Panthera pardus	Leopardo			0,5			0,8	5
Panthera spelaea	León de las cavernas			1,1	1		0,8	5
% de carnívoros			***22,5***	***9,9***	***9,5***	***8***	***10***	***20***
Herbívoros								
De los bosques								
Cervus elaphus acoronatus	Ciervo sin cornamenta		27,5	12,4	14	4	12,1	5
Cervus elaphoides	Ciervo de tamaño medio		17,5					
Praemegaceros	Ciervo gigante		7,5					
Dicerorhinus mercki	Rinoceronte de Merck		5	1,4	2,5			
Bos o Bison	Uro o Bisonte			4,4	4,5	4	4,3	5
% de herbívoros de bosque			***57,5***	***18,2***	***21***	***8***	***16,4***	***10***
De la estepa								
Equus mosbachensis	Caballo de Mosbach	+	5	21,4	30,5	8	10,4	14
Dicerorhinus hemitoechus	Rinoceronte de la estepa		2,5	3,2	5	4	0,1	
Praeovibos priscus	Buey almizclero extinguido			5,2	5,5	12	3,5	5
Rangifer tarandus	Reno	+	2,5	2,2	2		3,5	
% de herbívoros de estepa			***10***	***32***	***43***	***24***	***17,5***	***19***
De la montaña								
Ovis ammon antiqua	Muflón extinguido		2,5	31,3	18	48	49,5	38
Hemitragus bosali	Tar		7,5	7,4	7,5	12	4,3	9
Rupicapra rupicapra	Gamuza			0,2			0,8	
Marmota marmota	Marmota			0,5	0,5			5
% de herbívoros de montaña			***10***	***39,4***	***26***	***60***	***54,6***	***52***
NMI		**7**	**40**	**364**	**199**	**25**	**115**	**21**

Notas:
NMI = Número Mínimo de Individuos.
\+ = Presente pero en cantidades muy escasas.

CUADRO 4.14. *Paleodemografía de los homínidos de la Sima de los Huesos (Bermúdez de Castro y Nicolás 1997: cuadro 3).*

Años	*Macho*	*Hembra*	*No identificado*	*%*
0-5			1	3
6-10			2	6
11-15	2	1	5	25
16-20	1	5	3	28
21-25	2	1	1	13
26-30	3	2	1	19
>30		1	1	6
NMI	**32**			

pero esta vez en la Sima de los Huesos, cavidad que forma parte de un profundo y complejo sistema subterráneo, los trabajos de excavación han sacado a la luz los restos de por lo menos treinta y dos individuos (cuadro 4.14) de un conjunto de más de 1.000 restos (Arsuaga, Bermúdez de Castro y Carbonell 1997, Arsuaga *et al.* 1993, Bermúdez de Castro 1995). Una muestra tan grande está permitiendo la rara oportunidad de poder estudiar la estructura de una población del Pleistoceno Medio. Se ha podido establecer el sexo de dieciocho individuos: diez eran mujeres y ocho hombres. El individuo de más edad tenía treinta y cinco años, según estimación de Bermúdez de Castro (1995). Esta población fósil da un perfil de edad caracterizado por la presencia de pocos individuos en edad infantil, al contrario que en Tautavel.

En la Sima de los Huesos no hay útiles de ningún tipo; únicamente hay que reseñar restos de osos. La interpretación de este depósito suscita opiniones diferentes (Santonja 1992: 50). O una catástrofe mató al grupo entero, o los cadáveres de ciertos individuos fueron traídos a la cavidad intencionadamente durante un período de tiempo, siendo más tarde arrastrados por las corrientes hasta la Sima de los Huesos. Algunos huesos presentan trazas de haber sido roídos por carnívoros (Andrews y Fernández Jalvo 1997).

LUGARES DE REUNIÓN EN ZONAS TRAVERTÍNICAS

Vértesszöllös en Hungría (Kretzoi y Dobosi 1990) es un área de travertinos en la región meridional oriental. Su datación aún no está clara, ya que la cronología absoluta del travertino se considera demasiado reciente para la fauna. La presencia del *Arvicola terrestris cantiana* sugiere una edad de 350.000 años BP, comparable, por lo tanto, con la fase Holsteiniense del travertino de Bilzingsleben, en la región septentrional central.[68]

En la cantera de travertino de Vértesszöllös hay tres áreas principales interesantes desde el punto de vista arqueológico. El yacimiento I se interpreta como un hábitat. Se trata de un conjunto de huesos muy fragmentados mezclados con útiles líticos. La

68. Schwarcs (*et al.* 1988) ha publicado una cronología para el nivel cultural entre el 180.000 y el 210.000 años BP.

CUADRO 4.15. *Vértesszöllös. Comparación de la fauna de los yacimientos I y II (Kretzoi y Dobosi 1990: 532).*

	%	
	Yacimiento I	*Yacimiento II*
Carnívoros	1	27
Omnívoros incluidos los osos	6	69
Herbívoros	93	4
Núm. de especímenes	1.916	1.135

fauna está básicamente representada por una especie de caballo extinguida, el *Equus mosbachensis*, con una presencia del 48 por ciento, y por todas las especies de ciervo (el gamo, el ciervo común y el ciervo gigante) que juntas equivalen al 27 por ciento de los restos faunísticos. El oso representa el 6,3 por ciento de los restos de fauna, mientras que los demás carnívoros apenas están representados. El tipo de rinoceronte (*Stephanorhinus etruscus*) que en Bilzingsleben aparece como especie dominante, apenas llega aquí al 5 por ciento de los restos.

El yacimiento II, situado en otro punto de la cantera, presenta un gran contraste con el anterior y ha sido interpretado como la guarida de un carnívoro. La deposición de huesos en este yacimiento empezó en una fisura estrecha que más tarde se convirtió en una zanja. Aparte de los osos que hibernaban aquí, los dos carnívoros presentes son un lobo extinguido (*Canis mosbachensis*), representado por un 13 por ciento de los huesos, y un león extinguido (*Leo gombaszögensis*), representado por un 14 por ciento de los restos. Ambas especies aparecen en el yacimiento I pero con cifras muy escasas (cuadro 4.15).

El yacimiento I fue excavado entre 1963 y 1968 hasta una superficie de 60 m^2. Los huesos de los animales están muy fragmentados y esparcidos por todas partes, como puede apreciarse en la planimetría realizada por Kretzoi y Dobosi (1990). Los arqueólogos mencionan que gran parte de los huesos se encontraron quemados y en sus notas de campaña Vértes escribió que había zonas muy quemadas que indicaban la presencia de hogares (Kretzoi y Dobosi 1990: 532) aunque en ellos no se encontraron restos de carbón vegetal. Las similitudes con Bilzingsleben (véase más abajo) siguen con el descubrimiento en 1965 de restos de dos individuos. Vértesszöllös I es un niño o niña de siete años del que se hallaron cuatro dientes. El segundo homínido, un hueso occipital de un adulto joven de sexo masculino, se descubrió en un bloque de travertino despedido como consecuencia de una explosión de dinamita en la cantera, y encontrado a unos 8 m del yacimiento I.

Los útiles líticos fueron estudiados por Vértes (Kretzoi y Dobosi 1990, Kretzoi y Vértes 1965, Svoboda 1987). Es una colección que contiene diversos útiles sobre canto muy pequeños y lascas. La materia prima es de origen local.

Finalmente, en el nivel III del yacimiento III de Vértesszöllös se descubrieron huellas de animal bien conservadas sobre un área de 40 m^2. Se trataba de una ciénaga frecuentada por rinocerontes, osos, bisontes y ciervos. No hay huellas de caballo a pesar de que en el yacimiento I hay abundancia de huesos de ese animal.

Vértesszöllös nos hace recordar el tipo de paisajes y de restos arqueológicos con los que tratamos habitualmente. Los tres yacimientos de la cantera son similares aunque no sean contemporáneos. No obstante, nos proporcionan cuadros muy diferentes sobre lo que sucedía en los alrededores de un manantial. Los yacimientos I y II no presentan pruebas asociadas suficientemente buenas de presencia humana. Pero ello no significa que el yacimiento I sea enteramente el producto de una presencia homínida, o dicho de otro modo, un lugar de reunión para los homínidos.

Lugares de reunión en posición primaria a orillas de un lago, a orillas de un río y a orillas del mar

Boxgrove es un ejemplo de escenario bien conservado de este período. Los restos arqueológicos proceden de episodios de talla del sílex realizados en aquel lugar y se encuentran asociados con restos de animales. El descuartizamiento en el yacimiento GTP 17 de un caballo entero merece especial atención (figura 4.11). Los homínidos trajeron al lugar del descuartizamiento seis grandes nódulos de sílex y se dedicaron allí mismo a tallarlos (Pitts y Roberts 1997). Como ya se dijo anteriormente la talla de los bloques grandes produjo lascas, no bifaces como los que se encuentran en los alrededores de este lugar de descuartizamiento. Sobre el paisaje de Boxgrove se encuentran restos de otros animales descuartizados como el rinoceronte y el ciervo común. Los huesos están bastante esparcidos sobre el terreno sin que aparezcan otros elementos de interés arqueológico como pudieran ser hoyos, pozos u hogares. Por lo tanto, todo parece indicar que este escenario fue un punto de reunión y no el lugar de una ocasión social, ya que algo así exigiría un mayor grado transformación del entorno inmediato.

El escenario a orillas de un lago de Hoxne, al este de Inglaterra (Singer *et al.* 1993) ha proporcionado el mismo tipo de indicios. Aquí, la propia orilla contribuyó a una buena preservación de los indicios, igual como sucede en Bilzingsleben (véase más abajo). Los huesos de animal y los bifaces apuntados fueron abandonados por los homínidos en la misma orilla, en el agua. Esto explicaría la inexistencia de hoyos para postes y otros restos de estructuras. Sin embargo, en Hoxne hay doce conjuntos líticos en el nivel C, que podemos asociar a la industria de bifaces ovalados del inferior (figura 4.20). Dichos conjuntos tienen un metro aproximadamente de diámetro y contienen unos pocos fragmentos de huesos, restos de carbón vegetal y algunos útiles. Wymer ha descrito estos conjuntos como algo parecido a lo que se deja en el suelo al vaciar un saco (1985: 171-3). En la industria de sílex superior del nivel 5, este autor encontró un grupo de fragmentos dispersos de sílex, posiblemente arrojados allí, según él, con el fin de formar un piso más firme en el cieno blando (*ibid.*: 173).[69]

Finalmente en Miesenheim I en Alemania, E. Turner (1989, 1990) ha estudiado la tafonomía de este yacimiento interglaciar del Cromeriense IV, comparable en edad al yacimiento de Boxgrove (Bosinski 1995a, Bosinski, Kolfschoten y Turner 1988). En este escenario, del que se han excavado 100 m^2 (Turner 1989: 530) han aparecido cien útiles de sílex y bastantes restos de esqueletos de animales, particularmente de dos grandes bóvidos, de cuatro caballos, de seis ciervos y por lo menos, de nueve corzos, seis adultos y tres jóvenes. Se podría decir que en este yacimiento no abundan

69. En Boxgrove se han formado unos singulares agrupamientos de cantos debido posiblemente al efecto del arrastre de las algas (Roberts, comunicación personal).

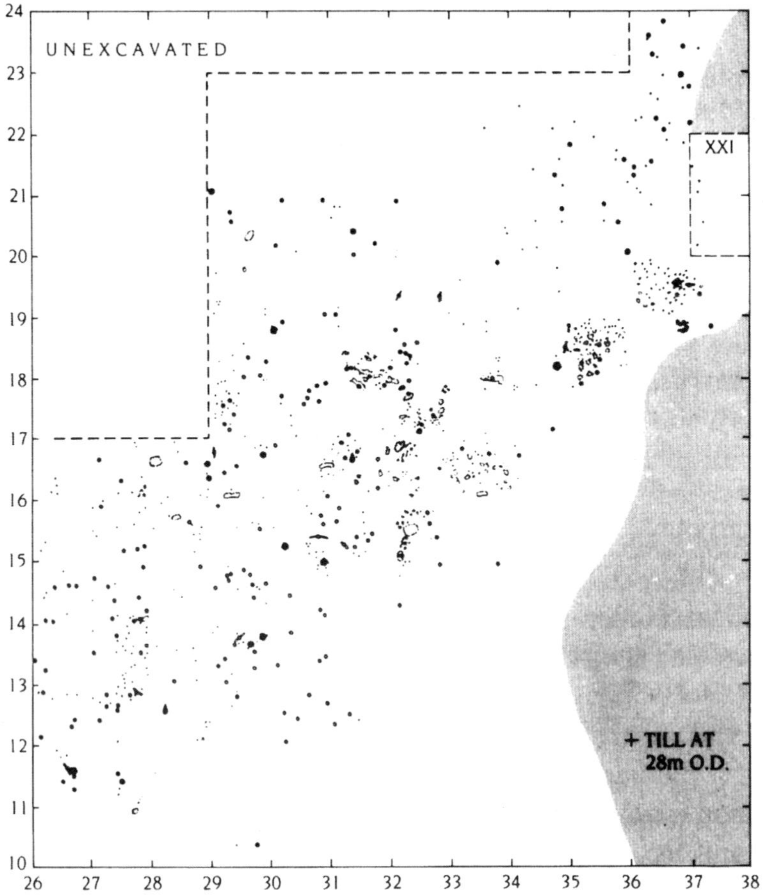

FIG. 4.20. *Excavaciones a lo largo de la orilla lacustre de Hoxne, Inglaterra, región septentrional occidental. Esta vista de la Industria Inferior, estrato C del yacimiento, da idea del buen estado de conservación de los vestigios. Sin embargo, esta detallada planimetría de los huesos de animal (formas en blanco) y del material lítico (sombreado y puntos) también da muestra de los pocos restos de los que establecer patrones de algún tipo. Nótese la inexistencia de hogares (a partir de Wymer 1985: Fig. 58).*

demasiado los útiles líticos; sin embargo, cerca de los esqueletos hay una pequeña área de 5 m^2 recubierta de piedras que Bosinski (1995a: 114) juzga como prueba de intervención humana ya que su objeto sería consolidar los sedimentos del humedal de la orilla del río. Sin embargo, Turner nos recuerda que hace unos pocos años una asociación así hubiera sido suficiente para argüir en favor de una intervención homínida, pero que hoy día ya no lo es. Más importante es constatar que no hay restos de marcas de corte en los huesos, ni se puede decir que los huesos se hayan roto deliberadamente para extraer el tuétano. No cabe duda de que se puede descurtizar a los animales sin apenas dejar marcas de corte, sobre todo los animales de pequeño tamaño como el corzo, en los que se acostumbra a dejar una proporción muy pequeña de marcas de corte (Binford 1981b, von den Driesch y Boessneck 1975). En Miesenheim I un ocho por ciento de los huesos fueron roídos por carroñeros y los huesos de uno de los grandes bóvidos aparecieron dispersos, lo que se interpreta como el resultado del ataque de un lobo. Turner concluye que Misenheim, básicamente por su buena conservación *in situ*, fue como máximo un escenario efímero utilizado por homínidos que tallaban piedra. Quizá pudieran haber roído las carroñas pero no hay evidencia decisiva para poder afirmarlo taxativamente.

Escenarios: el caso de Bilzingsleben

Esos modelos de conservación y uso de los escenarios pueden abordarse por medio de un estudio más detallado de un caso concreto: Bilzingsleben.

El escenario de Bilzingsleben en Alemania del Este, se encuentra en el valle del río Wipper, un afluente del Saale, que a su vez es tributario del Elba. Este escenario fue conservado en un primer momento por un manantial de travertino que cubrió de arena y carbonatos de origen lacustre los restos arqueológicos y que finalmente los selló con una costra dura del mismo travertino (figura 4.21). La extracción de travertino para la obtención de material para la construcción sacó a la luz los restos arqueológicos y tras veinte años de excavaciones dirigidas por Dietrich Mania, poseemos hoy un detallado conocimiento de un interesante escenario interglaciar holsteiniense (Fischer *et al.* 1991, Mai *et al.* 1983, Mania y Dietzel 1980, Mania, Toepfer y Vleck 1980, Mania y Weber 1986).

Cronología y entorno medioambiental

En los depósitos de Bilzingsleben hay tres períodos interglaciares conservados, siendo el segundo el que contiene el horizonte arqueológico. La datación absoluta, realizada por Schwarcz (*et al.* 1988, Mania 1995: 90), se obtuvo utilizando Th230-U234 y Espín Electrónico de Resonancia, situando el interglaciar Bilzingsleben II entre los años 350.0000-320.000 BP y 414.000-280.000 BP, lo que confirma su ubicación en el complejo Holsteiniense, aunque no resuelve la cuestión de si es en el EIO 11 o en el EIO 9. Las evidencias medioambientales son particularmente ricas. La presencia de caracoles mediterráneos y del sudeste de Europa, incluyendo el caracol acuático *Theodoxus serratiliniformis*, indican un clima templado del mismo modo que lo indica la presencia del castor gigante (*Trogontherium cuveiri*) cuyos restos aparecen en otros escenarios del complejo Holsteiniense de la Europa del norte, así como del elefante de colmillos rectos (*Palaeoloxodon antiquus*). Hojas y fragmentos de madera también aparecen aquí bien conservados igual como sucede en otros yacimientos travertínicos. A partir de estos macrofósiles podemos deducir la existencia de un abundante bosque mixto con presencia de robles. Los bosques de los alrededores del yacimiento también contenían plantas de origen meridional como la sabina rastrera (*Juniperus sabina*), vides silvestres (*Vitis sylvestris*), y arbustos como el boj (*Buxus sempervirens*) la *Pyracantha*, el *Celtis* y la *Syringia* (Mania 1995). Estos arbustos rodeaban el lago y formaban con los demás árboles una densa fronda en la misma orilla que caía sobre el manantial (figura 4.21).

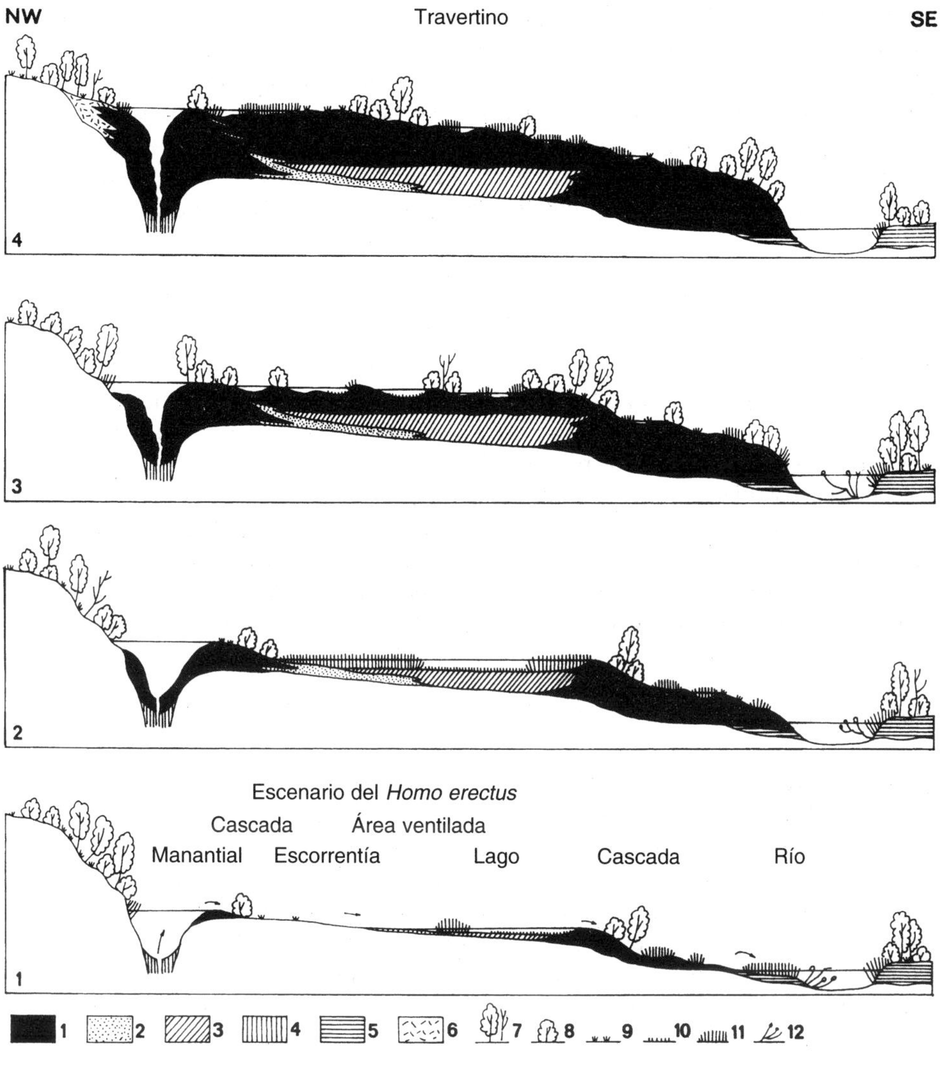

FIG. 4.21. *Desarrollo geológico del yacimiento de Bilzingsleben, Alemania, región septentrional central (a partir de Mania 1995: Fig.4). Clave:*

1. *Travertino*
2. *Arena de travertino*
3. *Caliza lacustre*
4. *Deyecciones depositadas en el manantial*
5. *Fangos de escorrentía*
6. *Otros depósitos*
7. *Árboles*
8. *Arbustos*
9. *Vegetación herbácea*
10. *Juncias*
11. *Carrizos*
12. *Plantas acuáticas*

La malacología presenta noventa especies, de las cuales una tercera parte son indicadores de vegetación boscosa. Sin embargo, numéricamente dominan los moluscos propios de zonas abiertas hecho que interpreta Mania como una prueba del predominio de un ambiente de bosques abiertos, es decir de un tipo de estepa boscosa (1995). Tomados conjuntamente los restos de flora y fauna indican un clima relativamente cálido y seco con unas temperaturas medias anuales entre 10 ° y 11 °C, estimándose la temperatura media de Enero entre –0,5 ° y 3 °C y la de Julio entre 20 ° y 25 °C (Mania 1995).

Restos humanos

Este escenario dio entre 1972 y 1989 los restos fósiles de al menos tres individuos.[70] Se trata de fragmentos craneales y de dientes (cuadro 4.16). No se han descubierto hasta el momento restos postcraneales.

Los homínidos 1 y 2 eran adultos, y fueron clasificados por Vlcek (1978) como *Homo erectus* aunque otros especialistas creen que deberían ser catalogados como *Homo heidelbergensis*, el nombre genérico dado a los Europeos más primitivos (Roberts, Stringer y Parfitt 1994).[71] El único resto existente del homínido 3 es un molar inferior de leche, por lo tanto proviene de un individuo de edad infantil.

La superficie excavada

Se han excavado en total 600 m^2 de terreno (Mania 1986, 1991a) aunque el trabajo de interpretación se ha concentrado sobre un área de 355 m^2. El escenario se divide en dos áreas principales claramente delimitadas por el extremo de un anterior estanque. En tiempos de la presencia homínida este estanque había sido casi llenado por un depósito de sedimentos acumulados en la misma boca del manantial que manaba del lecho de caliza de debajo. Este depósito era atravesado por riachuelos que drenaban en lo que quedaba del estanque. Por lo tanto el estanque contenía una gran proporción de materiales de aluvión, incluyendo los restos del homínido 1. El ya-

Cuadro 4.16. *Restos de homínidos de Bilzingsleben (Mania 1991a: 22-3).*

	Núm. de fragmentos de cráneo	*Núm. de dientes y de fragmentos de diente*
Homínido 1	6	1
Homínido 2	4	5
Homínido 3		1

70. Recientemente se ha dado a conocer el descubrimiento de un cuarto individuo adulto (Mania 1995: 92).

71. El *Homo heidelbergensis* anteriormente denominado *Homo sapiens* arcaico (Stringer 1981) forma un grupo regional distintivo aunque variable. Incluye los restos de homínido de Atapuerca, Steinheim, Swanscombe, Bilzingsleben, Aragó y Petralona. Stringer (1981: 12, 1984) no cree que haya pruebas fósiles de la existencia del *Homo erectus* en Europa.

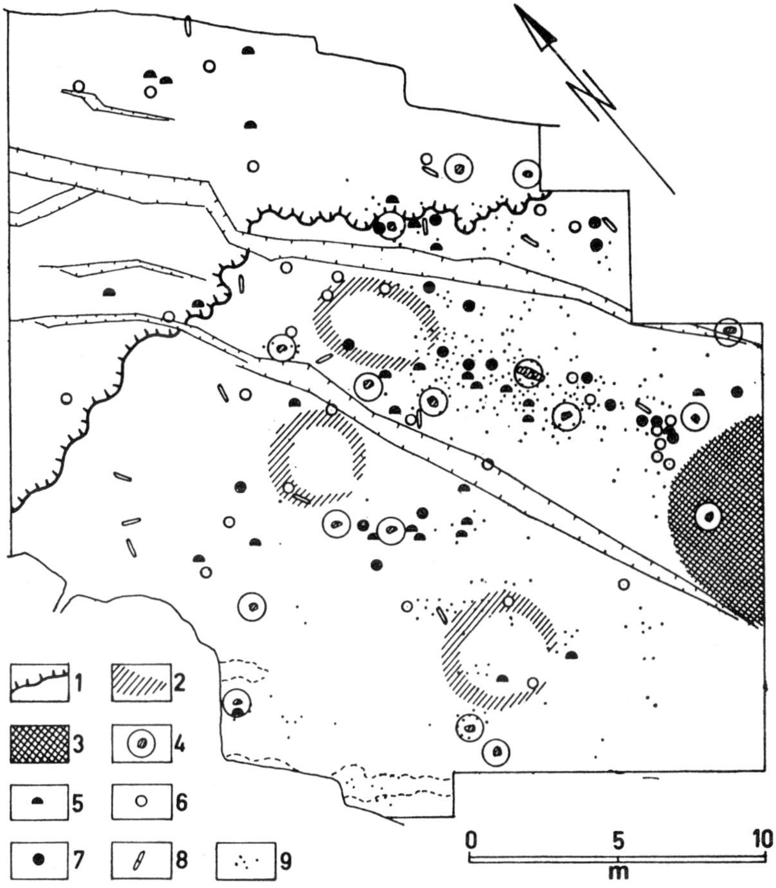

FIG. 4.22. *Reconstrucción del «campamento» de Bilzingsleben a partir de la distribución de los útiles, Alemania, región septentrional central (a partir de Mania 1991a: Fig.2). Clave:*
1. Borde del lago
2. Estructuras de habitación
3. Área central pavimentada
4. Yunques
5-9. Útiles de hueso y huesos modificados

cimiento es atravesado por una serie de fallas secundarias que tuvieron lugar después de la ocupación homínida.

La segunda área importante consiste en un depósito de sedimentos bastante seco formado por arenas. Esta parte del yacimiento es descrita como una pequeña terraza sobre la orilla en un extremo del estanque (Mania 1995: 91), pegada a la salida del manantial. Los hallazgos de esta área no tienen el carácter de aluviones sino que se contemplan como materiales descubiertos en su contexto original (Mania 1991a: 17). Incluyen los restos del homínido 2 y la reconstrucción de un campamento con tres refugios (figura 4.22).

Macrofauna

Se han hallado huesos de animales en el sedimento y en los depósitos de la orilla. Casi no hay huesos de carnívoros excepto de oso. Tampoco hay indicación de su presencia a través de marcas de roedura. Entre los 256 huesos identificados, las especies más comunes son el rinoceronte (27 por ciento), el castor (14 por ciento), el ciervo (13 por ciento), el elefante (12 por ciento) y el oso (11 por ciento). Esta poco abundante colección de huesos procede de los 355 m^2 de área intensamente excavada.

Del resto de superficie hasta los 600 m^2 totales de área excavada, se identificaron 627 huesos y dientes de elefante y se recogieron además otros 1.578 fragmentos de huesos y dientes que no pudieron ser identificados (Mania 1991a: Cuadro 4). Hay huesos de todas las partes de un esqueleto animal pero el conjunto está dominado por fragmentos procedentes de la cabeza y la boca. Hay un total de 118 piezas dentarias en las que ha podido ser determinada la edad (Guenther 1991), resultando que un 65 por ciento de los animales tenía menos de catorce años de edad. De ellos, la mayoría tenía entre dos y seis años de edad (47 por ciento) y un número considerable (figura 4.23) tenía menos de dos años (30 por ciento).

Mientras que los dientes de elefante indican un predominio de los animales jóvenes, los huesos cuentan una historia distinta; patas, omóplatos, costillas y vértebras proceden de animales más viejo. Mania (1991a) examina además el grado de fragmentación. Hay cuarenta y ocho huesos identificados que forman parte de las extremidades: húmero, radio, fémur y tibia. De esos, once casi están completos. Sin embargo, hay también 665 fragmentos clasificables como astillas, además de 252 esquirlas procedentes de los huesos grandes. Mania ha identificado otros 119 huesos modificados intencionadamente, explicando las discrepancias cuanto a representación, como el resultado de la selección por parte de los homínidos, de los huesos más largos, densos y gruesos de los elefantes, como materia prima para la producción de lascas de hueso y otros objetos.

En cambio, los restos de rinoceronte se interpretan como el resultado de una caza especializada (*ibid.*: 21). El cincuenta por ciento de los restos procede de animales jóvenes y los huesos no fueron utilizados como materia prima. Sólo se llevaban al campamento algunas partes seleccionadas del animal. Algo parecido sucedía con los bisontes y los caballos. Únicamente se encuentran esqueletos más completos de ciervo y de animales más pequeños.

Áreas de actividad, refugios y objetos

Las superficies excavadas de Bilzingsleben fueron divididas por su contenido en seis zonas de actividad (cuadro 4.17; figura 4.22).En los depósitos de la orilla se identificaron tres estructuras semicirculares (figura 4.22). Estas estructuras se perfilan gracias a unos grandes bloques de travertino y por huesos de animal. Se piensa que estos elementos habrían servido de pesos para asegurar una estructura de paraviento (Mania 1990: 83). A partir de los planos publicados por Mania (1986, 1990: Abb. 58,59 y 62) he elaborado el cuadro 4.18 que describe los materiales asociados a estos refugios.

El cuadro muestra que estamos ante pocos elementos de tamaño grande aunque sí hay una considerable variedad de restos distintos en cada zona de refugio. Esta ca-

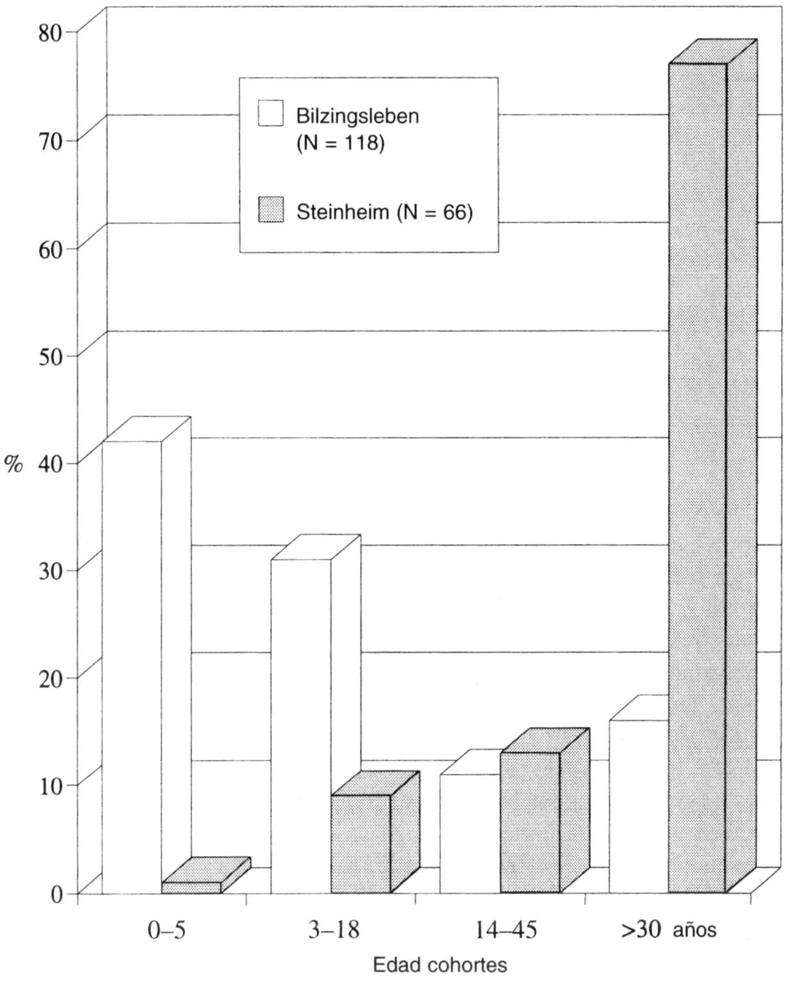

FIG. 4.23. *Perfiles de edades de los elefantes* (Palaeoloxodon antiquus) *de Bilzingsleben y Steinheim, Alemania. El perfil de Bilzingsleben, donde la conservación y la recuperación de los restos fueron buenos, muestra una mortalidad catastrófica (véase figura. 5.28a). En Steinheim la preponderancia de animales viejos seguramente apunta a una recuperación selectiva. Ninguno de los dos perfiles es necesariamente indicativo de intervención humana. Compárese con la figura. 5.22 donde se muestra un perfil de edades con predominio de los adultos, en este caso provocado por la intervención humana (a partir de Guenther 1991).*

racterística de baja densidad de elementos se observa también con respecto a los huesos identificados, que aparecen en el área de 355 m^2 estudiada en más profundidad, en una frecuencia de 0,7 especímenes por 1m^2.

Hay un aspecto que aún no está resuelto: en qué medida es factible el remontaje de útiles de hueso o piedra. Tampoco es posible determinar, a partir de los planos, las relaciones entre los objetos grandes (más de 10 cm) y los pequeños (menos de 10 cm).

CUADRO 4.17. *Zonas de actividad en Bilzingsleben (Mania 1986, 1991a).*

Zona de actividad	*Restos fósiles humanos*	*Yunques*	*Carbón mineral quemado*	*% de material inf. a 10 cm*	*Astas por m²*	*Interpretación*
I y Ia	sí			88	0,34	Basurero
II		sí		55	0,5	Actividades varias en orilla
III	?		sí		0,14	Refugios
IV	sí	sí		70	0,14	Área trabajo
V	sí	sí		83		Área central pavimentada
VI						Alineamiento de piedras

Dicho de otra manera, los datos no pueden evaluarse desde la perspectiva de poder ver qué es lo que fue seleccionado por los arqueólogos con el fin de poder determinar las formas de estos refugios. El remontaje también sería un elemento de conocimiento esencial, tal como demostró Villa (1976-1977) con su estudio del material procedente de la playa fósil de Terra Amata (Lumley 1969b, 1975: 761-70), y donde diversos agrupamientos de huesos largos y piedras formando un dibujo oval similar, habían sido interpretados como un gran refugio que medía 8 × 4 m, con hogares en su interior (Lumley 1975: Fig. 4). Sin embargo, Villa demostró, remontando 232 grupos de lascas que el 40 por ciento de las lascas procedían de unidades estratigráficas diferentes, con un promedio de desplazamiento vertical de 20 cm. Sus hallazgos pusieron en cuestión la presunción de que los indicios de Terra Amata fueran indicios *in situ*, por lo tanto susceptibles de interpretación en el sentido de sucesivos «suelos de habitación», cada uno de los cuales con su propio refugio temporal.

También se supone que los restos de Bilzingsleben son restos *in situ*, pero quizás no sea así. La intensa fragmentación de los huesos (cuadro 4.17) en la mayoría de las zonas de este escenario, aconseja que también aquí se requiera del concurso de las pruebas de remontaje de los grupos líticos para poder establecer el grado de integridad del yacimiento.

En la interpretación de Mania cada refugio se asocia con una zona con restos quemados y con un área de trabajo que contiene huesos grandes de elefante y yunques de piedra, a veces hechos de bloque de travertino. Además hay una zona V (figura 4.24) descrita como área central pavimentada donde el suelo de sedimentos blandos ha sido reforzado con losas de piedra y cantos. Esta área, parcialmente excavada en 1986, mide entre 3 y 4 m².[72] Las losas de este «pavimento» proceden básicamente de un viejo depósito de travertino situado a 200 m. de distancia, aunque hay materiales diversos como Muschelkalk de origen local, cuarcita, rocas cristalinas y sílex. Dos

72. Más recientemente Mania (1995: 92) ha explicado la zona V de esta manera: «Es un área pavimentada de forma ovalada de 9 m de diámetro. Se trata de cantos y fragmentos de hueso de pequeño tamaño. No se encontró ningún útil sobre esta área pavimentada.» Después de 1986 las excavaciones han seguido y se ha ampliado el área excavada.

CUADRO 4.18. *Contenido de las tres estructuras de Bilzingsleben (Mai* et al. *1983, Mania 1986, 1990, 1991a).*

Refugios	*Fuente Mania 1990*	*Forma*	*Diámetro máx. en m*	*Area m^2*	*Restos de homínidos*	*Huesos Dientes*	*Útiles de hueso*	*Huesos grabados*	*Útiles de asta*	*Objetos de madera*	*Colmillos de elefante*	*Bloques y losas de piedra*	*Yunques de piedra*	*Piedra quemada*	*Percutores pequeños/grandes*	*Pozos*	*Restos quemaddos de homínidos*
1	Abb. 58	Oval	4,5 × 3	13,5	0	95	4	1	3	2	0	76	3	39	21	0	+
2	Abb. 59	Circular	3,5	10	0	64	7	1	4	1	1	70	3	7	26	0	+
3	Abb. 62	Circular	5	20	1	152	14	0	2	49	1	97	3	16	19	2	+

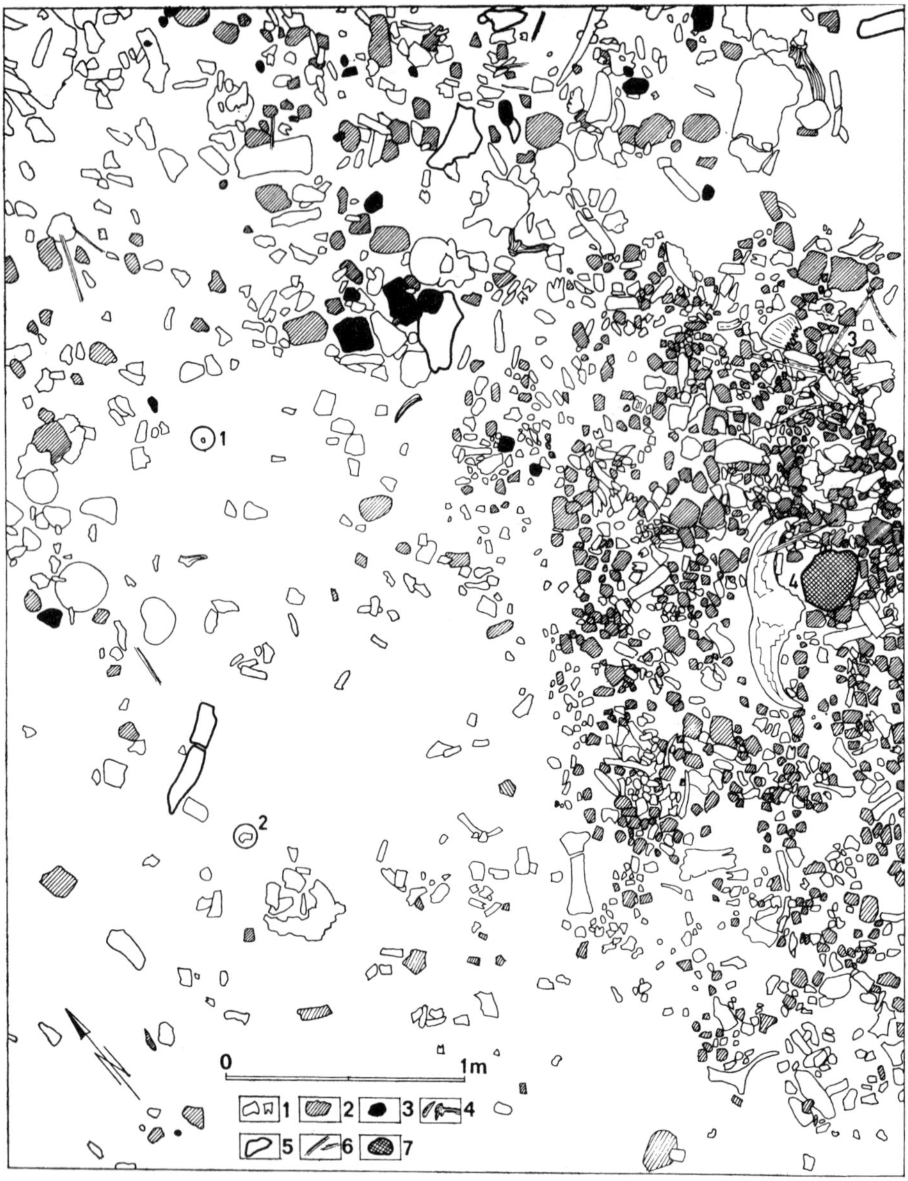

FIG. 4.24. *Área central pavimentada de Bilzingsleben , Alemania, tras la excavación de 1986 (a partir de Mania 1991a: Fig.5). Clave:*
1. Huesos y dientes
2. Losas de piedra y cantos
3. Útiles sobre cantos tallados
4. Astas y útiles de asta
5. Útiles de hueso
6. Restos de madera
7. Yunque
1, 2, 3 son restos de homínido; 4 es un cráneo de bisonte adyacente al yunque de cuarcita.

fragmentos de cráneo del homínido 2 se hallaron en el depósito. Estas piezas, un frontal y un parietal, que estaban a una distancia de 3,3 m, pudieron ser remontadas. En medio del área «pavimentada» hay un cráneo de bisonte muy bien conservado al lado de núcleos de unos cuernos depositados tocando a un gran bloque de cuarcita. Este bloque se interpreta como un yunque ya que se observan restos microscópicos de hueso adheridos a su superficie. Sin embargo no se encontraron percutores de piedra ni esquirlas de hueso alrededor (Mania 1991a: 23). La zona de actividad VI es una línea de 5 m de cantos de tamaño mediano que conduce a la «zona pavimentada» desde el sudoeste (Mania 1991a: 23).

La industria lítica, igual que el pavimento de piedra, utiliza materiales diversos procedentes de los alrededores. Por ejemplo, hay grandes útiles sobre canto y percutores de piedra hechos de cuarcita y Muschelkalk (Mania 1978: Abb. 10). Un primer estudio de las 2.486 piezas, mostró que el 93 por ciento estaban hechas de sílex, obtenido a menos de 10 km de distancia (Weber 1986), y que el 87 por ciento de este sílex eran piezas de menos de 1 cm de largo. Las piezas retocadas representaban el 12,5 por ciento del conjunto, y tenían una longitud entre 1 y 6 cm. Las formas son diversas: cuchillos, cuchillos de dorso (Keilmesser), raederas, puntas en forma de bifaz, puntas de Tayac y de Quison (véase Brézillon 1968, Debénath y Dibble 1994, Hahn 1991) así como denticulados y muescas (Mania 1995).[73]

Como ya se ha mencionado, algunos huesos, especialmente los de elefante, parece que han sido tallados intencionadamente para obtener lascas; para las piezas de madera se describen formas de bastón, gancho y pala, aunque muestran una estandarización muy elemental. Finalmente cabe mencionar, que uno de los aspectos más conocidos de Bilzingsleben son los huesos «grabados». Mania (1990) describe cuatro objetos de este tipo con incisiones de marcas rítmicas sobre partes de huesos largos de mamífero, casi todos de elefante. En ambos lados de un hueso plano del pie de un elefante hay una serie de líneas realizadas con un objeto de piedra que Mania interpreta como unas marcas geométricas de tipo simbólico (figura 4.25).

La información social durante el Paleolítico Inferior

La interpretación de Bilzingsleben que hace Mania representa un caso extremo de los indicios de las instituciones que cualquier análisis social requeriría: un campamento organizado, refugios, percutores de hueso y piedra, objetos de madera y hueso, ejemplos distintos de tecnología lítica, hogares, huesos grabados con símbolos, caza especializada del rinoceronte, restos fósiles humanos y una relativa escasez, a nivel comparativo, de carnívoros como la hiena el lobo o el león, que pueden modificar los huesos.

Correctamente identificado, este escenario sería una fuente interpretativa muy rica para el tipo de arqueología social por la que he abogado en el capítulo 1. Los refugios se relacionarían con las visitas de los grupos sociales al mismo escenario, mientras que los objetos contenidos en ellos, así como los lugares de trabajo, y no digamos el área central pavimentada, harían referencia a las instituciones rituales, económicas y sociales del grupo. A partir de los restos que tenemos puede parecer que únicamente

73. Svoboda (1987) ha comparado las industrias líticas de tamaño pequeño de Bilzingsleben, Aragó y Vértesszöllös.

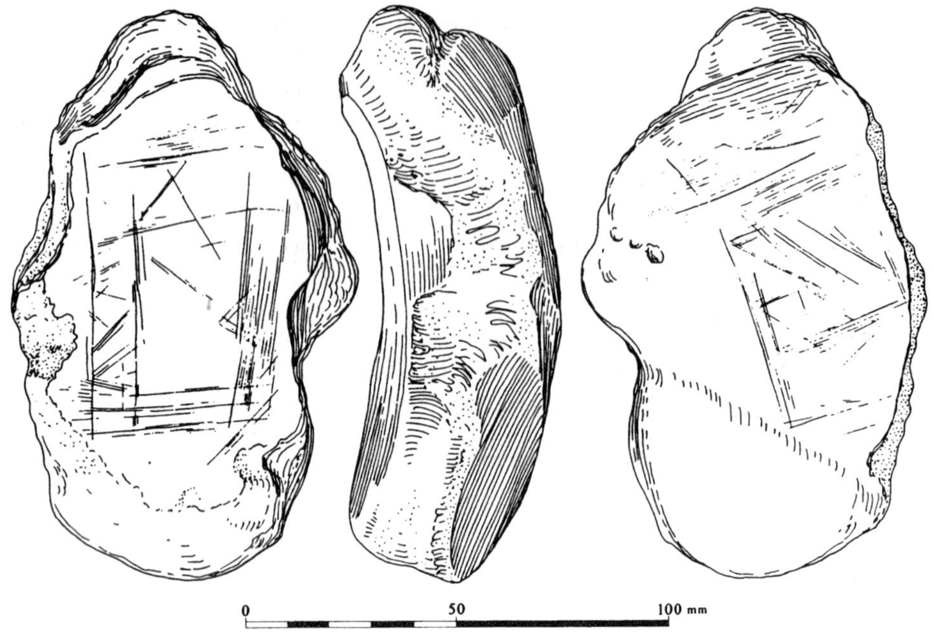

FIG. 4.25. *Hueso del pie de un elefante con marcas de corte procedente de Bilzigsleben, Alemania (a partir de Mania 1990: Abb. 232).*

existirían diferencias tecnológicas y ambientales entre Bilzingsleben y otros escenarios datados 350.000 años después (capítulo 7), en el Paleolítico Superior, en los que se han podido reconstruir campamentos similares del *Homo sapiens.*

Lo que sigue no es una crítica a la vigente interpretación de Bilzingsleben porque contradiga categóricamente toda posibilidad de cambio social a lo largo del Paleolítico europeo. Mi interpretación parte del hecho de que este escenario es único y, en consecuencia, difícil de evaluar, como hemos podido ver a lo largo del presente capítulo. Presento mi interpretación alternativa al tiempo que comento de forma general, utilizando la terminología expuesta en los capítulos 2 y 3, el carácter social de los homínidos más antiguos de Europa.

ENCUENTROS

Toda vida social produce encuentros; también los homínidos del período 500.000-300.000 años BP tuvieron esos encuentros que no dieron lugar a ninguna huella arqueológica. Lo más característico de esos 200.000 años es que la diversidad de los encuentros fue bastante limitada. Una lectura superficial del registro arqueológico indica que los encuentros se producían con los recursos, no con otros homínidos. Por ejemplo, deducimos encuentros en el sentido de interceptación de animales, vivos o muertos, de descubrimiento de materias primas, del hallazgo de un refugio permanente como podía ser una cueva. En esta época se nos plantea un tipo de habilidad personal a base de sonidos y actividades que exigen atención, sin espacio para un paisaje social que extiende la co-presencia mediante el uso de símbolos y la otorgación de significados a los lugares, así como mediante la construcción de estructuras de habitación y la transformación de los útiles en objetos sociales.

¿Pero cómo es posible que un homínido siendo tan limitado sea un ser tan social? Mithen (1996) nos da una respuesta al sugerir que los campos cognitivos de esos homínidos primitivos todavía estaban claramente divididos. Fijémonos en su propuesta. Un árbol es un árbol. Produce sombra, leña, materiales para fabricar una lanza, refugio frente a las hienas, hojas con las que confeccionar una cama y un territorio de caza de animales pequeños como las ardillas. Sin embargo en el estadio evolutivo de los homínidos la noción árbol no se transfería a otro campo cognitivo en el que se pueden barajar valores sociales tipo permanencia y seguridad, y en el que se piensa que los árboles son la morada de los espíritus. De la misma manera, cuando se encuentra a un animal se piensa sólo en comida y en materias primas. Más importante aún, el cazador no se hace propietario del animal. El animal no se convierte en el símbolo de la agresividad o en el distintivo por el que se identifican las redes y los grupos estables que emanan de las mismas, es decir, la imagen de un grupo o clan. Para decirlo en pocas palabras, no hay transferencia entre campos cognitivos diferentes que es lo que da lugar al caleidoscopio de la cultura humana, tal como la conocemos. Nunca sabremos si el Homínido 1 de Bilzingsleben pensaba que él o ella era un rinoceronte, puesto que era el ser vivo que más abundaba, aunque parece muy improbable. Los homínidos nunca usaron la información como forma de estructurar y aumentar los lazos sociales apelando a un principio cultural más amplio que fuera evidente para todos los componentes de la red. El marco para la vida de todos no se personificaba.

REUNIONES

Como que esta conclusión puede parecer extremada, pasemos a investigar los restos arqueológicos de las reuniones con el fin de dar apoyo a mi lectura del hecho de que los homínidos aportaban a los encuentros unos recursos sociales muy pobres. El elemento crucial aquí es entender que investigamos una vida social compleja más que complicada (capítulo 2). Se trataba de una vida, tal como se indicó en la anterior discusión sobre el paisaje de la costumbre y el paisaje social, en la que los individuos se preocupaban sobre todo por sus redes íntima y eficaz invirtiendo en ellas sus limitados recursos. El análisis que hemos hecho de las reuniones en el Paleolítico Inferior llamaba la atención sobre los problemas de interpretación de las asociaciones entre huesos y piedras. Se señaló que todavía no hay constancia de la existencia de estructuras complejas tipo refugios y hogares, incluso en los yacimientos de contexto primario.[74] Las pruebas en favor de un uso inmediato por parte de los homínidos de los recursos de piedra, madera y de origen animal, es abrumadora. La nota discordante

74. Estudios recientes de James (1989) y Rigaud (*et al.* 1995) han señalado que a pesar de que en varios de estos yacimientos hay constancia de la presencia del fuego, no puede decirse que se tratara de un fuego controlado. La reciente mención de Menez-Drégan en la Bretaña (Monniewer 1994) de un hogar con piedras alrededor y de rocas alteradas por el fuego, datados por ESR entre el 350.000 y el 500.000 BP, ha de contemplarse con precaución mientras no se publiquen los resultados completos del estudio.

CUADRO 4.19. *Datos de densidad lítica de yacimientos cromerienses y holsteinienses al aire libre (Anzidei y Gioia 1992, Anzidei y Huyzendveld 1992, Ashton* et al. *1994, Bergman* et al. *1990, Cassoli* et al. *1993, Freeman 1975, Howell 1966, Mussi 1995, Oakley y Leakey 1937, Peretto, Terzani y Cremaschi 1983, Piperno y Biddittu 1978, Santonja 1992, Santonja, López-Martínez y Pérez-González 1980, Singer* et al. *1973, Thieme y Maier 1995, Tuffreau* et al. *1986, Turner 1989, Waechter, Newcomer y Conway 1970, Weber 1986, Wymer 1968).*

Yacimiento	*Nivel*	*Región*	*Edad*	*m^2 excavados*	*Total lítico*	*Densidad por m^2*
Clacton	Marl 3	S Oc	Holstein	375	136	0,4
La Polledrara		Med C	Holstein	350	250	0,7
Castel di Guido		Med C	Holstein	350	300	0,9
Ambrona	Inferior	Med Oc	Holstein	1.047	1.020	1,0
Miesenheim	I	S C	Cromer	100	100	1,0
Casal de Pazzi		Med C	Holstein	1.200	1.700	1,4
Swanscombe	LG 7e	S Oc	Holstein	62,5	104	1,7
Notarchirico	yac. Elefante	Med C	Cromer	24	41	1,7
Schöningen 13		S C	Holstein	95	170	1,8
Swanscombe	LL todas series	S Oc	Holstein	200	375	1,9
Torre in Pietra	m	Med C	Holstein	200	378	1,9
Torralba	B4a	Med Oc	Holstein	300	761	2,5
Clacton	Gravera 4	S Oc	Holstein	375	1.088	2,9
Clacton	Gravera 3	S Oc	Holstein	25	76	3,0
Clacton		S Oc	Holstein	47,7	190	4,0
Áridos	2	Med Oc	Holstein	7,5	34	4,5
Áridos	1	Med Oc	Holstein	30	333	11,1
Boxgrove	Area A	S Oc	Cromer	84	1.029	12,3
Cagny-Lépinette	I-J	S Oc	Holstein	44	720	16,4
Bilszingsleben	Üferzone	S C	Holstein	230	4.965	21,6
Swanscombe	UMG E	S Oc	Holstein	346	8.638	25,0
San Quirce	S.I.1	Med Oc	Holstein	24	759	31,6
Bilszingsleben	Todos	S C	Holstein	355	11.385	32,1
Isernia	Sett.I t.3.ª	Med C	Cromer	130	5.000	38,5
Bilszingsleben	Schwemmfächer	S C	Holstein	125	6.420	51,4
Barnham	Area I	S Oc	Holstein	40	2.500	62,5
Isernia	Sett.II t.3.ª	Med C	Cromer	68	4.589	67,5
San Quirce	S.II	Med Oc	Holstein	5,5	2.464	448,0

que algunos arqueólogos señalan es el posible uso de piedras y huesos para consolidar suelos inundados o demasiado blandos (Hoxne, Miesenheim I, Isernia, Bilzingsleben).

El cuadro 4.19 y la figura 4.26 muestran las densidades de los materiales líticos hallados en yacimientos excavados de edades holsteiniense y cromeriense. Las representación gráfica muestra que la mayoría de las áreas excavadas tenía una superficie inferior a 300 m^2 (media = 225, aunque con una desviación estándar de 298). De todo ello se pueden sacar dos conclusiones. En primer lugar que los escenarios que en buena medida son obra de la acción de los ríos (Ambrona, Casal de Pazzi, Isernia y las gravas medias superiores de Swanscombe) producen tanto densidades altas como bajas. En segundo lugar, que los yacimientos en los que los restos se encuentran *in situ*, por ejemplo en el área A de Boxgrove y Cagny l'Epinette, se han excavado intensivamente

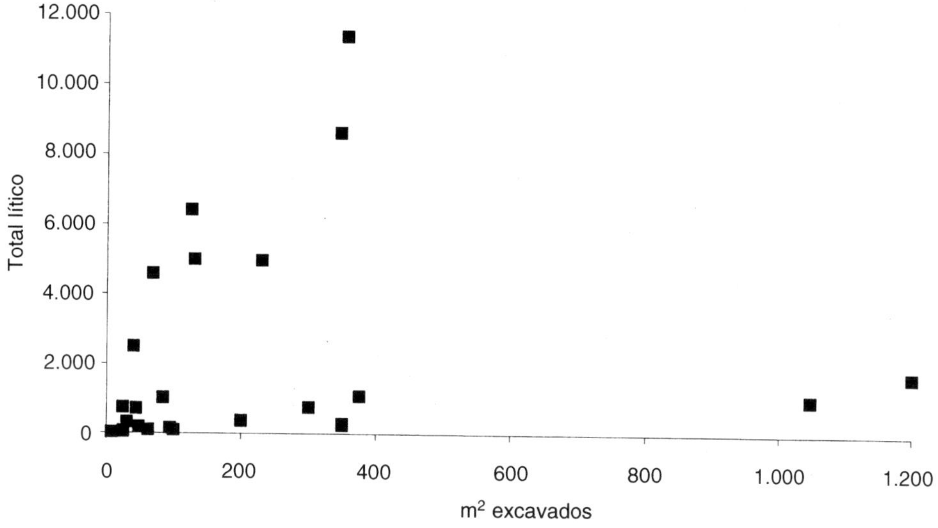

FIG. 4.26. *Datos de densidad de útiles excavados en yacimientos al aire libre durante las fases de Cromer y Holstein; véase cuadro 4.19.*

sobre superficies bastante más pequeñas de terreno, sin haber producido grandes cantidades de material lítico. Sólo cuando las excavaciones son muy pequeñas como pasa con San Quirce II (Santonja 1992), las densidades experimentan un enorme salto dando resultados como este de 448 piezas por m^2 en una superficie excavada de sólo 5,5 m^2. Únicamente cuando se compara la densidad de materiales con el área excavada se da uno cuenta claramente de que los yacimientos de contexto primario son de baja densidad y dan pocos materiales líticos. La característica arqueológica de este período en toda Europa es, en consecuencia, el uso limitado de los escenarios, tal como refleja el depósito de materiales líticos. Bilzingsleben presenta valores altos, como se ve en el cuadro 4.19, pero no es un escenario substancialmente distinto de los demás.

BILZINGSLEBEN VISTO DESDE EL ENFOQUE DE LOS ANILLOS Y LOS SECTORES

El cuadro general de los yacimientos del Paleolítico Inferior sugiere mirar Bilzingsleben desde otra perspectiva para distinguir con mayor certeza lo que parecen evidencias de ocasiones sociales fundamentadas en la reconstrucción de tres refugios con sus hogares asociados (Mania y Weber 1986).

Esta otra perspectiva se basa en la aplicación del modelo de anillos y sectores de Stapert (1992) al refugio central de forma circular (Mania 1990: Abb. 59).[75] Este refugio está separado de otro situado más al norte por una pequeña falla geológica (figura 4.22). En su análisis espacial de las estructuras, el arqueólogo siempre prescinde de esta característica natural y considera las distintas superficies como si fueran una sola (comparar Abb. 3 con Abb. 4 en Mania y Weber 1986).

75. He escogido este refugio porque a simple vista tiene una forma más convincente.

Stapert basó su método analítico en los datos de la observación etnográfica que recoge información sobre las zonas sobre las que van a parar los residuos que tiran los individuos (Binford 1978a), que se ha examinado en el capítulo 3. Su método se centra en las formas que irradian desde un centro característico, generalmente una hoguera, o que se difunden dentro de una estructura, por ejemplo de una tienda. Los anillos miden la cantidad de material tirado al suelo en bandas de 50 cm. Los sectores, dos a seis dependiendo del número de hallazgos, miden la dispersión de los materiales.

Con esta técnica Stapert se ha dedicado a examinar los descubrimientos de tiendas y refugios en los yacimientos del Paleolítico. Encuentra en las plantas de hábitats y campamentos distribuciones de material de tipo unimodal y bimodal. En su opinión ninguna de las formas que producen las distribuciones unimodales contiene evidencia alguna de rastro de tiendas o cabañas (1992: 196). Las distribuciones bimodales sí que tienen que ver con este tipo de estructuras, con un segundo pico que coincide con el muro de la tienda que actúa de barrera.

El modelo de Stapert nos proporciona un instrumento de análisis espacial que puede ser utilizado para evaluar las posibilidades de existencia de refugios. Demostrar su existencia sería importante para interpretar Bilzingsleben como una ocasión social (cuadro 3.1) y no sólo como un serie de reuniones.

En mi análisis del refugio circular de Bilzingsleben (figura 4.27) dibujé los anillos a partir del centro del elemento característico seleccionado. Los 184 objetos que aparecen en la figura 4.27 muestran una tendencia unimodal con un pico a una distancia del supuesto centro del refugio de entre 1,5 y 2 m (figura 4.28). Al subdividir el esquema entre un sector norte y un sector sur, sigue mostrando una distribución unimodal y se forma un segundo pico a partir de los 2,5 m. en el sector sur donde se encuentra el área de trabajo. La localización de un único pico a 2 m coincide con el esquema esperado de una distribución al aire libre (véase capítulo 3). Coincide con el borde de la zona característica sobre la que caen los residuos cuando se tiran desde una posición alrededor de una hoguera, y cuyo dibujo sobre el suelo puede darse perfectamente aunque no haya una estructura que lo condicione.

Pero hemos leído repetidamente en este capítulo que en este período todavía no habían aparecido las hogueras y los hogares. Entonces, ¿a qué se debe la forma circular que se dibuja alrededor de un punto? Stapert ha analizado una dispersión parecida formada por 183 objetos (1992: 2022 y figura 17) en el yacimiento del Paleolítico Medio de Rheindalhen donde también se ha reivindicado la aparición de una estructura (Thieme 1983, 1990). El análisis de anillos y sectores reveló un patrón unimodal. Stapert sacó la conclusión de que Rheindalhen se formó al aire libre y que el espacio libre ocupaba el lugar de un posible árbol (*ibid.*: 203). Aunque Stapert reconozca que su idea no puede probarse, proporciona ciertamente una explicación más económica en relación a la misma distribución que la construcción de una cabaña.

¿Puede éste ser también el caso de Bilzingsleben? Lo que sabemos del medio ambiente iría a favor de esta opción. Las hojas que se conservan y la presencia del castor y del macaco (*Macacca sylvana*) son buenos indicadores de árboles en el entorno inmediato. Los restos de madera (Mania 1991a: cuadro 4) presentan un predominio del aliso (*Alnus*) que hoy día llega fácilmente a los 20 m. de altura con un tronco de 60 cm de diámetro. Incluso las matas de boj (*Buxus*) alcanzan alturas de casi 10 m con troncos de hasta 25 cm de diámetro.

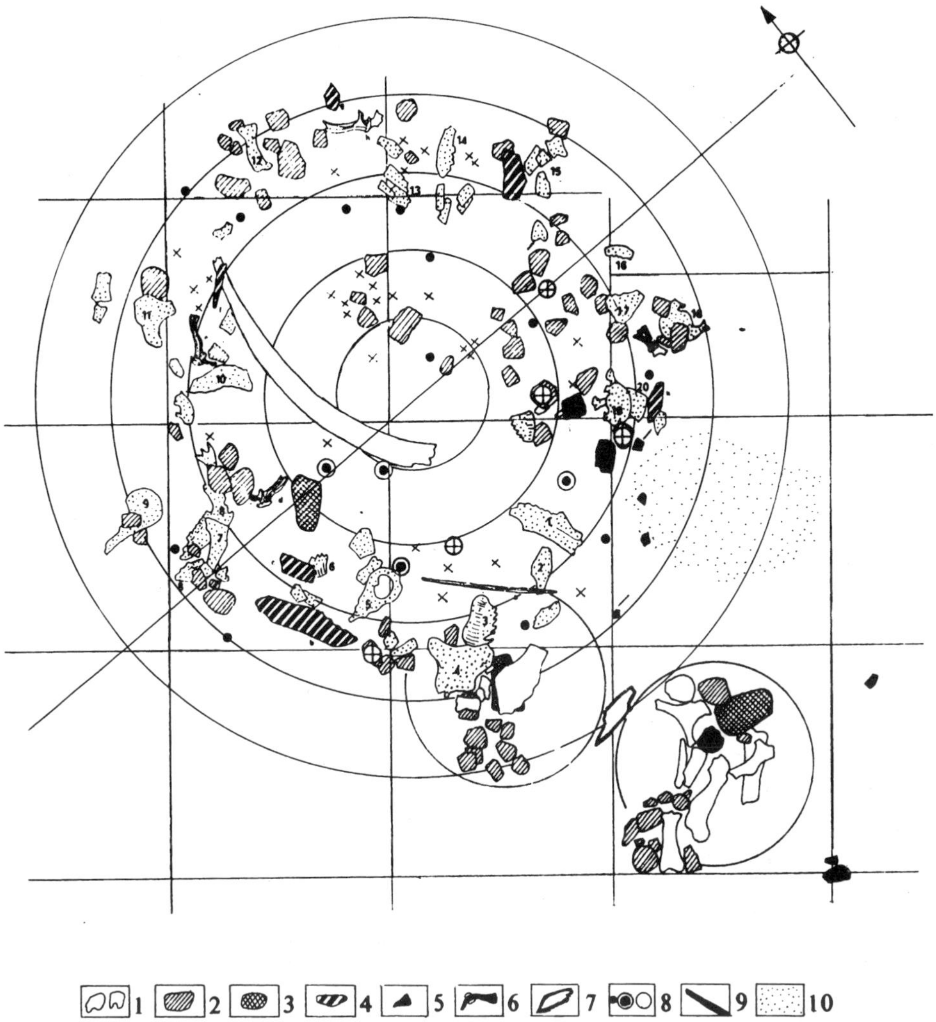

FIG. 4.27. *Análisis por anillos y sectores del refugio 2 de Bilzingsleben, Alemania (datos de Mania 1990: Abb. 59). Clave:*

1. *Huesos y dientes*
2. *Bloques y losas de piedra*
3. *Yunques de piedra*
4. *Útiles de hueso*
5. *Piedras con restos de haber sido quemadas*
6. *Útiles de asta*
7. *Útiles de hueso con grabados*
8. *Percutores pequeños y de mayor tamaño, útil sobre canto*
9. *Útil de madera en forma de palo*
10. *Restos de carbón*

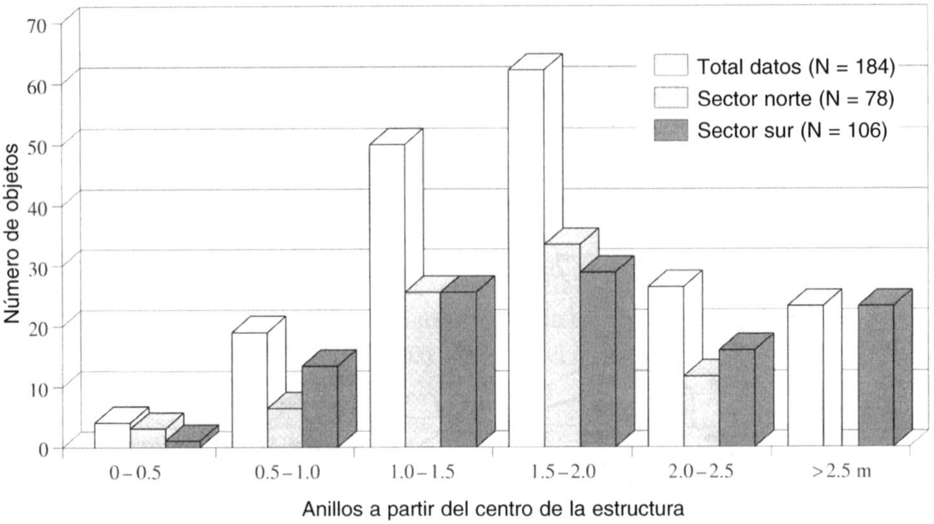

FIG. 4.28. *Distribución del material en los diferentes sectores de Bilzingsleben, Alemania (a partir de Mania 1990: Abb. 59).*

Especulando un poco más, aunque quizás menos imaginativamente que la versión original de la interpretación de Mania, los abundantes restos de madera de la tercera estructura (cuadro 4.18), que presenta además una gran dispersión de carbones, se originaron de un árbol caído que los homínidos habían quemado allí mismo. El hecho de que las aberturas de los supuestos refugios tengan todas una orientación hacia el sur puede deberse, por ejemplo, a los vientos predominantes o al sentido de la caída de los árboles, provocada por la acción de los castores.

Igual que Stapert yo no puedo probar nada; sólo puedo ofrecer alternativas para discutir la vida social de los primeros habitantes de Europa. Esta posibilidad me dice que podemos sacar mucho partido si cambiamos la forma de aproximarnos al análisis social de estos escenarios. Si nuestro objetivo es descubrir refugios para convertirlos en síntesis de la vida social del Paleolítico Inferior, entonces no dudo de que disponemos de los instrumentos analíticos y de la imaginación para encontrarlos (por ejemplo, Bosinski 1983, Lumley 1969a, 1969b). El problema es que si la parefernalia de las ocasiones sociales, de *nuestras* ocasiones sociales, por ejemplo, hogares, cabañas y enterramientos, suponen la única forma de reconocer la existencia de vida social, o tendremos que buscarla en escenarios como Bilzingsleben, o admitir que en aquella época la gente no disfrutaba de todo esto que llamamos sociedad y pasar a indagar en otras partes del registro paleolítico. Las posibilidades son claras, o encontramos interpretaciones sostenibles del registro paleolítico o nos dedicamos a explorar posibles alternativas.

Por lo tanto, en vez de seguir buscando refugios, me dedicaré a estudiar los yunques de hueso y piedra que han aparecido y trataré de situarlos en relación a los recursos que puede proporcionar este escenario. Ya que estos objetos han de haber sido traídos y luego abandonados, nos ofrecen un punto de partida desde el que partir para iniciar un nuevo análisis de las reuniones en Bilzingsleben.

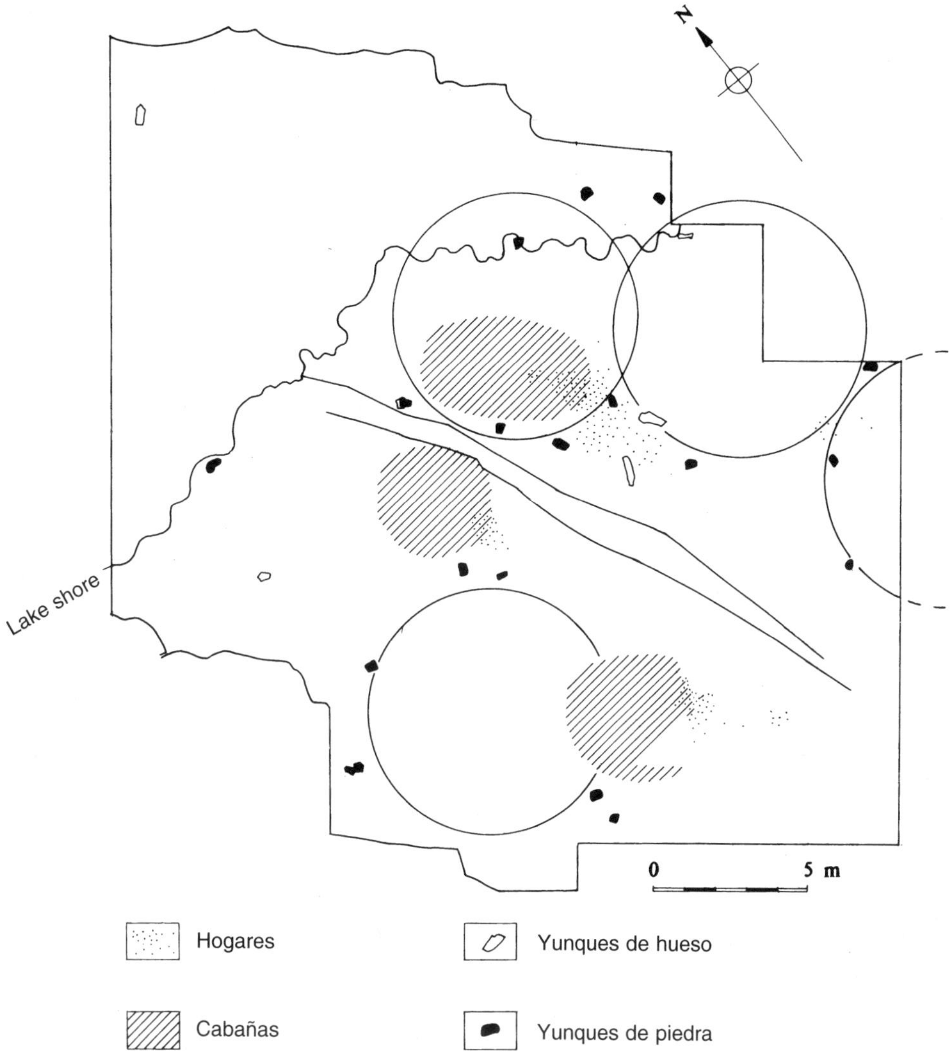

FIG. 4.29. *Interpretación del yacimiento-escenario de Bilzingsleben como una serie de reuniones y no como un campamento con cabañas y hogares. La distribución de los yunques se ha utilizado para identificar unas áreas de interacción de unos 4 m de radio. Estas áreas indican unos espacios de actividad en los que los individuos interactuaban entre ellos y con los recursos de este escenario (basado en datos de Mania 1990: Abb.83, 1991: Fig.1).*

Si representamos sobre el plano estos yunques (figura 4.29), vemos que forman tres anillos de un diámetro aproximado de 8 m cada uno. Los dos anillos situados más al norte, rozando el borde del lago, se solapan y uno de ellos encierra en su interior a uno de los supuestos refugios o árboles. Al sur, los demás refugios/árboles caen fuera de los anillos definidos por los yunques. Un cuarto anillo quizás se dibuje sobre el área central pavimentada con su cráneo de bisonte.

Lo que viene a continuación es un ejercicio especulativo sobre el posible uso del espacio en el escenario delimitado por los yunques, en tanto que objetos utilizados en las reuniones. Este enfoque podría servir paras otros escenarios como Boxgrove, Miesenheim I, Hoxne, Aragó, Terra Amate y Vértesszöllös. Lo expongo para suscitar una discusión sobre la forma de plantear el análisis social durante este período, ya que muchos seguimos siendo escépticos sobre la forma habitual de interpretar elementos como los refugios, al tiempo que nuestro conocimiento de las asociaciones entre objetos y ecofactos sigue siendo bastante pobre.

Bilzingsleben como realización

El meollo de la vida social no eran las ocasiones sociales organizadas, centradas alrededor de una hoguera o de una tienda, sino la oportunidad para proseguir con una nueva negociación.

Los bosques que crecían alrededor del manantial y el lago tras años de visitas, demostraron a los homínidos sus posibilidades. Los senderos de los homínidos y las pistas de los animales se cruzaban en la orilla del lago y sobre los pequeños arroyos que fluían a través de los depósitos del lago y que drenaban en el río.

Desde el punto de vista ecológico los recursos de este escenario eran muy variados, estaban muy concentrados y eran seguros. La falta de interés relativa de los carnívoros representaba una ventaja extra, mayor si pensamos que siempre había huesos grandes de megafauna esparcidos por el terreno. Esta sensación de seguridad estimuló las reuniones y facilitó estancias más largas, la duración exacta de las cuales no podemos calcular.

El acto social más representativo, el ritual que los ataba al lugar debió ser el plantar un yunque. Este objeto servía de nexo de unión entre los individuos y con el escenario. El traslado del yunque unos metros o a distancias más grandes significaba el inicio de una actividad estructurada, el punto de arranque de un acto rítmico, y para los arqueólogos, la posibilidad de originar trazas que pudieran pervivir. La reunión empieza como resultado de una acción material que produce consecuencias temporales y espaciales para la interacción social. Sentarse debajo de los árboles o al lado de unos restos chamuscados de un árbol que fue derribado y quemado, es un buen lugar para transmitir habilidades, romper huesos con un percutor, tallar piedras, cortar carne, comer, compartir, golpear rítmicamente huesos y producir sones y quizá gravar marcas geométricamente ordenadas en la superficie de los huesos.

Cada individuo acarrearía sus propios bloques. Luego unos individuos se sentarían frente a otros a cierta distancia, siempre en relación a los bloques, y de esta manera investirían el escenario de significados sociales. Fijada la atención, se daba seguidamente paso a la acción.

Este tipo de co-presencia a una distancia de 8 m (figura 4.29) estimularía pues, el uso de un espacio tan cerrado para la realización de unas acciones que implicaran los ritmos de manufactura, de romper y dar forma a huesos y piedras. Los individuos volverían en otra ocasión a este pequeño espacio vagamente definido de atención y copresencia, para introducir comida, huesos, piedras, madera, fuego, conchas y plantas, así como olores, sonidos y nuevas oportunidades para tocarse y asearse. Al retornar a este sitio crearían lazos que los vincularían a redes sociales más extensas. Estos actos resaltarían la naturaleza pasajera de la reunión y su falta de estructura estable más allá de la presencia inmediata de los que allí se convocarían. Cualquier edad y sexo acudiría al escenario, como muestran los restos de tres individuos que se han conservado. Los niños traerían piedras emulando a los adultos y rodearían el cráneo de un bisonte. Estimulados por los ritmos de manufactura, crearían su propio sendero de piedras que conduciría a área ocupada por los demás. Estarían sacando lecciones de las consecuencias de participar en su mundo social. Siendo creativos, sus creaciones no pueden tener un efecto duradero una vez que la co-presencia se rompe y el escenario es abandonado.

Sería fácil decir que las pruebas materiales de actividad social son muy limitadas en Bilzingsleben. Sin embargo creo que la riqueza social de este escenario es tal que apenas hemos empezado a sacar provecho de ella. Si buscamos grupos característicos de la sociedad paleolítica constantemente nos veremos frustrados a la vista de lo que nos ofrece el Pleistoceno Medio. La decepción vendrá, en concreto, del hecho de que no podremos identificar las obras materiales que constituyen las trazas supervivientes de las instituciones y estructuras grupales que se necesitan para este modelo de sociedad. Sin embargo, si nos acercamos al mismo registro viendo en él la señal afinada de individuos negociando lo que van a ser estas redes y estructuras, entonces se abre la posibilidad de seguir trabajando. Es verdad que esta señal ha sido alterada por vistas posteriores, pisoteada por otros animales y hecha añicos por la vegetación, las extracciones modernas de material y los movimientos geológicos. Pero el estudio social de cualquier registro arqueológico afronta habitualmente similares obstáculos técnicos.

Resumen

Para entender la arqueología del Paleolítico Inferior hace falta una estrategia de derrota entre escalas diferentes de análisis y diferentes niveles de conservación y resolución (capítulo 3). Podemos avanzar a partir de la poco precisa escala regional, que maneja sólo datos de referencia, hasta el material fino de los contextos primarios. Arqueológicamente comparamos en términos de integridad y resolución, los toscos palimpsestos que se encuentran en las terrazas de los ríos, con los yacimientos insignia (Gamble 1996b). Las lascas y bifaces preservados en los ríos ingleses, en las terrazas del Somme o en el área del río Duero son ejemplos de lo primero. Estos yacimientos determinan una extensa presencia regional de los primeros homínidos. A pesar de que muchos de estos lugares constituyen contextos fluviales secundarios, sirven para ampliar nuestros conocimientos sobre del uso del paisaje, el transporte de materia prima y la diversidad de los instrumentos fabricados. Entre los yacimientos insignia incluimos Miesenheim I, Notarchirico y Bilzingsleben. Analíticamente, podemos avanzar desde los yacimientos menos estructurados tipo terraza, estas colecciones de útiles que abarcan un promedio de entre 50.000 y 100.000 años (cuadro 4.1), hasta los yacimientos insignia en los que, como en los acantilados de Boxgrove, en sólo quince minutos se pudo obtener un buen trozo de sílex, probarlo, llevarlo a los llanos que inunda la marea alta y acabar convirtiéndolo en un bifaz.

Ambos tipos de datos son necesarios para evaluar las capacidades sociales de estos primitivos homínidos. Cuando se estudian conjuntamente se puede comprobar que la vida social de este período estaba llena de rutinas. Los homínidos desarrollaron su vida social extendiendo la co-presencia muy poco fuera del lugar de reunión. El registro arqueológico a través de las ocho regiones de Europa ocupadas por los homínidos, es muy comparable. Donde aparecen yacimientos en contextos primarios vemos un cuadro presidido por la baja densidad de los materiales en hueso y piedra. La materia prima es obtenida en las inmediaciones y trabajada in situ *generalmente, aunque en algunos casos es traída de lugares distantes situados a menos de 30 km. En varios casos parece haber una buena correlación entre la forma del objeto y la calidad de la materia prima. La simetría de los bifaces o la que aparece en algunos casos excepcionales delineada sobre huesos gravados, surge de los ritmos de los encuentros y las reuniones en los que atención y co-presencia constituyen un elemento característico de este tipo de actuación.*

Este comportamiento tiene que ver con la inversión de los individuos en la construcción de redes íntimas y eficaces. Los vínculos desarrollados dependen fuertemente de unos recursos afectivos que exigen tiempo y co-presencia. No nos debería sorprender que el registro arqueológico sea deficiente en pruebas directas de estas actividades sociales tan importantes. Sin embargo, este registro es muy claro en relación a los lazos de la red eficaz. El uso de recursos no apunta a ninguna acción colectiva basada en recursos simbólicos. Los individuos puede ser que se reúnan alrededor de los restos de un elefante muerto o al lado de un bisonte ahogado. Quizá mataron a estos animales como resultado de una acción coordinada, aunque las pruebas de este tipo de acción no son claras hasta después de los 300.000 años BP. No sería de extrañar que pudieran hacerlo, ya que todos los mamíferos son seres sociales y algunos de ellos, como los leones, las hienas y los chimpancés, son conocidos por cazar en cooperación. Es algo fácil de entender, ya que también estos animales pueden convertir los recursos de su red íntima equivalente, y también hasta cierto punto de su red eficaz, en este tipo de expresión social. La diferencia con los homínidos estriba en que en sus reuniones el proceso de consunción se convierte en el núcleo de la negociación. El resultado es que las redes eficaces son intensas y circunscritas. Las redes ampliadas apenas aparecen ya que no hay tiempo para abastecerlas.

Las consecuencias de este desarrollo diferente de las redes se percibió de forma más intensa en las habilidades colonizadoras de los homínidos del Pleistoceno Medio. Con el énfasis puesto en las redes íntima/eficaz como unidad cooperativa y social, debió de producirse una dura selección por parte de las fuerzas medioambientales en contra de la extensión por el territorio. Se ha señalado el ejemplo de la competencia presentada por los grandes carnívoros (A. Turner 1992), pero a nivel más general puede decirse que la estructura de los recursos antes de hace 500.000 años BP pudo no soportar la intensidad de interacción entre poblaciones regionales separadas, necesaria para permitir una expansión permanente por el continente. Esto plantea la cuestión, que será examinada en el próximo capítulo, del modelo de población en decadencia que es contrapesada por una nueva corriente migratoria en las regiones ocupadas del Pleistoceno Medio europeo.

CAPÍTULO 5

LAS SOCIEDADES NEANDERTHALES HACE 300.000-60.000 AÑOS

> Europa es todo tierra
> Hacia el sur, donde el hielo es más amable
> Bien puede sobreponerse la dura vida, al avezado frío,
> Y asegurarse buenas formas de vida…
> Aquí sigue el mamut, con su piel peluda,
> Si el frío no aprieta más podrá tolerarlo.
> También los rinocerontes vestidos de lanas,
> Pueden por un rato detener su carrera.
> Y los hombres no van a abandonar una tierra,
> En la que la caza —su alimentos y vestidos— es a merced suya.
>
> Henry Knipe, 1905, *De la Nebulosa al Hombre*

La diversidad de la vida de los Neanderthales

Hay tres preguntas pendientes sobre las sociedades neanderthales: qué ambientes podían tolerar; hasta qué punto sus sociedades diferían a lo largo del continente; y si su lenguaje se basaba en la palabra.

El registro arqueológico de sus doscientos cincuenta mil años de existencia es particularmente rico. Hay muchos más yacimientos conocidos en este período que durante los doscientos mil años precedentes. Sigue habiendo restos conservados en los escenarios al aire libre y, a menudo, estos restos son mejores, y hay muchas más cuevas, que fueron ocupadas, llenas de sedimentos ricos en restos arqueológicos. Esta circunstancia ayuda a desarrollar un enfoque narrativo del análisis e interpretación de los útiles de piedra, como es el caso, por ejemplo, del libro de F. Bordes *La historia de las dos cuevas* (1972).

Varias técnicas de datación absoluta cubren el período, mientras que los restos fósiles contemplan la aparición del *Homo neanderthalensis*, el descendiente regional del *Homo heidelbergensis*.[76] Los Neanderthales con sus cráneos distintivos y con las

76. La evolución europea desde el «arcaico» *Homo sapiens* (= *Homo heidelbergensis*) al *Homo neanderthalensis* es apoyada por el descubrimiento reciente de varios cráneos completos en la Sima de los Huesos, Atapuerca (Arsuaga *et al.* 1993: 536).

singulares proporciones de sus miembros, sólo se encuentran en Europa y en algunas partes del Próximo Oriente (Stringer y Gamble 1993: Fig. 1). Aparecen entre el 300.000 y el 250.000 BP y son a menudo considerados los homínidos del Paleolítico Medio y los responsables de las industrias musterienses.

Estos dos últimos estereotipos han sido recientemente puestos en cuestión; en primer lugar por las dataciones absolutas de algo más de 90.000 años BP de los restos humanos anatómicamente modernos descubiertos en la cueva de Qafzeh, en Israel (Valladas *et al.* 1988), hallados junto a útiles musterienses. En segundo lugar, porque se obtienen dataciones parecidas para tecnologías laminares del Paleolítico Superior en el norte de Europa (Conard 1992, Révillion y Tuffreau 1994a). Dado que ningún fósil de homínido se ha descubierto junto a esos conjuntos de tecnología laminar, se piensa que, ante la ausencia de fósiles de *Homo sapiens* europeos anteriores al 35.000 BP, estas hojas han de haber sido hechas por Neanderthales.

Esta puesta en cuestión del cuadro tradicional ha dado alas a la idea de la diversidad neanderthal que en este libro se aborda por medio de las tres preguntas que han abierto este capítulo. En las páginas que siguen exploraré más a fondo estos aspectos desde una perspectiva social; pero antes hay que hablar del marco general.

Cronología, climas y hábitats

La datación absoluta ha representado uno de los más grandes avances obtenidos en el estudio de esta fase del Paleolítico. La datación por termoluminiscencia (TL) de rocas y sedimentos quemados, la datación del esmalte de los dientes de los animales por EER (Espín Electrónico de Resonancia) y la datación por el método del uranio-torio de las estalagmitas de las cuevas y de los depósitos de los manantiales de travertino, han revolucionado en los últimos quince años las cronologías de este período (Aitken 1990). Los límites teóricos inferiores de estas técnicas alcanzan el Pleistoceno Inicial. Sin embargo, muchos científicos establecen las estimaciones de edad más antiguas alcanzables por estas técnicas hacia el 300.000 BP. Incluso dentro de este abanico tan prudente algunas de las fechas han de ser tomadas con precaución. Por ejemplo, la secuencia de Swanscombe datada mediante pruebas bioestratigráficas en el EIO 11 (362.000-423.000 años BP) da dos dataciones TL: 202 ± 15,2 x mil años BP para el suelo superior y 228,8 ± 23,3 × mil años BP para el suelo inferior (Bridgland 1985, 1994: Fig. 4.12). Estas dataciones apuntan a una edad del EIO 7, que en base a la geología y la fauna, resulta inaceptable (Bowen *et al.* 1989, Bridgland 1994, Currant 1989). Sin embargo, aun cuando las fechas han de rechazarse, su consistencia interna apunta por lo menos a una rápida acumulación de los sedimentos de Swanscombe durante un único período templado.[77] Lo que actualmente acostumbra a fijar los límites inferiores de las técnicas TL y EER dentro de su potencial abanico de dataciones, son los problemas que plantea resolver las correlaciones estratigráficas con un escaso número

77. Las fechas ayudan a excusar las interpretaciones que hablan de dos o incluso tres ciclos climáticos representados por la secuencia de Swanscombe (Conway, McNabb y Ashton 1996).

de determinaciones de edad absoluta, así como las incertidumbres que rodean a algunas de las técnicas.[78]

Con todo, hay que seguir siendo prudentes incluso con los escenarios de los últimos 300.000 años correctamente datados. El yacimiento holandés de Maastricht-Belvédère (Roebroeks 1988) tiene una cronología TL a partir de sílex quemado, de 250 ± 20 × mil años BP. (Huxtable 1993), lo que le coloca en el EIO 7. Los útiles se localizan en el óptimo climático de este período interglaciar, tal como revelan los moluscos asociados, los cuales, en la subunidad IVC, se han datado por EER en el 220 ± 40 × mil años BP. Pero estos moluscos pertenecen a un clima oceánico y en consecuencia no casan con el clima continental esperado durante un período interglacial caracterizado por niveles marinos bajos como es el EIO 7 (Zagwijn 1992). Kolfschoten (*et al.* 1993: 89) se sienten felices en dejar el yacimiento en el EIO 7, pues es el que «mejor cuadra», aunque sin mostrarse seguros de la coincidencia entre los métodos de datación estratigráficos, bioclimáticos y absolutos.

La misma incertidumbre rodea los escenarios de travertino del este de Alemania, de Burgtonna, Weimar y Taubach. Los indicios ambientales indican una edad en el EIO 5e (cuadro 5.1), sin embargo, las dataciones absolutas dan fechas considerablemente más tardías.

Así pues, aunque las dataciones absolutas para este período son muy apreciadas, no deberíamos concluir pensando que todas las que se consignan en el cuadro 5.2 carecen de problemas. Tampoco deberíamos contemplarlas como fechas precisas, como solemos hacer con el C14, al contrario, debemos verlas como simples estimaciones. Esta precaución tendrá su valor cuando toque discutir las preferencias de hábitat de los Neanderthales.

Por estas razones prefiero el marco cronológico general delineado en el capítulo 4. Nuestro período abarca el Saaliense (EIO 8-6) y más de la mitad del último ciclo interglaciar/glaciar (EIO 5e/5d-4). Este período incluye tres fases frías/glaciares (EIO 8, 6 y 5d-4) y dos interglaciares (EIO 7 y 5e). El sondeo V19-30 del fondo del mar (figura 5.2) representa la panorámica general del clima global durante el período.

Comparación de los períodos fríos

Los dos períodos fríos del Saaliense (EIO 8 y EIO 6) todavía no se conocen en detalle lo suficiente. El período cronológicamente más antiguo contempla un incremento de las especies de mamíferos árticos, especialmente el lemming (*Dicrostonyx*) y el reno. Desde este momento la llamada estepa del mamut (Guthrie 1990) y el complejo faunístico *Mammuthus/Coelodonta* (Khalke 1994) domina la vegetación y las comunidades de animales. Además, como vimos en el capítulo 4, esta singular provincia biótica se extiende para abarcar la mayor parte del norte de Asia.

78. También hay que rechazar algunas edades «jóvenes» parecidas obtenidas en Bilzingsleben (Harmon, Glazek y Nowak 1980) y Vértesszöllös (Schwarcz *et al.* 1988). En sentido más positivo, durante muchos años la edad del yacimiento de travertino de Ehringsdorf, en Alemania del este, con edades que iban entre lo que ahora sería EIO 5e, EIO 7 y EIO 9 fue duramente contestada. Dataciones por el método del uranio establecieron finalmente una cronología que ha logrado satisfacer a todo el mundo. El travertino inferior se fija ahora en el EIO 7 (Blackwell y Schwarcz 1986).

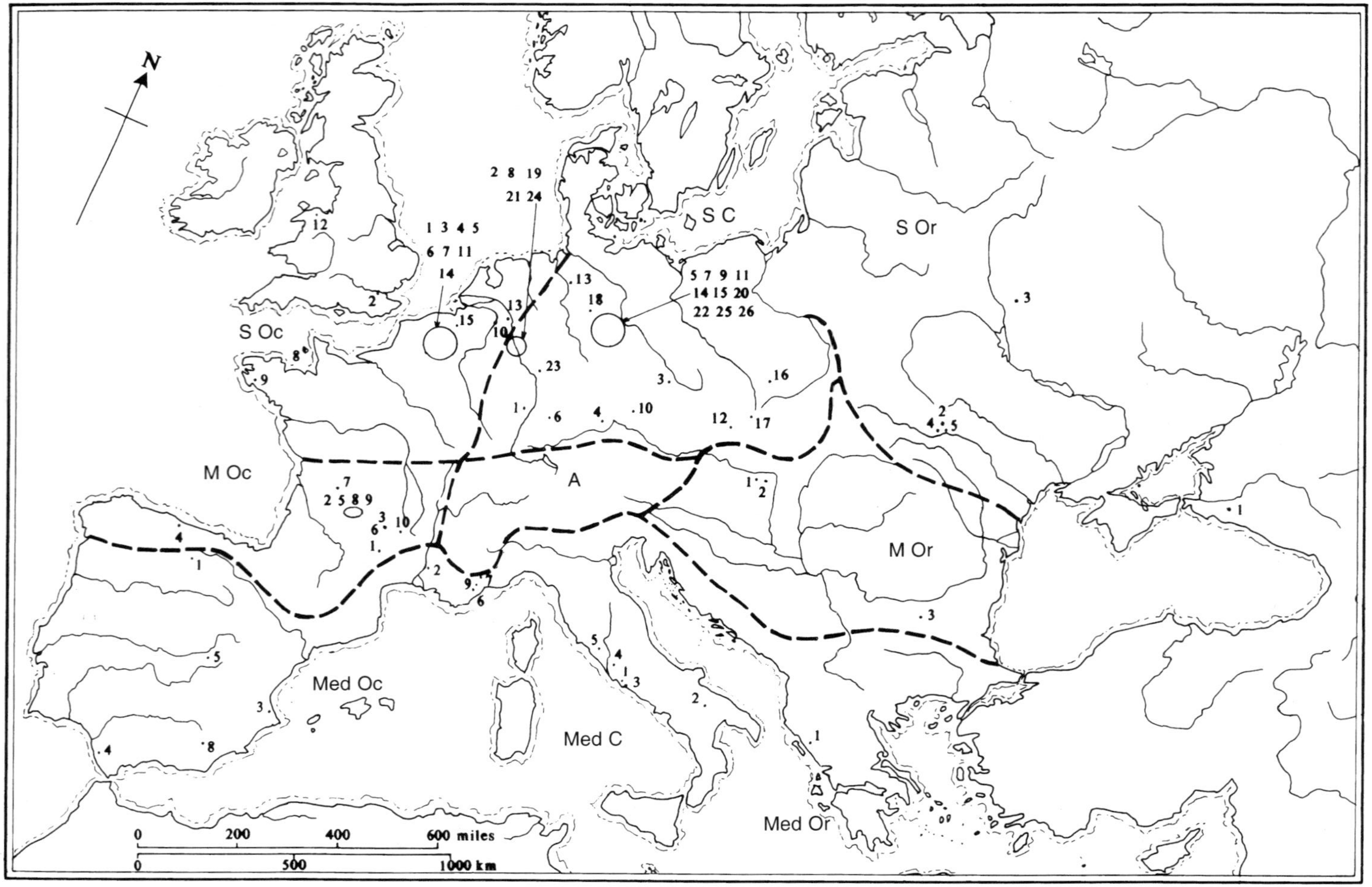
N
S Oc
S C
S Or
M Oc
A
M Or
Med Oc
Med C
Med Or
1 3 4 5
6 7 11
14
2 8 19
21 24
5 7 9 11
14 15 20
22 25 26
0 200 400 600 miles
0 500 1000 km

FIG. 5.1. *Principales yacimientos que aparecen en este capítulo y a los que se refieren los cuadros 5.1, 5.2, 5.12 y 5.18, Clave: por regiones.*

	S Oc	S C	S Or	M Oc	M Or	Med Oc	Med C	Med Or
1.	Atelier Commont	Achenheim	Il'skaya	Abri des Canalettes	Érd	Atapuerca	Guattari	Asprochaliko
2.	Bakers Hole	Ariendorf	Ketrosy	Combe Grenal	Tata	Bérigoule	Monticchio	
3.	Bapaume	Becov	Khotylevo	Coudoulous	Temnata	Cova de Bolomor	Moscerini	
4.	Beauvais	Bockstein	Korman	El Castillo		El Aculadero	Saccopastore	
5.	Biache St. Vaast	Bugtonna	Molodova	Grotte Vaufrey		El Pinar	Torre in Pietra	
6.	Gouzeaucourt	Cannstatt		La Borde		Lazaret		
7.	Hermies	Ehringsdorf		La Chaise		Pié Lombard		
8.	La Cotte	Eifel volcanoes		La Micoque		Solana del Zamborino		
9.	Le Mont Dol	Gröbern		Pech de l'Azé		Terra Amata		
10.	Maastricht-Belvédère	Hunas		Rescoundudou				
11.	Mesvin IV	Königsaue						
12.	Pontnewydd	Kulna						
13.	Rheindahlen	Lehringen						
14.	Riencourt	Markkleeberg						
15.	Seclin	Neumark-Nord						
16.		Piekary						
17.		Předmostí						
18.		Salzgitter-Lebenstedt						
19.		Schweinskopf						
20.		Taubach						
21.		Tönchesberg						
22.		Veltheim						
23.		Wallertheim						
24.		Wannen						
25.		Weimar						
26.		Zwochau						

Cuadro 5.1. *Cronología saaliense, eemiense y weichseliense inicial con los principales yacimientos arqueológicos y paleontológicos.*

EIO	*Años BP en miles*		*S Oc*	*S C*	*S Or*	*M Oc*	*M Or*	*Med Oc*	*Med C*	*Med Or*
4 Pleniglaciar	58		Beauvais Reincourt C y B	Kulna 9-7a *Salzgitter* Tönchesberg IB	Il'skaya II/2-3	Combe Grenal 49	Temnata TD1 6	Pié Lombard		
5a Odderade	71	GLACIAR		Ariendorf 3 Königsaue		Abri des Canalettes/2 Grotte Vaufrey II Pech de l'Azé II/4			Guattari 4 y 5 Moscerini 25 y 26	
5b	85		Le Mont Dol		Il'skaya I Ketrosy Korman IV Molodova I/4-8	Grotte Vaufrey III El Castillo 23		El Pinar		
5c Brørup	95	INICIAL	Reincourt CA Seclin	Bockstein IIIa Kulna 11 Wallertheim D-F	Molodova V/IIb-12	La Chaise 7 Pech de l'Azé II/3 *Rescoundudou C1*	Temnata TD1 7		Moscerini 38 y 39	Asprochaliko
5d	105			Tönchesberg 2B Wallertheim C				El Pinar		
5e	118	EEMIENSE		Burgtonna Gröbern Lehringen Neumark-Nord *Taubach* Veltheim Wallertheim A y B Weimar	Il'skaya II/7 Khotylevo I	Grotte Vaufrey IV La Chaise 11	Tata	Cova de Bolomor II Atapuerca TG		

6	128–186	SAALE	*<u>Biache St. Vaast IIA</u>* *La Cotte A y B, 3-6* <u>Rheindahlen W y B3</u>	Achenheim sol 74 Ariendorf 2 Becov I Kulna 14 Piekary II Předmostí Schweinskopf Tönchesberg 1A y 2A Wannen	Coudoulous I nivel 4 Grotte Vaufrey VII-VIII La Borde La Micoque N/M <u>Pech de l'Azé II/6-9</u> Rescoundudou E3, E2	<u>Cova de Bolomor XIII</u> *Lazaret*	
7	186–242	IENSE	Bakers Hole Bapaume <u>La Cotte C-D, H</u> <u>Maastricht-Belvédère</u> *<u>Pontnewydd</u>*	Cannstatt *<u>Ehringsdorf</u>* *<u>Hunas</u>*	<u>Grotte Vaufrey X-IX</u>	Atapuerca TD-TG 10-11 TN-2 a 6 <u>Cova de Bolomor XIV</u> Solana del Zamborino <u>Terra Amata</u>	*Saccopastore* Torre in Pietra d
8	242–301		Gouzeaucourt Atelier Commont Mesvin IV	Ariendorf 1 Markkleeberg	Grotte Vaufrey XI-XII Pech de l'Azé		

Clave: los fósiles de homínido van en cursiva; las dataciones absolutas están subrayadas.

CUADRO 5.2. *Dataciones absolutas del Saaliense, Eemiense y Weichseliense Inicial, 242.000-60.000 años BP. Se han incluido algunos yacimientos del Oriente Medio a efectos comparativos. Hay que ser cautelosos a la hora de interpretar estos datos ya que hay varias contradicciones entre los indicios bioestratigráficos y las determinaciones de edades absolutas. Por ejemplo, los yacimientos de Burgtonna, Taubach y Weimar se ubican en el EIO 5e según los indicios bioestratigráficos (cuadro 5.1) en cambio sus dataciones absolutas los trasladan al EIO 5d (Stringer y Gamble 1993: apéndice con adiciones, los límites de los estadios son de Bassinot* et al.*1994).*

Escenario	*Nivel*	*Región*	*Método de datación*	*Homínidos*	*Arqueología*	*Años bp en miles*	±
ESTADIO 3/4 LÍMITE EN EL 58.000 BP							
Kebara	Unidades XII-VI, 38 datos	Oriente Medio	TL	Neanderthal	Musteriense	≈ 60	
Kebara	Unidades Xi-Xii	Oriente Medio	EER	Neanderthal	Musteriense	60	6
Pech de l'Azé II	Nivel 3	Europa M Oc	EER		Musteriense		60-72
Combe Grenal	Nivel 55	Europa M Oc	TL		Musteriense (Típico)	61	7
Combre Grenal	Nivel 50	Europa M Oc	TL		Musteriense (Típico)	62	7
Brugas	Nivel 4	Europa M Oc	TL		Musteriense (Tipo La Quina)	63	5,8
Kebara	Unidades Xi-Xii	Oriente Medio	ESR	Neanderthal	Musteriense	64	6
Temnata	Nivel 6	Europa M Or	TL		Paleolítico Medio	67	11
Combre Grenal	Nivel 49	Europa M Oc	TL		Musteriense (Típico)	68	7
Douara	IIIB	Oriente Medio	Fission Track		Musteriense	70	
Abri Pié-Lombard		Europa Med Oc	TL		Musteriense (Típico)	70	7,7
La Chaise	Nivel 7 (Bourgeois Delaunay)	Europa M Oc	U series	Neanderthal	Paleolítico Medio	71	6
Guattari	Estrato 4	Europa Med C	ESR		Musteriense (Pontiniense)	71	27
ESTADIO 4/5a LÍMITE EN EL 71.000 BP	***Odderade***						
Pech de l'Azé II	Nivel 4	Europa M Oc	ESR		Musteriense		71-87
Abri des Canalettes	Nivel 2	Europa M Oc	TL		Musteriense (Típico)	73,5	6
Moscerini	Strata group 3, estrato 26	Europa Med C	ESR		Musteriense (Pontiniense)	74	
Grotte Vaufrey	Nivel II	Europa M Oc	U series		Paleolítico Medio	74	18
Douara	IVB	Oriente Medio	Fission Track		Musteriense	75	
El Kowm	Oumm 4	Oriente Medio	U series		Musteriense-Yabrudian	76	16
Guattari	Estrato 5	Europa Med C	ESR		Musteriense (Pontiniense)	77,5	9,5
Abri Laborde	Niveles 29-32	Europa M Oc	TL		Musteriense (Tipo La Ferrassie)	78,5	7,5
Moscerini	Strata group 3, estrato 25	Europa Med Or	ESR		Musteriense (Pontiniense)	79	
Skhul	Nivel B	Oriente Medio	ESR	Moderno inicial	Paleolítico Medio	81	15

ESTADIO 5a/b LÍMITE EN EL 85.000 BP							
Zobiste	Nivel inferior	Europa S C	TL		Paleolítico Medio	85,5	8,5
Tabun	Nivel B	Oriente Medio	ESR		Musteriense		*86-103*
Coudoulous II	Plancher 4-5	Europa M Oc	U/Th		Musteriense		*87,8-135,6*
El Castillo	Nivel 23 flowstone	Europa M Oc	U series		Paleolítico Medio/Inferior	89	1
La Chaise	Nivel 7 (Bourgeois Delaunay)	Europa M Oc	U series	Neanderthal	Paleolítico Medio	89,5	5
Seclin	D4	Europa S Oc	TL		Láminas del Paleolítico Medio	91	11
Grotte Vaufrey	Nivel III	Europa M Oc	U series		Paleolítico Medio	91	51
Qafzeh	Niveles XXIII-XVII	Oriente Medio	TL	Moderno inicial	Musteriense	92	5
La Chaise	Estalagmita superior (Abri Suard)	Europa M Oc	U series	Neanderthal	Paleolítico Medio	94	22
Seclin	D7	Europa S Oc	TL		Láminas del Paleolítico Medio	95	10
Zuttiyeh	76ZU 1	Oriente Medio	U series		Musteriense-Yabrudian	95	10
ESTADIO 5b/c LÍMITE EN EL 95.000 BP	***Brørup***						
Moscerini	Strata group 4, estrato 39	Europa MedC	ESR		Musteriense (Pontiniense)	96	
Zuttiyeh	76ZU 6	Oriente Medio	U series		Musteriense-Yabrudian	97	13
Zobiste	Nivel inferior	Europa S C	TL		Paleolítico Medio	97,5	7
Tata		Europa M Or	U series		Paleolítico Medio	98	8
Asprochaliko	Nivel 18	Europa Med Or	TL		Musteriense	98,5	12
El Kowm	Tell 6	Oriente Medio	U series		Yabrudian	99	16
Tata		Europa M Or	U series		Paleolítico Medio	101	10
Qafzeh	Niveles XV-XXI	Oriente Medio	ESR	Moderno inicial	Paleolítico Medio	100	10
Moscerini	Strata group 4, estrato 38	Europa Med Or	ESR		Musteriense (Pontiniense)	101	
Burgtonna		Europa S C	U series		Taubachiense	101	
La Chaise	Estalagmita superior (Abri Suard)	Europa M Oc	U series	Neanderthal	Paleolítico Medio	101	7
La Chaise	Nivel 7 (Bourgeois Delaunay)	Europa M Oc	U series	Neanderthal	Paleolítico Medio	101	12
Skhul	Nivel B	Oriente Medio	ESR	Moderno inicial	Paleolítico Medio	101	12
Tabun	Nivel C	Oriente Medio	ESR	Neanderthal	Musteriense		*102-109*
Ehringsdorf		Europa S C	U series	?Neanderthal inicial	Paleolítico Medio		*102-244*
Pech de l'Azé II	Nivel 3	Europa M Oc	U series		Musteriense	103	27
Burgtonna		Europa S C	U series		Taubachiense	104	
Hummal Well, El Kowm	Nivel 6b	Oriente Medio	TL		Musteriense	104	9
Combe Grenal	Nivel 60	Europa M Oc	TL		Achelense	105	14
Combe Grenal	60	Europa M Oc	TL		Achelense	105	14
Temnata	Nivel 7	Europa M Or	TL		Paleolítico Medio	105	35

CUADRO 5.2. *(continuación)*

Escenario	*Nivel*	*Región*	*Método de datación*	*Homínidos*	*Arqueología*	*Años bp en miles*	±
ESTADIO 5c/d LÍMITE EN EL 105.000 BP							
Moscerini	Strata group 3, estrato 33	Europa Med Or	ESR		Musteriense (Pontiniense)	106	
Abri Pié-Lombard		Europa Med Oc	TL		Musteriense (Típico)	108,4	9,8
Taubach		Europa S C	U series		Taubachiense	110	
Burgtonna		Europa S C	U series		Taubachiense	111	
La Chaise	Nivel 11 superior (B. Delaunay)	Europa M Oc	U series	Neanderthal	Paleolítico Medio	112	5
Combe Grenal	Nivel 60	Europa M Oc	TL		Achelense	113	13
La Chaise	Nivel 7 (Bourgeois Delaunay)	Europa M Oc	U series	Neanderthal	Paleolítico Medio	114	7
Weimar		Europa S C	U series		Taubachiense	115	
Rescoundudou	Lower stalagmitic floor	Europa M Oc	U/Th		Musteriense		*115-123*
Taubach		Europa S C	U series		Taubachiense	116	
La Chaise	Nivel 11 superior (B. Delaunay)	Europa M Oc	U series	Neanderthal	Paleolítico Medio	117	8
ESTADIO 5d/5e LÍMITE EN EL 118.000 BP	***Eem***						
Weimar		Europa S C	U series		Taubachiense	118	
Skhul	Nivel B	Oriente Medio	TL	Moderno inicial	Musteriense	119	18
Grotte Vaufrey	Nivel IV	Europa M Oc	TL		Musteriense	123	20
Qafzeh		Oriente Medio	ESR	Moderno inicial	Paleolítico Medio	120	8
Cova de Bolomor	Nivel II	Europa Med Oc	TL		Paleolítico Medio	121	18
Tabun	Nivel D	Oriente Medio	ESR		Musteriense		*122-166*
La Chaise	Nivel 11 superior (B. Delaunay)	Europa M Oc	U series	Neanderthal	Paleolítico Medio	123	17
La Chaise	Nivel 51 (Abri Suard)	Europa M Oc	TL	Neanderthal	Paleolítico Medio	126	15
ESTADIO 5e/6 LÍMITE EN EL 128.000 BP							
Sclayn Cave	Nivel 5b	Europa S Oc	TL		Paleolítico Medio	130	20
Pech de l'Azé II	Nivel 6-9	Europa M Oc	ESR		Achelense		*130-162*
El Kowm	Oumm 3	Oriente Medio	U series		Yabrudian	139	16
Grotte Vaufrey	Nivel VIII	Europa M Oc	U series		Paleolítico Medio	142	*130-68*
La Chaise	Nivel 11 (Bourgeois Delaunay)	Europa M Oc	U series	Neanderthal	Paleolítico Medio	146	16
Zuttiyeh	76ZU 4	Oriente Medio	U series	*Late H. heidelbergensis*	Pre-Yabrudian	148	6
Ehringsdorf		Europa S C	U series	?Neanderthal inicial	Paleolítico Medio		*150-250*

La Chaise	Nivel 11 inferior (B. Delaunay)	Europa M Oc	U series	?Neanderthal inicial	Paleolítico Medio	151	15
Tabun	Nivel Eb	Oriente Medio	ESR		Musteriense		*151-168*
Weimar		Europe S C	U series		Taubachiense	151	
Cova de Bolomor	Nivel XIII	Europa Med Oc	TL		Paleolítico Medio	152	23
Tabun	Nivel Ea	Oriente Medio	ESR		Musteriense		*154-188*
El Kowm	Humm 2	Oriente Medio	U series		Yabrudian	156	16
Grotte Vaufrey	Nivel VII	Europa M Oc	U series		Paleolítico Medio	158	10
Hummal Well, El Kowm	Nivel Ib	Oriente Medio	TL		Yabrudian	160	22
Zuttiyeh	76ZU 1a	Oriente Medio	U series	*Late H. heidelbergensis*	Pre-Yabrudian	164	21
Rheindahlen	Fleckenlehm	Europa S Oc	TL		Paleolítico Medio	167	15
Biache-Saint-Vaast	IIA	Europa S Oc	TL	?Neanderthal inicial	Paleolítico Medio	175	13
Tabun	Nivel Ec	Oriente Medio	ESR		Musteriense		*176-199*
Tabun	Nivel Ed	Oriente Medio	ESR		Musteriense		*182-213*
Vértesszöllös		Europa M Or	U series	*?H. heidelbergensis*	Pebble tools, microlithic	185	25
ESTADIO 6/7 LÍMITE EN EL 186.000 BP							
Pontnewydd Cave		Europa S Oc	TL	?Neanderthal inicial	Achelense	200	25
Grotte Vaufrey	Nivel IX	Europa M Oc	U series		Paleolítico Medio	208	8
Maastricht-Belvédère	Unit IV	Europa S Oc	ESR		Paleolítico Medio	220	40
Bad Cannstatt		Europa S C	U series		Útiles sobre cantos, microlitos	225	
Cova de Bolomor	Nivel XIV *a* y *b*, breccia	Europa MedOc	TL		Paleolítico Medio	225	34
Ehringsdorf		Europa S C	U series	?Neanderthal inicial	Paleolítico Medio	230	
Terra Amata		Europa Med Oc	TL		Paleolítico Medio	230	40
Cova de Bolomor	Nivel XIV *a* y *b*, breccia	Europa Med Oc	TL		Paleolítico Medio	233	35
La Cotte	Niveles C-D	Europa S Oc	TL		Paleolítico Medio	238	35
Aragó		Europa Med Oc	TL	*H. heidelbergensis*	Paleolítico Medio	240	74
El Kowm	Oumm 5	Oriente Medio	U series		Pre-Yabrudian	245	16
Grotte Vaufrey	Nivel X	Europa M Oc	U series		Paleolítico Medio	246	76
Maastricht-Belvédère	Unit IV	Europa S Oc	TL		Paleolítico Medio	250	20
Hunas	P1	Europa S C	Th/U	*H. heidelbergensis*	Paleolítico Medio	260	40-60
ESTADIO 7/8 LÍMITE EN EL 242.000 BP							

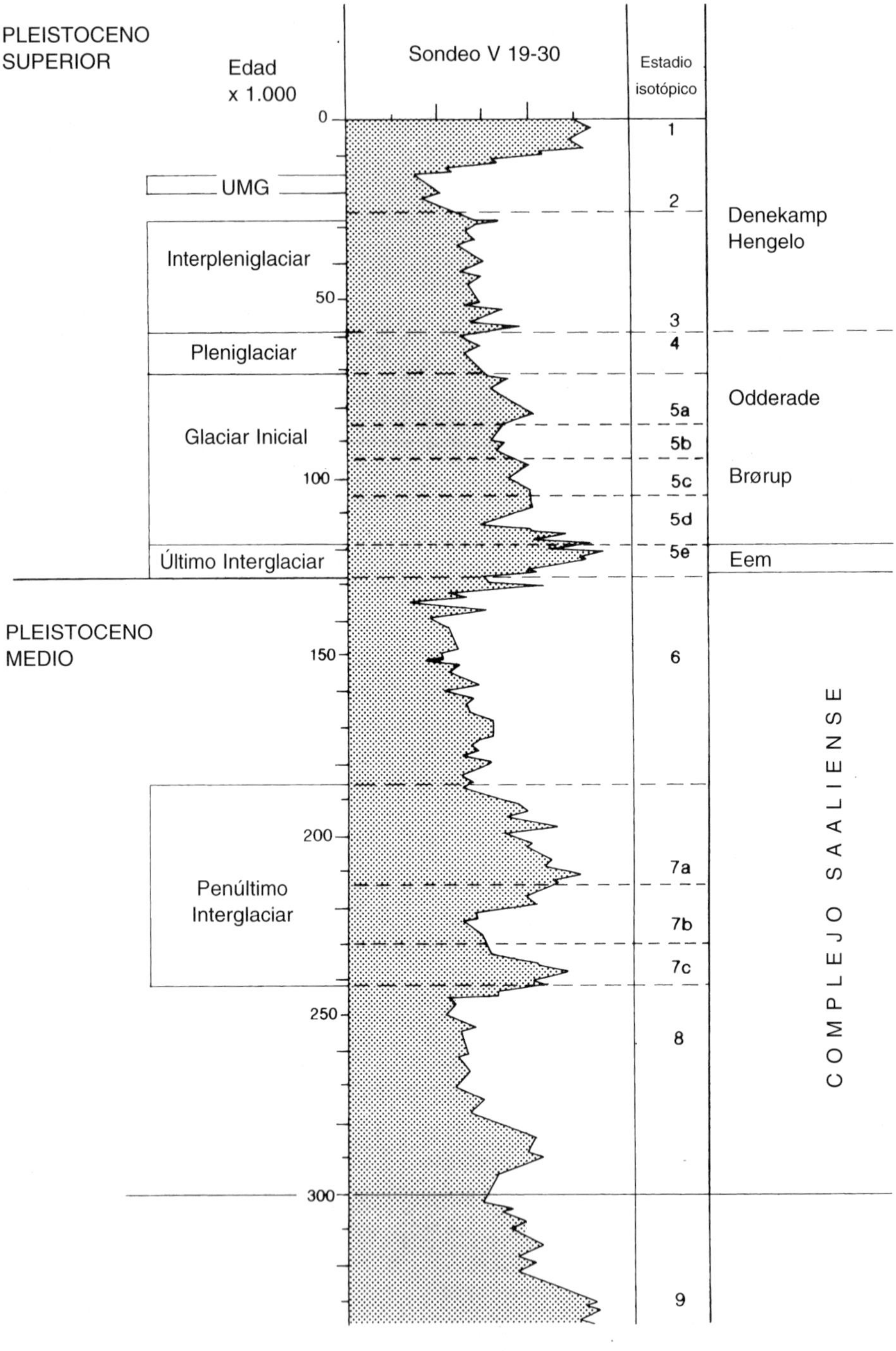

FIG. 5.2. *Evolución experimentada a lo largo de los últimos 300.000 años por los casquetes de hielo (en blanco) y los niveles del mar (sombreado) según los valores del isótopo del oxígeno recogidos por el sondeo marino V19-30. UMG = Último Máximo Glaciar (a partir de Kolfschoten* et al. *1993: Fig. 7; Bassinot* et al. *1994).*

El segundo período frío Saaliense, el EIO 6, ha sido comparado con la última glaciación mediante el análisis de polvo del sondeo del hielo de Vostok, extraído en el casquete antártico oriental. El incremento de polvo que se constata indica condiciones climáticas más extremas, generadoras de grandes desiertos en el hemisferio sur y, por lo tanto, con vientos más intensos y mayor erosión. Jouzel *et al.* (1993: 411) utilizan este sondeo para mostrar que la fase fría del EIO 6 duró entre el 200.000 y el 140.000 BP. Fue un período frío mucho más largo que el correspondiente a la máxima expansión glaciar. Las temperaturas fueron más uniformemente frías durante el período, mientras que la extensión de las morrenas del Saale/Riss indica que se trata de un episodio glaciar realmente importante, aunque los datos del sondeo de hielo de Groenlandia indican que el EIO 6 fue menos frío y menos variable que la última glaciación (Dansgaard *et al.* 1993). Van Andel y Tzedakis (van Andel 196, van Andel y Tzedakis 1996) nos ofrecen una reconstrucción de las condiciones ambientales en el punto más alto de la glaciación en el EIO 6 (figura 5.3). En la Europa mediterránea se formaron grandes extensiones de estepa fría, mientras que en el espacio abierto entre los casquetes de hielo de los Alpes y Escandinavia apareció un tipo de vegetación mezcla de tundra y estepa fría, de la que no quedan trazas modernas parecidas. Tanto el EIO 8 como el EIO 6 acabaron con una rápida transgresión marina al desaparecer abruptamente los grandes fríos, como puede verse en la figura 5.2.

El último período glaciar (EIO 5d-2) es conocido con mayor detalle. En el norte de Europa recibe el nombre de Devensiense/Weichseliense/Valdaiense y en la Europa de los Alpes y del sur, el nombre de Würm.

Hasta hace poco para reconstruir la historia de la vegetación de este período se recurría a diferentes sondeos realizados en el norte de Europa. Sin embargo, hoy día disponemos de largas secuencias originadas en Grecia (Tzedakis 1993, 1995) e Italia (Watts, Allen y Huntley 1996). El detallado estudio del Lago Grande di Monticchio situado a una altura de 656 m, en el sur de Italia, ha permitido conocer a fondo el período que va del EIO 5 al presente. Las dataciones son especialmente precisas debido a las laminaciones anuales que se distinguen perfectamente en el sondeo. Este estudio proporciona una escala temporal absoluta que se remonta al año 76.300 BP.

El sondeo de Monticchio revela para este período de tiempo, un registro muy variable de polen de árboles, arbustos, enredaderas y hierbas (figura 5.4). Entre el 36.000-14.000 años BP las condiciones climáticas extremas, tal como indica la abundancia de polen de herbáceas, prevalecen más tiempo que entre el 75.000-50.000 años BP. Estos datos apoyan las estimaciones realizadas sobre el tamaño de los casquetes de hielo, que indican que en el EIO 4, los casquetes fueron considerablemente menores que durante la máxima expansión glaciar en el EIO 2. En el capítulo 6 volveremos a examinar este sondeo.

El disponer de esta información tan rica procedente de un área alejada de la inmediata influencia de la glaciación nos proporciona un contrapunto necesario para contemplar con mayor perspectiva los perfiles más conocidos del norte de Europa. Behre (1989: Fig. 7) ha reconstruido con detalle el último período glaciar a partir de polen extraído de yacimientos de la Europa del norte y central. Parece claro finalmente que hay siete interestadios templados entre el último período interglaciar (Eemiense = EIO 5e) y el momento de la máxima expansión glaciar de la última glaciación en el EIO 2. Dos

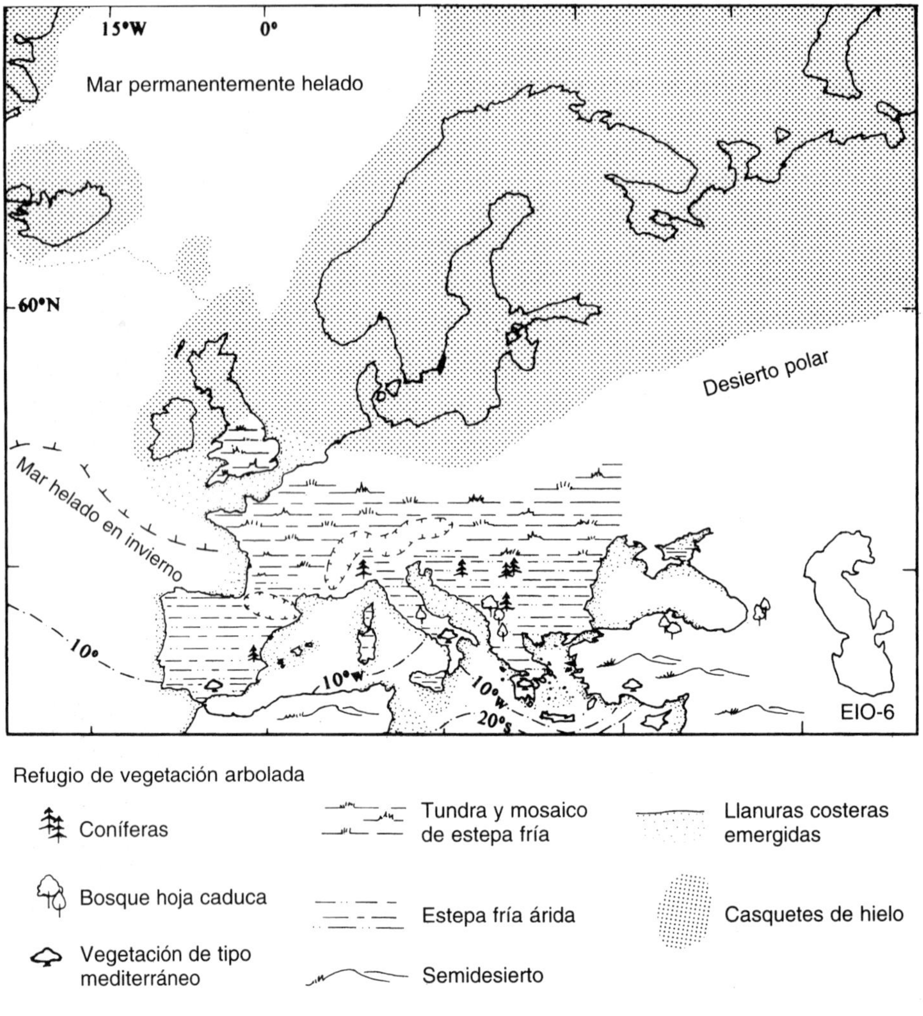

FIG. 5.3. *Hábitats europeos a lo largo del EIO 6, el penúltimo período glaciar, hace 150.000 años BP (a partir de van Andel y Tzedakis 1996. Fig. 6).*

de estos interestadios Amersfoort/Brorup y Odderade, tiene lugar antes del 60.000 BP y se muestran en la figura 5.2.[79]

El último período glaciar se subdivide en varias fases; las más comúnmente usadas son las siguientes: Glaciar Inicial, Pleniglaciar, Interpleniglaciar, Último Máximo Glaciar y Glaciar Final. Estos términos se aplican de otra manera por parte de los científicos del cuaternario; por otra parte, la correlación de fases con el registro del fondo marino no es universalmente aceptada.

79. Dansgaard (*et al.* 1993: Fig.1) identifican veinticuatro interestadios entre el Último Máximo Glaciar en el EIO 2 y el fin del EIO 5e. Los siete interestadios que cita Behre (1989) son los más largos, que son los que puede ubicar perfectamente la palinología.

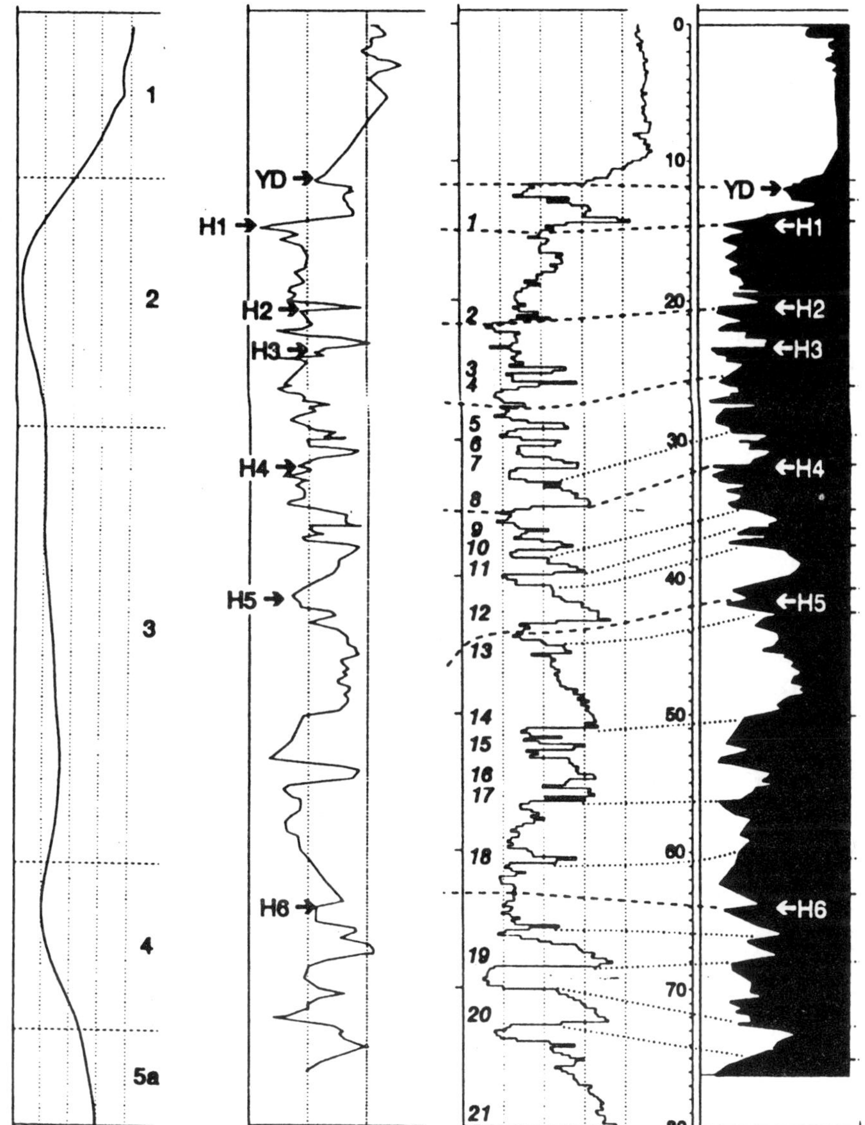

FIG. 5.4. *Selección de datos procedentes del sondeo de polen de Monticchio, Italia, región meridional central, comparados con el Proyecto de Sondeo en Hielo de Groenlandia. La cronología absoluta, en miles de años BP, se muestra en relación a la columna D (a partir de Watts* et al. *1996: Fig. 5). Clave:*

A SECMAC oceánico: volumen de hielo

B Temperatura media del mes más frío a partir del polen de Monticchio

C Sondeo en Hielo GRIP. Los números corresponden a episodios interestadiales

D Polen acumulado en %. En blanco: árboles, arbustos y enredaderas; en negro: plantas herbáceas; YD: Younger Dryas o Dryas Inicial; H1-H6 son los episodios Heinrich causados por el desprendimiento de icebergs.

Fase Glaciar Inicial (118.000-71.000 años BP)

Esta fase abarca los subestadios 5d-5a. Los subestadios del EIO 5d y 5b se caracterizan por durar relativamente pocos años y al mismo tiempo por generar grandes masas de hielos. Están separados por los interestadios del EIO 5c y del EIO 5a, ambos largos, templados y caracterizados por la recuperación del bosque.[80] Estos picos isotópicos que indican un mayor volumen de agua de los océanos pueden hoy día contrastarse con un cierto número de perfiles de polen procedentes del norte y del sur de Europa. Los nombres que reciben los interestadios en distintos países se pueden ver en el cuadro 5.3.

Estos interestadios de la fase Glaciar Inicial aparecen muy claros en el perfil de polen de la Grande Pile de los Vosgos franceses (Guiot *et al.* Woillard 1978) y en el sondeo 249 del lago Ioannina del noroeste de Grecia (Tzedakis 1993, 1995). En los diagramas de polen del norte de Europa aparecen sucesivamente marcando dos fases, la del abedul y la del pino.[81] Guiot (*et al.* 1989) han propuesto que 5c y 5a sean considerados interglaciaciones y no interestadios glaciares, ya que las condiciones climáticas eran muy parecidas a las actuales. Puede que sea así, no obstante, los breves pero extremados cambios en volumen de hielo y presumiblemente de temperatura en el EIO 5d y el EIO 5b, hicieron que la migración de elementos del bosque caduco fuera muy restringida. El tipo de vegetación resultante confirma su carácter interestadial y no su carácter interglaciar, siempre que lo juzguemos desde una perspectiva situada en el norte de Europa.[82]

Una posible causa de esta falta de especies arbóreas caducas en los perfiles de polen del norte de Europa puede ser la amplitud de unas fases frías muy severas, 5d y 5b, que mantendrían el suelo permanentemente congelado también en la Europa occidental. Estos 10.000 años de subestadios con un alto volumen de hielo (cuadros 5.1 y 5.2) debieron interrumpir de manera drástica los esquemas de reinmigración de las plantas durante los cortos subestadios templados del EIO 5c y el EIO 5a.

El corte estratigráfico de Königsaue en Alemania oriental (Mania 1991b, Mania y Toepfer 1973) ilustra sobre esta rápida sucesión climática. Este corte de 25 m

CUADRO 5.3. *Correlación de subestadios interestadiales de la fase Glaciar Inicial (Behre 1989: Fig. 8).*

Holanda	*Alemania*	*Dinamarca*	*Polonia*	*Francia*	*Grecia*	*EIO*
	Odderade		Rudunki	St Germain II	Elevtheroupolis	5a
Brørup					Drama	
Amersfoort	Brørup	Brørup	Amersfoort	St Germain I	Doxaton	5c
Eemiense	Eemiense	Eemiense	Eemiense	Eemiense	Eemiense	5e

80. Los interestadios se distinguen de los interglaciares por la comparativamente débil respuesta de las masas boscosas, especialmente de las especies de hoja caduca, a las mejoras del clima.

81. Parece claro que el interestadio de Amersfoort ha de ser contemplado como parte integrante del interestadio de Brorup (EIO 5c).

82 Guiot (*et al.* 1989: 313) también sostienen que la formación de hielo se inició durante los subestadios boscosos, EIO 5a y EIO 5c, lo que es indicativo de un continente frío pero húmedo.

muestra arenas y gravas interestratificadas con horizontes de turba. A partir de este corte es posible reconstruir el clima histórico del área a través de la expansión y contracción sucesivas de un pequeño lago, el Aschersleben (figura 6.4). El nivel Ia1 señala el último período interglaciar en el que los cienos orgánicos complementan los horizontes de turba. Por debajo de este nivel hay siete horizontes interestadiales de turba con las correspondientes transgresiones del agua del lago, antes de producirse la máxima expansión glaciar en el estadio VI de la secuencia. Entre estos horizontes interestadiales se identifican improntas de cuñas de hielo fósil indicativas de suelos permanentemente helados.

En Königsaue los tres únicos horizontes arquelógicos aparecen en el estadio Ib. En principio se atribuyeron al interestadio Brorup, pero tras rebajarse la importancia atribuida al interestadio Amersfoort (Behre 1989) parece hoy día que han de situarse cronológicamente en el de Odderade; es decir, equivalentes al EIO 5a si Brorup es equivalente a EIO 5c (cuadro 5.3) y al estadio Ia2 en el perfil de Königsaue. Las dataciones convencionales obtenidas por AMS y C 14 (cuadro 5.2 y figura 6.4) deben entenderse como edades mínimas y no necesariamente reflejar la edad del yacimiento, que debe estar entre 71.000 y 85.000 años BP.

Frenzel (1973: Fig.100) nos dio una visión general de la vegetación durante un interestadio de la fase Glaciar Inicial. Su reconstrucción sigue para las grandes unidades de vegetación, una distribución zonal en la que los árboles van disminuyendo conforme se avanza hacia el este. Los bosques de abeto, pino y abedul dominan en la Europa occidental y central, mientras que en parte de la Europa central y en el sudeste del continente las condiciones climáticas más continentales dan lugar a una estepa con manchas de pino, abeto y abedul. La península Ibérica tenía bosques de abeto en el norte mezclados con elementos de especies de hoja caduca típicas de zonas más templadas. La meseta era una pradera, mientras que en el sur, extendiéndose a veces hacia el centro de la Península, dominaban los bosques de roble con pinos. El roble resulta ser un elemento importante en el sondeo 249 de Ioannina, en el norte de Grecia durante el Pleniglaciar (Tzedakis 1993: Fig. 3). Es muy interesante comprobar que en esta cuenca lacustre situada a 470 m de altitud rodeada de cadenas montañosas importantes, se encuentra polen de los árboles a lo largo de todos los períodos de vegetación abierta de este largo registro de 430.000 años (*ibid.*: 438). Estos hallazgos indican la presencia en la Europa mediterránea de refugios para árboles y otros tipos de plantas, conclusión que también contribuyen a sustentar los indicios extraídos de Monticchio (Ways, Allen y Huntley 1996).

Fase Pleniglaciar (71.000-58.000 años BP)

La fase Glaciar Inicial es seguida por la fase Pleniglaciar, que corresponde al EIO 4. En el perfil de Königsaue esta fase viene marcada por un incremento de la formación de cuñas de hielo y en general por un estado de congelación permanente del suelo. En el norte de Europa un suelo esporádicamente congelado gana terreno a lo largo de la costa oceánica. Esta fase no presenta interestadios significativos. Los sondeos del fondo marino indican una presencia de masas de hielo mayores, por lo tanto, de niveles marinos más bajos. Sin embargo no dio lugar a una glaciación continental destacada. Se trata más bien de un largo período de frío sostenido durante el cual en el norte de Europa apenas hubo cubierta arbórea. En términos generales fue un período comparable a los subestadios 5b y 5d, aunque representa una versión más extremada de los mismos de acuerdo con los cambios de la vegetación y en particular con la disminución de masa de bosque en el área mediterránea (Watts, Allen, Huntley 1996). En el norte de Europa, los registros de polen del EIO 4 a menudo aparecen vacíos debido al tipo de vegetación existente y a la formación de una variante de turba ártica, productores de cantidades de polen tan bajas que no se han conservado trazas (Zagwijn 1992). Una reconstrucción del esquema zonal de la vegetación del EIO 4 (van Andel y Tzedakis 1996) indica un predominio mayor de la mezcla de tundra con elementos esteparios que durante la glaciación del EIO 6 (figura 5.5). Comparándolos con los ambientes interpleniglaciares que siguieron (capítulo 6) estos hábitats pleniglaciares nórdicos eran muy pobres, aunque en las regiones del mediterráneo, junto a

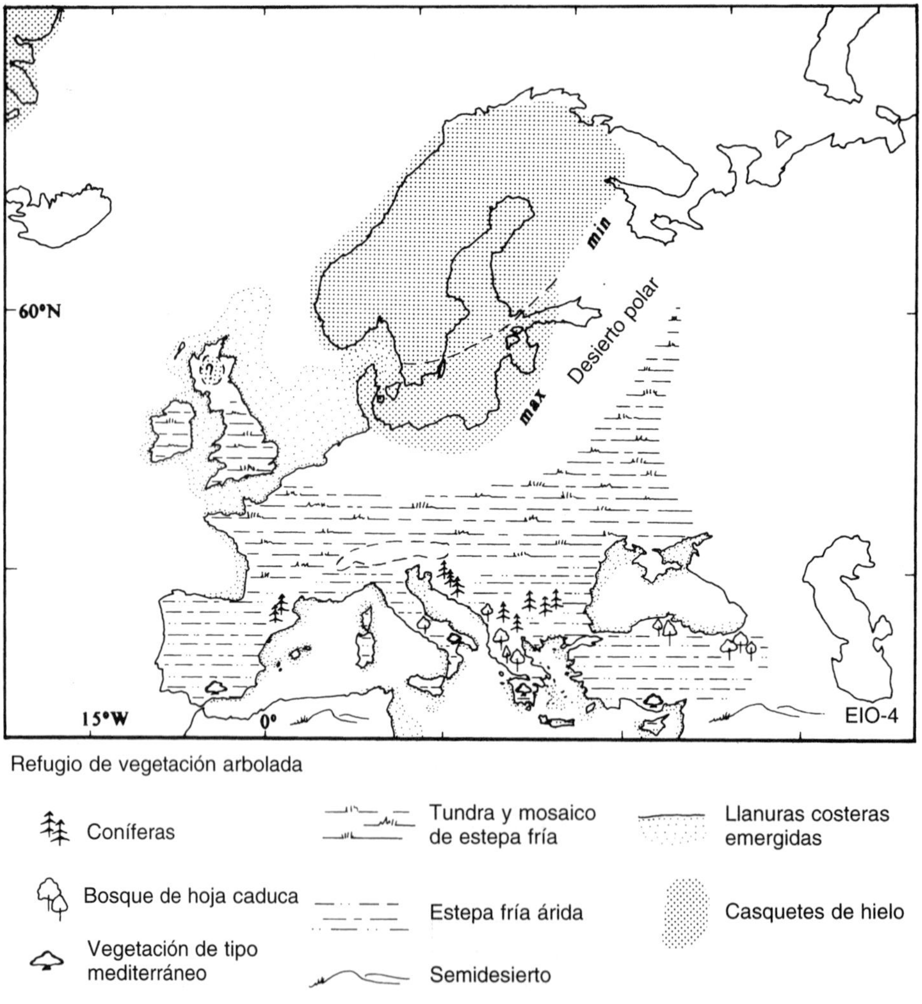

FIG. 5.5. *Hábitats europeos a lo largo del EIO 4, el período pleniglaciar, hace 65.000 años BP (a partir de van Andel y Tzedakis 1996. Fig. 13).*

los refugios forestales, aparecieron las mínimas condiciones para el florecimiento de una estepa productiva (Suc y Zagwijn 1983).

Es de esperar que cuando el EIO 6 y el EIO 8 se conozcan mejor se descubran divisiones internas parecidas a las de las fases Glaciar Inicial y Pleniglaciar del último ciclo. Además, podrían tener sus propios marcadores, como pasa con la separación entre el EIO 5a y el EIO 4 marcada por la erupción del volcán Toba en el océano Índico, que dio lugar, según ciertas opiniones, a un invierno volcánico que aceleró el inicio de la fase Pleniglaciar (Ramaswamy 1992). Este tipo de fenómenos pueden servir para explicar algunas de las contradicciones que hallamos en el clima del Pleistoceno tal como lo predijo la teoría de Milankovitch (Imbrie y Imbrie 1979).

El resultado final es que debemos entender estas fases como si de un mosaico se tratara, no sólo en relación a la distribución de la vegetación en Europa sino también desde la perspectiva de su corta duración, poco más de 10.000 años la fase Pleniglaciar, y de los cambios internos ocurridos durante cada uno de los dos períodos o fases. Aunque el EIO 6 parece haber sido muy frío durante un larguísimo período de tiempo, podría ser que la extensión máxima de las capas de hielo del Saale/Riss durase relativamente poco tiempo a lo largo de este período de 60.000 años.

COMPARACIÓN DE LOS PERÍODOS TEMPLADOS

Actualmente se diferencia entre los períodos interglaciares del EIO 7 y el EIO 5e. El primero es un período interglaciar caracterizado por un nivel marino bajo, mientras que el segundo presenta uno de los niveles marinos más altos del Pleistoceno medio (Shackelton 1987). Por ejemplo la reconstrucción de Van Andel y Tzedakis (1996) del EIO 5e muestra unos destacados mares Eemiense y Báltico que llegan a aislar Escandinavia. Este fenómeno da lugar a la formación de una costa larga y altamente productiva (figura. 5.6) al tiempo que el mayor efecto oceánico de unos niveles marinos tan altos favorece la expansión del abeto plateado (*Abies*) por estas latitudes nórdicas hasta puntos alejados de su territorio usual.

El penúltimo interglaciar (242.000-186.000 años BP)

El EIO 7 se ha dividido en tres partes, de las cuales una, el subestadio 7b, ha de considerarse como una corta edad de hielo (Andrews 1983) que comienza hacia el 230.000 BP y dura entre 10.000 y 15.000 años. El volumen de hielo producido parece más parecido al producido durante el Pleniglaciar, EIO 4, que durante el EIO 5d o el EIO 5b en la fase Glaciar Inicial. Actualmente no es posible determinar las diferencias climáticas entre los subestadios EIO 7a y EIO 7c.

El final del Pleniglaciar del EIO 7b se ha fechado con seguridad mediante la técnica del Ar40/Ar39 (Van den Boggard *et al.* 1989). Esta técnica se ha aplicado al terreno volcánico del este del Eifel en la región del Rhin y en particular en el yacimiento 8 de Ariendorf. Esta técnica se aplica a la datación de la tefra de Hüttenberg (H) que se encuentra en la transición entre un loess y un palaeosuelo, indicando, por lo tanto, la transición entre unas condiciones climáticas frías y unas más templadas. La tefrocronología indica que esta transición se produjo en el 215.000 ± 4.000 años BP (*ibid.*: Fig. 4).

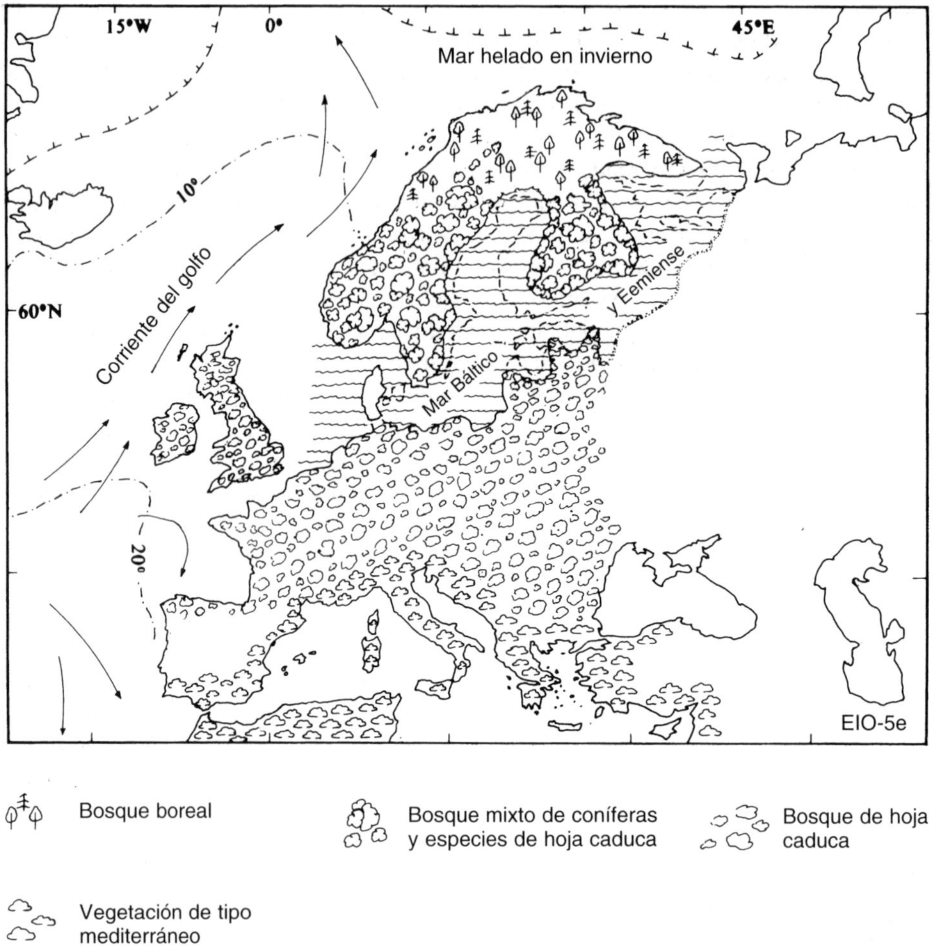

FIG. 5.6. *Hábitats europeos a lo largo del EIO 5e, el último período interglaciar, hace 120.000-125.000 años BP. Nótese que Escandinavia constituía una isla (a partir de van Andel y Tzedakis 1996. Fig. 9).*

Resulta difícil asignar los yacimientos arqueológicos a estos tres subestadios. La mayoría de los yacimientos presentan los rasgos propios de un período interglaciar con restos de flora y fauna que evocan el yacimiento de travertino de Bilzingsleben. Pero lo más sorprendente es que para un interglaciar tan isotópicamente «débil» (Shackelton 1987) los indicios de flora y fauna sean equivalentes a los que encontramos con las temperaturas y tolerancias tanto del presente como del último período interglaciar, que muestran una señal isotópica realmente marcada.

Por ejemplo, en el yacimiento de la orilla del lago de Neumark-Nord en Alemania oriental la vegetación dominante estaba formada por roble, avellano, carpe, tejo, tilo, boj y acebo. La tortuga de estanque (*Emys orbicularis*) considerada como un buen indicador de condiciones climáticas interglaciares (Mania 1991b, Mania *et al.* 1990), aparece perfectamente documentada en este yacimiento, razón por la cual varios investigadores prefieren situarlo en el EIO 5e (Vandenberghe, Roebroeks y Kolfschoten 1993). Pero la tortuga de estanque también ha sido hallada en otro yacimiento del EIO 7, Maastricht-Bélvedère (Kolfschoten y Roebroeks 1985). Para que sus huevos puedan ser incubados perfectamente se requiere una temperatura media del mes de julio de 17-18 °C, combinado con una dosis considerable de luz solar y poca humedad ambiente. Los travertinos de Stuttgart-Bad Cannstatt (Reiff 1986) también contienen esta especie junto a hojas y frutos de boj (*Buxus sempervirens*) y otros ejemplares botánicos del bosque mixto de robles. Tortugas, boj y roble también se encuentran en el travertino inferior de Ehringsdorf (Steiner y Wagenbreth 1971). Restos de macaco (*Macaca* sp), indicativo de ambientes boscosos, han sido hallados en los interglaciares oceánicos del EIO 11 y el EIO 9 en sitios tan al norte como Bilzingsleben y Swanscombe. Pero esta especie también se encuentra en el interglaciar más continental del EIO 7 en Hunas, una cueva derrumbada de Baviera, donde un molar superior de *Macaca* cf *florentina* aparece en un nivel por encima de un suelo de estalagmitas que el método del uranio/torio sitúa en el 260.000 (Carls *et al.* 1988, GrEIOs, Kaulich y Reisch 1995). Currant (1985) cataloga un macaco de una edad similar al de Hunas en la fauna inglesa.

El Eemiense (128.000-118.000 años BP), el último período interglaciar

Los últimos trabajos sobre el Eemiense o último período interglaciar, en el EIO 5e, muestran lo complicado que puede volverse el análisis definitivo del EIO 7. Este interglaciar duró entre 10.000 y 15.000 años. Puede estudiarse bien a través de los sondeos de hielo extraídos en Groenlandia que nos dan la proporción de 18O.

Hay dos estudios disponibles. El primero, realizado en 1993, es a cargo de los investigadores del Proyecto de Sondeo en Hielo de Groenlandia (GRIP) y analiza el llamado sondeo de Summit, dividiendo el EIO 5e en cinco subestadios más. Este estudio muestra que lejos de ser un período estable, el Eemiense estuvo marcado por oscilaciones muy frecuentes del volumen de los hielos. Un episodio al final del EIO 5e1 duró sólo unos setenta años durante los cuales los valores isotópicos del oxígeno cayeron a niveles glaciares (*ibid.*: 206). Estos hallazgos son confirmados por el estudio del mismo sondeo a cargo esta vez de Dansgaard *et al.* (1993), que calcularon que el EIO 5e2 y el EIO 5e4 duraron 2.000 y 6.000 años respectivamente. Estos períodos fueron tan fríos como el 5a y el 5c pertenecientes a la fase Glaciar Inicial. Tomado en su conjunto el EIO 5 parece menos estable en cuanto a clima que el EIO 7 (*ibid.*: 220). White (1993: 186) comenta que estos datos demuestran que durante los períodos interglaciares pueden fácilmente producirse cambios de hasta 10 °C de temperatura media a lo largo de veinte años, o incluso durante el transcurso de una sola década.[83]

Los datos de que disponemos nos hablan de la fluctuación de los climas interglaciares, marcados por rápidos cambios de temperatura. Estos cambios ocurrían durante el transcurso de las vidas de los individuos. La adaptación de los homínidos a

83. Los científicos del cuaternario se preguntan por qué el presente interglaciar se muestra tan estable en comparación con el EIO 5e.

varios milenios de clima, nivel del mar y vegetación casi invariables parece un escenario cada vez más improbable durante el largo período que va del 300.000 al 60.000 años BP.

Estos cambios rápidos que tan bien identifican los sondeos marinos y de hielo han de ser traducidos de auerdo con la interpretación de la distribución de las especies animales y vegetales. Hoy día parece que el tiempo de respuesta a estas rápidas oscilaciones en los océanos y los casquetes polares es tan lento que comparativamente se suceden pocos cambios del tipo sugerido por las escalas temporales que manejan los investigadores del GRIP. Además tardará cierto tiempo contrastar los yacimientos interglaciares del cuadro 5.1 con esta cronología realizada a escala tan pequeña. Por el momento es posible ver en Inglaterra, por ejemplo, que la presencia del *Hippopotamus amphibius* se relaciona exclusivamente con el EIO 5e, habiéndose datado como tal, con datación absoluta, en Victoria Cave (Gascoyne, Currant y Lord 1981). Pero a la luz de las nuevas subdivisiones del EIO 5e hay muchas cosas que quedan sin respuesta, por ejemplo, cuándo llegó esta especie y cuánto tiempo permaneció aquí.

HÁBITATS QUE PROPORCIONAN VESTIGIOS ARQUEOLÓGICOS

La excavación de yacimientos al aire libre y en cuevas, muestra que las nueve regiones (figura 3.1) fueron ocupadas durante este período. Hay sobre todo cuatro hábitats que conservan los escenarios arqueológicos: los hábitats fluviales, los hábitats lacustres, los loess y las cuevas.

Hábitats fluviales y coluviales

En las nueve regiones existen yacimientos en depósitos fluviales que muestran una gama de elementos preservados comparable a la que hemos examinado en los apartados equivalentes del capítulo 4. Hay yacimientos insignia con una excelente conservación de los materiales como Maastricht-Bélvedère en Holanda y Salzgitter-Lebenstedt en Alemania del Norte, así como diversas colecciones de materiales procedentes de contextos derivados hallados en todas las grandes cuencas, como la del Támesis (Bridgland 1994, Gibard 1988, Wymer 1968, Wymer 1996), la del Duero (Santonja 1991-2) o la del Aniene (Musi 1992, 1995).

Sin embargo, son especialmente interesantes los materiales procedentes del sector septentrional oriental del modelo regional, ya que es la primera vez que en esta región se encuentran materiales que prueban una ocupación estable. Los más conocidos proceden de los valles de los ríos de las regiones occidentales de Rusia, Moldavia y Ucrania. Estos hábitats fluviales incluyen escenarios como Ketrosy (Praslov 1981), Korman IV (Goretsky y Tseitlin 1977), Moldova I (Goretsky y Ivanova 1982) y Moldova V (Chernysh 1961, Ivanova y Chernish 1965, Ivanova y Tseitlin 1987) situados a lo largo del sector del curso medio del Dniester que forma un cañón estrecho (ver también Boriskovsky 1984, Soffer 1989). Hoffecker (1987) revisó las características geológicas de los yacimientos arqueológicos del Dniester situados sobre los depósitos aluviales de la segunda terraza. Generalmente los yacimientos se hallan sobre loess trabajados o sobre depósitos de margas, probablemente de origen coluvial. Acostumbran a estar entremezclados con paleosuelos de grosor variable.

No se han encontrado yacimientos del último período interglaciar (Hoffecker 1987: 270). En cambio, la ocupación en el Paleolítico Medio de las terrazas del Dniester en Korman IV, tiene lugar sobre suelos que se formaron al final de la fase Glaciar Inicial y durante el Pleniglaciar. Sin embargo, en la misma zona del Dniester, en Moldova I y V, la ocupación Pleniglaciar se encuentra en horizontes que muestran pruebas muy leves de formación de suelo.

En el río Desna el importante yacimiento de Khotylevo I (Zavernyaev 1978) muestra un conjunto del Paleolítico Medio asociado a un molusco de río, el *Unio pictorum* que es en la región característico del último período interglaciar. Aquí aparece en la base de la segunda terraza. Pero también hay restos de reno (Hoffecker 1987: 272) sin que haya un paleosuelo, por lo que el conjunto ha de ser de cronología Glaciar Inicial, por lo tanto, comparable en edad a los yacimientos del Dniester.[84]

Al pie de la vertiente norte del Cáucaso hay los yacimientos de Il'skaya I y Il'skaya II, situados sobre un afluente del Kuban (Hofecker, Baryshnikov y Potapova 1991). Los horizontes arqueológicos también se encuentran sobre depósitos coluviales que descansan sobre una terraza inferior del río. El paleosuelo más bajo en Il'skaya I se está intentando relacionar con la fase Glaciar Inicial, mientras que el paleosuelo medio o es de un momento tardío del mismo estadio o debería datarse en el EIO 3 (*ibid.*: 117).[85] Los depósitos coluviales calcáreos de grano fino entremezclados con paleosuelos, han preservado de forma excelente la fauna del Dniester, del Desna medio y de los yacimientos de Il'skaya I y Il'skaya II. Estos yacimientos tienen una larga historia de investigación detrás, en busca de información espacial (Chernysh 1961).

Hábitats lacustres y de manantial

El yacimiento del manantial de travertino de Tata en Hungría, en la región meridional oriental, ha sido datado por uranio/torio hacia el 100.000 BP (Schwarcz y Skoflek 1982, Svoboda 1989, Svoboda 1994b, Vertes 1964), cosa que lo hace comparable en edad a los yacimientos de travertino superior de Ganovce, Bojnice, Weimar, Taubach, Burgtonna y Ehringsdorf, situados en la región septentrional central (Svoboda, Lozek y Vlcek 1996). El material macrobotánico —hojas, madera, frutos— y la fauna se han conservado particularmente bien. Steiner y Wagenbreth (1971: Abb. 9) han reconstruido el paisaje de travertino inferior de Ehringsdorf, que es más antiguo ya que está datado en el EIO 7, destacando su ambiente boscoso bordeando una marisma y la presencia de un sumidero con juncos al que llegan unas lentas corrientes de origen kársico. Unas barras de travertino más antiguo facilitan el acceso al interior del área.

Los medios lacustres son importantes en todas las regiones. Los depósitos de la depresión tectónicamente activa de Guadix-Baza (Santonja y Villa 1990, Vega Toscano 1989) cubren un área de 100 × 60 km. En los márgenes de estos viejos sedimentos lacustres la preservación de los sedimentos acostumbra a ser buena, como sucede en la Solana del Zamborino (Botella, Vera y Porta 1976) donde los sedimentos han sido datados en el complejo Saaliense.

84. La cronología del último período interglaciar asignada al yacimiento de Mikhajlovskoe sobre el bajo Donets, es vista con reservas por Hoffecker (1987: 277).

85. Hoffecker (*et al.* 1991: 117) sostiene que las dataciones absolutas de este yacimiento son inconsistentes, por lo que no se puede resolver este problema.

Gracias a la extracción moderna de minerales ha sido posible estudiar, a menudo incluso a gran escala, varios de los lagos de la Alemania oriental, por ejemplo, los de Lehringen (Thieme y Veil 1985), Gröbern (Erfurt y Mania 1990, Heussner y Weber 1990) y Königsaue (Mania y Toepfer 1973).

El mayor estudio en esta parte de la región septentrional central ha sido llevado a cabo en Neumark-Nord (Mania *et al.* 1990), junto a un lago localizado en el valle del Geisel, cerca de Halle. Las actividades mineras a cielo abierto en la zona para la extracción de carbón han levantado los depósitos de edad Saaliense. Mania (1991b *et al.* 1990) establece para las dos orillas del lago que aparecen en los niveles 4 y 6, una datación en el EIO 7, aunque como ya hemos visto más arriba, otros científicos se decantan por una edad en el 5e. Las orillas están interestratificadas con un fango detrítico grueso y arenoso del nivel 5. El fango más fino del nivel 8 también contiene material. Las excavaciones arqueológicas de urgencia llevadas a cabo desde 1985 han recuperado restos de esqueletos de animal y útiles de piedra (cuadro 5.4) en un área de unas 4 hectáreas de terreno (Mania 1991b: Abb. 8).

En los niveles 5 y 8 los arqueólogos encontraron veinticinco esqueletos de gamo, algunos parciales y otros completos. No estaban asociados a útiles de ningún tipo, ni mostraban signos ni de desuello ni de roeduras. Probablemente los animales se ahogaron en el lago siendo incorporados a los sedimentos antes de que se desarticularan sus miembros. Por contraste, en los depósitos de la orilla, niveles 4 y 6, los restos de gamo, ciervo gigante y corzo están muy fragmentados (Mania *et al.* 1990: cuadro 1, cuadro 5). En estos depósitos se encontraron muy pocos útiles (cuadro 5.4).

En el yacimiento de la orilla inferior donde, según Mania, fue desmembrado un esqueleto de uro (*Bos primigenius*), se encontraron unos cuantos objetos más. Estos materiales se hallaron en la zona de contacto entre los fangos gruesos del lago y las arenas de la orilla. En esta misma orilla, junto a estos restos, se alinean cuatro tocones de 20-30 cm de grosor, algunos restos de troncos de árbol y un yunque de piedra roto.

CUADRO 5.4. *Material faunístico y lítico de Neumark-Nord (Mania* et al. *1990: Tab. 9-11).*

	Nivel	*Útiles de piedra*	*Esqueletos de animal*
Barro con detritus	8	Unos pocos	Seis esqueletos de gamo
Orilla superior	6	654	Huesos de animal descuartizado, zona de descuartizamiento de un rinoceronte de los bosques
Barro arenoso con detritus	5	Unos pocos	19 esqueletos de gamo, una hembra de uro, un ciervo
Orilla inferior	4	250	Huesos de animal descuartizado, zona de descuartizamiento de uros

	Lascas con filo dañado por el uso	*Lascas no modificadas*	*Núcleos, útiles y percutores*	*Total piedra tallada*
Orilla superior	105	336	213	654
Orilla inferior	30	94	126	250

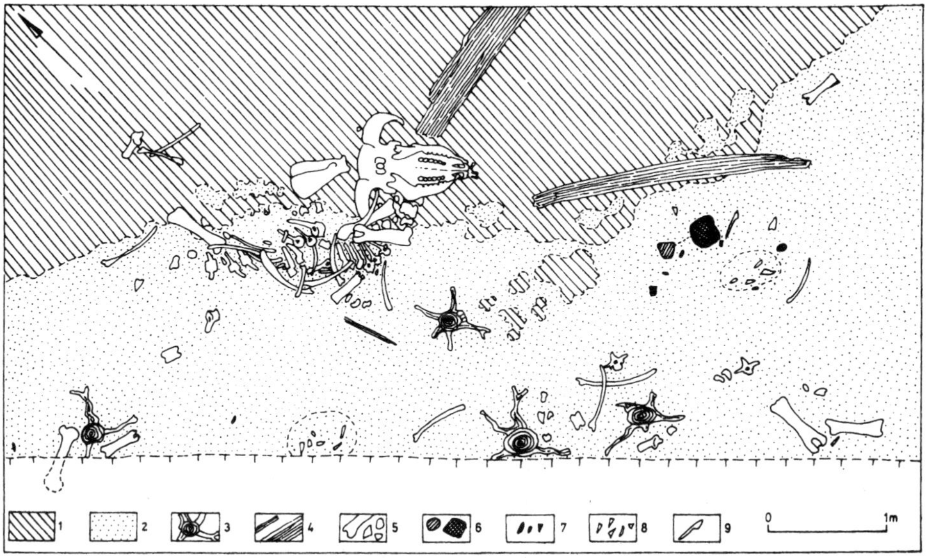

FIG. 5.7. *Parte del esqueleto de un uro* (Bos primigenius) *encontrado en la orilla inferior de Neumark-Nord, Alemania, región septentrional central (a partir de Mania 1991b: Abb. 11). Clave:*
1. Fangos arenosos del lago
2. Arena de la orilla
3. Tocones de árboles
4. Ramas
5. Huesos de uro
6. Yunque de roca cristalina con pieza remontada
7. Útiles de sílex
8. Esquirlas de hueso
9. Fragmentos de colmillo

Los restos de este esqueleto casi completo de uro se encontraron formando dos conjuntos separados unos tres metros uno de otro (figura 5.7). La cabeza, el cuello y la mayoría de las vértebras se habían conservado. De los miembros sólo faltaban la pelvis, la escápula izquierda y el radio, y el metacarpio derecho y el fémur, así como algunas costillas. Hay señales de roedura en las vértebras, probablemente de lobo (Mania *et al.* 1990: 43). No se observan marcas de corte en los huesos (Mania *et al.* 1990). Entre los huesos se hallaron cuatro piezas líticas retocadas y diversas lascas no modificadas, y nueve lascas más esparcidas alrededor del yunque.

Es posible que huesos y útiles estén directamente asociados, aunque no deja de haber dudas puesto que en otras partes de Neumark-Nord se encontró una densidad similar de objetos de piedra en puntos prácticamente idénticos a este borde del lago pero que no presentan restos de esqueleto de animales (Mania *et al.* 1990.Abb.23). Es posible que el lugar de reunión de los homínidos deba situarse junto al grupo de árboles, debido a los recursos que pueden proporcionar, y que la deposición de los restos del uro se deba a un hecho no relacionado con los homínidos. Esta misma interpretación puede trasladarse a otros restos de esqueletos de animal menos completos de Neumark-Nord, como los de un rinoceronte de los bosques (*Dicerorhinus kirchbergensis*) de la orilla superior (Mania *et al.* 1990: 45-7, Abb. 19). Aquí no se observan trazas de roedura animal ni marcas de corte. Sólo se recogió una lasca de sílex a un metro de la cabeza del animal.

Sedimentos de loess y terraplenes de cráteres

Se ha preservado un cierto número de yacimientos en depósitos de loess; por ejemplo, el yacimiento J de Maastricht-Bélvedère (Roebroeks 1988), la parte superior de la secuencia de Biache-St-Vaast (Tuffreau 1988), Rheindahlen (Bosinski 1966), y algunos yacimientos checos como Bohunice y Predmostí (Svoboda, Lozek y Vlcek 1996).

Igual como sucede en Beauvais «La Justice», en la región septentrional occidental, estos sedimentos eólicos contienen un importante componente calcáreo que permite una buena conservación. La fauna de este yacimiento en concreto está dominada por el reno, aunque también hay rinocerontes lanudos, mamuts, caballos y bisontes. Lo más probable es que tenga una cronología Pleniglaciar (Locht *et al.* 1994).[86] Seclin en la misma región es otro yacimiento de loess (Tuffreau *et al.* 1994). Los útiles de los niveles D4 y D7 se datan en el interestadio Brorup del EIO 5c (cuadro 5.1). Además, el perfil de polen del nivel D7, con su máximo boscoso, dominado por coníferas entre un 60 y un 97 por ciento, también indica que estamos en una fase interestadial. El estudio micromorfológico de los componentes de arcilla de los sedimentos sitúa la ocupación más antigua del D7 en un ambiente de pradera húmeda con un clima de temperatura bastante templada (Tuffreau *et al.* 1994: 30). Una posterior reducción de la cubierta forestal condujo a unas condiciones ambientales cada vez más esteparias en el nivel D3. No se conservan huesos de animales.

Hay un conjunto de yacimientos de loess que recorren el complejo Saaliense por entero y siguen durante el Pleniglaciar que han sido investigados a fondo en los terrenos volcánicos del este de Eiffel, en la región septentrional central (Bosisnki *et al.* 1986). Los conos de estos volcanes extinguidos formaron una especie de trampa natural para el loess protegiéndolo de la erosión subsiguiente.

Hay ocupación en sedimentos de loess en Kärlich Jb, Schweinskopf y Wannen, y en sobre paleosuelos en Tönchesberg y Hummerich (figura 5.8). En el yacimiento no volcánico de Ariendorf (E. Turner 1991) las principales ocupaciones, que son la 1 y la 2, tienen lugar en loess datados respectivamente en el EIO 8 y el EIO 6.

El volcán de Tönchesberg tuvo una erupción en el 202.000 ± 14.000 años BP al inicio del penúltimo período glaciar, en el EIO 6 (Conard 1992: 15). Hay constancia de pequeñas ocupaciones en loess en Tö1A y Tö2A, que datan respectivamente de mitad y de final de este estadio.

El principal horizonte arqueológico, el Tö2B, aparece en un sedimento coluvial oscuro que se formó sobre un loess. En la época en que se formó este sedimento había un paisaje de pradera salpicado de formaciones boscosas. Los huesos de animales se conservaron muy mal debido a las duras condiciones de la intemperie y a la des-

86. Locht (*et al.* 1994) no desechan una edad en el EIO 6 hasta que no se obtengan estimaciones de edad absoluta. Roebroeks y Tuffreau (1994) lo sitúan en el EIO 6.

calcificación de los sedimentos. Entre las especies animales predominantes destaca el caballo, el asno de la estepa, el gamo, el uro y el rinoceronte (*Dicerorhinus hemitoechus*). A partir de la datación estratigráfica y de termoluminiscencia se puede aventurar que los loess probablemente se formaron justo después el interglaciar Eemiense; a este respecto Conard propone una fecha en el EIO 5d alrededor del 115.000 BP (*ibid.*: 23). La sedimentación del loess requiere unas condiciones ambientales muy específicas que posiblemente no se dieran durante los episodios fríos de corta duración del EIO 5e4 y el EIO 5e2 pertenecientes al subestadio interglaciar.

La posterior ocupación del horizonte Tö2D tiene lugar sobre un depósito de loess perteneciente a la fase Glaciar Inicial o quizá al Pleniglaciar. El horizonte Tö1B también sobre loess es estratigráficamente comparable al horizonte datado por TL en el 66.000 ± 6.000 años BP (*ibid.*: 24).

Los volcanes del Eiffel proporcionan los únicos datos de hábitats en esta zona durante este período. Las ventajas que podían encontrar los homínidos dentro de estos cráteres no están nada claras, pero la presencia de huesos de animales asociados a útiles de piedra en todos ellos, muestra que en estos lugares delimitados por abruptas laderas, no faltaban los recursos.

Cuevas y abrigos

Quizá la utilidad de estos cráteres deba contemplarse de la misma manera que contemplamos la de cuevas y abrigos naturales: refugios comparativamente pequeños y bien protegidos para la sedimentación en medio de un amplio entorno potencialmente mucho más destructivo para los materiales arqueológicos.

Por ejemplo, en la Cueva de Pontnewydd (Green 1984), en el norte de Gales, en la región septentrional occidental, los depósitos del EIO 7 fueron arrastrados hacia la cueva por la actividad periglaciar durante el EIO 6. Más tarde en este estadio glaciar, y luego en el EIO 2, una capa de hielo debió cubrir completamente la cueva, pero no debió barrer sus depósitos que contenían bifaces de roca volcánica, lascas Levallois, huesos de animal y catorce restos de homínido que correspondían, al menos, a cuatro individuos diferentes y posiblemente a siete, de los cuales cinco eran niños (Aldhouse-Green 195).

Pontnewydd es un ejemplo extremo de supervivencia de unos vestigios arqueológicos muy frágiles, pero este período afortunadamente contempla en términos generales un gran aumento del número de cuevas y abrigos que preservan materiales arqueológicos (Bosinski 1967, Gabori 1976, Laville, Rigaud y Sackett 1980, Mussi 1992, Svoboda, Lozek y Vlcek 1996). No es extraño que estos materiales se concentren en las regiones europeas donde predominan los materiales calizos, incluyendo Crimea y el Cáucaso (Boriskovsky 1984, Ljubin y Bosinski 1995). En la región septentrional central hay largas secuencias estratigráficas en Kulna (Valoch 1988), Sesselsfelsgrotte (Weismüller 1995) y el Bockstein (Wetzel y Bosinski 1969). También hay colecciones numéricamente ricas procedentes de las regiones septentrional central y septentrional occidental, como por ejemplo, las que presenta el yacimiento costero de la cueva de La Cotte en la isla de Jersey (Callow y Cornford 1986). Pero la abundancia de colecciones grandes es menor aquí que en la región meridional occidental donde hay largas secuencias estratigráficas con diversos niveles con restos de actividad humana.

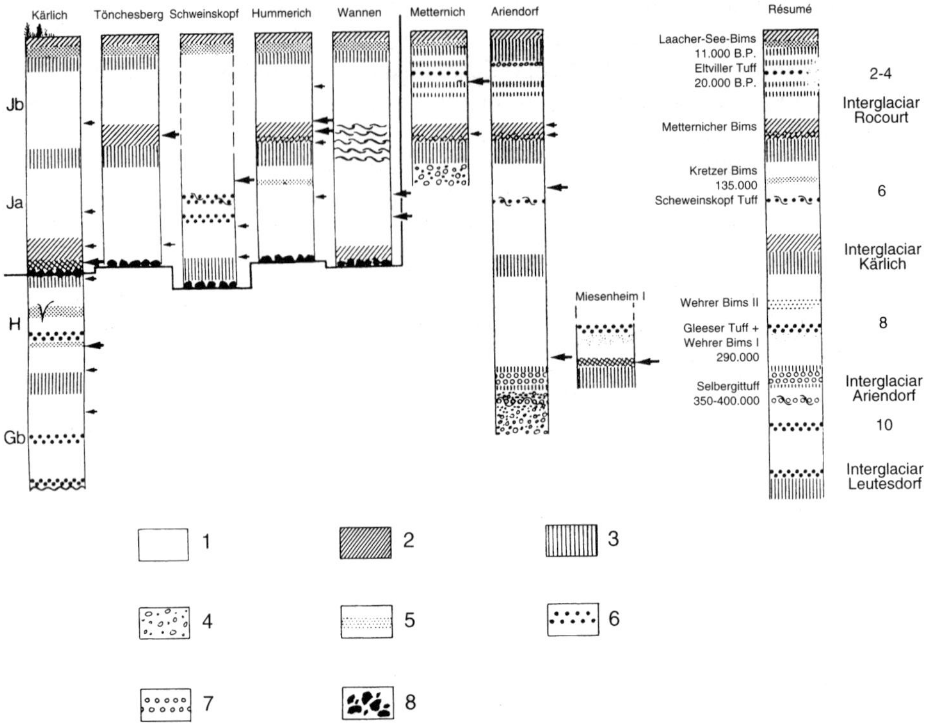

FIG. 5.8. *Localización y estratigrafía de los principales yacimientos volcánicos de la región alemana del Eifel oriental, cerca de Neuwied, región septentrional central (a partir de Bosinski* et al. *1986: Abb. 4 y 5). Clave:*

Mapa de yacimientos
27. Laacher See
49. Tönchesberg
51. Hummerich
52. Wannen
53. Schweinskopf
58. Kärlich

Perfiles estratigráficos ideales
1. Loess
2. Humus
3. Horizonte del suelo
4. Graveras
5. Piedra pómez
6. Cenizas volcánicas basálticas
7. Cenizas volcánicas Selbergit
8. Lava basáltica

Las flechas pequeñas indican hallazgos aislados de útiles y las grandes, los principales niveles arqueológicos.

FIG. 5.8. *(continuación).*

La zona clásica de la arqueología de las cuevas y los abrigos de esta época, es el sudoeste de Francia. Los yacimientos insignia vienen representados por la Grotte Vaufrey (Rigaud 1988a), La Micoque (laville, Rigaud y Sackett 1980), Pech de l'Azé II y Combe Grenal (Bordes 1972), sin descartar el complejo de La Chaise y el abrigo de La Quina, en la región de la Charente (Debenath 1976,1992). Estos conocidos yacimientos han sido recientemente complementados por otros como los de la sima de Coudoulous (Jaubert, Brugal y Quinif 1993) y de la sima de La Borde (Jaubert *et al.* 1990) en la región del Lot. Ambas simas han conservado de forma extraordinaria la fauna, dominada por el bisonte (el 98 por ciento de los huesos de animal preservados en la de Coudoulous), y el uro, (el 93 por ciento en la de La Borde).

En la misma región pero en España, hay la cueva de El Castillo, en Cantabria (Bischoff, García y Straus 1992, Cabrera-Valdés 1984, Straus 1992). Aquí hay cuatro niveles complejos con útiles que constituyen la base, en el nivel 23, de un suelo estalagmítico datado por TL en el 89.000 ± 11.000 años BP. Sobre este suelo hay tres niveles con útiles musterienses (figura 5.9). El número de útiles de estos siete niveles no es extraordinario, pero Cabrera-Valdés (1984) descubrió durante su trabajo de investigación que muchos de los útiles exhumados en excavaciones anteriores (Breuil y Obermaier) se habían perdido. Lo que diferencia las cuevas de esta región de las del norte es el número de niveles estratigráficos con series de alrededor de 100 piezas retocadas, el número mínimo de piezas considerado necesario para llevar a cabo un análisis tipológico (de Soneville-Bordes 1974-1975: 17). En las regiones mediterráneas también es muy habitual encontrar yacimientos con múltiples niveles, como sucede en la Cova de Bolomor, en España (Peris, Calatayud y Valle 1997, Peris, Calatayud y Valle 1994), en las cuevas italianas de Riparo Tagliente (Mussi 1992), la Grotta Fosselone y la Grotta Moscerini (Caloi *et al.* 1988), y en la cueva de Asprochaliko (Bailey, Papaconstantinou y Sturdy 1992) en el noroeste de Grecia. La cuantificación de estos aspectos del registro del Paleolítico no es fácil, ya que la información no está estandarizada. Casi nunca hay disponible la suficiente información sobre los metros cúbicos de terreno que se excavan para poder recuperar estas cantidades de útiles. Por lo tanto es imposible comparar densidades de útiles. Sin embargo, el haber visitado muchos yacimientos en cuevas excavados por toda Europa, me sirve para pensar que en el norte, cuevas enteras fueron vaciadas de forma regular, como es el caso de Nietoperzowa (figura 5.11) (Chmielewski 1961), Kents Cavern (Campbell y Sampson 1971), Hohlenstein-Stadel (Beck en preparación, Gamble 1979, 1995d) y Ciemma (Svoboda 1994b). Ello hace que se excaven a veces grandes extensiones para encontrar unos pocos útiles. Pero en algunos yacimientos clave del norte la extensión de terreno excavada ha servido al final para compensar a los arqueólogos con la obtención de colecciones importantes de material (cuadro 5.6), por ejemplo los 3.0000 m^2 de Kulna (Valoch 1988) y de La Cotte (figura 5.10).

Una parecida limpieza total o casi total como la que comentábamos no es tan habitual en las cuevas del sur y de las regiones mediterráneas. Hay aún grandes áreas por excavar (ver figura 5.9). La conservación de depósitos importantes en estas cuevas y abrigos se debe posiblemente a las prácticas de los arqueólogos de hace años, que, una vez recuperado el suficiente material para el análisis tipológico, generalmente el objetivo principal de la excavación, abandonaban la investigación (Gamble 1986a: 357-9).

Aunque no esté disponible una cuantificación de los materiales descubiertos, sugeriría que, en términos generales, los tres factores que muestra la figura 5.12 sirvieran para orientar la escala de las excavaciones en cueva. Si esta relación funciona ha de hacer pensar, además, que la cantidad de materiales arqueológicos varía en forma predecible a lo largo y ancho del continente, cosa que puede reflejar distintas intensidades en el uso arqueológico a largo plazo de las regiones norte y sur/mediterráneas de Europa.

Ritmos y tecnología social

En el capítulo 4 establecimos la manera de plantear los ritmos de la tecnología social examinando como enlazaban las distintas escalas del análisis en nuestra inves-

FIG. 5.9. *Excavaciones de los niveles musterienses de la Cueva del Castillo, España, región meridional occidental. Las largas secuencias de este yacimiento han proporcionado importante información sobre la cronología y características de la transición entre el Paleolítico Medio y el Superior (foto del autor).*

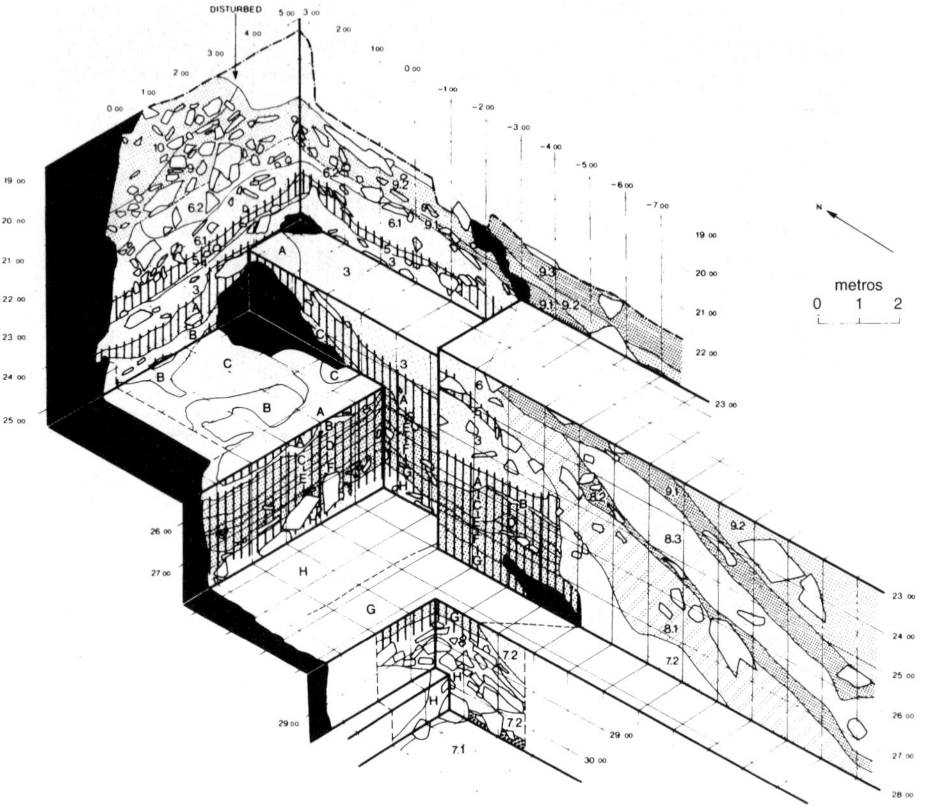

FIG. 5.10. *Sección isométrica de los depósitos saalienses y weichselienses de La Cotte, Jersey, región septentrional occidental, con indicación del volumen de los depósitos extraídos del barranco norte para producir los conjuntos de útiles; véase cuadro 5.6 (a partir de Callow 1986c: 6.4).*

tigación de la sociedad paleolítica. Estos tres ritmos aparecen implícitos en el primer interrogante puesto al comienzo del presente capítulo acerca de las sociedades neanderthales, es decir, ¿qué tipo de ambientes pudieron soportar? A través de esta pregunta exploraremos las habilidades de los Neanderthales para vivir en sociedad siempre que sigamos aquella proposición que decía que los actos técnicos son también actos sociales (capítulo 3). Una vez más los útiles de piedra nos proporcionan la mayor parte de los indicios para investigar la cuestión. Voy a examinar los indicios de cambios a través de los senderos y las pistas que recorren los paisajes y también en relación a los gestos de las acciones destinadas a la producción y el mantenimiento. De esta manera las habilidades materiales y sociales de los Neanderthales pueden enmarcarse en un contexto más amplio teniendo en cuenta sus entornos de actividad, aquellos entornos que les rodean que ellos construyeron para vivir haciendo uso de sus más variadas habilidades, pero que a la vez tuvieron el efecto de constreñir y seleccionar sus acciones.

FIG. 5.11. *Interior de la cueva de Nietoperzowa, Jerzmanovice, Polonia, región septentrional central. Antes de que se excavara esta cueva los depósitos la llenaban hasta casi el techo. La pequeña colección de útiles recuperada, véase cuadro 6.10, procede de un volumen de depósitos excavados muy grande (foto del autor).*

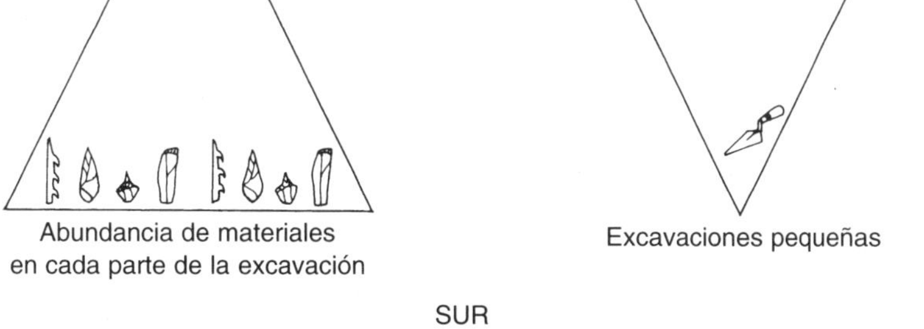

FIG. 5.12. *Diferentes estrategias de excavación entre las regiones del norte y del sur de Europa. Resultan de la diferente densidad de útiles de los depósitos en cueva. Cuando el principal objetivo de una excavación es el análisis tipológico de los útiles de sílex, esta relación se pone claramente de manifiesto. Un cambio de objetivo, por ejemplo la recogida de información espacial, puede llegar a invertir este modelo (véase Gamble 1986a: Fig. 8.8).*

SENDEROS Y PISTAS: OBTENCION DE MATERIAS PRIMAS Y TRANSPORTE

Nos preguntamos si los senderos y las pistas que recorren las regiones de la Europa del Pleistoceno están condicionados por factores físicos como la latitud, la longitud y el relieve, así como por el impacto de estos factores en relación a la distribución y abundancia de los recursos (figura 3.1).

Los indicios que llegan de los distintos yaciminetos señalan que el uso de materias primas sigue dándose a escala local. El estudio de Geneste (1988b) sobre la Grotte Vaufrey en el sudoeste de Francia y la investigación sobre el uso de materias primas en La Cotte, en la región septentrional occidental, constituyen dos ejemplos claros de este modelo de comportamiento tan generalizado.

En la Grotte Vaufrey, el sílex obtenido en los once distintos niveles de la cueva procedía de nueve fuentes distintas (figura 5.13). Cuarzo y otros materiales proporcionaron dos categorías más.

El mayor número de útiles procede del nivel VIII (cuadro 5.5). Las materias primas proceden en un 48 por ciento de la fuente 1 y en un 42 por ciento de la fuente 2. En los demás niveles se repite el mismo esquema. Las fuentes más distantes, de la 5 a la 9 (figura 5.13), la más lejana a 80 km, nunca suman más del 2 por ciento de la materia prima utilizada. Invariablemente se trata de piezas retocadas (Geneste 1988b).

En La Cotte, una cueva sita cerca de la costa en la isla de Jersey, Callow (1986a) ha comparado los cambios en número y peso entre los tres tipos principales de materia prima utilizada, el sílex, el cuarzo y otros tipos de piedra dura, sobre todo materiales ígneos. En la isla no hay sílex y la cantera más cercana está hoy día sumergida en el mar, a unos 20 km al norte del yacimiento, lo que requería un descenso del nivel del mar de 25 m para poder explotarla (*ibid.*: 205). Otras canteras de sílex están a 40 km de distancia. El córtex que se conserva en muchos de los útiles muestra que se utilizaban mucho más los guijarros de la playa que los nódulos de sílex. Debido a los cambios experimentados por el nivel del mar parece que se utilizaron distintas fuentes de sílex, pero como Callow afirma, siempre se trataba de canteras situadas cerca de la playa, como máximo a unos 3 km de distancia. El cálculo de la proporción entre las-

CUADRO 5.5. *Uso de materias primas en la Grotte Vaufrey (Geneste 1988b: Fig. 2).*

Nivel	*Núm de fuentes de materia prima*	*Fuentes a más de 10 km*	*Útiles en la muestra*	*Materia prima dominante*	*Distancia máxima en km*
I	4	0	112	60	6
II	7	1	531	49	30
III	4	1	100	71	30
IV	9	3	461	41	70
V	7	1	121	50	30
VI	6	1	190	42	55
VII	9	4	558	39	80
VIII	9	5	2.075	48	60
IX	4	0	36	72	6
X	5	0	84	52,5	6
XI	4	0	97	49	6

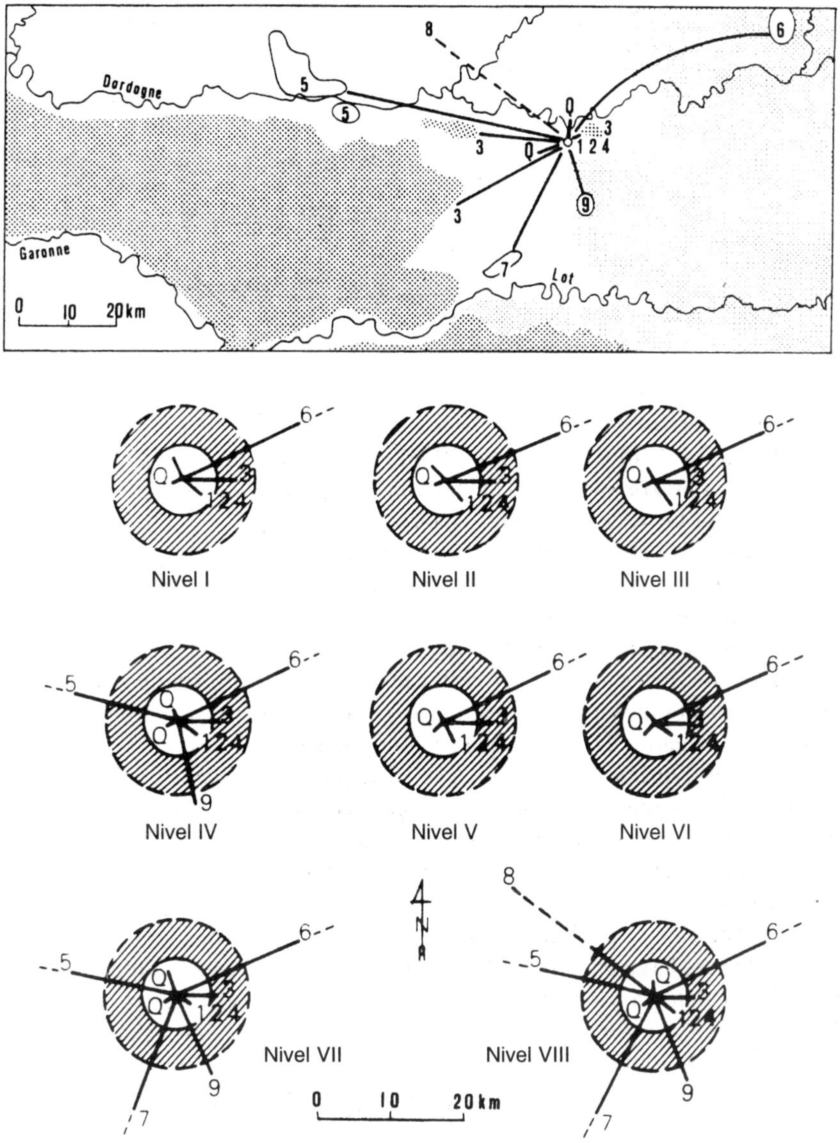

FIG. 5.13. *Fuentes de materia prima explotadas en ocho de los niveles de la Grotte Vaufrey, Francia, región meridional occidental (a partir de Geneste 1988b, Mellars 1996: Fig. 5.8).*

cas talladas y piezas retocadas, ayuda a tener una cierta idea sobre las distancias de obtención de materia prima (cuadro 5.6)

La aplastante proporción resultante en favor de la categoría que podríamos denominar de proximidad, quiere decir que debemos pensar que las fuentes de obtención de las materias primas utilizadas asiduamente, quedaban dentro de un radio de menos de 10 km de distancia.

CUADRO 5.6. *Uso de materias primas en La Cotte (Callow 1986b: Cuadros 24.1, 24.2, Hivernel 1986: Cuadro 27.1).*

	Útiles retocados	*Fragmentos retocados*	*Núcleos*	*Lascas sin retoque, esquirlas y piedra fragmentada*
Sílex	8.953	6.904	1.495	49.214
%	*13*	*10*	*3*	*74*
Piedra	489	677	69	6.332
%	*6*	*9*	*1*	*84*
Cuarzo	904	0	296	10.729
%	*8*	*0*	2	*90*

En su inventario de 578 casos de transporte de materias primas durante el período EIO 7-EIO 4, Féblot-Augustins (1993, 1997) descubrió que en muy pocos casos se excedía de los 80 km, quedando la mayoría de las transferencias por debajo del umbral obtenido por Geneste de 20 km (cuadro 5.7).

En la Europa central, concretamente en la cueva de Kulna (Valoch 1988), en Moravia, se ha descubierto uno de los desplazamientos de materia prima a distancias más largas. Aquí, en el nivel 11, 12 piezas entre 1.713 (0,7 por ciento) eran sílex jurásicos procedentes de Cracovia, al sur de Polonia, a 230 km de la cueva en dirección noreste. Estas piezas fueron llevadas al yacimiento sin desbastar como soportes o como núcleos para ser tallados y no como piezas retocadas (Féblot-Augustins 193: Cuadro 4), con lo que se contradice el principio de Geneste sobre el uso de las materias primas en relación a las distancias de transporte (capítulo 3). Algo así sucede en Schweinskopf en la zona volcánica del Eiffel, donde la mayor distancia de transporte llega a los 120 km (Floss 1994). Sin embargo, el 96 por ciento de toda la piedra de este yacimiento procede de distancias inferiores a 4 km (Féblot-Augustins 1997: inventario 20).

La información disponible muestra que el transporte de materias primas es considerablemente más largo en la región septentrional central que en la región meridional occidental. Ese dato ya había sido demostrado por Rorbroeks (*et al.* 1988: Fig.4), pudiéndose contemplar con mejor detalle en la síntesis de Féblot-Augustins (1993: Figs: 3 y 5) y en el trabajo pormenorizado de Floss sobre materias primas en el Rhin medio (1994). Tales distancias mayores pueden interpretarse (cuadro 5.7 y figura 5.14)

CUADRO 5.7. *Distancias de transporte de materia prima durante el Paleolítico Inferior y Medio (datos de Féblot-Augustins 1997: Figs. 24, 28, 30 y 31).*

	% < 20 km	*% 20-80 km*	*% > 80 km*	*N*
Paleolítico Inferior	75	24	1	76
Paleolítico Medio Inicial	65	31	4	80
Paleolítico Medio Final				
Europa Occidental	83	16	1	322
Europa Oriental	48	33	19	100

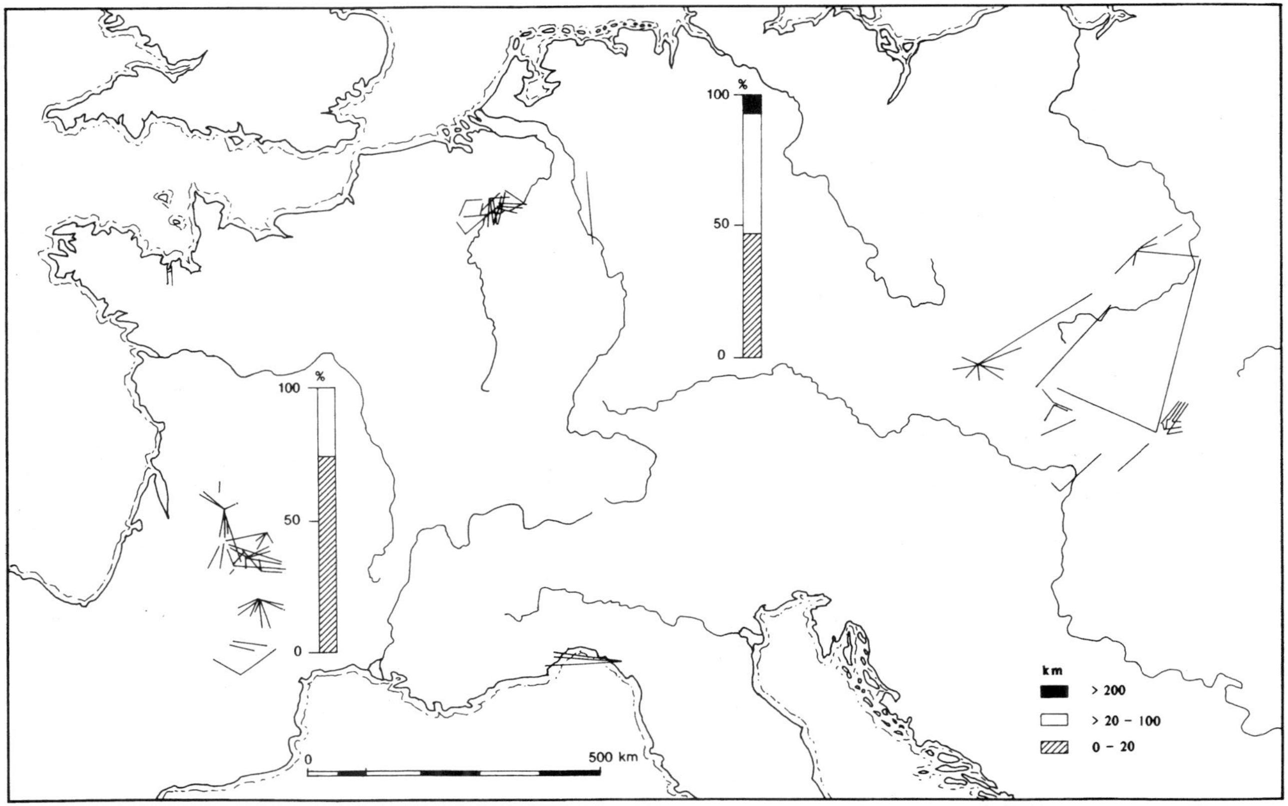

FIG. 5.14. *El efecto de la continentalidad en el transporte de materias primas en el Paleolítico Medio final. Las distancias se representan gráficamente en relación a las regiones meridional occidental y septentrional central. Las barras de los gráficos muestran la frecuencia de los transportes en estas dos regiones en relación a la distancia (a partir de Féblot-Augustins 1993: Fig. 8, 1997).*

asociadas a la existencia de caminos de penetración más extensos provocados por una mayor continentalidad del clima y por la mayor separación de los recursos en la estructura «a cuadros» del mosaico de vegetación (ver continuación de esta discusión en capítulo 6).

El efecto de la presión ambiental sobre el tamaño del espacio recorrido por los homínidos, también se puede comprobar en relación a los transportes de materia prima habidos en el sudoeste de Francia entre el Würm I (Glacial Inicial) y el Würm II (mayormente Pleniglaciar). El incremento de las distancias de transporte de materias primas, tanto absolutas como en promedio, coincide con un cambio hacia unas condiciones climáticas más frías que, en Aquitania, conlleva la sustitución del ciervo común por el reno (Bordes y Prat 1965, Delpech 1976, Denell 1983).

Fuera de pequeñas cantidades de ocre, en Maastricht-Bélvedère (Roebroeks 1988: 39) no hay evidencia de trasferencias de otro tipo de materias primas que la piedra. Se piensa que los hematites se recogieron puntualmente de algunos lugares del mismo valle del Maas.[87]

Durante el período que estudiamos, ha sido posible identificar lugares de extracción de materias primas en los cuales éstas fueron trabajadas en bruto en el mismo lugar. En Alemania hay grandes «factorías» de cuarcita en Reutersruh (Luttropp y Bosinski 1971), Lenderscheid, Troisdorf y Ratingen (Bosinski 1994). Las enormes colecciones de materiales de Markkleeberg pueden representar un uso similar de canteras de sílex grandes (Baumann *et al.* 1983, Grahmann 1955). En el norte de Francia las canteras de Etouvies, Ault-Onival y Saoul-en-Amienois (Roebroeks y Tuffreau 1994) parecen comparables a los talleres al aire libre alemanes, y lo mismo sucede con Khotylevo I (Zvernyaev 1978) en la región septentrional oriental. En la Francia mediterránea el «poblado» musteriense sin datar de Canjuers puede ser otro ejemplo de lo mismo: aquí, en la misma cantera, los restos de talla diseminados cubren varias hectáreas (Lumley 1969c: 231). Todas estas canteras/taller son difíciles de datar aunque se piensa que deben estar incluidas en el período que va del del inicio del Saaliense al fin de la edad Pleniglaciar. Markleeberg se ubica en el EIO 8 (Mania 1995).

Cadena operativa: tecnología y producción de útiles

Durante este período hay un importante desarrollo de la tecnología lítica. Según la expresión tradicional con esta idea se quería significar que había una preparación y predeterminación de la forma de las lascas y las hojas antes a su talla. El resultado fueron las técnicas de reducción del tipo Levallois. Lo sorprendente para los esquemas convencionales es la datación de hojas prismáticas obtenidas con percutor blando en el 100.000 BP como mínimo, cuando las técnicas que las hicieron posibles habían sido consideradas exclusivas del Paleolítico Superior, es decir, posteriores al 40.000 BP. Este caso subraya aún más la unidad de la tecnología a lo largo del Paleolítico antiguo, en que la tendencia principal se orienta en pos de la consecución de métodos de lascado en vez de métodos de configuración que utilizan la tecnología del plano secante (cuadro 4.9, White y Pettitt 195: 33).

87. Hay otros dos yacimientos que han dado ocre, Becov en Checoslovaquia y Ambrona en España (Roebroeks 1988: 40).

Tipología y variación en los conjuntos líticos

El uso distinto de la técnica Levallois (Bordes 1968a, 1972, 1980), la variedad de formas producidas mediante el retoque lateral de las lascas, abstracción hecha de la técnica usada para extraerlas del nódulo (Bordes 1961b), y ahora en el Paleolítico Medio, el uso tan difundido de las hojas[88] (Révillion y Tuffreau 1994a) han divulgado enormemente la noción de variabilidad con relación a los conjuntos líticos. No obstante, este período aún adolece del tipo de fósiles singulares que sirven para caracterizar, en tiempo y lugar, a muchos de los conjuntos del Paleolítico Superior. En su lugar, los conjuntos de bifaces y lascas que hemos examinado en el capítulo anterior quedan ahora enmascarados tras una gama más compleja de técnicas que tiene su correspondiente gama de explicaciones. La importancia de la materia prima en este período ha sido estudiada a fondo por diversos estudiosos (Barton 1988, Dibble 1987, Dibble y Rolland 1992, 190, 1991, Geneste 1988a, Rolland y Dibble 1990, Tavoso 1984, Turq 1992b) y los modelos de cadena operativa han sido aplicados a los distintos materiales descubiertos (Boëda 1988, Boëda, Geneste y Meignen 1990, Geneste 1988b, Schlanger 1990, 1996, Turq 1989). Mellars (1996) expone y discute con autoridad el debate entre Bordes y Binford sobre las razones de la variabilidad de los conjuntos musterienses (Binford 1972, 1973, 1983a, Binford y Binford 1966, 1969, Bordes 1972, 1973, Bordes y de Sonneville-Bordes 1970, Guichard 1976, Mellars 1969, 1970, Rolland 1981). Hoy día este debate se ha ampliado, como también explica Mellars, con el fin de incluir unos sistemas de poblamiento y unos modelos de movilidad más sofisticados, que afectan a la deposición de los distintos tipos de objetos y al empleo de técnicas de talla específicas (Kuhn 1991, 1992, 1995). Al mismo tiempo, la idea de Bordes de la existencia de cinco tribus diferentes de Neanderthales con los correspondientes conjuntos líticos (cuadro 5.8) ha sido reelaborada para poder tomar en consideración explicaciones alternativas. Por ejemplo, Turq (1989, 1992b: 80) concluye su estudio del Musteriense tipo La Quina, afirmando que no se trata de una cultura, en el sentido de Bordes. Este caso concreto puede deberse a una combinación de varios elementos, por ejemplo, procedimientos economizadores de tiempo, disponibilidad de materias primas locales de gran calidad y realización de actividades especializadas, aunque desconocidas. La variabilidad también se explica atendiendo a esquemas de transmisión cultural y a aspectos ligados al conocimiento (Mithen 193b, 1996). Finalmente, se ha establecido un marco cronológico para algunas de las variantes (Mellars 1996, Turq 1992b: 77) a pesar de no haber trayectorias lineales obvias de cambio y desarrollo de los conjuntos, sino más bien, tal como dijo Bordes, una *évolution buisonnante* (1950).

El análisis bordiano

Bordes con su célebre lista de tipos, fue el primero que aplicó un enfoque sistemático a la clasificación y análisis de los conjuntos líticos (Bordes 1953, 1961a, 1981, Bordes y Bourgon 1951). Sus famosos análisis abordaron separadamente lascas y bifaces. Reconoció sesenta y tres tipos distintos de lascas y veintiún tipos dis-

88. Una lámina es una lasca que es por lo menos dos veces más larga que ancha.

CUADRO 5.8. *Principales variantes del Musteriense del sudoeste de Francia (Bordes 1953, 1972, 1981).*

Variante	*Índice de Levallois*	*Índice de raederas*	*Índice tipo La Quina*	*Índice de Bifaces*	*Tipos del Paleolítico Superior*	*Denticulados*
Charentiense						
1. Subtipo de La Quina	<10	50-80	14-30	Ausente/raro		Bajo
2. Subtipo de La Ferrassie	14-30	50-80	6-14	Ausente/raro		Bajo
3. *Típico*	Muy variable	>50	0-3	Ausente/raro		Moderado
4. *De denticulado*	Muy variable	4-20	0	Bajo		60
5. *Musteriense de Tradición Achelense (MTA)*						
Subtype A	Muy variable	25-45	Muy bajo	8-40	Ocasional >4	Común
Subtype B	Muy variable	4-20	Muy bajo	Ausente/raro	Abundante	60

tintos de bifaces (Gamble 1986a: Apéndice 3). Las raederas (los números 9 al 29 de la lista de tipos) y las puntas (los números 3 al 7) son particularmente importantes para poder clasificar los conjuntos. Muescas y denticulados son también elementos frecuentes de los conjuntos (números 42 y 43), aunque carecen de los atributos formales de un esmerado retoque. El análisis bordiano establece dos cómputos para las lascas. El cómputo *real* incluye todas las lascas Levallois no retocadas, números 1 al 3 en la lista de tipos, aunque no muestren un retoque secundario. El cómputo *esencial* deja éstas fuera junto con la categoría de las levemente retocadas (números 46-50). La proporción de los útiles sobre lasca de los conjuntos excavados se muestra mediante la representación de una curva acumulativa de los porcentajes. De los muchos conjuntos estudiados salieron cinco perfiles repetidos (Gamble 1986a: Fig. 4.5). A partir de aquí se calcularon una serie de índices técnicos; fundamentalmente, la incidencia de la técnica Levallois (IL), el dominio de las láminas (ILam), y un grupo de índices tipológicos que comparaban, por ejemplo, todas las raederas laterales (IR). Todos estos cálculos y sus aplicaciones analíticas están descritos por el mismo Bordes (1972).

El método bordiano, desarrollado durante los años 1950 y 1960, sigue siendo el principal método mediante el cual los arqueólogos franceses, y de otras partes de Europa, comparan el material arqueológico. No es el único método existente que se utiliza, debiendo ser comparado con los métodos de Bosisnki (1967) y Gabori (1976), los cuales, para clasificar los conjuntos menos ricos del Paleolítico Medio de la Europa central y oriental, se concentran especialmente en el tipo de fósiles que aparecen, y de Carbonell (*et al.* 195) y Weismüller (1995) que buscan ofrecer un sistema unificado para cualquier análisis lítico. Brézillon (1968) y Hahn (1991) ofrecen descripciones de tipos de objetos.

Las industrias de bifaces

Los bifaces siguen fabricándose durante este período, tanto por el método de configuración como por el método de lascado. Varían enormemente cuanto a medidas y forma. Por ejemplo, el yacimiento en gravera de Stanton Harcourt en Inglaterra, datado en el EIO 7, ha dado hachas de mano apuntadas muy grandes, una de casi 27 cm de larga, aunque se trata de un caso excepcional (Bridgland 1994: Fig. 2.17). Los bifaces apuntados achelenses de Salzgitter-Lebenstedt (Tode 1982), hoy día datados en el Pleniglaciar, son de tamaño grande y constituyen un ejemplo de bifaces tallados como herramientas. En cambio, las hachas de mano/bifaces micoquienses apuntados pueden ser de menor tamaño, por ejemplo, los bifaces asimétricos (figura 5.15) del nivel IIIa de la cueva de Bockstein en el sur de Alemania (Wetzel y Bosinski 1969). Muchos de estos bifaces pequeños micoquienses han sido obtenidos sobre soportes tallados previamente, como muestra el ejemplo de la figura 5.15 procedente de La Micoque.

No todos los bifaces pertenecen al mismo modo de extremidad puntiaguda. En Francia e Inglaterra hay bifaces ovalados de este período (Roe 1981: cuadro 14), algunos con un giro distintivo en su perfil como los del Atelier Commont, un conjunto no Levallois en el valle del Somme (Antoine 1990).

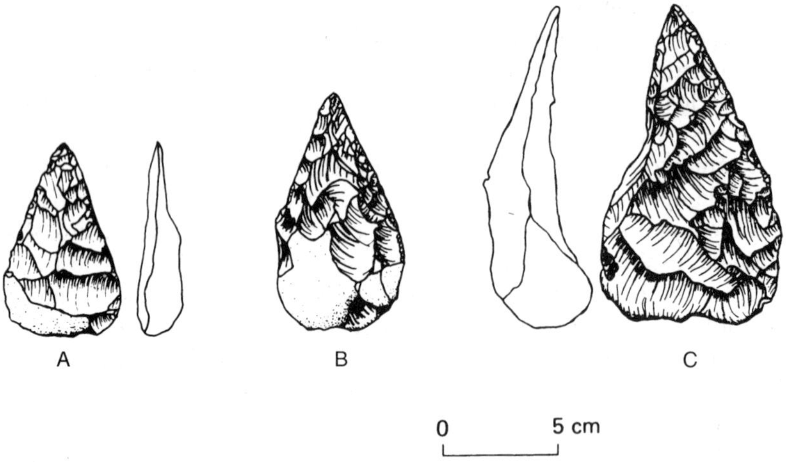

FIG. 5.15. *Bifaces micoquienses del último período glaciar (a partir de Gamble 1986a: Fig. 5.1). Clave:*
A La Micoque nivel 6 (región MOc)
B y C Bocksteinschmiede nivel IIIa (región SC)

El Micoquiense

El conjunto de Bockstein se considera como una variante dentro de la tradición micoquiense, que relaciona conjuntos a lo largo de toda la región septentrional, situados en Bélgica, Alemania, Polonia, Chequia, Eslovaquia y Rusia occidental, incluyendo Crimea y el Cáucaso (Bosinski 1967, Gabori 1976, Mania y Toepfer 1973, Svoboda 1994a, Ulrix-Closset 1975, Valoch 1988).

En muchas ocasiones los bifaces procedentes de estos conjuntos son correctamente descritos como cuchillos, como indica el propio término «Bocksteinmesser», utilizado por Wetzel (1958) para describir las piezas curvas trabajadas a modo de bifaces, que descubrió excavando en el yacimiento de Bockstein. Los bifaces pradnik, a menudo con sus distintivos fragmentos de lascas resultantes de un «afilado», se contemplan como una variante de esos cuchillos bifaciales. Los bifaces pradnik se encuentran en muchos yacimientos del Paleolítico Medio europeo.

Las secuencias de reducción Levallois

La técnica Levallois[89] y su caracterización como cadena operativa han despertado particular atención. En uno de sus últimos artículos, Bordes (1980) resumió sus puntos de vista sobre esta técnica, insistiendo en que la idea central era determinar la forma de la lasca/hoja a base de una concienzuda preparación antes de proceder a golpear y hacer saltar la lasca (figura 5.16). Esta fase podría requerir preparar una pla-

89. Toma el nombre de una localidad en las afueras de París donde por primera vez fue reconocida como técnica de talla.

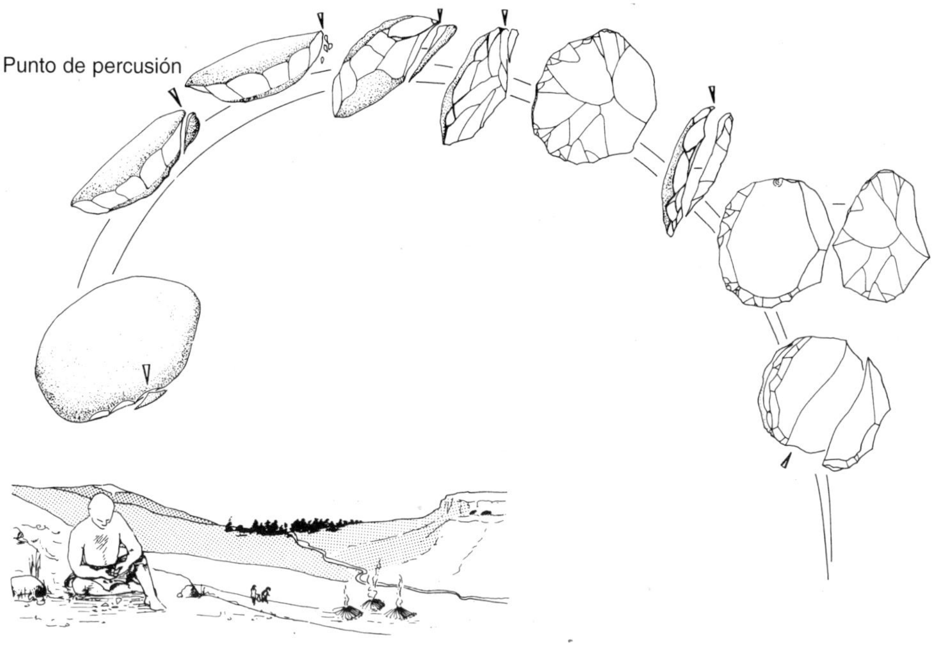

FIG. 5.16. *Cadena operativa de la talla Levallois (a partir de Lhomme y Maury 1990).*

taforma sobre la que golpear, aunque no debía de ser un requisito imprescindible. En un experimento, Bradley (1977) que colaboraba estrechamente con Bordes, talló veinte bloques tabulares de sílex que medían 4 cm de grosor por 15 cm de diámetro. Estableció como umbral crítico para la obtención de hojas Levallois, un máximo de 6 cm. Cuando el tamaño del núcleo quedaba por debajo de esta medida, lo abandonaba y empezaba con uno nuevo. Produjo un promedio de 4,35 lascas Levallois por núcleo (entre 3 y 8). Al mismo tiempo obtuvo un promedio de 102 lascas de otro tipo, muchas de ellas útiles soportes para retocarlos como raederas. La tecnología del plano secante aplicada a la reducción de núcleos nos ofrece un ejemplo de configuración. Ello enfatiza la importancia de los gestos técnicos en las primeras fases de la cadena operativa en relación a las posibilidades de un posterior lascado (cuadro 5.9 debajo).

Esta manera de reducir los nódulos ha sido denominada por Boëda (1988, 1994) método recurrente. Este autor ha realizado un detallado estudio del material obtenido en el conjunto de Biache St. Vaast IIA, datado al final del EIO 7, inicios del EIO 6. Resume la técnica del siguiente modo:

> Esencialmente, el concepto Levallois reside no sólo en la concepción volumétrica del núcleo, a la que se le añadirán los criterios técnicos de predeterminación (covexidades laterales y distales), sino también en los planos de fracturación de los desprendimientos predeterminados (2a, 2b), que son siempre paralelos al plano de intersección de las dos superficies. La capacidad de producción de desprendimientos predeterminados (3) está limitada al volumen comprendido entre la superficie de preparación levallois y el plano de intersección (1988: 18, los números se refieren a la figura 5.17).

La descripción gráfica (figura 5.17) de la tecnología del plano secante (White y Pettitt 1995) demuestra claramente por qué el Levallois puede ser catalogado como una tecnología de lascado (cuadro 4.9). El objetivo de Boëda es la comprensión de los conjuntos líticos sobre la base de la dinámica de la tecnología, algo comparable al gesto y a la acción material de Leroi-Gourhan (capítulo 3), y no sobre lo que él entiende por enfoque estático bordiano, basado exclusivamente en la clasificación de la forma del objeto acabado (Boëda 1988: 211). En consecuencia, el concepto Levallois, tal como se ha explicado más arriba, produce manifestaciones muy diferentes (cuadro 4.8). Por ejemplo, en Biache St. Vaast IIA, los nódulos fueron trabajados tanto como núcleos bipolares como unipolares. Tal como subraya Boëda, lo importante es que en el nivel de un conjunto, vemos que se ha hecho una selección deliberada. La técnica Levallois, dice, se inscribe en una tradición.

> Los conocimientos empleados muestran un saber transmitido de generación en generación. Dichos conocimientos corresponden a una opción entre un conjunto de posibilidades (Böeda, 1988: 213).

La selección de la acción está, por lo tanto, determinada no únicamente por la calidad o la forma de la materia prima, sino sobre todo por el conocimiento, adquirido culturalmente, que informa y estructura los gestos del tallista. La habilidad de los tallistas de Biache para producir soportes que casi coinciden con la forma futura del útil, refuerza uno de los distintos eslabones de la cadena de la acción material. En el análisis de Boëda, esto demuestra claramente que los productos de la talla no son respuestas adaptativas sino que son productos resultantes de tradiciones de técnicas culturales que implican ritmos, actos y movimientos corporales. En vez de captar la forma del útil y luego ponerse a trabajar para obtenerla, el tallista aprende la acción de fabricarlo. En este sentido la técnica Levallois nada tiene que ver con la predeterminación del tamaño y forma de la lasca, como se ha dicho tantas veces. En su lugar, se trata de una técnica que disciplina el cuerpo para la realización de una secuencia rutinaria de acciones que dan como resultado lo que llamamos lascas Levallois.

Estamos ante un terreno prometedor para el estudio futuro de la transmisión cultural y el aprendizaje (Shennan 1996). Mientras tanto lo que se encuentra a faltar son las aplicaciones más generales de este tipo de análisis. Por ejemplo, ¿se podrá dar el caso de que la gama de posibilidades que encontramos en los conjuntos líticos, sean Levallois o no, sea demasiado limitada? Si así sucede, ¿será porque quizá estemos ante un caso en que sólo funcionaba un número restringido de formas de transmisión cultural entre los Neanderthales? Y, más interesante aún, ¿puede ser que las diferentes técnicas estuvieran asociadas a lugares distintos o a reuniones u ocasiones sociales diferentes, obteniendo así el eslabón que enlaza vida en sociedad, negociación y acción material?

De momento no es posible saberlo. Sin embargo algo hemos ganado con el análisis pormenorizado de la técnica Levallois y con haberlo interpretado como una serie de técnicas susceptibles de análisis y no sólo como un conjunto de productos acabados. Esto abre la puerta a una línea de investigaciones sobre el individuo a través del más duradero de los materiales del Paleolítico.

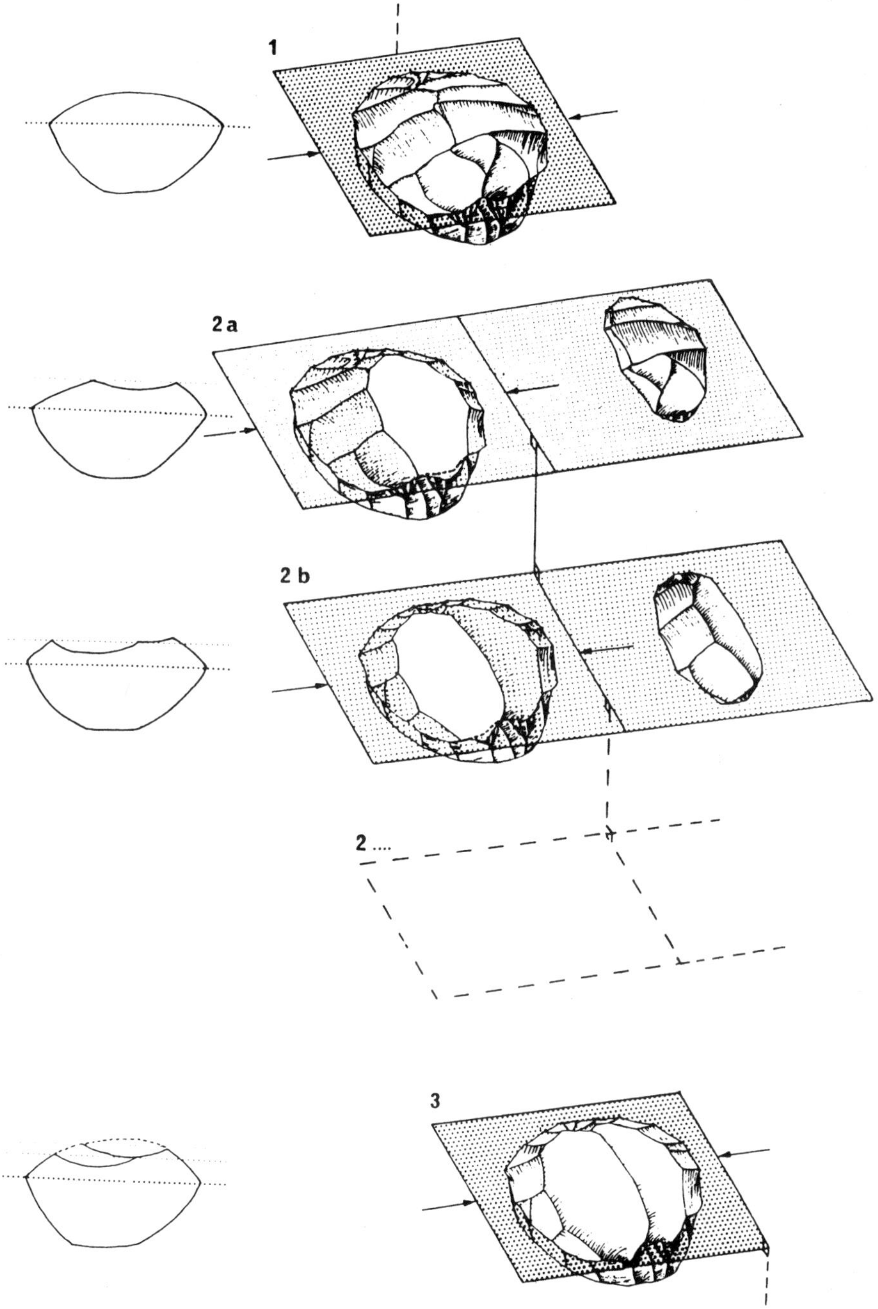

FIG. 5.17. *Tecnología del plano secante según ilustración de Boëda de la técnica Levallois «unipolar recurrente». La cara superior del núcleo se prepara para producir dos lascas Levallois inmediatamente sucesivas que se solapan. Para descripción de las fases véase el texto (a partir de Boëda 1988: Fig. 18.2).*

¿Hasta qué punto era importante la materia prima?

Se ha especulado durante mucho tiempo sobre las preferencias de los tallistas paleolíticos por la técnica Levallois. Es el caso del ejemplo, citado muy a menudo (Roe 1981), de Bakers Hole, en el valle del río Ebbsfleet, un afluente del Támesis en su curso bajo (Bridgland, 1994), donde existía materia prima abundante y de alta calidad. Sin embargo, los tallistas Levallois también utilizaron cuarcitas y otros materiales que nos parecen de menor calidad que el sílex, como muy bien se encarga de señalar Bordes, que era un maestro tallando sílex. El taller/cantera de Reutersruh en la región septentrional central (Luttropp y Bosisnki 1971) es uno de estos casos, y las rocas volcánicas empleadas en la cueva de Pontnewydd en Gales (Aldhouse-Green 1995), otro.

La función de la materia prima en la cadena operativa ha sido estudiada por Geneste (1985, 1988a, 1988b) en la Grotte Vaufrey, en el sudoeste de Francia. Su análisis incluye, aparte de trabajo experimental sobre la talla del sílex, la identificación de las fuentes de materia prima sobre el paisaje, con lo que proporciona una perspectiva regional de la cadena operativa. En su cadena operativa aparecen veintisiete categorías tecnológicas para los útiles de piedra, de las cuales, las tres últimas, se refieren a útiles del tamaño de una lasca (cuadro 5.9). Las otras veinticuatro categorías se agrupan en cuatro fases de una cadena operativa que se destina a producir lascas predeterminadas de acuerdo con el concepto Levallois (Geneste 1988b: 443).

Fase 0 Selección de la materia prima.

Fase 1 Preparación del bloque para permitir la producción de lascas.

Fase 2 Producción en lascado. Esta es la fase más larga, y representa dieciocho de las veinticuatro categorías. Se identifican aquí tres subdivisiones (cuadro 5.9).

Fase 3 Momento final con el añadido de retoques.

En el nivel VIII de la Grotte Vaufrey se exhumaron 2.075 útiles de piedra en una superficie de 85 m^2. De ellos, 673 fueron analizados a través de la cadena operativa, incluyendo a 520 piezas rotas y 183 piezas retocadas. El inventario general utilizó nueve de las doce categorías de materias primas y casi todas las categorías tecnológicas. El remontaje confirmó la presencia de cadenas operativas completas y no de partes de las mismas que indicarían el transporte de soportes y de útiles con retoque. Por ejemplo, el núcleo K14-363 procede de una roca de sílex local. Al tallarse dio como resultado un área de dispersión de 2,5 m con un desplazamiento vertical de 50 cm.[90] Hay que insistir en que este tipo de análisis parte de la definición bordiana de tecnología y de tipología. En su análisis tipológico del material, Rigaud (1988a) clasifica el nivel VIII como típicamente Musteriense, rico en raederas laterales y con un índice alto de piezas Lavellois. Sin embargo, lo que marca la diferencia del estudio de Geneste sobre el mismo material respecto a otros es el hecho de situarlo en un contexto regional, con su énfasis en la materia prima, y su concepto de tecnología como secuencia y no sólo como el producto final de un elemento sobre lasca o de un útil retocado. Como resultado, las comparaciones tipológicas/tecnológicas entre conjuntos, que dieron lugar al importante debate entre Bordes y Binford sobre la naturaleza de la variabilidad en las colecciones de materiales líticos, se producen hoy día a un nivel mucho más prometedor tanto en relación a la selección como a la movilidad. Estas comparaciones se

90. El espesor del nivel VIII varía entre 20 y 80 cm.

CUADRO 5.9. *Productos de la cadena operativa Levallois (Geneste 1988b).*

Categoría	*Descripción tecnológica*	*Fase*		
0	Bloque de materia prima	0	OBTENCIÓN	
1	Lasca cortical			DESBASTADO Tecnología del plano secante — LASCADO Tecnología del plano migrante
2	Lasca cortical residual	1	CONFIGURACIÓN	
3	Cuchillo de dorso natural			
4	Lasca, puntas y reavivado de lascas			
5	Lámina			
6	Desprendimiento Levallois atípico			
7	Lasca Levallois	2a	PRODUCCIÓN	
8	Desprendimiento Levallois en forma de lámina			L
9	Punta Levallois			
10	Punta pseudo-Levallois			
11	Núcleo discoidal			A
12	Otros tipos de núcleo			
13	Núcleo de lasca y punta Levallois			S
14	Núcleo de lámina Levallois	2b	DE	
15	Lasca sobrepasada			
16	Lasca/lámina de cresta			C
17	Fragmento de núcleo			
18	Núcleo de lasca Kombewa			A
19	Lasca truncada y adelgazada	2c	SOPORTES	
20	Lasca Kombewa			
21	Fragmento indeterminado de lasca sin córtex			D
22	Lasca de retoque bifacial		TRANSFORMACIÓN	
23	Lasca retocada o reavivada		DE RESIDUOS DE	O
24	Restos mayores de 29 mm sin córtex	3	SOPORTE	
25	Restos menores de 30 mm con o sin córtex		Y OTROS	
26	Lasca pequeña, entera o fragmentada, de menos de 30 mm			

pueden relacionar con las acciones de los individuos y no sólo con la actividad de unos grupos disfrazada de conjuntos; por ejemplo, los estudios de remontaje y los transportes de materia prima lo ponen de relieve. El individuo entra a formar parte, por lo tanto, de los sistemas de transmisión cultural que dan lugar a los estilos locales de manufactura. La gama de oportunidades que encuentra el individuo dentro de estas tradiciones se demuestra por medio de la selección de soportes para retocar en raederas laterales, en muescas y en denticulados. En cinco de los ocho niveles del Paleolítico Medio de la Grotte Vaufrey, las raederas laterales están generalmente fabricadas sobre soportes Levallois. Tal como comenta Boëda (1988: 213), es difícil contemplar esta forma de proceder únicamente en términos de respuestas funcionales.

El Musteriense de tipo La Quina: un caso al margen del lavellois

Contrastemos estos hallazgos con los de La Quina (cuadro 5.8), la mayor parte de los cuales datan del Pleniglaciar, en el EIO 4 (Mellars 1996: 188, 353, Turq 1992b: 77). La Quina esta dominada por las raederas transversales, presentando unos índices de material Levallois generalmente por debajo del 10 por ciento.

Turq (1992b: 77) enfatiza que el aspecto distintivo de la cadena operativa de esta variante musteriense tardía reside en el hecho de que presenta una gama de productos claramente predeterminados (soportes y útiles) que podrían producirse con unos métodos de talla alternativos, comparativamente más simples. El Musteriense de tipo La Quina presenta varios rasgos característicos: es un ejemplo de elaboración en lascado; representa un hito de la variabilidad del Paleolítico Medio, y es un caso que muestra que la materia prima se trabaja de formas diferentes utilizando tanto la tecnología del plano secante como la tecnología del plano migrante. La secuencia de reducción se resume en el cuadro 5.10.

La manera flexible de la variedad de Musteriense tipo La Quina de producir soportes para ser retocados en raederas, contrasta con la dificultad que implica la manu-

CUADRO 5.10. *La cadena operativa usada en el Musteriense tipo La Quina (Turq 1992b: 77).*

Cadena operativa del Musteriense tipo La Quina:

— Introducción de materia prima al yacimiento en forma de bloques anteriormente probados.
— Extracción del nódulo de una o dos lascas de prueba. Pueden ser extracciones unipolares o bipolares.
— Producción de cuchillos de dorso corticales. Los elementos residuales en esta fase son accidentales. Incluyen las extracciones sobrepasadas y las llamadas fracturas tipo «Siret».
— Lo que queda del nódulo, sea su centro o una de sus extremidades, se transforma en núcleo mediante la preparación de varias plataformas de percusión o mediante una cierta extracción de cortex.
— Producción de soportes por medio de lascado. Incluye los cuchillos de dorso natural, las lascas clactonienses y las lascas asimétricas. También pueden producirse lascas indiferenciadas y fragmentos.
— En las fases finales de la talla algunos núcleos, sean sobre lasca o procedentes de los nódulos, pueden ser modificados para convertirlos en útiles
— La mayoría de los soportes (lascas) son transformados mediante retoque en útiles, por ejemplo, los denticulados, las raederas y las muescas.

CUADRO 5.11. *Cómo afecta la distancia a las materias primas de calidad la composición de los conjuntos de útiles líticos del Paleolítico Medio (a partir de Dibble y Rolland 1992, Rolland y Dibble 1990).*

Cuando la materia prima es abundante, tiene suficiente tamaño y es de buena calidad, y cuando es o

Local — **o** — **Lejana**

Los conjuntos incluyen

Local	Lejana
Soportes, núcleos y bifaces en abundancia. Pocos útiles sobre lasca incluyendo muescas y raederas laterales de un solo filo. Útiles de tamaño grande. Predominio de las tecnologías sobre soportes especializados (ejemplo Levallois)	Abundancia de útiles muy retocados
Denticulados y muescas en materiales locales más pobres	Raederas laterales sobre materiales importados

Conjuntos musterienses obtenidos

(Típico, Denticulado, Musteriense de Tradición Achelense)	**(Tipo La Quina, tipo La Ferrasie)**

factura de bifaces mediante el configuración (capítulo 4), o incluso de su producción a través de secuencias Levallois recurrentes mediante el uso del lascado (ver más arriba). Y eso sucede a pesar del hecho de que ambas secuencias pueden hacer uso de la tecnología del plano secante (White y Pettitt 1995). La baja incidencia de Levallois en La Quina, en contraste con otros conjuntos en los que dominan las raederas (cuadro 5.8), enfatiza la posibilidad de escoger entre producir hojas o producir soportes de lasca.

Pero también hay que considerar los esquemas generales. Turq (1992a y 1992b) realizó un estudio detallado de la variante tipo La Quina, destacando el hecho de que existen muy pocos casos del Musteriense del tipo La Quina que hayan sido encontrados fuera de cuevas y abrigos. Las áreas de aprovisionamiento son muy pequeñas, a una distancia entre 5 y 10 km de los distintos escenarios (Turq 1990: 417), lo que subraya el carácter local de la materia prima empleada. Los útiles del tipo La Quina no se llevan a otras partes, al contrario de lo que sucede con los útiles de otros conjuntos que emplean la técnica Levallois (Geneste 1989). Este hecho contrasta con el Musteriense de tradición Achelense del EIO 3, en que las áreas que aprovisionan de materia prima tienen un radio de entre 15 y 20 km (ver capítulo 6).

La aportación de Turq contrasta con la predicción del modelo de Dibble y Rolland sobre variabilidad de los conjuntos y materia prima (cuadro 5.11), que sugiere que los conjuntos tipo La Quina habrían de ser producidos con materias primas obtenidas lejos.

Esta contradicción pone de relieve la existencia de algún problema con el modelo de Dibble y Rolland. Este problema tiene que ver en concreto, con su forma de interpretar a nivel local la variabilidad del Musteriense; es decir, el problema reside en que estos autores determinan cualitativamente las dos categorías de distancia con el fin de justificar el esquema que pretenden explicar. El resultado es que su modelo de reducción continua viene a ser una descripción de lo que entienden que es variable y no un modelo que ayude en general a explicar la variación en el comportamiento, y por el cual los datos del Musteriense constituyen un caso claro a contrastar. Sin embargo, al no tener en cuenta en su modelo la escala de las cosas o las distancias reales, sólo nos aporta descripciones cualitativas sobre distancias locales y exóticas que pueden ser manipuladas para que casen bien con el esquema general que se expresa en el cuadro 5.11 y no que traten de probarlo. Como muestra Turq, si añadimos las distancias reales al modelo de Dibble y Rolland su capacidad para explicar la variabilidad de los conjuntos declina rápidamente. Por ejemplo, el Musteriense de tipo LaQuina, cuyos conjuntos están hechos con sílex local y no con sílex traído de lejos.

¿Cuándo aparece la talla Levallois?

¿Se puede datar la aparición de la técnica Levallois? A partir de las terrazas del Bajo Támesis, Bridgland (1994: 26) propone que la técnica apareció por primera vez en el EIO 8, en los niveles superiores del Tey de Corbet y en la unidad basal de las formaciones Mucking. La técnica Levallois es difícil de encontrar en yacimientos de la misma época en la terraza intermedia del Somme (Tuffreau 1982: 146) y en el Atelier Commont en la Rue Cagny cuyas arenas hoy día se datan hacia el EIO 8 (Antoine 1990). Sin embargo, en el yacimiento más antiguo de Cagny la Garenne, EIO 11 y 12, se encuentra una forma de trabajo Levallois que se asocia con la producción de bifaces. Tuffreau y Antoine (1995) comparan la morfología de estos bifaces con la de los núcleos Levallois,[91] especialmente cuando se abren al tallarlos. Concluyen que existe un claro vínculo conceptual entre la producción de bifaces y la presencia de métodos de talla Levallois. El configuración y la tecnología del plano secante (capítulo 4) también podrían formar parte del proceso que condujo a la aparición de la técnica Levallois. Si así fuera, White y Pettitt (1995: 33) estarían en lo cierto al señalar que la aparición del Levallois representa la única gran innovación tecnológica durante el período 500.000-200.000 años BP, y lógicamente al justificar la división tradicional entre Paleolítico Inferior y Medio.

Aunque la datación no puede ser aún precisa del todo, es posible que la expansión de la técnica Levallois, el caso de Biache St. Vaast y de la Grotte Vaufrey, se produzca por primera vez durante el complejo Saaliense, a partir del año 300.000 BP. Si así fuera, la disponibilidad de materia prima adecuada puede que no fuera un factor destacado en su desarrollo. Es más probable que la decantación hacia la nueva

91. «Con dos superficies de convexidad lateral y distal que intersecciónan, una que sirve para la preparación de la plataforma sobre la que se golpea, y la otra para la obtención de la lasca principal» (Tuffreay y Antoine 1995).

tecnología se produjera debido a cambios en el modelo de movilidad. El estudio sobre el uso de materia prima en Aquitania de Geneste (1989: 83) muestra que los elementos más móviles de las tecnologías musterienses se relacionan con el uso de elementos Levallois, tal como se desprende del uso de materias primas distantes. El transporte de lascas Levallois ayudó a los homínidos a adaptarse a unas condiciones ambientales menos predecibles, fomentando una mayor flexibilidad. White y Pettitt sugieren (195: 34) que también los bifaces se transportaban a distancias cortas, aunque resultaron menos flexibles a la hora de hacer frente a las contingencias. Aunque a menudo se contempla el papel preponderante del Levallois como indicativo de la asunción de competencias linguísticas, basadas en presunciones acerca de las intenciones preconcebidas de los tallistas (Noble y Davidson 1996: 200-201), parece más fructífero en este momento examinar la técnica en relación a las tácticas de la movilidad individual (Kuhn 1995).

LOS CONJUNTOS DE LASCAS LEVALLOIS Y NO LEVALLOIS

Una rápida mirada a la literatura sobre el Paleolítico Medio revela un gran número de nombres de yaciminetos utilizados para describir los conjuntos de lascas. La inflación de nombre derivada de esta costumbre excede en mucho los cinco grupos de Bordes definidos en el sudoeste francés. He mencionado al Micoquiense ya que es un tipo muy común. En la región septentrional central tenemos el Taubachiense (Schafer 1981, Svoboda 1989, 1994a, 1994b), una industria de lascas no estandarizada, que representa una tipología muy difundida. En Gamble (1986a: capítulo 5) esta variedad se examina con más detalle El problema de la diversidad de los conjuntos en el Paleolítico Medio ha de abordarse como la consecuencia de la aplicación de los métodos de configuración y de lascado, y de las tecnologías del plano secante y del plano migrante (cuadro 4.9).

INDUSTRIAS LAMINARES

Hay una cuestión referente a las tecnologías del plano secante que requiere dedicarle más atención. La datación de las primeras industrias laminares septentrionales, que Conard (1992: 88) llama Grupo de las Láminas del Paleolítico Medio, no suscita oposición (figura 5.18). Se desarrolla claramente en la fase Glaciar Inicial, igual que en Crayford (Cook 1986), en Seclin (Révillion y Tuffreau 1994c), en Wallertheim (Conard *et al.* 1995a, 1995b) y en Tönchesberg (Conard 1992), y se extiende hasta el Pleniglaciar en Riencourt-les-Bapaume (Tuffreau 1993). Actualmente hay siete yacimientos que se suelen agrupar en las regiones septentrional occidental y septentrional central (Révillion y Tuffreau 1994b). Asimismo hay un fuerte componente de láminas en algunos yacimientos de la región septentrional oriental, principalmente Moldova V, además de otros yacimientos del mismo tipo, entre ellos Kebazi, en Crimea occidental (Cabaj y Sitlivyl 1994).

El elemento importante de los yacimientos de las regiones septentrional occidental y septentrional central es la secuencia de reducción dual. En estos conjuntos los soportes se producían tanto utilizando la técnica Levallois como utilizando

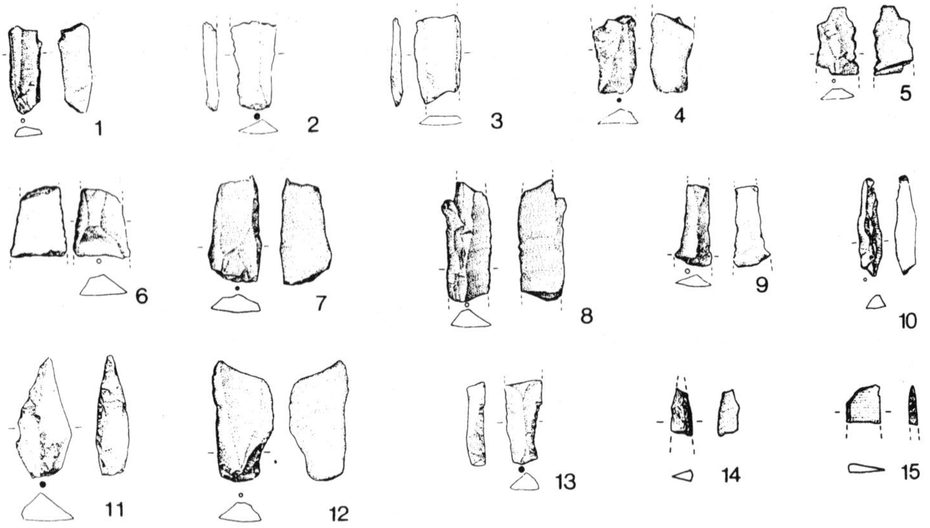

FIG. 5.18. *Láminas del Paleolítico Medio de Tönchesberg, Alemania, región septentrional central. La materia prima es cuarcita terciaria de color pardo, y varias de las piezas están rotas (a partir de Conard 1992: Fig. 43 escala 2: 3). Clave:*
1-9. Láminas y laminitas retocadas.
10. Lámina de cresta.
11 y 14. Punta de dorso, fragmento de punta.
12, 13 y 15. Lámina de dorso y laminitas.

otras técnicas muy parecidas a las secuencias de reducción del Paleolítico Superior (Révillion y Tuffreau 1994: 12). Sin embargo, lo que diferencia esta producción de láminas de la típica del Paleolítico Superior es el escaso número de soportes que se retocan para producir tipos o formas estandarizados. Es, si se quiere, una tecnología del Paleolítico Superior que carece de tipos del Paleolítico Superior. Además, tal como muestran los artículos del libro de Révillion y Tuffreau (1994a), la técnica de la lámina representa a menudo un componente secundario de los conjuntos. En Vinneuf el conjunto se caracteriza por sus bifaces y por sus útiles de estilo micoquiense, incluyendo algunos bifaces pradnik, y no por el número escaso de láminas que presenta (Gouédo 1994). Algo parecido pasa en Riencourt-les-Bapaume (Tuffreau 1993) donde en el nivel CA los útiles dominantes de la fase 3 de la cadena operativa (cuadro 5.9), son raederas laterales, burines y denticulados (Ameloot-van der Heijden 1994: cuadro 1). El número de piezas retocadas es pequeño (118), y no presentan tipos del Paleolítico Superior excepción hecha de algunos buriles. En Tönchesberg 2B (Conard 1992), a diferencia de los yacimientos franceses, la materia prima que predomina es la cuarcita. Sus características de talla limitan la longitud de los soportes, lo que, podría pensarse, debería favorecer la producción de lascas; sin embargo, se tallaban sistemáticamente láminas, aunque luego muy pocas veces se retocaban para producir útiles.

En el sur de Francia, el Abri du Maras en el Ardèche (Moncel 1994), contiene un importante componente de láminas, pero aquí forma parte de una secuencia de producción Levallois. En cualquier caso, no cabe duda de que se producían láminas en abundancia como han demostrado tanto Geneste (1988b) como Boëda (1988). Lo que más despierta la atención del grupo de yacimientos septentrionales es el gran alargamiento de los soportes laminares. En Rocourt (Otte 1994) los núcleos son realmente prismáticos lo que indica el empleo de una técnica del Paleolítico Superior.

Útiles de materia orgánica

Hay pocas muestras de tecnología no lítica. En Hunas (Groiss, Kaulich y Reisch 1995) se sugiere con fuerza que han sido hallados útiles de asta tallados, aunque Conard (1992) demuestra que tipos de fractura similares recogidos en Tönchesberg son el resultado de la presión ejercida por los sedimentos. Sin embargo, en Salzgitter-Lebenstedt un asta de reno que no había sido abandonada, fue tallada con un instrumento de piedra para fabricar un útil parecido a un pico (Tode 1982: Abb.123).

La lanza de madera de tejo de Lehringen (Thieme y Veil 1985), al igual que el pico de asta de Salzgitter, fueron el resultado del configuración y de una corta cadena operativa. Las primeras impresiones dadas a conocer sobre las lanzas de Schöningen, que son más antiguas, indican que fueron fabricadas de forma parecida (Thieme 1997, Thieme y Maier 1995).

Han desatado abundante discusión diversos objetos «simbólicos» aislados, así como muestras de huesos con signos de haber sido raspados (Marshack 1990) aunque ha habido poco acuerdo sobre su función o significación (Chase y Dibble 1987, Davidson y Noble 1989: 127, Noble y Davidson 1996). Un reciente estudio que ha utilizado el microscopio para el análisis, sugiere que la mayoría de estas piezas con grabados y perforaciones, tan a menudo citadas, tienen un origen natural (D'Errico y Villa 197). De todas ellas, la pieza que más ha atraído la atención ha sido el mamut pulido en láminas de Tata, en la región meridional oriental (Marshack 1990: figura 17.11), debido al hecho de que es un caso único.

El mantenimiento de útiles y el consiguiente rompecabezas

Para poder explicar la diversidad que presentan los conjuntos líticos se ha investigado la movilidad de los homínidos y el reciclaje de los útiles que manejaban (Binford 1973, 1977, Conard y Adler 1997, Kuhn 1995, Torrence 1983, 1989).

El modelo de Binford presupone que los cazadores-recolectores bien son forrajeadores nómadas o bien son recolectores que dominan una cierta logística (1980), valiéndose tanto unos como otros, de una estrategia específica: los primeros reemplazan los útiles gastados; los segundos los reemplazan cuando prevén la posibilidad de que fallen (Kuhn 1989: 42). La estrategia de estos últimos hace que sea más difícil obtener pruebas de renovación o reparación de los útiles individuales ya que se reemplazan en una fase más temprana de su ciclo de vida, puesto que se pretende minimizar la posibilidad de que fallen (Kuhn 1989: 43). En consecuencia, como señala Kuhn, los casos comprobados de reutilización no nos informan suficientemente sobre las prácticas de conservación o mantenimiento de los útiles y en cambio sí dan pistas sobre la movilidad de sus usuarios.

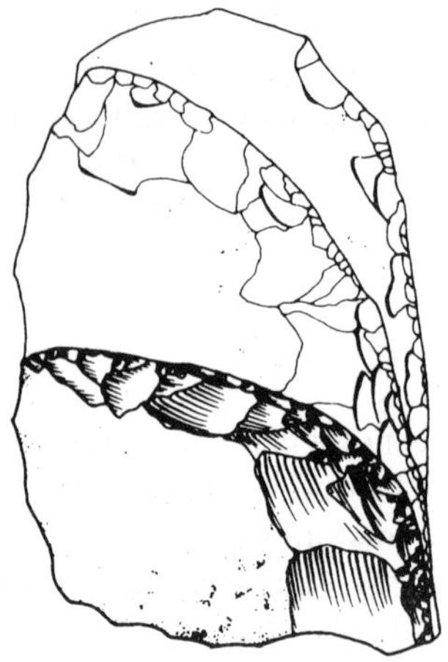

FIG. 5.19. *Biografía de un útil de piedra (i). Cambios por reducción de la forma del útil desde una raedera lateral de un solo filo a una raedera transversal (a partir de Dibble 1987).*

La variante musteriense del tipo La Quina (Turq 1989, 1992b) nos proporciona un ejemplo de ello. Presenta el mayor número de útiles con retoque y hace servir materia prima local. Para Dibble (1987) la raedera transversal de La Quina representa el capítulo final del ciclo de un útil retocado (figura 5.19). Dibble piensa que el procedimiento de afilar los útiles ha de producir un ahorro de materia prima valiosa traída de fuera, pero como hemos visto esta variante se fabrica sobre piedra de origen local (Turq 1992b).

Por lo tanto, antes de concluir diciendo que la presencia de muestras importantes de útiles que han sido sucesivamente afilados, da cuenta de la forma que los forrajeadores tenían de renovar sus instrumentos, hay que tomar en consideración una combinación de factores que afectaban la frecuencia con que se retocaban los útiles (Kuhn 1995: 159). Por ejemplo, el hecho de tener a mano materia prima, cosa que dependía del tipo de actividades que se realizaban y/o de su duración. También eran importantes los costes de obtención de piedra que pudiera trabajarse bien, y si los útiles necesarios eran fácilmente transportables. Este tipo de consideraciones son muy importantes ya que significan hablar de cadenas operativas con acciones y esfuerzos tan dispares como producir pequeñas lascas con retoque y dedicarse a recorrer un territorio.

La actual difusión del interés por el remontaje de útiles es una muestra importante de este enfoque unificado. Este tipo de estudios han sido competentemente examinados en el libro *The Big Puzzle* (Cziesla *et al.* 1990) así como en el extenso estudio de Cziesla sobre las prácticas de remontaje (1987).[92] Cziesla (1990: 9) señala que existen tres tipos de remontajes a estudiar (figura 5.20). Los términos en lengua alemana que utiliza no son fáciles de traducir (Cziesla 1987: 105).

— Remontaje de secuencias de producción (*Aufeinanderpassungen*). Se trata de la reconstrucción de la cadena operativa/secuencia de reducción del núcleo (ejem-

92. Consúltese Arts y Cziesla (1990) para una completa bibliografía sobre los estudios de remontaje entre 1880 y 1988.

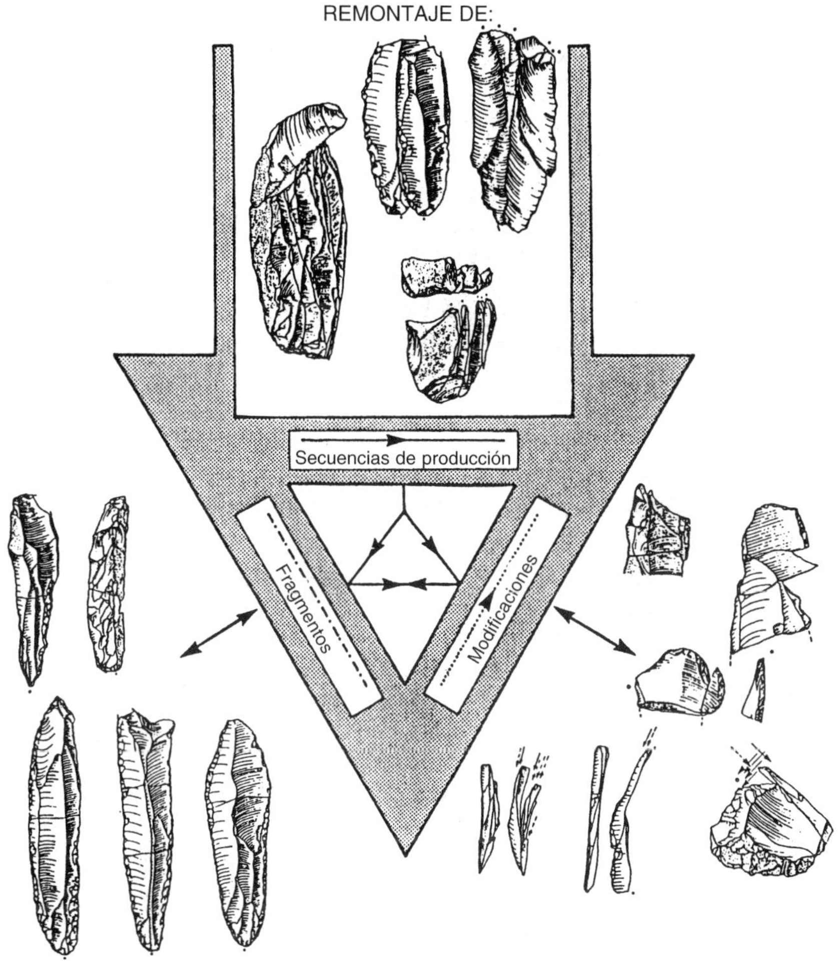

FIG. 5.20. *Biografía de un útil de piedra (ii). Modelo de los procesos dinámicos de un útil según revela el remontaje (a partir de Cziesla 1990: Fig. 6).*

plo, figura 5.31). Ésta es la forma más común de remontaje (Maastricht-Bélvedère, Grotte Vaufrey y Biache St. Vaast).

— Remontaje de útiles rotos (*Aneinanderpassungen*) incluyendo roturas no intencionales (ejemplo, figura 5.18). En el Paleolítico Medio no hay ejemplos de remontaje de útiles rotos entre yacimientos distantes, pero sí que hay varios ejemplos de este tipo de remontajes entre grupos de tallistas o producidos en el seno de un grupo de tallistas (Cziesla *et al.* 1990).

— Remontaje de modificaciones de útiles (*Anpassungen*), por ejemplo, los reafilados, a los útiles de los cuales se obtuvieron. Aquí incluiríamos trozos de lasca y esquirlas de buril. El numeroso grupo (2.195) de lascas largas afiladas de La Cotte (Cornford 1986: Fig. 29.1) constituyen un ejemplo de ello, a pesar de que únicamente pudo ser remontada a su útil una sola lasca (*ibid.*: Fig. 29.3).

Estamos aún en los comienzos de este tipo de estudios de remontaje; tal como veremos en los capítulos 6 y 7, la mayoría de estos estudios se han realizado en los últimos tiempos. Sin embargo, ya han aparecido algunos resultados interesantes. Por ejemplo, el remontaje de la tecnología laminar de Wallertheim D permitió la reconstrucción de un episodio complejo de reparación de útiles en lo que parece ser un sistema organizado logísticamente con elementos de planificación (Conard y Adler 1997). Roebroeks (*et al.* 1993: 78) sugiere que los escenarios con una alta densidad de útiles de piedra y remontaje abundante podrían reflejar actividades de mantenimiento de útiles, como, por ejemplo, preparación de núcleos, producción de soportes y retoque de soportes para obtener útiles. En estos escenarios encontraríamos un predominio de las secuencias de producción y de las actividades de reparación o renovación de útiles. Los yacimientos con pocos útiles y pocos remontajes podrían relacionarse con actividades específicas; aquí la reparación de útiles rotos debería ser más habitual, juntamente con la práctica de algunas modificaciones como el reafilado. Todo esto podría señalar una diferenciación del espacio con respecto a yacimientos más antiguos como Boxgrove donde se encuentran en una misma áera los tres tipos de remontaje (Bergman *et al.* 1990).

Entorno de intervención: las habilidades en su medio

Nos preguntamos sobre la magnitud de los cambios en el terreno del transporte de materias primas y de la organización de la tecnología, cambios ligados al conjunto de habilidades asociadas al uso del medio. También nos preguntamos si estas innovaciones dieron lugar a la colonización de nuevos territorios con la consiguiente diseminación de nuevos hábitats. Estos interrogantes tienen que ver con el concepto de entorno de intervención, que se centra en los individuos y en las relaciones que establecen mientras se dedican a sus tareas. El papel reservado al concepto entorno de intervención es contrarrestar la visión de que el ecosistema externo constituía la fuerza dominante a la que tenían que adaptarse necesariamente las sociedades del Paleolítico. En contraste con esta idea, el entorno de intervención nos rodea y avanza con nosotros. Este concepto no sólo reconoce la importancia de la selección medioambiental en relación al comportamiento, sino que además evita figurarnos la vida en sociedad como una actividad aparte (Gamble 1986a: Fig. 2.1).

Un entorno de intervención para vivir

Durante este período ocurrió el primer gran movimiento migratorio hacia las llanuras de Rusia y Ucrania. La región septentrional oriental (figura 3.1) se ocupa tardíamente; las pruebas disponibles de este fenómeno, mal datadas en general, señalan que la primera colonización tuvo lugar durante el Eemiense y no a principios del complejo Saaliense (Hoffecker 1987).[93]

Soffer (1989: 724, 1994) piensa que en las áreas de mayor diversidad topográfica se dieron unas mejores condiciones para la subsistencia de los Neanderthales, in-

93. La reivindicación de una era dorada en Korylevo, un yacimiento que se dice que es de época Cromeriense, se contempla en general como una exageración sin fundamento (Ranov 1991).

cluso durante el último ciclo interglaciar/glaciar. En su estudio contrasta la información disponible sobre poblamiento del Dniester y del Desna medio. El primer río recorre una topografía accidentada que da lugar a una mezcla diversificada y compleja de recursos bióticos (Soffer 1989). Este ámbito representaría un paisaje a cuadros comparativamente denso dentro del mosaico de la estepa del mamut. Por el contrario, el Desna medio, representado por el yacimineto al aire libre de Khotylevo I (Zavernyaev 1978), en el que abundan los hallazgos de puntas bifaciales y los útiles tallados con la técnica Levallois, está situado sobre una zona llana a baja altitud. Éste sería un hábitat rodeado de un mosaico de vegetación de tipo zonal, o a «bandas» (Guthrie 1984).

Soffer interpreta los contrastes ambientales y la información arqueológica para indicar una presencia humana más continua en algunas partes del oeste de Rusia y de las llanuras ucranianas, y una presencia más discontinua y esporádica en otras partes, como el Desna medio (Soffer 1989: Fig. 34.5). Esta autora plantea la siguiente hipótesis:

> Puesto que la llanura rusa sufrió repetidamente incrementos de la hiperzonalidad con los consiguientes retrocesos de la diversidad de los recursos durante diversos períodos interestadiales del Valdaiense inicial y medio (Würm/Weichsel), la degradación medioambiental consecuente provocó que en la llanura la disponibilidad de recursos pudiera predecirse con mucho menor acierto que en la región del Dniester-Prut o en Crimea (Soffer 1989: 724).

La topografía accidentada de Crimea (Boriskovsky 1984, Klein 1965) y el Cáucaso (Baryshnikov y Hoffecker 1994, Liubin 1989), según el esquema de Soffer, también debió de tener un impacto sobre la continuidad del poblamiento, concentrando unos recursos que en las llanuras y más al norte tendían a dispersarse. Praslov (comunicación personal) piensa que se ocuparon antes los Urales que la misma llanura que esta cadena de montañas forma su frontera más oriental. Hubo, evidentemente, límites altitudinales a este poblamiento. Baryshnikov y Hoffecker (en prensa: 11) han descubierto que la ocupación en el Cáucaso por encima de los 1.000 m de altitud generalmente es posterior al año 60.000 BP (capítulo 7). Sin embargo, investigaciones recientes en Osetia del Norte, en la cueva Weasel, han exhumado una secuencia de ocupación musteriense de 24 m de profundidad muy bien estratificada que podría continuar en el Pleistoceno Medio. La cueva está a 1.125 m de altitud en el borde de una extensa meseta (Hidjrati 1995: Fig. 2).

Los indicios llegados de Rusia y Ucrania apoyan un modelo de flujo y reflujo de población a escala regional. No es una noticia inesperada, pareciéndose mucho a lo que se dice del conjunto de las regiones septentrionales (Gamble 1983a, 1986a, Müller-Beck 1988). En Inglaterra a menudo se ha remarcado que el Paleolítico Medio, tan abundantemente representado en una localización topográfica tan variada como La Cotte (Callow y Cornford 1986), es difícil de encontrar en los paisajes menos diversos de las zonas del sur del país que no fueron invadidas por los glaciares (Roe 1981). Además, durante el EIO 5e no hay presencia humana en Inglaterra, aunque sí del *Hippopotamus,* especie que aparece durante este subestadio en lugares tan al norte como Yorkshire (Gamble 1986a, Stuart 1982).

En la región septentrional central los indicios de poblamiento para el Pleniglaciar en Alemania en oposición al Glaciar Inicial y al Eemiense, son mucho más escasos.

La cronología no es lo suficientemente precisa; no obstante se puede decir que el EIO 4, el Planiglaciar, puede haber sido testigo, como apunta Auguste para el norte de Francia (1995), de una reducción de la población, aunque no de un abandono total. Esta reducción podría medirse tanto por el número de habitantes permanentes de la región como por la frecuencia con que los grupos de Neanderthales atravesaban la Gran Llanura Europea del Norte. Es difícil decidirse por uno de estos dos escenarios.

Hábitats más favorables

En otra ocasión (Gamble 1984, 1986a, 1986c) he dicho que la ausencia de homínidos en Inglaterra durante el óptimo climático del Eemiense (EIO 5e) da pistas sobre el tipo de ambientes que preferían. El bosque caducifolio maduro de la franja occidental del norte de Europa, más oceánica, debió de dar densidades más bajas de especies de caza como el ciervo o el gamo. Algo parecido debió pasar con los herbívoros mayores como el uro o el bisonte, que sólo debieron de aparecer de forma muy dispersa en este paisaje boscoso. Difícilmente habría grandes manadas de este tipo de animales. La megafauna de elefantes de colmillos rectos y de rinocerontes de los bosques se vio afectada también por la estructura general de los recursos, afectando tanto al número de ejemplares como a la forma de juntarse en rebaños. El efecto del bosque fue reducir la predicibilidad y la biomasa de los mosaicos de vegetación con lo que la expectativa de los homínidos de encontrar un recurso animal, vivo o muerto, cayó hasta el punto de que nada garantizaba que pudieran alcanzarse los mínimos requerimientos alimentarios si no se producía una intensificación del esfuerzo.[94]

He sugerido que contemplemos los cambios en la organización del comportamiento de los homínidos, particularmente de su vida social (Gamble 1993a, Whallon 1989) como factor principal que provocó una intensificación del esfuerzo en la adquisición de recursos. Pero esta intensificación también tuvo consecuencias inesperadas que dieron lugar tanto a nuevas colonizaciones como a pautas de poblamiento diferentes dentro de regiones que habían sido ocupadas anteriormente.

La vida en el bosque

Roebroeks (*et al.* 1992), Auguste (1995) y Conard (1992) sostienen un punto de vista alternativo. Estos autores dejan de lado el cuadro global de la colonización y se centran en las pruebas que se pueden encontrar en Europa. Su planteamiento es erróneo, ya que les lleva a decir que los homínidos de la era Saaliense podían vivir en cualquier parte y hacer de todo. Dotados de tales «poderes» su «decisión» de permanecer en un área restringida del viejo mundo les hace, según este análisis, incluso más singulares de lo que se acostumbra a decir, ya que aparentemente resistieron la presión de la evolución a favor de la expansión de su territorio.

Roebroeks (*et al.* 1992) dicen bien cuando señalan que en el tiempo en que Inglaterra era habitada por los hipopótamos en vez de por los homínidos, la gente vivía junto a

94. Esta intensificación es un rasgo propio del registro arqueológico del Mesolítico, cuando las poblaciones del norte de Europa llegaron a ser capaces de tolerar una biomasa animal mucho más reducida y una sucesión de ambientes boscosos diferentes (Gamble 1986c). Este modelo ha sido aplicado a algunos problemas que suscita la colonización global (Gamble 1993a).

los manantiales de travertino de Weimar o intentando recuperar un elefante alanceado en el lago de Lehringen (Thieme y Veil 1985). Pero al mismo tiempo olvidan un dato simple del clima europeo: en el clima interglaciar de nuestros días las isotermas de julio se distribuyen zonalmente, mientras que las de enero siguen un esquema de acuerdo con los meridianos. La isoterma 0 ºC separa hoy las provincias climáticas oceánica y continental (Lockwood 1974: Fig. 9.2) que es efectivamente la frontera entre las regiones septentrional occidental y septentrional central (figura 3.1). La posición de esta frontera viaja al este o al oeste según la fuerza del efecto oceánico. Durante los interglaciares EIO 5e, 9 y 11 de fuerte transgresión marina (Shackleton 1987) esta frontera tuvo que moverse hacia el este. Durante los interglaciares con bajos niveles marinos, EIO 13 y 7, así como en los subestadios 5c y 5a, tuvo que moverse hacia el oeste.

Es difícil de predecir el efecto de este movimiento, pero hay dos cosas que sin duda debieron de experimentar un fuerte impacto. La primera tiene que ver con el factor limitativo, presente durante todo el Pleistoceno, relativo a la disponibilidad de recursos en invierno. El movimiento de la isoterma de los 0 ºC en enero ha de haber afectado la duración de los inviernos, reduciendo los recursos durante el período más crítico para la supervivencia. La forma de afrontar estos largos períodos de hibernación ambiental pasa necesariamente por la adopción de sistemas de almacenamiento de subsistencias, sistemas de los cuales no tenemos prueba alguna durante este período. La segunda obliga a considerar el impacto de las distintas posiciones de la isoterma sobre la estructura del mosaico de ambientes. Una mayor continentalidad favorece la formación de estructuras en mosaico que sustituyen el desarrollo zonal y uniforme de un bosque maduro. Este cuadro quizá pueda ayudar a Vandenberghe (*et al.* 1993) a salir de los interrogantes a nivel local en los que se ve envuelto para poder explicar por qué la fase más favorable de Maastricht-Bélvedère encaja mejor con las condiciones climáticas que se dan en el EIO 5e que con las que se dan en el EIO 7 que es la cronología en que lo sitúan las dataciones por TL y EER.

El hecho de centrar la atención en tres interglaciares —EIO 11, EIO 9 y EIO 5e— que sólo abarcan el 8 por ciento del Pleistoceno Medio y Superior, obliga a preguntarse sobre la forma de evaluar las preferencias de hábitat de los homínidos con los datos de que disponemos. Por un lado disponemos del vocabulario ambiental correspondiente al momento culminante del bosque, y por otro tenemos las descripciones ecológicas de los hábitats en mosaico con su típica estructura a franjas y a cuadros. Las dos estructuras no se mezclan fácilmente. Es raro ver un diagrama de polen que sirva de documento ecológico sobre productividad de las plantas. En cambio lo que acostumbramos a tener son mapas zonales del continente en momentos específicos, caso del Eemiense (Roebroeks, Conard y Kolfschoten 1992: Fig.3, van Andel 1996), en los que cualquier yacimiento al norte de los Alpes necesariamente ha quedado enterrado bajo los árboles (figura 5.6).

Hasta que estos problemas sobre la forma de investigar cómo fueron cambiando las estructuras ecológicas no se planteen y resuelvan bien, poco podemos hacer para clarificar esta cuestión a satisfacción de todos (Gamble 1992c). Yo sugeriría que lo que se podría estudiar mientras tanto es el hecho claro de que los homínidos del Saaliense tenían unas determinadas habilidades que podían transferirse eficazmente de un ambiente a otro, aunque tales habilidades estuvieran muy limitadas por factores sociales, tal como deducimos de las acciones y de las transferencias de material basados en la rutina y a menudo en la inmediatez.

De ahí que siga confiando en hallar pruebas arqueológicas del flujo y reflujo de población a través de estos extensos ambientes en mosaico. Pero puede resultar que la escala a la que en el momento actual podemos investigar los datos signifique que sólo podamos contemplar cambios en la distribución demográfica entre norte, sur y las regiones mediterráneas. Aunque también podemos avanzar sobre la dirección oeste-este como demuestra la tardía colonización de las llanuras rusa y ucraniana.

Convivir con los demás carnívoros

Estos esquemas ambientales generales de los que hemos hablado tienen una gran importancia, ya que en ellos los individuos crearon sus entornos de intervención. Además, estos medios ejercieron una presión selectiva sobre las actividades de los humanos y sobre el modo de llevarlas a cabo. Para poder profundizar en esta cuestión hay que considerar previamente otro asunto, la distribución geográfica de los carnívoros, puesto que nos ha de ayudar a caracterizar algunos de los factores selectivos presentes en el entorno de intervención de los Neanderthales.

La presencia de actividad carnívora se conceptúa a veces como una característica negativa del registro arqueológico por su poder de destrucción. Pero su presencia proporciona la oportunidad de estudiar presiones selectivas sobre el comportamiento de los homínidos en localizaciones ecológicas distintas (Binford 1981b, Gamble 1983b, 1984, 1995e). En concreto se trata de considerar el problema del nicho ecológico homínido en el seno del ámbito de dominio carnívoro durante el Paleolítico Medio. Para ello debemos examinar la distribución de las especies animales y sus valores.

En otro lugar (Gamble 1995e) he sostenido que nuestros datos, por incompletos que sean, pueden proporcionarnos una medida de la riqueza de las comunidades de animales a escala regional. La figura 5.21 muestra la frecuencia con que aparecen los grandes mamíferos en 126 conjuntos faunísticos del Paleolítico Medio, de la región septentrional central de Europa (figura 3.1). La frecuencia con que aparecen leones, hienas y lobos nos da una medida del impacto de los grandes carnívoros en la formación y modificación de los complejos faunísticos. Aunque estas cifras sólo reflejen la presencia/ausencia de determinadas especies, no obstante nos dan una clara idea de la riqueza y diversidad de las comunidades faunísticas del norte de Europa. En estos 126 conjuntos hay de promedio 5 especies de herbívoros y 3,4 de carnívoros. Es instructivo comparar estos datos con otros 178 conjuntos faunísticos no asociados con actividad humana alguna en la forma de testimonios líticos (figura 5.21). El promedio de herbívoros decrece a 2,72. Los carnívoros muestran un menor retroceso, 2,5 especies por conjunto paleontológico.

Estas muestras, repartidas por una extensa geografía y abarcando una amplitud temporal de aproximadamente 70.000 años, del EIO 5d al EIO 4, son obviamente datos brutos, pero sugieren que estamos ante un panorama dotado de una relativa riqueza en recursos. En su entorno de intervención los homínidos compiten con los grandes carnívoros en áreas que concentran la mayor tasa de biomasa posible en forma de presa. Estas áreas están muy localizadas sobre el paisaje, constituyendo un componente clave del mosaico ambiental, lo que sugiere un entorno que favorece, en el acto social de la subsistencia, la selección de habilidades específicas.

Stiner sugiere (1993) que el éxito evolutivo se personifica en este miembro de la cohorte carnívora capaz de responder a las presiones selectivas aumentando sus cap-

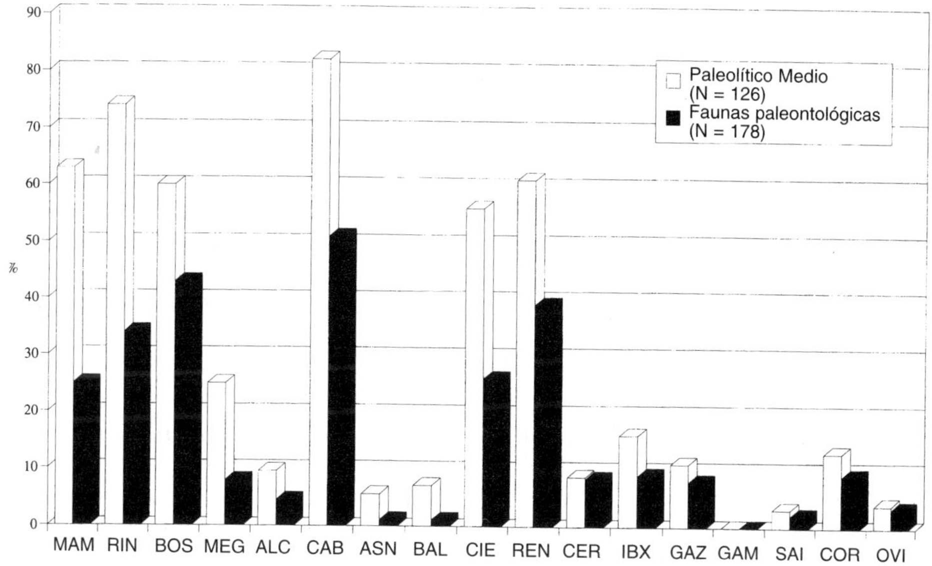

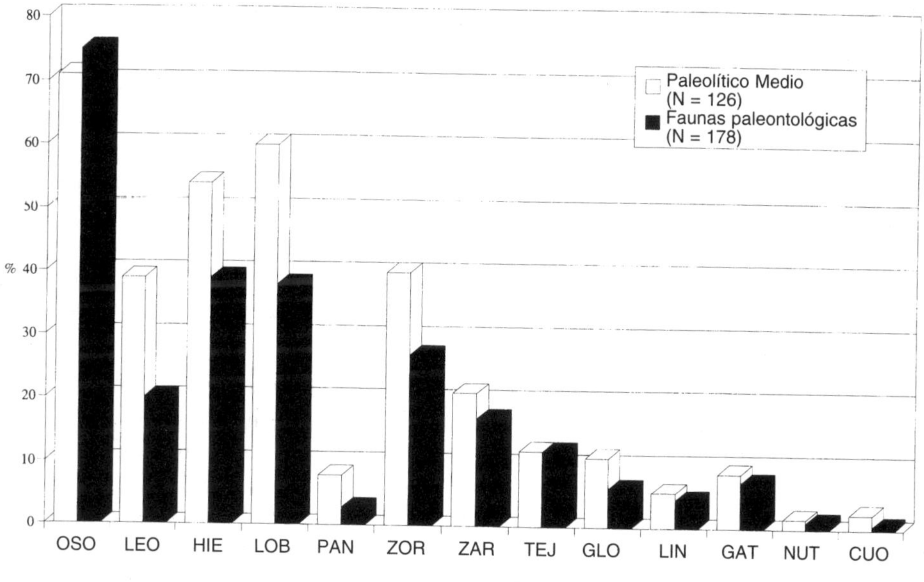

FIG. 5.21. *Comparación de la frecuencia con que aparecen herbívoros (A) y carnívoros (B) en los conjuntos faunísticos procedentes de cuevas de la región septentrional central. Los histogramas contrastan conjuntos en los que aparecen útiles del Paleolítico Medio (c. 100.000-40.000) con colecciones paleontológicas en que no aparecen. La actividad humana se corresponde con los recursos más ricos y se mide por su frecuencia de aparición (a partir de Gamble 1995e: Figs. 2,5,8 y 9). Clave:*
Herbívoros: MAM = mamut, RIN = rinoceronte lanudo, BOS = uro o bisonte, MEG = Megaceros, *ALC = alce, CAB = caballo, ASN = asno de la estepa, BAL = Buey almizclero, CIE = ciervo, REN = reno, CER = cerdo, IBX = íbex, GAZ = gamuza, GAM = gamo, SAI = saiga, COR = corzo, OVI = óvido*
Carnívoros: OSO = oso, LEO = león, HIE = hiena, LOB = lobo, PAN = pantera, ZOR = zorro, ZAR = zorro ártico, TEJ = tejón, GLO = glotón, LIN = lince, GAT = gato, NUT = nútria, CUO=cuon

turas de recursos accesibles. Los homínidos probablemente hicieron frente a tales presiones a base de modificar su tecnología social, siendo la forma de utilizar los entornos de intervención, un aspecto fundamental de todo ello. Todos los componentes de la cohorte carnívora disfrutaban de habilidades especiales para la depredación que podían transferirse de un hábitat a otro. Sin embargo, sólo los Neanderthales tuvieron la oportunidad de hacer patentes y de mejorar tales habilidades a base de actos que requerían cadenas de ejecución más largas y una distanciación tanto temporal como espacial (capítulo 2). Examinemos a continuación brevemente los indicios de este cambio a favor de una caza especializada como ejemplo del tipo de habilidades que fomentaron los entornos de intervención del Paleolítico Medio.

La especialización en animales: un ejemplo de aparición de habilidades específicas

No puede pasar desapercibido el hecho de que durante el Saaliense cambian las características de los conjuntos de huesos (Mellars 1996). La incertidumbre alrededor del tipo de asociaciones que se producen entre huesos de animales y actividad humana disminuye notablemente. Hay tres tipos principales de conjuntos de estas características que hay que considerar (ver Gaudzinski 1995 para una discusión más completa sobre esto).

— Yaciminetos abiertos y hallazgos en hendiduras que contienen abundantes restos de fauna, a menudo bien conservados, caracterizados por una baja diversidad de especies y el predominio de una de ellas (cuadro 5.12).

— Yacimientos abiertos como Neumark-Nord (Mania *et al.* 1990) en que un único animal está más estrechamente asociado que el resto con útiles de piedra (caso discutido anteriormente)

— Palimpsestos, sobre todo en cuevas, donde hay una cantidad variable de restos de carnívoros y de actividad humana (se discute más abajo en la sección dedicada a los yacimientos).

Existen abundantes indicios de intervención humana directa en la forma de marcas producidas por el corte o de fracturas intencionadas de huesos con las correspondientes señales distintivas. Además, las importantes colecciones de huesos obtenidos en los yacimientos abiertos permiten hacerse una idea sobre la edad de las especies de caza. Cuando esto se combina con observaciones sobre la frecuencia con que aparecen las distintas partes de la anatomía de los animales cazados y con los indicios sobre las consecuencias de las roeduras de los carnívoros, es posible llegar a tener una idea sobre cómo podían gestionar este tipo de recursos los homínidos, particularmente desde el punto de vista de la movilidad y el transporte (Stiner 1994). Los cambios de los que hablamos plantean también la cuestión de la aplicación a distintas especies de estas habilidades relacionadas con la gestión de la alimentación, así como a localizaciones distintas. Queda pendiente resolver la amplitud del conocimiento de los homínidos en esta área tan vital, y la transmisión de los conocimientos entre los individuos.

Las habilidades para la caza y el carroñeo

Actualmente utilizamos una definición de caza que depende no tanto de la habilidad de matar animales como de la planificación y organización tecnológicas y de

CUADRO 5.12. *Faunas especializadas del Saaliense/Eemiense y del Weichseliense Inicial (Auguste 1992, Gabori-Csank 1968, Gaudzinski 1992, 1995, Hoffecker, Baryshnikov y Potapova 1991, Jaubert* et al. *1990, Patou-Mathis 1993, Conard 1995, Delpech 1988, Gamble 1995d, Jaubert 1994, Klein y Cruz-Uribe 1994, Kleinschmidt 1953).*

Yacimiento	*Nivel*	*Fase arq.*	*Región*	*Edad EIO*	*N.º restos*	*N.º especies carnívoro/huesos*	*N.º especies hervíboro/huesos*	*Especies dominantes*	*% de huesos identificados*	*NMI*
Coudoulous I	4	Musteriense	M Oc	6				Bisonte	98	94
La Borde		Musteriense	M Oc	6	440	1/10	4/430	Uro	93	
Il'skaya		Musteriense	S Or	5d-4	1.446	5/35	7/1.411	Bisonte	92	51
El Castillo	19-22	Musteriense	M Oc	4	1.222	0/0	3/1.222	Caballo	91	60
Erd		Musteriense	M Or	4	14.862	9/13.699	12/1.163	Oso	89	c. 480
Wallertheim	E	Musteriense	S C	5c	>190	2/?	2/?	Bóvido	c. 85	
Wallertheim	F	Musteriense	S C	5c	>467	2/?	4/?	Caballo	c. 78	
Wallertheim	B1	Musteriense	S C	5d	1.131	3/3	5/1.128	Bisonte	76	52
Grotte Vaufrey	VIII	Musteriense	M Oc	6	1.009	6/109*	5/894	Ciervo	74	
Salzgitter-Lebenstedt		Achelense Superior	S C	5d-4		1/?	5/?	Reno	72	c. 80
Wallertheim	All	Musteriense	S C	5d	2.436	3/86	7/2.350	Bisonte	67	
Stadel	VIII	Musteriense	S C	5	1.608	11/1.200	9/468	Caballo	56	
Abri des Canalettes	3	Musteriense	M Oc	5a	1.222	7/38	9/1.184	Ciervo	53	19
Biache St. Vaast	II base	Musteriense	S Oc	7-6	435	2/92	8/343	Bóvido	48	8
Abri des Canalettes	2	Musteriense	M Oc	5a	382	2/6	9/376	Ciervo	47	11
El Castillo	24-26	Achelense	M Oc	6?	579	2/150	7/429	Ciervo	36	33

* No icluye al oso. NMI = número mínimo de individuos

la propia gente involucrada en una acción de caza (Gamble 1993a: 117-23). La planificación se puede indagar a través de aspectos del comportamiento relacionados con el cuidado, almacenamiento y uso de instalaciones (Binford 1980, 1989b, Kelly 1983, Torrence 1983, 1989). Estas habilidades se conceptúan como especialidades, ya que para aumentar el nivel de planificación hace falta un volumen mayor de conocimientos sobre el comportamiento de determinadas presas. Este progreso en el conocimiento, o añade seguridad (Binford 1991) o reduce riesgos, (Torrence 1983) y se hace patente en el diseño y disposición táctica de la tecnología (ver más arriba Kuhn 1989). Además, reduce el tiempo de búsqueda ya que el cazador sabe adónde ir y confía en las posibilidades de su tecnología.

En cambio el carroñeo se contempla mayoritariamente como una estrategia de búsqueda de alimentos que implica una baja inversión en tecnología (Gamble 1987); en palabras de Binford (1980), localizar recursos de una forma parecida al forrajeo en busca de plantas. Lo que importa aquí es la densidad y disponibilidad de los recursos.

Se ha puesto de manifiesto hace ya cierto tiempo que estas nociones no sirven demasiado cuando se plantean como comportamientos contrarios al caracterizar procesos adaptativos de los homínidos (Brugal y Jaubert 1991). Ambas forman parte de un sistema transferible de habilidades cuya diferencia reside en el tiempo necesario para aprenderlas. El forrajeador que busca carroña pretende seguramente dar también con algún animal y matarlo. La presa, viva o muerta, es el recurso que se persigue al avanzar por el monte. Cuando se localiza, la decisión que sigue es dar cuenta de ella, o quizá no, según una gama de factores inherentes a la situación. Puede haber leones olisqueando la pieza muerta o puede tratarse de un ciervo que emprende una veloz huida.

La diferencia por lo que respecta a las habilidades entre un cazador y un carroñero, si es que estas categorías existen, es de tipo espacial. ¿Dónde se acostumbran a encontrar los recursos vivos? Si fallan, ¿qué nuevo entorno hay que visitar? La distinción que hace Binford (1980) entre los recursos bien localizados del depredador y el punto de vista del forrajeador acerca de la distribución general de los recursos que pretende, queda así bien establecida, puesto que no implica una trayectoria evolutiva sino únicamente una respuesta de tipo organizativo a circunstancias territoriales distintas.

Cazadores de animales adultos en escenarios abiertos

En un trabajo reciente, Stiner nos recuerda que «virtualmente todos los forrajeadores realizan ajustes estacionales en función de la disponibilidad de alimentos» (Stiner 1992: 447); si esto quiere decir centrarse en una determinada especie, entonces se produce automáticamente una especialización.

Considerada en un sentido tan estrecho, la especialización se convierte en una de las propiedades más evidentes de las estrategias de gestión alimentaria de los Neanderthales (Auguste 1993: Cuadro 1, Chase 1989, 1995, Gaudzinski 1992, Mellars 1996). Sin embargo, como el mismo Stiner arguye (1994), la evolución del nicho de los homínidos dentro de la cohorte de los grandes carnívoros del Pleistoceno, se produjo en la dirección de convertirse en cazador de presas adultas. Sólo los leones entre los grandes carnívoros ataca animales en plenas condiciones (*ibid.*: cuadro 11.3). La hiena y el lobo atacan sobre todo a las presas más jóvenes o a las más viejas (Stiner 1994).

CUADRO 5.13. *Proporción de huesos procedentes del descuartizamiento en Biache St. Vaast (Auguste 1992: Cuadro 2), Taubach (comunicación personal de Bratlund) y Grotte Lazaret (Valensi 1991).*

	N.º de especímenes identificados	*% de especímenes con información sobre el descuartizamiento*
Biache		
Uros	9.771	31
Osos	7.013	35
Rinoceronte	3.151	19
Taubach		
Oso	1.557	19
Rinoceronte	1.224	8
Lazaret		
Ciervo	2.855	9

Cada vez hay más indicios que señalan que los Neanderthales, además de centrar su interés sólo en determinadas especies (cuadro 5.12), se dedicaban a perseguir sistemáticamente a las presas adultas. Gaudzinski (1995, 1992) lo explica a partir del estudio de tres yacimientos, Wallertheim B1, La Borde (jaubert et al. 1990) y Il'skaya (Hoffecker, Baryshnikov y Potapova 1991). En Wallertheim B1 pudo demostrar que los restos de caballos que aparecían, la segunda especie más abundante allí, nada tenían que ver con una intervención humana. La edad de los animales y la falta de modificaciones debidas al hombre en los huesos, indicaba otros responsables, fueran leones o lobos (Gaudzinski 1995: 62). Este importante hallazgo nos ha de hacer muy prudentes a la hora de interpretar conjuntos faunísticos sin un detallado estudio tafonómico detrás.

Como muestra el cuadro 5.12, hay muchos escenarios que presentan colecciones importantes de fauna en los que hay una clara especie dominante. En el escenario al aire libre de Erd, en la región meridional oriental, los abundantes restos de oso de las cavernas se deben a que el lugar debía servir de cubil para hibernar, ya que se identificaron diversos restos de cachorros neonatos. La especie herbívora dominante era el caballo, que supone el 44 por ciento de todos los huesos que no son de oso. Sin embargo en Taubach (comunicación personal de Bratlund) y en Biache (Auguste 1988), donde el oso es la especie más común, hay un número considerable de marcas de corte y de indicios de fractura intencionada de huesos (cuadro 5.13). La fauna de Erd también debería examinarse en busca de ese tipo de pruebas.

La proporción de huesos con marcas de carnicería en Biache (cuadro 5.13) parece alta. Sin embargo en la Grotte Lazaret, Valensi (1991) comprueba que hay una proporción relativamente baja de huesos de este tipo de ciervo (cuadro 5.13). Pero todas estas cifras parecen importantes cuando las comparamos con la ausencia de cortes en algunos escenarios antiguos con restos bien conservados de fauna, como Miesenheim I, que comentamos en el capítulo anterior. En futuras comparaciones ha de resolverse si se da precisamente en animales de edad adulta una incidencia especialmente alta de carnicería achacable a los homínidos de especies seleccionadas, con una buena representación en escenarios escogidos.

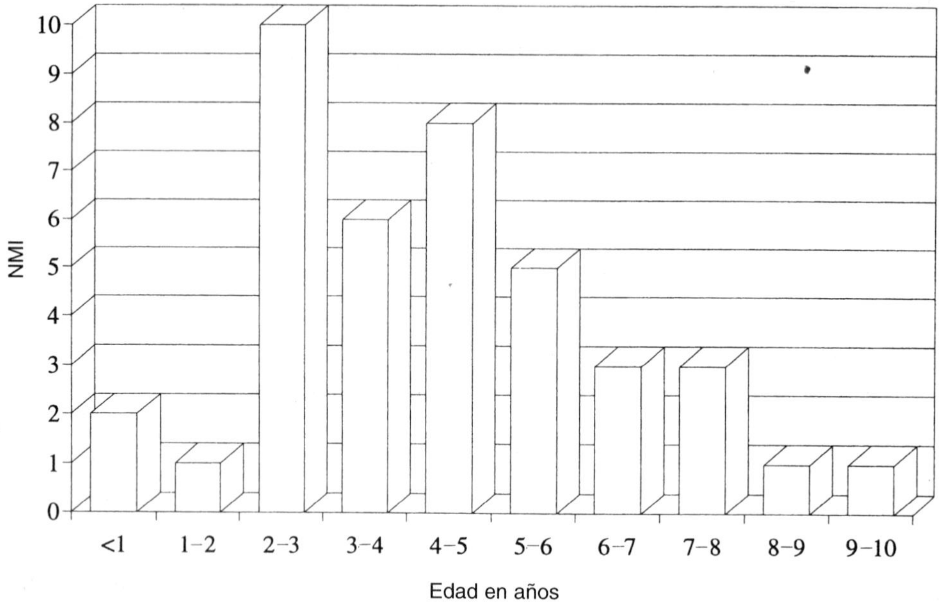

FIG. 5.22. *Curva de mortalidad de uros adultos procedente de La Borde, Francia, región meridional occidental (a partir de Jaubert* et al. *1990: Fig. 46). Clave: NMI = número mínimo de individuos.*

En La Borde los uros representan el 93 por ciento del conjunto, sumando 440 restos identificados, con sólo otras cuatro especies presentes.[95] Hay un mínimo de cuarenta individuos representados por la dentadura. El tamaño de la muestra indica una concentración de hembras entre los individuos adultos. La edad de los animales (figura 5.22) indica un patrón de mortalidad que incide sobre todo en los adultos (Stiner 1994: fig. 10.2), que, como muestra Gaudzinski, es también el caso de Wallertheim B1 y Il'skaya (Gaudzinski 1992, 1995).[96] Esta arqueóloga señala que en estos yacimientos hay poca actividad carnívora. En Biache no hay indicios de roedura causada por carnívoros (Auguste 1992: 61) y el 90 por ciento de los restos de uro (9.771) son de individuos adultos en la plenitud de sus vidas (*ibid.*: Fig. 4).

En todos estos escenarios hubo repetidas reuniones de homínidos concentrados en la caza de una o dos especies de animales y en ejemplares de determinada edad y sexo que produjo un conjunto de restos de individuos adultos.

95. Son el ciervo, el caballo, el asno de la estepa y el lobo.

96. Wallertheim tiene una cronología en el EIO 5d equivalente al nivel C de las excavaciones que se están llevando a cabo (Conard *et al.* 1995a). El estudio de Gaudzinski (1992) de Wallertheim B1 se basa en las excavaciones realizadas en 1928 por Schmidtgen. La actividad reciente de Conard (*et al.* 1995a, *et al.* 1995b) en este yacimiento ha servido para sacar a la luz nuevos niveles que han completado la variada historia tafonómica y faunística del lugar.

Las habilidades de los Neanderthales

Tenemos por fin la respuesta a nuestro primer interrogante: ¿qué tipo de ambientes pudieron soportar los Neanderthales?, que nos la ha proporcionado el examen de los distintos ritmos que comportó la producción y adquisición de recursos durante este período. Hemos centrado la atención en la naturaleza física del entorno y en las presiones selectivas a favor de nuevas formas de acción a que se vieron obligados los homínidos al crear sus entornos de intervención. Como resultado de todo ello, comprobamos que la gama de hábitats en las nueve regiones (figura 3.1) experimenta un enriquecimiento que va más allá de lo que podría esperarse en función sólo de la menor antigüedad de los yacimientos y de una mejor preservación. Veremos más adelante si este enriquecimiento incluye también unas habilidades sociales específicas. Pero ya podemos percibir desde este mismo apartado dedicado a la tecnología social, que los Neanderthales parece que se han convertido en cazadores de presas adultas *sin* haber desarrollado un sistema externo de símbolos inscritos en el paisaje que faciliten la formación de un contexto apropiado para las ocasiones sociales, o que afecten a los objetos llevados a las reuniones.

Esta conclusión no significa que la caza de presas adultas careciera de dimensión social. En realidad, el proceso de socialización está incorporado a los actos y negociaciones necesarios para hacer frente a las condiciones de existencia más elementales trabajadas sobre el terreno. Pero las estrategias de gestión alimentaria como el aprovisionamiento de materias primas, no eran únicamente actividades económicas en las que el comportamiento dependía de los costes y los beneficios, de la oferta y la demanda. Ni tampoco eran una serie de actos simples de carácter técnico relacionados con la función de evitar el hambre.

En comparación con los primeros europeos (capítulo 4) los ritmos de la vida de los Neanderthales alargaron y multiplicaron las cadenas operativas (Geneste 1990, 1991), aumentaron las distancias de transporte de materiales, y tal como muestran los indicios faunísticos, abrieron paso a formas alternativas de gestionar los recursos alimentarios. De ahí que el bosquejo que ahora tenemos sobre la dieta y el nicho ecológico del Paleolítico Medio refleje un conjunto de elementos distintos puesto que las habilidades dependieron de las circunstancias y no de simples estrategias predecibles.

La habilidad que pasaba de unos a otros no era la de saber cazar o tallar piedra, o ser un buen conocedor de las estaciones y los recursos sino que seguía siendo la de *ser* social. La habilidad clave se basó no tanto en la capacidad individual de análisis de un entorno como en el saberse comprometer con el entorno en el que se vivía. Estas habilidades sirvieron para explotar los diferentes paisajes y regiones con sus especies, en Europa y más allá de Europa (Stringer y Gamble 1993: Fig.1). Vamos a ver a continuación si desembocaron en habilidades específicas y consecuentemente en sociedades más diferenciadas (Regiones). También estudiaremos la gestación de ocasiones sociales y de lugares (Escenarios).

Regiones

Generalmente se piensa que las sociedades de los Neanderthales, igual que su economía, han de seguir un esquema fijo en todas partes, una vez adaptadas a las condiciones ecológicas de cada lugar. La forma de trabajar el sílex y su tipología en cada región quizá se contemplen como realidades determinadas culturalmente —por ejemplo, La Quina contra los Denticulados Musterienses compitiendo por un refugio en los acantilados de la zona del Perigord (Bordes 1973)—; sin embargo, se asume que por debajo de unos determinados rasgos superficiales las sociedades neanderthales aparecen como entidades muy similares. Vamos a examinar esta cuestión haciendo uso del modelo de redes (cuadro 2.8) aplicado a escala regional.

Los paisajes de la costumbre

La transferencia de habilidades que tanto contribuyó al éxito de los Neanderthales en su ocupación de regiones tan dispares, se obtuvo gracias a que los individuos supieron intensificar la negociación de sus redes eficaces. A ello contribuyó la utilización de recursos emocionales y materiales apropiados, expresados mediante los actos asociados a los ritmos temporales. Estos ritmos afluían de la atención suscitada por otros individuos que formaban parte del mismo entorno mutuo, el entorno de intervención que rodea y se traslada con cada uno de los individuos. La intensificación de la que hablamos se percibe a través de la diversidad de ritmos ahora disponibles para estructurar la acción. Los vestigios arqueológicos de la tecnología social apuntan a esquemas complejos tanto en relación a la producción y el mantenimiento de los útiles (Conard y Adler 1997) como en la obtención de materiales —de piedra y de origen animal— implicando un marco de movimientos y relaciones más extenso (Féblot-Augustins 1997, Floss 1994, Kuhn 1995).

Una parte de los cambios, especialmente los transportes de materia prima, se explican recurriendo a la ecología (ver más arriba). Pero cabe destacar que aparecen unos modelos regionales de utilización de recursos materiales (cuadro 2.8) que indican que las sociedades neanderthales presentan a lo largo de Europa importantes matices regionales. Féblot-Augustins (1993: 239) explica que el modelo de transferencias en la región meridional occidental adopta la forma de estrella y que en cambio su muestra perteneciente a la región septentrional central da una forma más linear. En el noreste de Hungría, en la misma región septentrional central donde aparecen distancias de hasta 100 km, el esquema es marcadamente linear (Féblot-Augustins 1997: Fig.56). Esta autora indica también que los pocos casos detectados de distancias superiores a los 100 km se localizan en los Cárpatos, atravesando las cuencas de los ríos, mientras que los casos que recorren distancias menores no traspasan las cuencas (Féblot-Augustins 1993: 240, Kozlowski 1994). Féblot-Augustins defiende la existencia de movimientos norte-sur de unas poblaciones de Neanderthales que parecen que estén aferradas a hábitats parecidos como las llanuras y los altiplanos (1993: 249) en vez de trasladarse para explotar hábitats complementarios. Sin embargo, también sucede que la mayoría de estas largas distancias se localizan en el período 60.000-40.000 años BP, por lo que este asunto merecerá mayor atención en el capítulo 6.

Geneste nos ofrece un examen más detallado de los modelos en forma de estrella de Aquitania (figura 5.23). A partir de los datos obtenidos en el nivel VIII de la Grotte Vaufrey pudo perfilar un territorio de abastecimiento alrededor de la cueva de

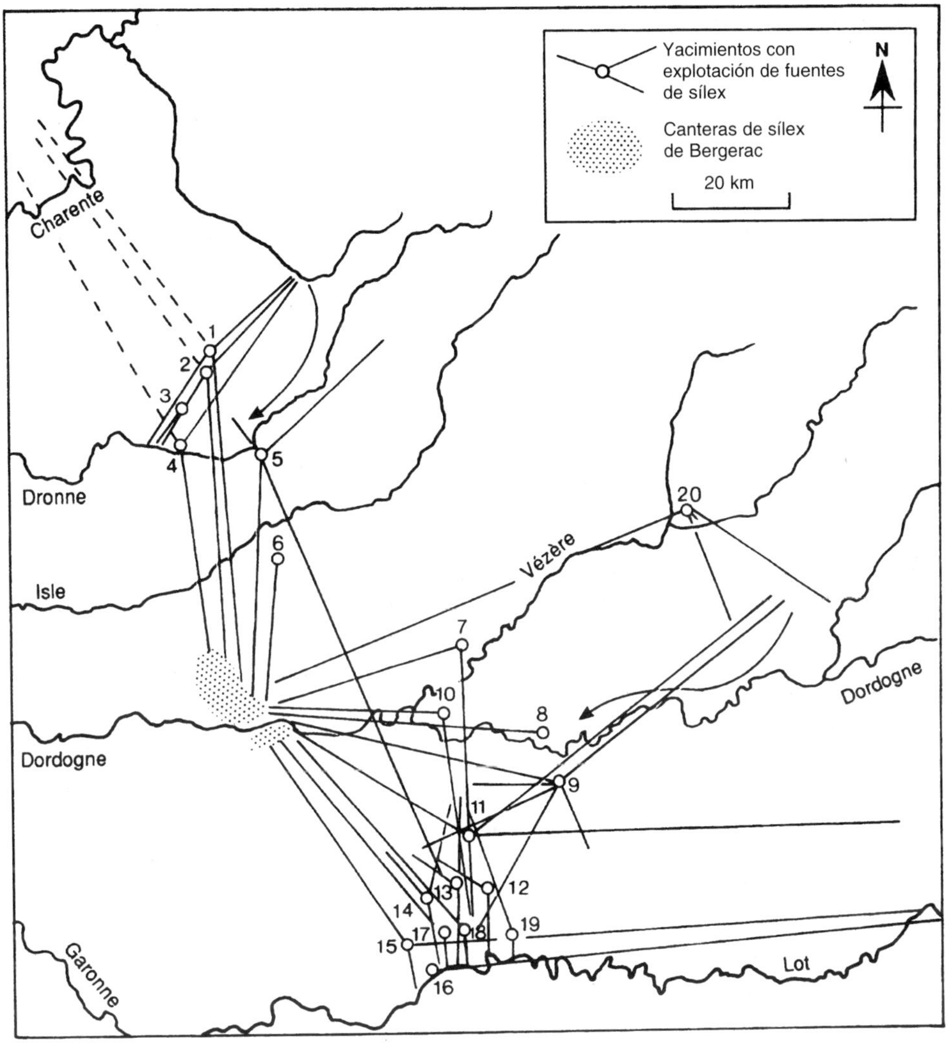

FIG. 5.23. *Mapa de los transportes de materia prima en Aquitania, Francia, región meridional occidental (a partir de Geneste 1989, Mellars 1996: Fig. 5.5). Clave:*

1. Sandougne
2. Abri Brouillaud
3. Le Roc
4. Fonseigner
5. Les Festons
6. Coursac
7. Le Moustier
8. Le Dau
9. Grotte Vaufrey
10. Roc de Marsal
11. La Plane
12. La Lizzone
13. Ségala
14. La Burlade
15. Plateau Cabrol
16. Moulin de Milieu
17. Las Pélénos
18. Les Ardaillous
19. La Grave
20. La Chapelle-aux-Saints

3.000 km^2 (1988b: 464). Su conclusión acerca del palimpsesto de visitas y actividades representado en la muestra del nivel VIII es muy ilustrativa acerca del paisaje de la costumbre de los Neanderthales:

> La hipótesis de un solo grupo que vuelve regularmente no nos parece que se adapte a un nomadismo espontáneo como el que concebimos para las poblaciones paleolíticas antiguas. Los vestigios líticos del nivel VIII pueden testimoniar ocupaciones fugaces en el tiempo y el espacio obra de pequeños grupos humanos en busca de recursos para la subsistencia, para los cuales, el aprovisionamiento de materias primas no parece ser el principal objetivo, a la vista de la gran maestría de sus técnicas de lascado, de la existencia deliberada de artesanos relacionados con la selección de soportes y de la facilidad con que abandonan en esta cavidad productos tallados junto a los útiles requeridos para la talla (1988b: 464).

Los estudios de Kuhn (1995, 1991, 1992) de los conjuntos musterienses de diversas cavidades italianas también sirve para esclarecer mi concepto de paisaje de la costumbre. Su investigación mostró que los vestigios indicaban trasferencias a corta distancia y que la disponibilidad de materia prima y su utilidad se reflejaba en el limitado grado de explotación de los núcleos, que eran abandonados cuando aún podía extraerse de los mismos algunas lascas útiles. Khun hace la útil distinción heurística entre grupos proveedores de útiles y materia prima y lugares proveedores de útiles y materia prima (Kuhn 1992: 191). Su idea es descubrir que la frecuencia de cambios de lugar de residencia y la disponibilidad de buenas materias primas sirvan para explicar el grado de explotación de los núcleos y el alcance del traslado de útiles y no la intensidad con que los útiles sufren retoque (1991).

A lo largo de este largo período de tiempo se suceden cambios. Geneste (1990) piensa que el Eemiense es un período clave. Antes de este período predominaban los materiales locales y los útiles generalmente no eran transportados. Tras el último interglaciar, dice, el territorio permite una mayor anticipación de las necesidades. La materia prima ahora proviene de más lejos, lo que se corresponde con los indicios que sugieren una extensión de los territorios sobre los que se actúa. No obstante sigo de acuerdo con la conclusión de Kuhn:

> Los datos procedentes de Europa ... ponen claramente de manifiesto que los Neanderthales ... transportaban sus útiles a modo de defensas para hacer frente a situaciones imprevistas. Son muy vagas las pruebas que demuestran que practicaran estrategias más complejas y a largo plazo como el adueñarse de algunas zonas ricas en núcleos o en otras materias primas (Kuhn 1992: 206).

Apoyo efectivamente este punto de vista dinámico sobre la forma de utilizar el territorio que tenían los Neanderthales. Geneste señala que cuando el cuerpo de un homínido se desplaza por el entorno circundante se producen conexiones básicas entre las escalas espaciales de la cadena operativa, cuyos actos tienen que ver con la producción. La tecnología neanderthal se expresó, en tanto que acto social, mediante cadenas operativas más complejas y a través de acciones más elaboradas como las que implica la técnica Levallois. Se extrajo materia prima de más fuentes y de lugares situados más lejos. En consecuencia, el acto de producir útiles reflejó el tipo de redes más extensas que iban conformando una sociedad neanderthal por medio de las ac-

CUADRO 5.14. *Los ocho modos de explotación lítica (Féblot-Augustins 1997: 24-5 y Cuadro 1).*

Cuantitativa			
Cualitativa	*Conjunto no modificado*	*Conjunto empobrecido*	*Conjunto enriquecido*
Cadena operativa completa	Modo 1 Todas las fases de manufactura de un instrumento	Modo 2 Todas las fases de manufactura pero sin soportes ni útiles	Modo 3 Todas las fases de manufactura con abundantes soportes y útiles
Cadena operativa ligeramente incompleta	Modo 4 Desbastado, preparación y talla primaria		
Cadena operativa muy incompleta	Modo 5 Desechos de la producción de soportes, con soportes	Modo 6 Desechos de la producción de soportes, pero sin soportes	Modo 7 Desechos de la producción de soportes, con abundantes soportes y útiles
Cadena operativa representada sólo por productos de lascado intencionales	Modo 8 Sin producción, sólo presencia de soportes y útiles		

ciones de los individuos en reuniones situadas en escenarios determinados. A este respecto el descubrimiento de Geneste (1989: 83) de que el lascado Levallois se observa sobre todo en la materia prima que procede de más lejos, tiene un gran interés. La difusión de la técnica Levallois durante el Saaliense indica un tipo de movilidad personal que abarca extensiones mucho mayores que las detectadas para el Cromeriense y el Holsteiniense (capítulo 4).

Pero a pesar de todo ello las dimensiones del paisaje de la costumbre neanderthal y de sus cadenas operativas son relativamente pequeñas. Un buen ejemplo de ello nos lo proporciona el estudio de los modos de explotación lítica (cuadro 5.14) al inicio del Paleolítico Medio europeo (figura 5.24).

Estos modos ilustran el efecto de la distancia sobre las cadenas operativas. Es importante darse cuenta de que sólo los productos del modo 8, soportes y útiles no corticales o nódulos, se encuentran a distancias por encima de los 11 km con respecto al área fuente. Muchos de estos elementos del modo 8 son productos Levallois.

En el interior de la escala regional representada aquí por el paisaje de la costumbre y medida por las transferencias de materias primas, las redes eficaces de los individuos estructuran el grado de extensión de la vida social. Por lo tanto pienso que la vida seguía teniendo lugar dentro de un marco estrecho, en el que predominaba la inmediatez, como indica la escala de la actividad (figura 5.23) y la inmediatez de las vestigios que apuntan al entorno de intervención, como los descubiertos en Gröben

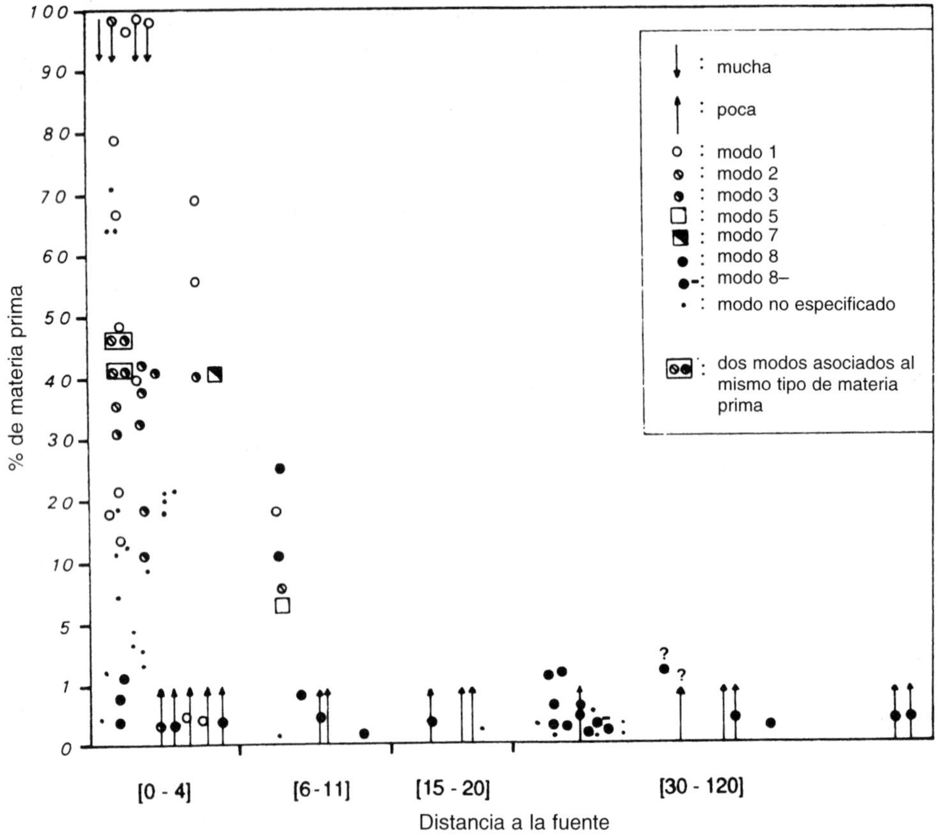

FIG. 5.24. *Cantidades de materia prima y modos de explotación lítica en relación a la distancia, en los conjuntos del Paleolítico Superior Inicial de Europa; véase también el cuadro 5.14 que describe los modos (a partir de Féblot-Augustins 1997: Fig. 37).*

(ver más abajo). Las dimensiones del paisaje de la costumbre, tal como se ha visto en el capítulo 3, difícilmente eran superadas (figura 5.14); la falta de otros materiales objeto de transporte fuera de la piedra, lo deja bien claro.

EL PAISAJE SOCIAL

No veo nuevos indicios para argüir en favor de un paisaje social más elaborado que el que hemos encontrado para el período anterior (capítulo 4). Ciertamente, hay algunos casos de transporte de materia prima a mayores distancias, pero no existen signos de que el paisaje social se extienda más allá de adonde llega la pauta que da como resultado una rutina del comportamiento. Actos conocidos mantienen las vidas dentro del paisaje de las acciones habituales. No hay signos de que una parte del proceso que busca la rutina se externalice mediante símbolos que enriquezcan el entorno. Sus redes ampliadas seguían permaneciendo al margen de cualquier tipo de negociaciones y por tanto estaban por desarrollar. La mayor ramificación de la vida social se producía en relación a los recursos incorporados a la red eficaz (cuadro 2.8). El grado en que esos recursos se usaban de forma distinta en la conformación de la sociedad neanderthal sugiere que nuestro segundo interrogante —es decir, si diferían las sociedades de un punto a otro de Europa— ha de responderse con una afirmación que apunta a una complejidad hasta el momento inesperada en las formas de vida en sociedad.

Escenarios

¿Qué aspectos conocemos de la vida social de los Neanderthales al nivel de los escenarios? ¿Fue diferente de lo que vimos en los períodos anteriores y que estudiamos en el capítulo precedente, cuando contemplamos con detalle qué pudo ocurrir en Bilzignsleben? Abordaré estos interrogantes con una descripción de los vestigios de las reuniones en cuevas con restos de animales antes de examinar por contraste el escenario del EIO 7 de Maastricht-Bélvedere (Roebroeks 1988, 1993) y los indicios de tipo espacial de la Grotte Vaufrey (Rigaud y Geneste 1988). A este nivel de detalle tenemos mayores posibilidades de establecer el complejo carácter de la vida social neanderthal y de poder formular nuestro tercer interrogante: ¿se basaba todo ello en el lenguaje hablado?

Reuniones alrededor de animales muertos

El segundo tipo de incidencia faunística en el período anterior se daba, por ejemplo, en Notarchirico (capítulo 4). Ya hemos visto parte de los vestigios neanderthales procedentes de reuniones aisladas en Neumark-Nord, lugares que contrastan con aquellos otros que reciben visitas de forma repetida y que hemos descrito en el apartado anterior. También en Alemania del este se encuentran los yacimientos comparables de Lehringen (Thieme y Veil 1985) y Gröbern (Erfurt y Mania 1990, Heussner y Weber 1990). Ambos están datados en el EIO 5e y constituyen asentamientos a orillas de un lago. Los datos de Lehringen son fragmentatrios. No hay ningún tipo de planimetría de la salvaje exhumación realizada en 1948 de un esqueleto ni de la posición de la lanza de la que se dice cubría el cuerpo de un elefante.[97] Puesto que la madera flota y el elefante se encuentra sobre los fangos del lago se podría pensar que el agua juntase dos cosas que no habían estado relacionadas.

97. La fotografía de un lanza situada debajo de una costilla de elefante es el único documento que se ha publicado (Thieme y Veil 1985: Abb. 3) que apoye la tesis del escenario de un abatimiento que muchos arqueólogos sostienen. Yo los animaría a desarrollar algún tipo de experimento sobre la eficacia de una lanza de 281 cm de largo con un grosor promedio de sólo 2,5 cm para abatir un elefante de 4 toneladas de peso de un solo golpe, como a menudo se dice (comunicación personal de M. Roberts). Los experimentos de Frison (1989) utilizando lanzas acabadas con puntas de proyectil Clovis para poder penetrar la piel de un elefante demostraron la importancia de disponer de puntas de proyectil de piedra si de lo que se trata es de cobrar piezas mayores. Claro que los cazadores pueden ser cobardes y esperar a que el animal se desangre hasta morir.

CUADRO 5.15. *Los huesos de La Cotte (Scott 1986a, 1986b).*

	Mamut		*Rinoceronte lanudo*	
	Restos identificados	*NMI*	*Restos identificados*	*NMI*
Nivel 3	115	7 (cráneo)	18	2 (cúbito y fémur)
Nivel 6	84	11 (escápula)	7	3 (cráneos)

Las excavaciones de Lehringen y Gröbern produjeron respectivamente veinticinco y veintisiete útiles. En Lehringen predominan las lascas Levallois aunque existe una pieza que se ha intentado reconstruir como el extremo roto de un bifaz (Thieme y Veil 1985: Abb. 12). Ningunos de los útiles pudo remontarse. Se observan dos tipos distintos de materia prima.

En Gröbern las planimetrías muestran a los útiles asociados a un esqueleto de elefante (figura 5.25). Hay por lo menos muestras de cinco materias primas distintas (Heussner y Weber 1990). Al representarlas juntamente con el esqueleto se ve que los tipos 1 y 5 tienen distribuciones que se excluyen, mientras que los tipos 2, 3 y 4 se solapan con aquéllas y unas a otras. No hay piezas retocadas y ningún útil puede remontarse.

En La Cotte se encontraron muy pocas piedras entre los dos grupos de huesos de los niveles 3 y 6 (Scott 1986a). Estos vestigios fueron protegidos por una pared natural y enterrados en loess. La preservación de los huesos es, sin embargo, muy mala. El número de huesos exhumados en las dos acumulaciones puede verse en el cuadro 5.15.

Los restos de los cinco rinocerontes corresponden a individuos jóvenes mientras que los de los mamuts abarcan una gama de edades mayor, aunque con la ausencia de individuos muy jóvenes o muy viejos (Scott 1986b: Fig. 13.18). Scott (1986a: 183) sostiene que el promontorio de La Cotte (figura 5.27) fue utilizado por dos reuniones distintas cuando un grupo pequeño de mamuts adultos acompañado de algunos rinocerontes se despeñó barranco abajo. Más tarde debieron ser recogidos del fondo los huesos más útiles.

CUEVAS DE CARNÍVOROS

Las cuevas de roca caliza y los abrigos también suelen contener vestigios de reuniones. Pero como que también contienen indicios de actividad carnívora se produce a menudo un palimpsesto que hace difícil distinguir el componente humano (Brugal y Jaubert 1991). Incluso en los niveles en que hay abundantes muestras de útiles de piedra la asociación entre homínidos y fauna puede ser problemática. Por ejemplo, en la Grotte Vaufrey no aparecen marcas de corte mientras que abundan las marcas de roedura (Binford 1988).

Estos problemas han sido estudiados por Stiner (1994) en cuatro cuevas del Paleolítico Medio en el Lacio, en la región mediterránea central. Esta autora em-

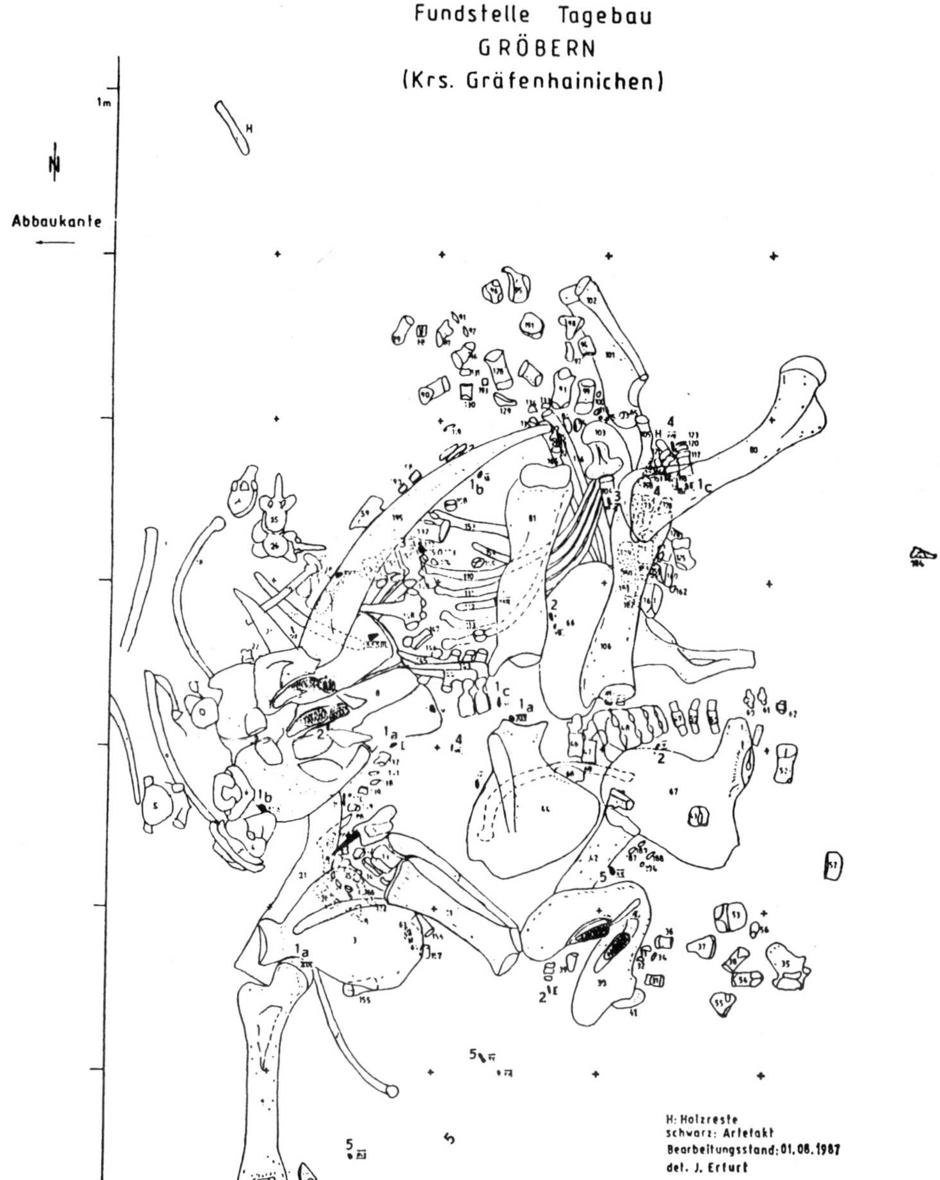

FIG. 5.25. *El elefante de Gröbern, Alemania, región septentrional central. Los útiles aparecen en negro mientras que las materias primas aparecen numeradas (a partir de Heussner y Weber 1990: Abb. 1).*

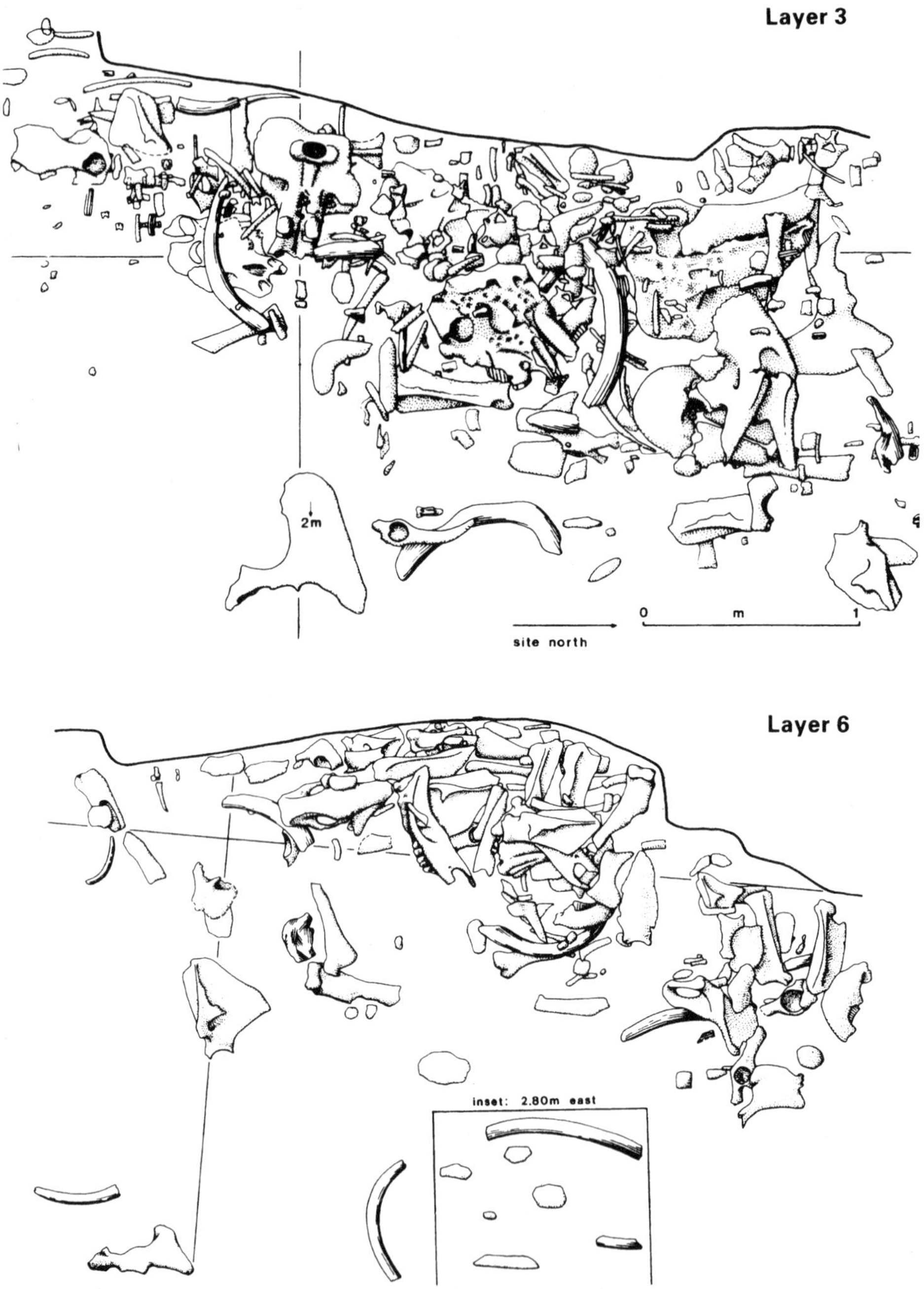

FIG. 5.26. *Las dos pilas de huesos excavados bajo las paredes graníticas de La Cotte, Jersey, región septentrional occidental (a partir de Scott 1989a: Figs. 18.2, 18.3). Véase el cuadro 5.15 para conocer el contenido y la figura 5.10 para observar la posición de los niveles.*

FIG. 5.27. *Promontorio granítico de La Cotte de St. Brelade en Jersey. Es posible que la megafauna se despeñara por el acantilado y una vez descuartizada, se llevaran las partes a la cueva (a partir de Callow y Conford: Fig. 15).*

plea una serie de indicios para discriminar entre los conjuntos utilizados exclusivamente por los homínidos o por los carnívoros, sobre todo hienas y lobos, y aquellas situaciones en que la frecuencia sugiere, aunque no prueba, quién ha de ser el principal agente actuante (Stiner 1994: Fig. 5.32). En la muestra de diecinueve conjuntos procedentes de cuatro yacimientos, los niveles carnívoros exclusivos son Moscerini 1, donde la única prueba que hay son marcas de roedura sobre huesos de herbívoro, Moscerini 5, Guattari 0 y 1, y Sant Agostino X. Hay cuatro conjunto mezclados, en los que la interpretación debe basarse en la frecuencia con que aparece cada dato, y los otros diez tienen un distintivo carácter homínido exclusivo.

Stiner usa el atributo del perfil de edad predominantemente joven de los carnívoros (figura 5.28) para establecer una ocupación carnívora. La presencia de carnívoros de corta edad es indicativa de actividad de guarida. Pero el número de huesos de carnívoro es generalmente pequeño incluso en los niveles donde todos los vestigios indican un uso exclusivo (cuadro 5.16).

Comparándolo con el complejo de cuevas de Hohlenstein-Stadel, en el valle del Lone, en la región septentrional central (Gamble 1979, 1995d), estas proporciones de vestigios de carnívoros son bajas. Pero ello es debido a la presencia de abundantes osos que utilizan las cuevas para hivernar (Gamble 1984, Gargett 1994, Musil 1980-1981). Si se hace abstracción de los osos (cuadro 5.17) el número de carnívoros en el Lacio es comparable con el de las cuevas de Stadel. Pero hasta ahí alcanza la simili-

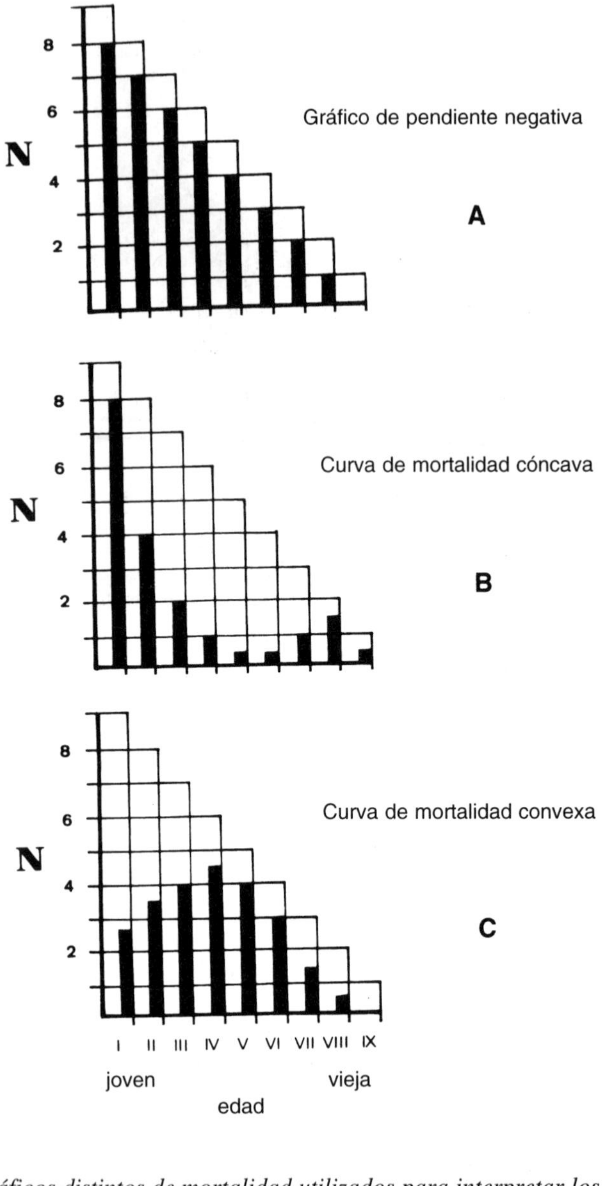

FIG. 5.28. *Tres gráficos distintos de mortalidad utilizados para interpretar los conjuntos de huesos de animales. El gráfico de pendiente negativa (A) muestra la misma mortalidad aleatoria para cada grupo de edad, cosa que sólo se produciría en casos de mortalidad catastrófica que afectarían a manadas enteras, por ejemplo, erupciones volcánicas o matanzas provocadas por los seres humanos. La mayoría de los conjuntos presentan curvas de mortalidad cóncavas (B) que muestran una mortalidad que afecta principalmente a jóvenes y a viejos, o curvas convexas (C) que muestran un predominio de la mortalidad adulta. Wallertheim (Gaudzinski 1992) presenta una curva del tipo C que refleja la evolución del nicho humano como predador de animales de edad adulta. La curva tipo B puede indicar muertes estacionales de los animales más vulnerables y tanto puede estar relacionada, cómo no, con la actividad humana (a partir de Stiner 1994: Fig. 10.2).*

CUADRO 5.16. *Frecuencia de carnívoros en tres escenarios del Paleolítico Medio del Lacio (Stiner 1994: Cuadros 4.6, 4.7 y 4.8) y en uno del sur de Alemania (Gamble 1995d). NEI = número de especímenes identificados.*

	NEI en total	*NEI de carnívoros*	*% todos carnívoros*	*% de osos NEI en total*
Moscerini 5	616	186	30	12
Guattari 0	957	108	11	1
Guattari 1	695	80	12	0,1
Sant'Agostino X	588	115	26	1
Stadel B				
Musteriense Rojo	4.539	3.349	74	59
Stadel A				
Muesteriense Negro	1.739	1.200	69	52

CUADRO 5.17. *Comparación de perfiles de edad de los carnívoros (Gamble 1995d, Stiner 1994). Para las cuevas del Latium, N se basa en el NMI (número mínimo de identificaciones) y paras las cuevas del sur de Alemania en el NEI (número de especímenes identificados).*

%		*Jóvenes*	*Adultos*	*Seniles*	*N*
Sant'Agostino	Lobo	73	27		5,5
Guattari	Hiena	73	27		5,5
	Hiena	58	42		6
Buca della Iena	Hiena	71	29		12
Stadel					
Unidades V-IX	Lobo	3	91	6	70
Musteriense Negro y Rojo	Hiena	11	80	10	290

tud. Los datos de edad de las cuevas de Stadel señalan un predominio de los ejemplares de edad más madura, lo que sugiere que las cuevas fueron utilizadas por razones distintas a la de criar a los cachorros.

De esta comparación entre la fauna de las cuevas del norte de Europa y de la Europa mediterránea deduzco que, a pesar de que la co-presencia de homínidos y carnívoros es indicativa de un ambiente rico en recursos (ver más arriba), los homínidos debieron de emplear en estas dos regiones algunas habilidades específicas para subsistir. En Italia hubo una selección de los escenarios en los que moverse y debieron primarse los que hacían accesibles las mayores concentraciones de presas. En Alemania la competencia por el uso de escenarios se basó en la facilidad de acceso al grupo de edad más productivo (los animales de edad adulta, es decir, en la plenitud de la vida) dentro de las especies de caza (Gamble 1995d). Visto de esta manera se justifica la hipótesis del desarrollo de habilidades específicas para cada región. Ello implicaría la ejecución de ritmos muy variados en los escenarios, fruto de lo cual aparecería una cierta diferenciación social.

Escenarios: el caso de Maastricht-Bélvedère

Para ver hasta qué punto estas habilidades específicas arrojan luz sobre la sociedad del Paleolítico vamos a estudiar el caso del escenario al aire libre de Maastricht-Bélvedère. Situada al sur de los Países Bajos, la hoya de arena y grava de Bélvedère ha sido estudiada en profundidad desde 1980 (De Loecker 1994, Kolfschoten y Roebroeks 1985, Roebroeks 1988, Roebroeks *et al.* 1992). Se han explorado a fondo siete áreas principales (los yacimientos B, C, F, G, H, K, N) de este paisaje cronológicamente situado en el EIO 7 (figura 5.29). En base a la investigación malacológica se deduce un medio ambiente como sigue:

> Los yacimientos estaban situados en un humedal con una densa vegetación acuática, a salvo de las crecidas del río. La vegetación encerraba pequeñas lagunas de aguas someras con un nivel de agua que no superaba los 20 cm. En las islas la vegetación acuática alternaba con bosquecillos de alisos y fresnos. En los puntos más altos, el bosque de alisos daba paso a un bosque de hoja caduca; aquí el bosque se abría y el suelo se cubría de una vegetación herbácea densa (Roebroeks *et al.* 1993: 74).

Las áreas excavadas y el conjunto de vestigios exhumados, originarios de una fase climáticamente tan favorable de un período interglaciar, se pueden consultar en el cuadro 5.18.

FIG. 5.29. *Yacimientos excavados (A-K) de la gravera de Bélvedère en Maastricht, Holanda, región septentrional central (a partir de Roebroeks 1988: Fig. 5).*

CUADRO 5.18. *Datos de densidad lítica de los yacimientos al aire libre del Saaliense y del Eemiense/Weichseliense (Conard 1992, 1996, Conar* et al. *1995, Gabori-Csank 1968, Jaubert 1994, Masson y Vallin 1996, Pasda 1996a, 1996b, Raposo y Santonja 1995, Roebroeks* et al. *1993, Thieme 1990, Tode 1953, Tuffreau 1993, Tuffreau y Sommé 1988).*

Yacimiento	*Nivel*	*Región*	*Edad EIO*	*m^2 excavados*	*Piezas en total*	*Densidad/m^2*
Wallertheim	E	S C	5c	138	23	0,2
Maastricht-Belvédère	B	S Oc	7	20	5	0,3
Erd	Baja	M Or	4	214	57	0,3
Wallertheim	F	S C	5c	282	101	0,4
Maastricht-Belvédère	N	S Oc	7	765	450	0,6
Erd	d	M Or	4	214	201	0,9
Maastricht-Belvédère	G	S Oc	7	50	51	1,0
Wallertheim	C	S C	5a	148	190	1,3
Wallertheim	O.S	S C	5	375	542	1,4
Tönchesberg	2A	S C	6	224	423	1,9
Wallertheim	B	S C	5e	54	109	2,0
Biache St. Vaast	II base	S Oc	7-6	340	698	2,1
Tönchesberg	IB	S C	4	55	120	2,2
Erd	e	M Or	4	214	529	2,5
Tönchesberg	2B	S C	5d	224	557	2,5
Erd	c	M Or	4	214	634	3,0
Erd	b	M Or	4	214	658	3,1
Biache St. Vaast	D	S Oc	7-6	120	470	3,9
Erd	a	M Or	4	214	922	4,3
Maastricht-Belvédère	H	S Oc	7	54	266	4,9
Rheindahlen	Westwand	S Oc	6	250	1.474	5,9
Zwochau	III	S C		14	155	11,1
Maastricht-Belvédère	C	S Oc	7	264	3.067	11,6
Zwochau	Todas las áreas	S C		56	727	13,0
Salzgitter Lebenstedt		S C	4	150	c.2.000	13,3
Wallertheim	D	S C	5c	139	2.321	16,7
Torre in Pietra	d	Med C	7	40	744	18,6
Zwochau	IV	S C		17	359	21,1
Biache St. Vaast	IIA	S Oc	7-6	150	3.231	21,5
Biache St. Vaast	D1	S Oc	7-6	115	2.842	24,7
Maastricht-Belvédère	F	S Oc	7	42	1.215	28,9
Maastricht-Belvédère	K	S Oc	7	370	10.912	29,5
Riencourt	C	S Oc	5a	600	50.000	83,3
El Aculadero		Med Oc		100	22.000	220,0
Hermies, Le Champ Bruquette	Restos de talla	S Oc		9	2.500	277,8
Rescoundudou		M Oc		250	100.000	400,0
Bérigoule	1	Med Oc		30	30.000	1.000,0

ESTRUCTURAS, ANÁLISIS ESPACIAL Y REUNIONES

Las siete áreas principales excavadas en el yacimineto de Bélvedère revelan una notable variedad de formas a lo largo y ancho de un mismo paisaje.[98] En el yacimiento G se hallaron restos de fauna muy mal conservados, de modo que sólo se pudieron recoger las partes más resistentes, fundamentalmente dientes. El yacimiento K (cuadro 5.18) es el más rico en cuanto al número de hallazgos; casi 11.000 elementos líticos que suponen una densidad de 29,5 útiles por m^2. Este yacimiento también produjo el mayor número de piezas retocadas (137), con una densidad de 0,37 por m^2 (Roebroeks *et al.* 1993: Fig. 5). Se trata de un yacimineto en contexto primario, como evidencia el número de remontajes, que plantea el difícil interrogante del número de visitas que tuvo y de si estas visitas, y las consiguientes reuniones, fueron protagonizadas por una o más personas. Roebroeks (*et al.* 1993) compara el rico yacimiento K con el yacimiento N , mucho más pobre, situado a 100 m. hacia el sur. El yacimiento N es el que tiene una mayor superficie excavada (765 m^2), habiendo sido escogido para establecer el «ruido de fondo» del «pico» que representa K. La densidad de útiles es muy baja, 0,6 piezas por m^2 (cuadro 5.18). A partir del estudio de la tecnología lítica, los investigadores de estos yacimientos llegaron a la conclusión de que los yacimientos ricos servían para documentar actividades destinadas básicamente al mantenimiento de la tecnología, es decir, producción de lascas e instrumentos, mientras que los yacimientos pobres documentaban los lugares en que la tecnología era utilizada para hacer frente a las necesidades (*ibid.*: 78). Lo más interesante del entorno de intervención de Bélvedère es el gran número de actividades sutiles que debieron de tener lugar en un área tan pequeña (De Loecker 1994: Fig. 6).

Las densidades de material correspondientes a las distintas áreas de excavación se expresan en el cuadro 5.18. Es interesante comparar esta diversidad de densidades de la totalidad de esta zona con Bilzingsleben (cuadro 4.19), donde se han excavado 355 m^2, menos superficie que en el yacimiento K. La densidad del conjunto de útiles de piedra fue de 32 piezas por m^2, casi la misma densidad que en los yacimientos K y F de Maastricht-Bélvedère, que aquí se contemplan como yacimientos ricos. Roebroeks *et al.* (1992) describen estos conjuntos de baja densidad del escenario de Bélvedère como una «veladura de piedras». Este concepto dirige la atención al contexto correspondiente a los agrupamientos más densos, los yacimientos C, F y K, que nos lo proporciona la condición del velo que los rodea, representado por los yacimientos G y N (De Loecker 1994: 116, Roebroeks *et al.* 1993). El concepto nos recuerda que el uso del espacio en estos escenarios fue continuado aunque la ocupación fuera intermitente, y que duró varios siglos.

La comparación de densidades en yaciminetos a cielo abierto de los cuadros 4.19 y 5.18, revela que, en general, el tamaño de las excavaciones del período anterior es mayor. También se pone de manifiesto que el total de piedra extraída aumenta en unos pocos yacimientos del período cronológicamente posterior (cuadro 5.18), y que en ambos períodos la mayoría de los valores relativos a la densidad quedan por debajo de las 10 piezas por m^2. Sin embargo, tal como muestra el cuadro 5.19, las desviaciones estándar de estas muestras escogidas son muy grandes, lo que indica que deben ser bastante parecidas.

98. Nos referimos a que los útiles fueron depositados por visitantes sucesivos del lugar, a lo largo de un período de tiempo durante el cual no variaron las condiciones climáticas.

CUADRO 5.19. *Comparación de datos de densidad de yacimientos al aire libre.*

	Cromer/Holstein (cuadro 4.19) n = 29		*Saaliense-Eemiense-Weichseliense (cuadro 5.18) n = 37*	
	media	*desviación estandar*	*media*	*desviación estandar*
Área excavada en m²	216	283,4	182	160,4
Total de material lítico	1.940	2.855,8	6.626	18.875,9
Densidad por m² de material lítico	30	82,7	60	179,6

CUADRO 5.20. *Datos de útiles, núcleos y lascado de Maastricht-Bélvedère (Roebroeks* et al. *1993: Fig. 5), Biache IIA (Tuffreau 1988: 171), Tönchesberg 2.ª (Conard 1992: Cuadro 10) y Vaufrey nivel VIII (Geneste 1988b: Cuadro 19).*

Yacimiento	*Útiles y fragmentos*	*Núcleos*	*Lascas y esquirlas*	*Útiles: desecho*	*Núcleos: desecho*	*% con retoque*
Bélvèdere						
B	5					
C	3	4	3.060	1:1.020	1:765	0,1
F	1	1	1.213	1:1.213	1:1.213	0,1
G	3	48		1:16		6
H	12	254		1:21		5
K	137	91	10.684	1:78	1:117	1,2
N	26	1	423	1:16	1:423	6
Biache St. Vaast						
Base IIA	342	336	2.553	1:7	1:8	13
Tönchesberg						
2A	14	16	527	1:37	1:35	3
Grotte Vaufrey						
level VIII	157	55	1.817	1:12	1:33	8

En lo que coinciden los yacimientos de Bélvedère es en el bajo número de piezas retocadas, un valor equivalente al estadio 3 de Geneste (cuadro 5.9). Las lascas Levallois fueron producidas tanto por lascado lineal como por lascado recurrente, pero pocas fueron luego retocadas en útiles y sólo ocasionalmente en raederas (cuadro 5.20).

Comparándolo con Biache St. Vaast (Tuffreau 1988), donde la técnica Levallois predomina y además el yacimiento se sitúa en un contexto primario, el número de útiles de Bélvedère es francamente bajo.[99] La densidad de piezas retocadas en Biache es de 2,28 por m², mientras que la mayor densidad para esta categoría en Bélvedère es de 0,37 por m², en el yacimiento K. En Tönchesberg 2B datado en el último interglaciar, las piezas retocadas aparecen con una densidad de 0,06 por m² (Conard 1992), valor comparable al producido en el yacimiento G de Bélvedère.

99. La datación de Biache al final del EIO 7 se basa en el método TL y en indicios ambientales (Tuffreau y Sommé 1988: 118-19).

REMONTAJE EN LOS LUGARES DE REUNIÓN DEL YACIMIENTO C DE BÉLVEDÈRE

La observación detallada del yacimiento C (Roebroeks 1988) pone de manifiesto una gran diversidad de episodios de corta duración dentro del perímetro de una superficie excavada de 264 m^2. Se identificaron seis tipos de materias primas distintas de entre los 3.067 útiles (figura 5.30, cuadro 5.21). El 22 por ciento de todos los útiles de sílex pudieron remontarse, lo que supone el 70 por ciento en peso de estos seis distintos tipos de materiales. El por qué de esta abultada proporción en relación al peso, es simple: es más fácil remontar lascas grandes y pesadas que piezas pequeñas.

En el yacimiento C la mayoría de los remontajes procedían de secuencias de producción (figura 5.20). El remontaje permitió comprobar que las piezas o fueron extraídas de las materias primas 3, 5 y 6 o representaban material parcialmente tallado, pero

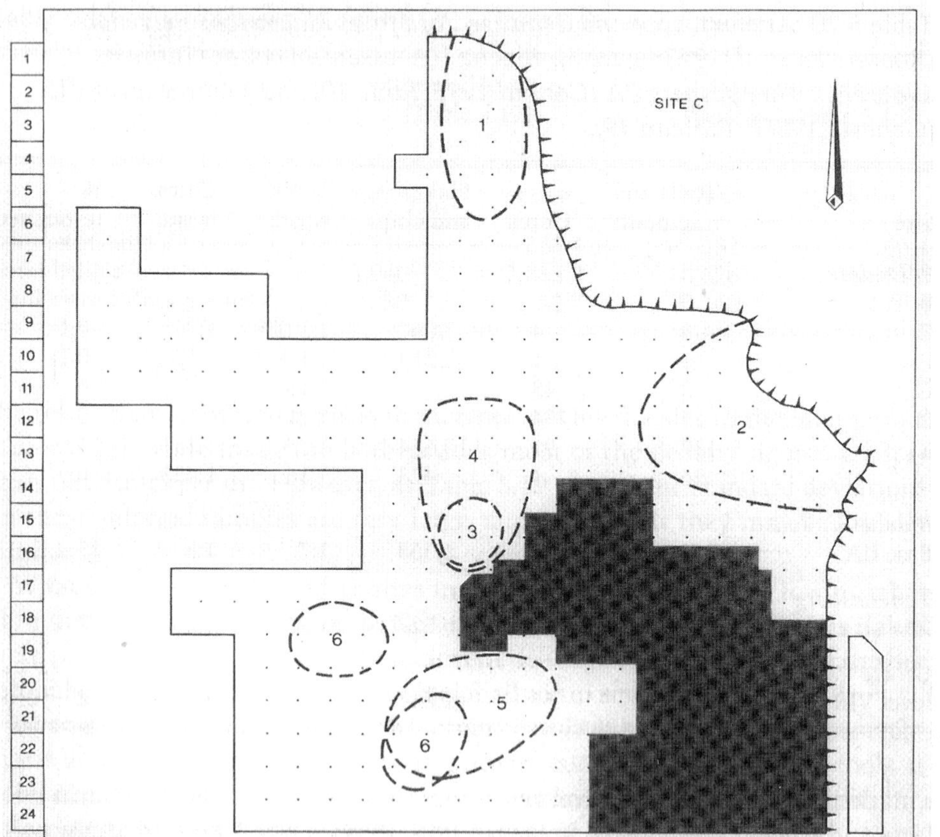

FIG. 5.30. *Las seis unidades de materia prima excavados en el yacimiento C de Maastricht-Bélvedère Holanda, región septentrional central (a partir de Roebroeks 1988: Fig. 30). La escala de la matriz es en metros. El área sombreada fue dañada por el karst.*

CUADRO 5.21. *Unidades de remontaje y de tipos de materia prima en Maastricht-Bélvedère (a partir de Roebroeks 1988).*

Yacimiento C

Unidad de materia (UMP)	*Peso estimado en gr.*	*% remontado*	*Tipo de materia prima*	*Córtex*	*Soportes*	*Útiles retocados*	*Comentario*
1	6.759	60	Sílex azulado de grano fino	Rodado de moderado a severo	Esquirlas y lascas toscas		Recuperada sólo parte de la distribución
2	3.000	83	Sílex ocre de grano grueso	Fresco	Esquirlas, lascas corticales, lascas de núcleo Levallois, fragmentos de núcleo.		Varias fases de talla producen una serie de lascas
3	800	75	Sílex azulado de grano fino	Algo desgastado	Lascas con córtex preparado		Extraído el núcleo Espacialmete se solapa con UMP 4
4	1.300	50	Sílex azulado de grano fino. (más fino que el tipo 3)	Fresco y grueso	Lascas grandes, núcleos		Produce lascas, por lascado Levallois recurrente, que optimiza el uso del bloque de sílex (núcleo Marjorie)
5	470	85	Sílex gris oscuro de grano muy fino	Fresco	Núcleo plano discoidal	1 raedera?	La UMP es introducida en yacimiento como núcleo ya reducido con poco córtex sobrante
6	nd	70	Sílex gris de grano fino	Muy desgastado por la acción fluvial	Lascas croticales laterales	2 raederas	La materia prima es introducida parcialmente tallada

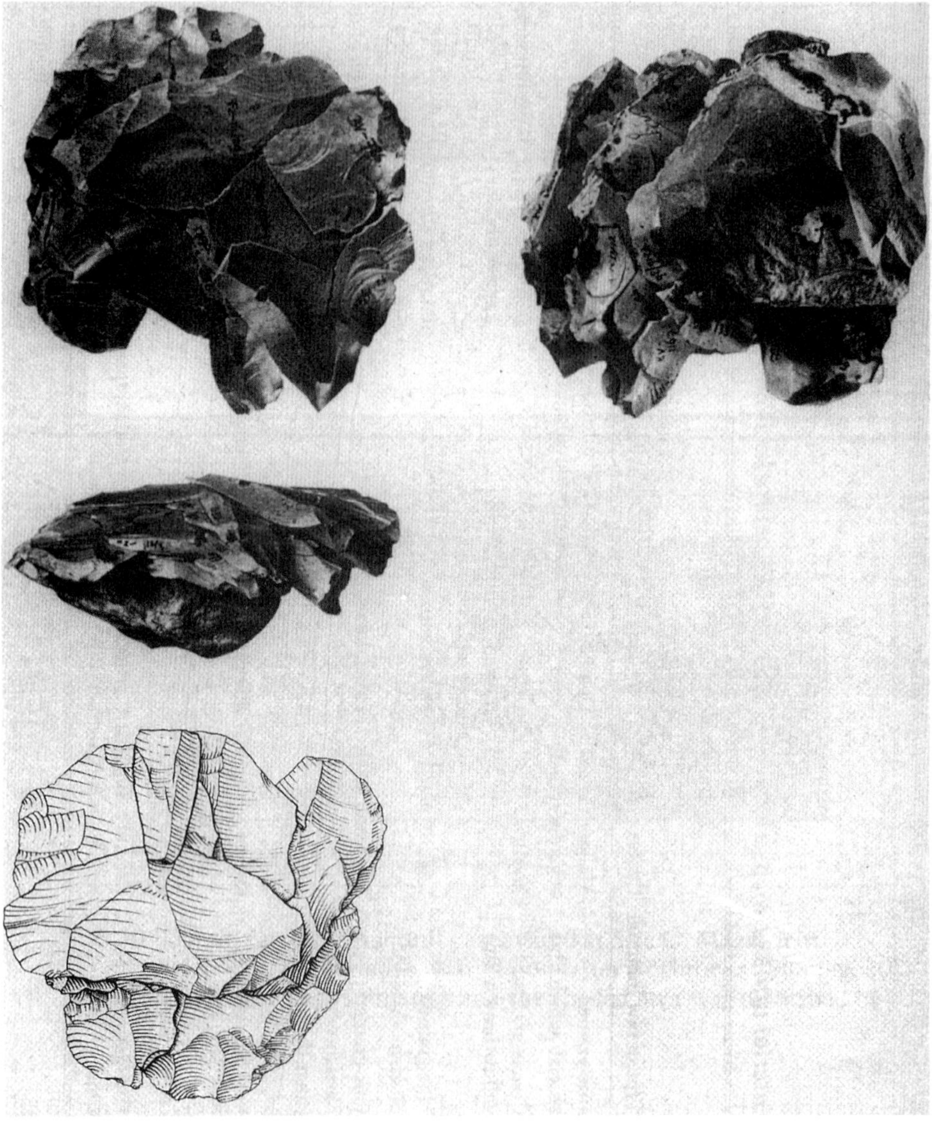

FIG. 5.31. *La unidad 4 de materia prima (núcleo de Marjorie) del yacimiento C de Maastricht-Bélvedère Holanda, región septentrional central. Se muestran dos vistan diferentes del núcleo BV-1527 con las correspondientes lascas (a partir de Roebroeks 1988: Fig. 57).*

nunca nódulos vírgenes traídos al área excavada (cuadro 5.21). La materia prima 4, conocida como núcleo Majorie (Figs. 5.31 y 5.32) ha sido descrita por Schlanger (1996).

Stapert (1992: 201-2) aplicó su método de análisis a la concentración situada más al sur en el yacimiento C, con el fin comprobar si podían aparecer indicios de cabañas u hogares. El resultado fue una distribución unimodal muy marcada, separada del centro de la mancha donde aparecían las piedras y los útiles con indicios de haber

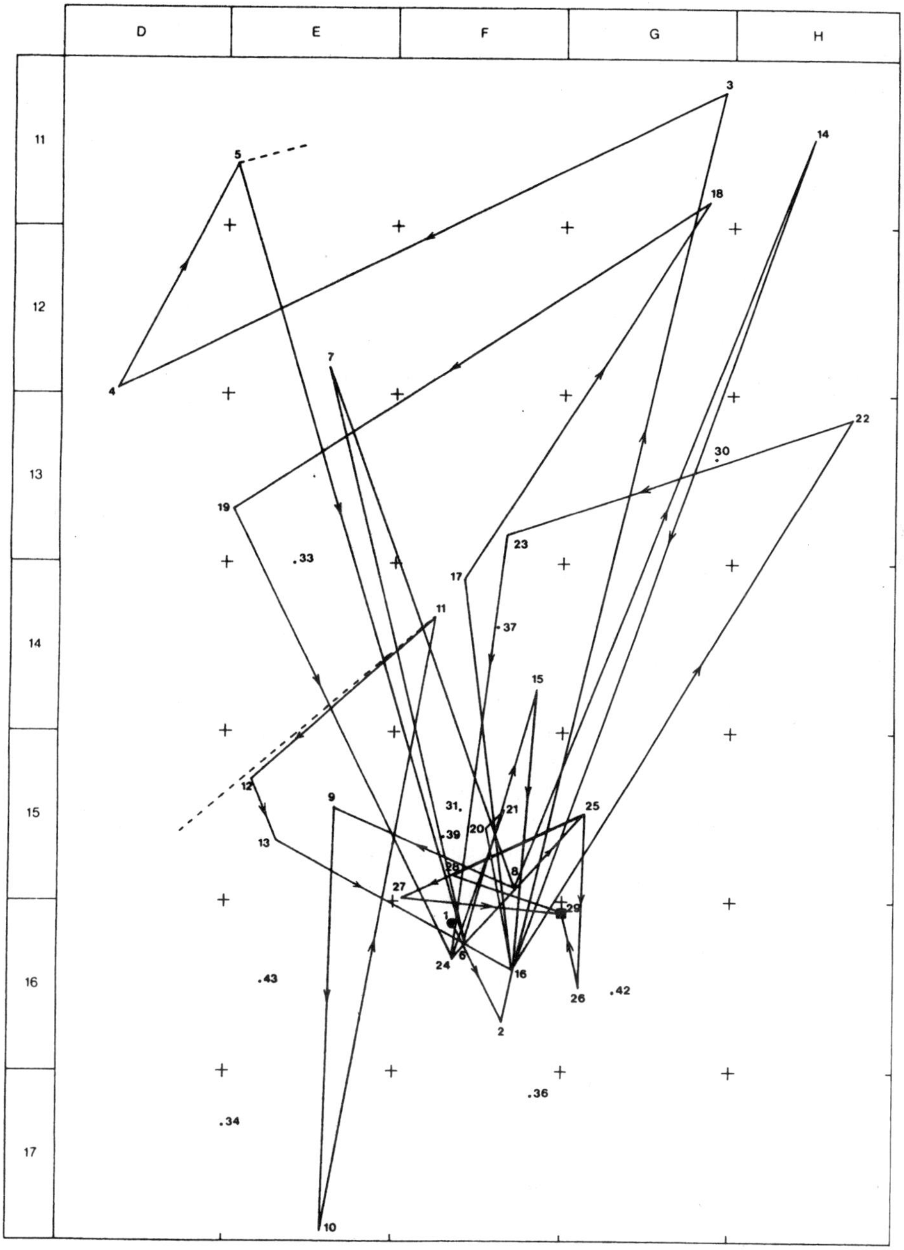

FIG. 5.32. *Distribución horizontal de las lascas remontadas del núcleo de Marjorie, unidad 4 de materia prima del yacimiento C de de Maastricht-Bélvedère, Holanda, región septentrional central (a partir de Roebroeks 1988: Fig. 58). La escala de la matriz es en metros.*

sido quemados. La densidad, sin embargo, cae gradualmente. Existe una leve indicación en el modelo de anillos y sectores sugiriendo la presencia de un hogar a cielo abierto. No hay señales de cabañas.

REMONTAJE EN LOS LUGARES DE REUNIÓN DE LA GROTTE VAUFREY, NIVEL VIII

¿Qué nos ofrece la comparación entre estos yacimientos al aire libre y los yaciminetos en cuevas? El nivel VIII de la Grotte Vaufrey, con un grosor que oscila entre 50 y 70 cm, es el más rico en instrumentos líticos. Las posibilidades de remontaje dan idea de su integridad estratigráfica (Rigaud y geneste 1988: Figs. 5y 6). Las piedras talladas dan una densidad de 85 por m^2, valor que resulta muy alto si lo comparamos con el producido por la mayoría de los yaciminetos al aire libre (cuadro 5.18); en cambio los útiles retocados dan un valor bajo: 1,6 por m^2. Algunos de los huesos de animales admiten el remontaje (Rigaud y Geneste 1988: Fig. 14). Los dos remontajes principales en elementos de piedra se dan en secuencias de producción en que la distancia mayor es de 5 m. En el yacimiento C de Bélvedère las distancias para la materia prima 2 alcanzaba los 13 m (Roebroeks 1988: Fig. 51).

EL FUEGO Y LOS HOGARES

El yacimiento C de Bélvedère fue cubierto por la arena de forma lenta. Aparte de un grupo de pequeñas piezas de ocre (Roebroeks 1988: Fig. 44), sólo se encontraron restos de fauna y varios miles de pequeños fragmentos de carbón vegetal concentrados en el extremo noroeste del yacimiento (*ibid.*: Fig. 27). Estos restos fueron excavados con sumo cuidado para poder establecer su origen, sobre todo cuando apareció un grupo de piedras en medio (*ibid.*: Fig. 43). Pero Reobroeks acabó señalando que la presencia de piedras y posiblemente también del carbón vegetal no era artificial. La dos únicas piedras encontradas entre los restos de carbón estaban quemadas, pero la gama de tamaños del grupo de piedras era muy grande, lo que fue interpretado como el resultado de un suceso natural.

> Si la concentración de carbón fue debida a un fuego allí mismo, entonces este fuego quemó fuera de la distribución documentada de útiles de sílex y huesos (*ibid.*: 37).

En La Cotte, donde hay abundantes restos de cremación (Calow, Walton y Shell 1986), se buscaron indicios parecidos de hogares, pero sin éxito. En Tönchesberg, Conard identifica «lo que parece ser» una hogar (Conard 1992: 36) de carbón vegetal y sílex quemado, pero sin gran convicción. Erd ofrece parecidas concentraciones de este tipo de restos (Gabori-Csank 1968: Fig. 6).

La mejor prueba de la existencia de hogares se encuentra en cuevas y abrigos. En Pech de l'Azé II, nivel 7c, datado al final del Saaliense, hay pequeños hoyos con piedras cuidadosamente colocadas (de Sonneville-Bordes 1989: 230). Otro caso parecido se da en Hauteroche, en la Charente (Debenath 1973, 1976: 1074). Perlès (1976: 681) comenta a fondo estos casos; también James (1989), Mellars (1996: 295-301), y Olive y Taborin (1989). En la Grotte Vaufrey no se han encontrado hogares,

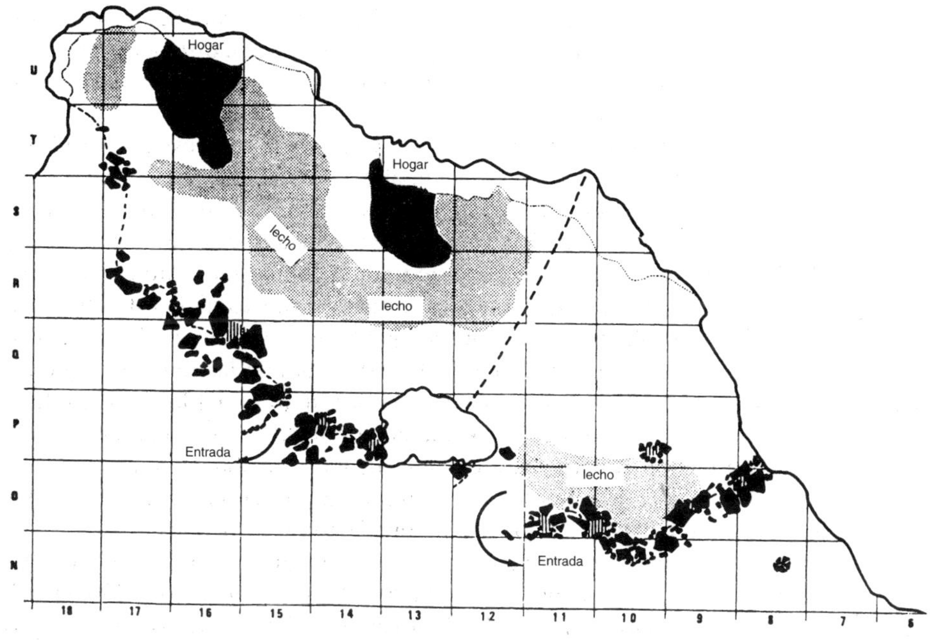

FIG. 5.33. *Tienda reconstruida dentro de la cueva de Lazaret, Francia, región meridional occidental. Nótese la distribución en semicírculo de los materiales alrededor de los dos hogares. La línea de piedras, en negro, haría referencia a los pesos que mantienen estirados los laterales de la tienda. En cualquier caso su distancia hasta los hogares queda dentro de la zona de lanzamiento de restos que se encuentra normalmente alrededor de los hogares, Fig. 3.4 (a partir de Lumley 1969a, Mellars 1996: Fig. 9.16).*

aunque los arqueólogos identificaron el área donde probablemente sí pudo haberlas en base a la concentración de restos de carbón (Rigaud y Geneste 1988: Fig.13, Binford 1988: Fig. 14). Algo parecido sucede en la cueva de Lazaret, en Niza (Lumley 1969a).

ESPACIO Y LENGUAJE

Lo que falta, con una posible excepción, en cada uno de estos escenarios donde hubo fuego u hogares, son indicios espaciales que respondan al modelo de hogar rodeado de individuos sentados que discutimos en el capítulo 3. La forma específica de anillos abiertos con restos de materiales distribuidos en función de su tamaño, no se distingue en ninguna de las planimetrías. La excepción es la cueva de Lazaret (figura 5.33), donde sí parece que se produce el patrón esperado alrededor de dos concentraciones de restos de carbón que llegan hasta la pared de la cueva (Lumley 1969a).[100]

100. La datación del nivel de Lazaret no es segura en absoluto. El nivel III de la unidad estratigráfica c descansa sobre una playa fechada con datación absoluta en el 200.000-300.000 años BP y debajo del suelo estalagmítico que data del 114.0000-66.000 años BP. Estos datos sugieren una datación en el EIO 6 o una cronología Saaliense tardía (Valensi 1991).

Además, se evidencia una distribución de restos por tamaños, hallándose los restos más grandes a 3 m de distancia del centro de las dos hogares, una distancia que se corresponde con el límite interior de la zona de lanzamiento, según establece el modelo de anillos y sectores de Stapert.

El interés de esos patrones concéntricos de organización del espacio reside en el contexto que los produce —una conversación alrededor de un hogar—. Aunque es perfectamente posible mantener una conversación sin necesidad de sentarse alrededor de un hogar ni de lanzar residuos hacia atrás, la existencia de estos esquemas puede tomarse como una indicación clara de que este tipo de comportamiento era algo habitual (capítulo 3). Además, puesto que no encontramos pruebas ni de estructuras, ni de hoyos o agujeros para plantar postes, pienso que tampoco debieron de producirse ni ocasiones sociales ni lugares (cuadro 3.1). La estructura de las reuniones que tuvieron lugar tanto al aire libre como en cuevas no dependió ni del lenguaje ni de la personificación de objetos y localizaciones. La temporalidad de estos paisajes fue establecida por las rutinas inmediatas de los entornos de intervención de los que formaba parte cada neanderthal y al paisaje de la costumbre basado en la creación de redes eficaces. Sus redes ampliadas, si es que existieron, fueron muy débiles.

La falta de buenos indicios arqueológicos sobre hogares es interesante a la luz de las predicciones de Aiello y Dunbar (1993, Dunbar 1996) de que hacia el 250.000 BP el neocórtex del cerebro habría alcanzado el tamaño suficiente para sostener grupos de 150 individuos. Estos autores piensan que los grupos de este tamaño implican la necesidad de la existencia de algún tipo de comunicación elemental, aunque no de un lenguaje plenamente simbólico, como forma de mantener a la gente unida y «aseada» socialmente. Con esta transferencia del aseo social físico al aseo social vocal, los grupos grandes de individuos pudieron mantenerse unidos. Foley y Lee (1996) han llamado la atención sobre el importante cambio en las estrategias para la subsistencia que se producen en este momento en que aumenta la longevidad de unos homínidos dotados de cerebros mayores que además requieren una dieta de más calidad para mantenerlos a tono cuando cada vez consumen más energía (Aiello y Wheeler 1995).

Es tentador ver algunos de los cambios subrayados en este capítulo en estos términos. El transporte de materia prima a distancias mayores, la mayor necesidad de disponer de estrategias de gestión alimentaria y las cadenas Levallois, apuntan a nuevos esquemas de temporalidad en el gesto, la acción material y la movilidad. Pero lo que no vemos a partir de estos indicios espaciales es ningún cambio verdaderamente substancial en el registro arqueológico con relación a lo ya visto mucho antes, en Bilzingsleben o Boxgrove. Tampoco este registro difiere significativamente entre las nueve regiones de Europa. Por lo tanto, aunque sea interesante pensar que los Neanderthales dispusieron de una forma avanzada de comunicación, ésta sólo pudo dirigirse hacia la negociación de sus redes íntimas y eficaces. Estas redes debieron ser totalmente apropiadas para el desarrollo del tipo de lenguaje de que habla Dunbar (1996). La presión selectiva en favor de esta forma de comunicación vocal no provino del tamaño del grupo sino de la intensidad y de la limitada extensión espacial de la interacción social. Sin embargo, estas redes no contribuyeron a la selección de un lenguaje reflexivo basado en la simbolización que utiliza la cultura material como un referente externo para fijar los significados (Noble y Davidson 1996).

El individuo y la cooperación

Apenas hay en este período indicios de comportamiento cooperativo, que depende de la capacidad simbólica del lenguaje para poder ampliar relaciones en el tiempo y el espacio. La zonificación de los materiales en Biache St. Vaast nivel II (figura 5.34), a partir de un área de 340 m^2 (cuadro 5.18), es muy similar a la de Tönchesberg 2B sobre 224 m^2 (Conard 1992: Fig. 55) o la de Erd, sobre 214 m^2 (Gabori-Csank 1968: fig. 6) en las que la fauna y los materiales líticos se solapan. En la Grotte Vaufrey, Rigaud y Geneste (1988: 610) observan unas áreas claramente delimitadas con funciones específicas como quebrar huesos, tallar piedra y hacer fuego. En su estudio tafonómico Binford (1988) dice más cosas sobre la forma de usar la cueva por parte

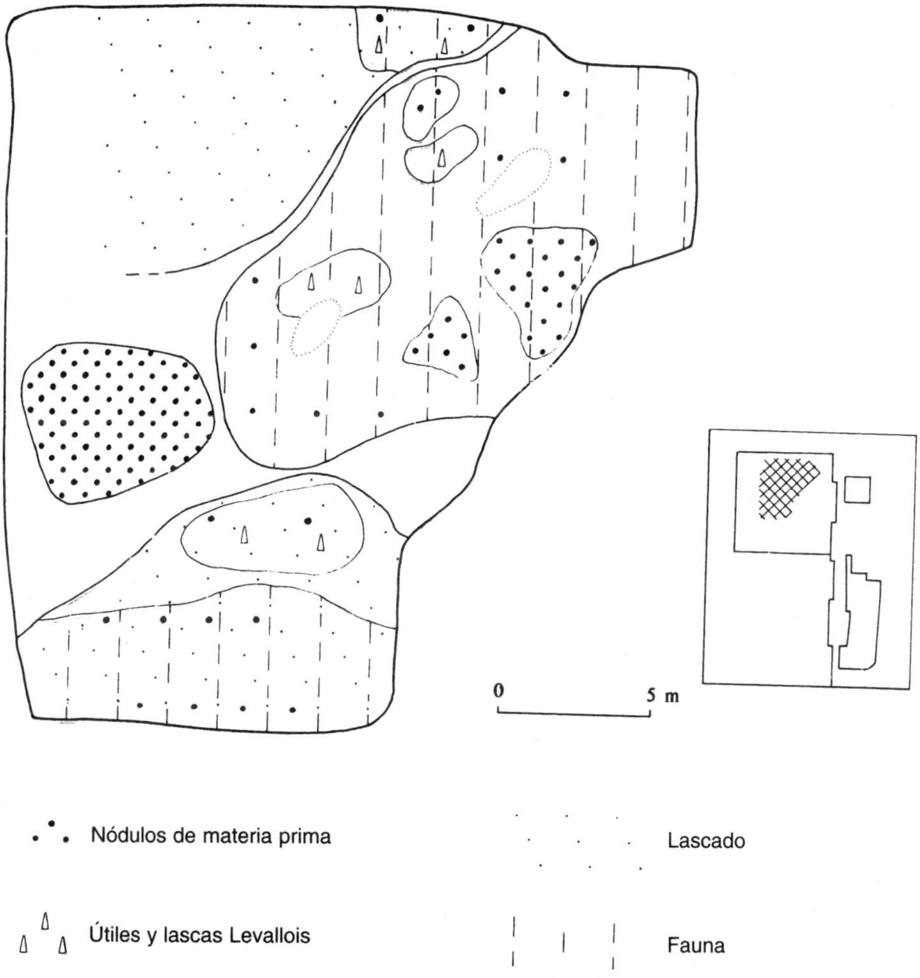

Fig. 5.34. *Distribución por zonas del material abandonado tras las reuniones habidas en Biache St.Vaast, nivel II base (a partir de Tuffreau 1988: Fig. 20.25).*

de los carnívoros que por parte de los seres humanos. Concluye afirmando que ello muestra lo diferentes que eran los homínidos en relación a nosotros mismos. En todos estos escenarios faltan indicios de cooperación en la forma de espacios edificados y en el uso estructural del espacio. Además, estos escenarios, por otra parte ricos (cuadro 5.18), son difíciles de interpretar probablemente porque utilizamos modelos etnoarqueológicos en los que podemos presumir una cooperación sostenida negociada por medio del lenguaje simbólico.

Mucho más fáciles de explicar son las breves reuniones como la del escenario del elefante de Gröbern (figura 5.25) en las que los individuos se identifican en base a las materias primas utilizadas al juntarse alrededor del cadáver del animal. En La Cotte hay indicios de cierta actividad cooperativa a la hora de transportar las partes seleccionadas de los mamuts y los rinocerontes lanudos en el fondo del precipicio y luego amontonarlas.

Puede parecer demasiado fácil decir que las diferencias en la estructura de los yacimientos durante este período estuvo determinada únicamente por la falta de un lenguaje simbólico. Sin embargo, debe quedar claro por ahora que escenarios como Vaufrey y Bélvedère, siendo ricos en actos materiales, no contienen pruebas materiales de su externalización simbólica. La acciones siempre dirán más que las palabras en el registro paleolítico, aunque en este período no hay conversación alguna que pueda seguirse. La cooperación debió ser, pues, un acto rutinario, el resultado negociado entre homínidos que sondean sus redes íntimas y eficaces.[101] El responsable del principio que corona la organización de la sociedad neanderthal no procedió de fuera.

El entorno de intervención en Maastricht-Bélvedère

Las orillas palustres donde los homínidos se reunían para realizar actividades fueron el escenario de la integración social. No había senderos que cruzaran estos parajes con la regularidad e intensidad vistas en otros sitios, por ejemplo, junto a algunos lagos o en el interior de ciertas cuevas de fácil acceso. La frecuencia con que se encontraban recursos como madera, animales, plantas, piedra y gente distinta, debió ser baja. Las reuniones que tuvieron lugar nunca dejaron residuos variados, aunque la conservación no debe de haber sido muy apropiada para los huesos de animal u otros materiales orgánicos.

Los materiales debieron ser llevados a este escenario desde las proximidades; por ejemplo los bloques de piedra. Su valor de uso exigía una pausa, el centrar la atención en el material que se tenía entre manos y el inicio rutinario del ritual de conexión con el entorno.

Este ritual de conexión o bienvenida implicaba el empezar a trabajar. Sospecho que en Maastricht-Bélvedère muchos de los episodios de talla se debieron de producir en solitario por parte de individuos que actuaban sin la atención y el flujo de información que implica la co-presencia. Pero en un sentido real no estaban aislados. Al aplicar acciones rutinarias a materiales conocidos se inmergían en la seguridad que les

101. Se observa comportamiento cooperativo en distintos grados entre todos los mamíferos sociales, como sucede con los chimpancés o los leones, normalmente asociado a su equivalente de la red íntima.

proporcionaban las costumbres establecidas sobre la forma de proceder. Las secuencias más largas de ritmos de obtención y manufactura, como muestra el núcleo remontado de Majorie (Schlanger 1996), procedían de otros tiempos y situaciones en el entorno de intervención de cada uno. Se podían encontrar aún materiales trabajados que venían de lejos pero hubieran sido más pequeños, reducidos ya por medio de los gestos apropiados y no según un plan predeterminado.

El fluir continuo de la vida social era recordado gracias a estas rutinas y reproducido por ellas. Así pues, a base de aplicar gestos aprendidos a la piedra el individuo se vinculaba al escenario y a un red social eficaz definida por la acción rítmica aplicada a los recursos materiales.

La vida social significa movimiento y acción. Los recuerdos se conservan en los músculos tanto como en el cerebro. Hacer algo y caminar son dos ejemplos de ritmos aprendidos que constituyen la base de la memoria, que proporcionan una reserva para las acciones futuras tanto a escala local como regional.

Estos homínidos conservaban de escenarios como Maastricht-Bélvedère, no los objetos duraderos que abandonaron por el camino, sino la memoria de la pista de individuos viajando solos y en compañía. El escenario preserva muchos momentos individuales que no fueron para sus protagonistas dignos de memoria: hacer una raedera, acarrear un bloque de piedra unos metros, extraer lascas... Pero aquellas acciones eran algo más que gestos prácticos que se hacen sin pensar (capítulo 2) gracias a la red eficaz que los asociaba y les confería sentido. Se trataba de habilidades que el individuo podía usar para crear una identidad específica. Y ello era posible porque estas habilidades podían recombinarse en realizaciones verdaderamente sutiles.

Cuando se producía una situación de co-presencia en Maastricht-Bélvedère estas habilidades se ponían en funcionamiento. Se respetaba el espacio de cada uno como ponen de manifiesto los remontajes de este tipo de reuniones obtenidos en el yacimiento C. Si los tres grupos de remontaje fueran de un mismo momento, como parece probable, este hecho indicaría además, que el espacio de realización de las actividades era pequeño, no más grande que el correspondiente al raro remontaje (Roebroeks 1988: 54) producido a mayor distancia (10 m). Una distancia de este tenor indica una interacción cara a cara. La atención a los demás debió de prenderse, por lo tanto, en las visiones y los sonidos del entorno de intervención que rodeara tanto al individuo solo como el conjunto de participantes en la reunión. El concepto «una veladura de piedras», que los arqueólogos utilizaron (Roebroeks *et al.* 1992) para describir el esquema que se perfilaba con el fin de derivar del mismo una explicación funcional, podría utilizarse también como metáfora de la vida social continuada (regional) aunque interrumpida a intervalos (local) representada por el escenario.

Durante las reuniones sociales habidas en Maastricht-Bélvedère no se producía una integración en un sistema, cosa que tiene que ver con la forma de extender *in absentia*, por medio de significados simbólicos, los esquemas sociales establecidos en la co-presencia. Lo que allí se producía es, en cambio, un ejemplo de cómo la vida social de los homínidos la traían ellos mismos en vez de producirla en ocasiones «sociales» especiales. Los individuos no dejaban de pronto de hacer relaciones sociales por el hecho de no estar acompañados. La actividad social no es una respuesta institucional definida por ocasiones establecidas como un matrimonio o un funeral. En términos del Paleolítico estas respuestas se verían como la medida del éxito en la partida evolutiva con el medio ambiente. El éxito o el fracaso en la caza podía juntar gente o separarlos por las muertes producidas. Según este punto de vista el ecosistema, no la gente, ejercía una presión selectiva sobre el comportamiento, estructurando la respuesta con arreglo a los resultados materiales. Pero ya he dicho que el ecosistema que se ha podido reconstruir en Maastricht-Bélvedère, no produjo la horma de la vida social. Ésta provino de los entornos de intervención constituidos al moverse cada uno de los individuos por el mundo. Estos individuos habitaron el mundo en Maastricht-Bélvedère, no se adaptaron al mundo en el sentido de como «viniendo de afuera», normalmente implícito en las explicaciones ofrecidas sobre el Paleolítico.

Resumen

La sociedad neanderthal se fundamentó en las redes íntima y eficaz, construidas rutinariamente por los individuos al ocuparse de sus vidas. En respuesta a las tres preguntas planteadas al principio de este capítulo, diré: sí, pudieron efectivamente ocupar más territorio pero no de cualquier tipo de territorio; sí, efectivamente existen indicios de que la vida social de los Neandethales varió a lo largo del continente i; no, realmente la interacción social que mantuvieron no fue necesariamente dependiente de un lenguaje hablado, aunque sí implicó algún sistema de comunicación dedicado a las relaciones sociales.

Durante este período podemos entrever una nueva temporalidad con respecto a la acción expresada a través de secuencias de manufactura más largas y mayores distancias de aprovisionamiento de materias primas. La comparación de la circulación de la materia prima entre la Cova de l'Aragó y la Grotte Vaufrey (figura 5.13), combinado con las secuencias operativas tan distintas de estas dos cuevas (Geneste 1988b, Svoboda 1987), ofrece un marcado contraste entre el movimiento a la escala del paisaje y la temporalidad de la acción a la escala del escenario. Los cambios habidos en ambas escalas muestran cómo estas dos facetas del comportamiento, en vez de darse como dominios separados de la acción, estuvieron asociadas, y que el vínculo que las une se integra en la acción individual que es social en origen. Por lo tanto, hablar de tecnología neanderthal es hablar también de sociedad neanderthal.

Una forma de contrastar este período con períodos anteriores (capítulo 4) es fijándonos en la manufactura de los bifaces por medio del configuración y en el uso extensivo que hicieron los Neanderthales de la tecnología del lascado, cuyos soportes fueron producidos mediante técnica Levallois o mediante la técnica de las láminas prismáticas. El grado en que estas técnicas fueron utilizadas tanto interregionalmente como en el interior de las regiones, apunta a una temporalidad ampliada de la acción al construir los Neanderthales sus universos sociales por medio de la acción elaborada, las secuencias de acción y la negociación. Es posible que estos cambios se reflejen en escenarios más grandes con restos más densamente agrupados (cuadro 5.18). Ciertamente, la aparición de la caza de presas adultas durante este período proporciona a los arqueólogos la posibilidad de explorar en las cadenas operativas las asociaciones entre las acciones y los ritmos del escenario y la región. La asociación de la técnica Levallois con el uso de materias primas de origen lejano proporciona otra oportunidad para explorar la creciente movilidad de los individuos.

El centro de sus universos sociales fueron las redes íntima y eficaz. Las formas de la cultura material tienen que ver con la fortaleza de estas redes en la vida so-

cial de los Neanderthales además de con la ausencia de una distanciación espacial y temporal más elaborada que hubiera implicado las externalización de la vida social por medio de símbolos. Fueron sociedades construidas en la co-presencia y en la reafirmación de vínculos promovidos por contactos regulares instilados en las prácticas diarias de la vida. Las pruebas remiten a una integración social no a una integración en un sistema (capítulo 2); es decir, a lo que la gente hacía en compañía de otros, no a como se comportaba una vez proseguía su camino.

El resultado es que no hay pruebas de ocasiones sociales en la sociedad neanderthal. No se inscribió el paisaje para producir lugares a partir de los escenarios en los que la realización de actos sociales que tenían que ver con las técnicas de abastecimiento y producción, pudiera desembarazarse de los gestos rutinarios y infundir en ellos asociaciones alternativas. Los objetos materiales —huesos, carne, piel, madera, ocre, marfil, piedra, asta— formaban un aparato de recursos externos cambiantes cuyas interrelaciones se volvían coherentes en las reuniones, sin embargo la atención y la atenuación constreñían estas situaciones de co-presencia.

Estos constreñimientos y la falta de ocasiones sociales tal como las hemos definido en el capítulo 3, justifican la similar superficialidad de la sociedad neanderthal a lo largo de Europa. La sociedad neanderthal, definida en este libro como cualquier sociedad, por medio de redes que los individuos crean, se fundó en gestos o acciones conocidos. Algunos de ellos, centrándonos en la transmisión cultural de la tecnología social, se encarnaban literalmente en ritmos de adquisición y en las actitudes de manufactura.

Diría que esta sociedad contempló un cambio del énfasis puesto hasta entonces en relación a las acciones individuales, en el dominio de la red íntima. La negociación hizo un uso creciente de los recursos de la red eficaz (capítulo 2) para crear nuevas redes. Este cambio del énfasis puede verse claramente en el dominio de los Neanderthales de la caza de presas de edad adulta. No sólo pudieron escoger de entre una gran variedad de animales sino que además se concentraron en especies, edades y sexos determinados. Pueden inferirse mayores reuniones estacionales con un cierto grado de cooperación. Hay una apreciación general de la excelencia y la calidad, tanto en animales como en recursos líticos. Como vimos en el capítulo 2, los recursos materiales son usados como elemento básico a la hora de perfilar la red eficaz, por lo que cabe esperar que este tipo de énfasis se haya producido. Estos materiales incluyen personas, animales y plantas; en suma, todos los elementos que forman parte del entorno mutuo alrededor de cada neanderthal. Además, aunque esto no fue explorado por los Neanderthales, estos mismos recursos pueden convertirse en recursos simbólicos. Una piedra no sólo remite a la acción de cortar sino que también puede personificar una relación. Los cadáveres de animales no sólo sirven para comer, también simbolizan habilidades sociales y valores (Hahn 1986, Mithen 1996).

He explicado en este capítulo que los Neanderthales construyeron diversos entornos para la vida en sociedad. Por ejemplo, las dimensiones en el uso del territorio variaron a lo largo de las nueve regiones de Europa. Los transportes de materias primas muestran que la diversidad de distancias recorridas era debida a la distribución de los recursos y al impacto del clima. Los Neanderthales vivieron en paisajes de la costumbre, no en un paisaje sociale. Este concepto sintetiza adecuadamente la naturaleza rutinaria de sus actividades. Por ello la vida siguió teniendo una dimensión local. Aunque hay indicios de transportes de materia prima a distancias considera-

bles, éstas siguen acomodándose a las dimensiones del paisaje de la costumbre, indicando un lapso temporal de acciones alrededor de escenarios concretos situados a una distancia de unos dos o tres días de camino. No hay pruebas de la existencia de un paisaje social. Unas pocas piezas de hematita, algún hueso enigmático y determinados objetos de marfil como la placa de Tata, no anuncian la aparición de actos negociados más allá de los límites de la co-presencia.

Debido a esta falta de pruebas sociales arqueológicas tradicionales, pienso que los Neanderthales intensificaron *la vida social. Elaboraron un uso no simbólico del gesto y los recursos materiales. Por ello su red íntima creció y se transformó en* casi-*eficaz. De ahí que observemos una mayor cooperación en las reuniones con animales y en los escenarios-taller. Pero esta expansión se nutrió de los recursos generalmente asociados al apoyo de las relaciones afectivas de la red íntima. Así, aunque los Neanderthales tuvieran la capacidad para crear un lenguaje, el registro paleolítico pone en evidencia que lo utilizaron sólo como forma de realzar el uso que hacían de los recursos emocionales (capítulo 2), lo que les permitió crear una realidad social distintiva. Llámeseles si se quiere la primera sociedad que se preocupó de la gente, pero el lenguaje no asumió hasta más tarde su posición dominante y autodefinidora como rasgo social de un mundo igualmente limitado como el nuestro.*

CAPÍTULO 6

LOS RITMOS DE LA VIDA SOCIAL HACE 60.000-21.000 AÑOS: LA TRANSICIÓN DEL PALEOLÍTICO MEDIO AL SUPERIOR EN EUROPA

Había un viejo hombre de las cavernas en Spy,
que tenía las rodillas muy curvadas.
Cuando se le preguntaba, «¿Su porte es un rasgo evolutivo?»
Replicaba, «¡Lo es cuando estornudo!»

Anónimo

Los objetos de la vida en sociedad

La transición de Neanderthal a Crô-Magnon si la consideramos anatómicamente, de un esquema antiguo a uno de nuevo en cuanto al comportamiento, y culturalmente del Paleolítico Medio al Superior, representa en términos evolutivos, que el Otro se vuelve Nosotros. Los elementos de esta revolución humana han sido debatidos a fondo en base a indicios procedentes de todo el mundo (Aitken, Stringer y Mellars 1993, Cabrera-Valdés 1993, Mellars 1990, 1996, Mellars y Stringer 1989, Nitecki y Nitecki 1987, Stringer y Gamble 1993, Trinkaus 1989, Trinkaus y Shipman 1993). El debate sigue, pero hay coincidencia en señalar, en base a indicios anatómicos y genéticos, que el origen del ser humano moderno hay que situarlo en África (Stringer y Mackie 1996, Tattersall 1995).[102] Los indicios arqueológicos de cambios de comportamiento son también claros (Mellars 1996). Sin embargo, queda por conocer a ciencia cierta dónde apareció por vez primera este tipo de comportamiento distinto y bajo qué presiones selectivas (Gamble 1993a).

Lo que sí parece claro es que la transición del Otro al Nosotros en Europa no representó *la* revolución humana. Ésta tuvo lugar en otra parte. Los orígenes de los humanos modernos se encuentran fuera del ámbito geográfico de este libro. En el presente capítulo pretendo examinar los indicios europeos que apuntan a una sustitución de la anatomía, la cultura y el comportamiento Neanderthal por su imagen mo-

102. La reciente extracción de DNA antiguo del esqueleto del Valle de Neander, posiblemente de una edad de 50.000 años, un DNA distinto del de la población moderna, es una prueba palpable a favor de los que sostienen la idea de un cambio de población (Ward y Stringer 1997).

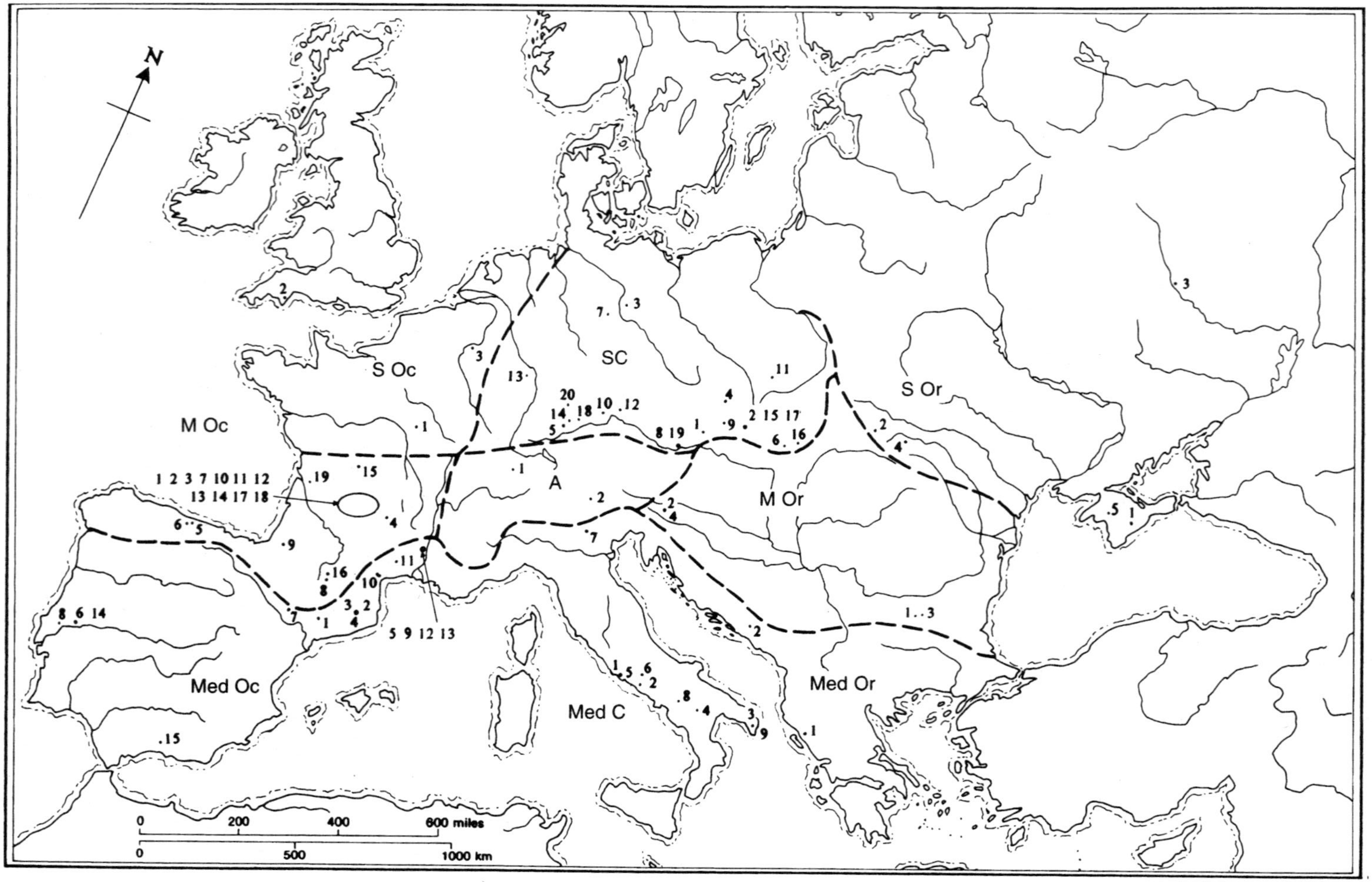
N
M Oc
S Oc
SC
A
S Or
M Or
Med Oc
Med C
Med Or
0 200 400 600 miles
0 500 1000 km

FIG. 6.1. *Principales yacimientos que aparecen en este capítulo y a los que se refieren los cuadros 6.1 y 6.27. Clave: por regiones.*

	S Oc	S C	S Or	M Oc	A	M Or	Med Oc	Med C	Med Or
1.	Arcy-sur-Cure	Alberndorf	Kiik Koba	Abri Pataud	Cotencher	Bacho Kiro	Abric Romaní	Canale delle Acque Alte	Asprochaliko
2.	Kents cavern	Bohunice	Korolevo 2	Castelmerle	Avena	Krapina	Arbreda	Grotta Breuil	Crvena Stijena
3.	Sclayn Cave	Breitenbach	Kostienki	Combe Grenal		Temnata	Banyoles	Grotta del Cavallo	
4.		Certova Pec	Ripiceni-Izvor	Coudoulous		Vindija	Ermitons	Grotta di Castelcivita	
5.		Geißenklösterle	Starosel'e	Cueva Morín			Esquicho-Grapaou	Grotta di Sant'Agostino	
6.		Istállósko		El Castillo			Foz de Enxarrique	Guattari	
7.		Königsaue		Fonseigner			Gabasa	Riparo Fumane	
8.		Krems		Frechet			Gato Preto	Serino	
9.		Kulna		Isturitz			Grotte Chauvet	Uluzzo	
10.		Mauern		La Chapelle			Grotte Tournal		
11.		Nietoperzowa		La Ferrassie			Hortus		
12.		Salching		La Quina			Ioton		
13.		Sprendlingen		Le Flageolet			Salpêtriere		
14.		Stadel		Le Moustier			Vilas Ruivas		
15.		Stránská skála		Les Cottés			Zafarraya		
16.		Szeleta		Mauran					
17.		Vedrovice		Pech de l'Azé					
18.		Vogelherd		Roquette					
19.		Willendorf		St. Césaire					
20.		Wittlingen							

derna. Los indicios encontrados en Europa nos muestran que esta sustitución fue un proceso lento que duró unos 20.000 años. El registro paleolítico revela una prehistoria de esta transición que probablemente no se dio en otras partes del Viejo Mundo y que varió de una a otra región europea.

El reto de una historia social del Paleolítico es explicar esta diversidad en términos de interacción y de desarrollo de redes basadas en el individuo. El capítulo 7 abordará estas cuestiones una vez hayamos examinado el registro de la transición. Tal como vimos en el capítulo 1, pensamos que es mejor utilizar un enfoque social basado en la interacción en vez del tipo de explicaciones que tratan del origen de instituciones tipo Sociedad de Bandas, las colectividades masculinas y femeninas o la familia (Gilman 1984, Johnson y Earle 1987, Knight 1991a). La llegada de «Los Modernos», sea anatómica, genética o culturalmente, es otra de estas instituciones. El problema de centrarse en estas instituciones, aunque a menudo representen una buenas categorías para ordenar el análisis, reside en que cualquier grupo que aparentemente no las tenga, como los Neanderthales, sea presentado como un agente social prácticamente insignificante. Sólo hay un paso entre eso y el determinismo ambiental de toda la prehistoria anterior a la aparición de las instituciones de base agrícola (capítulo 1).

En consecuencia, a lo largo de estos dos capítulos, argumentaré que la idea de una sustitución de la población es una tergiversación de los cambios sociales ocurridos en Europa. No importa si esta sustitución se contemple como un episodio accidental benigno de apareamiento o un maligno uso de la tecnología contra «la Primera Nación» Neanderthal. Si en ambos escenarios el énfasis se pone en la creación de instituciones sociales donde previamente no existían, en ambos casos es en detrimento de un Paleolítico social. Como nos recuerda Graves (1991), los encuentros entre Crô-Magnones y Neanderthales no tienen nada que ver con la confrontación colonial entre europeos y pueblos indígenas. No hubo un imperio Paleolítico Superior, ni franca disparidad en capacidad armamentística. Tampoco hubo instituciones destacadas en la organización de esta confrontación.

Mi idea es que la transición guardada en los depósitos arqueológicos del Paleolítico Medio y Superior, tiene que ver con la aparición de individuos que actuaron como agentes creativos más allá de las limitaciones establecidas por las reglas de la co-presencia. Algo así no pudo ocurrir sin la contribución de nuestra herencia evolutiva. Estas redes íntimas y eficaces todavía nos vinculan como actores sociales, igual que lo hicieron con el *Homo heidelbergensis* que fue el primero que ocupó Europa. Estas redes hacen uso de recursos exigidos por las reglas que gobiernan la interacción y la negociación. De esta interacción emerge una sociedad compuesta por individuos dotados de capacidad de actuar por ellos mismos.

Ser humano es poseer la capacidad de extender esta forma de integración social a través de la integración en un sistema (capítulo 2). A este respecto cambiar la sociedad es, al considerar el paleolítico, extenderla como marco para la acción individual. En los capítulos 4 y 5 mostré que tal extensión tuvo lugar en términos de integración en un sistema, pero esto sólo afectó la escala a la que los homínidos utilizaban sus redes locales. La extensión *in absentia* no podía mantenerse con los recursos corrientes —táctiles, olfativos, visuales y acciones materiales— al volverse los útiles de piedra o madera, literalmente, extensiones de la mano, gestos de cortar o rascar y donde el entorno rodeaba a los homínidos como un mar de energía, como una fuente de acción que podía ser externamente fijada.

La transición, generalmente descrita con términos como Paleolítico Medio y Superior, es social, técnica y culturalmente la separación de la acción respecto del cuerpo. Los objetos adoptaron una vida social. Se convirtieron en las reglas y los recursos que siguen gobernándonos en las ocasiones sociales, y en las normas de ejecución y producción.

El lenguaje será un aspecto más de esta separación del acto del cuerpo, de la creación, si se quiere, de la sociedad como un miembro separado y no como un ente técnico y socialmente integral. Los ritmos que vinculan la acción y le dan sentido, son claves para este desarrollo. Todas estas cuestiones forman el núcleo de este capítulo.

Pero antes hay que establecer el marco cronológico, climático y cultural de esta transición en Europa.

Cronología, climas y hábitats

El período entre los 58.000 y los 28.000 años BP se conoce como Interpleniglaciar. De acuerdo con el registro marino cubre el EIO 3 y el principio del EIO 2 (figura 6.2). Este período es seguido por el empeoramiento climático hasta llegar al Último Máximo Glaciar (UMG) entre el 28.000 y el 21.000 años BP, justo antes de que los casquetes de hielo alcanzaran su mayor extensión entre el 20.000 y el 18.000 años BP.

Este período se estudia utilizando las siguientes técnicas científicas de datación: C14 convencional, C14 obtenido por espectrometría de masas con acelerador (EMA), que puede datar muestras muy pequeñas y dar una gran exactitud (Gowlett y Hedges 1986), termoluminiscencia (TL), uranio-torio y espín electrónico de resonancia (EER) (Aitken 1990). Los resultados de la datación de una muestra escogida de yacimientos pertenecientes al período 60.000-32.000 años BP se muestran en el cuadro 6.1. Se incluyen a efectos comparativos algunas dataciones de esqueletos de Neanderthal, así como industrias transicionales de Oriente Medio.[103]

¿QUÉ SIGNIFICA VIEJO?

La datación por EMA evita el tener que disponer de muestras voluminosas como pasa con el C14. El problema de las muestras voluminosas es la amenaza de contaminación que acostumbra a rejuvenecer las fechas. Por ejemplo, Bischoff (*et al.* 1989: 572) explica que una muestra de 67.000 años edad daría una edad de 37.000 años si se le introdujera un 1 por ciento de carbono actual. Además, los progresos en el pretratamiento químico de las muestras, especialmente de colágeno de hueso, han permitido que muestras con indicios de implicación humana directa como huesos con marcas de corte o quemados, se puedan datar directamente. Las muestras de hasta 45.000 años de edad pueden datarse perfectamente con la técnica EMA.

Además de los problemas de contaminación, se sabe desde hace tiempo que hacia el final de la prehistoria las fluctuaciones en la tasa de producción de C14 en las capas superiores de la atmósfera exigen que las dataciones obtenidas por este método

103. Ver Stringer y Gamble (1993: Apéndice 1) para más datos.

CUADRO 6.1. *Dataciones absolutas y datos arqueológicos entre los 58.000-29.000 años BP. Se han incluido algunos yacimientos del Próximo Oriente como elementos de comparación. Hay que tener precaución a la hora de interpretar estos datos ya que hay muchas contradicciones entre los indicios bioestratigráficos y las determinaciones de edad absoluta. Por ejemplo, la determinación por EMA de Königsaue indica una fecha mucho más tardía que su correpondiente ubicación en el interestadio de Odderade (Fig. 5.1) que es lo que sugieren los indicios bioestratigráficos.*

Yacimiento	*Nivel*	*Región*		*Método datación*	*Homínidos*	*Fase arq.*	*Años bp en miles*	±
ESTADIO 2/3 FRONTERA 24.000 BP								
Denekamp								
Bacho Kiro	Nivel 6a/7	Europa	M Or	14C		Paleolítico Superior Inicial	29.1	
Zafarraya	I[3—7]	Europa	Med Oc	14C		Musteriense	29.8	0.6
Grotte Chauvet		Europa	Med Oc	14C (AME)		Arte rupestre	30.3	0.5
Grotte Chauvet		Europa	Med Oc	14C (AME)		Arte rupestre	30.7	0.6
Grotte Chauvet		Europa	Med Oc	14C (AME)		Arte rupestre	30.9	0.6
Grotta del Cavallo	Nivel E, II-1	Europa	Med C	14C		PSI (Uluzziense]	>31	
Serino		Europa	Med C	14C		PSI (Auriñaciense]	31.2	0.6
Zafarraya	1 [8]	Europa	Med Oc	14C		Musteriense	31.8	0.55
Zafarraya	1 [8]	Europa	Med Oc	TL		Musteriense	31.7	3.6
Hohlenstein-Stadel	IV	Europa	S C	14C		PSI (Auriñaciense)	31.7	1.1
Geißenklösterle Cave	IIb	Europa	S C	14C		PSI (Auriñaciense]	31.8	1
St. Césaire	Nivel 6	Europa	M Oc	TL		Paleolítico Superior Inicial	32.1	3
St. Césaire	Nivel 6, Ejo	Europa	M Oc	TL		PSI (Proto-auriñaciense]	32.1	3
Shanidar	Base C	Oriente Medio		14C		Paleolítico Superior Inicial	32.3	3
Grotta di Castelcivita	Nivel rsa	Europa	Med C	14C		PSI (Uluzziense]	32.4	0.6
Grotte Chauvet		Europa	Med Oc	14C (AME)		Arte rupestre	32.4	0.7
Geißenklösterle Cave	IIb	Europa	S C	14C		PSI (Auriñaciense)	32.6	0.4
Bacho Kiro	Nivel 6b	Europa	M Or	14C	Moderno	Paleolítico Superior Inicial	32.7	0.3
Grotta di Castelcivita	Nivel rsa	Europa	Med C	14C		PSI (Uluzziense)	32.9	0.7
Ermitons	IV	Europa	Med Oc	14C (AME)		Musteriense	33.1	0.66
La Ferrassie	K6	Europa	M Oc	14C		PSI (Auriñaciense)	33.2	0.57
Grotta di Castelcivita	Nivel pie	Europa	Med C	14C		PSI (Uluzziense)	33.2	0.7
Shanidar	Inferior C	Oriente Medio		14C		Paleolítico Superior Inicial	33.3	1
Abri Pataud	14	Europa	M Oc	14C		PSI (Auriñaciense)	33.3	0.4
Abri Pataud	14	Europa	M Oc	14C		PSI (Auriñaciense)	33.3	0.7
Las Cottés	G	Europa	M Oc	14C		PSI (Chatelperroniense)	33.3	0.5

Zafarraya	D	Europa	Med Oc	TL	Neanderthal	Musteriense	33.4	2
Boker A		Oriente	Medio	14C		Paleolítico Superior Inicial	>33.4	
Grotte du Renne (Arcy)	VIII	Europa	S Oc	14C		PSI (Chatelperroniense)	33.5	0.4
Boker A		Oriente	Medio	14C		Paleolítico Superior Inicial	>33.6	
Geißenklösterle Cave	IIb	Europa	S C	14C		PSI (Auriñaciense)	33.7	0.8
Le Flageolet	Nivel XI	Europa	M Oc	14C (AME)		PSI (Auriñaciense)	33.8	1.8
Grotte du Renne (Arcy)	VIII	Europa	S Oc	14C		PSI (Chatelperroniense)	33.8	0.25
Shanidar	Intermedio C	Oriente	Medio	14C		Paleolítico Superior Inicial	33.9	0.9
Shanidar	Intermedio C	Oriente	Medio	14C		Paleolítico Superior Inicial	34	0.4
Grotta di Castelcivita	Nivel rpi	Europa	Med C	14C		PSI (Uluzziense)	>34	
Foz de Enxarrique		Europa	Med Oc	U-series		Paleolítico Medio	34.1	0.8
Foz de Enxarrique		Europa	Med Oc	U-series		Paleolítico Medio	34.1	0.9
L'Arbreda	E2BE 116-2	Europa	Med Oc	14C (AME)		Musteriense	34.1	0.75
Geißenklösterle Cave	III	Europa	S C	14C		PSI (Auriñaciense)	34.1	1
Abri Pataud	14	Europa	M Oc	14C		PSI (Auriñaciense)	34.2	0.6
Shanidar	Inferior C	Oriente	Medio	14C		Paleolítico Superior Inicial	34.5	0.5
Esquicho-Grapaou	SLC lb	Europa	Med Oc	14C		PSI (Auriñaciense)	34.5	2
Boker Tachtit	Nivel 4	Oriente	Medio	14C		Paleolítico Superior Inicial	>35	
Shanidar	Inferior C	Oriente	Medio	14C		Paleolítico Superior Inicial	35.4	0.6
Starosel'e	Proximidad al enterramiento infantil	Europa	S Or	14C (AME)	Neanderthal	Musteriense	35.5	1.1

Hengelo

Geißenklösterle Cave	IIb	Europa	S C	14C		PSI (Auriñaciense)	36	3.6
St. Césaire	Nivel 8, Ejop	Europa	M Oc	TL	Neanderthal	PSI (Chatelperroniense)	36.3	2.7
Kostienki 17	2	Europa	S C	14C		PSI (Spitsynian)	36.4	1.7
Starosel'e	Proximidad al enterramiento infantil	Europa	S Or	14C (AME)	?Neanderthal	Musteriense	36.1	1.2
Geißenklösterle Cave	III	Europa	S C	14C		PSI (Auriñaciense)	36.5	1.5
Vedrovice V		Europa	S C	14C		PSI (Szeletiense)	37.6	0.5
El Castilló	18b2	Europa	M Oc	14C (AME)		PSI (Auriñaciense)	37.7	1.8
L'Arbreda	E2BE 111-1	Europa	MedOc	14C (AME)		PSI (Auriñaciense)	37.7	1
L'Arbreda	E2BE 111-2	Europa	MedOc	14C (AME)		PSI (Auriñaciense)	37.7	1
Boker A		Oriente	Medio	14C		Paleolítico Superior Inicial	37.9	
Gato Preto	Average date	Europa	Med Oc	TL		PSI (Auriñaciense)	38.1	3
St. Césaire	Nivel 11, Egp	Europa	M Oc	TL		Musteriense (Denticulado)	38.2	3.3
Stránská skála III	5	Europa	S C	14C		PSI (Bohuniciense)	38.2	1.1
Kents Cavern	Nivel A2	Europa	S Oc	14C		PSI (Lincombiense)	38.2	1.4
Certova Pee		Europa	S C	14C		PSI (Szeletiense)	38.4	2.8
Stránská skála III	5	Europa	S C	14C		PSI (Bohuniciense)	38.5	1.4
El Castillo	18b1	Europa	M Oc	14C (AME)		PSI (Auriñaciense)	38.5	1.8

Yacimiento	*Nivel*	*Región*	*Método datación*	*Homínidos*	*Fase arq.*	*Años bp en miles*	±
Korolevo 2	2	Europa S Or	14C		Paleolítico Superior Inicial	38.5	1
Nietoperzowa	couche 6	Europa S C	14C		PSI (leaf points)	38.5	1.2
Sclayn Cave	Nivel 1A	Europa S Oc	14C		Musteriense	38.6	1.5
Kulna	7a	Europa S C	14C		Micoquiense	38.6	0.95
L'Arbreda	E2BE 111-4	Europa M W	14C (AME)		PSI (Auriñaciense)	38.7	1.2
Temnata	TDII, nivel VI	Europa M Or	14C		Paleolítico Superior Inicial	>38.7	
Douara	Top IVB	Oriente Medio	14C		Musteriense	38.9	1.7
Combe Grenal	12	Europa M Oc	14C		Musteriense (Denticulado)	39	1.5
L'Arbreda	E2BE 116-1	Europa M W	14C (AME)		Musteriense	39.4	1.4
Coudoulous II	Stalagmite floor 2	Europa M Oc	U/Th		Musteriense	39.4	0.5
Willendorf II	2	Europa S C	14C		PSI (Auriñaciense)	39.5	1.5
Vedrovice V		Europa S C	C14		PSI (Szeletian)	39.5	1.1
Istállósko		Europa S C	14C		PSI (Auriñaciense)	39.7	0.9
Cotencher	Couche V	Europa ALP	14C		Musteriense	39.7	1.2
L'Arbreda	E2BE 111-3	Europa Med Oc	14C (AME)		PSI (Auriñaciense)	39.9	1.3
Abric Romaní		Europa Med Oc	U-series		Musteriense		*39-60*
El Castillo	18c	Europa M Oc	14C (AME)		PSI (Auriñaciense)	40	2.1
Riparo Fumane	A2?	Europa M C	14C		PSI (Auriñaciense)	40	0.4
Bohunice	4	Europa S C	14C			40.1	1.2
Ripiceni-Izvor	IV/V (minimum age)	Europa M Or	14C		Musteriense	40.2	1.1
Le Moustier	J	Europa M Oc	TL	Neanderthal	Musteriense (Típico)	40.3	2.6
Cotencher	Couche V	Europa ALP	14C		Musteriense	40.9	1.1
Le Moustier	1	Europa M Oc	TL		Ninguno	40.9	5
St. Césaire	Nivel 10, Egpf	Europa M Oc	TL		Musteriense (Denticulado)	40.9	2.5
Stránská skála IIIa	4	Europa S C	14C		PSI (Bohuniciense)	41.3	3.1
L'Arbreda	E2BE 116-3	Europa Med Oc	14C (AME)		Musteriense	41.4	1.6
Bohunice	4	Europa S C	14C		PSI (Bohuniciense)	41.4	1.4
Amud	Nivel B	Oriente Medio	ESR	Neanderthal	?Musteriense	41.5	3
Willendorf II	2	Europa S C	14C		PSI (Auriñaciense)	41.7	3.7
Szeleta	B	Europa S C	14C		PSI (Szeletiense)	>41.7	
Frechet Gr de Peyrère 1	Upper level	Europa M Oc	14C		Musteriense	42	3.1
St. Césaire	Nivel 12, Egf	Europa M Oc	TL		Musteriense (Denticulado)	42.4	4.8
Ripiceni-Izvor	IV (minimum age)	Europa M Or	14C		Musteriense	42.5	1.3
Le Moustier	H2—H9	Europa M Oc	TL		Mousteriense (MTA B)	42.5	2
Le Moustier	K	Europa M Oc	TL		Musteriense	42.6	3.7

Bohunice	4	Europa	S C	14C		PSI (Bohunician)	42.9	1.7
La Quina	6a	Europa	M Oc	TL		Mousteriense (Quina)	43	3.6
Sant'Agostino	Nivel 1	Europa	M C	ESR		Mousteriense (Pontinian)	43	9
Bacho Kiro	Nivel 11	Europa	M Or	14C	?Moderno	Paleolítico Superior Inicial	>43	
Douara	Mid-IVB	Oriente Medio		14C		Musteriense	>43	
Cotencher	Coucha VI	Europa	ALP	14C		Musteriense	43.2	1
Douara	Mid-IVB	Oriente Medio		14C		Musteriense	>43.2	
Douara	Lower IVB	Oriente Medio		14C		Musteriense	>43.2	
Ksar Akil		Oriente Medio		14C		Musteriense	43.3	1.2
Ksar Altil	B?	Oriente Medio		14C		Musteriense	43.7	1.5
Ripiceni-Izvor	IV (minimum age)	Europa	M Or	14C		Musteriense	43.8	1.1
Königsaue	Ib (minimum aga)	Europa	S C	14C (AME)		Micoquiense	43.8	2.1

Moershoofd

Combe Grenal	20	Europa	M Oc	TL		Musteriense (Denticulado)	44	4
Sclayn Cave	Nivel 1A	Europa	S Oc	TL		Musteriense	44	5.5
Istállósko		Europa	S C	14C		PSI (Auriñaciense)	44.3	1.9
Ripiceni-Izvor	IV (minimum ega)	Europa	M Or	14C		Musteriense	44.8	1.3
Ripiceni-Izvor	III (minimum age)	Europa	M Or	14C		Musteriense	45	1.4
Banyolas	Matrix	Europa	Med Oc	U-series	Nenaderthal	?	45	4
Temnata	TD1, layar 4	Europa	M Or	TL		PSI (Auriñaciense)	45	7
Boker Tachtit	Laval 1	Oriente Medio		14C		Paleolítico Superior Inicial	≥45.5	
Kulna	7a	Europa	S C	C14		Micoquiense	45.6	2.9
Temnata	TDI, layar 4	Europa	M Or	TL		PSI (Auriñaciense)	46	8

Le Moustier	Hl	Europa	M Oc	TL		Musteriense (MTA B)	46.3	3
Ripiceni-Izvor	III (minimum age)	Europa	M Or	14C		Musteriense	46.4	4.7
Gabasa 1	a	Europa	Med Oc	14C		Musteriense (Típico)	46.5	4.4
Boker Tachtit	Laval 1	Oriente Medio		14C		Paleolítico Superior Inicial	46.9	2.4
Shanidar	Layar D	Oriente Medio		14C	?Neanderthal	Musteriense	46.9	1.5
Le Moustier	H	Europa	M Oc	ESR		Musteriense (MTA B)		39.7-41
Guattari	GI	Europa	M C	ESR		Musteriense (Pontiniense)		*44-54*
Guattari	Surfaca daposit including cranium	Europa	M C	ESR	Neanderthal	Musteriense (Pontiniense)		*44.5-62*
Boker Tachtit	Nivel 1	Oriente Medio		14C		Paleolítico Superior Inicial	47.2	9
La Chapelle	Bed 1	Europa	M Oc	ESR	Neanderthal	Musteriense (Quina)		*47-56*
Bacho Kiro	Layar 13	Europa	M Or	14C		Moustarian (Típico)	>47.5	

Yacimiento	*Nivel*	*Región*	*Método datación*	*Homínidos*	*Fase arq.*	*Años bp en miles*	±
Glinde							
loton		Europa Med Oc	TL		Musteriense (Quina)	48	3
Königsaue	Ib (minimum age)	Europa S C	14C (AME)		Micoquiense	48.4	3.7
La Quina	8	Europa M Oc	TL		Musteriense (Quina)	48.7	6
Amud	Layar B	Oriente Medio	ESR	Neanderthal	?Musteriense	49.5	4
Fonseigner	Laval D upper	Europa M Oc	TL		Musteriense (MTA)	50.2	5.3
Le Moustier	G4	Europa M Oc	TL		Musteriense (MTA A)	50.3	5.5
Le Moustier	G	Europa M Oc	ESR		Musteriense (MTA A)		*43-47*
Shanidar	Layar D	Oriente Medio	14C	?Neanderthal	Musteriense	50.6	3
Guattari	Layar GO	Europa M C	U-series	Neanderthal	Musteriense (Pontiniense)	51	3
Douara	lowar IVB	Oriente Medio	14C		Musteriense	>52	
Ras al Kelb	B	Oriente Medio	14C		Musteriense	>52	
Fonseigner	Nivel D middle	Europa M Oc	TL		Musteriense (Típico)	52.8	5.5
Sant'Agostino	Nivel 2	Europa M C	ESR		Musteriense (Pontiniense)	53	7
Douara	IIIB	Oriente Medio	14C		Musteriense	>53.8	
Oerel							
Sant'Agostino	Nivel 3	Europa M C	ESR		Musteriense (Pontiniense)	54	11
Vilas Ruivas	Avaragad date	Europa Med Oc	TL		Paleolítico Medio	54	12
Guattari	Stratum 1	Europa M C	ESR		Musteriense (Pontiniense)	54.2	4.1
Pach de L'Azé II	Layar 2	Europa M Oc	ESR		Musteriense		*54-59*
Le Moustier	G1	Europa M Oc	TL		Musteriense (MTA A)	55.8	5
Fonseigner	Laval E	Europa M Oc	TL		Musteriense (Típico)	56.4	6.8
Guattari	Stratum 1	Europa M C	ESR	Neanderthal	Musteriense (Pontiniense)	57	8
Roquatte II	Nivels 2 & 3	Europa M Oc	TL		Musteriense (Quina)	57.2	4.3
Cenale delle Acque Alte	Base of sequanca	Europa Med C	14C		Musteriense (Pontiniense)	58	0.5

ESTADIO 3/4 FRONTERA
58.000 BP

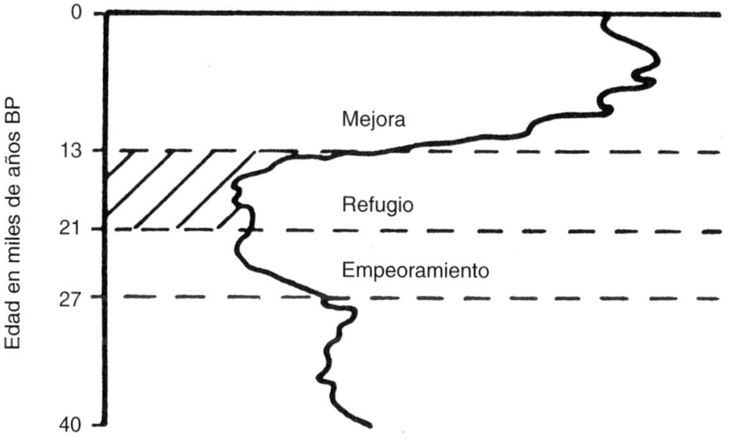

FIG. 6.2. *Marco climático para el estudio del Paleolítico Superior europeo que muestra las tres fases que señala el registro marino del sondeo V-19-30 (a partir de Gamble 1991b: Fig. 2).*

sean calibradas con una cronología absoluta. Eso se ha hecho gracias a la dendrocronología que utiliza árboles de gran longevidad como el pino de piña erizada (*Pinus Aristata*). Sin embargo esta calibración sólo puede alcanzar el último período glaciar (Street, Baales y Weninger 1994). Vogel, en uno de los primeros trabajos sobre este problema (1983) sugirió que las dataciones por EMA de muestras de 40.000 años podrían resultar 2.500 años más jóvenes de lo debido. Las dataciones convencionales por C14 pueden dar resultados mucho peores. Esta disfunción se puede observar gracias a una curva de calibración basada en la intensidad geomagnética (Laj, Mazaud y Duplessy 1996) que indica que para el intervalo 20.000-40.000 años BP las edades por radiocarbono pueden llegarse a incrementar entre 2.000 y 3.500 años.

La comparación de dos secuencias de cueva datadas de Cataluña, proporciona una mejor apreciación del problema. En la cueva de l'Arbreda (Bischoff *et al.* 1989) hay indicios estratigráficos, confirmados por datación por EMA, de una transición abrupta entre el Musteriense y el Paleolítico Superior Inicial (Auriñaciense), como se indica en el cuadro 6.2).

Cien kilómetros al sudoeste de esta cueva, en el *Abric Romaní* la cronología por EMA de la base auriñaciense señala una edad promedio de 37.000 ± 2.000 años BP mientras que los análisis por uranio-torio del mismo material dan una estimación de 43.000 ± 1.000 años BP (Bischoff *et al.* 1994). Con estos datos Bischoff estima que en el lapso de tiempo 38.000-40.000 años BP «la diferencia entre el radiocarbono y el uranio-torio da un sorprendente lapso de 5.600 ± 1.500 años (66 % de límite de seguridad)» (*ibid.*: 550). Por lo tanto, el Auriñaciense, el Paleolítico Superior inicial en España, datado por EMA en l'Arbreda y Castillo, en Cantabria (Cabrera-Valdés y Bischoff 1989), pueden tener hasta 43.000 años BP. Debido a este problema en este capítulo utilizo las siglas bp para indicar edades no calibradas.

Este rompecabezas cronológico no facilita obviamente la discusión de las transiciones. Los métodos del radiocarbono no nos dan la edad verdadera y disponemos

CUADRO 6.2. *Dataciones por acelerador de la cueva de l'Arbreda en Cataluña hechas en el laboratorio de Arizona (Bischoff* et al. *1989).*

Muestra	*Núm. de Laboratorio*	*Fecha en miles de años BP*
Base del Auriñaciense entre 550-555 cm		
E2BE 111-1	AA 3779	37,7 ± 1,0
E2BE 111-2	AA 3780	37,7 ± 1,0
E2BE 111-3	AA 3281	39,9 ± 1,3
E2BE 111-4	AA 3782	38,7 ± 1,2
Parte más alta del Musteriense 575-580 cm		
E2BE 116-1	AA 3776	39,4 ± 1,4
E2BE 116-2	AA 3777	34,1 ± 0,75
E2BE 116-3	AA 3778	41,4 ± 1,6

de pocas dataciones por TL, EER o por uranio-torio (cuadro 6.1). Y tampoco estas técnicas carecen de problemas metodológicos. Pisamos terreno más seguro cuando disponemos de una secuencia estratigráfica como la de l'Arbreda, en la que el Auriñaciense descansa directamente sobre el Musteriense, marcando una rápida transición apoyada por la cronología aun cuando ésta no indique las verdaderas edades. El problema estriba en comparar la transición entre escenarios y regiones y en utilizar las dataciones absolutas para determinar la importancia de los cambios.

EL INTERPLENIGLACIAR (58.000-28.000 AÑOS BP)

El Interpleniglaciar se caracteriza tener por cinco interestadios ampliamente registrados en los perfiles de polen del norte del continente (cuadro 6.3).

Esos cinco interestadios principales, entre 2.000 y 4.000 años de duración cada uno, pueden ser identificados en el sondeo de hielo Summit de Groenlandia central (Dansgaard *et al.* 1993: Fig.1). La aparición de estas mejoras climáticas y su rápida oscilación, contrastan con la falta de interestadios en el período Pleniglaciar precedente (EIO 4). En la figura 6.3 (van Andel y Tzedakis 1996: Fig. 14) se ofrece una reconstrucción de las condiciones climáticas en el año 39.000 bp, equivalente al interestadio Hengelo.

CUADRO 6.3. *Interestadios del Interpleniglaciar, EIO 3 (Behre 1989).*

Interestadio	*Edad en miles de años BP*
Oerel	58-54
Glinde	51-48
Moershoofd	46-44
Hengelo	39-36
Denekamp	32-28

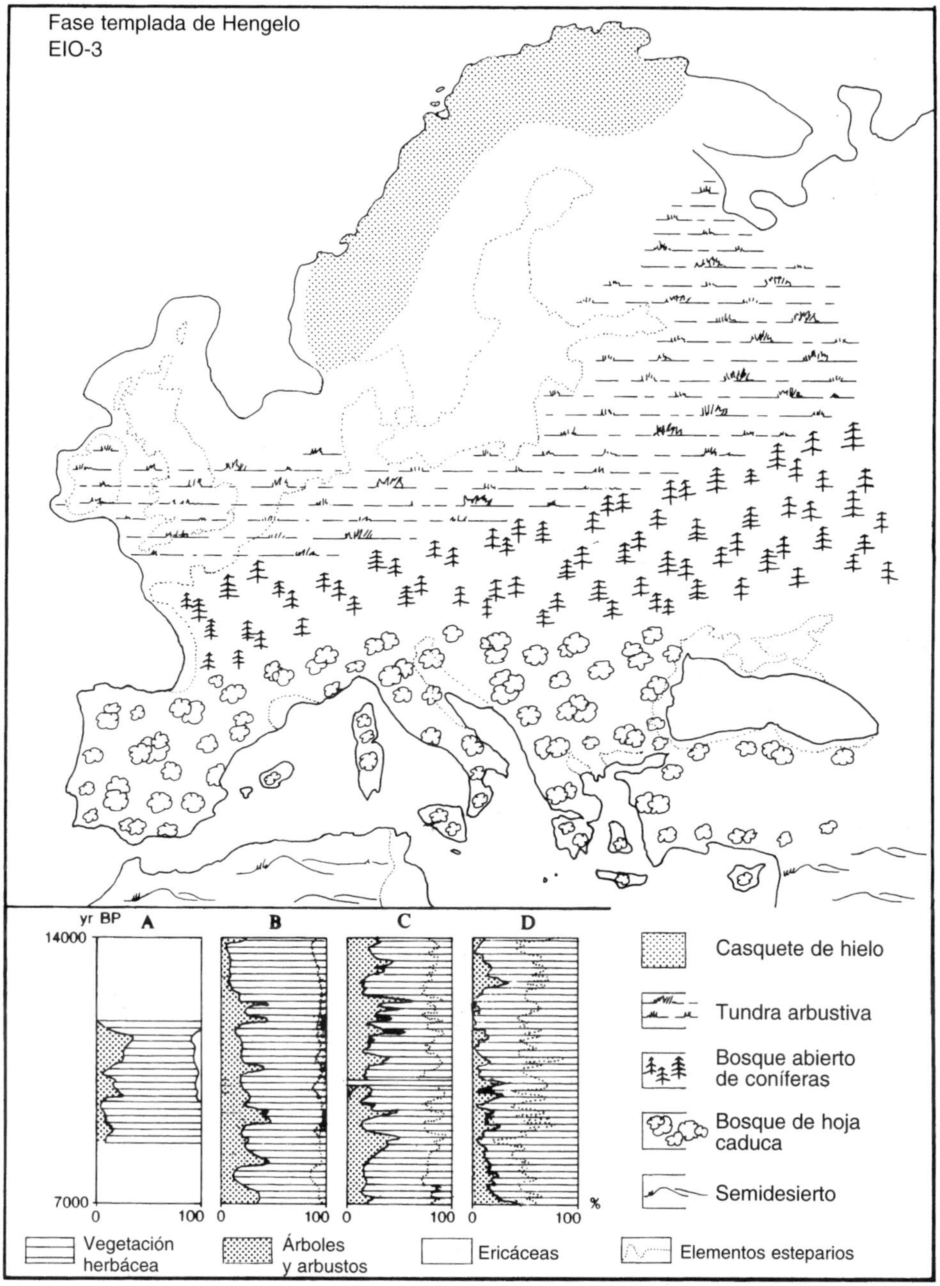

FIG. 6.3. *Hábitats europeos durante el interestadio de Hengelo en el EIO 3, entre los años 39.000 y 36.000 bp (a partir de van Andel y Tzedakis 1996: Fig. 6, Zagwijn 1992: Fig. 2). Clave de los perfiles de polen:*

A Hengelo, Holanda, región SOc
B La Grande Pile, Francia, región SC
C Les Echets, Francia, región MOc
D Philippi, Grecia, región MedOr

La cronología absoluta basada en el recuento de las laminaciones anuales del perfil de polen de Monticchio, sur de Italia (Watts, Allen y Huntley 1996), permite correlacionar los sondeos marinos con los de los casquetes polares (figura 5.4).

Watts *et al.* (1996: 149-51) pudieron revisar las edades de los llamados seis episodios Heinrich registrados por los sondeos marinos. Nos referimos a las cortas pero masivas descargas de icebergs del casquete Laurentide norteamericano en el Atlántico Norte. Tuvieron lugar en los años 14.500 (H1), 20.500 (H2), 23.400 (H3), 31.800 (H4), 41.900 (H5) y 64.200 (H6). Su importancia estriba en los repentinos cambios que provocaron en la temperatura de los océanos, de ahí el efecto que tuvieron en el clima de las regiones continentales. En Monticchio estos episodios se corresponden con valores altos de plantas herbáceas indicativo de unas condiciones climáticas más abiertas.

Zagwijn (1992: Fig. 2) ha comparado los interestadios Interpleniglaciares a lo largo de un eje norte-sur en Europa (figura 6.3). Comenta que en los Países Bajos la vegetación estuvo dominada por una tundra de musgo, de arbustos y de pradera. Por ejemplo, el paisaje durante el interestadio Oerel de un yacimiento cercano a Hamburgo, es descrito por Behre (1989: 33) como una tundra de arbustos, poblada por distintos tipos de vegetación herbácea y sin árboles. Los arbustos enanos que más se expandieron fueron el *Empetrum* y el *Calluna* (brezos), mientras que polen de árbol procedía del pequeño abedul enano en forma de arbusto (*Betula nana*), del sauce (*Salix*) y del enebro (*Juniperus*). En esta área del norte de Europa durante el interestadio Oerel no hubo árboles (Behre 1989); condiciones parecidas caracterizaron el final del interestadio Glinde.

La ausencia de polen en cada lado de estos interestadios es algo a tener en cuenta. No significa que durante estos períodos hubiera verdaderos desiertos polares en el norte del continente. Habría que hablar más bien de comunidades de plantas raquíticas. El Interpleniglaciar vio un incremento de la vegetación herbácea, en particular de la *Artemisia*, que produjo las tundras esteparias que dieron cobijo a comunidades mixtas de grandes herbívoros (Stanley 1980: 664). Guthrie (1990) piensa que la cubierta de nieve debía ser delgada, desapareciendo pronto a principios de cada año. El resultado fue una estación de crecimiento más larga para las plantas que también beneficiaba a los herbívoros ya que las dietas de hierba incorporaban mayores cantidades de proteínas (ver Bell 1971).

En el sur de Europa, en los yacimientos de polen de la Grande Pile en los Vosgos y en los Echets en el valle del Ródano, los elementos esteparios eran más habituales. El pino y las especies arbustivas estuvieron presentes en el paisaje del Pleniglaciar, del Interpleniglaciar y al final del Último Máximo Glaciar. Zagwijn (1992: 12) habla de vegetación abierta, probablemente del tipo pradera. En Monticchio el bosque ocupó grandes extensiones alrededor del lago entre el 50.000 y el 42.500 años BP y luego otra vez entre el 40.700 y el 37.600 años BP (Watts, Allen y Huntley 1996). Finalmente, lo que dominaba en el Mediterráneo occidental era la verdadera estepa, siendo la proporción de polen de árbol más baja que en cualquier otro lugar del continente (Suc y Zagwijn 1983).

El Último Máximo Glaciar, una fase de empeoramiento (28.000-21.000 años bp)

El análisis del sondeo Summit indica que hubo por lo menos tres interestadios más entre el 28.000 y el 21.000 años bp (Dansgaard et al. 1993).[104] Los ratios de O18 sugieren que se trató de episodios más efímeros.

Estas señales tan débiles son difíciles de contrastar con los indicios continentales que hablan de un general desarrollo del suelo. En Königsaue, en Alemania del Este (Mania y Toepfer 1973) los horizontes de turba formados durante el ciclo V que gozó de temperaturas más suaves, están fechados hacia en 25.600 años bp (figura 6.4) equivalentes en edad al suelo Briansk tan difundido por la llanura rusa y datado entre el 30.000 y el 25.000 años bp (Desbrosse y Kozlowski 1988: 17, Hoffecker 1987: Fig. 5).

El sondeo de Monticchio (Watts, Allen y Huntley registra fluctuaciones rápidas entre polen de árbol/enredadera/arbusto y hierba, entre el 30.000 y el 20.000 años BP. Entre el 26.000 y el 14.300 años BP, que corresponden aproximadamente al EIO 2, el entorno local, cosa excepcional, careció de árboles, predominando una vegetación esteparia, seca en algunas estaciones del año (*ibid*.: 145).Tras el ciclo 4 Heinrich en el 31.800 años BP, hay según los datos del polen, un marcado declive de la temperatura media del mes más frío (figura 5.4).

El período 30.000-20.000 años bp viene marcado por un incremento de la actividad eólica en las llanuras septentrionales a tenor de los depósitos de loess. Por ejemplo, el suelo Briansk descansa sobre niveles de loess relativamente potentes (Hoffecker 1987: 269). En su síntesis sobre la Gran Llanura de la Europa del norte, Kolstrup (1995: Fig. 2) señala que después de los 25.000 años aumentan los indicios de improntas de cuñas congeladas, montículos congelados y depósitos de pendiente, lo que indica un aumento de la erosión y una mayor inestabilidad de la capa superficial del suelo, fenómenos todos ellos perjudiciales para la vegetación. Pero los suelos también pudieron desarrollarse en los perfiles de loess de Moravia y de la llanura rusa *entre* el 25.000 y el 23.000 (Hoffecker 1987: 269, Kozlowski 1986: Fig. 13.2).

En la región meridional occidental el efecto oceánico prevaleció, aunque se redujo bastante. El polen de los sedimentos de cuevas registra aquí varias oscilaciones climáticas (Leroi-Gourhan 1980); de ellas la del interestadio de Tursac muestra una oscilación templada menor entre el 22.000 y el 23.000 años bp.[105]

El mosaico temporal y espacial que existió en la Europa continental queda bien ilustrado por Kozlowski en su síntesis sobre información ambiental (cuadro 6.4), basada mayoritariamente en el análisis de los principales perfiles de loess de Moravia, Ucrania y Rusia. Hubo tipos de vegetación distintos que alternaron entre la estepa, lo más productivo en términos de pastos, y las tundras. Nieve y precipitaciones variaron mucho a lo largo de la región y consecuentemente el desarrollo de los suelos varió mucho también, incluyendo la rápida acumulación de depósitos de loess. Kozlowski

104. Dansgaard *et al.* (1993) sitúan Denekamp en el 35.000 BP lo que no concuerda con los perfiles de polen datados por C14 (Behre 1989). Los estadios interestadiales 5, 6 y 7 en el sondeo Groenlandés deberían, en cambio, ser correlacionados con Denekamp, puesto que los estadios 8-11 son equivalentes a Hengelo. Estas discrepancias abundan en la necesidad de disponer de un sistema plenamente calibrado.

105. El problema de los perfiles de polen de los sedimentos de cuevas ha sido tratado por Turner y Hannon (1988). La filtración de polen a través de los resquicios de la piedra calcárea y a continuación a través de los sedimentos complica extraordinariamente la interpretación.

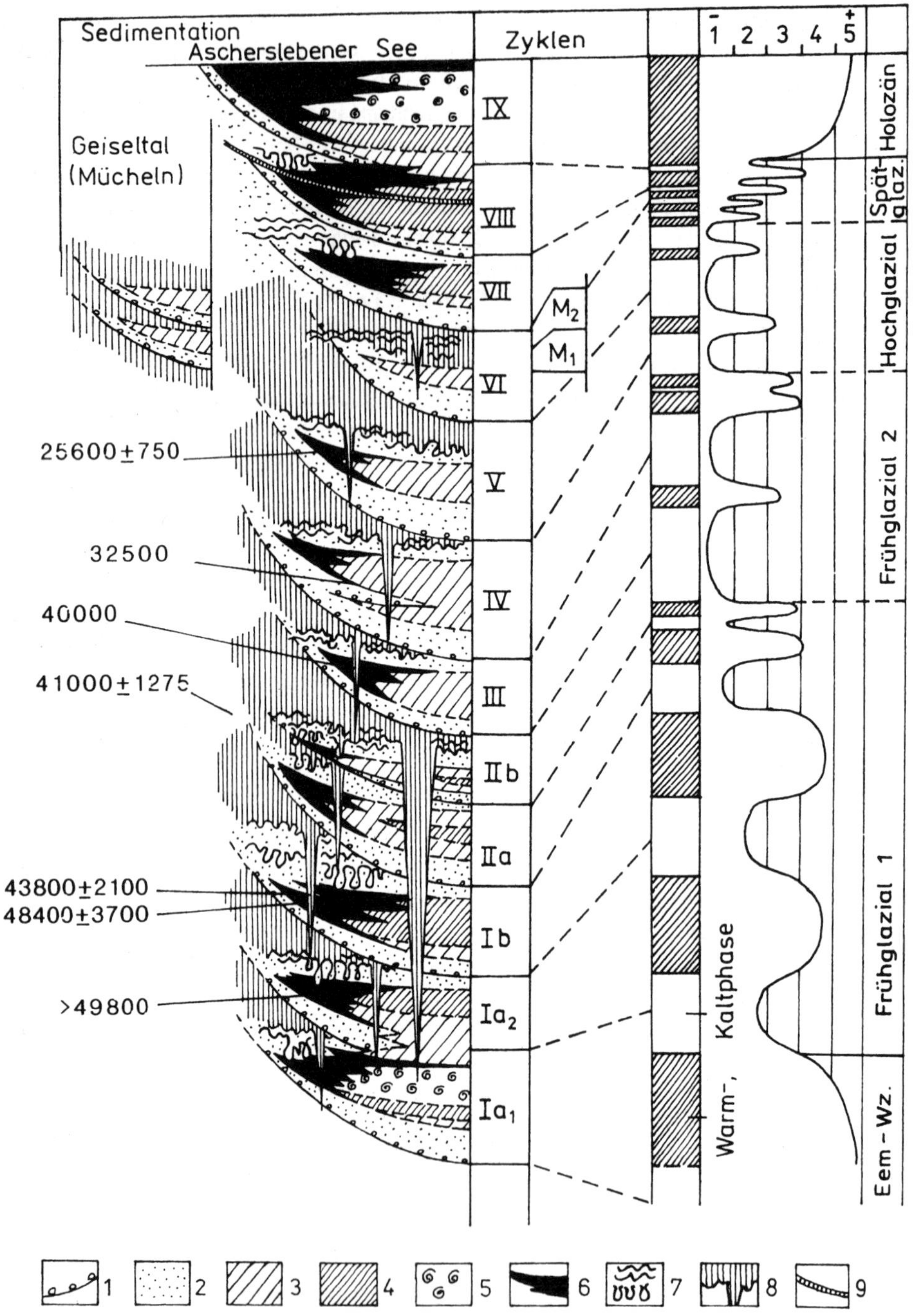
Sedimentation
Aschersleben er See
Geiseltal
(Mücheln)
Zyklen
IX
VIII
VII
VI
V
IV
III
IIb
IIa
Ib
Ia2
Ia1
M2
M1
25600±750
32500
40000
41000±1275
43800±2100
48400±3700
>49800
- 1 2 3 4 5 +
Warm-, Kaltphase
Holozän
Spät-glaz.
Hochglazial
Frühglazial 2
Frühglazial 1
Eem-Wz.
1
2
3
4
5
6
7
8
9

(1986: 136) señala que en el centro de la llanura rusa se produjeron diferencias de temperatura más grandes entre verano e invierno. Ello favoreció una mayor profundidad del deshielo anual en el permafrost, que produjo esta flora de estepa tan productiva en la región septentrional oriental. En la región septentrional central la menor variación anual de temperaturas, particularmente a partir del año 23.000 bp, pudo establecer una diferencia cuantitativa en la productividad de las plantas entre las dos regiones.

Este complicado mosaico fue controlado por el avance de los hielos, que se aceleró a partir del año 25.000 bp, y por la cambiante configuración del mar Báltico, del mar Negro y del mar Caspio. El estrechamiento del Adriático entre Croacia e Italia condicionó los refugios mediterráneos en Grecia (Tzedakis 1993) y los Balcanes, así como en la península italiana (Musssi 1990).

Cronología simplificada para el Paleolítico Superior Inicial (PSI)

El período de transición del final del Paleolítico Medio a los inicios del Paleolítico Superior es rico en yaciminetos. Para simplificar he compilado en el cuadro 6.5 una cronología general de los principales yacimientos arqueológicos que será discutida más adelante.

La compilación de fechas por radiocarbono realizada por Davies y Pettiitt para el período 44.000-21.000 años bp, facilita la reconstrucción del esquema general de ocupación en el continente. En la figura 6.5 he representado estas fechas utilizando el método de agrupar los datos disponibles por milenios (Holdaway y Porch 1995, Housley *et al.* 1997, Rick 1987) asumiendo que el número de datos refleja en términos generales la densidad de yacimientos y, por lo tanto, la ocupación de cada región. Este tipo de representación permite observar cuatro picos que destacan, concretamente, hacia el 38.000, el 32.000, el 27.000 y el 21.500 años bp. Van Andel y Tzedakis (1998: Fig. 6.2) calibraron estas fechas mediante la curva geomagnética (laj, Mazaud y Duplessy 1996). De ello resulta la identificación de dos máximos, uno hacia el 40.000-44.000 y otro hacia el 31.000-36.000 BP coincidentes con las edades más antiguas (ver más

FIG. 6.4. *Sección de los distintos depósitos lacustres del lago Aschersleben, Königsaue, Alemania, región septentrional central (a partir de Mania y Toepfer 1973: Abb. 7). Los ciclos Ia1, Ia2 y Ib están correlacionados respectivamente con los interestadios de Eem, Brorup y Odderade (figura 5.1). El ciclo VI se corresponde con el último máximo glaciar. Las dataciones por EMA correspondientes al nivel IB en el que se encuentran los tres niveles arqueológicos deben considerarse como estimaciones mínimas. La edad del interestadio de Odderade está entre el 71.000 y el 85.000 años BP. Clave:*
1. *Superficie de erosión*
2. *Sedimentos arenosos*
3. *Arena y cienos*
4. *Cienos arcillosos*
5. *Cienos ricos en materia orgánica*
6. *Turba*
7. *Crioturbación y trazas de suelo helado*
8. *Depósitos por soliflucción e improntas de cuñas de hielo*
9. *Cenizas volcánicas del ciclo VIII del lago Laacher, Eiffel oriental (véase figura 5.8)*

CUADRO 6.4. *Datos ambientales de Europa central y oriental entre 30.000-17.000 años BP.*

BP	Cuenca alta del Danubio Mauern, Geißenklösterle	Sur de Polonia Kraków-Nowa Huta	Cuenca del Dniéster Korman IV	Cuenca del Dniéper Dobranitchevka	Cuenca alta del Dniéper y del Desna Khotylevo, Arapovitchi	Cuenca del Don Kostienki	Fase
17.500			Estepa abierta con ligero incremento de la vegetación arbórea 18.000	Suelo inicial ca. 17.000-15.000: ligero incremento de la vegetación arbórea (30 % fundamentalmente pinos) con zonas con bosque de ribera y con ciertos valles con árboles. El resto, vegetación herbácea y especies árticas	Bosque-tundra		Laugerie
20.000	Proporción baja de árboles Paisaje abierto	18.460 ± 250 (Hv. 5955) Clima más continental, cubierta vegetal escasa	Tundra o estepa fría con una cierta vegetación arbórea 18-20 %	Horizonte de *loess* tipo Pritchernomorski: estepa seca periglaciar con algunos bosques de abedul y pino	Vegetación típica de la estepa de tundra	Suglinok superior: estepa fría Suelo profundo (hacia el 21.000): episodio templado con un 32-52 % de vegetación arbórea, principalmente de pino	Avance del principal casquete de hielo Brandeburg-Leszno-Bologovo
22.500	Ligero incremento de abedul, pino y sauce 23.625±290 (H. 5117)	10-20 % de vegetación, principalmente de abedul, sauce, pino. Tundra con algunos árboles	Paisaje abierto cubierto por vegetación esteparia, mayor proporción de árboles ca. 25.000		Clima continental. Vegetación herbácea con Cicoriáceas y proporción baja de arbustos y árboles boreales	Suglinok superior: estepa con poca nieve y temperaturas altas en verano	Tursac
25.000	Proporción baja de árboles paisaje abierto	Tundra húmeda con vegetación herbácea y marismas de juncia 27.745 ± 300 (Hv. 6386)	Grupos de árboles en un paisaje de tundra	Suelo tipo Dofinovo: estepa con bosque de pino	Suelo tipo Briansk: bosque poco denso de pino y abedul y estepa mesofítica con especies árticas	Suelo superior (30.000-26.000): bosque denso de pino y abeto, Taiga	
27.500	Ligero incremento de la proporción de árboles (pino), tras 28.265 ± 300 (GrN 6059)		Árboles ≤ 50 % (olmo, tilo) paisaje abierto cubierto de vegetación esteparia de tipo xerófilo y psamófilo ca. 28.000-29.000				Maisières
30.000							Arcy

CUADRO 6.5. *Esquema cronológico de los grupos culturales arqueológicos en el período 60.000-21.000 años bp (Allsworth-Jones 1986, 1990, Anikovich 1992, Kozlowski 1986, Oliva 1984, Rigaud 1988b, Svezhentsev 1993, Svoboda 1994c, Svoboda y Simán 1989, Vega Toscano 1993). La división en el 33.000 bp sigue a Desbrosse y Kozlowski (1988).*

	Región	*Miles de años bp*
Paleolítico Medio Final		
Musteriense de Tradición Achelense	M Oc	60-35
Musteriense	Med Oc	60-28
Paleolítico Superior Inicial Antiguo 45.000-33.000 años bp		
Bohuniciense	S C	44-38
Szeletiense	S C, M Or	43-35
Protoauriñaciense (Bachokiriense)	M Or	43
Auriñaciense Inicial	Med Oc	43-33
Uluzziense	Med C	>33
Chatelperroniense	M Oc, S Oc	37-33
Conjuntos con puntas foliáceas		
Altmühliense	S C	38
Lincombiense/Ranis/Jerzmanoviciense	S Oc	39-36
Paleolítico Superior Inicial 33.000-21.000 años bp		
Auriñaciense Final	Todas las regiones	33-25
Perigordiense V-VI (Gravetiense)	M Oc	27-21
Kostienki-Streletskaiense/Sungiriense	S Or	33-24
Gravetiense (tecno-complejo)	Todas menos M Oc y ALP	30-21
Pavloviense Inicial	S C, S Or	30-27
Pavloviense Evolucionado	S C, S Or	27-24
Willendorf/Kostienki	S C, S Or	24-20

abajo) de los interestadios Hengelo y Denekamp de acuerdo con el sondeo en hielo Summit realizado en Groenlandia (Dansgaard *et al.* 1993: Fig.1). Los datos no calibrados (figura 6.5) sugieren únicamente una posible correlación con el interestadio de Denekamp.

La muestra de fechas por radiocarbono a partir de la cual se calculó la curva de la gráfica tiene la misma distribución (cuadro 6.6) para las tres principales provincias de Europa (figura 3.1). Sólo en el período 30.000-23.000 años bp una región, la septentrional central, domina. Los datos de la gráfica pueden interpretarse como fluctuaciones recurrentes en el número de yacimientos, por lo tanto, de población, del continente. El pico en el 21.500 bp marca una fase de refugio anterior al último máximo glaciar (20.000-18.000 años bp) en que la ocupación queda restringida a ciertas partes de las tres provincias (cuadro 6.7).

Cuando se examinan los yacimientos que dieron estas fechas, las regiones del sur dominan en todos los períodos excepto el más antiguo. Ello quizá refleje el interés de datar yacimientos con restos líticos del Paleolítico Superior más antiguo en vez de utilizar la misma técnica para datar los útiles musterienses.

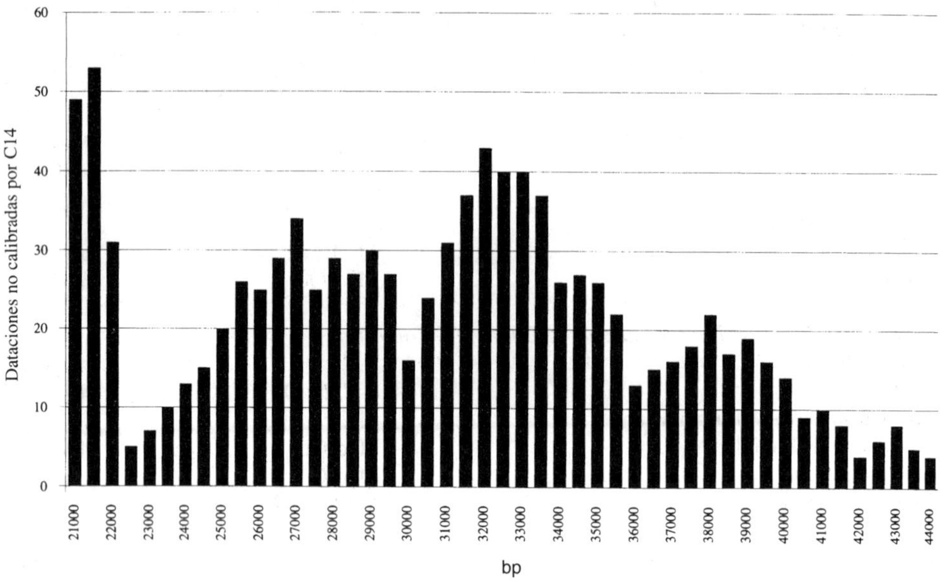

FIG. 6.5. *Representación gráfica de la distribución de las dataciones no calibradas por C14 correspondientes al Paleolítico Medio Final y al Paleolítico Superior Inicial (datos amablemente cedidos por W. Davies y P. Pettitt con algunas adiciones).*

CUADRO 6.6. *Distribución de dataciones radiocarbónicas (446) en las tres provincias de la Europa paleolítica y en los cuatro principales segmentos cronológicos según la representación gráfica de la figura 6.5.*

Miles de años bp	*% Norte*	*% Sur*	*% Mediterráneo*	*N*
40-36	36	32	32	60
36-30	32	37	31	174
30-23	43	36	21	157
22-21	36	34	30	55

CUADRO 6.7. *Distribución de yacimientos con dataciones radiocarbónicas (202) en las tres provincias de la Europa paleolítica y en los cuatro principales segmentos cronológicos según la representación gráfica de la figura 6.5.*

Miles de años bp	*% Norte*	*% Sur*	*% Mediterráneo*	*N*
40-36	43	33	23	30
36-30	25	40	35	67
30-23	32	40	28	68
22-21	30	38	32	37

UNA FECHA QUE HACE DE DIVISORIA: EL 33.000 BP[106]

Los grupos culturales del cuadro 6.5 y los episodios climáticos tanto del Interpleniglaciar como de la fase de empeoramiento climático hacia el UMG, no casan bien. Pero sí aparece un punto de inflexión cronológico significativo. Es posible constatar que el registro arqueológico varía tras el 33.000. Se trata no sólo del tipo de constelaciones espacio-temporales a escala regional, sino también de los correspondientes desarrollos en la estructura de los yacimientos como ocasiones sociales (capítulo 3).

El período entre el 60.000 y el 33.000 presenta una transición complicada y enojosa, que queda muy lejos de las esperanzas suscitadas por frases como «la revolución humana». Pero se caracterice la transición como una fase de sustitución o como una fase de continuidad, los datos que anuncian cambios tecnológicos y tipológicos en las nueve regiones de Europa, muestran que se trató de un proceso fundamentado en más de una causa (Clarke 1968, Stringer y Gamble 1993: Fig. 74). Estas sutilidades han sido muy bien sintetizadas por Kozlwski en su modelo multifacético (1990) reproducido aquí en el cuadro 6.8. Bajo sus siete encabezamientos temáticos hay pruebas considerables de continuidad así como de aparición de nuevos rasgos a lo largo de este período. Lo más interesante de su análisis es que tras el 30.000 bp hay una clara ruptura en el registro. Sólo cuatro de sus aspectos atreviesan esta línea de separación singular:

— La tecnología de laminar del Paleolítico Superior.
— El equipo de instrumentos auriñaciense.
— El uso no especializado de materias primas locales.
— El arte figurativo.

En claro contraste, nueve aspectos atraviesan la línea de separación de los 40.000 bp y por lo menos diez la frontera de los 35.000 bp. Todo ello representa la transferencia de habilidades sociales imbuidas en la tecnología y en las prácticas de subsistencia. En contraste, los dos cambios estructurales que me parecen especialmente significativos tras el 33.000 son la jerarquización de los asentamientos y la marcada diferenciación de la cultura material tanto a nivel intrarregional como interregional. Estos aspectos pueden interpretarse en términos de nuevas habilidades sociales. En el próximo capítulo exploraré más a fondo la distinción conceptual entre paisaje de la costumbre y paisaje social. Resumamos brevemente ahora qué razones asienten tanto la continuidad como la innovación de las habilidades sociales.

DIFERENCIACIÓN CULTURAL INTERREGIONAL E INTRARREGIONAL

La regionalización de la Europa del Paleolítico es manifiesta en este período. El final del Musteriense es a menudo particularmente característico tanto dentro de las regiones como entre distintas regiones. Los conjuntos de pequeñas puntas con su mezcla de técnicas del Paleolítico Medio y Superior son otra expresión clara de estos desarrollos.

106. Esta división sigue la propuesta por Desbrosse y Kozlowski (1988).

CUADRO 6.8. *Modelo multifacético de la transición del Paleolítico Medio al Superior (Kozlowski, 1990: tabla 15.1).*

Años BP	30.000	35.000	40.000	60.000

Arte y sistema simbólico	Arte figurativo (Auriñaciense, Gravetiense); Ornamentos e incisiones (Musteriense, PSI)
Estructuras de habitación	Uso de huesos para la construcción (Gravetiense); Refugios semisubterráneos con estructuras de madera (Auriñaciense) (Chatelperroniense); Uso de huesos para la construcción de estructuras de habitación (Musteriense, Musteriense-Levallois)
Modelo de subsistencia	Caza especializada del mamut; Caza generalizada en el PSI (industrias de puntas foliáceas auriñacienses); Caza maryor especializada Post-Achelense
Economía de las materias primas	Extracción sistemática de materias primas de calidad (Gravetiense); Uso no especializado de materias primas locales (Auriñaciense); Talleres especializados de puntas foliáceas (Musteriense-Levallois de la zona balcánica Szeletiense); Importación de materias primas (Auriñaciense Inicial); Uso no especializado de materias primas locales (Musteriense)
Útiles de hueso	Conjuntos grandes de útiles de hueso gravetienses; Azagayas auriñacienses; Útiles de hueso poco elaborados del Musteriense
Útiles de piedra	Grupo de útiles del Auriñaciense; Industrias de láminas de dorso del Oeste de Europa del PSI (Chatelperroniense, Ulizzianense); Industrias de puntas foliáceas (Szeletiense, L-R-J, Sungiriense); Kostienki 17/1, Early Molodovian; Industrias del Este del PSI con láminas de dorso; Grupo de útiles del Paleolítico Superior no específico (Bohuniciense, algunas industrias de la Europa Oriental del PSI); Industrias musterienses con predominio de las raederas laterales y los denticulados
Tecnología	Musteriense; Tecnologías de lascas del Paleolítico Medio (Szeletiense, Chatelperroniense, Sungririense, etc.); Tecnología mixta de láminas y lascas; Indústrias del Auriñaciense y de las puntas foliáceas nórdicas; Tecnología laminar del Paleolítico Superior; Boluniciense; Jankoviciense; Levallois *sensu stricto*; Tecnología laminar; Proto PS; Musteriense

El cuadro 6.9 utiliza el modelo regional basado en la latitud, la longitud y el relieve (figura 3.1) con el fin de proporcionar una síntesis geográfica de algunas de las diferencias. Aunque se trate sólo de instantáneas de una complicada geografía cultural del período, sirven como referencia sobre lo que viene a continuación. En el capítulo 7 se presentan una serie de casos de cada región con el fin de subrayar las diferencias existentes entre un enfoque cultural y un enfoque social.

HÁBITATS QUE PROPORCIONAN VESTIGIOS

Lo que tenemos pendiente de determinar es si el complicado panorama arqueológico anterior al 33.000 bp (cuadro 6.5) refleja simplemente la naturaleza de la transición del Paleolítico Medio al Superior o refleja un cambio en los hábitats normales en los que extraemos la información arqueológica. Por ejemplo, hay dos hábitats que habiendo preservado un cierto número de yacimientos insignia y muchos palimpsestos en anteriores períodos, ya no lo hacen en éste: los lagos y las costas. Hay cinco grandes yacimientos lacustres para comparar con Hoxne o Neumark-Nord, en cambio no hay paisajes de costa como los de Boxgrove, los de las playas levantadas de la Bretaña, o Terra Amata en el Mediterráneo.

Es difícil justificar la falta de hábitats en lagos ya que había muchos lagos debido a la combinación de bajas temperaturas y reducida evaporación. Quizá valga la pena señalar que estos escenarios en anteriores períodos estaban generalmente asociados a los períodos interglaciares y no a las condiciones climáticas de los interestadios o del Pleniglaciar.[107] La falta de yacimientos en playas es fácil de explicar, ya que el descenso del nivel del mar entonces significa que la mayoría de ellos están ahora sumergidos. Pero nos consta que fueron utilizados. Taborin (1993) ha identificado conchas de los bajíos del golfo de Vizcaya en escenarios del Paleolítico Superior situados tierra adentro en el sudoeste de Francia.

HÁBITATS FLUVIALES: DEPÓSITOS COLUVIALES Y DE LOESS

Son muy abundantes los yacimientos situados en las orillas de los ríos. Hay un cambio significativo en los depósitos en las regiones septentrional central y septentrional oriental donde los vestigios están cubiertos de loess o de depósitos coluviales. En anteriores períodos este fenómeno deposicional era corriente; sin embargo, ahora es difícil encontrar materiales arqueológicos incorporados a las gravas. Este cambio produce buenas condiciones para su conservación.

Cerca de los pueblos de Kostienki y Borshevo en la orilla occidental del Don, en Rusia, se han formado una serie de terrazas que cortan el lecho de roca (Anikovich 1992, Praslov y Rogachev 1982). En estas terrazas se han descubierto varios yacimientos arqueológicos, como Kostienki 1/1, Kostienki 4, Kostienki 11 (Anosovka 2) (Praslov 1981) y Borshevo 2 (Klein 1969). En total hay veinticinco yacimientos principales en 6 km, agrupados en tres grupos principales. La mayor parte de estos yaci-

107. La presencia de mosquitos en lagos glaciares en entornos abiertos puede haber constituido todo lo contrario a un incentivo para acercarse a ellos.

CUADRO 6.9. *Distribución simplificada de las culturas del Paleolítico Superior Inicial en base a las nueve circunscripciones regionales de la figura 3.1.*

60.000-33.000 años bp		
Musteriense Puntas foliáceas Auriñaciense Colgantes	Musteriense Puntas foliáceas/Bohuniciense Szeletiense/Auriñaciense Arte mobiliar, música (Geisenklösterle)	Musteriense Puntas foliáceas/ Auriñaciense
Musteriense Chatelperroniense Auriñaciense Enterramiento (Le Moustier)	Musteriense Auriñaciense	Musteriense Puntas foliáceas/Auriñaciense Paleolítico Superior Inicial Antiguo
Musteriense Auriñaciense Chatelperroniense Arte rupestre (Chauvet)	Musteriense Auriñaciense Uluzziense	Musteriense Puntas foliáceas/Auriñaciense
33.000-24.000 años bp		
Gravetiense Puntas de la Font Robert	Gravetiense Enterramientos, lugares, cabañas, hornos, contactos con el Mediterráneo (Dolní-Věstonice, Pavlov)	Gravetiense enterramientos (Sunghir)
Perigordiense/Gravetiense Uso intensivo de abrigos Arte rupestre	Abandono	Gravetiense
Perigordiense/Gravetiense Musteriense Último refugio Neanderthal (Zafarraya) Arte rupestre	Perigordiense/Gravetiense Enterramientos (Balzi Rossi)	Gravetiense
24.000-21.000 años bp		
Abandono	Gravetiense Estatuillas femeninas Puntas y láminas con escotadura (Willendorf)	Gravetiense Enterramientos, habitáculos Lugares (Kostienki, Avdeevo)
Perigordiense/Gravetiense Uso intensivo de abrigos Arte rupestre	Abandono	Gravetiense
Perigordiense/Gravetiense Arte rupestre	Perigordiense/Gravetiense	Gravetiense

mientos contienen indicios de ocupación múltiple encerrados en las margas coluviales y de loess que, en la segunda terraza, descansan sobre una serie de niveles con restos orgánicos separados por un horizonte de cenizas volcánicas. Hay dos localizaciones importantes. En la primera, hay yacimientos sobre la terraza inferior muy cercanos al curso del moderno Don. Aquí incluimos los cuatro yacimientos en Borshevo, así como Kostienki 4, Kostienki 3, 19 y 21 situados al norte del pueblo actual. La segunda localización presenta los yacimientos escondidos en las hondonadas de pendiente pronunciada que se abren a través del costado del valle (figura 6.6). La hondonada en la que se encuentra el pueblo de Kostienki contiene el yacimiento 1, el más conocido de todo el complejo, mientras que un poco más al sur, la hondonada de Anosov aloja Kostienki 11. Dos kilómetros más al sur hay la hondonada Aleksandrovka con los yacimientos Streletskaya y Tel'manskaya y en su entrada, Kostienki 4 (figura 6.7). En ambas localizaciones, hondonadas y terrazas inferiores, hay indicios de hoyos, de construcciones con huesos de mamut, numerosos agujeros para postes y posiblemente refugios subterráneos. Estos supuestos refugios fueron cubiertos por coluviones ricos en cal, lo que creó unas excelentes condiciones para la conservación de huesos.

Condiciones parecidas se dan a lo largo de los ríos Dniester y Prut en Ucrania, Moldavia y Rumanía. Se pueden encontrar yacimientos con potentes estratigrafías en Ripiceni Izvor (Paunescu 1965), Molodova (Chernysh 1961) y Klimautsy (Anikovich 1992).

La forma de conservarse los materiales y la manera como fueron descubiertos, por ejemplo, gracias a la agricultura en Kostienki o debido a la extracción de loess para fabricar ladrillos, han contribuido en estos lugares a producir un tipo de poblamiento singular. Por más que se hayan buscado, no se han descubierto otros yacimientos del Paleolítico en las inmediaciones del área de Kostienki (comunicación personal de Praslov). El escenario más cercano es Avdeevo, a 300 km hacia el oeste (Grigoriev 1993). La concentración de yacimientos conocidos a lo largo de ríos produce de forma natural un sistema de asentamientos muy lineal. Es lo que sucede en Moravia (Svoboda 1994a: Fig. 59) Aquí se localizan, a lo largo de los ríos que conducen a la puerta de Moravia que abre las rutas a través de los Cárpatos hacia el sur de Polonia, un número importante de yacimientos con potentes estratigrafías. Uno de los que más se han estudiado es el yacimiento de Predmostí, una gran hoya de arcilla en el río Becva (Absolon y Klíma 1977, Svoboda 1994a, Svoboda et al 1994). Se acumularon grandes depósitos de loess en una depresión entre dos salientes de roca calcárea separados por unos 300 m. En este lugar hubo asentamientos que empezaron en el Paleolítico Medio, durante el EIO 5. El principal horizonte arqueológico es una ocupación Gravetiense que ha sido datada por radiocarbono entre el 26.300 y el 26.800 años bp (Absolon y Klíma 1977, Svoboda, Lozek y Vlcek 1996). Es importante señalar que por más que las condiciones deposicionales fueran diferentes entre el Paleolítico Medio y el Superior (Svoboda *et al.* 1994), no explican la gran diferencia existente entre ambos registros arqueológicos.

Las enormes secciones de loess de este yacimiento han sido investigadas desde el final del siglo pasado, pero desafortunadamente la documentación al respecto es mala. Muchos de los hallazgos, incluida una fosa del Paleolítico Superior, descubierta en 1894 por Maska, que contenía por lo menos veinte individuos (Svoboda *et al.* 1994: 459), fueron destruidos por el fuego al final de la Segunda Guerra Mundial.

A

B

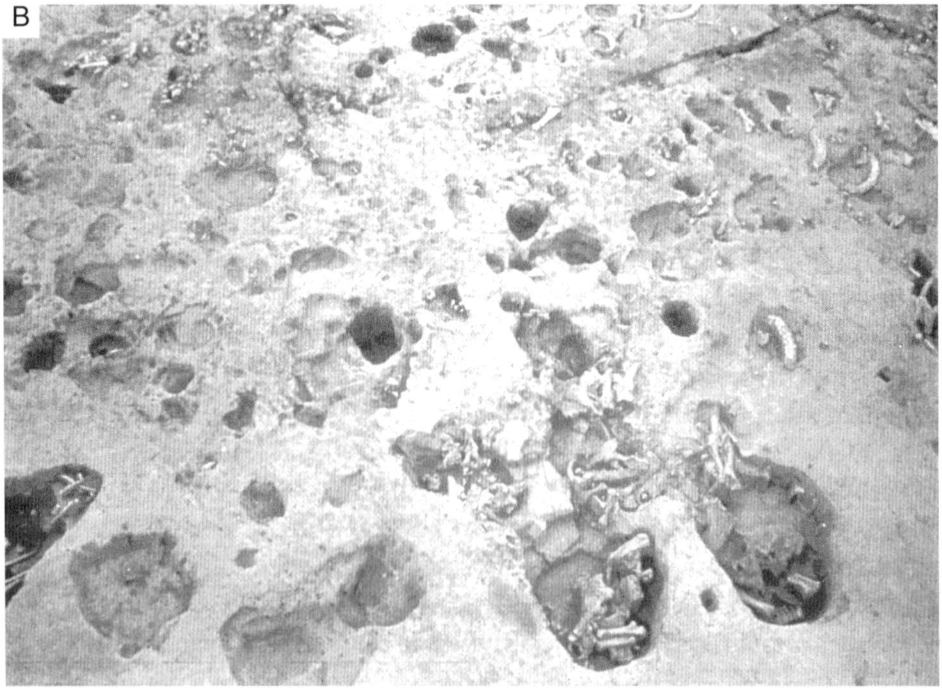

C

FIG. 6.6. *Vista del valle de Kostienki (A) en el que se han excavado varios yacimientos. En Kostienki 1/1 se han descubierto una serie de hoyos y hogares al aire libre (B) así como abrigos semisubterráneos (C). (A y C fotos del autor; B foto de N. D. Praslov).*

Tanto Predmosti como Kostienki fueron hitos importantes para el desarrollo de excavaciones de área y para darse cuenta de que también podía recogerse información del Paleolítico en excavaciones por extensión. Pero la documentación de las excavaciones realizadas al final del siglo pasado en Predmosti[108] es inadecuada para la reconstrucción de las actividades que se llevaron a cabo en un yacimiento tan complejo. Afortunadamente eso no sucedió en Kostienki, donde los trabajos pioneros de los años 1930 por parte de Efimenko (1958), especialmente en Kostienki 1 horizonte 1, se tienen por modélicos para su tiempo. Una de sus principales consecuencias fue revolucionar la escala a la que se concebían los asentamientos paleolíticos. El plano publicado por Rogachev (1957: fig. 3) muestra un área principal de excavación de 760 m^2. Trabajos posteriores han doblado esta superficie (Praslov y Rogachev 1982: fig. 10).

108. No fue debido a fallos de los arqueólogos. Svoboda (*et al.* 1994: 457) insisten en que otros trabajos arqueológicos realizados más tarde estuvieron marcados por una fuerte presión comercial debido a la extracción de loess, por lo que tuvieron que concentrarse en documentar rápidamente partes del pozo en vez de levantar planos de los restos arqueológicos del conjunto.

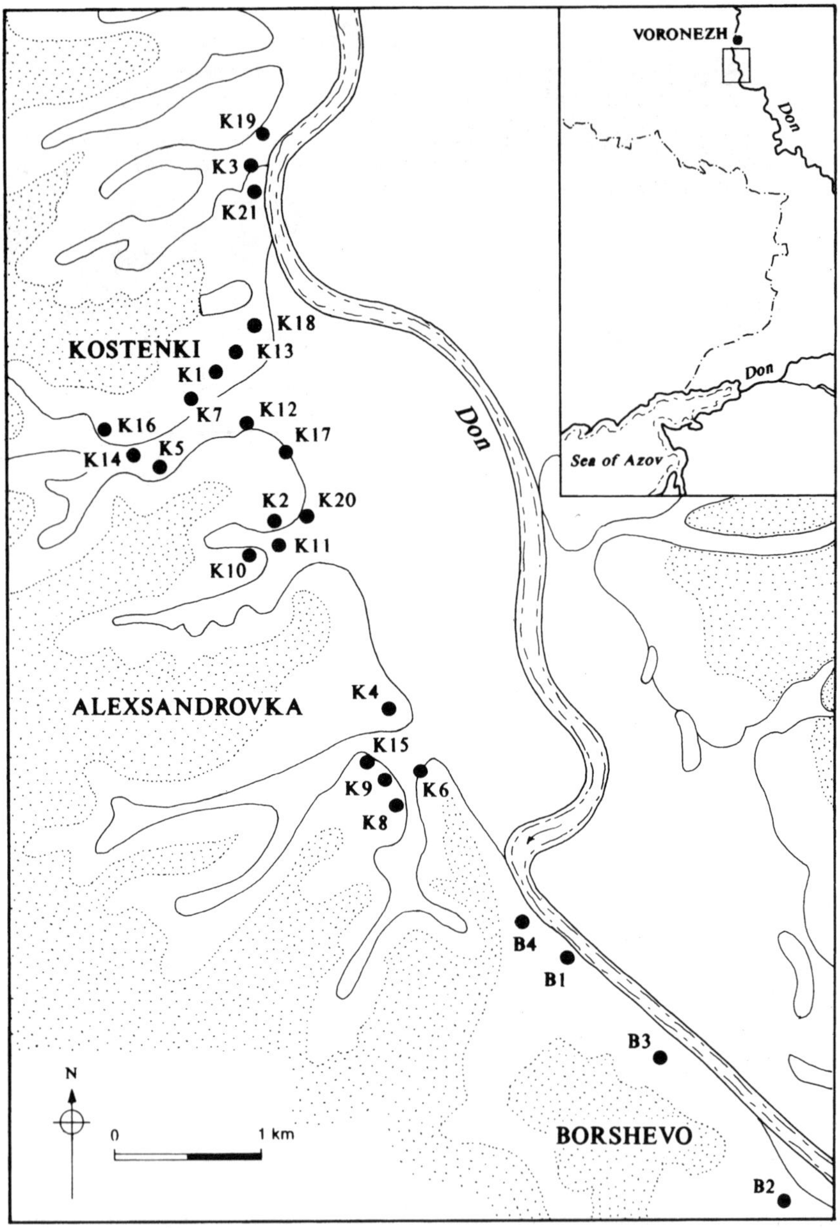

FIG. 6.7. *Yacimientos arqueológicos de la orilla occidental del río Don en las inmediaciones de las localidades modernas de Kostienki, Alexsandrovka y Borshevo, Rusia, región septentrional oriental. (a partir de Valoch 1995: Abb. 3).*

CUEVAS Y ABRIGOS

Hay yacimientos en cueva ocupados a lo largo de este período en todas las regiones europeas, incluidos los Alpes. Hay suficientes diferencias en el registro arqueológico resultante de los distintos escenarios, que los hace merecedores de un ejercicio de comparación interregional.

Regiones septentrionales y alpinas

Este período contempla la primera ocupación de la región alpina (figura 3.1). La cueva de Cotencher, a 660 m de altitud cerca del lago de Neuchâtel en Suiza, contiene una colección de 400 útiles musterienses fechados en el 43.200 bp (Le Tensorer 1993: 138).[109] En el extremo oriental de la región alpina, Potocka Zijalka, en Eslovenia, está a 1.700 m de altitud y da útiles del Paleolítico Superior Inicial (Allsworth-Jones 1990).

Este último yacimiento es uno de los que han proporcionado colecciones de útiles consideradas tipológicamente y estratigráficamente importantes en el debate sobre la transición (Allsworth-Jones 1986, 1990). Los demás se encuentran en las regiones septentrional occidental y septentrional central, e incluyen: Kents Cavern al sur de Inglaterra, Weinberghöhlen en Mauern, en el valle del Altmühl en el sur de Alemania, Ilsenhöhle en Ranis en Alemania del Este, la cueva de Nietoperzowa en Jerzmanovice al sur de Polonia, las cuevas Szeleta y Istállósko en las montañas de Bükk en Hungría, y la cueva de Jankovich en la Hungría Transdanubiana, ya en la región meridional oriental.

A pesar de su celebridad en la literatura de la transición del Paleolítico Medio al Superior, estas cuevas han producido invariablemente colecciones numéricamente pobres a partir de excavaciones realizadas en grandes superficies de terreno (cuadro 6.10).

Allsworth-Jones ha insistido en ello en su extenso análisis sobre estos indicios arqueológicos (1990: 192-4). Por ejemplo, Potocka Zijalka es una cueva de 115 m de longitud que ha sido vaciada por los arqueólogos. Los escasos vestigios encontrados (cuadro 6.10) proceden fundamentalmente de la entrada y del fondo de la cueva, de lugares asociados a grandes hogares con restos de carbón (Brodar y Brodar 1983).

La pequeñísima colección de la cueva trasndanubiana de Jankovich ha dado su nombre a una cultura local. Allsworth-Jones (1990: 192) nos recuerda que no sólo se trata del conjunto jankoviciense más rico, sino que además procedió de excavaciones en la cueva que en algunos lugares tenían 5 m de profundidad.[110]

En resumen, Allsworth-Jones comenta que los nueve yacimientos transicionales del cuadro 6.10,

> Dan la clara impresión de haber sido asentamientos especializados e intermitentes, y la mayoría de ellos estrictamente temporales (Allsworth-Jones 1990: 196).

109. Se encontró en 1964 un maxilar de mujer, atribuido a una Neanderthal (Le Tensorer 1993: 260).
110. No sólo las cuevas producen colecciones pequeñas. Moldova V, nivel 10 dio treinta y siete útiles de los cuales uno es una punta foliácea (Kozlowski 1986: cuadro 3.4); a pesar de ello este nivel recibe la denominación de Moldoviense.

CUADRO 6.10. *Cantidad total de útiles e índices correspondientes de nueve cuevas centro-europeas con importantes conjuntos de transición del Paleolítico Medio al Superior (Allsworth-Jones 1990: cuadro 7.6, con añadidos de Freund (1987)). Se incluye Bacho Kiro en la región meridional oriental a efectos comparativos (Kozlowski 1982).*

Yacimiento	*Útiles*	*Núcleos*	*Lascas, láminas, esquirlas*	*Total de útiles líticos*	*Útiles de hueso y marfil*	*% de núcleos respecto a útiles más núcleos*	*% de útiles y núcleos respecto al total de útiles líticos*
Musteriense							
Mauern G	94	56	463	613		38	25
Puntas foliáceas							
Mauern F	114	17	269	400		13	33
Oberneder 3 gen	62	3	143	205		5	32
Ranis 2	60		3	63			95
Ranis 3	91	9	40	140		9	71
Nietoperzowa, niveles 6, 5, 4	132	5	116	253	?1	4	54
Krizova, niveles 7, 8, 9	10	1	19	30		9	37
Jankoviciense							
Jankovich	102		14	116	21		88
Szeletiense							
SzeletA							
niveles 3 y 4	259	9	635	903	2	3	30
niveles 5-7	216	5	479	700		2	32
Auriñaciense							
Istállósko (1950-1)							
nivel 9	17	2	27	46	114	11	41
niveles 7 y 8	54	2	53	109	31	4	51
Potocka Zijalka	70	6	229	305	130	8	25
Bachokiriense/Auriñaciense inicial							
Bacho Kiro, nivel 11	667	18	19.149	19.834		2,6	3,5

Es la misma conclusión a la que llegó Freund (1987) en su detallado estudio de estas colecciones, incluidas las puntas foliáceas de la cueva de Oberneder en el valle del Altmühl.

En consecuencia resulta desafortunado que estos yacimientos hayan sido utilizados para formar la base del cuadro de la transición entre el Paleolítico Medio y el Paleolítico Superior Inicial en la región. Tales son las complejidades del descubrimiento, difusión e incluso supervivencia en museos del material extraído (Allsworth-Jones 1986, 1990), que estos yacimientos y sus materiales han desenredado más que enredado la madeja de posibles conexiones. No se trata de ignorar los vestigios que contienen sino de verlos en perspectiva en relación a otros de más grandes y probablemente dotados de colecciones más representativas, como por ejemplo, las cuevas de Bacho Kiro (cuadro 6.10) y Temnata en Bulgaria, en la región meridional oriental (Kozlowski, Laville y Ginter 1992, Kozlowski 1982). Hay dos factores que contribuyeron para mantener estas cuevas y sus materiales como elemento de referencia en la transición. En primer lugar algunos están datados por C14 en fechas anteriores al 40.000 bp y dados los problemas de contaminación discutidos más arriba, probablemente significa que son mucho más antiguos. El segundo factor tiene que ver con el hecho de que estas colecciones tan pequeñas contienen elementos arqueológicos característicos tales como puntas foliáceas y útiles de hueso, a menudo en forma de puntas de proyectil que deberían ir enmangadas.

Aunque no sea el único criterio a tener en cuenta, la presencia de puntas foliáceas es a menudo el elemento clave para hablar de transición en el centro y el este de Europa (Desbrosse y Kozlowski 1988). Estos tipos de formas muy variadas pero siempre característicos se encuentran entre los útiles del Paleolítico Medio en Mauern (Müller-Beck 1973), que es el yacimiento tipo del Altmühliense, y con una tecnología y una tipología del Paleolítico Superior en Szeleta, de donde viene el Szeletiense, y en Kents Cavern, yacimiento tipo del Lincombiense (Campbell 1977). Los punzones de hueso y asta son marca de la casa del Auriñaciense, que es sin duda una industria típica del Paleolítico Superior. Este tipo de útiles exceden en número los instrumentos líticos retocados en Istállósko nivel 9. También aparecen en los niveles del Szeletiense de la cueva de Szeleta, aunque la estratigrafía aquí es confusa (Svoboda y Simán 1989: 299). Están ausentes en los conjuntos de puntas foliáceas (cuadro 6.10) y no han sido encontrados en los conjuntos del Musteriense. También están ausentes en Bacho Kiro nivel 11 donde un rico conjunto del Paleolítico Superior con características Auriñacienses ha sido denominado Bachokiriense (Kozlowski 1982: 141).

Por lo tanto, puede verse que las circunstancias propias del descubrimiento y del proceso de recuperación de los materiales han contribuido en no poca medida al debate sobre las transiciones de las tecnologías y de las tipologías del Paleolítico Medio al Superior. Hahn opina (1987), basándose en su experiencia en la excavación de la cueva Geisenklösterle, al sur de Alemania, que la crioturbación al desplazar los útiles a través de los sedimentos ha producido más niveles de los que tendría que haber. El remontaje es la clave para entender el problema. Sus observaciones inciden sobre el problema de demostrar secuencias de desarrollo de las puntas foliáceas, basadas en muestras tan pequeñas. En Szeleta el efecto de la crioturbación sobre unos útiles confundió a unos especialistas en tipología (Allsworth-Jones 1986). La conclusión podría ser: ante estos indicios la transición fue seguramente diversa en carácter aunque quizá no pueda decirse mucho más de ella a falta de pruebas. Sería más sensato, como han hecho Desbrosse y Kozlowski (1988, Kozlowski 1988) y Svoboda y Simán (1989), concentrarse en las grandes colecciones de material numéricamente hablando datadas antes del 40.000 bp, de los yacimientos al aire libre de Moravia. Ello incluiría el Bohuniciense, una industria del Paleolítico Superior Inicial que sólo encontramos en Moravia (Oliva 1984, Valoch 1995), y las grandes colecciones de superficie y los conjuntos de útiles excavados del Szeletiense y el Auriñaciense en la misma zona (cuadro 6.11).

Esta comparación pone de manifiesto que la cantidad de material depositado en cuevas es pequeña, lo que refuerza la conclusión de Allsworth-Jones relativa al carácter especializado de estos conjuntos.

En otras partes de la región septentrional central la situación es distinta. Al sur de Alemania el Auriñaciense es el Paleolítico Superior Inicial, representando la única presencia paleolítica en el área después del interestadio Hengelo. Dos yacimientos en cueva situados en el altiplano calizo suabo contienen colecciones importantes (cuadro 6.12). La cueva de Vogelherd fue casi totalmente excavada por Riek (1934), mientras que la de Geisenklösterle (Hahn 1988) aún guarda depósitos considerables en su interior.

El contraste entre estas importantes colecciones, y los yacimientos al aire libre de Moravia y las ocupaciones circunstanciales de cuevas del este europeo (cuadros 6.11 y 6.12), estriba en que hasta la fecha, en el sur de Alemania no aparecen yacimientos al aire libre significativos a distancias comparables, es decir, de menos de 200 km. Los tramos superiores del Rhin y el Danubio no presentan yacimientos al aire libre de este período. Los yacimientos al aire libre más cercanos son Lommersum en la cuenca del Köln, Breitenbach en el curso medio del Elba y Krems-Hundssteig en el Wachau austríaco (Hahn 1977). Los tres están a más de 300 Km de distancia de Vogelherd. Un esquema parecido entre las dos áreas se evidencia con relación a los asentamientos gravetienses del período 29.000-21.000 años bp.

CUADRO 6.11. *Cifras relativas al tamaño de los conjuntos de útiles tanto de yacimientos de superficie como de excavaciones, en Moravia, del Paleolítico Superior Inicial Antiguo de la región (Allsworth-Jones 1990, Desbrosse y Kozlowski 1988, Svoboda 1994a).*

	Útiles	*Total de piedra tallada*
Szeletiense		
Jezarany 1	737	4.527
Jezerany 2	524	4.139
Neslovice	507	3.913
Orechov 1	651	4.073
Orechov 2	198	877
Vedrovice V	161	4.946
Bohuniciense		
Bohunice	233	
Lisen	1.391	
Ondratice	946	
Auriñaciense		
Vedrovice 2	262	2.130
Kuparovice 1	270	5.396

CUADRO 6.12. *Cifras relativas al tamaño de los conjuntos de dos cuevas excavadas del sur de Alemania del Paleolítico Superior Inicial Antiguo de la región, así como los tres yacimientos al aire libre más importantes de la región septentrional central (Hahn 1977, 1988).*

	Útiles	*Total de piedra tallada*	*Puntas de asta/hueso/marfil*
Yacimientos auriñacienses en cueva			
Vogelherd V	909	2.132	40
Vogelherd IV	1.729	3.387	13
Geißenklösterle II	233	1.594	33
Geißenklösterle III	96	1.413	3
Yacimientos auriñacienses al aire libre			
Breitenbach	675	5.123	0
Krems-Hundssteig	3.379	sin datos	0
Lommersum	158	1.228	0

Como regla general podemos decir que durante este período en las regiones del norte, las colecciones de objetos procedentes de cuevas son pequeñas cuantitativamente. Pero como se dijo en el capítulo 5, hay excepciones; por ejemplo el nivel 7a de Kulna que presenta un rico horizonte Micoquiense tardío (Valoch 1988). Lo habitual, sin embargo, es que los conjuntos sean pequeños, comparables a los del nivel G de Mauern (cuadro 6.10).

La comparación de los registros de cuevas del Paleolítico en términos meramente cuantitativos, puede ser ilustrada con un estudio procedente de un área de la región septentrional central investigada muy a fondo: el sur de Alemania. Aquí, al norte del Danubio emergen los altiplanos calizos del Oriente Suabo y Franconio. La roca caliza se encuentra en lugares profundamente recortados por riachuelos como el Ach/Blau, el Lone y el Altmühl, algunos de ellos actualmente circulan por cursos anteriores cortados por el Danubio.

Las cuevas han sido estudiadas a fondo a lo largo de más de un siglo. No obstante, excavaciones recientes en el valle del Altmühl han mostrado que los poco profundos abrigos cercanos al río, que durante mucho tiempo se pensó que habían sido vaciados de depósitos por la erosión, pueden todavía contener depósitos importantes del final del Paleolítico Medio, como sucede con el abrigo de Schulerloch (comunicación personal de Utz Böhner). La datación de estos yacimientos del Paleolítico Medio es problemática; no obstante Müller-Beck (1988: Fig. 14.1) situa varias de las colecciones en el período 60.000-35.000 años bp.[111]

Tomados en su conjunto el número de lugares con hallazgos es pequeño (figura 6.8). En un inventario anterior (Gamble 1986a: Cuadro 6.14) conté 42 yacimientos del Paleolítico Medio[112] y 21 yacimientos del Paleolítico Superior Inicial (Auriñaciense y Gravetiense) en un área de unos 15.600 km^2, con unas densidades de 0,0028 y 0.0014 yacimientos por km^2, respectivamente. Estas cifras no han cambiado demasiado ac-

111. Su proyecto se basa en un enfoque cronoestratigráfico que incluye el nivel superior de Schambach, la Grose Grotte II y los niveles de puntas foliáceas de Mauern y de la cueva de Haldenstein en Urspring.
112. Este total incluye todas las ocupaciones del Paleolítico Medio y no únicamente las del período 60.000-40.000 años bp.

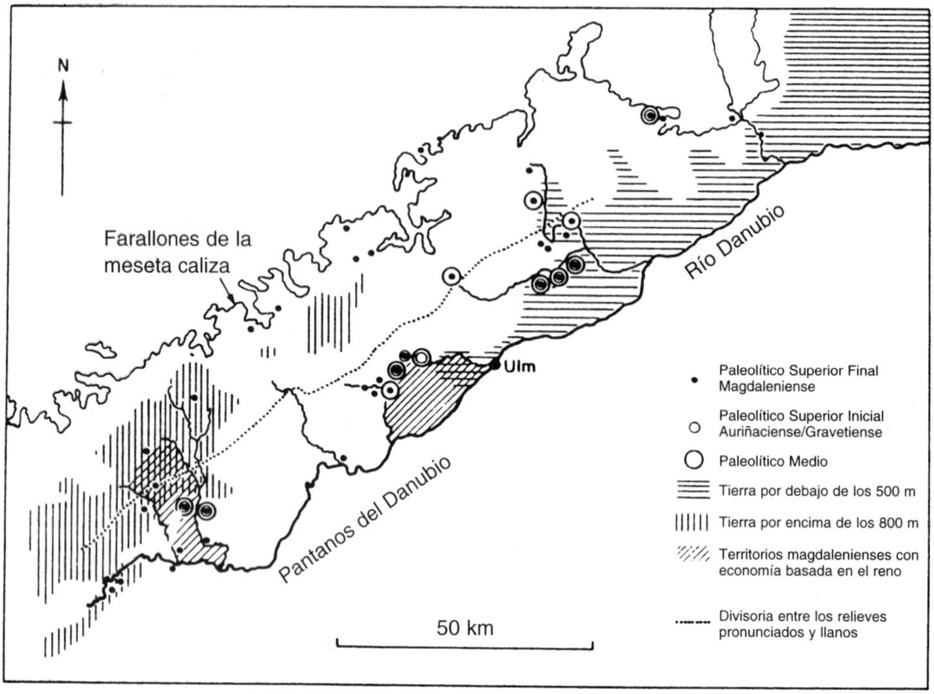

FIG. 6.8. *Distribución de los yacimientos paleolíticos del Oriente Suabo, al sur de Alemania, región septentrional central. Los yacimientos del valle del Ach (véase Fig. 6.18) quedan al oeste de la ciudad de Ulm (a partir de Gamble 1986a: Fig. 5.12).*

tualmente. La razón estriba en que no abundan los yacimientos al aire libre que puedan localizarse rápidamente y añadirse en poco tiempo a los inventarios regionales de yacimientos. En 1986 el principal yacimiento al aire libre era Speckberg al este del valle del Altmühl. Se encuentra sobre la meseta detrás del acantilado de un pequeño río, habiendo proporcionado grandes cantidades de útiles del Paleolítico Medio y Superior (Hahn 1982, Müller-Beck 1973). Pero estos materiales proceden de contextos afectados por crioturbación, lo que hace difícil evaluar la importancia del yacimiento. El otro único yacimiento al aire libre es Wittlingen (Burkert *et al.* 1992) en el norte del Oriente Suabo. Aquí el trabajo de campo ha supuesto la recolección de un total de 1.322 elementos líticos de los cuales 254 estaban retocados y 62 eran núcleos, varios de los cuales habían sido trabajados mediante la técnica Levallois. A los útiles del Paleolítico Medio de Wittlingen se les ha asignado una edad en el EIO 4.

Puede decirse, no obstante, que hay continuidad en la localización de ocupación Paleolítica en cuevas en el interior de estos altiplanos. Las cuevas que presentan ocupación del Paleolítico Medio y del Paleolítico Superior Inicial están congruentemente ubicadas en mitad de la meseta de caliza cercana al Danubio y no en los relieves más altos y quebrados que corren en dirección al escarpado vértice norte (Gamble 1978, 1979, 1986a: Fig. 5.12). Este tipo de localización repetida se explica

CUADRO 6.13. *Hábitats de la fauna y zonas de pasto preferidos en el Valle del Danubio y sus afluentes (Müller-Beck 1988: Cuadro 14.1).*

Taxa	*Fondo del valle seco*	*Fondo del valle húmedo*	*Zonas en pendiente*	*Mesetas*
Mamut	Matorral	Hierba, juncia	Juncia, bosquecillo	Hierba (poco)
Caballo	Hierba	Hierba, juncia	Juncia	
Bisonte	Hierba	Hierba, juncia	Juncia	Hierba (poco)
Ciervo	Bosquecillo	Hierba	Bosquecillo	
Reno	Bosquecillo, hierba	Hierba, juncia	Juncia, bosquecillo	Hierba, líquen

por tener los paisajes llanos una menor altitud, mayor variedad de suelos, y, en consecuencia, una mayor productividad vegetal y animal. Las cuevas eran seleccionadas tanto por homínidos como por carnívoros en función de su situación dentro de una zona productiva, optimizando así las distancias, tal como predice el análisis de áreas de captación (Vita-Finzi y Higgs 1970).

Müller-Beck (1988) saca una conclusión distinta (figura 6.9). Su análisis sitúa el valle del Danubio y no el altiplano calizo como el área más productiva. Incluso perfila dos campamentos hipotéticos en el valle, a pesar de no haberse descubierto hasta el momento yacimientos de este período en el fondo del valle. Estos campamentos, si algún día se descubrieran, obligarían a redefinir las relaciones con las cuevas situadas al norte en el Lonetal, como Hohlenstein-Stadel, Bockstein y Vogelherd, y en el Achtal, como Geisenklösterle, Sirgenstein y la Grose Grotte. Se transformarían en parte de un sistema de asentamiento local que explota los distintos recursos en un Valle del Danubio que ofrece una gran diversidad (cuadro 6.13).

El área del altiplano que para mí es la principal área de obtención de recursos, aunque sólo estacional para los rebaños mixtos de rumiantes, es según el análisis de Müller-Beck, la zona menos productiva. Puestos en esta tesitura yo también podría contemplar el valle como un terreno difícil, parcialmente anegado por las marismas, que muchas especies evitarían (Sturdy 1975).

Unas interpretaciones tan distintas y el deseo de especular sobre la contemporaneidad de unos yacimientos del Paleolítico cuyas edades podrían cubrir varios milenios, o la posible existencia de campamentos base que no se han descubierto por el momento, expresa claramente el cambio a nivel de interpretación entre este período y los períodos estudiados en los capítulos 4 y 5.

Las regiones del sur

Un rasgo común a todas las regiones del sur, así como de las cavidades de Crimea situadas en la región septentrional oriental (Boriskovsky 1984, Klein 1965) es lo poco que sabemos de los yacimientos al aire libre que o son enteramente desconocidos o muestran un nivel de investigación menor en comparación con las cuevas y los abrigos.

Straus (1992) señala que no se ha descubierto hasta la fecha ningún yacimiento al aire libre de este período en la zona del Cantábrico, en España, región meridional occidental. En el Périgord y la Charente hay algunos yacimientos al aire libre del final del Paleolítico Medio, por ejemplo, Barbas y Toutifaut, ambos Musterienses de

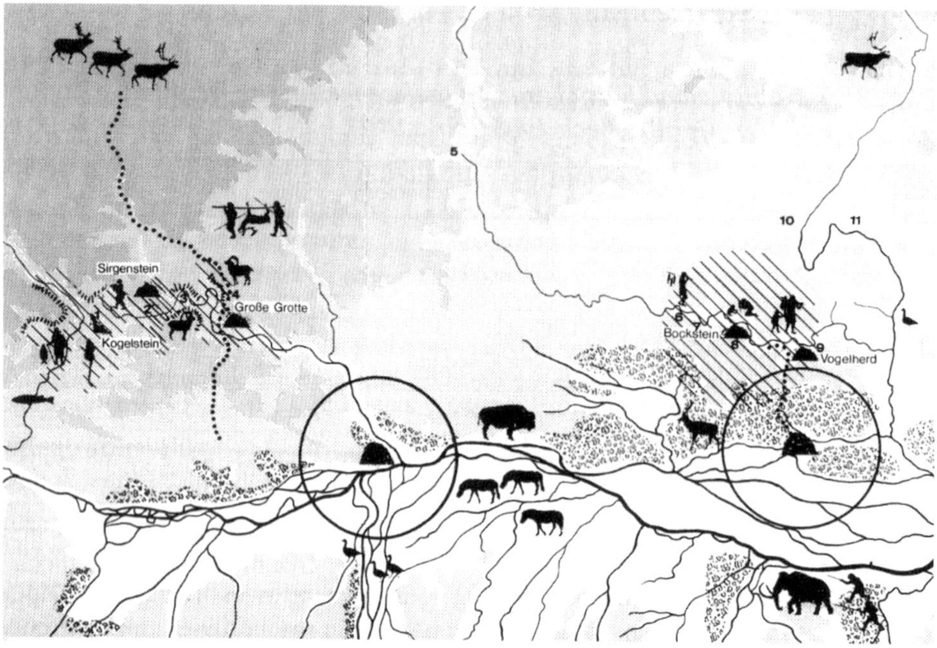

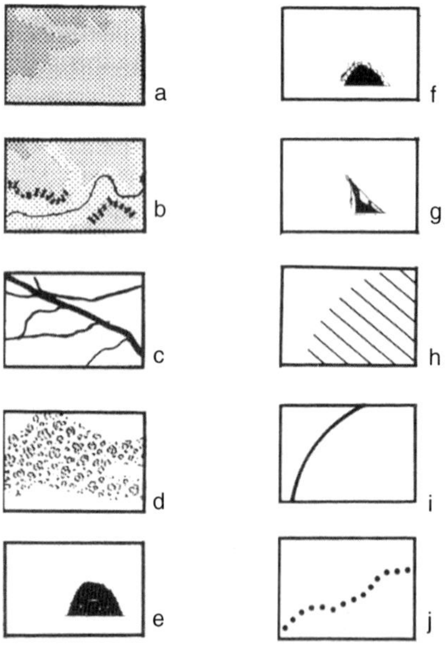

a Tierras altas del Oriente Suabo
b Pendiente pronunciada
c Ríos y arroyos, principalmente en tierras bajas
d Matorrales y bosquecillos
e Principales campamentos hipotéticos
f Cuevas utilizadas
g Abrigos utilizados
h Área de explotación según reconstrucción
i Áreas de captación hipotéticas de los principales campamentos
j Ruta migratoria según reconstrucción

Escala: diámetro de cada círculo, 5 km

FIG. 6.9. *Ecología y poblamiento en el alto Danubio durante el Paleolítico Medio (a partir de Müller-Beck 1988: Fig. 14.10). Clave de los yacimientos:*

1. Kogelstein/Schmiechen
2. Sirgenstein
3. Geißenklösterle
4. Große Grotte
5. Urspring/Haldensteinhöhle
6 y 7. Bocksteinschmiede y Bockstein
8. Hohlenstein-Stadel
9. Vogelherd
10. Heidenschmiede
11. Irpfelhöhle

Tradición Achelense (Guichard 1976), así como yacimientos del Paleolítico Superior Inicial, como Tambourets (Bricker y Laville 1977) y Corbiac (Bordes 1968b). Sin embargo, son los abrigos los entornos más habituales que han servido para investigar el final del Musteriense (Turq 1992b) y el inicio del Paleolítico Superior, como pasa con St. Césaire (Leveque, Backer y Gilbaud 1993), el Abri Pataud (Movius 1975, 1977) y La Ferrassie (Delporte y Maziere 1977). Algo parecido sucede en la región meridional oriental, donde las cuevas de Bacho Kiro y Temnata (Kozlowski, Laville y Ginter 1992, Kozlowski 1982) han eclipsado para la discusión de las secuencias industriales y las transiciones, los pequeños escenarios al aire libre de Banat en Rumanía (Allsworth-Jones 1986, Mogosanu 1976, 1978).

La investigación de los sedimentos de los abrigos y las cuevas del Périgord ha sido llevada a cabo por Laville (1975, Laville, Rigaud y Sackett 1980). Este intrincado proyecto cronoestratigráfico que utiliza interpretaciones climáticas de los sedimentos ha sido revisado a la luz de las dataciones por C14 y TL y correlacionado con los perfiles de polen de la Grande Pile y Les Echets (Laville, Raynal y Texier 1986).

Este proyecto presenta un problema importante: ningún yacimiento posee una secuencia completa. Este registro discontinuo es especialmente manifiesto durante el período 60.000-21.000 años bp, que cubre según la cronoestratigrafía de Laville, el Würm II (EIO 3), Würm III (EIO 2) y los interestadios Interpleniglaciares del Würm II/III. Hay una brusca fractura sedimentológica en todas las estratigrafías de cueva (Laville, Rigaud y Sackett 1980: 135, Fig. 6.1). Las secuencias acaban en la frontera del WürmII/III como en Combe Grenal y Pech de l'Azé I o empiezan después de esta divisoria como en el Abrigo Pataud y el Roc de Combe. Esto significa quedarse con la afirmación de Laville de que todos los sedimentos de cueva son de origen climático frío y que los períodos interestadiales sólo están representados por episodios de erosión. Pero esta idea de que se produce erosión bajo condiciones templadas no es compartida por Farrand (1975: 64), que también trabaja en el Périgord, o por Brunnacker (1982: 128, Brunnacker y Streit 1966) especialista en sedimentos de cuevas del sur de Alemania. Tampoco Butzer, que trabaja con sedimentos de cueva de la zona Cantábrica tiene dificultad alguna en asignar sedimentos tanto al último período interglaciar (EIO 5e) como a los interestadios Interpleniglaciares. La cronoestratigrafía del Périgord requiere, consecuentemente, un marco cronológico independiente y no una serie de correlaciones sacadas de distintas secuencias de cueva.

A pesar de estas incertidumbres metodológicas el marco cronoestratigráfico ha sido utilizado ampliamente. Rolland (1990: Fig. 13.2) ha adaptado la idea de Laville para contrastar con el clima, cuatro de los cinco tipos de conjuntos musterienses. Aunque reconoce que la gama de climas es amplia, Rolland es capaz de demostrar que el Musteriense de denticulados está generalmente asociado (70 por ciento de los casos) a sedimentos que indican climas más templados. Por el contrario, tanto la variante tipo La Quina como la de La Ferrassie aparecen predominantemente (más del 80 por ciento de los casos) en sedimentos indicativos de condiciones climáticas más severas. Esta gama va del frío/húmedo al frío/seco y al muy frío/seco.[113]

113. Quizá no se trate de una adaptación a unas condiciones diferentes sino el reflejo de distintas tasas de acumulación de sedimentos combinado con la frecuencia de visitas a los abrigos. Si éste fuera el caso sería posible que los denticulados, que tienen poco retoque, quedasen enterrados rápidamente, mientras que las piezas charentienses permanecerían en la superficie más tiempo siendo retocadas en diversas ocasiones, como piensa Dibble (1987).

La secuencia cronológica observada por Mellars (1992, 1996, 1969) apoya la conclusión de Rolland. Mellars demostró a partir de la estratigrafía, que los conjuntos tipo La Quina (cuadro 5.8) fechados ahora por Turq (1992b: 77) en el EIO 4, por lo tanto, anteriores al 60.000 bp, aparecen siempre estratificados sobre la variante de La Ferrassie. Además, cuando aparece Musteriense de Tradición Achelense (MTA) del tipo A, con bifaces triangulares, y del tipo B, sin ellos pero con cuchillos de dorso natural, siempre es al final de las secuencias estratigráficas, como pasa en la Combe Grenal (figura 6.10). Cuando, como hace Mellars (1996), el esquema cronológico puede demostrarse, entonces la asociación entre tipos de clima, tipos de recursos y tipos de conjuntos parece más plausible.

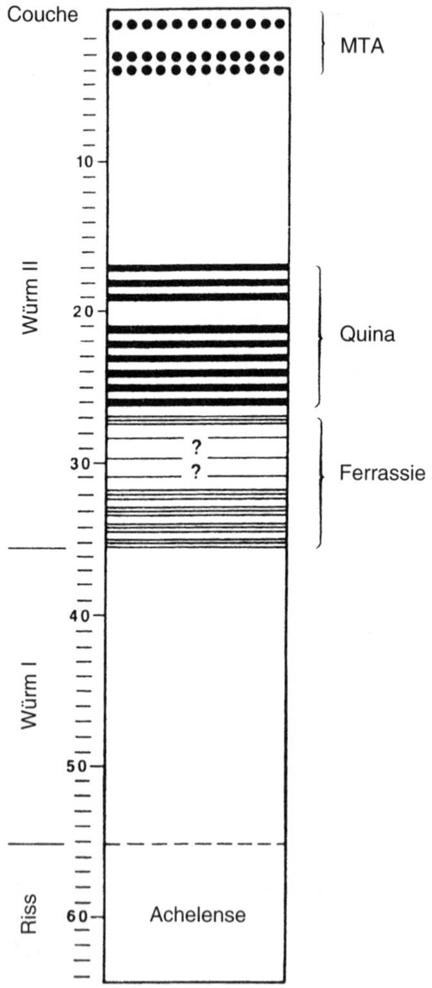

FIG. 6.10. *Estratigrafía nivel a nivel de las industrias de La Ferrassie, La Quina y del Musteriense de Tradición Achelense en el contexto de la sucesión musteriense de Combe Grenal, Francia, región meridional occidental (a partir de Mellars 1996: Fig. 6.16).*

Puede decirse que en la región meridional occidental los hábitats que normalmente proporcionan vestigios son todos comparables durante la transición del Paleolítico Medio al Paleolítico Superior. Particular interés despierta el pequeño número de conjuntos chatelperronienses que se encuentran entre el 37.000 y el 33.000 años bp (Harrold 1989: Cuadro 33.2). El esqueleto de Neanderthal del nivel 8 de St. Césaire (Leveque, Backer y Gilbaud 1993) se asocia con un conjunto Chatelperroniense, con sus características puntas o cuchillos de dorso curvos (figura 6.11), datados por TL en 36.300 bp. Geográficamente, el Chatelperroniense se encuentra desde la Grotte du Renne (en Arcy sur Cure, en el río Yonne, en la región septentrional occidental) hasta El Pendo y Cueva Morín en Cantabria (Straus 1992: 73).

Aparte de por sus puntas es difícil caracterizar el Chatelperroniense. Como demuestra Harrold (1989), una de sus principales elementos distintivos es el pequeño tamaño de sus conjuntos (cuadro 6.14).

Además, por más continuidad que haya en la producción de lascas entre el Musteriense final y el Chatelperroniense, hay un énfasis especial en la producción de láminas en este último (*ibid.*: 691). El problema, como señala Harrold, es la existencia de planteamientos tipológicos y tecnológicos que separan el Paleolítico Medio del Superior; por ejemplo, contrastemos el enfoque de Bordes (1961b) sobre el Paleolítico Medio (capítulo 5) y el léxico tipológico ideado por Mme. de Sonneville-Bordes y Perrot (ver también de Sonneville-Bordes 1960, 1954-6) para el Paleolítico Superior. Cuando se aplican a la transición planteamientos alternativos ésta resulta menos abrupta. Simek y Price (1990), por ejemplo, contrastaron la hipótesis de que los conjuntos del Paleolítico Superior eran más diversos que los del Musteriense y que ello representaba un sistema tecnoeconómico completamente distinto.[114]

Su análisis estadístico no mostró ninguna ruptura importante en cuanto a diversidad de conjuntos entre el Musteriense y el Paleolítico Superior Inicial. En cambio, es interesante comprobar que la riqueza de los conjuntos, que a menudo depende del tamaño de la muestra, sí que muestra una ruptura entre el Chatelperroniense y el Auriñaciense, como se podría esperar a la vista del cuadro 6.14. El cambio más importante en la uniformidad de composición de los conjuntos tiene lugar más tarde, en el Perigordiense/Gravetiense Superior.

CUADRO 6.14. *Diversidad de los conjuntos medida según la cantidad de tipos de la lista de Soneville-Bordes/Perrot y la cifra promedio de útiles (Harrold 1989: Cuadro 33.3) La lista tiene noventa y dos tipos.*

	Núm. promedio de tipos representado	*Gama*	*Tamaño medio de los conjuntos*
Chatelperroniense n = 14	33,6	23-42	281,8 útiles
Auriñaciense Inicial n = 13	42,1	32-54	617,6 útiles

114. La diversidad encierra dos componentes: riqueza taxonómica y uniformidad de los conjuntos. Ellos enfatizan la importancia del segundo por ser menos dependiente del tamaño de la muestra (Simek y Price 190: 245).

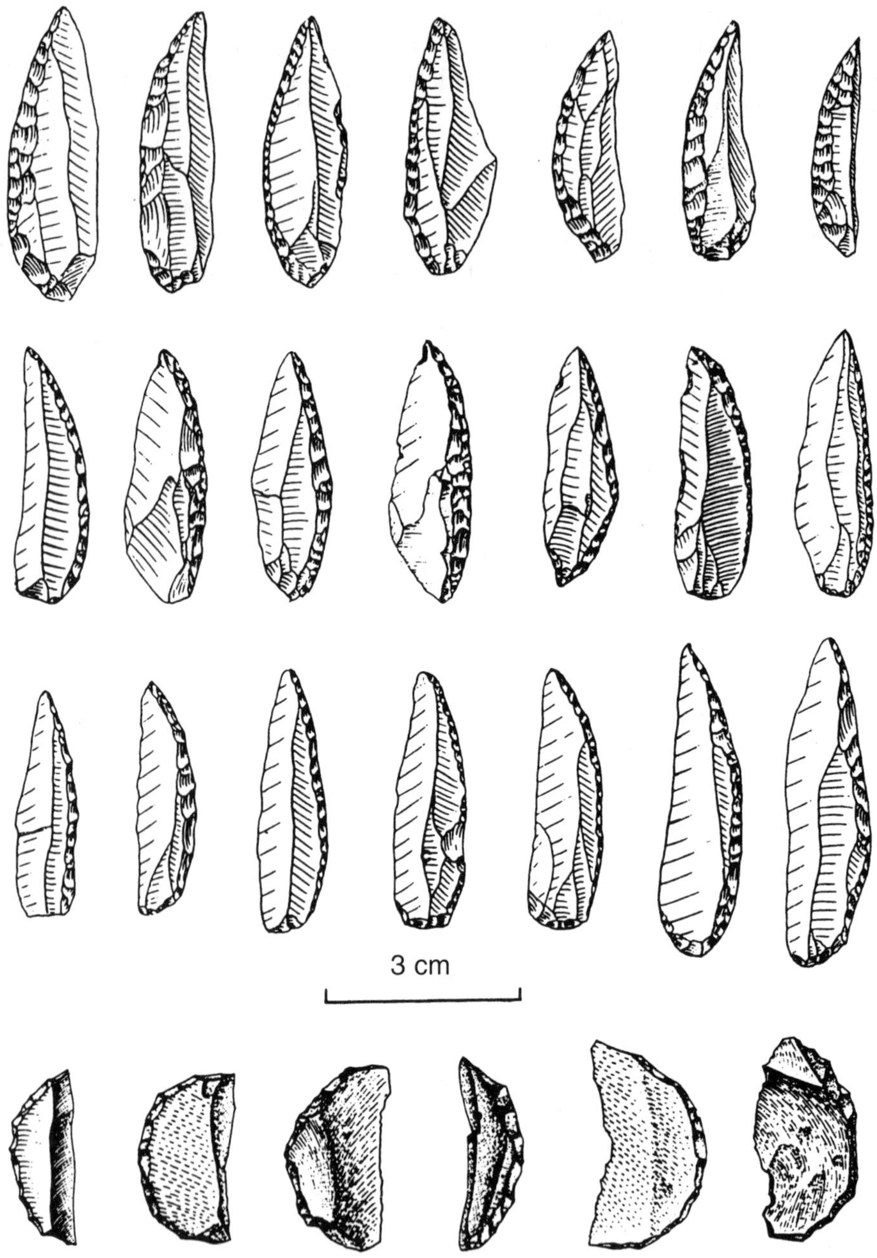

FIG. 6.11. *Puntas del Paleolítico Superior Inicial. Las primeras tres filas son puntas chatelperronienses procedentes de yacimientos franceses. La última fila son medias lunas uluzzienses procedentes de yacimientos italianos (a partir de Mellars 1989: Fig. 20.3).*

Estos estudios de la transición acostumbran a utilizar conjuntos de los abrigos como hábitat tipo para la recuperación de vestigios. Bajo condiciones de hielo-deshielo estos abrigos acumulan rápidamente sedimentos que conservan bien los huesos, que no son erosionados a una escala parecida a la que afecta a los depósitos de épocas anteriores. Por lo tanto, los abrigos de la región meridional occidental han proporcionado a los paleolitistas una fuente abundante de muestras que proporcionan mucha información a partir de los análisis estratigráficos y ambientales. Comparadas con las colecciones generalmente pobres de las grandes excavaciones de la región septentrional central, no sorprende que la atención se haya volcado en ellas y no en la búsqueda de yacimientos al aire libre.

Las regiones mediterráneas

El número de yacimientos al aire libre en las regiones mediterráneas también es escaso. Aparecen puntas foliáceas aisladas en los niveles rojos del Epiro, al noroeste de Grecia, como pasa en Morfi y en Kokkinopilos. Pero estos hallazgos son debidos a la erosión y a pesar de los muchos esfuerzos que han merecido, siguen mal datados (Bailey, Papaconstantinou y Sturdy 1992). En la región mediterránea central, la excavación de un gran yacimiento al aire libre del Auriñaciense en Serino, al sur de Nápoles, ha hecho posible el levantamiento de planos del asentamiento y una datación por C14 en el 31.200 bp (Accorsi *et al.* 1979). En la península Ibérica no hay yacimienetos al aire libre significativos.

En todas estas regiones el hábitat donde habitualmente se recuperan vestigios son las cuevas y los abrigos. Por ejemplo, Crvena Stijena (Brodar 1958-1959) y Asprochaliko en la región oriental (Bailey, Papaconstantinou y Sturdy 1992) y en la parte francesa de la región occidental, las cuevas de Hortus, una cueva abierta en una fisura con diversos niveles musterienses (Lumley 1972), Tournal (Pathou-Mathis 1994) y La Salpêtrière en el valle del Gardon donde se excavó una larga secuencia de industrias del Paleolítico Superior Inicial (Bazile 1976, Escalon de Fonton 1966).

La comparación de conjuntos de estas regiones con un enfoque analítico a menudo es complicado. Los tipólogos de la península Ibérica, Italia y la Francia mediterránea han utilizado o adptado la tipología analítica de Laplace (1961, 1964, 1966), que utiliza el concepto de tipos morfológicos primarios.[115] Difiere del léxico tipológico de Sonneville-Bordes (1960), el *lexique typologique*, en que Laplace reconoce catorce grupos tipológicos a los que se les aplica una serie de índices en vez de compararlos con la totalidad de cada conjunto. En el modelo de Laplace, los conjuntos leptolíticos[116] forman parte de un todo orgánico representando así diferentes manifestaciones de una misma base polimórfica. El cambio tiene lugar por medio de catálisis y mutaciones en los instrumentos líticos. El resultado final es un cambio evolutivo en una determinada dirección por el que los instrumentos líticos se imbuyen de su propio dinamismo interno para evolucionar.

115. Cuando discuto estos planteamientos con especialistas en tipología lítica que trabajan en las regiones del norte y del sur de Europa los veo a menudo desconcertados por el planteamiento laplaciano y por algunas de sus más recientes elaboraciones.

116. Literalmente piedra ligera refiriéndose al uso de láminas y en general a la reducción de peso de los útiles, algo que es evidente en el Paleolítico Superior.

CUADRO 6.15. *La transición del Paleolítico Medio al Superior en el Abric Romaní (Carbonell 1992).*

	Nivel 2 *Auriñaciense* *39.200-43.800 bp* *%*	*Nivel 4* *Musteriense* *43.400-45.600 bp* *%*
Bases negativas de producción BNP (núcleos y nódulos)	0	1
Bases positivas BP (lascas, láminas)	52	68
Fragmentos de bases positivas FBP (fragmentos y bloques)	24	14
Bases negativas de configuración BNC (piezas retocadas)	17	7
Bases positivas fragmentadas BPF (láminas y lascas rotas)	7	10
Núm. total	154	846

El enfoque laplaciano tiene una ventaja: los diseños tipológicos no necesitan ser cambiados entre el Paleolítico Medio y el Superior. En consecuencia se evita potencialmente un problema a la hora de explicarse la transición. Por ejemplo, el estudio de Vaquero (1992) de los elementos líticos del Abric Romaní de Capellades, en Cataluña, enfatiza las secuencias de producción. Los resultados se expresan en el cuadro 6.15 cuya terminología me he permitido traducir para que se pueda entender mejor.[117]

El planteamiento, que pretende establecer cambios cognitivos mediante el estudio de la morfología y el concepto de volumen que ello revela (Vaquero 1992: 54), llega a la conclusión de que en el Auriñaciense del Abric Romaní se practicaban diversos tipos de retoque, pero que no había distintas secuencias de producción, mientras que en el Musteriense pasaba justamente lo opuesto (*ibid.*: 89).[118]

Además de producir largas secuencias y a veces ricos conjuntos, por razones ya estudiadas (figura 5.11), la región mediterránea central ha producido también una industria transicional característica, el Uluzziense (Palma di Cesnola 1976, 1981). Esta industria tiene cierta similitud con el Chatelperroniense en el sentido de que contiene puntas/cuchillos de dorso en forma de media luna (figura 6.11). Las secuencias de reducción son, sin embargo, predominantemente del Paleolítico Medio con muchas lascas y un uso variable de la técnica Levallois. En la Grotta di Castelcivita aparecen útiles de hueso (Mussi 1992: Fig. IV.4).

117. Dudo de que haya acertado en la traducción. Hay discrepancias en la terminología y en el uso que se hace de ella en el mismo volumen. Contrástese Vaquero (1992: 55) con Carbonell (1992: 205) para darse cuenta de este problema.

118. La tipología analítica y su vástago el sistema lógico-analítico dividen el Paleolítico en tres grandes períodos: el biofuncional, 2.500.000-1.500.000; el biomorfotécnico, 1.500.000-300.000 y el biopotencial 30.000-6.000 años bp (Vaquero 1992: 51). Se trata de divisiones que personalmente no apoyaría.

El Uluzziense está confinado al sur de Italia (Mussi 1992: Fig. IV.1) y tiene una distribución más restringida que el Chatelperroniense (Harrold 1989: Figs. 33.1 y 33.2). Las cuevas principales están en la bahía de Uluzzo en la provincia de Lecce, justo en el talón de la península italiana. La Grotta di Castelcivita (Cioni, Gambassini y Torre 1979) es la única cueva que ha proporcionado dataciones por C14 incontrovertidas para el Uluzziense (cuadro 6.1) mientras que en la cueva de Cavallo (Palma di Cesnola 1976) hay tres estadios hacia el Uluzziense marcados por un disminución conforme el tiempo de las formas del Paleolítico Medio.

El Auriñaciense está muy difundido por toda Italia y la península Ibérica; por ejemplo las cuevas Bárbara y Fosselone en el Lacio (Zampetti y Mussi 1988), y Riparo Fumane (Cassoli y Tagliacozzo 1991), y en Cataluña las cuevas Mollet I y L'Arbreda, ambas en el paraje del Reclau (Maroto y Soler 1990, Maroto, Soler y Mir 1987, Soler y Maroto 1987). En ambas áreas hacia el año 28.000 bp (Fullola, 1983: 342) aparecen conjuntos gravetienses pese a no estar muy extendidos.

Un aspecto final de las cuevas de la región mediterránea que merece especial mención es la aparición de arte rupestre. Cuatro dataciones por EMA a partir de materiales orgánicos contenidos en las pinturas halladas en la cueva Chauvet se sitúan dentro del período 30.300-32.400 años bp, mientras que dos restos de carbón de una antorcha dan la misma edad: 26.900 bp (Chauvet, Brunel Deschamps y Hillaire 1995). La cueva con sus espectaculares restos de figuras de animales, en particular de leones, caballos y rinocerontes, fue descubierta en 1995 en Pont d'Arc en la garganta del Ardèche (Chauvet, Brunel Deschamps y Hillaire 1995). Este descubrimiento amplió la antigüedad de la pintura rupestre europea unos 16.000 años proporcionando a esta región occidental mediterránea su primer escenario importante con pinturas.[119] Las pinturas de la cueva del Cosquer cerca de Niza, hoy sumergida parcialmente, han sido también datadas por EMA en el 27.000 bp. Estos dos descubrimientos tan recientes vuelven a atraer la atención hacia las pinturas de la zona ibérica y del Périgord, que han de ser mucho más tardías, quizá unos 20.000 años, y si no es así es que su conservación y cronología exige una urgente revisón.

Enterramientos y carnívoros

Un aspecto final relativo a la recuperación de vestigios tiene que ver con la distribución de esqueletos completos o casi completos a lo largo de este período, especialmente de esqueletos de Neanderthal, que han merecido en la última década varios importantes trabajos (Defleur 1993, Gargett 1989, Smirnov 1991).

La muestra es pequeña pero indica una concentración de hallazgos de esqueletos completos en dos áreas restringidas, el sudoeste de Francia e Israel. La región septentrional occidental posee un enterramiento en la cueva de Spy, Bélgica, mientras que los dos probables casos de la región septentrional oriental proceden del yacimiento

119. La datación de Chauvet es una prueba poderosa contra la presunción de Clark y Lindly de la existencia de una continuidad cultural y de comportamiento entre los Neanderthales y los humanos anatómicamente modernos. Su arma principal es la explosión creativa del arte que tiene lugar a partir del 20.000 bp. Pero parace claro ahora que estos autores habían minusvalorado las innovaciones habidas a lo largo de los 20.000 años anteriores a esta fecha. Las dataciones de Chauvet y Cosquer indican que esta explosión creativa ocurrió mucho antes de lo que tradicionalmente se había creído.

CUADRO 6.16 *Presencia de enterramientos neanderthales (según Defleur 1993: Cuadro 1).*

		Enterramientos		
Región	*Núm de yacimientos*	*Ciertos*	*probables*	*Posibles*
Europa				
Sudoeste	7	11	3	1
Noroeste	2	1	1	1
Noreste	2		2	
Israel	5	12	4	2
Asia Occidental	2	6	1	3

de Kiik Koba en Crimea.[120] En otras partes de Europa los restos de Neanderthal aparecen muy fragmentados (Oakley, Campbell y Molleson 1971).[121] La cronología de estos hallazgos no es nada aceptable. Con la excepción de Kebara, la muestra israelí data del Glaciar Inicial y del Pleniglaciar. Dentro del grupo francés hay cuatro yacimientos de edad Interpleniglaciar, la misma edad del controvertido enterramiento infantil de Starosele en Crimea (Gvozdover *et al.* 1996, Marks *et al.* 1997).[122]

Dejando al margen la significación de estos hallazgos como enterramientos (ver más abajo), parece evidente que los restos encontrados en Francia se depositan en un momento y en una región en que prácticamente no hay restos de carnívoros en los abrigos utilizados por los Neanderthales (Gamble 1986a). Algo parecido ocurre con el conjunto israelí (Marshall 1993). Por más que haya grandes carnívoros en la región, apenas se manifiestan en las faunas de la cuevas.

No sucede lo mismo en otras regiones como el sudeste y el oriente mediterráneo, donde se han encontrado importantes cantidades de restos fragmentarios de Neanderthal, caso de Vindija y Krapina (Smith 1984, Wolpoff *et al.* 1980), Aquí el número de carnívoros, particularmente de oso y hiena, no sólo es importante en las cuevas y los abrigos de la región, sino que muchas veces sus huesos dominan claramente los conjuntos faunísticos en escenarios que también eran frecuentados por los humanos (Gargett 1994).

Existe la posibilidad de que los esqueletos completos recuperados en Francia e Israel sean debidos a un comportamiento diferencial de los carnívoros. Si los carnívoros no hubieran utilizado los abrigos para situar allí sus guaridas (capítulo 5) no hubieran estropeado los cuerpos de los homínidos abandonados en fosas o en el mismo suelo. No se trata de sugerir que leones y hienas cazaban y se traían a casa Neanderthales sino que, *post mortem*, estropearon el registro arqueológico de una reunión homínida.

120. El enterramiento infantil de Starosel'e ampliamente aceptado (Gvozdover *et al.* 1996, Smirnov 1991) ha sido últimamente cuestionado. Marks *et al.* sostienen que es un enterramiento medieval intrusivo, coherente con las prácticas musulmanas (1997: 122).

121. El descubrimiento en 1993 de un cráneo y un esqueleto muy incrustado en Grotta Lamalunga cerca de Altamura al sur de Italia, proporcionará información importante sobre este tipo de enterramiento (Ventura 1993).

122. Le Moustier, La Quina y St. Césaire tienen dataciones absolutas (cuadro 6.1), en cambio La Chapelle aux Saints es considerada por Defleur como perteneciente al Interpleniglaciar (1993: Fig. 68).

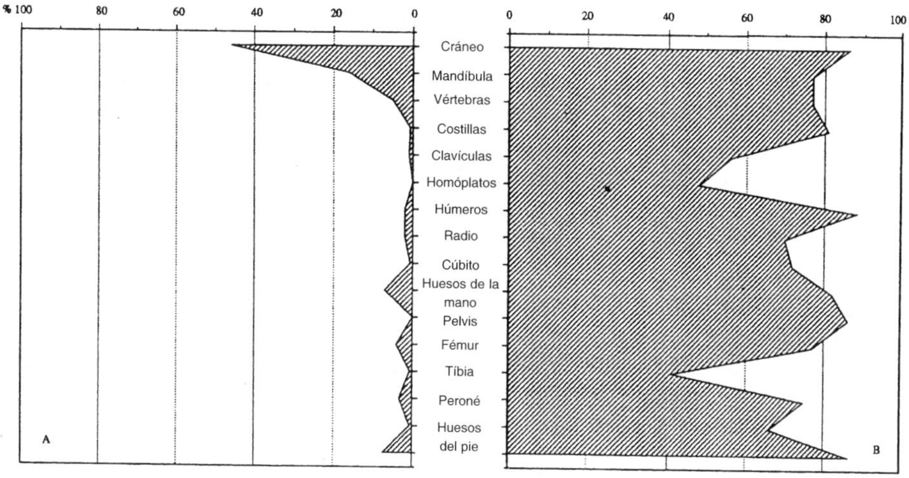

FIG. 6.12. *Partes de la anatomía humana recuperadas de esqueletos Neanderthales (a partir de Defleur 1993: Fig. 69).*

A Hallazgos aislados, en los que predominan las partes más resistentes como dentadura y partes del cráneo.

B Hallazgos de esqueletos articulados en los que a excepción de los omóplatos, las clavículas y las rótulas, la conservación acostumbra a ser buena y la recuperación muy factible.

El contraste con el occidente mediterráneo y central donde los restos de Neanderthales son habituales, aunque fragmentarios, es instructivo. Stiner (1994) ha mostrado de forma convincente que el cráneo de la Grotta Guattari forma parte de un conjunto de guarida de hiena. En la cueva del Hortus los restos de por lo menos veinte individuos están representados por las partes más resistentes del esqueleto (Lumley 1976: 569). Aparecieron en una fisura de la cueva con abundantes restos de leopardo y oso, entre otros animales (Pillard 1972).

Defleur (1993) ha comparado los restos aislados con los descubrimientos de restos en conexión anatómica (figura 6.12). Los primeros comprenden partes de 262 individuos, con predominio de los dientes, partes del cráneo y los huesos numéricamente más abundantes de las manos y los pies. En comparación, los veintidós Neanderthales adultos más doce niños conocidos, recuperados de enterramientos, han conservado los elementos más blandos del esqueleto.

Hay muchos restos fragmentarios de humanos del Paleolítico Superior, así como enterramientos, por ejemplo, en las cuevas de los Balzi Rossi en la costa ligur en la región mediterránea central. Pero la novedad de este período son los enterramientos al aire libre, como los de Sunghir, Kostienki y Dolní Věstonice-Pavlov en las regiones septentrional oriental y septentrional central. Parece que se trata de un desarrollo cultural más que de un cambio en la forma de conservación y recuperación de restos (ver capítulo 7 para una discusión extensa del tema).

Ritmos y tecnología social

Se ha debatido a fondo el papel de los elementos líticos en la transición del Paleolítico Medio al Superior. La tendencia a sustituir lascas por hojas o láminas como soporte, su repercusión en los instrumentos compuests y enmangados y las consecuencias de todo ello en la forma de cazar, ha estimulado el debate científico (Mellars y Stringer 1989, Nitecki y Nitecki 1987). Se ha debatido sobre la causa de la variabilidad musteriense y sobre el concepto de cultura aplicado a los instrumentos de piedra. En su reciente trabajo sobre la variabilidad de los conjuntos de instrumentos de piedra del Paleolítico Medio, Mellars dice,

> La única explicación plausible para estas tipologías se encuentra en la noción de tradiciones tecnológicas separadas —es decir, modelos distintos de desarrollo tecnológico, estimulados por los distintos grados de distancia social mantenida entre las poblaciones humanas implicadas—. En este sentido, la existencia de una verdadera tipología «cultural» en el carácter de la variación tecnológica en el Paleolítico Medio parece difícil si no imposible de negar (1996: 355).

Con un énfasis en los aspectos sociales de la tecnología, eso es lo que yo hubiera esperado y aún más. En particular insistiría en el individuo más que en la población o el grupo, como la unidad a la que adjudicar la explicación de esta variabilidad. Mi otra perspectiva son las habilidades negociadoras y la interacción entre individuos al tratar con objetos y paisajes mientras se va conformando una vivencia social. El énfasis en los ritmos de la acción humana (cuadro 3.1) proporciona una clave para investigar estas habilidades. Este tema nos devuelve a los entornos mutuos alrededor de cada uno de los homínidos, que son la creación de cada uno de ellos y al mismo tiempo la explicitación de sus limitaciones. Los ritmos de la tecnología social, que nos son familiares desde los capítulos 4 y 5 en que examiné por qué las culturas arqueológicas son distintas, nos proporcionan en este capítulo una forma de enfocar otro interrogante fundamental —¿por qué cambian las culturas?—. Este tema volverá a salir en el capítulo 7.

SENDEROS Y PISTAS: OBTENCIÓN Y TRANSPORTE DE MATERIA PRIMA

Los senderos y las pistas marcados por el transporte de materia prima constituyen aspectos importantes de la transición al Paleolítico Superior Inicial y de su desarrollo posterior. En el transcurso de su investigación, Féblot-Augustins (1993: Fig. 9) descubrió que los intercambios durante el Paleolítico Medio Final en Europa central en el Interpleniglaciar[123] seguían teniendo un carácter fundamentalmente local, es decir, inferiores a los 100 km, aunque hubo seis casos de transferencias entre 100 y 300 km que contrastan con el único caso detectado correspondiente a principios del Paleolítico Medio. Un ejemplo es la colección de superficie de Wittlingen (cuadro 6.17), en el Oriente Suabo, en la región septentrional central (Burkert *et al.* 1992).

En el capítulo 5 vimos también que las materias primas del Grupo de las Láminas del Paleolítico Medio eran invariablemente obtenidas en lugares cercanos al escena-

123. Tiempos 2 y 3 en el esquema de Féblot-Augustins (1993: cuadro 2).

CUADRO 6.17. *Materias primas del yacimiento del Paleolítico Medio al aire libre de Wittlingen, región septentrional central (Burkert* et al. *1992: Cuadro 35). Se da una indicación de la calidad de talla de los materiales: +/-.*

Materia prima	*Núm.*	*%*	*Distancia en km*	*Materia prima*		*Núcleos*	*Lascas no modificadas*	*Lascas modificadas*
				Cantidad	*Calidad*			
Marrón								
Jurahornstein	1.241	94	0	+	+	61	977	203
Keuper								
Jurahornstein	33	3	1-10	+	+	1	19	13
Hornstein?	1	0,1	>20	–	–			1
Radiolarit	6	0,5	>30	+/–	+/–			6
Muschelkalkstein	29	2,5	>40	+	+	1	6	22
Kieselschiefer?	1	0,1	>120	+/–	+/–			1
Unknown	11	0,8	?	?	+		4	7
Total	1.322					63	1.006	253

CUADRO 6.18. Comparación del promedio de distancias máximas de transporte de material a cada yacimiento/nivel, entre tres regiones. n = al número de yacimientos/niveles de cada región (datos de Féblot-Augustins 1997).

Región	*Meridional occidental km*	*Septentrional occidental km*	*Septentrional central km*
Paleolítico Inferior	32,7 n = 25	17,5 n = 2	
Paleolítico Medio Inicial	35,0 n = 18	25,3 n = 3	120,0 n = 2
Paleolítico Medio Final	40,0 n = 61	56,2 n = 16	119,1 n = 23
Paleolítico Superior Inicial	51,6 n = 66	82,2 n = 20	157,3 n = 112
Paleolítico Superior Final	61,0 n = 46	80,6 n = 9	202,6 n = 50

rio donde se utilizaba esta técnica. El Bohuniciense, el Paleolítico Superior más antiguo de Moravia, región septentrional central, está prácticamente todo fabricado con materia prima local. Ciertamente, la distribución de industrias bohunicienses se limita a la distribución de sílex desde Stránská skála con un radio máximo de 40 km a lo largo de las laderas del macizo bohemio (Svoboda y Simán 1989: 293). En ambos casos las distintas tecnologías tienen patrones de transporte de materias primas muy parecidos a los utilizados en los conjuntos hechos de lascas del Paleolítico Medio Final (Féblot-Augustins 1993), un buen ejemplo de los cuales es Wittlingen.

Una comparación más extensa (cuadro 6.18) revela, sin embargo, dos tendencias principales. La primera es que dentro de cada región la distancia máxima se incre-

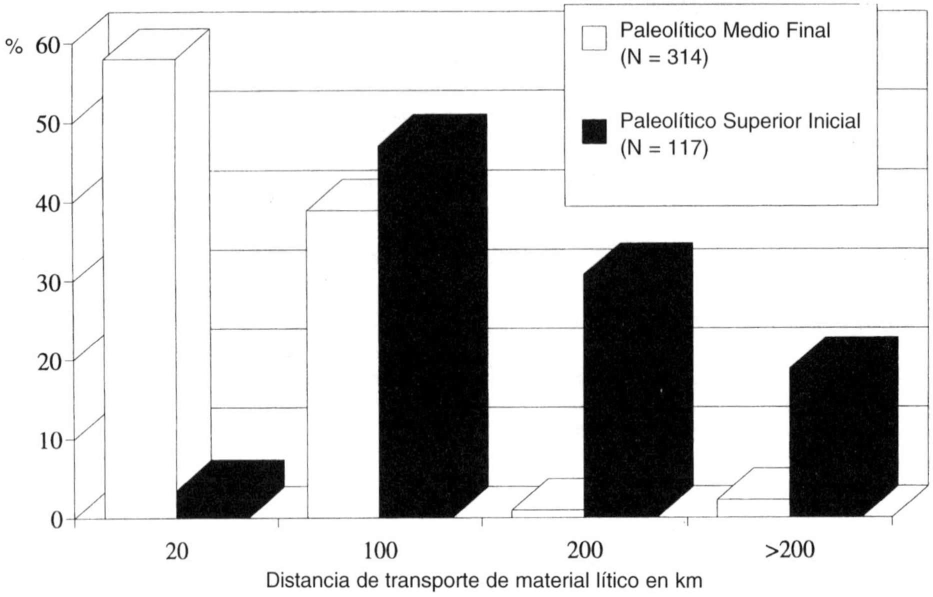

FIG. 6.13. *Cambios en las distancias de transporte de las materias primas en el Paleolítico Medio Final y el Paleolítico Superior Inicial en las regiones M Oc, M Or, S Oc y S C; véase también la Fig. 5.14 (datos de Féblot-Augustins 1997; Floss 1994; Roebroeks, Kolen y Rensink 1988).*

menta conforme pasa el tiempo. En cada caso esta distancia casi se dobla entre el inicio del Paleolítico Medio y el Paleolítico Superior Final. La segunda tendencia es geográfica. Como se apuntó en el capítulo 5 el diferencial de distancias entre las regiones oceánicas y continentales del continente es notable. En la mayoría de los casos las distancias máximas siguen el principio de Geneste (capítulo 3), que dice que tales distancias están representadas por cantidades muy pequeñas de materia prima y útiles. Por más que se trate de pequeñas cantidades no dejamos de observar en el cuadro 6.18 un incremento sustancial de la escala de la movilidad, fenómeno que no puede justificarse únicamente desde la ecología.

La figura 6.13 compara todas las transferencias de materias primas observadas en la región septentrional central desde el Paleolítico Medio Final hasta el Paleolítico Superior Inicial. No hay casos de distancias superiores a los 300 km hasta el Paleolítico Superior Inicial (Féblot-Augustins 1993, Floss 1994, Roebroeks, Kolen y Rensink 1988) y casi todos estos casos están asociados a materiales no líticos. Este cuadro se confirma al añadir información sobre los intercambios de conchas que se inician en el Paleolítico Superior Inicial (ver más abajo).

LA CALIDAD DE LA MATERIA PRIMA

En varias regiones se observa que el inicio del Paleolítico Superior viene marcado por un cambio a favor del uso de materias primas de mayor calidad, particularmente de sílex, que a diferencia del ejemplo del Bohuniciense han de ser obtenidas a mayores distancias.

Éste es el caso de Cataluña, donde Soler (*et al.* 1990: 454) comenta que con la aparición del Paleolítico Superior tuvo lugar un drástico cambio en las materias primas utilizadas. La secuencia de L'Arbreda, donde un Auriñaciense muy antiguo descansa sobre el Musteriense, enfatiza lo abrupto de este cambio. En Arcy sur Cure, en la región septentrional occidental, el trabajo de Farizy (1990: Fig. 11.10) muestra un aumento del 10 al 70 por ciento en la proporción de sílex obtenida en la Grotte du Renne entre los nivels XI y XII del Musteriense y los niveles Xc y Xb del Chatelperroniense. Este cambio concuerda con el correspondiente incremento en las proporciones de tipos de útiles del Paleolítico Superior y en menor medida con un incremento de elementos laminares.

Tal como vimos en el capítulo 5, el Paleolítico Medio se distingue por la existencia de escenarios taller; sin embargo sólo durante el Paleolítico Superior Inicial se explotan localizaciones particularmente ricas en un determinado tipo de materia prima. Un ejemplo de ello es Monte Avena en las Dolomitas de la región Alpina. Este escenario al aire libre, situado a 1.450 m sobre el nivel del mar, fue explotado por primera vez para obtener sílex durante el Auriñaciense. Aquí se comprobaba el material y se iniciaba la talla de los núcleos, para presumiblemente transportarlos luego a otros lugares donde serían acabados de tallar (Lanzinger y Cremaschi 1988).

Estas localizaciones especiales se reflejan a través de la organización espacial de los escenarios al aire libre a los que se transfería este material. Por ejemplo, hay dos concentraciones discontinuas de materias primas que fueron traídas al escenario Auriñaciense de Stránská skála III (Svoboda 1994a: Fig. 58) desde cierta distancia. En Salching, un escenario al aire libre gravetiense en Baviera (Weismüller 1987: Abb 2), hay zonas características dentro del área excavada reservadas a la queratofira importada procedente de una distancia superior a 150 km.

Volúmenes transportados

El estudio de Turq (1993) sobre las materias primas de la región meridional occidental nos recuerda que en relación a los cambios que afectaron a las materias primas, se practicaron estrategias distintas de la simple preferencia cultural. Turq descubrió en una muestra de veintiocho conjuntos musterienses y cuatro conjuntos chatelperronienses, que se producía un rápido descenso de las proporciones de materia prima con el aumento de la distancia de procedencia. Ninguna materia prima procedente de una distancia superior a los 16 km representaba más del 6 por ciento de la materia prima existente en cada escenario (*ibid.*: Fig. 1). En comparación, la gente de la misma pequeña región del noreste de Aquitania transportaba, al principio del Auriñaciense, materiales procedentes de más lejos en proporciones mucho mayores (*ibid.*: Fig. 2). Incluso en los escenarios Auriñaciense de la muestra de doce, situados en zonas ricas en sílex,[124] el material transportado de distancias entre 20 y 30 km todavía equivalía entre el 10 y el 20 por ciento de todas las materias primas. En las áreas

124. El sílex preferido procedía del Bergeracois, un sílex «grand crû» si es que hubo nunca alguno merecedor de esta cualificación.

pobres en sílex las transferencias entre 50 y 80 km representaban hasta el 30 por ciento de los recursos líticos de estos escenarios.

Kozlowski (1990: 430) nos recuerda que el Auriñaciense presenta una gran diversidad en el uso de materias primas. Este estudioso contempla este fenómeno como el resultado de una combinación entre función y edad. En Moravia y en Bulgaria hay diferencias considerables entre los escenarios de principios del Auriñaciense. Los escenarios de Vedrovice en Moravia utilizaban casi exclusivamente sílex de disponibilidad inmediata, procedente de depósitos locales. En cambio, en Bacho Kiro, en la región meridional oriental las materias primas de los niveles auriñacienses muestran que el 53 por ciento del sílex procedía de lugares situados a más de 120 km (Kozlowski 1990: 430 y Fig. 15.5). En contraste con esto, en el nivel 13 musteriense del mismo escenario, sólo el 13 por ciento de las materias primas consistían en sílex transportado a la misma distancia (Gamble 1986a: Cuadro 6.4, Kozlowski 1982). Sin lugar a dudas las distancias mucho mayores observadas en esta región, si lo comparamos con los resultados del estudio de Aquitania (Turq 1993), reflejan el panorama que se presenta en el cuadro 6.18 en que el transporte a larga distancia constituyen una característica destacada de los lugares que sufren unas condiciones climáticas continentales (véase también figura 5.14).

Cambio y diversidad regional después del 33.000 bp

El Paleolítico Medio Final y el Paleolítico Superior Inicial comparten, como se ha visto, diversas estrategias de transporte que se reflejan en las distancias recorridas por las materias primas y en su uso, en un círculo de 20 km de radio. El cambio principal tiene lugar después del 33.000 bp, especialmente con el Gravetiense y el Perigordiense (Rigaud 1988b). Como señala Kozlowski,

> Durante el tecnocomplejo del gravetiense, en la fase media del Paleolítico Superior, se consolida una nueva etapa de especialización con respecto a las materias primas, que se beneficia de un sistema estable de obtención de materiales de calidad procedentes de fuentes distantes (Kozlowski 1990: 432-3).

Este nuevo patrón ha sido documentado por Svoboda (1994a: Fig. 89) para Moravia. Durante el período 40.000-30.000 años bp no predomina ninguna fuente en especial, al contrario, se utilizan diversas fuentes. Sin embargo, entre el 30.000 y el 20.000 bp se difunde en particular el sílex del sur de Polonia, decreciendo al mismo tiempo el número de fuentes utilizadas. Esta tendencia coincide con la aparición de asentamientos importantes a lo largo de los ríos de Moravia, como Predmosti, Dolní Věstonice-Pavlov y Milovice.

En la región septentrional central, que carece de este tipo de asentamientos importantes, aún es posible ver transportes a gran escala de materiales procedentes de lejos. En Salching (Baviera) al sur del Danubio, se excavó un yacimiento gravetiense (Weismüller 1987). El pequeño conjunto lítico desenterrado (254 piezas) estaba compuesto en un 51 por ciento por queratofira. Al añadirse el material recogido en superficie en los alrededores (949 piezas) este mismo tipo de piedra representó un 42 por ciento de la colección entera (Weismüller 1987). La fuente más cercana de querato-

CUADRO 6.19. *Distancias a fuentes no locales de sílex desde Le Flageolet a partir de una muestra de los sílex no locales del nivel V (según Larick 1984).*

Estructura	*Forma*	*Área*	*Distancia en km*	*Núm.*	*%*
Calcedónicos	Bloques	Sur del Périgord	5-20	225	53
Fosilíferos	Nódulos	Bergeracois	40-60	173	40
Lepisféricos	Nódulos	Fumelois	30-40	24	6
Argilíticos	Plaquetas	Cuencas del Este	50-80	6	1

fira dista 150 km de Salching, y se encuentra al norte de este núcleo, en Fichtelgebirge (Scheer 1993: 200). Entre los útiles de Salching se incluye una punta de la Font Robert hecha de cuarcita de gran calidad. En el canal de Maisières, en Bélgica, estas características puntas están datadas en el 28.000 bp. Este tipo de pieza es de las que se usan para distinguir el Perigordiense V o Gravetiense en el sodoeste de Francia (Rigaud 1988b). Parece que en Salching la materia prima se traía en bloques pretallados que luego se tallaban *in situ*.

Algo parecido se da en la región meridional occidental, como muestra el estudio de Larick (1984) sobre las materias primas del nivel V del abrigo de Le Flageolet I. Este nivel está datado por EMA en el 25.700 bp. La mayoría de los útiles de este nivel están hechos de sílex nodular de las series Senonienses de calizas del Cretácico Superior. Estos materiales aparecen justo al lado del abrigo. Las demás materias primas proceden de lugares situados en un radio de 80 km alrededor (cuadro 6.19).

Sin embargo, es difícil coincidir con Larick en que los sílex que venían de fuera eran siempre traídos al abrigo ya procesados (*ibid.*: 33). La gran cantidad de piezas no retocadas o sometidas a un elemental lascado, demuestra que los materiales traídos de fuera eran reducidos sistemáticamente en el mismo Le Flageolet y no en otras partes (cuadro 6.20).

Si se compara con Salching es interesante notar que las fuentes no locales de Le Flageolet significan menos del 15 por ciento del total del conjunto lítico, acomodándose perfectamente a las dimensiones espaciales del paisaje de la costumbre. En este caso el principio de Geneste (capítulo 3) concerniente a las distancias de transporte y los retoques, se da de forma altamente selectiva, como pone de manifiesto la preferencia por materiales foráneos para hacer útiles específicos como los buriles Bassaler (cuadro 6.20).

INTERCAMBIOS DE MOLUSCOS: DILO CON CONCHAS

El Paleolítico Superior Inicial es testigo de transportes de conchas sobre distancias mucho mayores que de la piedra (Floss 1994, Roebroeks, Kolen y Rensink 1988, Taborin 1993). En los yacimientos gravetienses de Maguncia-Linsenberg y Sprendlingen en el Rihn medio se encuentran conchas procedentes del mar Mediterráneo (Floss 1994: 376). La distancia más directa entre estos dos puntos es de 700 km. El número de conchas objeto de este tráfico es pequeño: diecisiete en Maguncia-Linsenberg, de tres especies diferentes y nueve en Sprendlingen, de dos especies diferentes. Estos dos

CUADRO 6.20. *Comparación de los productos líticos en Le Flageolet I nivel V según Larick (1984: Cuadros 2 y 3).*

	Local	*%*	*No local*	*%*
Lascado no retocado	11.919	48,3	1.995	47,6
Lascas y fragmentos	1.167	4,7	139	3,3
Láminas y fragmentos	492	2,0	62	1,5
Laminitas y fragmentos	318	1,3	80	1,9
Restos de talla	9.502	38,5	1.529	36,5
Restos de talla corticales	172	0,7	12	0,3
Golpes de buril	268	1,1	173	4,1
Total	**23.838**		**3.990**	
Piezas retocadas	418	1,7	99	2,4
Piezas retocadas en el extremo distal	73	0,3	12	0,3
Buriles	226	0,9	30	0,7
Buriles de Bassaler	15	0,1	18	0,4
Piezas de retoque lateral	63	0,3	24	0,6
Microlitos	41	0,2	15	0,4
Total	**836**		**198**	
Totales	**24.674**	**100,0**	**4,188**	**100,0**

yacimientos al aire libre están separados por 30 km y constituyen los dos únicos yacimientos del Paleolítico Superior Inicial en el Rihn medio (figura 6.14) que muestran transportes de piedra o conchas procedentes del sur (Floss 1994: Abb. 210, 211). El transporte de piedra en esta área se realiza por el eje del Rihn y llega hasta la cuenca del Maas en el noroeste. La comparación de los dos yacimientos (Floss 1994: Abb.108,112) pone de manifiesto el uso preponderante de materias primas locales, ya que, aparte de la malacología, en Maguncia-Linsenberg sólo dos piezas de sílex proceden del Báltico, rompiendo así el círculo de transferencias de radio inferior a 20 km.

El número total de transportes de conchas es pequeño. Floss (1994: 337) registra setenta y dos para el conjunto de la Europa del Paleolítico Superior. Aunque se incluyan en este cómputo las trasferencias del final del Magdaleniense queda claro que el límite de los 100 km del paisaje de la costumbre era superado en muchas ocasiones (figura 6.15). Por ejemplo, tenemos las transferencias de 500 km hacia conjuntos Auriñacienses de Kostienki procedentes del Mar Negro (Hahn 1977: Karte 5).

El transporte de conchas en el sur de Francia ha sido exhaustivamente estudiado por Taborin (1993). Los principales yacimientos donde se han encontrado estos moluscos se localizan en Périgord, Lot y Gironde. Fuera de la cueva de Istúritz (de Saint-Périer 1930, 1936, 1952) los yacimientos del Pirineo muestran muy pocas transferencias de conchas hasta el Magdaleniense.

Taborin identifica seis fuentes principales de moluscos, incluyendos conchas fósiles de depósitos del Eoceno, el Mioceno y el Plioceno, y conchas procedentes de las costas mediterráneas y atlánticas recogidas en momentos en los que el nivel del mar descendió, durante la última glaciación. La distancia de un yacimiento del interior como el abrigo Pataud sobre el Vézère, en la Dordoña, a las playas del Pleistoceno era de unos 400 km.

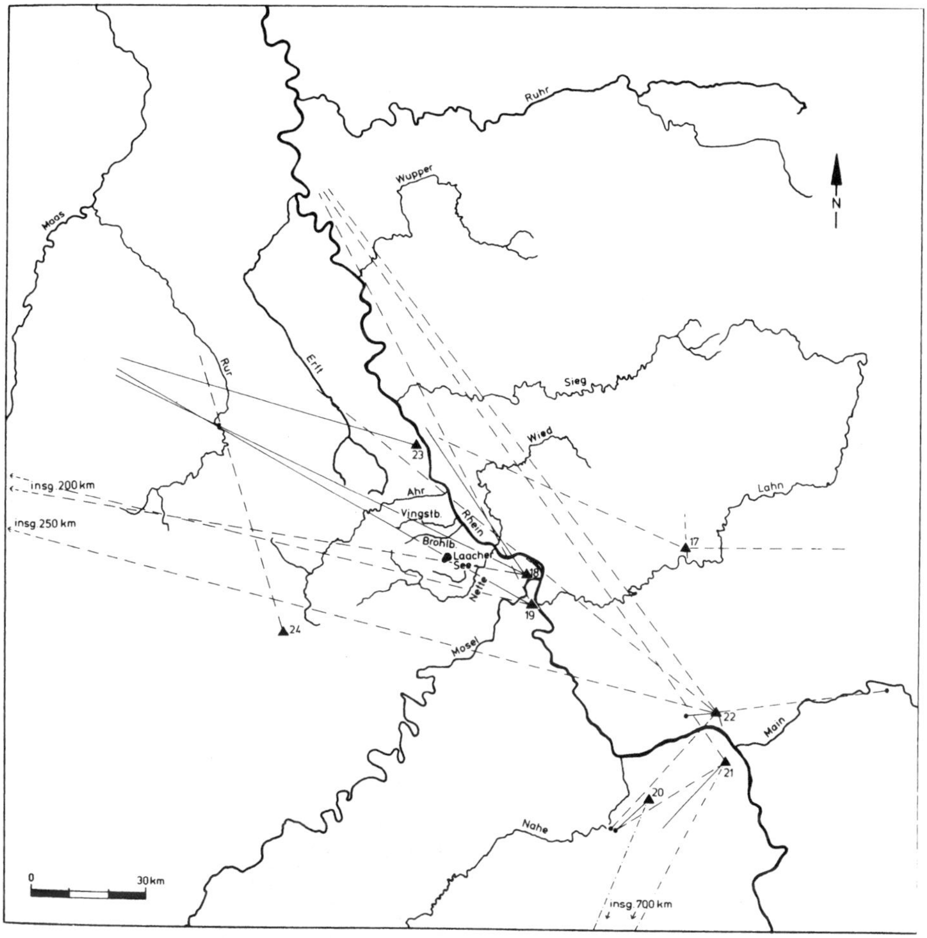

FIG. 6.14. *Puntos de origen de la materia prima lítica y de las conchas durante el Gravetiense en la zona del Rhin, Alemania, región septentrional central (a partir de Floss 1994: Abb. 211).*
Clave:
Línea continua = *origen cierto*
Línea segmentada = *origen posible*
Línea de segmentos y puntos = *origen de las conchas*

Clave de los yacimientos:
17. Wildscheuer
18. Koblenz-Metternich
19. Rhens
20. Sprendlingen
21. Mainz-Linsenberg
22. Wiesbaden-Adlerquelle
23. Bonn-Muffendorf
24. Magdalenahöhle

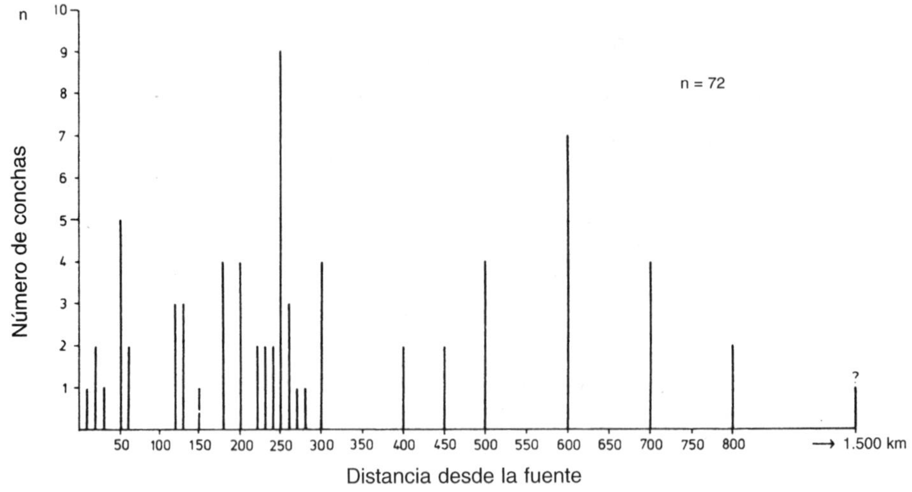

FIG. 6.15. *Distancias de procedencia de las conchas utilizadas en el Paleolítico Superior Inicial europeo (a partir de Floss 1994: Abb. 207).*

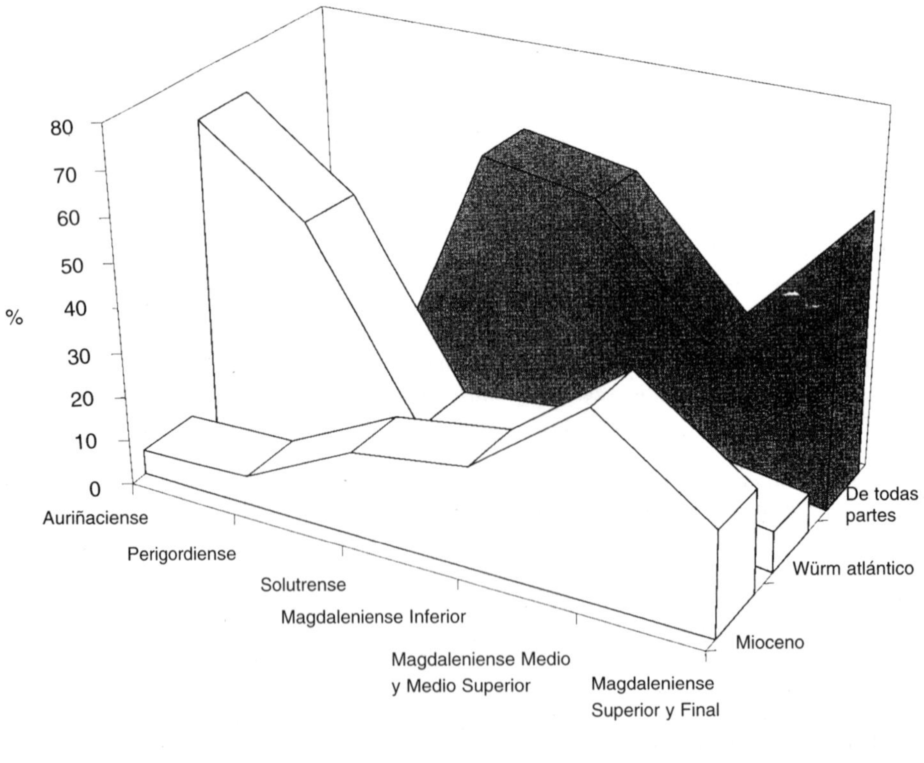

FIG. 6.16. *Origen de las conchas encontradas en los yacimientos del Paleolítico Superior Inicial (Auriñaciense y Perigordiense) y el Paleolítico Superior Final (Solutrense y Magdaleniense) de la región meridional occidental (datos de Taborin 1993).*

El estudio de Taborin revela un cambio en el transporte de conchas entre el Paleolítico Superior Inicial y el Paleolítico Superior Final, en las tres principales fuentes (figura 6.16). En el primer período la mayoría de las conchas con un origen conocido (cuadro 6.21) proceden de la costa atlántica. En el Paleolítico Superior Final esta especificidad no es posible por lo que las conchas proceden de todas las costas, con un ligero incremento de las conchas fósiles del Mioceno. Éstas también tienen un origen atlántico o mediterráneo.

La cadena operativa: tecnología y fabricación de útiles

Para el período 60.000-21.000 años bp coexisten un cierto número de enfoques sobre el estudio de la tecnología. Ya he descrito el enfoque que unifica los conjuntos Musterienses y Auriñacienses del Abric Romaní (Carbonell 1992). Guilbaud (1993) aplica un enfoque similar que utiliza la teoría del sintetotipo de Laplace, a los conjuntos chatelperronienses asociados a un esqueleto de Neanderthal de St. Césaire en la Charente-Marítima, en Francia. Este hallazgo del último Neanderthal en Francia (ApSimon 1980) se ha datado por TL hacia el 36.300 ± 2.700 bp (Mercier *et al.* 1991). El conjunto mezcla «aspectos» líticos del Musteriense y del Paleolítico Superior dando lugar a un modelo de transiciones de la piedra que toma en préstamo, aunque inapropiadamente, palabras sacadas del vocabulario de la genética (ver Guilbaud 1993: 51-52). La cadena operativa y otros modelos de secuencias de reducción proporcionan una ruta más comprensible a la diversidad lítica (Jaubert 1993) por lo que serán discutidos en este capítulo en relación a dos conjuntos culturales muy difundidos del Paleolítico Superior Inicial. Estos conjuntos pueden compararse siguiendo el mismo planteamiento a conjuntos del Paleolítico Medio como el Musteriense tipo La Quina, discutido en el capítulo 5.

El Auriñaciense

En su estudio del Auriñaciense de Geisenklösterle, Hahn (1988, 1991, Hahn y Owen 1985, Owen 1988) ha diseñado una secuencia de reducción formada por varios estadios (figura 6.17). Menos formal que las cadenas operativas aplicadas al Levallois (capítulo 5), este esquema sistematiza no obstante, la producción de soportes laminares en relación a un contexto que presenta materias primas de origen local y materias primas de origen foráneo. La esencia de los núcleos preparados del Paleolítico Superior es laminar la superficie del núcleo mediante lascado (cuadro 4.9) para facilitar la extracción radial de láminas de tamaños escogidos. Ello implica la preparación de la plataforma de extracción a base de eliminar la parte extrema del núcleo, retocar los bordes para corregir los ángulos y obtener un característico núcleo del que poder extraer directamente las láminas. Las láminas pueden extraerse desde un solo extremo (unipolar) o de ambos extremos (bipolar) del núcleo. Luego se extraen radialmente hasta que la plataforma y los cantos o filos necesitan una nueva corrección. Esto hace que las nuevas lascas sirvan de nueva plataforma así como para, como sucede en Geisenklösterle, poder dar forma a la parte distal del núcleo con el fin de corregir la convexidad en la forma de la hoja.

CUADRO 6.21. *Número de conchas halladas en yacimientos del Périgord, Lot y la Gironda, sur de Francia (Taborin 1993: Tab. II-IX). Se da el número de conchas del tipo Dentalium, pero no se incluye en el total.*

	Auriñaciense	*Perigordiense*	*Solutrense*	*Magdaleniense Inferior*	*Magdaleniense Medio y Superior*	*Magdaleniense Superior y Superior Final*
Fuentes						
Eoceno	3	4	3	17	67	0
Mioceno	37	19	53	185	321	100
Würm atlántico	481	166	35	122	92	37
Plioceno	34	6	5	11	13	18
Würm mediterráneo	19	6	11	16	36	22
De cualquier parte	110	117	178	485	240	259
Dentalium			100		900	*118*
Núm. total de especímenes	684	318	285	836	769	436

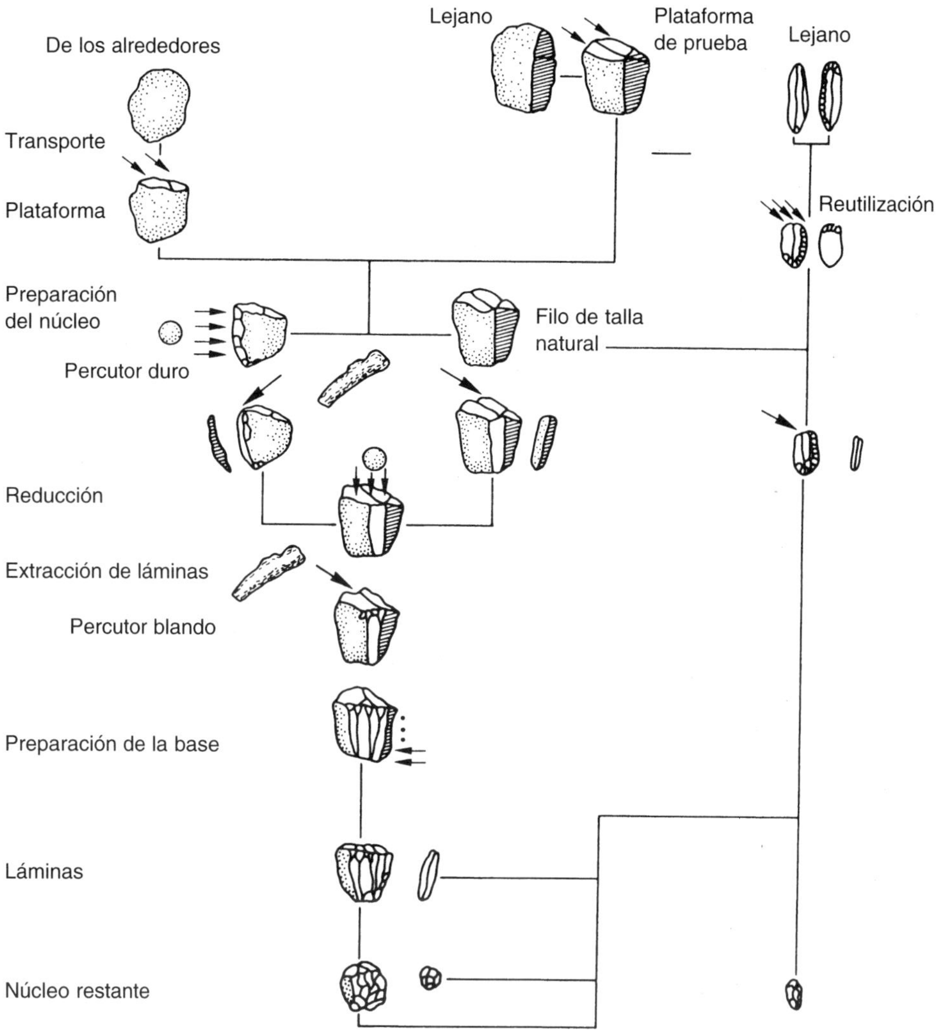

FIG. 6.17. *Cadena operativa correspondiente al Paleolítico Superior que tiene en cuenta la proximidad de la materia prima y el transporte a los yacimientos de las piezas retocadas que habrán de ser reducidas (a partir de Hahn 1991: Fig. 36).*

En los niveles Auriñacienses de Geisenklösterle hay seis tipos distintos de materia prima. Sólo un 1 por ciento de los materiales utilizados procedía de lugares situados a más de 20 km a la redonda de la cueva, mientras que el 95 por ciento procedía de rocas recogidas en el valle del Ach. El tamaño de los nódulos era pequeño, lo que obligaría a una estrategia de reducción muy oportunista (Hahn y Owen 1985: 71). La mayoría de los núcleos son unipolares y se trabajaban hasta que se podía con lo que se producían laminitas de entre 30 y 40 mm de largo.

El Gravetiense

En el Gravetiense de Geisenklösterle es común encontrar radiolarita procedente de unos 15 km alrededor (Hahn y Owen 1985: 72). Pero aunque las láminas hechas con esta materia prima son muy abundantes, no lo son en cambio los núcleos de los que han de haber salido. En general el tratamiento de los núcleos está más estandarizado y es menos oportunista. Además, están preparados con más esmero. Detalles como la presencia o ausencia de cantos en la plataforma de percusión sugieren que fueron realizados por distintos talladores. A un nivel más general, Hahn (1991: 119) ha resumido la diferencia entre las cadenas operativas del Auriñaciente y el Gravetiense de la forma siguiente:

— Disminución general del grosor de la lámina.
— En el Auriñaciense generalmente se preparaba primero la plataforma sobre la que trabajar. A menudo se utilizaba como guía para empezar a tallar el nódulo una pequeña protuberancia natural de la misma. En el Gravetiense esta guía ya se preparaba antes de que se diera forma a la plataforma.
— Los núcleos auriñacienses tienen generalmente una única plataforma sobre la que trabajar y una única superficie de talla.Los núcleos bipolares son habituales en el Gravetiense y lo mismo sucede con los que tiene plataformas en ambos lados.
— Los núcleos bipolares del Gravetiense son particularmente idóneos para la producción de láminas y micro-láminas que han de recibir un retoque marginal en uno de los cantos. Estos soportes para las láminas de dorso se producen de forma seriada y muy a conciencia (Owen 1988: 186).
— La percusión directa es sobre todo cosa del Auriñaciense, en cambio en el Gravetiense se acostumbra a hacer uso de la percusión indirecta con la ayuda de cinceles de hueso o asta (Owen 1988: 186).

Del estudio de Owen sobre las láminas producidas en el Paleolítico Superior Inicial (cuadro 6.22), destaca en especial la poca variación que encuentra en la dimensión de los útiles. La anchura y el grosor de las láminas disminuye del Auriñaciense al Gravetiense, y va desapareciendo el tipo de lámina más largo. Sin embargo, a pesar del cambio a favor de la radiolarita en el Gravetiense y de todos los cambios en la forma de preparar y tallar los núcleos (ver Hahn y Owen 1985 para tener la descripción completa), lo que todo ello nos depara es un conjunto de alternativas que dan lugar a un producto muy estandarizado —los soportes laminares—. Además, como muestra el cuadro 6.22, esta estandarización prosigue en el mismo valle durante el Magdaleniense Inicial, unos 10.000 años después de la ocupación gravetiense de Geisenklösterle.

Núcleos que viajan

El Achtal ha sido estudiado exhaustivamente para investigar las relaciones entre los distintos yacimientos. Scheer ha desarrollado un modelo de explotación de los núcleos que ha contrastado con los datos gravetienses obtenidos de Geisenklösterle (Sceer 1990, 1993). Esta investigadora sigue en esencia el objetivo de toda cadena ope-

CUADRO 6.22. *Dimensiones de los soportes laminares de tres períodos en el Achtal, sur de Alemania, región septentrional central (Owen 1988).*

		Núm.	*Valor medio*	*Rango*	*Desviación estándar*
Longitud					
Geißenklösterle	Auriñaciense	892	31,9	7,2-121,2	15,6
Geißenklösterle	Auriñaciense	356	31,8	7,4-121,2	17,77
Geißenklösterle	Auriñaciense	494	32,2	7,2-93,5	14,13
Geißenklösterle	Gravetiense	1.113	27,8	4,7-88,9	13,89
Hohler Fels	Gravetiense	133	30,8	7,2-83,4	17,74
Hohler Fels	Magdaleniense Inicial	145	28,8	6,6-86,5	15,1
Anchura					
Geißenklösterle	Auriñaciense	890	16,3	3,1-37	6,18
Geißenklösterle	Auriñaciense	356	16,69	3,1-37	7,07
Geißenklösterle	Auriñaciense	492	16,14	4,5-34,5	5,46
Geißenklösterle	Gravetiense	1.113	12,72	1,7-40,5	5,18
Hohler Fels	Gravetiense	133	12,86	2,3-36,2	6,19
Hohler Fels	Magdaleniense Inicial	145	13,2	4,1-29	5,85
Grosor					
Geißenklösterle	Auriñaciense	886	5,3	0,7-25,4	2,54
Geißenklösterle	Auriñaciense	356	5,4	0,7-15,3	2,64
Geißenklösterle	Auriñaciense	488	5,3	1,3-25,4	2,51
Geißenklösterle	Gravetiense	1.113	4,47	1,1-23,8	2,43
Hohler Fels	Gravetiense	133	4,42	0,7-24,2	3,43
Hohler Fels	Magdaleniense Inicial	145	4,34	1,2-9,8	2,06

CUADRO 6.23. *Modelo de explotación de nódulos (según Scheer 1993: 195).*

Explotación de un nódulo:

— Los nódulos de los alrededores pueden llevarse al yacimiento sin haberse comprobado o preparado. Por ello se encuentran muchos núcleos que no han servido.

— Los nódulos de la zona se preparan y se comprueba si sirven, por lo que se extrae parte del córtex con el fin de aligerar el peso a transportar.

— Las materias primas lejanas llegan al yacimiento en forma de láminas o de útiles, debido a que la materia prima se importó en el transcursos de viajes a zonas muy alejadas, o porque se obtuvo gracias a un intercambio con otra gente.

— Algunos nódulos parcialmente reducidos pueden ser introducidos en el yacimiento sin tener en cuenta su origen. De los nódulos tallados en el yacimiento, algunos pueden haber sido utilizados para producir láminas, mientras que otros fragmentos de los mismos pueden haber sido exportados como soportes, útiles o núcleos.

rativa que es relacionar las distintas escalas espaciales de acción —la escala local y la escala territorial— a través de los correspondientes gestos técnicos (cuadro 6.23).

Scheer comprueba las posibilidades del modelo (cuadro 6.23) con un estudio detallado del Gravetiense del Achtal, que incluye a cuatro cuevas principales: Sirgenstein, Geisenklösterle, Brillenhöhle y Hohler Fels. El modelo de reducción de núcleos fue una consecuencia del estudio del Auriñaciense de Geisenklösterle en el que dominan

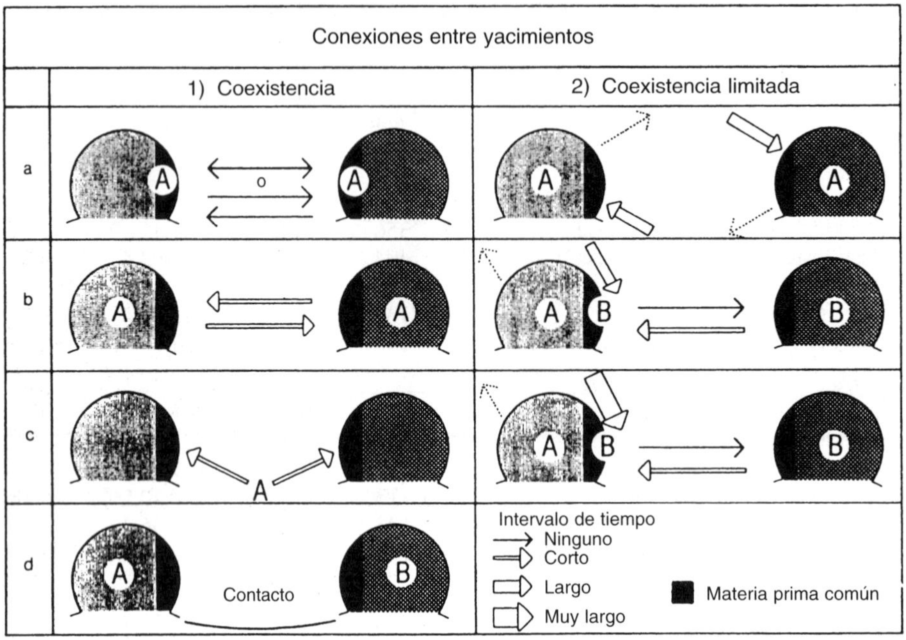

FIG. 6.18. *Modelos de ocupación de tres yacimientos del Achtal, Alemania, región septentrional central: Geisenklösterle, Brillenhöhle y Hohler Fels (véanse figuras 6.8 y 6.9). En base a los conjuntos estudiados, la secuencia de reducción y el tamaño de los objetos que viajan de Geisenklösterle a Brillenhöhle y viceversa, apoyan las alternativas 1a, b y c. La interpretación más probable apunta a la existencia de un campamento en el valle, actualmente profundamente enterrado en los aluviones, a partir del cual se visitaban las cuevas (a partir de Scheer 1993: Fig.5, 205-6). Clave:*

1a Grupo pequeño que ocupa simultáneamente dos o más cuevas.
1b Grupo grande que se disgrega para poder ocupar diferentes yacimientos.
1c El grupo dispone de un campamento base en el valle desde el cual parten los individuos para visitar las cuevas.
1d Grupos separados que mantienen contactos.
2a Un grupo ocupa alternativamente dos o más cuevas dejando un largo período de tiempo hasta una nueva ocupación.
2b Después de cierto tiempo, uno o más grupos adquieren materias primas del primer grupo en un yacimiento y utilizan el material en otro yacimiento.
2c Después de un largo período de tiempo un segundo grupo extrae materia prima de un yacimiento y la utiliza en otra cueva.

los materiales de origen local. Sin embargo, Scheer pudo realizar ocho remontajes entre las cuevas de Geisenklösterle y Hohler Fels separadas 3 km (figura 6.18).

Entre estos ocho remontajes hay ejemplos de las tres categorías de Cziela. Cuatro indican que han sido transportados desde Geisenklösterle a Brillenhöhle y uno lo contrario. También hay remontajes entre Brillenhöhle, la colección más grande, y Hohler Fels. Hay un buril que es producto de la modificación de un útil (véase figura 5.20).

FIG. 6.19. *Vista del valle del Achtal desde la cueva de Sirgenstein. A medio camino se encuentra Hohler Fels, donde se remontaron dos lascas y algunas láminas con piezas procedentes de la cueva de Brillenhöhle situada a 3 km hacia el noreste (foto del autor).*

Fue modificado varias veces en Brillenhöhle antes de ser llevado a Geisenklösterle donde fue reavivado de nuevo (Scheer 1993: 203). Estos conjuntos, datados en Geisenklösterle Ia en el 26.300 ± 3.000 bp y en Hohler Fels IIb en el 21.100 ± 500 y el 23.100 ± 70 bp (*ibid.*: 197), presentan también una relación debido a la presencia, en ambos, de colgantes de marfil (Scheer 1985). Este estudio muestra claramente que los núcleos eran transportados habitualmente dentro de este territorio ya que los remontajes nunca consigue conjuntar series grandes (Scheer 1993: 209). Es una conclusión muy distinta a la obtenida en el yacimiento del Paleolítico Medio de Maastricht-Bélvedère que examinamos en el capítulo 5. En el Achtal hay pruebas tanto de coetaneidad como de desplazamiento local de útiles y de materias primas dentro de la secuencia de reducción local (figura 6.19).

TRANSICIONES TECNOLÓGICAS ENTRE EL PALEOLÍTICO MEDIO Y EL PALEOLÍTICO SUPERIOR

Vaquero, en su estudio de los conjuntos del Abric Romaní (Carbonell 1992), concluye que en el Auriñaciense hubo diversidad de retoques pero no de secuencias de produción, mientras que lo que caracterizó al Musteriense fue justamente lo contrario. Los estudios de casos presentados en este capítulo y en el capítulo 5 que se valen de la cadena operativa y de las secuencias de reducción para examinar las decisiones tecnológicas, llegan a la conclusión opuesta. Las secuencias de producción del Paleolítico Superior en los escenarios del Achtal fueron muy diversas y sin embargo produjeron soportes laminares estandarizados (cuadro 6.22). Algo parecido descubrió Turq (1992a, 1992b) en su extenso estudio sobre los conjuntos musterienses de La Quina donde la técnica Levallois fue escasamente utilizada.

El desplazamiento de materiales entre yacimientos no explica estas secuencias de producción alternativas. Sabemos que los útiles musterienses fueron normalmente introducidos en los yacimientos (Conard y Adler 1997), por lo que es probablemente sólo cuestión de tiempo el que se consiga el remontaje entre piezas de yacimientos distintos, durante este período. En cambio la diversidad de formas de producir soportes mediante la tecnología del lascado (examinada en el capítulo 4) ilustra cómo la cadena operativa tiene que ver con gestos aprendidos y transmitidos durante el acto social de la producción. El énfasis recae en los gestos que conlleva el acto de producir y no en los pensamientos de los productores en relación a lo que estaban haciendo. El retoque de soportes en útiles es, por lo tanto, una extensión de la cadena operativa, en el sentido de una acción más relacionada con las anteriores. El énfasis analítico debe ponerse en los procesos y no en la forma final. Los verdaderos productos sociales y culturales son estas secuencias aprendidas y no los objetos producidos.

Objetos orgánicos

La tecnología de materiales no líticos proporciona una oportunidad más de estudio de la naturaleza social de la tecnología. Conocemos el tejido de fibras naturales gracias al estudio de las impresiones en arcilla de Pavlov (Adovasio, Soffer y Klima 1996) que será examinado en el capítulo 7. Aquí vamos a examinar las cuentas y las puntas de proyectil de asta. En ambos casos existe un arqueológicamente invisible hilo por un lado y un mango de madera por otro, esenciales para que el objeto funcione. Lo mismo debió pasar con muchos de los útiles de piedra, por lo que voy brevemente a considerar los indicios existentes de mangos o empuñaduras y los vestigios de objetos de madera de este período.

Las Cuentas

La prueba más antigua de perforación deliberada de objetos para que puedan colgar o como parte de collares, o para que puedan ser atados a la ropa, procede del nivel 11 de Bacho Kiro (Kozlowski 1982: 141). Los hallazgos en este nivel del Auriñaciense/Bachokiriense son dos dientes perforados de animal y un colgante de hueso en forma de aguja. Se trata, como señala White (1993b: 279), de objetos muy anteriores a otros de similares, procedentes de los niveles del Chatelperroniense de Arcy sur Cure (Farizy 1990, Leroi-Gourhan y Leroi-Gourhan 1964). La gama de materiales utilizados para producir ornamentos perforados es impresionante. White (1993b: 279-80) señala los siguientes:

— Caliza, esquisto, esquisto-talco, esteatita dientes de mamífero, hueso, asta, marfil, conchas de moluscos marinos y no marinos fósiles y contemporáneos, coral fósil, belemnita fósil, azabache, lignito, hematita y pirita.

Pueden distinguirse dos ámbitos geográficos en la selección de estas materias primas. El primero tiene que ver con el uso de caninos de zorro. Es el caso de yacimientos de Francia, Bélgica, Alemania y Rusia —las regiones meridional occidental, septentrional central y septentrional oriental (Hahn 197)—. Los caninos de ciervo también son muy corrientes. Sin embargo, en la zona del Cantábrico, en la región meridional occidental (Straus 1992: 80) y en todo el Mediterráneo central y occidental (Mussi 1992) no aparecen caninos de zorro y en cambio predominan los caninos de ciervo. El segundo ámbito tiene que ver con la distribución de conchas. Éstas son muy corrientes en Francia, como ya hemos visto (Taborin 1993), pero son muy raras durante el Auriñaciense en el resto de Europa (Hahn 1977).

El Brillo

White (1997) enfatiza las cualidades de textura del marfil, su lustre superficial y su textura suave. Pero estas propiedades han de ser obtenidas del material a través del pulimento. La acción de pulimentar consigue las cualidades táctiles de otros ornamentos como el esmalte de diente de los caninos de zorro, la perla o la esteatita (*ibid.*: 95). Según White (1997) «el pulimento del marfil era en sí misma una *representación* de las texturas experimentadas con otros elementos del mundo natural».

Su argumento puede ampliarse. Morphy (1989) ha llamado la atención sobre la calidad del brillo en estética (Gamble 1991c, 1995a). Define la estética como la manera de atraer a los sentido (*ibid.*: 21). A partir del arte de los Yolngu de la Tierra de Arnhem Oriental, como ejemplo, Morphy muestra cómo a través de la calidad del brillo se expresa el poder del espíritu en el arte de esta tribu. El brillo es capturado por la calidad trémula de su arte o por determinados objetos naturales como el ocre y algunas piedras. También la sangre es una fuente importante de poder espiritual (Knight 1983, 1991a). Las personas también pueden brillar si se las frota con grasa, ocre o sangre. Las pinturas sobre corteza brillan también con sus finas líneas de sombreado y sus elementales colores. El brillo produce efectos estimulantes y atractivos sobre las personas. El brillo, cree Morphy, es un efecto que funciona en todas las culturas (1989: 36).

Por lo tanto, lo que según Morphy captura el ojo es la estética. En su ejemplo, si este algo también expresa poder espiritual el significado tendrá que ver con el contexto y los mensajes brillantes se referirán al mismo. Pero el poder del ritual, como señala Morphy, no es un efecto estético (*ibid.*: 38). Este poder posiblemente dependa de la creencia de los Yolngu en los ancestros. Sin embargo, para que un ritual funcione hace falta el realce que le proporcionan las calidades estéticas de los objetos naturales y artificales rebosantes de brillo.[125]

Consideremos por un momento el papel del brillo en la Europa del Palolítico. Si lo contemplamos como un atributo importante, al mismo nivel, pongamos, que las buenas propiedades de talla de las piedras, entonces es fácil encontrar casos de utilización de piedras brillantes, por ejemplo, los útiles de roca cristalina de los niveles

125. La discusión intercultural de Clark sobre los símbolos de excelencia también enfatiza las cualidades del brillo. «El marfil atrae por su suavidad y color, el jade por ser traslúcido, por su color y por su tacto, el oro por su fulgor inempañable, las perlas por su oriente y las piedras más preciosas por su luminosidad» (Clark 1986: 6).

Musterienses de Les Merveilles (McCurdy 1931) o los bifaces de jaspe multicolor de Fontmaure-en-Vellèches (Gruet 1976: 1092). Sin embargo, estos ejemplos locales de brillo musteriense no necesariamente reflejan el sentido estético de los Neanderthales sino más bien un determinado recurso obtenido del entorno. Sin embargo, estas cualidades están ahí para sacar provecho de ellas, como muestra el uso de marfil y su capacidad de brillar, representando un conjunto más amplio de categorías de la percepción, visuales y táctiles.

Así como el trabajo del marfil pone de manifiesto unas determinadas propiedades, las propiedades que representan otros materiales también se pueden poner de manifiesto. Las conchas han de ser lavadas, la esteatita ha de ser obtenida de la tierra y los dientes de zorro han de ser arrancados del animal para poderlos apreciar. Además, el uso de caninos de zorro como ornamento se corresponde con la distribución del zorro ártico, el *Alopex lagopus*, en la fauna del *Mammuthus-Coelodonta* (Khalke 1994: Abb.4). El *Alopex* no se encuentra en Cantabria ni en las regiones mediterráneas. En las regiones septentrionales su piel blanca brillante debe de haber llamado la atención, y sus dientes, además de brillo, como el brillo de la sangre de sus presas, proporcionado un afilado instrumento con el que cortar y trocear.

La producción de cuentas

La producción de cuentas en el Auriñaciense ha sido estudiada por White (1989, 1993a, 1993b) y Taborin (1993: 169ff) usando el concepto de cadena operativa (cuadro 6.24).

La materia prima más usual fue el marfil, y se pudo dividir la secuencia de producción en cinco fases. La base es la abundante producción de restos y de objetos aca-

CUADRO 6.24. *Esquema de la cadena operativa correspondiente a la fabricación de ornamentos personales durante el Auriñaciense o cualquier otro período (White 1997). Este esquema podría aplicarse con pequeñas modificaciones a la manufactura de útiles líticos o a la construcción de refugios.*

1. Presunciones culturales acerca de la personalidad individual.
2. Creencias sobre la existencia de relaciones entre materiales, rituales, imágenes figurativas y virtudes sociales/sobrenaturales.
3. Selección y obtención (por extracción directa o mediante el mecanismo social del intercambio) de materias primas en base a las creencias del punto anterior.
4. Selección de formas, texturas, colores y temas.
5. Organización de la producción (social, temporal, y espacial).
6. Combinación de acciones y de instrumentos que dan lugar a una técnica adecuada para la producción de ornamentos, que es coherente con el sistema técnico regional de la que forma parte.
7. Consecución de la representación de los significados deseados de identidad social, edad, estatus reproductivo, asociación sobrenatural, etc…
8. Uso de las representaciones ornamentales en actos social, estética y cosmológicamente significantes.
9. Abandono voluntario (en base a intenciones sobre un uso/recuperación futuros o a ideas sobre su poder residual y virtudes) o accidental (como resultado de la actividad del individuo) del ornamento.

bados, en escenarios como los tres abrigos vecinos del Vallon de Castelmerle (Abri Blanchard, Abri Castanet, La Souquette), y las cuevas pirenaicas de Istúritz, Sant Jean de Verges y Brassempouy (White 1993c: 336). El estudio de White muestra que las cuentas no eran aquí perforadas sino que eran extraídas laboriosamente, trabajadas y luego pulimentadas. Trazas de hematita en las estrías de pulimento determinan para este material un uso claro como abrasivo (*ibid*.: 338).

El producto acabado, una cuenta muy característica de forma ovalada es muy diferente a las dos cuentas perforadas hechas en marfil halladas en los asentamientos auriñacienses del Geisenklösterle (Scheer 1985). Sin embargo, la secuencia de producción, que empieza con una varilla y acaba con una sarta de cuentas, es muy similar (figura 6.20). Se trata de otro caso comparable a las cadenas operativas para útiles de piedra, mencionadas más arriba, de técnicas de producción diversas que dan lugar a un producto final estandarizado. Con las cuentas, secuencias de producción parecidas producen *soportes* que son transformados en elementos diferentes, aunque aquí, en ambos casos, para obtener algún tipo de colgante.

Dos de las conclusiones de White son importantes para nuestra comprensión de la cadena operativa. La primera, su idea (White 1989: 376) de que a la vista de que hay poquísimos restos de mamut en los conjuntos faunísticos de la región meridional occidental, el marfil de los yacimientos del Vallon de Castelmerle debía ser importado en forma de varillas de unos 10 cm de largo y menos de 0,5 cm de diámetro de algún lugar que desconocemos. En cambio en el Auriñaciense germano hay un gran número de secciones de colmillo, así como huesos y molares de mamut (Hahn 1986) que en los yacimientos franceses no se encuentran o son extremadamente raros. La segunda, basada en la experimentación, es que cuesta unas tres horas de promedio fabricar una cuenta del tipo ovalado. En La Souquette hay 400 de estas cuentas en el conjunto auriñaciense, lo que significa unas 1.200 horas de trabajo. La probable relación en este caso entre la distancia de transporte de la materia prima y la inversión en producción es digna de ser tenida en cuenta. El tiempo empleado en la obtención y producción de este objeto supera de lejos el tiempo invertido en la manufactura de puntas líticas en que la reducción de un nódulo para obtener unos cuantos soportes auriñacienses podía ocupar a un tallador experimentado no más de veinte minutos.

Finalmente, aparece una diferencia significativa entre el Auriñaciense y el Gravetiense en relación a la utilidad de las cuentas y las conchas perforadas. Taborin (1993: 304-5) hace referencia a la incidencia de ornamentos y otros objetos de tipo suntuario, en los enterramientos del Paleolítico Superior en Francia y en otras partes de Europa. Parece claro que ni cuentas ni conchas formaron parte de los escasísimos enterramientos anteriores al 30.000 bp. La escasez de enterramientos auriñacienses es un rasgo interesante que examinaremos en el capítulo 7. El uso de cuentas de marfil y conchas en el Gravetiense/Perigordiense en las regiones septentrional central (Dolní Věstonice) (Svoboda y Dvorsky 1994), septentrional oriental (Sungir) (Bader 1978) y meditarránea central (Balzi Rossi) (Mussi 1986a), es debida sin lugar a dudas a la presencia de enterramientos.

Útiles de asta

La inclusión de útiles realizados en hueso, marfil y asta es una característica del Paleolítico Superior europeo (Albrecht, Hahn y Torke 1972, Camps-Fabrer 1974).

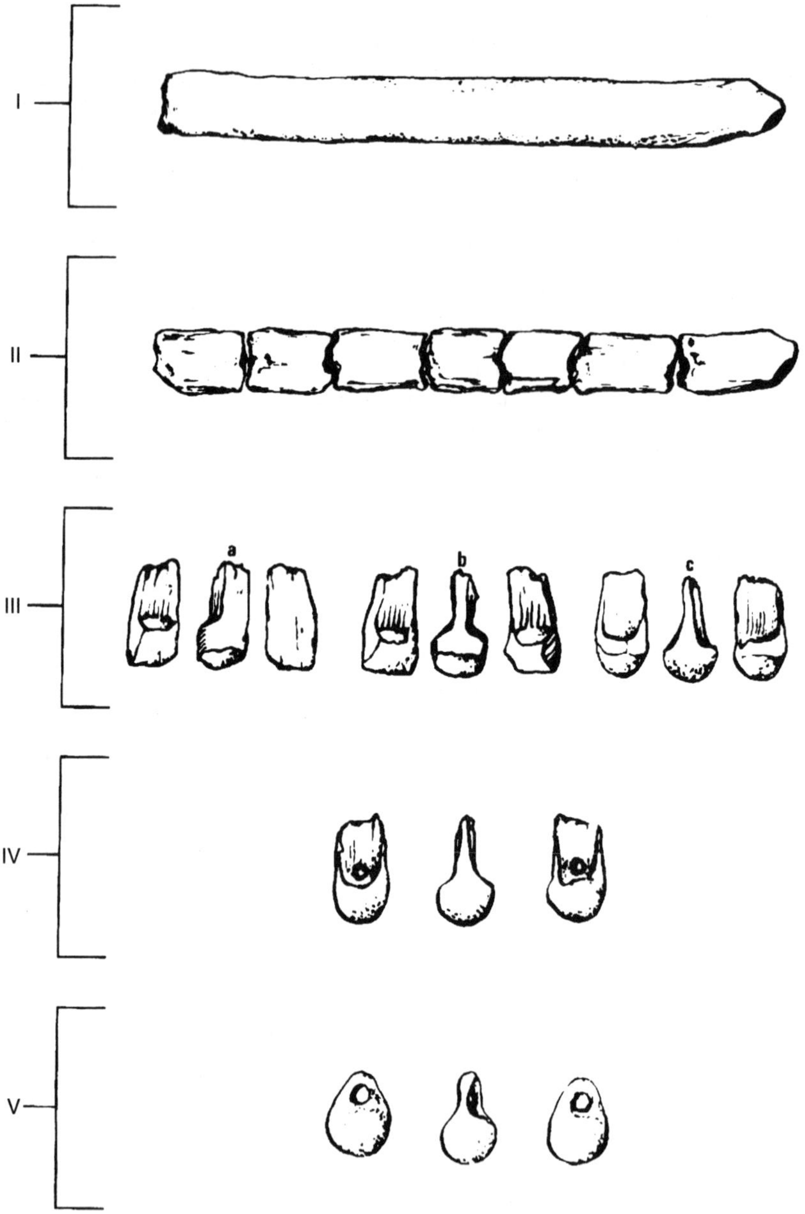

FIG. 6.20. *Cadena operativa para la producción de cuentas de marfil y esteatita (a partir de White 1993c: Fig. 3).*

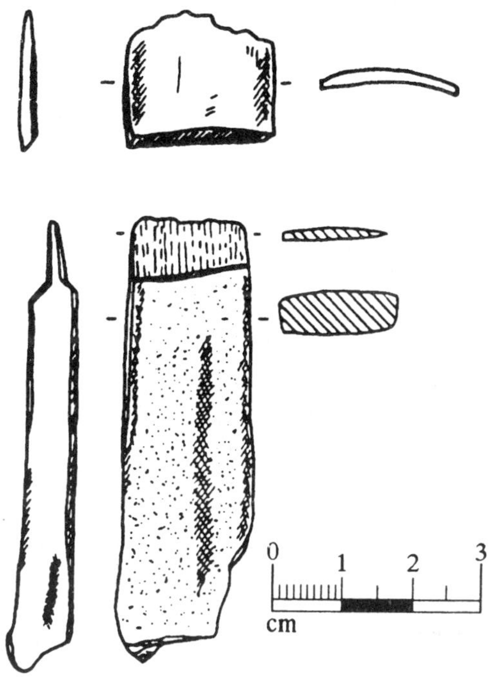

FIG. 6.21. *Pieza en forma de lengüeta procedente del Abri Cellier y cuña procedente del Abri Castanet, Francia, región meridional occidental, usadas para el enmangue de una azagaya de base hendida; véase figura 6.22. Ambas piezas son de asta (a partir de Knecht 1993b: Fig. 3.4 y 3.5).*

Durante el Paleolítico Superior Inicial se amplió la gama de instrumentos con la inclusión de punzones enmangados, de formas, tamaños y detalles técnicos muy variados, perforadores, varillas perforadas y piezas grabadas. La producción de este tipo de objetos es por configuración más que por lascado.[126]

El estudio de Knecht (1993a, 1993b) de las puntas de proyectil de asta auriñacienses o azagayas puede servir de ejemplo. La mayor parte de los útiles de hueso de principios del Paleolítico Superior no presentan una correspondencia con una determinada materia prima. Sí que la presentan, en cambio, las típicas azagayas de base hendida, un útil característico de principios del Auriñaciense (de Sonneville-Bordes 1960). Knecht descubrió en su muestra de 381 puntas de proyectil procedentes de Francia, Bélgica y Alemania, que el 97 por ciento de las mismas estaban hechas de asta (cuadro 6.26). Además el otro elemento del proceso de enmangue del proyectil, los elementos en forma de lengüeta (figura 6.21) estaban hechos exclusivamente de asta, casi seguro de asta de reno.

126. Alice Kehoe (comunicación personal) me ha sugerido que muchos de los objetos interpretados como puntas de lanza tenían que ver más bien con la actividad de tejer. Esta interpretación sin duda requiere un estudio en profundidad, pero en este libro me he concentrado en las técnicas de manufactura y no en el uso de los objetos.

CUADRO 6.25. *Estado que presentan las azagayas de hueso y asta en sesenta y ocho importantes conjuntos del Paleolítico Superior Inicial de la Europa central y oriental (Albrecht, Hahn y Torke 1972).*

	%
Completas	17,3
Dañadas en parte	14,8
En fragmentos	67,8
Núm. total	**277**

La secuencia de producción de estas azagayas de asta de base hendida se muestra en la figura 6.22 (Knecht 1993a: Fig. 6). Los elementos en forma de lengüeta (figura 6.21) que antes se pensaba que servían para producir la hendidura en la base de la punta son interpretados por Knecht como cuñas que sirven para expandir la hendidura y facilitar el montaje del mango. Pruebas experimentales muestran que si se monta de esta forma el mango (figura 6.22), la punta en vez de romperse tiende a separarse del mango (Knecht 1993a: 155). No hace falta además añadir ninguna resina adhesiva puesto que con la atadura basta.

La técnica de la cuña era pues, parte destacada en la producción de estas puntas. Se usaron cuñas de piedra para explotar las propiedades mecánicas del asta con el fin de producir soportes destinados a obtener puntas. También se usaron las cuñas para hendir la base de las puntas. Por último, las cuñas de asta se utilizaban para mantener expandida la hendidura pasando a formar parte, así, del mango. Como también señala Knecht (1993a: 157) las técnicas de estriado y rotura servían para trabajar los segmentos largos de asta y marfil y producir aquellas varillas que se convertían luego en cuentas o en puntas. Estas habilidades transferibles de un material a otro y de una secuencia de producción a otra, eran un conjunto de gestos corrientes que formaban parte de la cadena de producción.

Esta característica repetición de gestos se puede observar de otras dos maneras. Albretcht (*et al.* 1972) estudió las azagayas de sesenta y ocho conjuntos del Paleolítico Superior Inicial de las regiones septentrional central, septentrional oriental y meridional oriental. Descubrieron que todas las azagayas de asta de base hendida procedían de cuevas y abrigos y que las tres cuartas partes del resto también procedía del mismo tipo de escenarios. En su muestra la cantidad de piezas rotas era bastante alta (cuadro 6.25).

Sin embargo, en la región meridional occidental el estudio de 111 azagayas de asta de base hendida obra de Leroy-Prost (1974), encuentra que el 68 por ciento de las mismas estaban enteras. El porcentaje de piezas rotas llegaba al 64 por ciento en las puntas romboidales.

Incluso admitiendo estos esquemas de uso, cambio y desecho tan dispares (Gamble 1986a: 286) vemos que las azagayas de asta Auriñacienses estaban fabricadas de forma parecida en lugares geográficamente muy separados (Knecht 1993b: 45). No pasa lo mismo con los proyectiles gravetienses. Las puntas biseladas estaban realizadas a partir de huesos largos rotos en esquirlas (*ibid.*: 40), siendo aquí siempre el hueso el material preferido (cuadro 6.26).

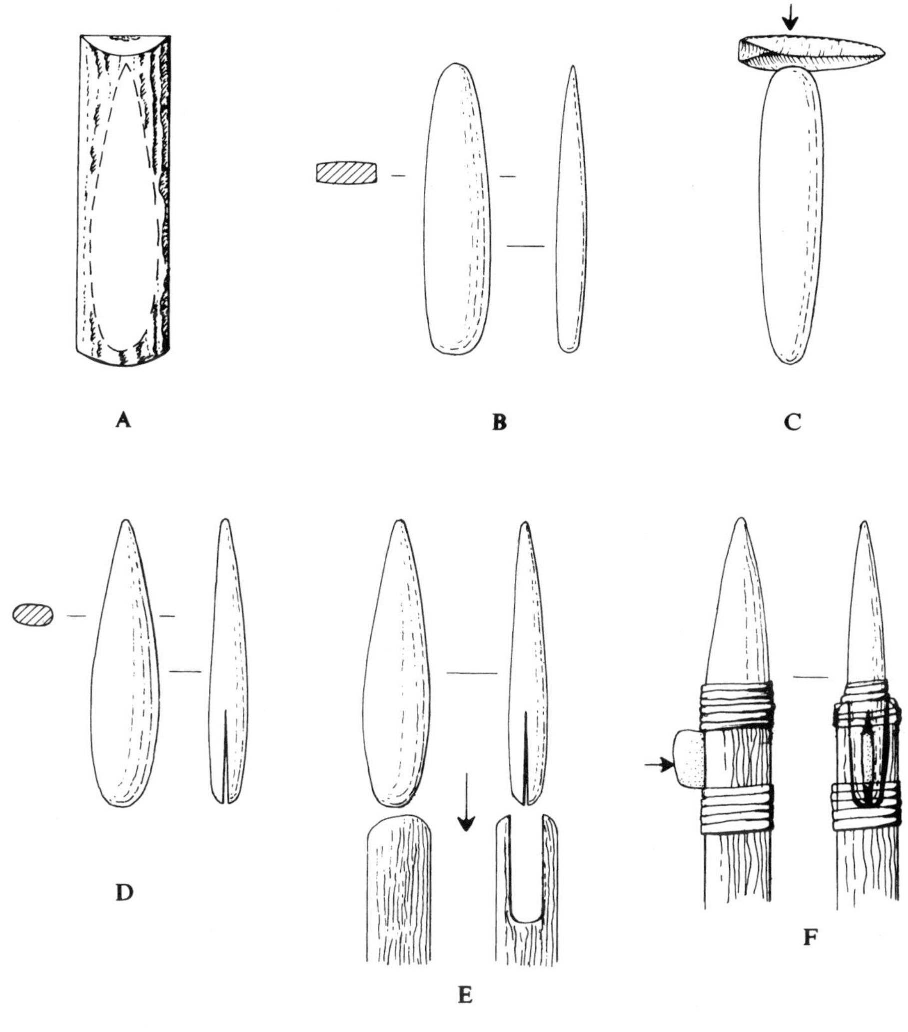

FIG. 6.22. *Cadena operativa para la fabricación y el enmangue de azagayas de base hendida (a partir de Knecht 1993b: Fig. 3.3 y 3.7). Clave:*
A y B Configuración de la azagaya a partir de un trozo de asta
C Realización de la hendidura
D Azagaya lista
E Colocación del mango
F Colocación de la cuña en la hendidura (véase figura 6.21)

CUADRO 6.26. *Materias primas escogidas y tecnología de los proyectiles del Paleolítico Superior Inicial (Knecht 1993a, 1993b). Las puntas monobiseladas proceden de Laugerie-Haute.*

	Auriñaciense			*Perigordiense/Gravetiense*
	Base hendida	*Base entera*		
		Romboidal	*Fusiforme*	*Monobiselada*
Asta	371	101	35	2
Asta?		2	0	1
Hueso o asta		0	2	1
Marfil		1	0	
Hueso	1			57
Hueso?				4
Incierta	9			

La producción gravetiense de proyectiles de materia orgánica dio lugar a unas lanzas muy afiladas (Knecht 1993b: 45) que carecían de protuberancia en el punto de unión del mango con la cabeza del proyectil. La obtención de un perfil tan liso mediante un bisel simple o doble dependió de las regiones.

Objetos de madera e indicios de útiles líticos enmangados

La investigación microscópica de los materiales da indicios de que los útiles líticos del Musteriense de Tradición Achelense francés, fundamentalmente las raederas, estuvieron enmangadas (Anderson-Gerfaud 1990, Beyries 1988).[127] Los indicios disponibles se concretan en restos de pulimento dejados por la frotación de los mangos sobre la superficie del sílex. Estas trazas han quedado porque en el material francés justamente no hay indicios de uso de adhesivos como el betún que se conserva en algunos útiles del Próximo Oriente. Estos adhesivos impiden que haya fricción, de ahí que no puedan encontrarse restos de fricción en este tipo de útiles. Por lo tanto, resulta muy difícil hallar indicios de uso y desgaste que demuestren que las puntas de proyectil y de lanza tenían mango, razón por la cual Holdaway (1989) arguye que lo que llamamos puntas musterienses en nuestras tipologías deberían ser contempladas funcionalmente como raederas. Esta interpretación no puede sostenerse. En Europa dos trozos de resina de Königsaue A y B, región septentrional central, han sido datadas respectivamente por EMA en el 43.800 ± 2.100 y el 48.400 ± 3.700 bp (Hedges *et al.* 1998: 229).[128] Una de las piezas lleva la impresión en negativo de un útil de dorso con un retoque bifacial, la posible impresión de un mango de madera y una huella dactilar, presumiblemente de un Neanderthal (Mania y Toepfer 1973: Placa 11).

Los estudios de uso y desgaste implican un análisis lento y concienzudo que depende del trabajo experimental para interpretar los datos (Beyries 1987, Keeley 1980, 1982). Gran parte de este trabajo está por hacer por lo que hoy en día aún no es posi-

127. El entallamiento presumiblemente para mango en una de las lanzas de Schöningen (Thieme y Maier 1995) pertenecientes al complejo Saaliense nos recuerda la antigüedad de esta tecnología.

128. Estas edades han de ser vistas como edades mínimas. Pruebas bioestratigráficas señalan una edad en el Odderade, entre el 81.000 y el 85.000 años BP (capítulo 5).

ble decir qué frecuencia y difusión pudo tener esta tecnología del enmangue. Incluso la proposición de que los mangos se hacían de madera sigue siendo una conjetura, aunque totalmente razonable. Las azagayas de base hendida y las de base entera del Auriñaciense y las puntas de hueso biselado del Gravetiense tenían ciertamente mango, probablemento sin adhesivo (Knecht 1993a, 1993b), la madera sería el material más probable para el mango.

Los estudios de uso y desgaste sobre útiles de piedra han mostrado que, tanto en el Paleolítico Medio como en el Paleolítico Superior Inicial, la madera se trabajaba habitualmente (Anderson-Gerfaud 1990). Sin embargo muy pocas piezas se han conservado del período Interpleniglaciar. Una excepción es el nivel H musteriense del Abric Romaní en la región mediterránea occidental (Carbonell 1992, Carbonell y Castro-Curiel 1992). Los trabajos de excavación permitieron recuperar cuatro objetos de madera muy mal conservados, aunque ninguno de ellos era un mango. Una de las piezas es una especie de tabla de madera de enebro que mide 22 × 32 cm con un grosor de 3 cm, posiblemente vaciada para formar un objeto en forma de plato. Pero la estrecha asociación de los cuatro objetos a unos hogares (Carbonell y Castro-Curiel 1992: Fig. 7) y su deficiente conservación, hace difícil discernir si se trataba de objetos o simplemente de combustible.[129]

Ritmos musicales

Nuevos sones acompañan la entrada en el Paleolítico Superior. En el horizonte IIab de Geisenklösterle se recuperaron dos flautas de hueso juntas (Hahn y Münzel 1995). Este nivel auriñaciense se dató por EMA en el 36.800 bp, por lo que se trate posiblemente de los instrumentos musicales más antiguos de Europa. El que está mejor conservado está hecho sobre un radio de cisne (figura 6.23) y muestra tres agujeros. El trozo de flauta está rítmicamente trabajado con siete cortes transversales en su superficie dorsal. No aparecieron en ningún contexto especial, tipo enterramiento o estructura, sino que fueron encontradas frente a una piedra plana (Hahn y Münzel 1995: Abb. 2) junto con útiles de piedra y huesos de animal. En la cueva de Istúritz en los Pirineos se encontró una única flauta en depósitos auriñacienses y nueve más en los niveles gravetienses así como otras seis en el Perigordiense V (Buisson 1990).

El tocar instrumentos musicales es un buen ejemplo de cadena operativa. Existen los gestos propios de la fabricación del instrumento además de los que sirven para tocarlo. Existe además el contexto de la ejecución, en solitario o en compañía. Es un acto social y técnico, a la vez individualmente creativo y sin embargo constreñido por las convenciones. Los sones rítmicos y las palabras tratan sobre el estado de ánimo a base de hacer intervenir unos recursos emocionales que a su vez provienen de otros contextos y actos en que los gestos de atención crean relaciones íntimas y eficaces. Los sones estructurados de la música, igual que la visión estructurada del arte que representa alguna cosa, son parte del entorno de intervención, el entorno de sonidos, ritmos y acciones por medio de los cuales los individuos se prestan atención unos a otros y experimentan lo que es vivir.

129. Dos de las piezas estaban carbonizadas y una había sido calentada a una temperatura estimada de 290-300 °C (Carbonell y Castro-Curiel 1992: 714), lo que sugiere que se trataba de combustible, al margen de que las piezas hubieran sido anteriormente trabajadas o no.

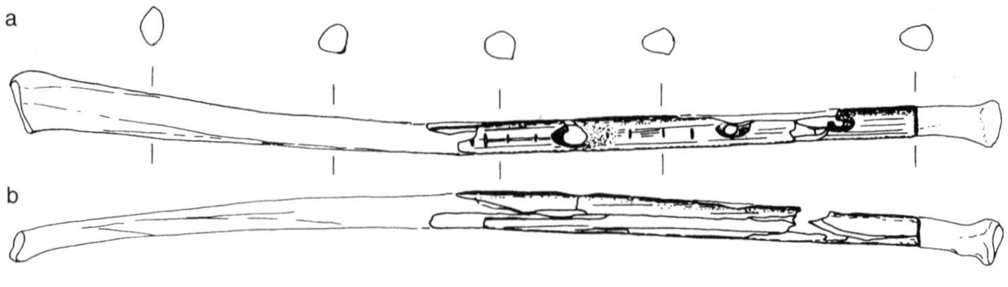

FIG. 6.23. *Flauta 1 hecha con un hueso de radio de cisne procedente del nivel AH IIab de Geisenklösterle, sur de Alemania, región septentrional central (a partir de Hahn y Münzel 1995: Abb. 3 Escala 3: 4).*

Podría también decirse que algo parecido habría resultado de lo que se oía y se veía cuando se tallaba y se usaban los instrumentos líticos. Estas actividades técnicas y sociales llegaron con los primeros europeos (capítulo 4) cuando crearon y dieron forma a sus vidas sociales basadas en el uso variable de recursos materiales y emocionales (cuadro 2.8). En cambio, el tocar instrumentos musicales y el pintar escenas en las paredes son actos que derivan de un uso añadido y simbólico de los recursos, por lo que no sorprende que esta tecnología social aparezca más tarde. Estas formas son creadas y se prolongan como eslabones de la cadena operativa a través de la ampliación de la vida social en el tiempo y el espacio. Los sonidos de estas flautas, como el cisne del cual fueron fabricadas, nos llevan más allá de la construcción inmediata de la sociedad, hacia el ancho mundo.

EL ENTORNO DE INTERVENCIÓN Y LAS HABILIDADES QUE SE REQUIEREN PARA INCIDIR EN EL ENTORNO

En el capítulo 5 examiné el entorno de intervención por medio de los esquemas regionales inferidos de los conjuntos faunísticos. Concluí diciendo que el aumento de la presencia de carnívoros apuntaba a una ubicación de los escenarios en áreas ricas en presas. La evaluación de la riqueza local proporcionaba la principal referencia para evaluar las habilidades de los Neanderthales. Aunque hay pruebas que indican un desarrollo de ciertas habilidades nuevas, la impresión general era que las habilidades transferibles seguían formando la base de la organización técnica y social. Ello quedó luego reflejado al enfocar el comportamiento a nivel regional en el énfasis puesto en las redes íntima y eficaz.

Después de comprobar los cambios en los ritmos asociados a los caminos por los que se desplazan los individuos y a las cadenas de producción, la cuestión ahora es resolver si hay pruebas de un mayor énfasis en las habilidades más específicas. ¿Es posible, en este período de transición, hablar de habilidades específicas estrechamente asociadas al conocimiento de los lugares y de determinados animales?

Para responder a esta pregunta volveré al problema de la especialización (ver capítulo 5). La habilidad de explotar entornos con recursos más pobres, pero también áreas ricas en comunidades de animales nos proporciona un buen ejemplo. Nos fijaremos en cómo los individuos utilizaron las manadas y estudiaremos dos especies que creemos que exigieron una atención de especialista: el mamut y el íbex.

Especializarse en animales: habilidades que se requieren

Vimos en el capítulo 5 que los indicios de caza de animales adultos son anteriores a la transición del Paleolítico Medio al Superior en Europa (Gaudzinski 1995). Stiner lo ha resumido así:

> Los nuevos datos del Paleolítico Euroasiático indican que el uso de recursos por parte de los musterienses fue más complejo internamente y geográficamente más diverso de lo que se creía. Estos datos muestran también que los repertorios de comportamiento homínido pudieron ser complejos en toda su estructura sin que por ello tuvieran que parecer modernos. En el grado en que los humanos arcaicos diferían de los humanos anatómicamente modernos, estas diferencias residen en los principios que combinan la estrategia con el uso del territorio en respuesta a la disponibilidad de recursos (1993: 74).

Para apreciar la diversidad a la que se refiere Stiner dirijamos la atención al cuadro 6.27 que presenta una muestra de las faunas especializadas que aparecen en cuevas y abrigos. Son especializadas en el sentido utilizado en el capítulo 5, es decir, de predominio en una zona determinada. Los escenarios se ordenan según la proporción de huesos identificados.

A lo largo de toda la lista se encuentran conjuntos musterienses, en los cuales se encuentran representadas diferentes especies de animales. Algunos de los conjuntos pueden explicarse a partir de la tafonomía, por ejemplo, los niveles Musterienses y Auriñacienses del Stadel y de Geisenklösterle, que fueron utilizados muy a menudo por osos de las cavernas como guaridas para hibernar (Gamble 1979, Münzel, Morel y Hahn 1994). Pero sería muy difícil a partir de esta lista argüir en favor de un cambio de comportamiento entre el Paleolítico Medio y el Paleolítico Superior.

Interceptar manadas

¿En qué se diferenciaron las repuestas del Paleolítico Medio y el Paleolítico Superior con respecto a lo que dice Stiner acerca de la disponibilidad de recursos? Las excavaciones del escenario de la cueva de Mauran (Farizy, David y Jaubert 1994) en el alto Garona han producido una gran cantidad de huesos de bisonte. Es la colección más grande del cuadro 6.27, con un 99 por ciento de restos de bisonte. Las materias primas para los útiles denticulados del Musteriense sobre todo guijarros de cuarcita del Garona, se obtuvieron a una distancia de 15 km del escenario (figura 6.24).[130] Los útiles pesados como los choppers forman una parte significativa de un conjunto en el cual las piezas retocadas representan el 7,5 por ciento (161) (Jaubert 1993).

130. Del principal sector de la excavación salieron diecisiete tipos diferentes de materia prima (Farizy, David y Jaubert 1994: Fig.32). El sílex y las cuarcitas representan algo más del 70 por ciento de una colección de 2.142 piezas.

CUADRO 6.27. *Faunas en las que se observa una especialización en el período 60.000-21.000 años bp (Blasco Sancho 1995, Bouchud 1975, Cassoli y Tagliacozzo 1994, Delpech 1984, Enloe 1993, Estévez 1987, Farizy, David y Jaubert 1994, Fladerer 1996, Gamble 1979, 1995d, Gvozdover* et al. *1996, Hahn 1989, Klein y Cruz-Uribe 1994, Münzel, Morel y Hahn 1994, Patou-Mathis 1993, 1994, Pillard 1972, Stiner 1994, Straus 1992).*

Yacimiento	*Nivel*	*Fase arq.*	*Región*	*Edad EIO*	*Núm. restos*	*Núm de especies/ huesos de carnívoro*	*Núm de especies/ de herbívoro*	*Especies dominantes*	*% de huesos identificados*	*NMI*
Mauran		Musteriense	M Oc	3	4.193	1/1	3/4.192	Bisonte	99	83
Abri Pataud	13	Auriñaciense	M Oc	3	224	0/0	2/224	Reno	99	
Abri Pataud	14	Auriñaciense	M Oc	3	1.499	1/4	5/1.495	Reno	99	
Abri Flageolet 1	Nivel V	Perigordiense V	M Oc	2	1.900	0/0	7/1.900	Reno	95	
Starosel'e		Musteriense	S Or	3	18.363	5/74	10/18.289	Asno de la estepa	95	240
Abri Pataud	3	Perigordiense VI	M Oc	2	2.431	3/14	7/2.417	Reno	86	
El Castillo	11-18	EUP	M Oc	3	407	0/0	4/407	Caballo	86	22
Geißenklösterle	IV	Auriñaciense	S C	3	189	5/168	6/21	Oso	85	
Lommersum		Auriñaciense	S C	3	3.202	4/9	3/3.193	Reno	85	36
Geißenklösterle	1	Gravetiense	S C	3	1.648	5/1.563	6/85	Oso	81	
Stadel	IV y IVA	Auriñaciense	S C	3	2.422	6/2.264	5/158	Oso	80	
La Fenassie	K4 a base K	Auriñaciense 1 y II	M Oc	3	225	6/221	2/4	Reno	77	
Geißenklösterle	III	Auriñaciense	S C	3	995	4/820	7/175	Oso	76	
La Ferrassie	D2 y D3, D2-E4	Perigordiense V	M Oc	2	1.041	9/990	3/51	Ciervo	76	
Hortus	Todos los niveles	Musteriense	Med Oc	3	2.332	6/392	7/1.940	Ibex	75	103
La Ferrassie	F y Go	Auriñaciense IV	M Oc	3	155	7/154	1/1	Reno	73	
Abri Pataud	12	Auriñaciense	M Oc	3	183	2/6	4/177	Reno	70	
Geißenklösterle	II	Auriñaciense	S C	3	1.774	4/1.252	6/522	Oso	66	
Stadel	V-VII	Musteriense	S C	3	4.524	8/3.349	8/1.175	Oso	59	
Arbreda (Alpha sector)	E	Auriñaciense	Med Oc	3	380	4/7	7/373	Caballo	59	
Alberndorf	Al aire libre	Auriñaciense	S C	3	191	2/12	5/179	Reno	57	9
Abri Pataud	11	Auriñaciense	M Oc	3	1.036	3/70	6/966	Reno	57	
Arbreda (Alpha sector)	F, Ga, Gbc	Musteriense	Med Oc	3	483	4/294	9/189	Oso	54	
La Ferrassie	J-K1-K3	Auriñaciense 1 y II	M Oc	3	156	9/155	1/1	Bos	52	
St Césaire	EJOP	Chatelperroniense	M Oc	3	516	4/28	9/488	Reno	48	12
Grotta Breuil	B3/4	Musteriense	Med C	3	396	5/45	8/351	Ibex	47	
Gabasa 1	d	Musteriense	Med Oc	3	702	7/71	7/631	Ibex	47	24
Grotte Tournal	IIIFA,FB, Fl-F4	Auriñaciense	Med Oc	3	696	5/63	9/633	Reno	44	25
Cueva Morin	17	Musteriense	M Oc	3	506	2/3	7/503	Bos	43	
Grotte Tournal	IIb	Musteriense	Med Oc	3	1.225	5/315	8/910	Caballo	41	33
Gabasa 1	a+c	Musteriense	Med Oc	3	658	6/51	8/607	Ibex	40	27
Riparo Fumane	A3 a DI-Ic	Auriñaciense	Med C	3	1.287	8/216	7/1.071	Ibex	38	48
Riparo Fumane	A13-2 a A4 III-II	Musteriense	Med C	3	678	5/45	8/633	Ciervo	37	36
Gabasa 1	f	Musteriense	Med Oc	3	1.123	8/30	9/1.094	Ibex	36	21
Gabasa 1	g	Musteriense	Med Oc	3	1.814	9/176	9/1.638	Ibex	36	46
Gabasa 1	h	Musteriense	Med Oc	3	806	7/83	8/723	Ibex	34	14
Gabasa 1	e	Musteriense	Med Oc	3	1.405	9/120	9/1.285	Ibex	31	29
Grottra di Sant'Agostino	SO-SX	Musteriense	Med C	3	3.141	7/529	9/2.612	Ciervo	26	34

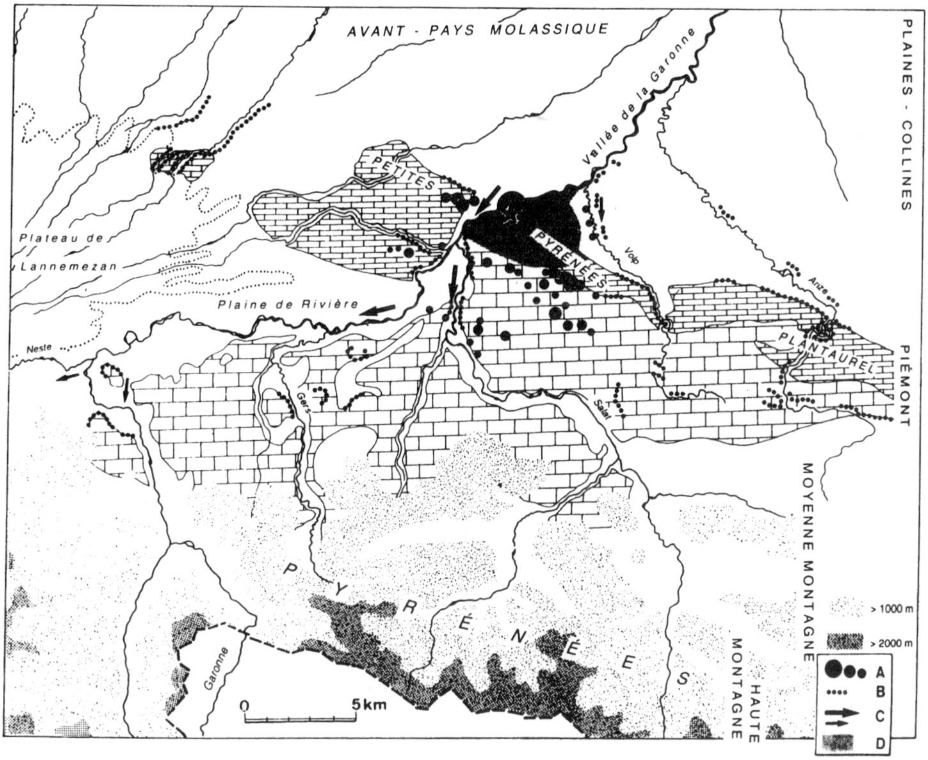

FIG. 6.24. *Localización de Mauran (marcado con una estrella) en los Pétits Pyrénnées, Francia, región meridional occidental. Los bisontes probablemente se dispersaban en grupos pequeños por las colinas de la zona este del yacimiento. Este yacimiento se beneficiaba de las características naturales del terreno para predecir los movimientos de los animales y facilitar la caza al acecho (a partir de Farizy, David y Jaubert 1994: Fig. 128). Clave:*
A Localización de la materias primas situadas a menos de 15 km del yacimiento
B Farallones y moles rocosas que pudieron utilizarse para el acecho de la caza
C Principales senderos que recorrían el área
D Zonas situadas a una hora de camino desde el yacimiento

Mauran domina un desfiladero que atraviesa los Petits Pyrénées que representa unos profundos acantilados y una topografía interesante. El número mínimo de bisontes identificados es 83, procedentes de una pequeña excavación de 25 m^2 y un área estimada de 1000 m^2 que falta excavar. Si se recuperaran restos de bisonte en la misma densidad para toda el área, entonces tendríamos casi 4.000 animales.

El patrón de crecimineto de la dentición sugiere que los bisontes fueron muertos al final del verano y a principios del otoño. El dieciocho por ciento de los animales eran hembras adultas y crías. Los machos adultos conforman el resto de la matanza. El perfil de edad puede describirse como catastrófico por la alta proporción de individuos jóvenes. En otras partes este perfil de la composición de la mortalidad sería indicativo de actividad carnívora (Stiner 1994: capítulo 5). Pero en Mauran sólo se encontró un hueso de carnívoro, la escápula de un oso y no presenta signos de roedura.

La acumulación de huesos no presenta ninguna distribución peculiar (ver David y Farizy 1994: Figs 120-123) y la mala conservación de la superficie de los huesos ha destruido la mayor parte de los indicios de marcas de corte. Sin embargo, muchos de los huesos fueron sistemáticamente partidos con percutor y yunque para extraer el tuétano (Farizy, David y Jaubert 1994: Fig. 129).

Contrastemos este escenario dedicado a la matanza del bisonte con el nivel 14 Auriñaciense del abrigo Pataud sobre el Vézère, en la Dordoña. (Bouchud 1975, Movius 1977, Spiess 1979). Aquí el animal predominante es el reno, algo que pasa en los cuatro niveles Auriñacienses (cuadro 6.27) y en los del Perigordiense/Gravetiense. En el nivel 14 sus restos representan el 99 por ciento del total, y los 1.500 huesos identificados proceden de un área de ocupación estimada de 15 m^2 (Spiess 1979: cuadro 6.20). Este nivel, el más antiguo del escenario, produjo 101 útiles retocados (Movius 1977: 140).[131]

Se ha debatido en qué estación del año debió ocuparse este escenario (Boyle 1990: 111-14). Spiess (1979) sostiene que fue al final del otoño y durante el invierno, como todos los niveles del Paleolítico Superior Inicial en el abrigo Pataud. Esta interpretación se apoya en los indicios sobre estacionalidad que dan las secciones de los dientes (*ibid.*: cuadro 6.6). Sobre la base de estos hallazgos concluye que el Vézère proporcionó un refugio para pasar el invierno.

La información sobre edades es escasa, sin embargo Spiess (1979: 197-203) arguye que los cazadores escogían manadas mixtas pequeñas. Sus datos (*ibid.*: Cuadro 6.10) sugieren en este caso un perfil de edad adulto con un cierto predominio, el 53 por ciento, de animales entre los tres y los nueve años (93).[132] En este caso no se trató de conducir una manada según un propósito determinado.

En el nivel V del abrigo de Le Flageolet el conjunto lítico del Perigordiense V ofrece una fauna asociada dominada por el reno (Enloe 1993: Cuadro 6.27). Los datos de estacionalidad apuntan al invierno, mientras que el perfil de edad predominante va de los dos a los seis años (*ibid*,: Fig. 1). Es interesante notar que sólo el 3 por ciento de todos los especímenes identificados llevan marcas de corte (*ibid.*: 109) a pesar de estar muy bien representados los huesos con mucha carne alrededor y los que contienen mucho tuétano como la tibia, el fémur y el metatarso. Enloe (1993: 109) interpreta estos hallazgos como una prueba que apunta a la presencia de cazadores en solitario transportando comida a cierta distancia. Esta conclusión exige que los huesos asociados a partes especialmente útiles del esqueleto (Binford 1978b, 1981a, Binford y Bertram 1977) sean cortados a trozos para reducir el peso que han de cargar los portadores.[133] Binford llama a esto las estrategias del gourmet o de la carga según los huesos abandonados. La ausencia de huesos asociados a un alto valor alimenticio en términos de carne, grasas y tuétano, indica una estrategia de gourmet, relacionada

131. Esto se refiere a piezas catalogadas (Spiess 1979) asumiendo que los desperdicios de manufactura no se catalogan. Movius (1977: 140) da para el nivel 14 una cifra de 289 piezas catalogadas que incluyen sílex huesos y objetos de piedra.

132. Las cifras son bajas en todos los sentidos en el abrigo Pataud, y no hay apenas variaciones entre los distintos niveles con respecto a las edades de los renos. Pike-Tay y Bricker (1993: Figs. 9.8 y 9.9) presentan los datos combinados de un cierto número de escenarios perigordienses/gravetienses del sudoeste de Francia. Todos presentan los mismos perfiles de edad en torno a la madurez, tanto para el ciervo común como para el reno.

133. Sin embargo, extrañamente, Enloe dice que «sólo las partes especialmente útiles han sido transportadas», pero refiriéndose a los huesos y no a la carne invisible que los rodea.

con la caza de presas de edad adulta (Binford 1978b: 81). Las estrategias de carga aparecen cuando el abastecimiento es reducido, por lo que se coge lo que se puede, incluidos animales viejos y crías.

Los restos de fauna, en consecuencia, no sugieren estrategias ni capacidades organizativas muy distintas entre los homínidos de Mauran y del abrigo Pataud. A una conclusión parecida llega Patou-Mathis (1994) para la Grotte Tournal en la región mediterránea occidental. Los niveles musterienses y auriñaciensses están aquí respectivamente dominados por el caballo y el reno (cuadro 6.27). Sin embargo, un esmerado estudio tafonómico de las faunas mostró pocas diferencias en el tratamiento de estas dos especies. La cueva proporciona un ejemplo de palimpsesto con respecto a la fauna: en ambos períodos la cueva recibió muchas visitas de corta duración (*ibid.*: 25). El uso esporádico de este escenario en el Musteriense está subrayado por la fuerte presencia de osos y hienas en el conjunto.

Mamuts

Es digna de atención la falta de reuniones asociadas con cadáveres aislados durante el período 60.000-21.000 años bp. La escasez de yacimientos junto a lagos que señalamos más arriba quizá explique este hecho. En el período Saaliense (capítulo 5) hubo varios ejemplos de ello referidos a uros, rinocerontes y elefantes, caso de Neumark-Nord, por ejemplo. En cambio escenarios como Mauran están asociados a centenares de bisontes acumulados con el paso de los años en el mismo lugar. Es algo comparable a los escenarios un poco más antiguos de Wallertheim (Gaudzinski 1992), La Borde (Jaubert et al. 1990) o Il'skaya (Hoffecker, Baryshnikov y Potapova 1991).

La diferencia más importante en este período tiene lugar después del 33.000 bp y más en particular con el empeoramiento climático hacia el Último Máximo Glaciar, después del 28.000 bp. El aspecto que presentan en este momento los escenarios es el de una acumulación de restos de mamut. De hecho esto sucede en determinadas áreas del continente, no en todas partes. Kozlowski (1990: Cuadro 15.1) señala que varios yacimientos gravetienses en las regiones septentrional central y septentrional oriental, estuvieron asociados con grandes acumulaciones de restos de mamut. En algunas ocasiones los huesos de mamut se utilizaron para construir paravientos y estructuras, como sucede en el complejo I de Ripiceni-Izvor (Gamble 1986a: Fig. 6.4, Paunescu 1965) y en el yacimiento de la calle Spadzista, dentro mismo de la ciudad de Cracovia (Kozlowski 1974). Soffer (1993) nos ofrece una idea de la distribución del mamut (cuadro 6.28).

Soffer subraya que estos restos de mamut no sólo son el resultado de la intervención humana sino que también son debidos a procesos de acumulación naturales, los llamados cementerios de mamuts, que acumulan restos a lo largo de las orillas de los ríos en paisajes dominados por el permafrost. Generalmente no aparecen marcas de corte en los huesos aunque sí presentan marcas de roedura de carnívoro, lo que sugiere que los huesos en parte eran recogidos conforme eran encontrados y en parte obtenidos de los cuerpos de animales cazados (Soffer 1993: 37). Generalmente la edad predominante de los mamuts que excavamos es la subadulta aunque hay representantes de todas las edades. Soffer hace notar la interesante asociación entre los yacimientos de Moravia y la presencia de superficies lamidas en el mineral en sus inmediaciones (1993: 40). Quizá se trate de un elemento que haya atraído a los mamuts y alrededor del cual se hayan producido muertes estacionales (ver Conybeare y Haynes 1984).

CUADRO 6.28. *Yacimientos con más de diez mamuts (según Soffer 1993). Son todos al aire libre y están asociados a conjuntos gravetienses del período 29.000-21.000 años bp.*

Yacimiento	*Región*	*NMI de mamut*
Dolní Věstonice I y II	SC	>150
Pavlov	SC	>30
Milovice	SC	>30
Předmostí	SC	>1.000
Spadzista	SC	60
Voronovitsa	SOr	12
Kostienki 1/1	SOr	>10 (mínimo estimado)

En los escenarios moravos los huesos de mamut no eran quemados como combustible ni almacenados en hoyos. Estos elementos característicos se encuentran también en Kostienki 1/1 y en la Llanura Central Rusa después del UMG.

Cazadores de íbex

La capacidad de resistencia en áreas pobres en recursos quizá constituya el test más adecuado a la sugerencia de Stiner de que la transición del Paleolítico Medio al Superior viene marcada por la combinación de diferentes estrategias de supervivencia. Para trabajar esta idea me he concentrado en el examen de los conjuntos faunísticos con *Capra ibex*, un bóvido de tamaño medio que hoy vive formando pequeños rebaños en terrenos muy escarpados de cierta zonas montañosas (Gamble 1995e: Cuadro IV). Como dice Straus (1987) si esos animales eran perseguidos significa que había cazadores especializados conocedores del terreno, o en términos de Stiner, cazadores que actuaban de forma compleja.

Entre una muestra de 588 conjuntos faunísticos procedentes de tres reguiones europeas, 152 contienen *Capra ibex* (cuadro 6.29). Esta especie fue, por períodos, más abundante a principios del Paleolítico Superior, y por regiones, en el Mediterráneo oriental.

Cuando en un conjunto faunístico aparecen restos de *Capra ibex* se observa que el número de especies de grandes carnívoros es mucho mayor que en otros conjuntos sin ibex (Gamble 1995e: Cuadros I y V).[134] Esto es así para las tres regiones, pero no para todos los períodos. El Paleolítico Superior Final presenta conjuntos con ibex, como Klithi al noroeste de Grecia (Bailey 1997, Gamble 1997), donde no hay grandes carnívoros y en cambio sí pequeños carnívoros. Los conjuntos paleontológicos cubren ambos tipos.

Los conjuntos en cuya composición hay presencia carnívora se interpretan como una medida de la riqueza en recursos representada por cuatro comunidades de animales (cuadro 6.30).

134. Debido a la falta de uniformidad de la muestra la medición se basa en la presencia o ausencia de estos animales en los conjuntos, y no en el número de huesos, lo que sería preferible. Obviamente, sería deseable un estudio tafonómico detallado de cada conjunto para descubrir, como Gaudzinski hizo en Wallertheim (1992,1995) qué especies aparecían debido a la actividad humana. A falta de este tipo de examen evaluativo, se utiliza como medida de la riqueza de los recursos, tanto a nivel local como regional, la diversidad de especies.

CUADRO 6.29. *Distribución de 152 conjuntos faunísticos con* Capra ibex *por región y período. Las proporciones se refieren al conjunto de la muestra formada por 588 conjuntos.*

Región	*Faunas con* Capra ibex	*% de faunas arqueológicas*
Septentrional central	78	21
Meridional Oriental	27	31
Mediterránea Oriental	47	34
Período		
Paleolítico Superior Final (PSF)	33	20
Paleolítico Superior Inicial (PSI)	65	38
Paleolítico Medio (PM)	54	22

CUADRO 6.30. *Cuatro comunidades de la Europa del Pleistoceno Superior (Gamble 1995e: cuadro VI). La clave de las siglas se ofrece en el cuadro 6.29. Incluimos entre los grandes carnívoros al oso, al león, a la hiena, y al lobo, todos miembros de la cohorte carnívora que compite más intensamente con los homínidos. Entre los pequeños carnívoros incluimos al zorro, al lince, al gato silvestre, al tejón, a la nutria y al cuon.*

Comunidad	*Homínidos*	*Grandes carnívoros*	*Pequeños carnívoros*	*Condición*
1. PM, PSI, PSF	x	x	x	Rico en recursos
2. PNT		x	x	|
3. PSF	x		x	|
4. PNT			x	Pobre en recursos

Así, la *Capra ibex* se encontraría en la comunidad 1 donde hay vestigios tanto de pequeños carnívoros como de grandes, así como de homínidos, lo cual indica que habría recursos abundantes en áreas con una topografía diferenciada aunque no extrema (ver capítulo 5). Esta especie se encontraría también en áreas más restringidas, como las montañas de Pindhos, en Grecia, comunidad 3, donde su presencia combinada con la ausencia de grandes carnívoros indicaría unos recursos más limitados.

Constituirían ejemplos del tipo de comunidad 1 los escenarios del Paleolítico Superior Inicial de Bacho Kiro en la región meridional oriental (Kozlowski 1982) y Subalyuk (Mottl 1941) en la región septentrional central. El ibex aparece en los conjuntos de esos escenarios que presentan indicios de actividad carnívora en la forma de huesos, de diversidad de especies y de señales de roedura, todo lo cual da lugar a unos característicos conjuntos óseos que sólo conservan los elementos más duros como dientes y huesos de las patas. La cueva de Hortus del Paleolítico Medio (Pillard 1972) en la región mediterránea occidental con sus ibex y sus restos fragmentarios de Neanderthal es una comunidad del tipo 1 (cuadro 6.27). Hacen falta estudios tafonómicos para descubrir hasta qué punto los leopardos llevaban los ibex a la cueva.[135]

135. La cueva del Hortus produjo también un conjunto musteriense de denticulados, como Mauran. Sería interesante comparar los resultados de Hortus con los del yacimiento de Fréchet en los Pirineos (Jaubert 1994) donde un análisis preliminar de una muestra pequeña (241 especimenes identificados) muestra que el 59 por ciento de los restos identificaados son de ibex y gamuza.

CUADRO 6.31. *Estructura de la población de herbívoros en Gabasa I (Blasco Sancho 1995: cuadro 36).*

	Neonatos %	*Infantil/juvenil* %	*Adulta* %	*Vieja* %	*Núm.*
Ciervo	60,4	9,4	29,2	1,0	96
Caballo	61,7	7,5	28,0	2,8	107
Ibex	13,7	5,6	72,0	8,7	161
Gamuza	18,9	10,8	62,2	8,1	37

Otro ejemplo procede de la cueva de Gabasa I en la provincia de Huesca (Blasco Sancho 1995). Este escenario tiene seis niveles del Musteriense en los que el ibex aparece como la especie más común.[136] Los carnívoros representan el 9 por ciento de la fauna, y hay señales de roedura. Los huesos de las especies principales proceden de partes del cuerpo de alto valor nutritivo.

En su estudio de los grandes herbívoros de Gabasa I Blasco Sancho (1995) utiliza cuatro categorías de edad en base al crecimento de la dentición y a su desgaste (cuadro 6.31). Ibex y gamuza presentan individuos de edad adulta y en términos de composición de la población presentan un cuadro muy diferentes al de los grandes animales gregarios como el caballo y el ciervo. Las diferencias en datos de edad se interpretarían normalmente en términos de selección de presas. Sin embargo, es posible interpretarlas también en función de la importancia de la estructura de la comunidad local de animales a la hora de decidirse sobre el transporte de partes de la caza a la cueva. Las decisiones tendrían menos que ver con el qué matar (selección) que con el qué hacer con las presas una vez muertas (transporte).

Este modelo supone que las cabezas (partes con poca utilidad) sólo se transportarían al lugar de procesamiento y consumo cuando se matasen animales pequeños o demasiado viejos, es decir, cuando el valor alimenticio de los animales cobrados fuera bajo. Si se matara a un animal adulto, la cabeza, de poco valor, se dejaría. La decisión sobre qué partes del cuerpo habría que llevarse puede convertirse en un modelo a partir de una curva de demanda/oferta análoga a la del modelo de las estrategias del gourmet y de la carga de Binford (1978b: 81). Cuando se matara animales adultos, las partes del cuerpo elegidas para llevarse se parecerían a las del gourmet y la curva del modelo se parecería a la curva del gourmet. El énfasis se pone, pues, en las partes de mayor utilidad alimenticia. La curva de la carga incluye partes de poca utilidad, como la cabeza, y se daría cuando se cobraran animales demasiado jóvenes o demasiado viejos. Cuando así fuera deberíamos esperar decisiones de transporte que producen curvas de edad diferentes para dientes y cuerpos de animales de la misma especie. Los datos de los dientes indicarían una curva de desgate en forma de U (Stiner 1990: Fig.2) mientras que un panorama de huesos deshechos, un perfil con dominio de los individuos de edad adulta (figura 5.28). El éxito a largo plazo de los cazadores de Gabasa 1 en la caza de presas de edad adulta, refleja su fortuna en la depredación de una comunidad más diversa y rica (Gamble 1995e).

136. El nivel e, el tercero desde arriba, está datado en el 46.500+4.400-2.800 BP (GrN 12.809).

La riqueza de los recursos, por lo tanto, tiene mucho que ver con la composición de los conjuntos faunísticos y sugiere alguna forma de continuidad en el comportamiento y no de cambio a formas de comportamiento distintas. La caza del ibex en una comunidad rica en recursos representó disponer de una serie de habilidades que se transfirieron del Paleolítico Medio al Superior. Estas habilidades tienen un contenido concreto en el sentido de que la antigüedad en la caza de esta especie es comparativamente escasa, dado que parece datar del período posterior al último período interglaciar, hacia el 118.000 bp.

Nuevas habilidades han de descubrirse pues, una vez superado el UMG, en los escenarios en los que predominan los restos de *Capra ibex*, en lo alto de las montañas, donde abundan muy pocas especies más (Gamble 1995e, 1997, Straus 1987). Las habilidades de los cazadores del Paleolítico Superior Final tiene que ver con la explotación de comunidades pobres (cuadro 6.30). Se trató de algo más que de periódicos ajustes a la disponibilidad de presas (Stiner 1992: 447) puesto que implicaron nuevas formas de utilización del paisaje con un conocimiento específico aplicado a la obtención de recursos escogidos (Bailey 1997). La adquisición de habilidades específicas dentro del contexto del entorno de intervención de un individuo pudo suceder en cualquier momento. No se trata de creaciones específicas sino de adquisiciones dependientes de las rutinas y los ritmos habituales que animan a la vida en sociedad al nivel espacial del entorno de intervención.

Una conclusión parecida puede extraerse del estudio de Simek y Snyder (1988) sobre la diversidad de los conjuntos faunísticos del sudoeste francés. Estos autores observaron una disminución de la diversidad después del 28.000 bp y una tendencia hacia las faunas especializadas (*ibid.*: 329). Los cambios en la fauna son mayores a lo largo del Paleolítico Superior que durante la transición entre el Paleolítico Medio y el Superior. Simek y Price (1990: 258) sostienen que el cambio observado en los conjuntos líticos, hacia el 28.000 bp, con el Perigordiense, puede ser en parte explicado por la disminución de la diversidad animal que presionó cada vez más a favor del cambio tecnológico.

Resumen

Hay un requisisto esencial en el estudio de la transición entre el Paleolítico Medio y el Paleolítico Superior, y es que debemos estar satisfechos de que exista un campo de juego nivelado de manera que las diferencias puedan entenderse como cambios sociales y no como variaciones debidas a factores ecológico o de conservación de los materiales.

Los indicios disponibles demuestran que el campo de juego sobre el que se representó la transición fue más o menos uniforme durante el período 60.000-20.000 años bp. Este carácter uniforme se mide por el clima y por la supervivencia y recuperación de vestigios. En tres aspectos —tamaño de los conjuntos de objetos, intensidad con que fueron ocupadas las regiones y caza de animales adultos— hay pruebas de continuidad desde el Paleolítico Medio hasta los inicios del Paleolítico Superior. Kozlowski (1990) las presentó con su modelo multifacético (cuadro 6.8).

Pero estas continuidades concuerdan también con ritmos innovadores y con una tecnología social innovadora durante este período transicional. Lo más significativo es la distancia de los transportes de materia prima, el transporte de conchas y la creación de representaciones materiales por medio de ornamentos, esculturas o música.

Sin embargo, a pesar de estas innovaciones, los principales cambios estructurales tienen lugar en el registro del Paleolítico después *del 33.000 bp como revela el modelo multifacético.*

Ello no significa, por el momento, que ya podemos mover la frontera del Paleolítico Superior en Europa de su lugar tradicional, que se encuentra en algún punto no fijo entre el 45.000 y el 35.000 años bp. Cuando nos disponemos a considerar cómo los ritmos discutidos en este capítulo relacionaron los escenarios y las regiones que examinaremos en el capítulo 7, hemos de estar atentos a este esquema temporal. Ello tendrá especial importancia cuando nos dispongamos a examinar los cambios cuantitativos y cualitativos en la estructura de los escenarios.

El esquema de las culturas arqueológicas puede resumirse del modo siguiente:

— Los escenarios del final del Paleolítico Medio no son más complejos en términos de arquitectura, contenido y tamaño de las colecciones que los del Paleolítico Medio Inicial. No hay cambios apreciables en los transportes de materia prima sea en distancia o en el tipo de materiales transportados.

— Las puntas foliáceas y las llamadas industrias transicionales como el Szeletiense y el Chatelperroniense son numéricamente pequeñas en lo que respecta a tamaño de los conjuntos. Hay algunos cambios en las distancias de transporte.

— Los conjuntos auriñacienses son numéricamente pequeños y las pruebas de la existencia de campamentos base son limitadas. Sin embargo hay más indicios de cambio tanto en la distancia como en la variedad de los materiales transportados. La inversión de tiempo en la manufactura de objetos de adorno y la alteración del entorno de intervención por medio del arte rupestre y la música son realidades que se dan por primera vez.

— Los conjuntos gravetienses son a veces muy grandes, pero eso sólo ocurre en las regiones septentrional central y septentrional oriental. Hay cambios en el movimiento de materias primas con mayor presencia de materiales procedentes de muy lejos. La información que proporcionan los enterramientos adquiere una nueva dimensión en el centro y el oeste del continente, así como en la costa ligur, detectándose contactos gracias al transporte de conchas entre la Europa central y el Mediterráneo.

Mi interpretación de este esquema hace incapié en cómo los ritmos innovadores contribuyeron a la integración en un sistema, tal como la definimos en el capítulo 2. Esto se consiguió gracias al uso de recursos simbólicos y al traspaso de los límites de la co-presencia. Esta integración que, como veremos en el próximo capítulo, dio lugar a la expansión de la sociedad, ocurrió de forma selectiva antes del 33.000 bp. La existencia de dos sistemas sociales diferentes, el Neanderthal y el Crô-Magnon, basados en un uso diferente de los recursos emocionales, materiales y simbólicos confirma el campo de juego uniforme y dirige la atención hacia lo que requiere explicación en relación a la sustitución del Paleolítico Medio.

En este capítulo me he centrado en los ritmos y la tecnología social y he seguido insistiendo en las habilidades de la vida social en lo que afectan a los individuos. Desde esta perspectiva las habilidades de un cazador neanderthal de la Grotte Tournal o Mauran sólo parecen diferir de las de un Crô-Magnon en la escala del escenario. Trataremos acerca de estos hogares y estructuras de modo más detallado en el próximo capítulo cuando consideremos a los escenarios como ocasiones sociales y como lugares. Pero ésta es una conclusión bastante diferente a lo que sostiene Stiner cuando dice que «las diferencias residen en los principios que combinan la estratégia con el uso del territorio en respuesta a la disponibilidad de recursos» (1993: 74). He dicho que los entornos de intervención de los Neanderthales implicaban habilidades específicas que servían para reunir a la gente alrededor de determinados recursos. Si hubo diferencias entre individuos Neanderthales e individuos Crô-Magnones éstas han de buscarse, no en las combinaciones estratégicas —decisiones humanas determinadas sobre todo por el entorno exterior— sino en las consecuencias de vivir en el interior de este entorno. La acción humana individual, al margen de las etiquetas que puedan llevar los fósiles paleontológicos, es la que crea el entorno inmediato de intervención.

Ello sugiere que difícilmente comprenderemos adecuadamente los cambios del registro del Paleolítico de cualquier período, si sólo intentamos relacionar aspectos organizativos con el diseño y organización de la tecnología. Nunca obtendremos un resultado satisfactorio de la investigación de la organización del espacio en términos de áreas funcionalmente distintas, en base a la distribución de los huesos de animal. Por lo tanto he de estar de acuerdo con la conclusión de Farizy y David de que

> *[…] ello no significa que los grupos del Paleolítico Medio no fueran capaces de planificar estrategias de forrajeo a corto e incluso a largo plazo. Su comportamiento parece ser altamente dependiente de sus limitaciones sociales, y esto explicaría por qué los modelos de comportamiento parecen cambiar de forma tan lenta (1992: 93).*

Es preciso que integremos los indicios de estas formas de comportamiento dentro un marco de acción social. Este enfoque, que se explora en el próximo capítulo, se centra en el individuo y no sólo en el sistema organizativo que proporciona respuestas adaptativas al entorno externo. Si nos centramos en el sistema sólo aprendemos que nuestra posición en la cohorte carnívora no cambió. Si enfocamos al individuo aprendemos que muchas habilidades sociales se transfirieron del Paleolítico Medio al Superior y que aparecieron otras habilidades nuevas. Es hora de examinar cómo los ritmos comunes como el obtener recursos, producir, caminar, actuar y atender a otros, enlazan las escalas de las regiones y los escenarios en el Paleolítico Superior para gestar nuevas habilidades específicas con las que vivir.

CAPÍTULO 7

LA EXPANSIÓN DE LA VIDA EN SOCIEDAD HACE 60.000-21.000 AÑOS: REGIONES Y ESCENARIOS, REDES Y PAISAJES

La vida en sociedad... no es la ejecución de un programa; es el proceso mismo de elaboración.

PETER WILSON, 1980

El poder y el Paleolítico

En este capítulo defenderé la idea de que no puede haber realmente ninguna transición importante entre sociedades paleolíticas si no existe paralelamente una transformación de los mecanismos de poder. Este tipo de cambios implican algo más que nuevas formas de cazar el reno o de protegerse del frío. Supone algo más que capacidad de planificación para prevenir carestías a base de organizar la distribución de la gente y regular sus movimientos. En realidad los cambios acaecidos ampliaron el ámbito de la acción individual por lo que se alteró radicalmente la estructura del poder.

El problema de investigar las relaciones de poder estriba en nuestra concepción del mismo. Este problema es particularmente agudo en el Paleolítico, que generalmente se ha presentado como un período sin relaciones de poder, en el que las acciones del Hombre eran guiadas por las fuerzas de la Naturaleza en vez de emerger de las interacciones entre la gente y su entorno (capítulo 1). Pero el poder, tal como hemos visto en el capítulo 2, debe concebirse como un conjunto de normas y recursos que al mismo tiempo facilitan actuar al individuo y le constriñen.

Hemos visto a lo largo de este libro que los recursos están ahí para mediatizar las interacciones entre los individuos. Las tres redes, íntima, eficaz y ampliada, se definen sobre todo por los recursos —emocionales, materiales y simbólicos (cuadro 2.8)— apropiados para su mantenimiento. Son el origen del verdadero ser social con el que tratamos. Las normas que posibilitan y al mismo tiempo constriñen el funcionamiento de estas redes, tienen que ver con las características de los recursos. Normas y recursos son inherentes al hecho social y se revelan a través de la vida en sociedad, de la estructura de la acción cuyos protagonistas son los individuos.

Por ejemplo, no es posible basar una red ampliada del tamaño que sea en los recursos emocionales ya que suponen tiempo, atención y co-presencia. Los recursos simbólicos no son apropiados para mantener la red íntima ya que despersonifican toda acción. Son, por lo tanto, innecesarios en una red en la que el estar presentes es una característica definidora de la interacción.

En el capítulo 6 mostré que la transición entre el Paleolítico Medio y el Superior estaba marcada por diferencias significativas de los ritmos que estructuran la acción. El objetivo de este capítulo es dar cuenta de estos cambios de acuerdo con las reglas y los recursos disponibles para la construcción de la vida en sociedad a través de la acción. Para ello deberemos examinar el proceso de integración social que tiene lugar rutinariamente a nivel del escenario y la región. Sostendré que la transición marca la aparición de redes ampliadas (cuadro 2.8) juntamente con la aparición de ocasiones sociales y la creación de lugares en los paisajes sociales (cuadro 3.1). En este período los individuos utilizan las normas y los recursos de la interacción con la gente y los objetos con el fin de crear nuevo conocimiento social. En este período encontramos la red personal de los individuos con sus ámbitos íntimo, eficaz y ampliado, así como su red global de oportunidades y limitaciones (cuadro 2.8). La capacidad individual de actuar no está libre de constreñimientos pero los ritmos que resultan de vivir en el mundo, del mundo y con el mundo (capítulo 3) están ahora en disposición de multiplicarse y transferirse. El resultado de todo ello es la integración en un sistema que tiene que ver con la acción *in absentia* (capítulo 2). La formas de poder personal e institucional se extienden ahora a través del espacio y el tiempo. El «liberarse de la inmediatez» (Rodseth *et al.* 1991) ahora puede ser una realidad.

Pero dejadme ser muy claro en un asunto: el poder no tiene un origen fechado. Estas transformaciones no fueron negativas en sí mismas en el sentido que las mujeres «perdieron» su poder en un determinado momento fruto de las circunstancias ambientales (Knight 1991a, 1991b) o que alguien pudo «tomar» el poder como consecuencia de cambios organizativos relacionados con la caza mayor (Gilman 1984). Considerar estas asimetrías del poder entre personas, géneros y gentes, tan universales en la historia como en la prehistoria, es prejuzgar el problema. Ernest Gellner señaló en una ocasión que encontró extraño que los historiadores políticos creyeran necesario explicar los orígenes de la explotación.[137] Estoy seguro que estaba en lo cierto; la explotación, como ejemplo de poder perjudicial, no necesitó ser inventada por ningún homínido. Si esto es así debemos también admitir su corolario: tampoco tuvieron que idear en cierto momento una invitación a los demás para implicarse en acciones creativas negociadas por medio de redes, con reglas y recursos.

Voy a examinar estos cambios del período 60.000-21.000 años bp haciendo uso del marco definido por las regiones y los escenarios, como en los capítulos anteriores. En este capítulo el énfasis va a recaer en el paisaje social y en la ocasión social/lugar, conceptos que hasta el momento apenas han sido discutidos. El paisaje social se explora por medio de una serie de casos regionales, mientras que el escenario de Dolní Věstonice-Pavlov, situado en Chequia, se estudia como ocasión social.

137. El comportamiento maquiavélico de los primates y los monos apoya su punto de vista (Waal 1982).

Regiones

Paisajes de la costumbre

El paisaje de la costumbre se centra en el individuo y en las decisiones que ha de tomar. Se trata de la red espacial destinada a la negociación y reproducción de la vida en sociedad que tiene lugar durante los encuentros, las reuniones y las ocasiones sociales (capítulo 3). Todos los homínidos participan del mismo; dentro de él se incluyen todas las habilidades asociadas con la movilidad, el conocimiento ambiental y la supervivencia, transferidas y modificadas en el curso de la evolución humana. Se trata de un entorno de aprendizaje tanto de las habilidades necesarias para interactuar como para poder explorar sus límites espaciales.

En este sentido el paisaje de la costumbre contiene las normas y los recursos para la integración social, como vimos en los capítulos 4 y 5. Sin embargo, ello no implica integración en sistema alguno fuera de los límites impuestos por las redes íntima y eficaz que caracterizan los paisajes de la costumbre hasta el final del Pleistoceno.

Las dimensiones del paisaje de la costumbre pueden perfilarse por medio de los transportes de materias primas entre los escenarios (capítulos 4, 5 y 6). Distancias de 80-100 km invariablemente representan las transferencias más largas, aunque la mayoría de los materiales se trasladan sobre distancias mucho menores, normalmente inferiores a los 20 km. Estas distancias siguen siendo las mismas al final del Paleolítico Medio y caracterizan a muchos de los escenarios del Paleolítico Superior Inicial. Sin embargo, remarqué en el capítulo 6 que en el Paleolítico Superior Inicial hubo incrementos significativos tanto de las distancias como, en ciertos escenarios, de las cantidades de materia prima transportada. Esto se combinó con la aparición de nuevos elementos como las conchas y posiblemente el marfil.

Movilidad

Estos cambios no implicaron que el paisaje de la costumbre se expandiera durante el Auriñaciense y el Gravetiense. La cantidad de transferencias no desborda los límites del modelo (Féblot-Augustins 1997). Pero la existencia de transportes regulares más allá del umbral de los 80-100 km y el descubrimiento de que una simple curva ya no sirve para describir las transferencias de materiales hacia los escenarios o desde las fuentes (Turq 1993: Figs.1 y 2), significa alguna cosa con respecto a los esquemas de movilidad individual.

Parece, a partir de estudios realizados en Aquitania, en la región meridional occidental (Geneste 1988a, 1988b, Turq 1992a, 1993) que el transporte de materias primas en el Musteriense estaba marcada por otras rutinas. Las distancias usuales apuntan a una temporalidad de la acción social, uno o dos días, que es el tiempo necesario para viajar entre 5 y 20 km. El principio de Geneste (1988a) mantiene que incluso con estas distancias de por medio el material de más lejos será transportado al escenario como pieza retocada y no como un trozo de materia prima. Vimos en el capítulo 5 cómo la cadena operativa Levallois, que aparece después del 300.000 BP, concuerda con este modelo (Geneste 1989).

En términos de remontaje podemos esperar que entre las materias primas transportadas a menos de 20 km se den los tres tipos de remontaje (figura 5.20), según

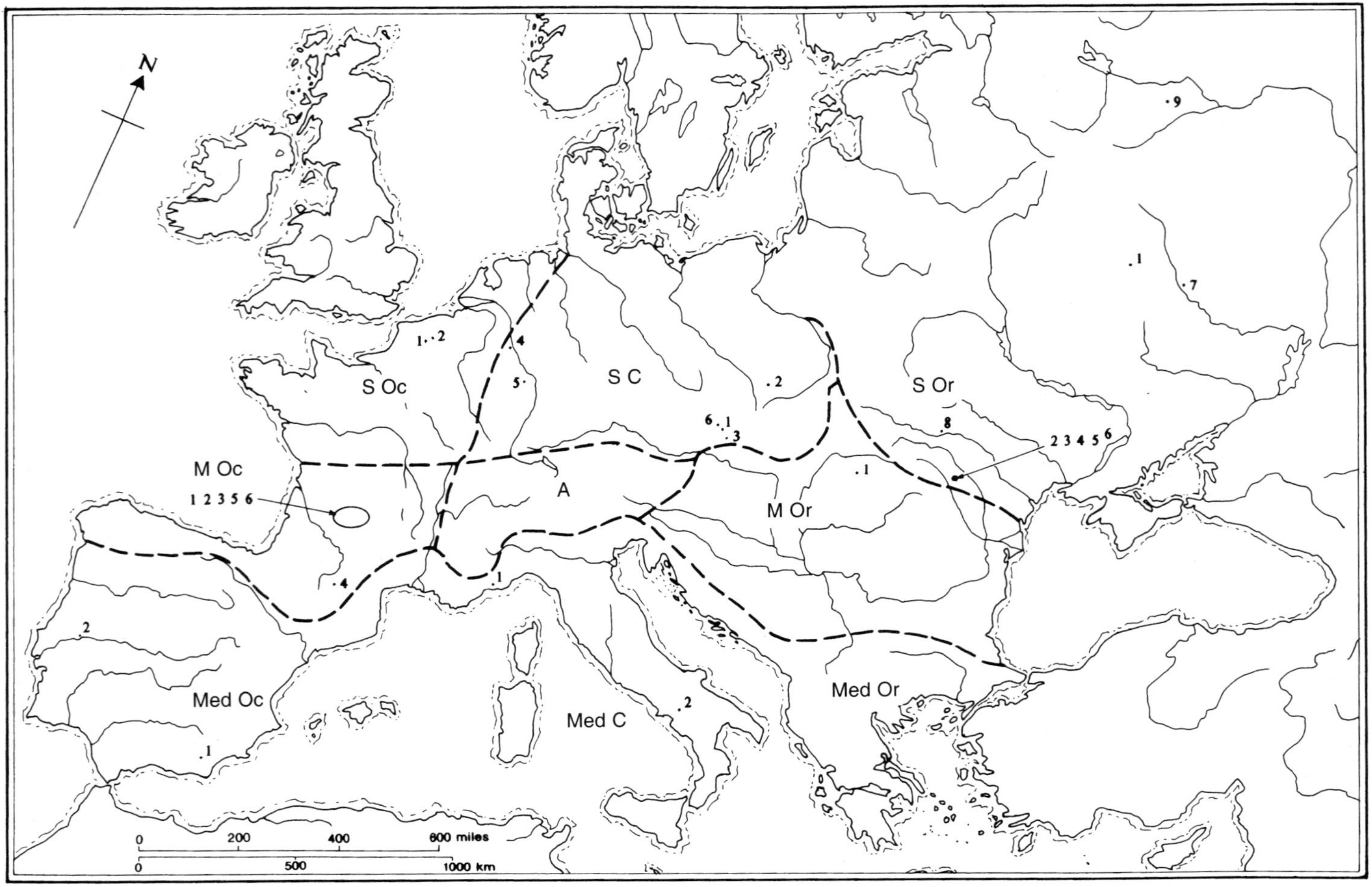
N
S Oc
S C
S Or
M Oc
1 2 3 5 6
A
M Or
2 3 4 5 6
Med Oc
Med C
Med Or
0 200 400 600 miles
0 500 1000 km

FIG. 7.1. *Principales yacimientos que aparecen en este capítulo y a los que se refiere el cuadro 7.11. Clave: por regiones.*

	S Oc	S C	S Or	M Oc	M Or	Med Oc	Med C
1.	Chabiague	Brno	Avdeevo	Corbiac	Remetea-Somos	Carihuela	Grimaldi
2.	Hénin	Cracow Spadzista	Bistricioara-lutarie	Gohoud		Vilas Ruivas	Serino
3.		Dolní Věstonice-Pavlov	Ceahlau-Bofu Mic	Le Côte			
4.		Lommersum	Ceahlau-Cetatica	Mauran			
5.		Sprendlingen	Ceahlau-Dîrtu	Tambourets			
6.		Vedrovice	Ceahlau-Podis	Vaufrey			
7.			Kostienki				
8.			Molodova				
9.			Sunghir				

descripción de Cziesla (1987, 1990). Sin embargo, la llamada categoría «exótica», 30-80 km (cuadro 3.4), sólo presentaría normalmente en los útiles modificaciones como el avivado o reavivado. Ello implicaría que las secuencias de producción de este tipo de piezas se encontrarían en escenarios más cercanos a los lugares de obtención de la materia prima.

Este modelo caracteriza a los Neanderthales que constantemente renovaban su tecnología lítica. El acarrear piedra era una actividad habitual, probablemente más que ir de visita a las canteras de piedra para buscar los materiales de más calidad. Sin lugar a dudas llevaban encima otros objetos hechos de madera e incluso animales, así como niños y cosas para comer. En otras palabras llevaban sus entornos con ellos. Permanecían siempre rodeados de lo que les era conocido y útil; es decir, no se movían de un lugar a otro dejando que las asociaciones de los nuevos entornos les abarcaran.

No es que esto fuera una propiedad singular del tipo anatómico conocido por Neanderthal. Tenía que ver tanto con el *Homo heidelbergensis* como con los humanos anatómicamente modernos, como los que poblaban el Próximo Oriente, que han sido encontrados junto a útiles musterienses (Stringer y Gamble 1993). Vaciemos nuestros bolsillos y veremos que eso de llevar las cosas encima es una propiedad de los humanos anatómicamente modernos, los que pudieron haber fabricado no importa qué productos ya fueran Musterienses-Levallois o auriñacienses.

La gran diferencia estriba en que nosotros vamos de una ocasión social a otra, mientras que los Neanderthales como mucho se trasladaban de una reunión a otra. En el capítulo 5 me he referido a la conclusión de Kuhn de que se llevaban los útiles y que no guardaban en los escenarios depósitos de material. Cuando este tipo de aprovisionamiento aparece las implicaciones sociales que del mismo se derivan son inmensas. La temporalidad de la acción varía, ya que se crean lugares para acciones futuras. En vez de un proceso continuo de obtención, reducción, uso, reavivado y abandono, lo que ahora sucede es que esta secuencia se interrumpe rehaciéndose el material conforme se traslada (Scheer 1993).

Por lo tanto, yo formularía de otra forma la conclusión de Kuhn de que los Neanderthales llevaban consigo los útiles como «una defensa contra situaciones imprevistas» (1992: 206). Los Neanderthales no estaban más tiempo pensando en lo que significaba ir por el mundo que nosotros. No se veían atrapados por este tipo de conciencia discursiva (capítulo 3). Lo que llevaban consigo era una secuencia de acciones transformadas en algo perceptible (objetos) que significaban una extensión de sus manos. De la misma manera la forma de la ropa que casi con certeza la mayoría llevaba, estaba condicionada por los cuerpos que protegía.

Llevar objetos, fuera un sombrero o un bifaz, formaba parte de su naturaleza de homínidos. Los objetos son parte de nuestra secuencia de acciones o gestos. Las acciones relacionadas de aprender cosas, obtener cosas, fabricarlas y usarlas constituían el entorno mutuo del Neanderthal. Los objetos transportados eran algo importante en la medida que estaban asociados con la persona que llevaba estas representaciones materiales de las acciones más habituales.[138]

138. La idea sobre la existencia de distintos grados de planificación y anticipación (Binford 1989b), que ha sido propuesta satisfactoriamente como elemento diferencial significativo entre la movilidad en el Paleolítico Medio y el Superior (capítulo 5), puede reformularse en estos términos.

Transportes durante el Paleolítico Medio en la Grotte Vaufrey

Si los Neanderthales se trasladaban rutinariamente cubriendo pequeñas distancias, ¿habría una secuencia previsible que precedía a su llegada a un escenario y que luego continuaba, que pueda dar indicios de rituales de bienvenida o afecto al lugar? (capítulo 5)

Las materias primas de los yacimientos de Aquitania muestran que los elementos líticos llegaban de todas direcciones. Por ejemplo, la Grotte Vaufrey (Fig. 5.13), que tiene una larga secuencia del Paleolítico Medio (Geneste 1988b, Rigaud 1988a) ofrece un esquema de transportes al escenario en forma de estrella (Féblot-Augustins 1993: 239).

Este tipo de esquemas pueden interpretarse de dos formas. La primera, que la cueva era un nodo en una red de pistas, de forma que el esquema en estrella indica que acudían a ella desde todas las direcciones. Esto implica que las visitas eran siempre de corta duración. Lo que se traía a la cueva era suficiente para este tipo de estancia. Segunda, que los materiales traídos de una distancia inferior a los 10 km lo eran justo para el tiempo de estancia de la gente. Según este escenario, que parece más plausible, los niveles III, V y VI fueron todos abordados por lo menos una vez, desde el noroeste, lugar de donde procedía la materia prima del tipo 6 (figura 5.13). Los niveles IV y VII-VIII fueron abordados por lo menos desde tres direcciones y posiblemente desde cinco direcciones diferentes.[139]

Estas diferencias parecen estar en función del tamaño de la muestra (cuadros 5.5 y 7.1). Cuanto más grande es la muestra de objetos más grande es el número de fuen-

CUADRO 7.1. *Materias primas de la Grotte Vaufrey (Geneste 1988b: cuadros 2-14 con revisiones).*

Niveles / *Tipos de materia prima*	*km*	*XII*	*XI*	*X*	*IX*	*VIII*	*VII*	*VI*	*V*	*IV*	*III*	*II*	*I*
1	<5	11	41	57	26	966	209	82	28	153	21	194	66
2	<5		34	10	5	864	178	86	59	191	71	254	23
3	<5		1	5	1	151	141	24	24	34	6	56	20
4	<5					16	1	2	2	2		2	
5	40					7	1			2			
6	30					12	6	3	2	2	2		
7	25					4							
Varios							1		1	10		2	
Indeterminados				3		9	6			23			
Cuarzo	<5	3	21	9	4	46	15	6	5	46		20	3
Total		14	97	84	36	2.075	558	203	121	463	100	528	112

139 Hay cierta falta de coherencia en el número de fuentes representadas por Geneste (1988b: Fig.2), registradas en sus ilustraciones del texto para cada nivel y listadas en sus cuadros 2-14. De ahí las diferencias entre mis cuadros números 5.5 y 7.1, y la figura 5.13.

tes de materia prima y el número de transportess de más de 5 km. No pasa lo mismo con el nivel II, que tiene una muestra muy grande que sugiere que aquí fue la duración de la ocupación la responsable de la acumulación de tales cantidades de sílex local. Este estudio también sugiere que la cantidad de piedra traída a la Grotte Vaufrey y no recogida de los alrededores de la cueva, fue en realidad muy pequeña.

El transporte visto como generador de redes

Contemplemos ahora los esquemas de transporte de otra manera. Concibamos las rutas de entrada y salida de la Grotte Vufrey con arreglo a dos extremos: como parte de un trayecto circular en que el escenario era visitado rotatoriamente, quizá una vez al año, o como el eje de una rueda, es decir que era constantemente visitado por gente que iba de un lado para otro. Estos tipos de redes ya han sido considerados en el cuadro 2.4 al medir los enlaces y la conectividad entre individuos en una red. Representan, respectivamente, un ejemplo de red de alta densidad y uno de red de baja densidad.

Una estacionalidad extrema en la distribución de alimentos puede conducir a los individuos a seguir un esquema circular en sus desplazamientos por el territorio. El resultado serían unos escenarios utilizados rotatoriamente. Este esquema produciría una curva predecible del tipo *fall-off* de acuerdo con las materias primas obtenidas de una única fuente en el curso del trayecto (figura 7.2a). Los dos escenarios más cercanos a la fuente de materia prima darían los valores más alto y más bajo para este tipo de materia prima y, naturalmente, habría proporciones muy diferentes de útiles retocados.

El trayecto circular puede considerarse según el modelo de redes, de alta densidad (capítulo 2), ya que puede implicar tanto a gente que se desplaza en grupo como a gente que se está quieta a la espera de aprovisionamiento por parte de otros individuos en desplazamiento por las pistas del circuito. Si se movieran todos se mantendrían los enlaces y la conectividad mediante contacto estrecho al ir en busca de comida. En esta última instancia el círculo se transformaría en una red multivía (figura 2.1) en la que se cruzarían los lazos, dando lugar a un esquema de transferencias de materia prima hacia el lugar central, mucho más complejo.

Es tentador interpretar el Paleolítico Medio como un ejemplo de sistema circular. En este caso los individuos que viajan por la red irían juntos según una secuencia de movimientos dictada por las estaciones, y se dispersarían en otras épocas del año cuando los recursos alimenticios permitieran la acción individual (Gamble 1987). Sin embargo, este punto de vista condicionado por el medio ambiente no admite bien los datos que disponemos sobre materias primas.

Situados en un escenario concreto como la Grotte Vaufrey es previsible que se produzcan curvas de distancia del tipo *fall-off* (a más distancia recorrida menos carga) con un comportamiento estándar, ya que están elaboradas a partir de los datos de una muestra grande de escenarios de la misma área (Turq 1992a). Ninguno de los datos sugiere una secuencia de movimientos basada en la rotación estricta. Tampoco la distribución estacional de recursos en cualquier sitio de la región meridional occidental (Auguste 1993: Cuadro 1) parece haber sido lo suficientemente marcada como para producir una única pista que seguir y por lo tanto forzar a la gente a viajar juntos por la misma pista durante un tiempo y una distancia apreciables.

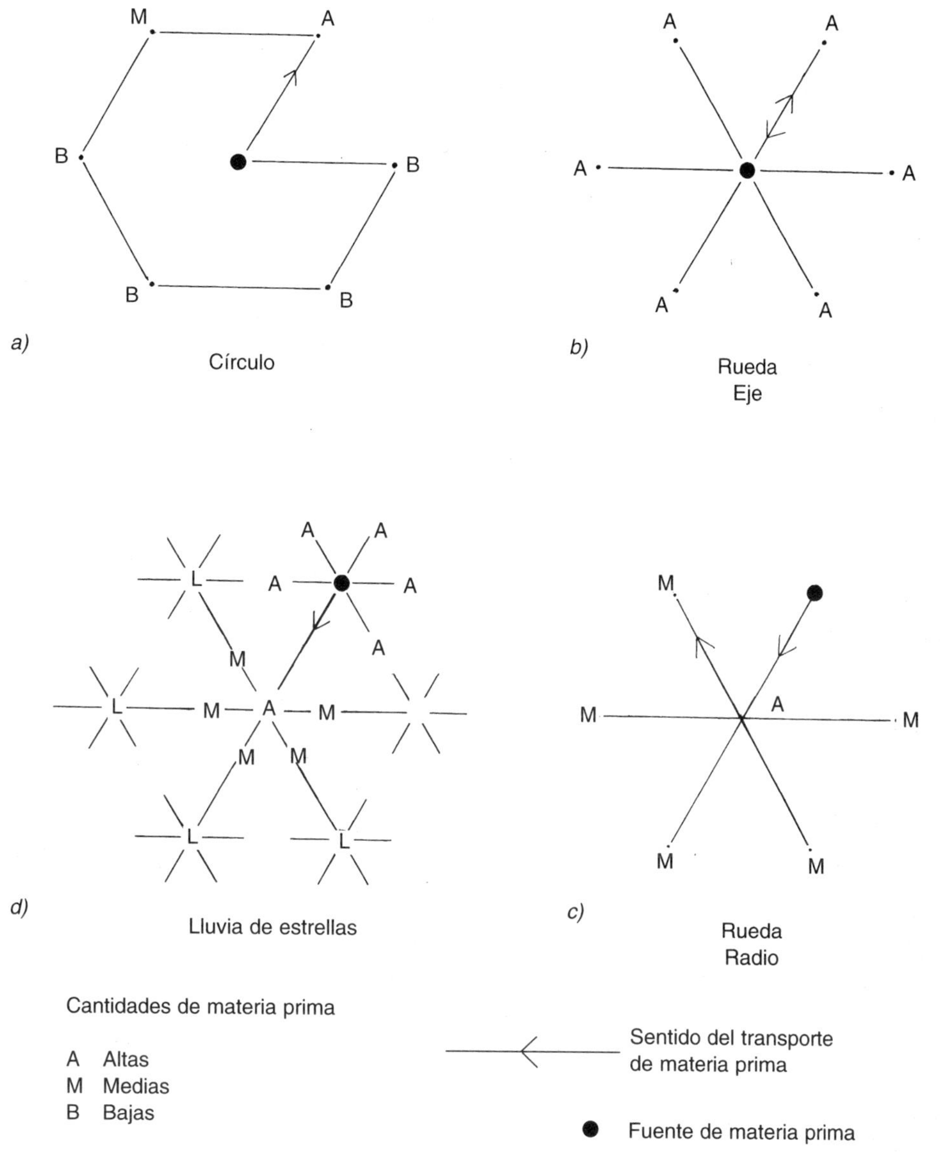

FIG. 7.2. *Redes de transporte de materia prima (véase cuadro 7.2).*

En cambio, el esquema que encontramos en el Paleolítico Medio se parece más a la rueda de baja densidad (figura 7.2*b*). Si la fuente de materia prima era el eje central y las pistas representaban los radios de la rueda, todos los escenarios tendrían que dar valores altos para cada tipo de materia prima. Pero si cambiamos la posición de la fuente (figura 7.2*c*) y la colocamos en el extremo de un radio, entonces el eje de la rueda se transforma en un escenario/nodo con valores altos, mientras que todos los demás nodos pasan a tener valores medios.

CUADRO 7.2. *Cantidades previsibles de materia prima en yacimientos según distintas redes (figura 7.2). Cada red tiene siete nodos, uno de los cuales es una fuente de materia prima. La red tipo lluvia de estrellas está formada por siete redes tipo rueda conectadas por un enlace central (figura 7.2d). Los valores altos se representan mediante un enlace, los medios mediante dos enlaces y los bajos mediante más de dos enlaces.*

	Valores de las materias primas en los nodos/escenarios		
Red	*Altos*	*Medios*	*Bajos*
Círculo	1	1	4
Rueda (eje)	6		
Rueda (radio)	1	5	
Lluvia de estrellas	6	5	25

Si expandimos la red en forma de rueda obtenemos un modelo tipo lluvia de estrellas (figura 7.2*d*). El número de nodos se incrementa pero los enlaces y la conectividad siguen siendo limitados. La ley (derivada del comportamiento de las curvas de distancia) que dice que el número de enlaces modifica la proporción de materia prima encontrada en cada escenario, produce valores bajos en cada uno de los nodos que irradian de cada eje subsidiario.

El transporte durante el Paleolítico Medio demuestra que estos enlaces estaban condicionados por la distancia y por la temporalidad de la acción. Los individuos no llevaban cargas de materia prima más allá de los 20 km. Si lo hubieran hecho habrían modificado la forma de las curvas de distancia *fall-off.* Tampoco el grueso de los materiales pasaba de mano en mano ya que ello también habría modificado las curvas.

Si este fuera el caso, entonces cada enlace entre nodos o escenarios de la red en forma de rueda tendría una longitud de entre 5 y 10 km. Por otra parte hubiera habido una mayor incidencia de materias primas procedentes de más lejos en cada uno de los escenarios. Esta conclusión libera a los individuos en sus movimientos, sea para ir solos o en compañía de otros. De esta manera pueden vagar por la red en forma de lluvia de estrellas (figura 7.2*d*) hacia cualquier dirección. Y, manteniendo reducidas las distancias entre los escenarios, y breves las estancias, entonces los miembros de una red eficaz están en disposición de interactuar perfectamente unos con otros. Además, esta interacción se produce en el curso normal del viaje y de los encuentros que ocasiona.

Los datos sobre asentamientos del Paleolítico Medio apuntan a una transferencia de materias primas a escenarios en los que tuvieron lugar reuniones, pero no ocasiones sociales (capítulo 3). Sin lugar a dudas las circunstancias que rodean la conservación y la recuperación de vestigios limita el número de escenarios de este tipo. Además, tuvo que haber muchos más encuentros que no quedaron «registrados» arqueológicamente. De todo ello se deduce que los homínidos del Paleolítico Medio se topaban unos con otros de forma regular sobre la retícula de un reducido marco espacial en el que las distancias entre lugares de encuentro tenían como máximo entre 5 y 10 km.

Esta conclusión no significa que se produjera un movimiento errático u oportunista de la gente a través del territorio. La movilidad, como es de esperar, seguía un patrón de desplazamientos. Sin embargo esto resalta la importancia del carácter local

CUADRO 7.3. *Frecuencia de aparición de modos tecnológicos en materias primas transportadas a más de 20 km de su fuente (Féblot-Augustins 1997: figs 43, 47, 58, 65 y 66). El único yacimiento del Paleolítico Medio Final que presenta el modo 1 es Zwolen en Polonia. Para interpretar los modos véase cuadro 5.14.*

Distancias superiores a 20 km	*Modos 1*	*2*	*3*	*4*	*5*	*6*	*7*	*8*
Paleolítico Medio Final								
Europa Occidental								+
Europa Central	+							+
Paleolítico Superior								
Europa Occidental	+	+	+		+	+	+	+
Europa Central	+			+	+		+	+

de las redes del Paleolítico Medio que limitaban el uso de recursos pero facilitaban la operatividad de las leyes de la interacción.

La información que tenemos sobre las transferencias en el Paleolítico Superior con relación a la estructura de las redes, es bastante diferente. El Auriñaciense, por ejemplo, apunta a una estructura multivía de alta densidad como muestran las curvas *fall-off* de Turq para Aquitania (Turq 1993: Fig.2). Estas curvas ya no presentan una simple caída de las cantidades transportadas en relación a la distancia, sino que traducen un patrón de transferencias orientado, sea hacia el aprovisionamiento de ciertos lugares, sea hacia determinados individuos, unos y otros formando parte de un sistema de intercambios. Esta conclusión de que las redes del Paleolítico Superior estaban organizadas de modo distinto se basa en las mayores distancias de transporte así como en las diferencias entre escenarios en términos de transporte (cuadro 6.18). Hubo menos escenarios y distancias mayores entre ellos, por lo que se redujo el número de encuentros arqueológicamente «invisibles». El caso de cuevas y otros yacimientos al aire libre auriñacienses distanciados 300 km en la región septentrional central es digno de reseñar (capítulo 6). Finalmente, se incrementa fuertemente el número de modos tecnológicos (cuadro 5.14) distintos del de los soportes y los útiles (modo 8), que descubrimos en los materiales transportados a más de 20 km (cuadro 7.3). Ninguno de estos cambios fue forzado por el medio ambiente, aunque las limitaciones regionales siguieron determinando algunos aspectos de la escala del sistema como indican las distancias más grandes (Gamble 1986a: capítulo 2, cuadro 6.18).

Densidades de red

La movilidad de los individuos durante el Paleolítico Medio, que reconstruimos por medio de los transportes de materias primas, apunta a un modelo de densidad de red baja para las redes personales. Pero existe una objeción a esta conclusión; la distancia no mide necesariamente los enlaces o conectividad entre individuos. Como vimos en el capítulo 2, existen otras formas de mantener redes densas *in absentia*, un ejemplo obvio de ello hoy día sería el teléfono.

La ausencia de estos mecanismos apunta a que en estos sistemas del Paleolítico Medio la distancia es importante para la negociación de la sociedad por medio de los recursos disponibles por parte del individuo. Al cruzarse los individuos en los nodos y a lo largo de los senderos de una red en forma de rueda o de lluvia de estrellas, se reafirmarían frecuentemente sus redes eficaz e íntima. La gente estaría en disposición de negociar sin asignar una temporalidad especial a esta acción. Estos senderos proporcionaban oportunidades de abundancia estacional y presentaban alternativas sobre los desplazamientos y sobre la frecuencia de las estancias, una vez llegados al lugar de reunión. Este tipo de red de baja densidad representa una solución satisfactoria al problema de la toma de decisiones ya que la información se pone en común con gran facilidad (capítulo 2: cuadros 2.6 y 2.7).

En comparación, el círculo es una solución menos eficiente para la diseminación de la información ya que requiere más mensajes, existiendo la posibilidad de repetir errores al transmitirse línea abajo la información. La veracidad de la información depende de la última persona escuchada. Puede también que la información esté ya superada antes de que uno pueda actuar, ya que parece que el tiempo y la distancia sean mayores entre los encuentros y las reuniones.

Sin embargo, esta red circular multivía parece caracterizar el patrón de movimiento en el Paleolítico Superior Inicial. Esto se ve en particular, en los movimientos verdaderamente lineales de materia prima a lo largo del Rhin y el Danubio (Hahn 1987) y a través de los Cárpatos desde el sur de Polonia a Moravia (Djindjian 1994, Féblot-Augustins 1997: Figs. 197, 111, 121, 122 y 123, Kozlowski 1994, Svoboda 1994a). Estas líneas que parecen verdaderos carriles se acentúan por las condiciones climáticas continentales de las regiones septentrional central y septentrional oriental durante el empeoramiento climático hacia el UMG. Sin embargo, las líneas tipo carril también aparecen en el sudoeste de Francia, como indica la preponderancia de conchas procedentes de la costa Atlántica en los escenarios de la región durante el Paleolítico Superior Inicial.

Pero también hemos visto (capítulo 6) que la transición del Paleolítico Medio al Superior tiene un carácter diferente según las regiones. En el Périgord parece que hay un incremento del número de escenarios conocidos durante el Paleolítico Superior Inicial (Mellars 1973, White 1982), pero en Cantabria, en la misma región meridional occidental, pasa lo contrario (Straus 1992). Aunque es difícil llevar un buen control dado que pueden funcionar escalas temporales diferentes en distintas regiones, hay elementos suficientes para considerar (capítulo 6) que el Paleolítico Superior Inicial tiene menos inventarios de yacimientos en la región septentrional central. En partes de la región septentrional oriental, y en particular, a lo largo de los grandes ríos de Rusia y Ucrania, la primera ocupación importante aparece precisamente en el Paleolítico Superior Inicial y tiene un aspecto marcadamente linear.

Sin duda el clima jugó un papel importante. Como vimos en el capítulo 6, aparece un panorama arqueológico mucho más claro a partir del 33.000 bp, la época del inicio del empeorameinto climático cuando empiezan a crecer otra vez los casquetes polares. Como señala Kuhn (1995), esta tendencia ambiental impone una linearidad en la transición que puede ser más aparente que real.

Estas diferencias sugieren que una de las razones por las que tenemos un panorama arqueológico más complicado en el período anterior al 33.000 bp (cuadro 6.5), estriba en que hay un cierto grado de incoherencia estructural en las redes regionales. Tal incoherencia se debía a la diversidad de usos alternativos que tenían unos mismos recursos a la hora de negociar los paisajes de la costumbre. No se trató de que la rueda y las redes circulares representaran dos tipos diferentes de sociedad, la Neanderthal y la Crô-Magnon, compitiendo una con la otra, sino que individuos de ambas poblaciones fueron perfilando estos sistemas haciendo uso de medios diferentes (compárese con el cuadro 2.7). Después del 33.000 bp, los sistemas circulares de alta densidad se vuelven predominantes y, desde nuestra perspectiva, se reduce la incoherencia de los patrones arqueológicos regionales.

El paisaje social

¿Serán éstos los indicios de la aparición de mi segundo concepto relativo a las regiones? Hasta el momento he mantenido que el paisaje social no aparecía antes del Paleolítico Superior. Quizá parezca que no se trate más que de un conveniente apego a una división tradicional de los datos. Pero espero haber demostrado al concentrarme en cuestiones relativas a la escala, la distancia y la temporalidad del registro arqueológico, que esta división está justificada. El resto de este capítulo se dedica a explorar el concepto de paisaje social a través de casos escogidos y de la investigación de la ocasión social, que es un atributo del paisaje social.

La construcción de paisajes sociales también se basa en la negociación. Tiene que ver con el encaje de paisajes de la costumbre de modo que la acción individual pueda expandirse en el tiempo y el espacio. Señalé en el capítulo 3 que el paisaje social no tiene fronteras espaciales, ya que dondequiera que la gente vaya, existe, potencialmente, la posibilidad de construir allí una red global.

Por ello, todo incremento de la diversidad interregional de la creatividad humana representa un hito en relación al paisaje social. Ello es así debido a que, si bien la construcción de estos paisajes es en potencia ilimitada, en la práctica los senderos que conectan y trascienden el paisaje de la costumbre son finitos. Las oportunidades para una mayor diversidad cultural pueden aumentar, sin embargo, su debilitación representa un constreñimiento importante a la hora de producir resultados. Por lo tanto, aunque el sistema ofrezca enormes oportunidades de expansión también opone fronteras a esta expansión, basadas en los recursos disponibles para construir las redes. En consecuencia examinaré aquellos aspectos del paisaje social que se refieran a la diversidad intrarregional e interregional y, donde sea factible, la escala a la que tiene lugar.

Sociedades complejas y sociedades complicadas

Puede parecer paradójico que la transición entre el Paleolítico Medio y el Superior diera como resultado un retroceso en la capacidad de procesar información. Tal valoración se basaría en los esquemas radiales de los desplazamientos. Después de todo, la ventaja selectiva que representa la creación artística y el estilo en la producción de objetos, se ha interpretado como el resultado de una mejora en la circulación de la información (Gamble 1982).

El punto crítico de todo ello tiene que ver con la propia información. El saber más acerca del mundo no es necesariamente la mejor ruta hacia el éxito evolutivo. Producir más productos puede ser una estrategia mejor que no invertir en menos productos utilizando información muy costosa para minimizar el riesgo y asegurar así su futuro.[140] Por lo tanto, como vimos en el capítulo 2, lo importante no son las unidades de información sino los paquetes de información que la organizan. Para que sean realmente información estos paquetes precisan de signos y símbolos que sirvan de código para la acción. De acuerdo con la percepción estos códigos pueden ser visuales, verbales, olfativos o táctiles. En términos evolutivos estos códigos hacen posible la externalización de la información y permiten que la información sirva de representación de la acción al margen de si la comunicamos por medio del lenguaje o por medio de la cultura material.

Las categorías creadas con estos paquetes de información nos permiten explorar las posibilidades de un universo informativo inmensamente rico, basándonos en el movimiento y la interacción. En vez de tratar por separado con cada una de las fuentes de información, el individuo puede agrupar y categorizar estas fuentes según varios patrones. A base de multiplicar estos procesos se crea el tejido social, un tejido social que está limitado por lo que hubo antes, por lo que viene del pasado, pero que está siempre abierto a nuevas interpretaciones.

Más información puede, por lo tanto, generar más ambigüedad sobre cómo actuar, lo que puede interpretarse como una aparente pérdida en capacidad de procesamiento de la información. Pero esto no es un problema si nos acordamos de la distinción, examinada en el capítulo 2, entre sociedades complejas y sociedades complicadas. En una sociedad complicada el individuo busca reducir la ambigüedad a base de realizar secuencias de operaciones simples. Un ejemplo sería hacer cuentas de collar (White 1993b, 1993c). Las cuentas tienen generalmente un referente externo, un código simbólico. En una sociedad complicada hay categorías. Actuamos a través de ellas puesto que para nosotros constituyen fuentes de información externalizadas como símbolos. Por el contrario, las sociedades complejas las conforman los individuos únicamente con los recursos que les proporcionan sus propios cuerpos. En estas sociedades el proceso de percepción de información es lento. El individuo es la fuente de información puesto que los individuos tratan directamente unos con otros, generalmente de uno en uno, a través de la interacción y la personificación de gestos y técnicas.

Los objetos se personifican

Hay un aspecto más en esta simple caracterización de las sociedades complejas y complicadas. Aunque ambas poseen redes íntimas y eficaces, sólo las sociedades complicadas tienen propiamente redes ampliadas. En este tipo de red es donde adquiere importancia la organización en paquetes de las fuentes de información.

En las redes íntimas de ambos tipos de sociedad al individuo, como fuente de información, se le trata de manera similar, en función de los recursos afectivos que presenta. El tiempo de interacción que se invierte en la red íntima es la característica más definitoria de la misma y representa parte de nuestra herencia primate.

Sin embargo, también es posible notar una diferencia entre las redes íntimas de las sociedades complejas y complicadas, diferencia que reitera el papel del poder en tanto que elemento limitador y al mismo tiempo capacitador. En las sociedades complejas las limitaciones son obvias y las posibilidades de negociar por parte de

140. Es la diferencia entre la estrategia r y la estrategia K (Gamble 1993a: Cuadro 3.1).

los individuos sus parcelas de poder dependen totalmente de sus recursos afectivos. Estos factores siguen actuando en las sociedades complicadas. Pero aquí ha de reconocerse que la red íntima viene afectada por la categorización y externalización de la acción que caracteriza a la red ampliada. De ahí que potencialmente se dé una forma de poder de otro orden. Ya no se basa únicamente en las normas y los recursos de la red íntima, sino que está abierto a la reinterpretación y a la introducción de la ambigüedad, siendo afectado por la experiencia en un contexto social más amplio. Así pues, adquiere importancia el denegar o resolver esta ambigüedad y las contradicciones que produce sobre los signos externos. En esta ambigüedad reside el germen de lo que a menudo entendemos por ritual.

He dicho que en el Paleolítico Medio los objetos incorporaban una secuencia de gestos o actos, siendo, literalmente, extensiones del cuerpo humano. En consecuencia estos materiales eran recursos del cuerpo destinados a la conformación de la sociedad. El poder era en aquellas sociedades una forma de expresión de estas relaciones materiales, ya que se relacionaban inconsútiles con el cuerpo, sus gestos y sus acciones. La diferencia con el Paleolítico Superior es que aquí el poder se expresaba a través del juego consciente de la ambigüedad creada por la representación material del cuerpo. Los objetos ya no serían aditamentos de las personas, que sólo adquirían significado cuando se adquirían, se fabricaban o se usaban y eran asociados a la acción por los ritmos. Los objetos ahora se personificaban tanto porque representaban a una persona como porque representaban la existencia de una red ampliada *in absentia*. Cuando se asociaban a las ocasiones sociales o a la transformación de un escenario en un lugar (cuadro 3.1) actuaban de sustituto de la co-presencia, cosa comprensible ya que el objeto pertenecía a una complicada serie secuenciada de rutinas.

El uso del espacio regional

No sorprende pues, que los elementos arqueológicos del Paleolítico Superior sean más comprensible en términos de espacio y tiempo y, sin embargo, sean más diversos, lo que nos lleva a una valoración diferente de los elementos de la transición.

> Además de un nivel de afinidad en la composición de los conjuntos del Paleolítico Superior, éstos tienen unas características previsibles debido a la aparición de fósiles directores que faltan en otros momentos del Paleolítico. Los fósiles directores del Paleolítico Superior delimitan efectivamente algún tipo de ubicación cronológica. Pueden actuar de referencia para elaborar categorías histórico culturales. Por ejemplo, si encontramos casualmente un bifaz lo mejor que podemos decir es que es anterior al 35.000 bp... Sin embargo, si encontráramos una punta de la Font Robert sería posible tanto delimitar su ubicación cronológica con cierta precisión, sólo con mirarla, como inferir las características generales del conjunto del que proviene (Gamble 1986a: 248).

Esta diferente valoración depende de cuando decidimos que aparecen estas características. Bosinski (1982) las contempla como algo propio del Paleolítico Medio, mientras que Mellars (1992: 39) sitúa la aparición de cierta regionalización al final del Paleolítico Medio, posiblemente después del 60.000 bp. Ejemplos de ello son algunos de los instrumentos más típicos como los bifaces triangulares del Musteriense de Tradición Achelense y, por supuesto, las puntas foliáceas con secuencias de reducción Musterienses, como las del Altmühliense. Valoch presenta un detallado estudio de estas formas intrarregionales que se dan en conjuntos y culturas del Paleolítico Superior Inicial de Chequia (1995, 1996). Esta regionalización coincide con un incremento de las distancias sobre las que se transportan materias primas (Féblot-Augustins 1993: Cuadro 2, Svoboda, Lozek y Vlcek 1996).

Si lo comparamos con el Paleolítico Superior vemos que ahora las conexiones se realizan a distancias mucho mayores (cuadro 6.18). Los desplazamientos se hacen transportando una mayor variedad de materiales, entre los que se incluyen ornamentos, materias primas e instrumentos, sin olvidar la tecnología (cuadro 7.3). En el nuevo modelo espacial-temporal del Paleolítico Superior la información incorporada a estas representaciones se atenúa y se hace más borrosa, aunque subsiste como base para una negociación que habrá de tener lugar en algún momento impreciso en el próximo futuro. Pero estas conexiones son también diversas, ya que el material y los recursos simbólicos aportados constituyen potencialmente un caleidoscopio enorme de posibilidades. Todavía estamos explorando hoy esta gama de posibilidades en nuestros propios experimentos sociales.

El paisaje social: algunos casos

La mejor manera de examinar el concepto de paisaje social es a través del estudio de casos escogidos de redes ampliadas. Además, la transición del Paleolítico Medio al Superior nos ofrece la oportunidad de examinar hasta qué punto estas redes difieren unas de otras en distintas regiones de Europa.

Es importante clarificar en este momento qué tipo de entidades utilizamos los arqueólogos para estudiar la transición. Por lo tanto, algunas de las nociones que he utilizado en anteriores capítulos han de ser ahora reafirmadas y comparadas con otras (cuadro 7.4).

— Conjunto (*assemblage*): conjunto de útiles procedente de un segmento específico de un yacimiento arqueológico (Laville, Rigaud y Sackett 1980: 13-14).

Cuadro 7.4. *Uso y correspondencia de términos del Paleolítico (véase cuadro 3.1).*

Paleolítico Medio	*Paleolítico Superior*	*Escala*	*Redes*
Conjunto	Conjunto	Escenario	Íntima
Industria	Industria	De escenario a escenario	
Paisaje de la costumbre	Paisaje de la costumbre	Regional	Eficaz
Tradición	Cultura	Regional	
	Tecno-complejo	Interregional	Ampliada
	Paisaje Social	Regional/Interregional	Global

— Industria: complejo característico de tipos de útiles, con sus respectivas frecuencias, que encontramos en dos o más conjuntos (Laville, Rigaud y Sackett 1980: 14).

— Tradición: grupo de industrias cuyo parecido indica que pertenecen a una determinada configuración histórico-cultural caracterizada por sus principios tecnológicos y sus prácticas (Laville, Rigaud y Sackett 1980: 14).

— Cultura: conjunto extenso y diverso de tipos de útiles específicos que aparecen juntos de forma continuada en conjuntos de un área geográfica determinada (Clarke 1978: 490).

— Tecno-complejo: grupo de culturas caracterizadas por conjuntos que comparten una gama diversa de tipos de útiles, pero que presentan tipologías específicas dentro de las mismas familias tipológicas, como respuesta a factores ambientales, económicos y tecnológicos comunes. Un nivel poco significativo de afinidad, quizás del 5 por ciento o menos, une al grupo en términos de tipos específicos compartidos, aunque una afinidad residual de nivel medio, quizá del 30 al 60 por ciento, los une en términos de familias de tipos (Clarke 1978: 495).

Tiene especial interés el comentario de Clarke de que las culturas se asocian dentro de una determinada área geográfica, puesto que esta idea es particularmente relevante en relación a mi argumentación a favor de la expansión de las redes por medio del uso de símbolos. Intentaré poner cifras a sus definiciones. Su uso del término tecno-complejo, que parece no tener fronteras territoriales (Gamble1986a: 10), ha sido utilizado ampliamente para describir aspectos del Paleolítico Superior (por ejemplo Hahn 1977). Sin embargo quisiera considerar los factores comunes de ambiente, economía y tecnología, que Clarke incluye en su definición, como parte de lo social. De esta manera un tecno-complejo ya no habrá de percibirse como algo puramente adaptativo en el sentido de la supervivencia.

Por más que los niveles de afinidad de Clarke sean difíciles de medir, el uso del término tecno-complejo cubre, sin lugar a dudas, una necesidad, la de disponer en arqueología de un término que exprese amplia similitud. Sin embargo surgen problemas cuando el término se aplica tanto al Paleolítico Medio como al Superior. De ahí que el Musteriense Típico y el Gravetiense puedan ser vistos ambos como tecno-complejos en el sentido de que ambos son culturas «débiles». En casos así se pasa por encima de diferencias significativas en el deseo de ver respuestas culturales comunes en cualquier tiempo y lugar. El paisaje de la costumbre evita este problema, puesto que, aun reconociendo las raíces de un núcleo común de comportamiento evolutivo, se proporciona una forma de evaluar diferencias entre entidades arqueológicas.

El tamaño de las regiones

Con el fin de sustentar la idea de que lo que marca la transición al Paleolítico Superior es la expansión de lo social, necesito poder medir las entidades que se relacionan más arriba. Además, necesito una referencia para poder evaluar los cambios y analizar la escala a la que normalmente los individuos interactuan. Una estimación del tamaño de las nueve regiones (figura 3.1) nos suministra parte de lo que necesitamos. El tamaño de las regiones oscila entre 150.000 km^2 y algo más de 1.000.000 de km^2 (figura 7.3).

	OESTE	CENTRAL	ESTE
NORTE	400	800	1.000
SUR	550	150	550
MEDITERRÁNEO	550	300	300

FIG. 7.3. *Superficies aproximadas en miles de km² de cada una de las nueve regiones de Europa. Debido a la modificación del tamaño de las regiones resultado de los cambios del nivel del mar y del avance de los casquetes de hielo, estas superficies han de contemplarse como meras aproximaciones.*

La demografía

El otro aspecto relativo al tamaño de las redes nos obliga a estimar las diferencias demográficas entre las regiones. Este tema ha sido investigado por Simán (1990, 1990-1981). Utilizando dataciones por C14 y TL, esta autora ha elaborado una curva acumulativa de los asentamientos de tres amplias zonas —la mediterránea, la periglaciar y la septentrional—.[141] Simán presupone que el número de dataciones por C14 sirve como aproximación a la medida de la población y de la continuidad en los asentamientos en cada una de las regiones

Una vez ordenados, sus datos muestran una concordancia razonable con los datos interestadiales, por lo que Simán concluye afirmando que los movimientos de población eran controlados por los cambios climáticos (ver también Andel y Tzedakis 1996). En su análisis la zona mediterránea destaca como la más densamente poblada de Europa en el período posterior al 40.000 bp, que es cuando las dataciones se vuelven más fiables. Esta conclusión no se contradice con la información que tenemos sobre densidad de útiles y multiplicidad de horizontes en muchos escenarios mediterráneos (capítulo 6). Algo parecido se encuentra en la región meridional occidental, cosa que no hace sino confirmar la tendencia de la población a ocupar las zonas meridionales de Europa, sea por migración o por extinción durante el período posterior al 33.000 bp.

Los grupos Musterienses: ¿culturas o tradiciones?

Es difícil representar la dispersión geográfica de las principales tradiciones musterienses. Los problemas que hay que afrontar los ilustra perfectamente Beyries (1987: mapa 1), quien ha indicado la distribución de las cinco variantes ampliamente reco-

141. Estas zonas responden a los territorios que se indican: Septentrional —Cárpatos, Alpes y norte de la Llanura Rusa—; Periglaciar —Francia central, depresión de los Cárpatos y Ucrania—; Mediterránea —los territorios mediterráneos más la costa Atlántica (Simán 1990: 1: 13)—. Son divisiones que no son comparables a las regiones que he utilizado en mi análisis del capítulo 6.

CUADRO 7.5. *Aparición de conjuntos musterienses como elemento dominante en las veintidós circunscripciones administrativas de Francia (Beyries 1987: Carte 1).*

Conjuntos musterienses	*Núm. de circunscripciones*
Típico	12
Charentiense	8
Tipo La Ferrassie	1
Tipo La Quina	2
Musteriense de denticulados	6
Musteriense de Tradición Achelense	19

nocidas en Francia. Las tradiciones dominantes se representan para cada uno de principales distritos administrativos, que tienen una superficie bastante similar. El Périgord y la Borgoña tienen cuatro variantes, mientras que exactamente la mitad de los veintidós distritos tienen sólo dos. El cuadro 7.5 relaciona el número de distritos en los que cada variante es dominante.

El análisis pionero de Ashton (1983) también detectó el carácter disperso del MTA en la Francia del norte y del centro, así como la distribución del Charentiense por el sur y el Mediterráneo. El MTA presenta la distribución más amplia de todas. Se encuentra tanto en el noroeste como en el sudoeste de Francia (Ashton 1983: Fig.1). Se extiende por el interior de Bélgica (Ulrix-Closset 1975) e Inglaterra (Roe 1981) y tiene una ligera presencia en el área cantábrica (Straus 1992). Todo ello sugiere una distribución interregional de unos 800.000 km^2 a lo largo de un mínimo de 20.000 años de duración durante el Interpleniglaciar. Sería el primero en admitir que estas estimaciones son probablemente muy inexactas y sin duda enmascaran toda una gama de procesos, como los flujos y reflujos demográficos sobre un área tan grande y durante tanto tiempo. Se ofrecen sólo a modo de contraste con las distribuciones del Paleolítico Superior.

Si la extensión del MTA es difícil de determinar, las distribuciones geográficas de las demás variantes son aún más problemáticas por la simple razón de que carecen de fósil director. Straus (1992: 60) expone los distintos puntos de vista a lo largo de los últimos treinta años sobre la variación de conjuntos musterienses en el norte de España. Freeman (1973) mostró que los numéricamente pequeños conjuntos del área cantábrica van de los dominados por formas denticuladas a los que las raederas laterales representan los dos tercios de la categoría de piezas retocadas. Anteriormente comenté una conclusión parecida alcanzada por Dibble y Rolland (1992, Rolland y Dible 1990) para los conjuntos del Périgord. La descripción apropiada sería, pues, tradición y no cultura (Turq 1989, 1992b).

Puede sacarse una conclusión parecida de los conjuntos del Paleolítico Medio de la Europa central y oriental (Bosinski 1967). Hemos visto ya (capítulos 5 y 6) que los conjuntos son reducidos en número de elementos. Pueden aparecer fósiles directores como los bifaces micoquienses, que Bosinski utiliza para delimitar cuatro variantes regionales.[142] Estas variantes pueden distinguirse de otros grupos de las llanu-

142. A partir de los yacimientos de Rörshain, Bockstein, Klausennische y Schambach. Excepto el primero, los demás tienen distribuciones que se solapan en el área del sur de Alemania.

ras del norte de Alemania, como el Achelense Superior (Bosinski 1967). Pero el grado de afinidad entre conjuntos en estos grupos es bajo, a juzgar por las citas de la literatura que trata sobre ellos. La única variante que Bosinki reconoce que puede definirse gracias a la presencia de los fósiles directores, es el Altmühliense, con sus características puntas foliáceas. Esta variante se centra en el sur de Alemania con una cronología en el interestadio de Hengelo. Pero incluso el Altmühliense difícilmente puede entenderse como cultura con arreglo a la definición que hemos reproducido, en parte porque las colecciones son muy pequeñas (Freund 1987).

La clasificación el Paleolítico Medio

El Paleolítico Medio puede concebirse como una taxonomía social que se vale de términos como tradición, pero no como una tipología social. La taxonomía es válida porque la tecnología, entonces como ahora, era parte integral de la actividad social. Estilo y función convergían en los actos de la manufactura y el uso, de la reparación y el abandono. No nos debería sorprender encontrar elementos de simetría en la fabricación de útiles. La razón por la cual el Paleolítico Medio puede subdividirse son los atributos representados en el acto de producir. Los parecidos en la técnica y la tipología vienen de lejos (Gabori 1976: Fig. 62). Hubo maneras locales propias de producir los útiles que duraron mucho tiempo y afectaron a extensos territorios. El Paleolítico Medio está repleto de acción social por lo que podemos estudiar la estructura de la sociedad musteriense, como ya hemos hecho antes, gracias a los indicios existentes de las redes que la integraron.

Pero en el Paleolítico Medio no hubo culturas ni tecno-complejos tal como las hemos definido más arriba. Por ello no hubo una tipología cultural o material de la sociedad como las ha habido en todas las sociedades europeas a partir del Paleolítico Superior. Desde entonces el proceso de construcción social ha sido maleable y cambiante a través del tiempo y del espacio y no restringido regionalmente. El descubrimiento de que la vida se desarrollaba en el ámbito de lo local, donde predominaba el principio de exclusión, cambia ahora de signo gracias a la posibilidad de inclusión por medio de la negociación (cuadro 1.2 y capítulo 3). El resultado es una vida en sociedad que evoluciona por caminos inesperados mediante ritmos alternativos que enlazan las distintas escalas de la acción individual y la acción de grupo.

En contraste con ello, lo que llamamos Paleolítico Medio, con sus subdivisiones como el Musteriense o el Micoquiense, fue una tradición en movimiento sostenida por las características del paisaje de la costumbre que tiene que ver con la toma de decisiones al nivel de lo local. Los cambios en los ritmos de la tecnología social (comparar capítulos 5 y 6) pueden explicarse por factores contingentes como el territorio (figura 3.1) o los mecanismos de la transmisión cultural. Por ejemplo, los gestos empleados rutinariamente para fabricar útiles estaban estrechamente asociados a los individuos que ocupaban unas áreas de dimensión local. Estos gestos se aprendían en el contexto de la interacción cara a cara que las reuniones facilitaban, reuniones delimitadas fundamentalmente por las normas y los recursos de las redes íntima y eficaz.

En cambio una tipología social depende de la extensión de las tradiciones para formar culturas y tecno-complejos. Aunque la solución a problemas como la subsistencia eran aproximadamente los mismos, el efecto de una integración en el sistema intensificada por medio de la red ampliada produjo una diferencia radical. En concreto, el estilo fue separado ahora de las acciones que son parte integrante del ejecutar algo o del producir alguna cosa.

Para decirlo de otra forma, la diferencia es una ilustración, como la mayor parte de las acciones de los homínidos, de lo que uno *hace* en vez de lo que uno *piensa* que debería hacer. Es la distinción, examinada en el capítulo 3, entre una conciencia práctica que conduce a una rutinización de la acción en los paisajes de la costumbre y una conciencia discursiva que es capaz de establecer vínculos relacionales entre los dominios de la inteligencia (Mithen 1996).

Veo aquí alguna similitud con la distribución y forma de los bifaces achelenses del Paleolítico Inferior. Estos bifaces podrían ser contemplados como elementos de un tecno-complejo que enlazaría el norte de Europa con el sur de África a lo largo del eje norte-sur que discutimos en el capítulo 4. La gama limitada de formas a menudo se toma como indicio de una opción deliberada y consciente, mientras que la simetría en la manufactura se contempla como la expresión de habilidades mentales indistinguibles de las nuestras. Sin embargo, estos atributos y su distribución a mi juicio no demuestran que haya un tecno-complejo. En cambio, se trata de una tradición tecnológica limitada, en la longitud de sus cadenas operativas, por el contexto de la transmisión cultural y los actos sociales que representa. Tal como vimos en el capítulo 4, el modelo de habilidades transferibles, mediatizadas por los recursos locales y por la trama de reglas que rigen las reuniones, es suficiente para justificar tanto la falta de variación como la variabilidad que percibimos, y cuya significación difiere entre los arqueólogos (Gowlett 1984, 1996, Noble y Davidson 1996, 1993, Wynn 1988, 1989, 1993a, 1993b).

Sin embargo, entre el Paleolítico Medio Inicial (capítulo 5) y el Paleolítico Medio Final (capítulo 6) sí que vemos que hay una regionalización de este modelo. No me extraña, dadas las extensas muestras y la mejor resolución cronológica si lo comparamos con el Paleolítico Inferior (capítulo 4). En particular, las largas secuencias estratigráficas en cuevas proporcionan un material ideal para una cambiante narrativa de los conjuntos y las técnicas.[143] Lo que sigue sorprendiendo, tal como lo comenté a fondo en el capítulo anterior, es que sin estas obvias discrepancias sobre las muestras del Paleolítico Medio Final y el Paleolítico Superior Inicial, las diferencias en el registro arqueológico son significativas en términos de los ritmos y de la tecnología social que representan para ambos períodos.

La llegada del Auriñaciense

La significación a la que hacíamos referencia puede verse en la cronología de la transición entre el Paleolítico Medio y el Paleolítico Superior. Hahn (1993) ha analizado las dataciones por C14 del Paleolítico Superior Inicial y del final del Musteriense. Todas caen entre el 43.000 y el 30.000 años bp. En el Paleolítico Superior Inicial se reconocen tres divisiones fundamentales (cuadro 7.6).

Si se representan para todo el continente las líneas que unen los puntos con la misma datación, las líneas isocrónicas (Hahn 1993: Figs.3-6), aparecen dos modelos.[144] El Musteriense Final, los tecno-complejos transicionales y el Auriñaciense Inicial

143. Lo que hace converger los enfoques de Bordes y Bosinski es esta estructura del registro arqueológico, por más que discrepen luego en las interpretaciones.

144. Hahn revisó 281 dataciones por C14 y utilizó 74 para representarlas sobre el mapa. (Hahn 1993: 65 y Fig. 2).

CUADRO 7.6. *Tres divisiones del Paleolítico Superior Inicial con la correspondiente edad promedio por C14 (Hahn 1993).*

	Núm.	*Edad promedio en años bp*
Tecno-complejos transicionales que incluyen al Bohuniciense, las puntas foliáceas, el Bachokiriense, el Uluzziense y el Chatelperroniense	18	39
Auriñaciense Inicial Antiguo que incluye Geisenklösterle, Krems-Hundssteig, l'Arbreda y Castillo	13	35
Auriñaciense I	24	31,1

muestran un patrón norte-sur (figura 7.4). En los dos primeros casos las dataciones en el este del continente son considerablemente más antiguas que en el oeste. Las concentraciones de líneas isocrónicas son remarcablemente similares, lo que implica una muy estrecha asociación in situ entre los dos grupos. En particular la línea isocrónica del año 38.000 se sitúa en una posición muy similar sobre un mismo meridiano norte-sur que pasa por Dinamarca y el norte de Italia.[145]

Si este ejercicio se contempla como prueba de cambios locales y de movimientos de gente provista de nuevas tecnologías, las líneas verticales que convergen en el centro de Europa indicarían que no pasaba nada especial. El movimiento, si es que hubo tal, sería en la dirección norte-sur, por lo tanto a contrapelo del entorno paleoecológico del continente en el Interpleniglaciar (figura 6.3). Si se toma como prueba de la coexistencia en el tiempo entre el final del Musteriense y las pequeñas culturas transicionales como el Chatelperroniense o el Szeletiense, entonces los mapas la confirmarían en dos áreas, una centrada en la región meridional occidental y la otra en la región meridional oriental. Si se mira como prueba de la existencia de tecno-complejos Interpleniglaciares, entonces los mapas identifican dos de estas entidades. Una tiene una posible extensión de 230.000 km^2 a lo largo de 2.000 años de duración, entre el 42.000 y el 40.000 años bp. La otra se extiende sobre unos posibles 850.000 km^2 y 5.000 años, los que hay entre el 43.000 y el 38.000 años bp (figura 7.4). Estas cifras se refieren a la distancia desde el yacimiento que presenta la fecha más temprana a la última línea isocrónica, como si se tratase del radio de un círculo que, al calcularlo, diera las cifras reseñadas más arriba. Se trata naturalmente, de cálculos muy por encima, debiéndose de contemplar como cifras máximas. La primera es de ámbito subregional, mientras que la segunda es la más grande fuera de la región septentrional oriental cuyos límites son los menos definidos (figura 7.3). Es importante recordar que gran parte de estas áreas serían espacios vacíos, o raramente hollados, ya que la gente en sus asuntos cotidianos se desplazaría por senderos y pistas establecidos en el marco del paisaje de la costumbre.

El contraste con el Protoauriñaciense es dramático (figura 7.4). En vez de un patrón norte-sur hay una distribución zonal que indica movimientos rápidos. La inclu-

145. La línea isocrónica correspondiente al año 30.000 bp del mapa del Proto Auriñaciense casi está en la misma posición (*ibid.*: Fig.6).

sión de yacimientos como Castillo y L'Arbreda en este grupo sitúa las fechas más tempranas del Auriñaciense en el oeste del continente. La muestra tiene la mediana en el 35.000 bp y un grado de dispersión de rango inter-cuartil (Hahn 1993: Fig.7) que indica que las diferencias no son significativas. De ahí que Straus (1989, 1993) nos recuerde que la migración este-oeste del Auriñaciense no queda aún probada, por más que, según Straus, los yacimientos del Protoauriñaciense de Hahn y las industrias transicionales estén confusos, de modo que, por ejemplo, las dataciones por TL de 46.000 y 45.0000 años bp para los niveles auriñacienses en la cueva Temnata, en Bulgaria (Kozlowski, Laville y Ginter 1992) sean añadidos al Protoauriñaciense.[146]

Tal como nos recuerda Hahn (1993: 78) las dataciones por C14 son estimaciones más que valores reales. Los patrones resultantes nos permiten, sin embargo, identificar qué entidades arqueológicas es más probable que estén relacionadas con desplazamientos de población. En vista a esos mapas podría defenderse la idea de que las tecnologías transicionales y el final del Musteriense son de hecho la misma cosa. Vemos que las redes se mantienen y se construyen y reconstruyen con la aportación de nuevos elementos. La sugerencia de Hublin (*et al* 1996) de que entre los Neanderthales y los Humanos Anatómicamente Modernos se intercambiaban objetos en Arcy sur Cure, aporta nuevas pruebas.

Una vez identificado el movimiento podemos pasar a discutir las implicaciones del mismo con respecto a las redes. El movimiento lento puede describirse en base a la red Tribal de Steele (1994) (figura 2.2). En este caso hay resistencia a la innovación cultural debido a la estructura de la red. En cambio en su red Poisson hay una alta transitividad de enlaces y se producen frecuentes saltos. La diferencia se ilustra gráficamente comparando una forma de avanzar por un camino a través del bosque en que el progreso es dificultoso y lento, con el bajar rápido llevados por la corriente del río.

El abandono de las llanuras septentrionales y del norte de Italia

Considerando las ventajas que tan a menudo se le suponen al Paleolítico Superior Inicial y en particular al Auriñaciense, quizá sorprenda que no significara la ocupación de extensas zonas de las llanuras del norte europeo e incluso de algunas áreas de la zona del Mediterráneo.

Durante el Auriñaciense existe constancia de la ocupación de la parte más occidental de la región septentrional occidental, por ejemplo en Paviland, donde un enterramiento fechado en el 28.000 bp está asociado a posibles elementos auriñacienses (Jacobi 1980). Al mismo tiempo ciertas puntas pedunculadas muy características conocidas como puntas de la Font Robert, pertenecientes a la tradición Perigordiense V/Gravetiense han sido encontradas en Inglaterra y en el canal de Maisières en Bélgica y más hacia el este en Bilzingsleben (Otte 1981) y Salching (Weismüller 1987), en Alemania. La figura 7.5 las muestra agrupadas en el sudoeste de Francia.

146. Sin embargo, Straus (*et al.* 1993: 14) reconocen una diferencia de 5.000 años entre las fechas más antiguas del Auriñaciense en Europa Central y Oriental y las del norte de España. Y es que estos autores piensan que es un tiempo demasiado corto para que la gente o las ideas se difundan a lo largo de 2.000 km., la distancia que separa el sudeste del sudoeste de Europa. Una media de 400 m al año no me parece excesiva dada la información etno-histórica que disponemos sobre la distancia que recorrían los pueblos árticos en menos de una generación (Rowley 1985).

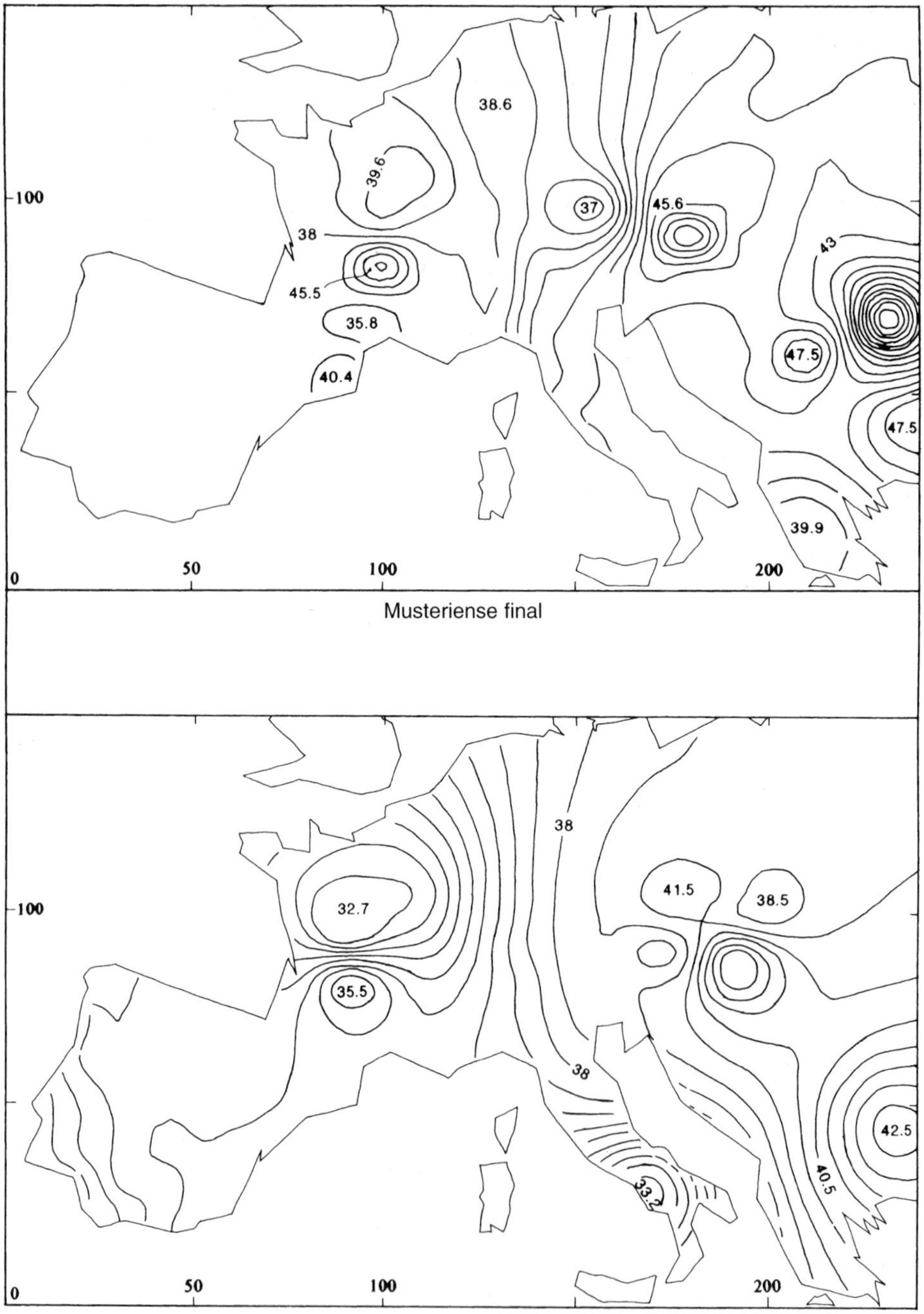

Tecno-complejos transicionales

FIG. 7.4. *Representación espacial de las dataciones por C14 de cuatro tecno-complejos situados en el límite entre el Paleolítico Medio y el Superior (a partir de Hahn 1993: Figs. 3-6).*

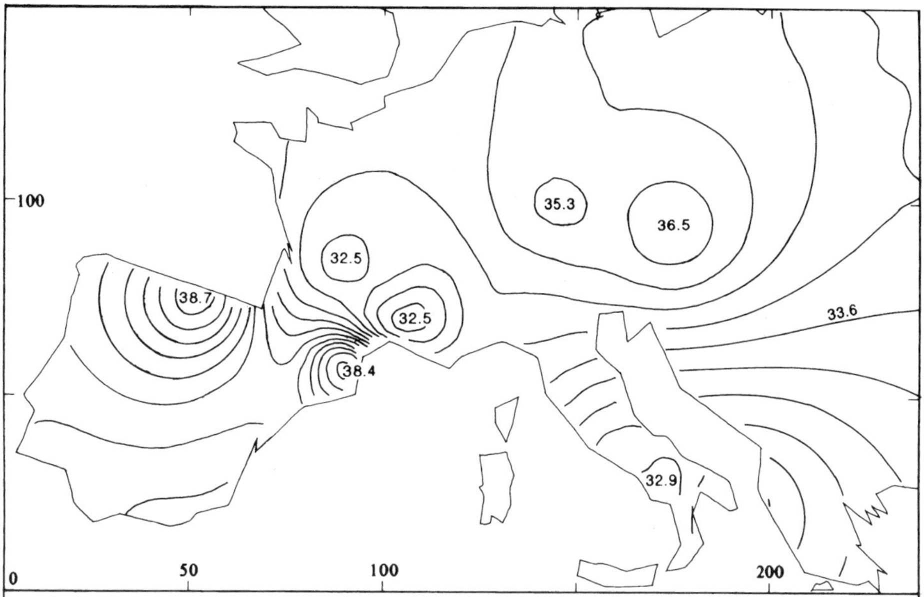

Protoauriñaciense

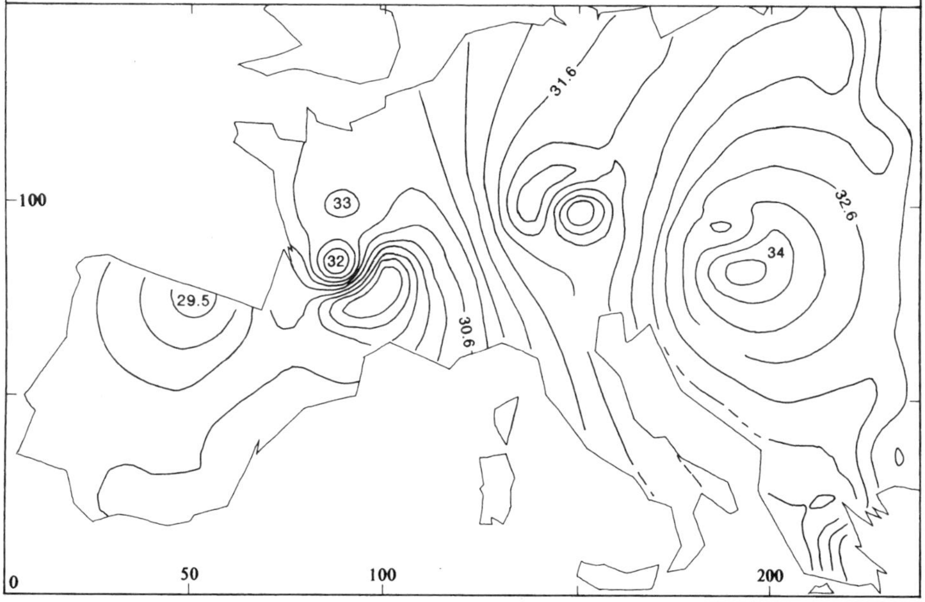

Auriñaciense Inicial

FIG. 7.4. *(continuación).*

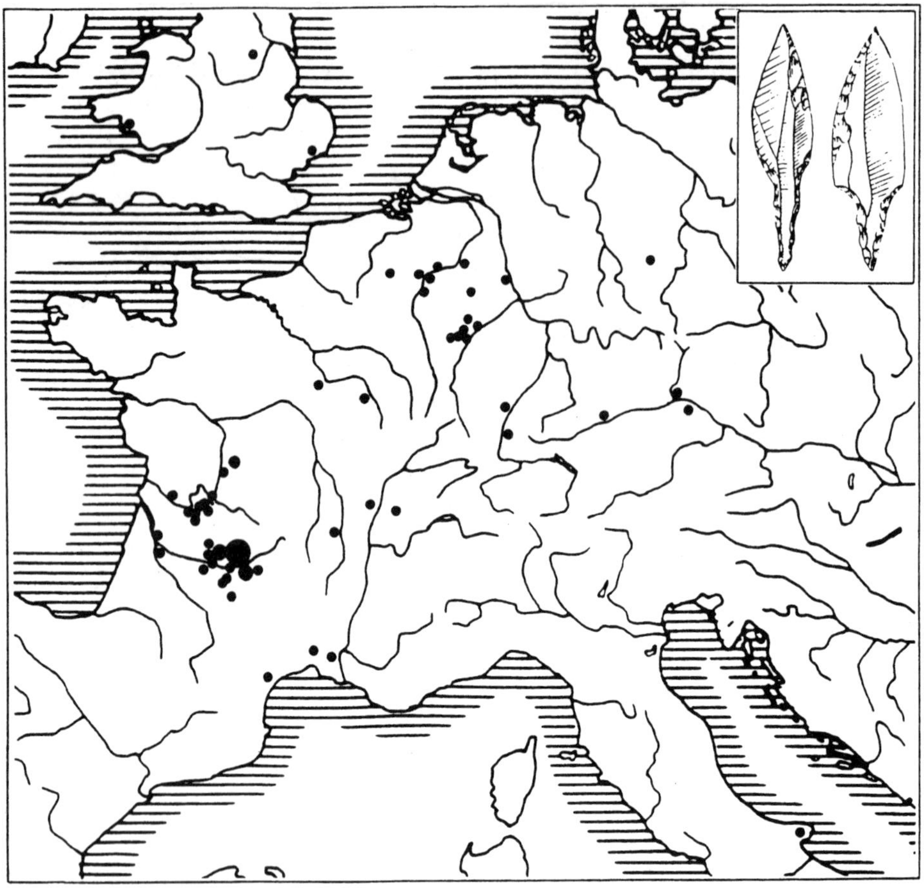

FIG. 7.5. *Distribución de las puntas de la Font Robert (a partir de Jöris en Bosinski 1995b).*

Pero estos hallazgos no han tenido lugar en la Llanura Europea septentrional, realmente. Ésta se extiende al norte de los altiplanos del centro de Alemania donde se localiza Bilzingsleben y continúa en dirección a Polonia y Rusia. En esta extensa zona no se han encontrado materiales del Paleolítico Superior Inicial. Los asentamientos de población se produjeron en las zonas más montañosas del sur extendiéndose hacia el oeste, hacia territorios como las Islas Británicas que gozaban de climas oceánicos. El contraste con los escenarios centroeuropeos sobre loess de Moravia, el sur de Polonia y Austria (Svoboda 1996) es grande. La ocupación más próxima a las grandes llanuras del norte se produjo en los bordes de las tierras altas centrales como es el caso de la depresión de Colonia donde existe el yacimiento auriñaciense de Lommersum (Hahn 1974) o de Breitenbach en Turingia (Hahn 1977). Más al este hubo asentamientos del Paleolítico Superior Inicial en los valles del Dniester y del Desna, que constituyen la frontera sudoriental de la llanura (capítulo 6).

Es tentador explicar esta ausencia en base a factores ambientales. El empeoramiento climático simplifica la vegetación. Los mosaicos ecológicos que producen un paisaje diversificado dotado de recursos abundantes, van enrareciéndose conforme se progresa en sentido noreste. Aunque se trate de una explicación atractiva, resulta que el Auriñaciense más antiguo (Hahn 1993) se produce en el Interpleniglaciar del OIS 3 con su cortejo de interestadios (capítulo 6, cuadro 6.3) que, como cabe esperar, deberían alentar los asentamientos. Después de todo, el yacimiento del Achelense Superior de Salzgitter-Lebenstedt (Busch y Schwabedissen 1991) data aparentemente de una época tan severa climatológicamente como el Pleniglaciar, en el OIS 4 y se localiza cerca de Hamburgo en la parte alemana de la Llanura Europea septentrional. También el Auriñaciense es muy raro en Italia durante el período 30.000-25.000 años bp. Mussi (1990: 139) no cree que esto signifique un abandono total sino más bien que la presencia de poblaciones se reduce ostensiblemente hasta un nivel que hace mínima la visibilidad arqueológica de las mismas.

Desplazamientos hacia territorios vacíos

Los isocrones que van en el sentido de los meridianos y que convergen tanto (figura 7.4) son una clara indicación de espacios vacíos o poco frecuentados en el centro del continente. Vimos en el capítulo 6 que el número de yacimientos musterienses y del Paleolítico Superior Inicial, durante el Interpleniglaciar, a lo largo del Rhin y del Danubio, era reducido y que los conjuntos eran de tamaño pequeño. Además, las colecciones más nutridas procedían siempre de cuevas y abrigos.

El trabajo de Hahn (1988) y Scheer (1993) en los yacimientos del Achtal al sur de Alemania, demuestra lo débil que fue la ocupación humana en la zona. El remontaje de útiles revela que el responsable de producir muchos de estos yacimientos con diversos niveles fue la crioturbación. Cuando se producen remontajes todas las pruebas apuntan a una gran ocupación única de las mismas cueva. Aunque esta ocupación resulte de sucesivas visitas, el número de útiles depositados sigue siendo pequeño. Además, el remontaje de útiles líticos entre yacimientos muestra que en el Gravetiense una visita al Achtal representa que se depositen objetos en al menos tres de las cuevas. Puede ser que durante el período 29.000-21.000 años bp el valle fuera visitado por unos pocos individuos que sólo permanecían en la zona unos meses. Pese a que esto dice mucho a favor de la capacidad del registro arqueológico de conservar acontecimientos efímeros, no por ello deja de indicar un uso mínimo del área.

La baja densidad de población del centro de la región septentrional central quizá explique la temprana aparición del Auriñaciense en yacimientos como Geisenklösterle. La gente se desplazaba hacia espacios no poblados o cuanto menos hacia paisajes muy raramente visitados, como testimonian las raras puntas foliáceas fechadas en el interestadio de Hengelo, encontradas en el valle del Altmühl y a lo largo del Oriente Suabo (Freund 1987, Koenigswald, Müller-Beck y Pressmar 1974). La falta de dataciones tardías por C14 tanto para el Micoquiense como para el Musteriense en esta área, refrenda la conclusión de que esta parte de Europa estaba desabitada durante el Paleolítico Medio Final.

Coexistencia en Francia

Algo muy distinto sucede en la región meridional occidental. Aquí el Chatelperroniense, que se encuentra predominantemente en esta región, está lo suficientemente bien datado y tiene las suficientes colecciones líticas como para ser examinado como una industria transicional. Bordes (1968a) siguiendo a Peyrony (1933) mantuvo que el Chatelperroniense se desarrolló al margen del Musteriense de Tradición Achelense B. Las características puntas y láminas de dorso curvadas y romas de los conjuntos châtelperronienses derivan, según su opinión, de la láminas de dorso natural tan comunes en el MTA B. En este esquema el Chatelperroniense era, el yacimiento clave del abrigo de La Ferrasie en la Dordoña, el representante de las dos primeras fases de la tradición perigordiense. En el esquema de Bordes estos primeros perigordiense fueron más tarde desplazadas por los auriñacienses, como lo demuestran los niveles superiores de La Ferrasie. Luego volvieron a la Dordoña en fechas más tardías, y dejaron en los depósitos las industrias del Perigordiense III-IV (véase Bordes 1973, Laville, Rigaud y Sackett 1980 para seguir la discusión completa).

Esa visión de una larga pero interrumpida tradición perigordiense en la Dordoña ha sido en general abandonada. La relación entre el Perigordiense inicial y final no es fácil de sustanciar. Sin embargo, mientras que esta relación se ha difuminado, el Chatelperroniense se ha ido transformando en una entidad arqueológica perfectamente reconocible (Farizy 1990, Harrold 1989). Se encuentra interestratificada con niveles auriñacienses en Roc de Combe (Bordes y Labrot 1967) y en Piage (Champagne y Espitalié 1981). Geográficamente el Chatelperroniense se extiende sólo desde el norte de Francia hasta la zona cantábrica (capítulo 6). En St. Césaire se asocia en el nivel Ejop con un esqueleto adulto de Neanderthal (Leveque, Backer y Gilbaud 1993) y en el nivel Xb de Arcy sur Cure, con el característico laberinto óseo de la zona del oído de un Neanderthal (Hublin *et al.* 1996).

Harrold (1989) nos proporciona un detallado estudio de la composición de los conjuntos châtelperronienses, comparándolos con los conjuntos musterienses y auriñacienses. En su opinión estos conjuntos eran el producto del trabajo de los Neanderthales, habiéndose desarrollado rápidamente en el área del Périgord a partir del Musteriense local (*ibid.*: 705).

Lo que queda claro es que el Chatelperroniense coexistió con los conjuntos auriñacienses. Las figuras 76a-c muestran las distribuciones respectivas durante el período 38.000-31.500 años bp.[147] Las dataciones absolutas para el Auriñaciense en la cueva del Castillo en Cantabria (Cabrera-Valdés y Bischoff 1989) y en L'Arbreda, Cataluña (Bischoff et al. 1989) son, naturalmente, muy anteriores (cuadro 6.2). Si esta información se añadiera a los mapas elaborados por Harrold, daría la impresión que los Neanderthales fueron dejados solos en la Dordoña, aislados por gente nueva que inicialmente los había rodeado. Aunque las verdaderas cronologías (capítulo 6) siguen siendo una duda, es posible que si el Auriñaciense estuvo presente en Cantabria y Cataluña hacia el 43.000 bp, realmente debió proporcionar un contexto selectivo que dio lugar al Chatelperroniense (Harrold 1989: 705). Como ha remarcado Farizy,

> Es posible que, como resultado de presiones externas, los grupos de Neanderthales pudieran adoptar o desarrollar rasgos típicos de una cultura del Paleolítico Superior (Farizy 1990: 325).

147. Período que empieza con el interestadio de Hengelo equivalente al interestadio Würm II/III en la secuencia francesa y termina con el Würm II Fase II (Laville, Rigaud y Sackett 1980).

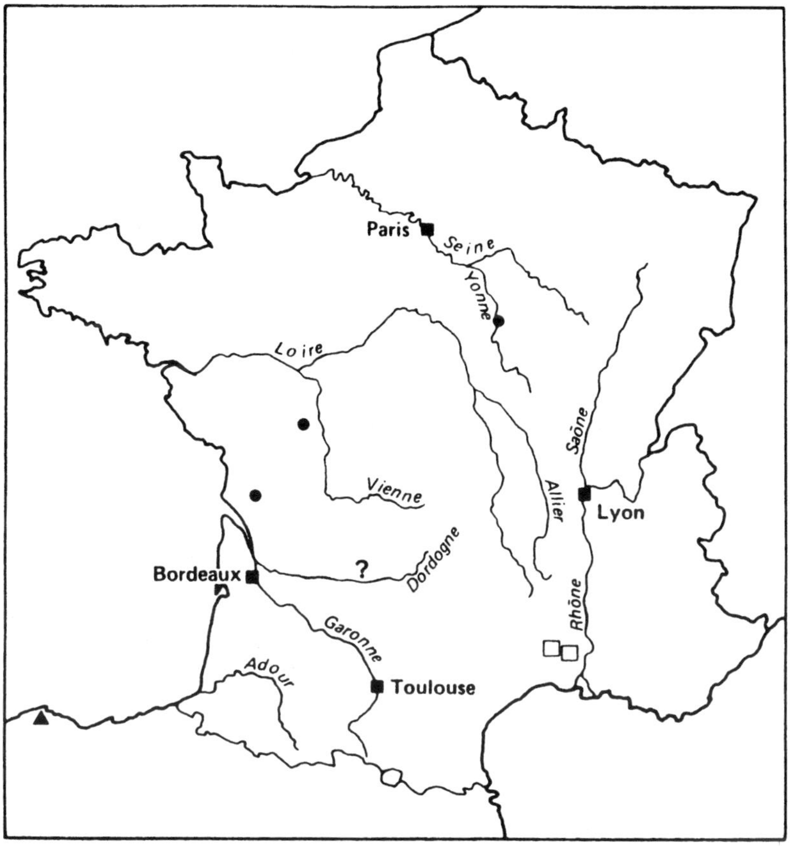

▲ Musteriense
● Chatelperroniense
□ Auriñaciense

FIG. 7.6. *El «reducto Neanderthal» durante el interpleniglaciar, en Francia (a partir de Harrold 1989: Fig. 33.1-3).*
(a) Interestadio de Hengelo 38.000-34.500 años bp

Por supuesto que en el Chatelperroniense no todo acaba en los cuchillos curvos con dorsos romos. Existen indicios de trabajo de huesos y astas (Leroi-Gourhan y Leroi-Gourhan 1964), así como algunos huesos de animal perforados y de colgantes en Les Cottés y en la Grotte du Renne, niveles 9 y 10 de Arcy sur Cure (Farizy 1990: 320, Harrold 1989: cuadro 33.8).

Las dataciones por C14 sugieren ahora que pese a la «presión» auriñaciense hacia el interior del Périgord se hubiera producido tardíamente (figura 7.6*c*), ya existían condiciones en el sudoeste de Francia y en el norte de España para la imitación y la emulación, como sugieren tanto Farizy como Harrold. Por ejemplo, en los depósitos del Chatelperroniense hay restos abundantes de ocre rojo que ha de asociarse con la manufactura de ornamentos, como sugiere White para el Auriñaciense (1993b, 1993c)

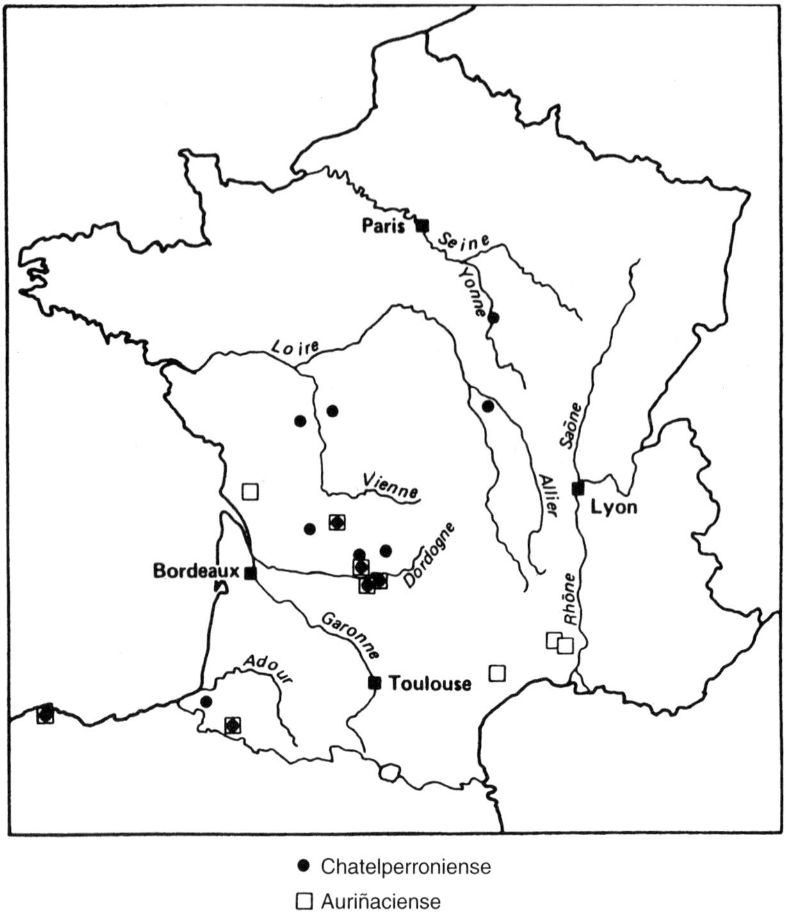

FIG. 7.6. *(continuación).*
(b) 34.500-33.000 años bp Würm III inicial

(capítulo 6). Hublin (*et al.* 1996) van más lejos al sugerir tentativas de intercambio de objetos entre individuos de las dos especies.

Es difícil precisar cuánto duró esta coexistencia, pero pudo producirse como mínimo entre el 43.000 y el 36.000 años bp, como indican las dataciones del Castillo y St. Césaire. Esta imitación y estos intercambios pudieron extenderse a las puntas de hueso, los dientes perforados y los colgantes. Pero, cosa interesante, no parece que se extendieran a los enterramientos, ya que las evidencias de las que disponemos no son concluyentes en el sentido de que los restos de St. Césaire, a pesar de representar la mayor parte de un esqueleto, fueran deliberadamente enterrados (Defleur 1993, Vandermeersch 1993).

En el nivel X de la Grotte du Renne de Arcy sur Cure, que data del interestadio de Hengelo (cuadro 6.3), hay una estructura con colmillos de mamut, hoyos para postes y hogares. La planta es circular con losas de caliza formando un banco

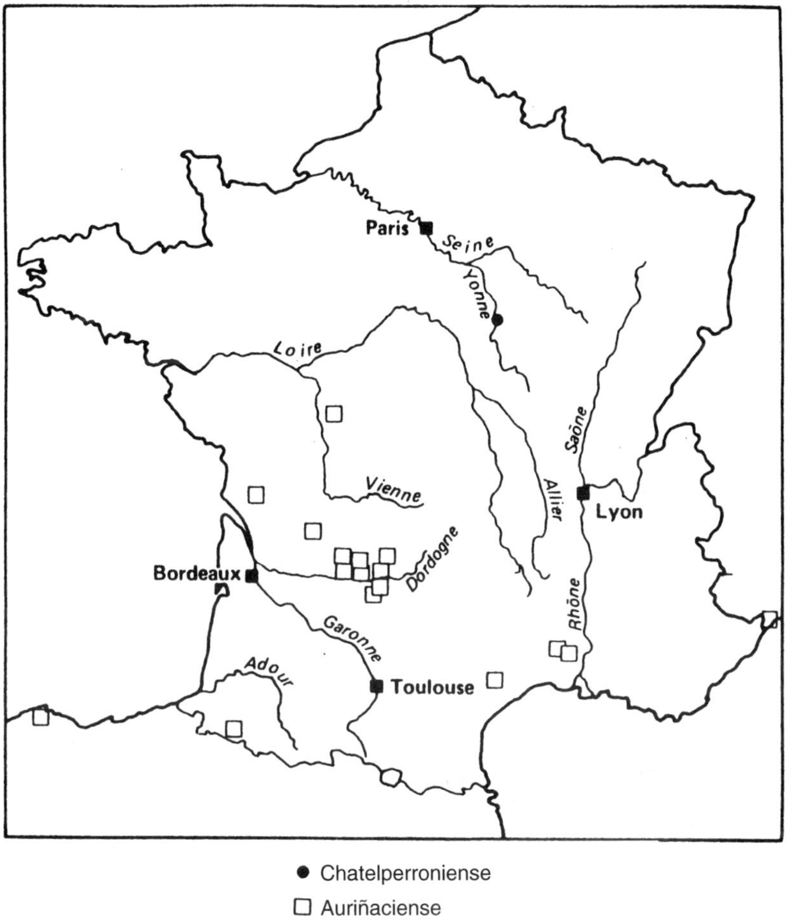

FIG. 7.6. *(continuación).*
(c) 33.000-31.500 años bp Würm III final

(Farizy 1990: 308). Leroi-Gourhan pensó que debió haber una estructura de cubierta que protegía 12 m^2 de la zona plana a la entrada de la cueva.

Es difícil interpretar esta y otras estructuras de Arcy, puesto que no disponemos de toda la información que precisaríamos. Sin embargo, Farizy nota un cambio importante en el uso del espacio entre los ricos niveles musterienses de las cuevas de Arcy y los niveles chatelperronienses.[148]

> Los cambios parecen relacionarse más bien con una calidad de vida diferente, puesto que el entorno más inmediato de los grupos humanos —la zona de habitación— se empezó a percibir de forma totalmente diferente. Cambios análo-

148. Hay ocupaciones musterienses en la galería profunda de la Grotte du Renne, donde la gente debió de vivir en condiciones de mucha estrechez (Farizy 1990: 307).

> gos se intuyen en el carácter de las industrias líticas, en las que las formas de los útiles parece que tienen un nuevo significado (Farizy 1990: 325).

La estructura de los yacimientos muy clara ahora, o en el peor de los casos fácilmente interpretable, también ha podido ser investigada en St. Césaire (Backer 1993). En el nivel superior Ejop no hay hoyos para postes, ni bancos ni colmillos de mamut pero el análisis espacial de Becker (*ibid.*: Fig. 9.1) pudo identificar sobre un área excavada de unos 33 m^2, dos zonas diferentes de deposición en función de la composición de los objetos. Estas zonas se encuentran una a cada lado de la línea de vertido del abrigo.

El Chatelperroniense como cultura y como red

Straus (1993: xii) se ha mostrado muy precavido y así lo ha dado a conocer, en relación a la posible vinculación entre los Neanderthales y el Chatelperroniense. Puesto que St. Césaire es el único fósil importante que poseemos,

> [...] ni sabemos «quien» fabricó el Auriñaciense inicial francés, o, en este caso, el del Cantábrico español, en que las distinciones entre Musteriense, Chatelperroniense y Auriñaciense son algo borrosas (*ibid.*).

Dado que hay un mínimo de siete mil años de coexistencia antes del «empuje» Auriñaciense, su conclusión es correcta. Pero podemos contemplar el problema de forma distinta, a base de considerar el Chatelperroniense como un sistema de redes más que como una asociación entre un fósil homínido y una forma de fabricar útiles de piedra.

Desde esta perspectiva el Chatelperroniense sirve para identificar una área de recursos en el Périgord, que, con arreglo a la biomasa y a la estacionalidad, era sin duda más densa y predecible que otras áreas. Una estructura así de recursos era muy adecuada a las redes en forma de rueda de los Neanderthales con alta movilidad, estancias residenciales cortas y limitado transporte de materiales.

Al recorrer el país por senderos y pistas conocidos, parándose en los escenarios preferidos, los Neanderthales se aseguraban contactos. Por ello la red íntima de cada individuo podía aguantar cierta separación mientras que la red eficaz permanecía en disposición de ser convocada. Esta gente disponía de lenguaje, lo que facilitaba la transmisión de información sobre otros individuos. Este modelo de movimiento individual sugiere que si los machos y las hembras se dispersaban, ambos sexos tendrían redes similares de baja densidad, medidas por la transitividad y los enlaces (capítulo 2). Sin embargo, si las hembras no se separaban de sus territorios de nacimiento, entonces deberíamos esperar que tuvieran redes más densas y fuertes y los machos en correspondencia unas que fueran más débiles. Unas redes femeninas de alta densidad producirían una situación en que la red eficaz femenina se utilizaría para tareas de protección y cuidado de la prole. Sin embargo, si ambos sexos tuvieran redes de baja densidad el resultado sería el tener que compartir este tipo de responsabilidades de modo que sería la red íntima y no la eficaz la que tendría un papel más importante en esta actividad esencial.

¿Podemos, pues, considerar al Chatelperroniense como una cultura en el sentido de Clarke? Sus elementos ciertamente se dan de forma no unívoca (Harrold 1989:

cuadros 33.7, 33.8). No hay ornamentos en la mayoría de los yacimientos ni se producen ciertas características de la producción lítica. Sin embargo, lo que tenemos, sí satisface el criterio de recurrencia dentro de un área geográfica definida (Ashton 1983: Fig. 2). Utilizando el mapa de distribución de Harrold como guía (figura 7.6a-c) estimo las siguientes áreas máximas:

Tiempo en años	*Área máxima*	*Núm de yacimientos*
37.000-34.500	200.000 Km^2	3-4
34.500-33.000	500.000 Km^2	14

Si lo comparamos con el tamaño de las regiones (figura 7.3), vemos que el área más grande se corresponde con el tamaño de la región meridional occidental, un hecho fácilmente deducible por sí mismo del mapa de distribuciones. Esto cubre un lapso mínimo de tiempo de 1.500 años. Debe recordarse que estas estimaciones sólo pretenden contrastar la escala de estas unidades arqueológicas ampliamente reconocidas. No han de interpretarse como verdaderos territorios châtelperronienses, sino como una estimación de su potencial abasto. Lo que estamos examinando es la capacidad de mantener una presencia similar *in absentia* a través del uso de acciones comunes de carácter tecnológico y estilístico.

En contraste, el Auriñaciense parece sobresalir en extensión, que equivale a esta capacidad de ir más allá de los confines de una sociedad del cara a cara para alcanzar una mayor integración en un sistema a través del paisaje social. ¿Cómo llegó a suceder algo así? Supongamos que la rápida difusión del Auriñaciense fue obra de los individuos machos al construir sus redes globales mientras que las hembras se dedicaban a la importante tarea de criar. Como resultado tenemos una situación que presenta una asimetría en la estructura de las redes, que, como vimos en el capítulo 2, es habitual encontrar entre los primates no humanos. Además, esta asimetría repercute en la transmisión cultural (Steele 1994) como lo hace con el flujo de genes.

Ahí reside pues, una posible distinción entre las sociedades neanderthales y las sociedades auriñacienses. También pudo haber implicado parámetros demográficos diferentes incluyendo las tasas de mortalidad y fertilidad (Zubrow 1989), aunque esencialmente la diferencia reside en la forma distinta de crear redes sobre paisajes del Pleistoceno parecidos. Todo ello tuvo sus consecuencias para la construcción del poder que, en el caso del Auriñaciense, se dio a una escala que no se había dado nunca antes. El poder tiene su contexto particular ya que su fuente reside en el uso diferencial de las tres redes mediante las cuales los individuos se sustentan. Las expresiones del poder fueron entonces sin duda tan variadas como siguen siéndolo en cualquier sistema social. Pero ahora podemos ver cómo las acciones estuvieron dotadas de distinto poder según las interacciones y las redes que nacían de las mismas (cuadro 2.1). El resultado fue que los individuos se vieron limitados en sus actuaciones, pero al mismo tiempo habilitados en función de la escala y los efectos de sus acciones sobre los demás.

Si el Chatelperroniense es realmente una industria transicional, una tecnología social neanderthal, entonces, como dije al principio de este capítulo, debe entenderse de acuerdo con la transformación que experimenta el poder. Ello implica que la transmisión cultural en estas redes ampliadas produciría una ventaja en relación a la ex-

CUADRO 7.7. *Comparación entre redes del Paleolítico Superior Inicial en el sudoeste de Europa. No se prejuzgan los tipos humanos que la establecieron. Modelo de red según Steele (1994), véase capítulo 2.*

	Residencia	*Densidad de red*	*Cuidado prole*	*Transmisión cultural*	*Tipo de red*
Chatelperroniense					
Machos	Dispersa	Baja	Compartido	Común	Baja densidad
Hembras	Dispersa	Baja	Compartido	Común	Baja densidad
Auriñaciense					
Machos	Dispersa	Baja/alta	Menos	Preferencial	Poisson
Hembras	Permanecen	Alta	Más	Preferencial	Tribal

plotación del paisaje social ofreciendo oportunidades a la expresión libre de la voluntad individual. El modelo se resume en el cuadro 7.7.

De este cuadro deducimos que los elementos que son imitados o intercambiados, y subsecuentemente adoptados, son los que se llevan a los encuentros y que se ponen a disposición en el proceso de extensión. De ahí que aparezcan cosas como un diente perforado u ocre rojo utilizado en la producción de ornamentos (White 1993b, 1993c). Los gestos o acciones que incorporan estos objetos serían luego imitados tanto por machos como por hembras al no haber barreras en la red ya que los límites los ponen las normas y los recursos de las redes íntima y eficaz. Los ornamentos producidos fueron, sin embargo, claramente châtelperronienses y no pálidas imitaciones de las formas auriñacienses.

Lo que se transmitía actuó preferentemente en los machos, ya que básicamente eran ellos los que estaban construyendo redes diferentes de las de las hembras. Quizá, como ha dicho Soffer (1994: Fig. 1) las hembras eran abastecidas por los machos. Por lo tanto, la red y las normas que gobernaban los encuentros afirmaban un cambio en las acciones y los gestos, y una transición hacia nuevas formas de poder, basadas en la variedad de las redes.

Una península Ibérica dividida

La temprana llegada del Auriñaciense a España (Cabrera-Valdés 1993) ha mantenido abierta la incógnita de la supervivencia del Musteriense en la península Ibérica. Esta posibilidad ha sido siempre insinuada dadas las dataciones por C14 y TL que de forma consistente han situado los conjuntos del Musteriense del sur de España entre el 20.000 y el 30.000 años bp. Esta cronología parecía demasiado moderna, por lo que se tendía a rechazar. Pero ahora las pruebas son convincentes y hablan de que en el sur de España el Musteriense persistió mucho tiempo, después de haber desaparecido tanto del sur como del norte de Europa.

Zilhao (1988, 1993) ha estudiado los indicios de Portugal. La cueva de Caldeirão es importante, ya que nos muestra una secuencia que va del Paleolítico Medio al Superior. Encima del nivel K se obtuvo una datación por EMA del 27.600 ± 600 años bp que marca el final del Musteriense y el inicio del Paleolítico Superior. Las colec-

FIG. 7.7. *Más allá de la frontera del Ebro. Paisaje de los alrededores de la cueva de Carihuela, España, región mediterránea occidental, último refugio de los Neanderthales (foto del autor).*

ciones de útiles son pequeñas pero en Columbeira se han obtenido fechas parecidas para el Musteriense. También en este mismo horizonte temporal hay un posible nivel auriñaciense en Pego do Diablo y un conjunto gravetiense en Vale Comprido (Zilhao 1993: cuadro 1).[149]

Seguramente aquí hay cuestiones complejas que quedan enmascaradas dada la escasez de la muestra. Sin embargo, si se incluyen los indicios procedentes del sur de España, la cosa se clarifica. En Gorham's Cave en Gibraltar (Vega Toscano 1993) el Auriñaciense se fecha por C14 en el año 28.000 bp. Tras un estudio de la fauna y los indicios sedimentológicos de varios yacimientos, Vega Toscano (1993) sitúa a Carihuela V, Cueva Hora y Zafarraya, las tres, cuevas situadas en el sudeste español, en el intervalo 26.000-30.000 años bp (figura 7.7). En Carihuela y Zafarraya hay restos de Neanderthal asociados con industrias típicas musterienses (Garralda 1993). Es posible que algunos de los restos de Neanderthal asociados con industrias musterienses de las cuevas de Gibraltar, también sean tan tardíos.

Zilhao (1993) realiza una evaluación geográfica de estos datos. Propone que el Ebro formó una frontera contra la que se estrelló en el año 38.000 bp la rápida difusión del Auriñaciense (figura 7.8). A continuación sugiere que los Neanderthales siguieron subsistiendo en el sur de la península Ibérica hasta ser reemplazados finalmente entre el 28.000 y el 30.000 años bp. Zilhao (1993: 143) está a favor de una

149. Ésta quizá no es la historia completa. Las dataciones por TL en sílex quemado para un nivel auriñaciense en Gato Preto han dado una edad de 38.100 ± 3000 años bp (Zilhao 1993: Cuadro 1). Zilhao comenta que una edad así probablemente corresponda a una fecha por C14 no calibrada de 38.000-30.000 años bp.

FIG. 7.8. *Una península Ibérica dividida. La zona auriñaciense abarca tanto la región mediterránea occidental como la meridional occidental (a partir de Zilhao 1993: Fig.7).*

sustitución rápida en este momento y no de una lenta transición a lo largo de un largo período de coexistencia.

¿Qué ofrece a este desafiante escenario el enfoque de redes? Si comparamos esta situación con la que presentaba el Chatelperroniense, surgen dos factores a considerar. En primer lugar que la península Ibérica carece de industrias transicionales comparables a las del Chatelperroniense, el Uluzziense, o a las puntas foliáceas discutidas en el capítulo 6 (Cabrera-Valdés 1993, 1979, Fullola 1983, Zilhao 1988). En segundo lugar, que la península Ibérica carece de conjuntos que imiten acciones y gestos de una cadena operativa de la manera como hemos visto que sucedía con los ornamentos del Chatelperroniense.

Esta observación sugiere que estamos ante redes distintas de las que encontramos en la región meridional occidental, al norte de los Pirineos. Además, parece que hay ciertos límites en la escala de los sistemas ampliados en el Paleolítico Superior. A este respecto es digno de reseñar que si los yacimientos del Paleolítico Medio de la Meseta son bien conocidos (Vega Toscano, Raposo y Santonja 1994), del Paleolítico Superior Inicial no hay indicios de nada (Cabrera-Valdés 1993, Fullola 1979, 1983).

Ya dijimos que el Mediterráneo posiblemente estuvo más densamente poblado que otras regiones de Europa. La naturaleza de las redes del Paleolítico Medio en España, especialmente las de las zonas que flanqueaban la Meseta, en Portugal y Andalucía, debieron estar especialmente afectadas por esta «superpoblación» relativa. El resultado pudo ser la creación de redes más pequeñas y más estrechamente tramadas, es decir de densidades altas. Puesto que no hubo punto de contacto ni espacios vacíos que facilitasen la penetración del Paleolítico Superior Inicial, la consecuencia fue el continuismo. Al reducir los cambios climáticos a partir del 28.000 bp los recursos disponibles, es posible que los intersticios de las redes se fueran abriendo permitiendo a las poblaciones del Paleolítico Superior el poder entrar. La falta de indicios sobre prácticas imitativas y la inexistencia de industrias transicionales son elementos a favor de la idea de Zilhao de que la sustitución fue un proceso que se realizó con rapidez.

Pero pongamos el interrogante en otro lugar. ¿En una península Ibérica dividida disfrutaron los Neanderthales de la cueva de Carihuela de un paisaje social? Si no fuera el caso, ¿lo pudieron disfrutar en cambio sus coetáneos auriñacienses y perigordienses de Cueva Morín que moraban en el otro lado de la «frontera»? A primera vista, las pruebas disponibles, según Straus (1992), acerca de un Paleolítico Superior Inicial en Cantabria marcadamente diferente, no abruman. Los transportes de materia prima son escasos y apenas hay vestigios de ornamentos o de otras manifestaciones artísticas sobre soportes muebles. Únicamente los enterramientos de Cueva Morín (Freeman y González-Echegaray 1970, González-Echegaray y Freeman 1971, 1973) apuntan a algo distinto. Straus lo resume así:

> El Paleolítico Superior Inicial en Cantabria fue un período largo, irregular y en muchos aspectos de transición gradual de las adaptaciones del Paleolítico Medio a las adaptaciones «típicas» del Paleolítico Superior... A lo largo de este período que duró 40.000 años los cambios producidos constituyen un verdadero mosaico (Straus 1992: 89).

Sin embargo, las relaciones establecidas por medio de los estilos de los útiles líticos, ponen esta área más con el mundo del Paleolítico Superior del norte de los Pirineos que con los Neanderthales del sur del Ebro. El hecho de que esta «frontera» conceptual no estuviera marcada por ningún incremento en el número de restos de enterramientos, de estructuras arquitectónicas o de cuevas con pinturas, sugiere claramente que los dos sistemas se yuxtapusieron. Ya que se trataba de sistemas tan distintos no hacía falta manifestar explícitamente los límites de las redes ampliadas que utilizan recursos simbólicos en el marco de un paisaje social. Por razones parecidas los Neanderthales no necesitaban marcar una línea de demarcación de sus sistemas ya que operaban regionalmente en forma de paisajes de la costumbre. Ambos sistemas eran exclusivos, al revés de lo que sucedía en la región meridional occidental que comentamos más arriba. En esta zona, la exclusión se complementó con el principio de la inclusión representado por el uso de recursos simbólicos para ampliar el ámbito de la tecnología social.

Y aquí aparece mi tesis. La identificación de un paisaje social no depende del descubrimiento de un registro arqueológico brillante lleno de restos de hogares, de cabañas o de elementos artísticos. La posibilidad de ensanchar los márgenes espaciales y temporales sigue siendo sólo eso, una posibilidad y no un resultado inevitable. De la misma manera, la capacidad de representarse el mundo a nuestro alrededor a base de esculpir en marfil el cuerpo del animal del cual proviene este material, no significa que siempre que encontremos marfil habrá en el mismo esculpido un mamut. A partir de la llamada explosión creativa del Paleolítico Superior (Pfeiffer 1982) hay en el mundo tantas regiones que muestran manifestaciones de arte que atraen nuestra atención y las calificamos de ricas, como regiones que muestran manifestaciones de arte que consideramos menores. El poder en el sentido negativo de dominio y sustitución es en todas partes una posibilidad pero no necesariamente una realidad siempre. El caso español que acabamos de estudiar nos ofrece al respecto un buen ejemplo.

Escenarios

La ocasión social se distingue (capítulo 3) de la reunión por los materiales y las asociaciones que presenta para el desarrollo de la vida en sociedad. Es éste un entorno externalizado hasta el punto de que por medio de distintas asociaciones y de ritmos creadores de formas, los escenarios pueden convertirse en lugares (Leroi-Gourhan 1993: 309). La reunión no depende, según mi terminología, de otra cosa que del prestarse atención, cosa que ocurre en la co-presencia entre actores sociales y unos objetos que, de hecho, forman parte de ellos mismos. La ocasión social implica a un número indeterminado de objetos, con la distinción de que muchos de estos objetos son ahora actos o gestos que han sido deslindados del propio cuerpo. Aunque estos objetos hayan sido separados de los protagonistas de la acción social no por ello pierden poder y significación en la conformación de la vida social. Ahora los objetos ejercen un papel estructurador de la acción basado en la extensión simbólica de los individuos por el tiempo y el espacio. El pasado sirve ahora para organizar el futuro creando referencias entre lugares, personas y objetos tanto cuando estos tres factores coinciden en un mismo punto y momento como cuando no lo hacen.

Escenarios: el caso de Dolní Věstonice-Pavlov

El conocido escenario de Dolní Věstonice-Pavlov al sur de Moravia, en la región septentrional central, nos ofrece la oportunidad de poder estudiar los componentes arqueológicos de la ocasión social/lugar. Este yacimiento se relaciona con los rituales de bienvenida y despedida que contribuyen a la transformación de un escenario en lugar (capítulo 3). Estos rituales ejemplifican los recursos simbólicos utilizados para crear una red ampliada (cuadro 4.1). Vemos cómo se enriquece al escenario de unas estructuras físicas con sus ritmos asociados temporales que han de servir a las manifestaciones culturales y a la acción futura.

El emplazamiento y las excavaciones

El paisaje de Dolní Věstonice-Pavlov está dominado por el río Dyje y las colinas de caliza de Pavlovské que alcanzan una altura de 550 m (figura 7.9). Los diversos asentamientos que han sido investigados a lo largo de unos ochenta años se sitúan en la orilla sur del río sobre las terrazas que se levantan en el flanco de las colinas. La composición calcárea del terreno ha contribuido a la conservación de huesos y demás materiales orgánicos en los depósitos coluviales y de loess.

Dolní Věstonice-Pavlov está bien comunicado con las principales carreteras que recorren la región. A unos cien kilómetros al sudoeste está la estrecha garganta de Wachau, conocida especialmente por el yacimiento estratificado de Willendorf II, que da acceso a Austria y al sur de Alemania a través del valle del Danubio, y

A

B

FIG. 7.9. *(A) La sección preservada de Dolní Věstonice I entre los viñedos, al pie de las colinas Pavlovské (foto del autor). (B) Dolní Věstonice II aparece en primer término de la foto, seguidamente se distinguen las excavaciones de la ladera occidental y la acumulación de huesos de mamut. Más allá se divisa el pueblo y el lago artificial (foto del autor).*

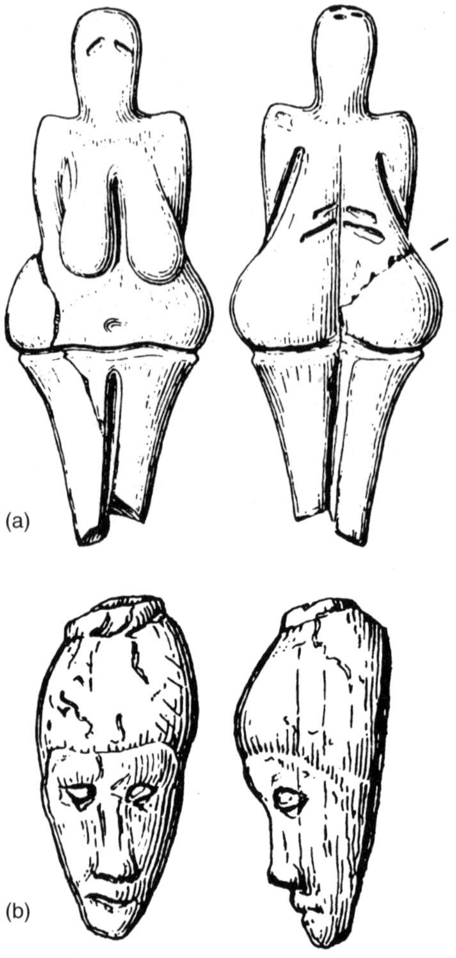

FIG. 7.10. *Dos imágenes de Dolní Věstonice. La estatuilla de arcilla* (a) *fue encontrada en 1925 y se muestra reducida una cuarta parte de su tamaño natural. La cabeza de marfil* (b) *se ve a tamaño natural y fue recuperada en 1936 (a partir de Klíma 1983: Figs. 3 y 37).*

150 km al noreste las puertas de Moravia dan acceso al sur de Polonia. (Djindjian 1994: Fig. 3).

Absolón fue quien empezó a excavar de forma sistemática en estos yacimientos. Entre 1924 y 1938 en el yacimiento I descubrió huesos de mamut, material lítico abundante, estructuras enterradas, hogares y fragmentos de estatuillas de arcilla y marfil. Dos de estos fragmentos son muy conocidos (figura 7.10), constituyendo los iconos que distinguen internacionalmente este yacimiento. Uno de ellos realizado en arcilla fue descubierto en 1925 y representa a una figura femenina. En vez de cabeza presenta una especie de capucha que tiene dos cortes a la altura de los ojos. En 1936 se descubrió el segundo, una pequeña cara esculpida en marfil, que parece una cara de mujer. Hay bastantes más fragmentos de estatuillas de arcilla que representan animales. Desafortunadamente la mayoría de las piezas descubiertas por Absolón fueron destruidos en 1945 al incendiarse el castillo donde estaban guardadas (Klíma 1954: 5).

Absolón inició la tradición de indicar la distribución horizontal del material con el fin de descubrir el tamaño del yacimiento. Durante la ocupación nazi la técnica de excavación cambió. Las excavaciones de Bohmers pretendían básicamente establecer la estratigrafía y edad de los yacimientos. Las piezas artísticas fueron consideradas de origen indogermánico. Durante los primeros años de la guerra fría, 1949-1956, las investigaciones arqueológicas se centraron en aspectos políticamente neutrales, fundamentalmente los suelos y su importancia para la estratigrafía local (Tomásková 1995: 310). Klíma durante los años 1950, tanto en Dolní (Klíma 1963, 1983) como en Pavlov (Svoboda 1994c, 1994d, Svoboda, Lozek, y Vlcek 1996), recuperó el enfoque inicial de Absolón. Su trabajo confirmó el estatus internacional del yacimiento y permitió profundizar en la organización social de la prehistoria por medio del estudio de los medios de producción (Tomásková 1995: 312).

Desde 1985 los trabajos arqueológicos de urgencia llevados a cabo en los loess de los alrededores de Dolní Věstonice, en el yacimiento II y en el yacimiento III, han producido nuevos restos de asentamientos y enterramientos (Klíma 1995, Skrdla, Cílek y Prichystal 1996, Svoboda 1991). En 1986 en Milovice, a 3 km del pueblo de Pavlov, se encontraron estructuras hechas de huesos de mamut y abundantes muestras de una rica industria lítica (Oliva 1988a, 1988b).

Cronología

Svoboda nos ofrece una síntesis cronológica (1994e: 224) de la culturas gravetienses de Moravia, el sur de Austria, Polonia, Ucrania y Rusia (cuadro 7.8). Estas manifestaciones reciben en conjunto el nombre de Pavloviense a partir del yacimiento de

CUADRO 7.8. *Ordenación cronológica del Pavloviense/Gravetiense (Svoboda 1994e: Fig.2).*

Pavloviense Inicial	**30.000-27.000 años bp**
Parte inferior de Dolní Věstonice I y II	
Willendorf II nivel 6	
Molodova V nivel 9	
Pavloviense Evolucionado	**27.000-24.000 años bp**
Partes media y superior de Dolní Věstonice I y II	
Pavlov I	
Milovice ?	
Předmostí	
Willendorf II niveles 7 y 8	
Willendorf/Kostienki	**24.000-20.000 años bp**
Milovice	
Petrkovice	
Willendorf II nivel 9	
Calle Spadzista C2	
Molodova V nivel 7	
Kostienki I/1	

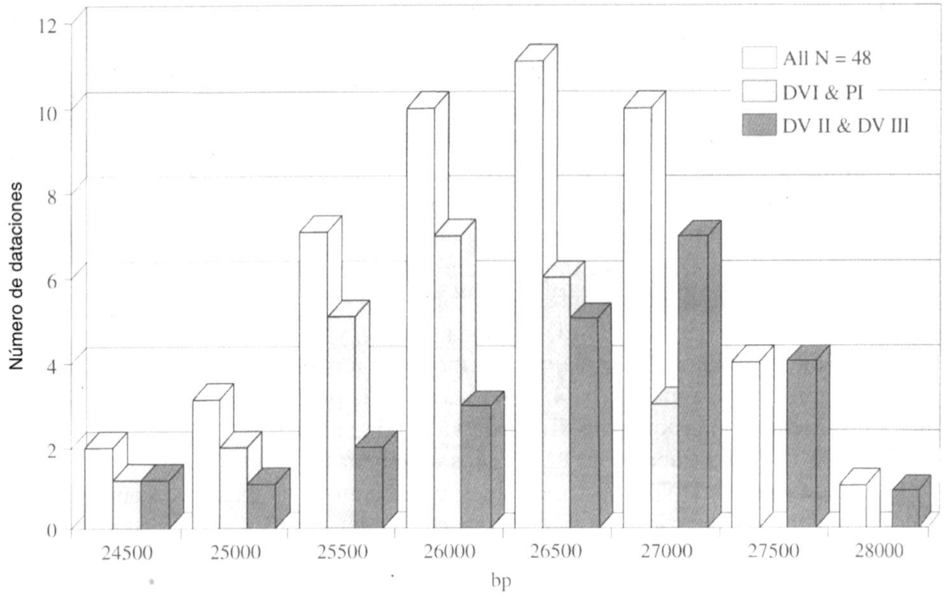

FIG. 7.11. *Dataciones por radiocarbono no calibradas de los distintos yacimientos de Dolní Věstonice-Pavlov, Chequia, región septentrional central.*

referencia situado en el pueblo de Pavlov. Se trata de conjuntos en los que los buriles generalmente superan en número a todas las demás clases de útiles retocados. La cultura de Willendorf/Kostienki está representada por puntas y láminas de escotadura que se encuentran en un área que va del río Don a Moravia, el Wachau austríaco y el sur de Polonia (Desbrosse y Kozlowski 1988, Praslov y Rogachev 1982, Soffer y Praslov 1993). Esta cultura presenta también restos de habitáculos construidos con huesos de mamut, pozos para almacenaje, algunos de las cuales tan grandes que sirvieron de habitaciones subterráneas y estatuillas femeninas y de animales (Svoboda 1994e: 216).

Las excavaciones de Dolní Věstonice-Pavlov pueden dividirse en estas tres fases cronológicas.[150] Sin embargo, la principal utilización de este escenario tuvo lugar durante los tres mil años del Pavloviense Evolucionado. Si se representan las dataciones de C14 hechas por el laboratorio de Gröningen para este período (figura 7.11), se ve que las excavaciones de la parte occidental del yacimiento, Dolní Věstonice II y III, son más antiguas que el tradicional yacimiento doble de Dolní Věstonice I y Pavlov I.[151]

150. Uno de los problemas que comenta Svoboda es la falta de una cronología precisa. Hay amplias discrepancias en las determinaciones por C14 en huesos y carbón vegetal procedentes de distintos laboratorios. Ello ha impedido situar definitivamente en la escala cronológica las distintas excavaciones en Dolní Věstonice-Pavlov. Actualmente se confía sobre todo en las determinaciones que proporciona el laboratorio de Gröningen que muestran una coherencia interna y estratigráfica al mismo tiempo. Sin embargo, ha de señalarse que la variación en las edades puede indicar la presencia de problemas de contaminación, por lo que puede ser que la historia de los asentamientos en esta zona sea más compleja.

151. Dolní Věstonice III, situado entre Dolní Věstonice I y II, ha sido datado en 24.500 años, lo que hace de ella la ocupación más tardía si excluimos Milovice (Svoboda, Klíma y Skrdla 1995, Valoch 1995). Al este del pueblo de Pavlov hay el yacimiento de Pavlov II del cual se conoce poco hasta el momento (Klíma 1995: Abb.12).

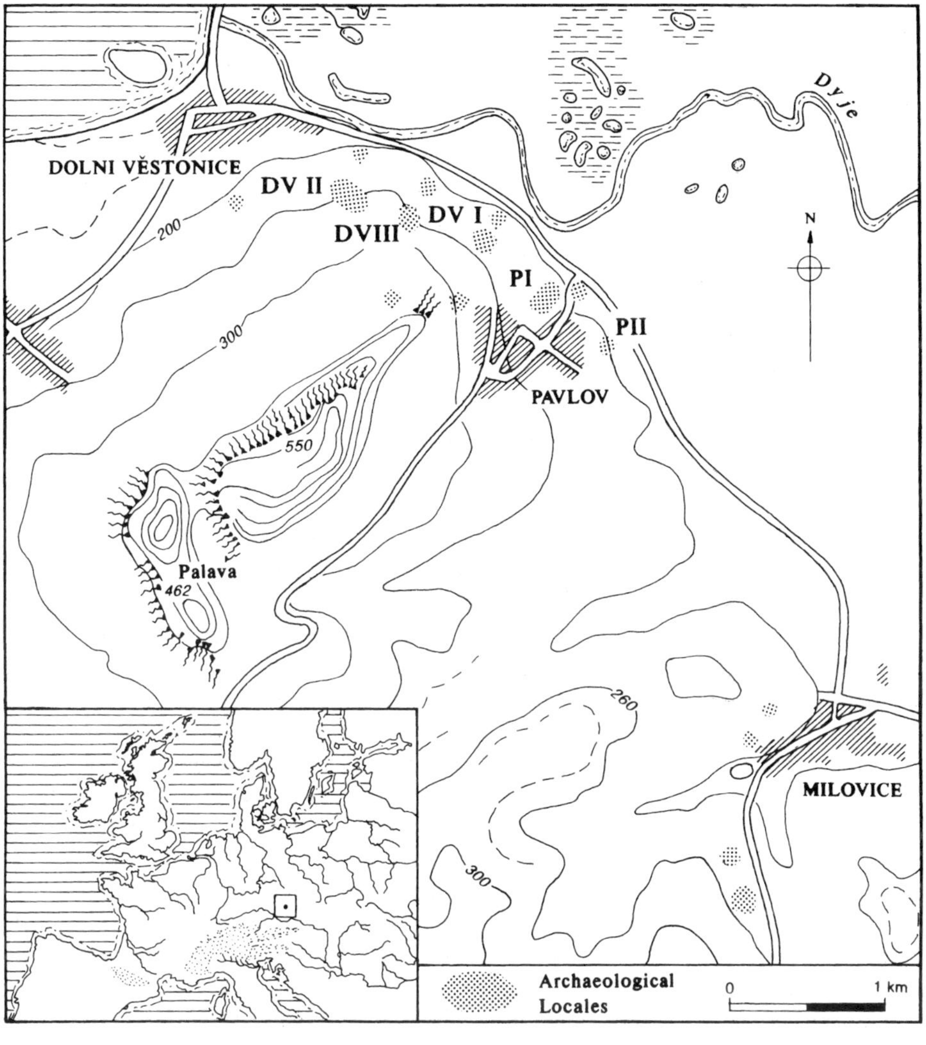

FIG. 7.12. *Localización de los yacimientos arqueológicos pertenecientes a los municipios de Dolní Věstonice, Pavlov y Milovice, Chequia (a partir de Valoch 1995: Abb.1).*

ESTRUCTURA INTERNA DE ESTE ESCENARIO

Durante estos tres mil años el asentamiento se extiende a lo largo de casi tres kilómetros, entre los pueblos modernos de Pavlov, al este y Dolní Věstonice al oeste (figura 7.12). En este escenario las áreas excavadas están separadas unos 200 o 300 m. formando dos grupos principales (Svoboda, Klíma y Skrdla 1995: 283). Los restos arqueológicos de uno y otro grupo difieren claramente (cuadro 7.9). Dolní Věstonice II junto con su ladera oeste (Klíma 1995, Svoboda 1991) contiene hogares, enterramientos, material lítico abundante y útiles de hueso, así como suficientes elementos para poder realizar remontajes (Svoboda, Skrdla y Jarosova

1993: Abb.3).[152] En contraste Dolní Věstonice I y Pavlov I que están a menos de 500 m de distancia y que probablemente representan parte de la misma fase de ocupación contienen además miles de fragmentos de estatuillas y una serie de restos de estructuras. Estas estructuras fueron descritas por Klíma como cabañas semisubterráneas construidas sobre plataformas niveladas cavadas en la pendiente. (Klíma 1954, 1963, 1983, Svoboda 1994c, Valoch 1996). En la ladera occidental de Dolní Věstonice I, II y III hay grandes concentraciones de huesos de mamut. No se sabe aún a ciencia cierta si estos montones tienen un origen natural o humano, aunque se encontraron útiles y restos de carbón entre estos montones de huesos.

La práctica de encender fuego

Los hogares y los hornos constituyen uno de los elementos más característicos de Dolní Věstonice-Pavlov (cuadro 7.9). Relacionados con los mismos se han encontrado cuerpos, útiles, estatuillas de arcilla, restos de comida y habitáculos, proporcionando, como veremos, un foco para el desarrollo de la vida en sociedad. Hogares y hornos son elementos típicos de este escenario como lo son de otros yacimientos del Paleolítico Superior tanto en cuevas como al aire libre. Sorprende, por lo tanto, que en yacimientos del Paleolítico Medio como Mauran (capítulo 6) no se detecte ni un solo hogar.

Mauran data del período 35.000-45.000 años bp en base al método del EER, mientras que el nivel 14 del abrigo Pataud, en la misma región, se fecha por el método C14 convencional entre el 33.300 y el 34.200 años bp (Movius 1977). La diferencia más importante entre estos dos yacimientos casi contemporáneos son los hogares. En Mauran la ausencia de patrón en la organización del espacio concuerda con la falta de hogares. Sí hay huesos quemados y algunos restos muy pequeños de carbón que pueden constituir indicios de pequeños hogares efímeros (Farizy 1994: Fig. 127).

En otras partes se han encontrado hogares bien construidos asociados a útiles musterienses asociados. Por ejemplo, en Vilas Ruivas, un yacimiento portugués del Paleolítico Medio, se ha datado por TL en el 54.000 ± 12.000 bp, un hogar construido con piedras (Vega Toscano, Raposo y Santonja 1994). En la Grotte de Peyrère Frechet, situada a 825 m de altitud en el valle del Aure (Jaubert *et al.* 1992), el nivel superior datado por C14 en el 42.000 bp presenta un hogar con restos de carbón, huesos quemados y piedras rotas por el fuego. En el Abri Pataud los hogares auriñacienses son muy interesantes, están claramente delimitados y hay más de uno en los distintos niveles. En el nivel 14 hay cinco y en el nivel 11 siete junto a dos hoyos poco profundos. Se trata de hogares grandes, en algún caso miden 1m de largo por 70 cm de ancho (Movius 1977). No presentan los cantos quemados que sí aparecen en el Perigordiense VI del nivel 3, fechado en el 23.000 bp. Precisamente el conjunto de este nivel es el que muestra la principal ocupación del abrigo. Sus cinco grandes hogares tapados por cantos se sitúan en paralelo a la pared del fondo del abrigo, equidistantes entre esta pared y una línea de piedras desprendidas del techo. La distancia

152. La pequeñas pero continuadas excavaciones realizadas últimamente en DV III (Skrdla, Cílek y Prichystal 1996) posiblemente ayuden a relacionar las distintas partes que forman el conjunto del escenario. Hasta ahora sólo hay disponible una datación por radiocarbono de estas excavaciones que da la fecha 24.560 + 660-610 años bp (GrN 20342).

CUADRO 7.9. *Componentes de las ocupaciones del Gravetiense evolucionado (27.000-24.000 años bp) en Dolní Věstonice-Pavlov (Klíma 1983, Svoboda 1991, 1994e, 1996, Valoch 1996).*

	Dolní Věstonice I	*Pavlov I*	*Dolní Věstonice II*
Enterramiento flexionado	DV III	PI	DV XVI
Enterramiento triple			DV XIII-XV
Restos humanos aislados	+	+	+
Cabañas semisubterráneas	2	4-5?	
Cabañas de superficie	+	+	3?
Pozos de almacenamiento	0	1	0
Acumulación de huesos de mamut	+		+
Depósitos potentes de cenizas	+	+	
Hogares al aire libre	+	+	+
Hornos	+	+	
Objetos de arcilla explosionados	+++	+++	+
Ornamentos hechos de conchas y de dientes perforados	+++	+++	+
Arte figurativo	+++	+++	
Calendario lunar			+
Restos de ocre	+	+	+
Predominio de materias primas procedentes de distancias superiores a los 100 km	60-90%	60-90%	60-90%
Tecnología de la fibra vegetal		+	
Permanencia en el asentamiento	Long	Long	Short
Uso estacional del asentamiento	?	Winter	Winter
Presencia de animales con pieles apreciadas	+	+	+
El reno como herbívoro dominante	+	+	?
Restos de alimentación de origen vegetal			+

entre los centros de los hogares es en todos los casos de 2 m. En el nivel 11 cinco de los hogares se sitúan a lo largo en relación a la pared del fondo, siendo la distancia entre los centros de los hogares menor, entre 1 y 1,5 m (Spiess 1979: 231).

Estos casos nos presentan dos técnicas diferentes de construir un hogar, aunque en ambos casos las hogueras estén alineadas. Binford (1983a: Fig. 98) demostró que los espacios entre los hogares del nivel 3 podían acomodar a gente durmiendo. Los hogares del nivel 14 presentan otras particularidades. Spiess los describe como si conformasen un área central que tiene que ver con una configuración social diferente. No queda claro qué quiere decir Spiess con esto, aunque sus estimaciones sobre el período de tiempo en que estos elementos estuvieron en uso, sugiere que los hogares asociados con una disposición linear pudieron haber sido utilizadas durante más tiempo y afectado a más personas (Spiess 1979: 231).[153]

En su estudio del nivel 5 de Le Flageolet, Simek (1987) insiste en cómo el comportamiento humano alrededor de un hogar modifica el registro arqueológico. Su

153. Los días por persona de ocupación se calculan a partir del volumen de carne consumido que se determina conociendo el NMI, que luego es dividido por las necesidades calóricas.

análisis de este abrigo del Périgord perteneciente al Paleolítico Superior Inicial, apunta a una ocupación a pequeña escala, tanto en tiempo como en número de individuos, que da lugar a una pequeña área de actividad intensiva y a una serie de espacios de actividad que acumulan restos de diverso signo (*ibid.*: 31).[154] A título de comparación, no aparece ningún patrón de este tipo de un análisis espacial similar del yacimiento de época saaliense de la Grotte Vaufrey (ver capítulo 5).

Comparación de las densidades

Aquí las excavaciones fueron realizadas en extensión. Absolón excavó unos 4.500 m^2 repartidos entre tres áreas principales de Dolni Vĕstonice I. La últimas campañas, realizadas entre 1947 y 1952, incrementaron en 350 m^2 la extensión total excavada, realizándose fundamentalmente sobre un área próxima a la excavación de 1924-28, aunque se abrió un nuevo tramo de 70 metros en dirección oeste (Klíma 1963: Fig. 4). En Pavlov I se excavaron 2.000 m^2, de los cuales unos 300 m^2, pertenecientes a las campañas de 1952-3, han sido publicadas (Svoboda 1994c).[155] Las excavaciones de urgencia en Dolní Vĕstonice II incluyendo a su ladera oeste, suman 1.500 m^2 más (Klíma 1995, Svoboda 1991) dividiéndose en dos áreas principales (Klíma 1995: Abb. 33).

Para completar la impresión general cuantitativa de lo que supone este conjunto de yacimientos, el cuadro 7.10 ofrece los datos de densidad de cada uno de los complejos arqueológicos.

Los valores de densidad (cuadro 7.11) son en general muy altos comparados con los de otros yacimientos al aire libre más antiguos (cuadros 4.19, 5.18). Si representamos la densidad por m^2 de toda la piedra excavada, incluyendo útiles, fragmentos y desecho (figura 7.13), vemos que sólo cuatro yacimientos de una muestra de ochenta de períodos anteriores, incluyendo ejemplos del Paleolítico Superior Inicial, producen densidades superiores a las 100 piezas por m^2. De las once muestras de Dolní Vĕstonice-Pavlov, seis registran más de 100 piezas por m^2 y ninguna tiene una densidad de menos de 10 piezas por m^2 (cuadro 7.12).

Densidades comparables se encuentran en otros yacimientos gravetienses de la región septentrional central (cuadro 7.12), lo que resalta los cambios cuantificables en la escala de los yacimientos al aire libre posteriores al 33.000 bp.

Es interesante comparar estos escenarios con los principales conjuntos gravetienses alemanes, pertenecientes a la región septentrional central (cuadro 7.13), los cuales mayoritariamente entran dentro del grupo efímero/medio de Montet-White. Como vimos con los datos del Achtal (capítulo 6), estos pequeños conjuntos, a menudo en cuevas, llaman la atención sobre el uso infrecuente de una región que, durante el Gravetiense, fue quedando marginada como pasillo entre los casquetes de Escandinavia y de los Alpes.

154. El nivel 5 muestra un conjunto Perigordiense V comparable en edad al nivel 3 del Abri Pataud (Laville, Rigaud y Sackett 1980: Fig. 8.2).

155. El proyecto gravetiense (Svoboda, Klíma y Skrdla 1995) pretende dar a conocer los resultados de las últimas excavaciones.

CUADRO 7.10. *Comparación de yacimientos del Gravetiense Evolucionado, 27.000-24.000 años BP, en Dolní Věstonice-Pavlov, + indica los elementos existentes pero que no han sido cuantificados (Klíma 1963, 1995, Svoboda 1991, 1994c).*

	Dolní Věstonice I				*Pavlov I*		*Dolní Věstonice II*			*Dolní Věstonice II Pendiente occidental Unidades de asentamiento*			*Pavlov 1*
	Objeto 1	*Objeto 2*	*Depósito de huesos de mamut*	*Parte inferior del depósito*	*1952*	*1953 Objeto?*	*1986-7 Área A Parte superior*	*1987 Área B Parte superior*	*A-B-C Parte inferior*	*1*	*2*	*3*	*4*
M^2 excavados	151	78	105		60	217	671	370		8	16	24	98
Total elementos líticos	35.232	6.889	1.354	3.803	13.530	39.144	14.770	14.352	2.657	2.102	2.186	2.865	4.079
Láminas/útiles retocados	1.259	385	73	199	593	1.494	497	467	163	66	39	59	163
Núcleos	148	29	4	35	47		310	149	19	13	14	25	
Láminas/lascas no retocados	870	471	120	186	3.153		3.439	2.565	374	489	832	1.118	
Fragmentos y restos de talla	32.955	6.004	1.157	3.383	9.737		10.524	11.171	2.101	1.534	1.301	1.663	
M^2: útiles	8,3	4,9	0,7		9,9	6,9	0,7	1,3		8,3	2,4	2,5	1,7
M^2: núcleos	1,0	0,4	0,04		0,8		0,5	0,4		1,6	0,9	1,0	
M^2: todos los elementos líticos	233,3	88,3	12,9		225,5	180,4	22,0	38,8		262,8	136,6	119,4	41,6
Útiles de hueso	+	+	+	+	+	+	204	93	5	2	4	10	
Conchas	+	+	+	+	+	+	184	116		12	14	15	
Dientes perforados	+	+	+	+	+	+	31	10		5			
Arcilla explosionada	todas las áreas > 5.761				todas las áreas 1.332		196	245		7			
Fragmentos de ocre	+	+	+	+	+	+	246	234		18	7	45	
Losas de piedra	+	+	+	+	+	+	+	+		4	4	9	

CUADRO 7.11. *Datos de densidad lítica de los yacimientos al aire libre del Paleolítico Medio Final y del Paleolítico Superior Inicial (Allsworth-Jones 1990, Bitiri 1972, Bordes 1968b, Bricker y Laville 1977, Chernysh 1961, Cziesla 1984, Hahn 1977, Jaubert 1993, Kind 1985, Klíma 1963, 1995, Kozlowski 1974, Marcy* et al. *1993, Nicolaescu-Plopsor, Paunescu y Mogosanu 1966, Svoboda 1991, 1994c, 1994d).*

Yacimiento	*Nivel*	*Fase arq.*	*Región*	*m^2 excavados*	*Total elem. líticos*	*Densidad por m^2*
Ceahlau-Cetatica I		PSI	S Or	220	152	0,7
Molodova V	X	PSI	S Or	774	617	0,8
Ceahlau-Bofu Mic		PSI	S Or	688	810	1,2
Molodova V	IX	PSI	S Or	774	1.282	1,7
Molodova V	VIII	PSI	S Or	774	1.655	2,1
Ceahlau-Dîrtu		PSI	S Or	461	1.405	3,0
Bistricioara-lutarie		PSI	S Or	210	1.379	6,6
Remetea-Somos I		PSI	M Or	302	2.056	6,8
Ceahlau-Podis		PSI	S Or	505	3.535	7,0
Chabiague		PSI	S Oc	42	405	9,6
Dolní-Věstonice II	Acumulación	PSI	S C	105	1.354	12,9
Cracow Spadzista B		PSI	S C	91	1.379	15,2
Kostienki 1	I	PSI	S Or	612	12.000	19,6
Lommersum		PSI	S C	62	1.228	19,8
Hénin	G	PM	S Oc	175	3.500	20,0
Dolní Věstonice II Área A		PSI	S C	671	14.770	22,0
Kostienki 1	V	PSI	S Or	46	1.300	28,3
Sprendlingen		PSI	S C	40	1.259	31,5
Gohoud		PSI	M Oc	39	1.350	34,6
Dolní Věstonice Área B		PSI	S C	370	14.352	38,8
Vedrovice V		PSI	S C	120	4.946	41,2
Pavlov I		PSI	S C	98	4.079	41,6
Serino South		PSI	Med C	60	2.619	43,7
Molodova V	VII	PSI	S Or	774	44.947	58,1
Le Côte		PSI	M Oc	18	1.070	59,4
Corbiac		PSI	M Oc	150	9.809	65,4
Tambourets		PSI	M Oc	8	542	67,8
Mauran		PM	M Oc	25	2.142	85,7
Dolní Věstonice Object 1		PSI	S C	78	6.889	88,3
Dolní Věstonice II Western Slope		PSI	S C	24	2.865	119,4
Dolní Věstonice II Western Slope		PSI	S C	16	2.186	136,6
Pavlov 1 Object?		PSI	S C	217	39.144	180,4
Pavlov 1		PSI	S C	60	13.530	225,5
Dolní Věstonice Object 1		PSI	S C	151	35.232	233,3
Dolní Věstonice II Western Slope		PSI	S C	8	2.102	262,8

CUADRO 7.12. *Clasificación de los asentamientos de los yacimientos al aire libre del Gravetiense de la región septentrional central (Montet-White 1988: 362). Se incluyen asentamientos del Gravetiense Evolucionado y de la cultura de Willendorf/Kostienki.*

Tipo de asentamiento	*Núm. de útiles*	*Total elem. líticos*	*Yacimientos*
Efímero	10-30	100-300	
Medio	200-1.000	1.000-10.000	Spadzista, Pushkari, Kadar, Lubna, Petrkovice, Willendorf II 5-7
Estable	>1.000	>10.000	Předmostí, Willendorf II 9, Dolní Věstonice-Pavlov, Milovice

CUADRO 7.13. *Tamaño de los conjuntos de algunos yacimientos gravetienses de Alemania (Bosinski* et al. *1985: Abb. 56, Cziesla 1984).*

Yacimiento	*Tipo*	*Núm. de útiles*	*Total elem. líticos*
Magdalena-Höhle	En cueva	10	115
Wildscheuer IV	En cueva	40	180
Bockstein-Törle VI	En cueva	71	
Geißenklösterle 1a/b	En cueva	91	
Brillenhöhle VI	En cueva	103	
Sprendlingen	Al aire libre	110	1.259
Mainz-Linsenberg	Al aire libre	114	775
Weinberghöhlen	En cueva	331	
Brillenghöhle VII	En cueva	409	

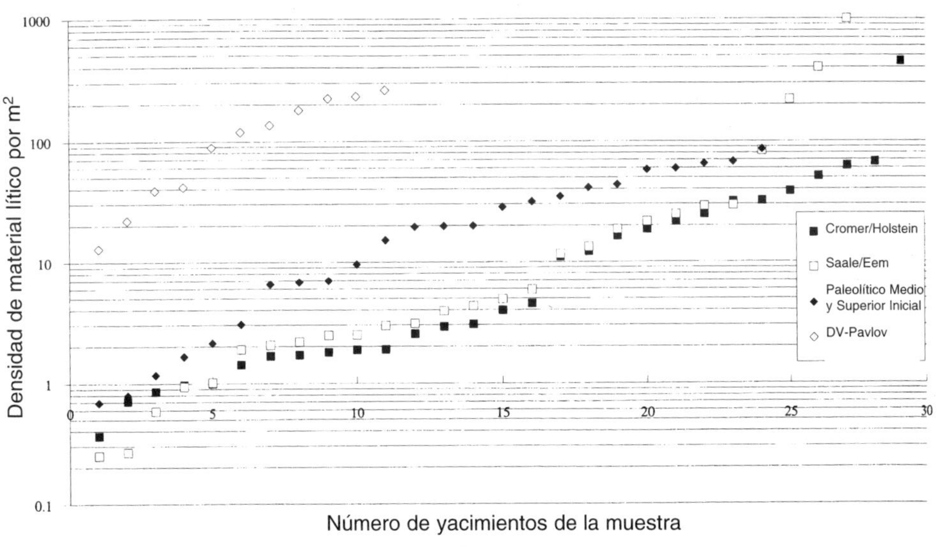

FIG. 7.13. *Representación de las densidades de materiales líticos por m² que se dan en los yacimientos al aire libre (datos de los cuadros 4.19, 5.18, 7.10 y 7.11). Se puede observar un incremento de las densidades con el paso del tiempo coincidente con la evolución de los yacimientos más grandes de cada período que de lugares de encuentro pasan a ser ocasiones sociales.*

Comparación de los contextos: rituales y acciones

Mucha piedra no significa automáticamente que estemos ante una ocasión social. ¿Es que los indicios de Dolní Věstonice-Pavlov pueden interpretarse de otra forma que una serie de reuniones consecutivas junto al río Dyje, comparables, digamos, a las del yacimiento del Paleolítico Medio de Mauran? (capítulo 6).

Propongo examinar las diferencias entre los dos yacimientos por medio de dos rituales que son parte esencial del proceso de desarrollo de la acción más allá del aquí y el ahora. Se trata de los rituales de bienvenida y despedida de las reuniones sociales. Estos «hola» y «hasta la vista» siempre habrían jugado un papel importante en la creación de las redes íntima y eficaz de los homínidos. Implicaban acciones, gestos y secuencias rutinarias. Lo que distingue al Paleolítico Superior es que ahora incluyen otro tipo de acciones que van más allá del prestarse los protagonistas una atención inmediata.

Las acciones asociadas a esos rituales pueden ser de dos tipos: mundanas y especiales; ambas forman parte de estos paisajes de la costumbre en los que experimentamos nuestras vivencias de una forma inconsciente, es decir, sin estar pensando expresamente lo que estamos haciendo en cada momento. Pero implican también acontecimientos que destacan y que marcan las transiciones que establecen los patrones de la reproducción social y ofrecen soluciones a las ambigüedades de ciclos sociales más amplios.

Las tres acciones que discutiré a continuación se refieren en concreto a, asentarse en un lugar, distraerse con el fuego y despedirse de los difuntos.

Asentarse en un lugar

El escenario sobre el que se construirá Dolní Věstonice I se señala limpiándolo de maleza y piedras. Se recortan en los sedimentos de loess unas plataformas de 4-5 m de diámetro para obtener unos cimientos semienterrados. Los hoyos para postes indican la existencia de algún tipo de cubierta (figura 7.14). En el centro del espacio se sitúa un hogar, mientras que varias piedras y huesos grandes delimitan el espacio de una construcción circular (Svoboda 1991: Fig. 26). En otra área, igual como sucede en Milovice, una serie de huesos grandes de mamut puestos en círculo en el suelo delimitan el espacio (Oliva 1988a: 109). En Dolní Věstonice II el tamaño del hogar del tercer habitáculo, 3 × 2 m y 40 cm de grosor indica diversas ocupaciones del mismo lugar. Este hogar tan grande estaba rodeado de cavidades y agujeros, algunos de los cuales seguramente servían para sostener postes para una pequeña estructura en forma de tienda. Las formas que se aprecian en Pavlov I que sugieren un «8» y que contienen cuatro hogares, es posible que representen dos pequeñas tiendas con dos hogares cada una (Tomáskova 1994). El elemento semienterrado está muy bien delimitado por la distribución de restos de huesos y de elementos en piedra que aparecen en los bordes exteriores de este espacio.[156]

El asentarse en un determinado paraje dio lugar a una diversidad de formas de habitación. En primer lugar se constata el retorno a moradas ya existentes como Milovice

156. Sklenár (1976) explica la diversidad de habitaciones descubiertas en todo el yacimiento.

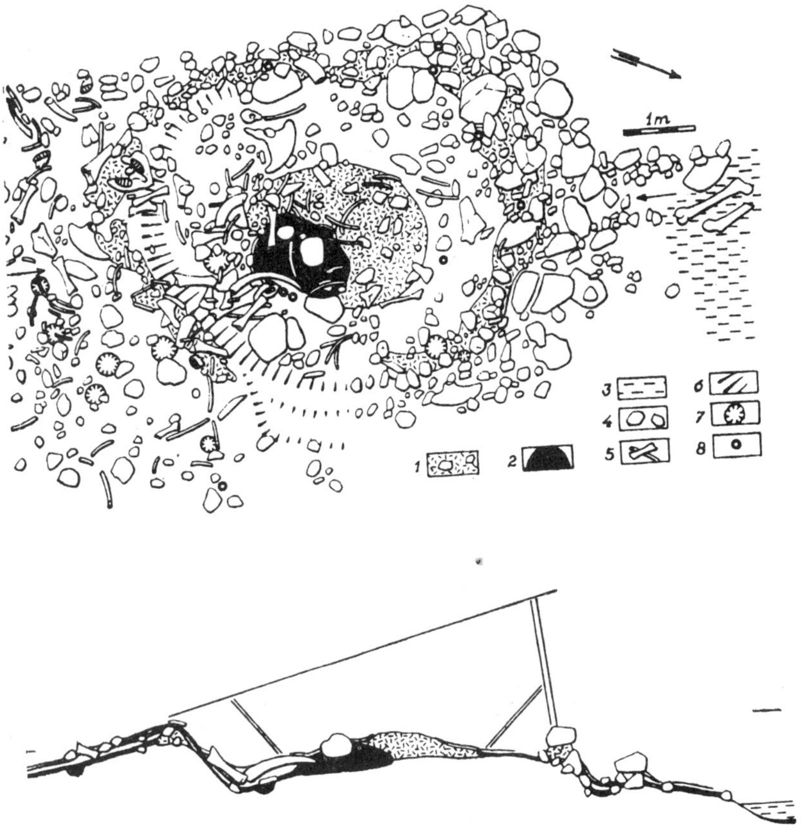

FIG. 7.14. *Reconstrucción del habitáculo 2 descubierto en 1951 en Dolní Věstonice I. Estos vestigios son conocidos como la cabaña del mago y se encuentran algo apartados con respecto a las demás cabañas conocidas como cabañas de invierno. Clave:*
1. Horno
2. Carbón
3. Cenizas
4. Bloques de caliza
5. Huesos
6. Borde de una depresión artificial
7. Hoyos para postes
8. Hoyos para estacas

o Dolní Věstonice I en las que se habían utilizado materiales locales. Se trata de huesos de mamut o de troncos de picea, pino o incluso de especies de hoja caduca como roble, carpe, tilo o haya (Opravil 1994, Svoboda 1991), procedentes de hondonadas protegidas que amparan la existencia de verdaderos bosques dentro de un entorno en el que predomina una vegetación más bien esteparia.[157] Estas estructuras debieron de permanecer cierto tiempo en pie, sobreviviendo claramente el lapso de tiempo de una

157. Se han identificado carbones de olmo y de abeto (Mason, Hather y Hillman 1994).

única reunión estacional, permitiendo en consecuencia una ocupación permanente durante un período largo de tiempo o, como parece más probable, el poder funcionar como instalación a utilizar cuantas veces fuera necesario a lo largo de visitas sucesivas a las colinas de Pavlovské. El reducido tamaño de muchos de los habitáculos (figura 7.14) sugiere la utilización repetida de los mismos por familias pequeñas. El período de ocupación de los habitáculos debió variar desde varios meses a unos cuantos días (Svoboda 1994d: 75). El descubrimiento de lo que ha sido identificado como restos de «gachas» de plantas para la alimentación de los niños en Dolní Věstonice II (Mason, Hather y Hillman 1994: 53) nos da algunas pistas sobre la gama de edades que frecuentaron el lugar.[158] Los restos humanos hallados nos hablan de la presencia de individuos de distintas edades y de los dos sexos. Una segunda forma de retorno a «casa» estuvo relacionada con la reutilización de los lugares de acampada. A tal fin se llevaron al escenario palos y elementos de tienda para instalarlos allí.

En ambos casos presumiblemente hubo necesidad de realizar reparaciones y proceder a reconstrucciones. De manera parecida a que se intenta al retornar que las cosas vuelvan a funcionar, debieron reeditarse los rituales de bienvenida o de arribada al lugar con los recuerdos que ello traía. Las ejecución de tales rituales llevaba aparejados el uso de materiales tanto locales como traídos de lejos, por ejemplo, de huesos de mamut lavados por el río Dyje y de sílex de calidad traído del sur de Polonia para fabricar útiles. Incluía también materiales ya transformados en instrumentos adecuados, como postes para las tiendas, elementos varios realizados con fibras vegetales, como ponen de manifiesto las impresiones conservadas de tejidos y de cestería, y posiblemente de redes, conservadas en arcilla quemada (Adovasio, Soffer y Klíma 1996, Adovasio y Hyland 1997).[159] También se sabe que se utilizaron otras materias primas transformadas en el lugar, como las de origen animal local utilizadas para vestirse, comer o fabricar tiendas (Musil 1994). Las radiolaritas eslovacas y austríacas eran utilizadas para fabricar buriles.

Contextos culturales y rasgos característicos

La renovación de instalaciones y material formaba parte de los rituales de bienvenida. Tales actividades, al poner al cuerpo en movimiento, contribuían a desvelar los vínculos emocionales con el lugar, las sensaciones de pertenencia. Este tipo de acciones creaban y recreaban la historia del lugar y el significado que el lugar reencontrado tenía para la gente.

También se generaba una manera característica de hacer las cosas, un estilo propio. Estos rasgos característicos constituyen el vehículo que une el escenario con la región y que expande la propia gente más allá del paisaje de la costumbre hacia los dominios del paisaje social. Parte de los rasgos característicos del ritual de bienve-

158. La pequeña muestra de restos carbonizados del hogar D (26.390 ± 270 bp) incluye cuatro elementos: carbón, tejidos vegetales de raíces y tubérculos, una semilla y posiblemente pasta de bellota. En otras partes han sido identificados como componentes esenciales de la alimentación infantil restos de pastas de origen vegetal similares, obtenidos de heces carbonizadas (Mason, Hather y Hillman 1994). Owen discute en profundidad el tema de los alimentos vegetales que podían obtenerse durante el último período glaciar (1996).

159. Las impresiones de tejidos y cestería proceden de las excavaciones de 1954 en Pavlov I (Adovasio, Soffer y Klíma 1996).

nida tienen que ver con la forma de construir y de modificar la realidad circundante. Otra parte, en cambio, provenía de tiempo atrás en la sociedad homínida, y se manifestaba en los mismos útiles y demás objetos de manufactura. El mismo hecho de fabricar cosas y mostrarlas públicamente, fuera en el marco de una cacería de renos o en el del aprovechamiento de la piel de ciertos animales para vestirse, caso del zorro ártico, el lobo o el glotón, formaban parte de un proceso de reafirmación del contexto social del propio escenario. Podemos reconocer unos rasgos bien característicos en la forma de objetos conocidos cuidadosamente trabajados como las láminas con retoque ventral que se hallaron en Pavlov I, Predmostí y Willendorf II, pero no en los conjuntos de Dolní Věstonice (Svoboda 1994d: 75). También podemos descubrir unos característicos rasgos estilísticos en el parecido de útiles de hueso, entre yacimientos de Moravia como Predmostí y Dolní Věstonice-Pavlov (Klíma 1994, Valoch 1982). No sorprenden pues, los indicios que tenemos de transporte de sílex desde el sur de Polonia y de radiolarita desde Eslovaquia y Austria (Svoboda 1994e: 217, 1994d: 71-2). Se trataba de algo más que de materias primas de calidad. Se trataba en realidad del transporte de verdaderos objetos sociales en sí mismos. Transmitían significados desde contextos culturales creados a partir de un conjunto de redes individuales.

Los rasgos estilísticos de los objetos que formaban parte de las actividades de construir, saludarse, cazar animales y fabricar utensilios, también servían para pasar información (Gamble 1982). Pero más que lo que comunicaban visualmente lo importante de los objetos era lo que simbolizaban. Simbolizaban parajes de caza lejanos, encuentros futuros y nuevas ocasiones sociales. El contexto que infundía a estos objetos la fuerza de la capacidad individual de hacer y expresarse, residía en el paisaje social en el que los actos individuales se ensanchaban y expandían por el tiempo y el espacio.

Distraerse con el fuego

Los individuos se organizaban ahora en base a lo que hacían, a lo que traían a los escenarios y a la manera como actuaban. Se prestaba atención al papel de los objetos como agentes independientes estructuradores de la acción, mientras que en épocas anteriores sólo se prestaba atención a los demás individuos. Este cambio permitió vincularse a las ocasiones sociales y a las reuniones a través de los recursos de la red ampliada. Anteriormente la vinculación a las reuniones debía ser negociada únicamente a través de los recursos de las redes íntima y eficaz (cuadro 2.8) como sucedía en Bilzingsleben (capítulo 4) y Maastricht-Bélvedère (capítulo 5).

En todas estas redes subyace la noción de que los actos técnicos son también actos sociales. Fabricar un útil de piedra no tiene que ver únicamente con atender a unos requisitos funcionales. Tiene también que ver con la implicación del tallador con un mundo de negociaciones y de creación en el que el cuerpo actúa como referencia de unas determinadas relaciones de poder y de unos determinados significados.

En anteriores capítulos he tenido en cuenta un modelo de transferencia de habilidades en el que el paisaje de la costumbre hace de marco para este tipo de análisis. En Dolní Věstonice-Pavlov puede decirse lo mismo para con las mismas habilidades, pero también para con nuevas habilidades específicas, es decir, para conocimientos sólo pertinentes a un escenario concreto, gracias a una combinación de recursos físicos y contexto social necesarios para su producción. Un ejemplo de ello nos lo proporciona la cadena operativa asociada con el uso de loess en juegos pirotécnicos.

La enorme cantidad de bolitas de arcilla y fragmentos de estatuilla (cuadro 7.9) encontrados en Dolní Věstonice I y Pavlov I, ha sido ya mencionado como uno de los elementos distintivos más destacados de estos yacimientos (Klíma 1983). Fuera de este yacimiento son casi inexistentes, y sólo cabe señalar las menos de diez piezas de este tipo encontradas en otros yacimientos del Pavloviense evolucionado de Moravia. Vandiver (*et al.* 1989: 1007) describen estos materiales como ejemplo de «una precoz tecnología de la piedra blanda del Paleolítico Superior». Con todo, es digno de reseñar que la mayor parte de las estatuillas son fragmentarias (Soffer y Vandiver 1994: 172).

Esta observación condujo a Vandiver (Soffer *et al.* 1993, Vandiver *et al.* 1989) a reconsiderar todo el proceso con el fin de examinar con cuidado las habilidades tecnológicas que implicaba. Vandiver y su equipo analizaron las propiedades cerámicas del loess local con las que se modelaron las toscas estatuillas. El hallazgo más importante fue que el loess de los dos yacimientos servía para encender fuego en un horno. Pero de forma inesperada encontraron pruebas de *shock* térmico en diversas piezas, es decir, que se había provocado una reacción explosiva que hace añicos la arcilla cuando se calienta. Este fenómeno no podía lograrse con el loess local a no ser que el proceso normal de encendido se modificara (Vandiver *et al.* 1989: 1007). El *shock* térmico tenía que ser provocado expresamente, algo que un ceramista de hoy no se plantearía. De todo esto podemos sacar la conclusión de que se trataba de una habilidad expresamente perseguida por la que el proceso de fabricar las piezas y luego hacerlas explotar, era la actividad principal y que no se trataba, en cambio, obtener un producto acabado duradero.[160] Se trataba pues, de contemplar cómo explotaban los modelos de arcilla en los dos hornos de Dolní Věstonice I, sin que importase en absoluto su posteridad como imágenes duraderas (figura 7.15). Quizá la analogía deba hacerse con unos fuego de artificio que causan impresión por sus efectos tipo cohete pero que realmente significan provocar una efímera lluvia de estrellas en el cielo de la noche.

Es importante ver cómo esta gente sabía utilizar las propiedades del loess como agente activo de una *performance* (Soffer *et al.* 1993: 272). Soffer y Vandiver (1994) señalan también que el uso dado al loess difiere entre Dolní Věstonice I y Pavlov I, separados 500 m, lo que da idea de lo específico de estas habilidades. Este rasgo también se refleja en la ubicación de los espectáculos pirotécnicos. En Dolní Věstonice I el horno estaba a 70 m de la principal concentración de habitáculos, mientras que en Pavlov I estaba situado dentro del área destinada a vivir.

Seguramente nunca sabremos qué tipo de población estuvo más implicada en estos juegos, si los niños o los adultos, pero sí podemos hablar del nivel de las habilidades requeridas y de su asociación con un determinado lugar. El acto de fabricar y hacer explotar estas bolas y modelos de barro pudo servir para entretener tanto a los jóvenes como a los viejos, o como sugirió Klíma (1963) al principio, puede ser indicativo de una creencia religiosa. Lo que sabemos verdaderamente es que se trató de fabricar unas determinadas formas (figura 7.15), ponerlas al fuego y verlas explotar.

160. Algo parecido podría decirse del brillo más que de otras cualidades o propiedades de las materias primas (Gamble 1995a); ver capítulo 6.

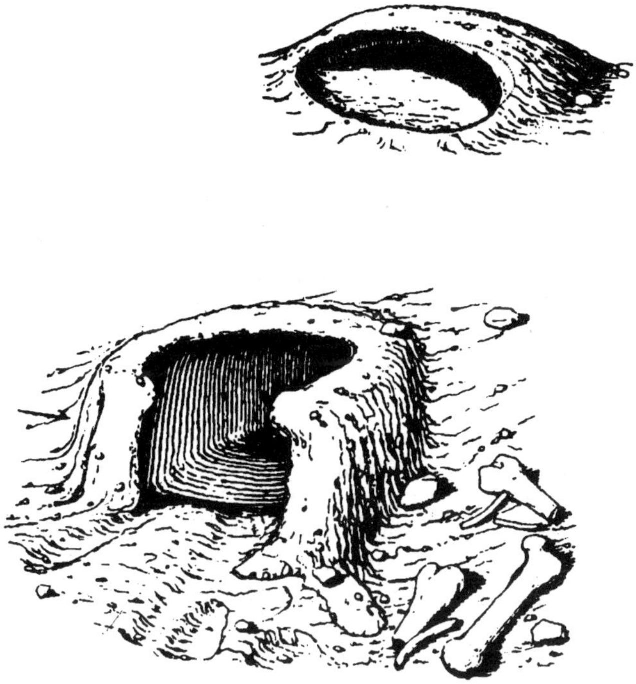

FIG. 7.15. *Hornos de Dolní Věstonice I. El más pequeño fue hallado dentro del habitáculo 2 (figura 7.14) con más de 2.300 piezas de arcilla quemadas en su interior. El mayor fue descubierto en 1978, 40 m hacia el oeste. Tiene un metro de diámetro y 60 cm de profundidad y está rodeado de un muro de arcilla en forma de herradura. También contenía fragmentos de estatuillas de arcilla quemadas (a partir de Valoch 1996: Fig. 64; Soffer* et al. *1993).*

La imaginería animal que predomina quizá no exprese el mundo mágico de la caza aunque tampoco podemos afirmar que tenga que ver con la necesidad de obtener unos recursos que eran tan ilimitados como el loess que se podía encontrar en el lugar. Parece improbable que la gente acudiera a este escenario sólo para ver los fuegos artificiales. Pero es posible que estos fuegos sí formasen parte de las memorias del lugar, una vez la gente volvía a dispersarse.

ADIÓS A LOS MUERTOS

Los enterramientos ofrecen un caso extremo de ritual de despedida. Vimos en el capítulo 6 que los restos de enterramientos de los Neanderthales tenían el significado de un «adiós» más que de un «hasta la vista». Este segundo significado se asocia con más propiedad con un auténtico ritual de despedida ya que implica el volverse a ver, seguramente en otro contexto. Este partir, aunque es notoriamente radical, nos permite, sin embargo, examinar una diferencia básica en el uso de los escenarios, ofreciéndonos el de Dolní Věstonice-Pavlov, el mejor ejemplo de uso de un lugar como ocasión social.

El Gravetiense es el período clave para el estudio de los enterramientos del Paleolítico Superior en Europa. Aparte de la pseudo-forma hallada en la Cueva Morín, en Cantabria (Freeman, González-Echegaray 1970) hay una carencia general de enterramientos con útiles del inicio del Auriñaciense.[161] En Europa sólo hay esqueletos completos de Neanderthal anteriores al año 30.000 (Quéchon 1976), con la posible excepción de Combe-Capelle, en Francia. Después de esta fecha el panorama cambia extraordinariamente, puesto que se encuentran por primera vez yacimientos al aire libre con enterramientos. Se conocen varios enterramientos colectivos, pero el de Predmostí (Svoboda 1994a, Svoboda *et al.* 1994), descubierto por Maska en 1894 (Absolón y Klíma 1977, Valoch 1996: Fig. 121) es el mayor de todos. En esta «tumba masiva» aparecieron hasta veinte individuos, de los cuales ocho eran adultos y doce niños.[162] En este yacimiento tan rico el Pavloviense fue datado por C14 entre el 26.800 y el 26.300 años BP.

Otro enterramiento pavloviense fue descubierto en 1891 en la ciudad morava de Brno.[163] Se trataba de un esqueleto de hombre acompañado de un ajuar muy complejo (Jelinek, Pelisek y Valoch 1959, Valoch 1996: 144-5) que incluía una escápula de mamut, colmillos, dientes de caballo y las costillas y el cráneo de un rinoceronte lanudo. Había también más de 600 conchas del tipo Dentalium así como dos grandes discos perforados de piedra y catorce discos más pequeños hechos en diversas materias primas (Jelinek, Pelisek y Valoch 1959: Taf. II y III). Entre estos objetos había tres piezas de marfil talladas, que representaban la cabeza el cuerpo y el brazo izquierdo de una marioneta (figura 7.16). La cabeza y el cuerpo de la marioneta juntos miden 20,3 cm de largo, y son visibles los agujeros para hacer pasar los hilos para atar las piernas de la marioneta al resto del cuerpo (Jelinek, Pelisek y Valoch 1959: Taf. IV).

Más habituales son los enterramientos dobles, como el de Sunghir al noreste de Moscú (Bader 1967, Bader 1978) con dos niños yaciendo cabeza contra cabeza. Los cuerpos de estos niños están asociados a pepitas de oro esparcidas sobre los gorros y la vestimenta, figurillas y lanzas de marfil. Este tipo de decoración de la vestimenta se encuentra también en enterramientos de las cuevas de Grimaldi en la costa ligur, en la frontera entre Francia e Italia (figura 7.17).

La documentación y datación de los enterramientos ligures no es buena; sin embargo, sirve para identificar una tradición en los enterramientos gravetienses en cueva, más que en contextos al aire libre (Mussi, 1986a, 1986b, 1988, 1992, Zampetti y Mussi 1991). Esto vale para los enterramientos simples y dobles (cuadro 7.14) así como para el enterramiento triple de Barma Grande. Mussi (1986b: 548-9) resume un típico enterramiento gravetiense de estas cuevas de la forma siguiente: un adulto o un adolescente masculino, que yace en posición extendida sobre su espalda o sobre un costado, que se sitúa en la parte más interior de la cueva, cerca de la pared. El cadáver se sitúa de acuerdo con el eje de la cueva colocando la cabeza inclinada hacia la izquierda, generalmente mirando al este. Los enterramientos se hacían siempre excavando una fosa y en ocasiones se colocaban piedras para proteger al cuerpo. Como ajuar se colocaba ocre, ornamentos personales, y algunos útiles de hueso y sílex.

161. Las primeras excavaciones en el abrigo de Crô-Magnon hallaron cinco esqueletos. Su datación es insegura pero los útiles asociados son del tipo auriñaciense evolucionado (de Sonneville-Bordes 1960: 73).
162. Los restos originales fueron destruidos cuando el castillo de Mikulov fue incendiado en 1945.
163. Se trata del homínido de Brno II.

FIG. 7.16. *Las tres piezas de la marioneta de marfil procedente de Brno, Chequia. El agujero para un cordel horadado en la base del colmillo se puede ver en la pieza de la izquierda (a partir de Jelinek* et al. *1959: Tafel IV).*

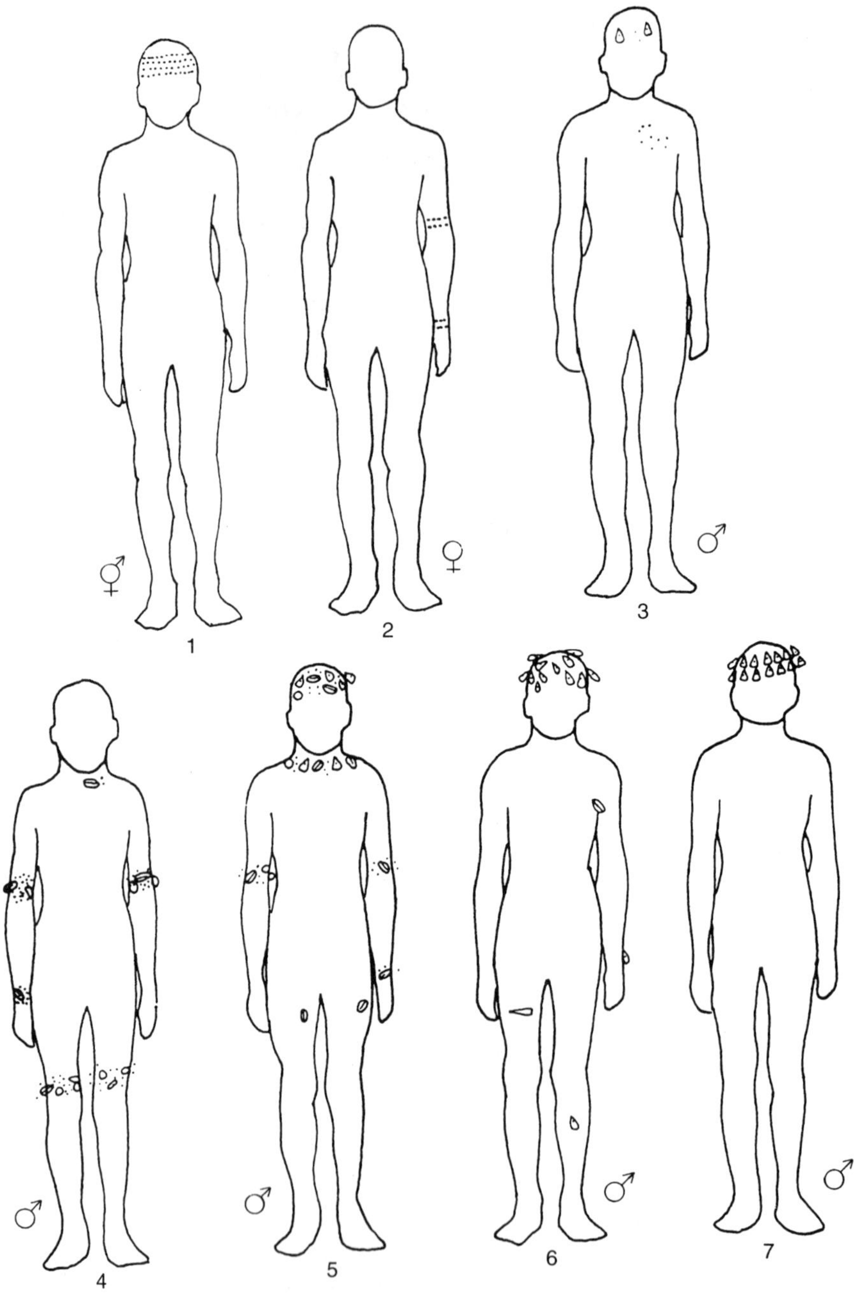

FIG. 7.17. *Ubicación de los adornos hallados en algunos enterramientos gravetienses de Grimaldi y de otros yacimientos italianos (a partir de Zampetti y Mussi 1991: Fig. 2). Clave:*

1-2. Grotte des Enfants, enterramiento doble 6 y 5
3. Grotte des Enfants 4
4. Bauosso da Torre 1
5. Bauosso da Torre 2
6. Grotta Paglicci
7. Grotta delle Veneri

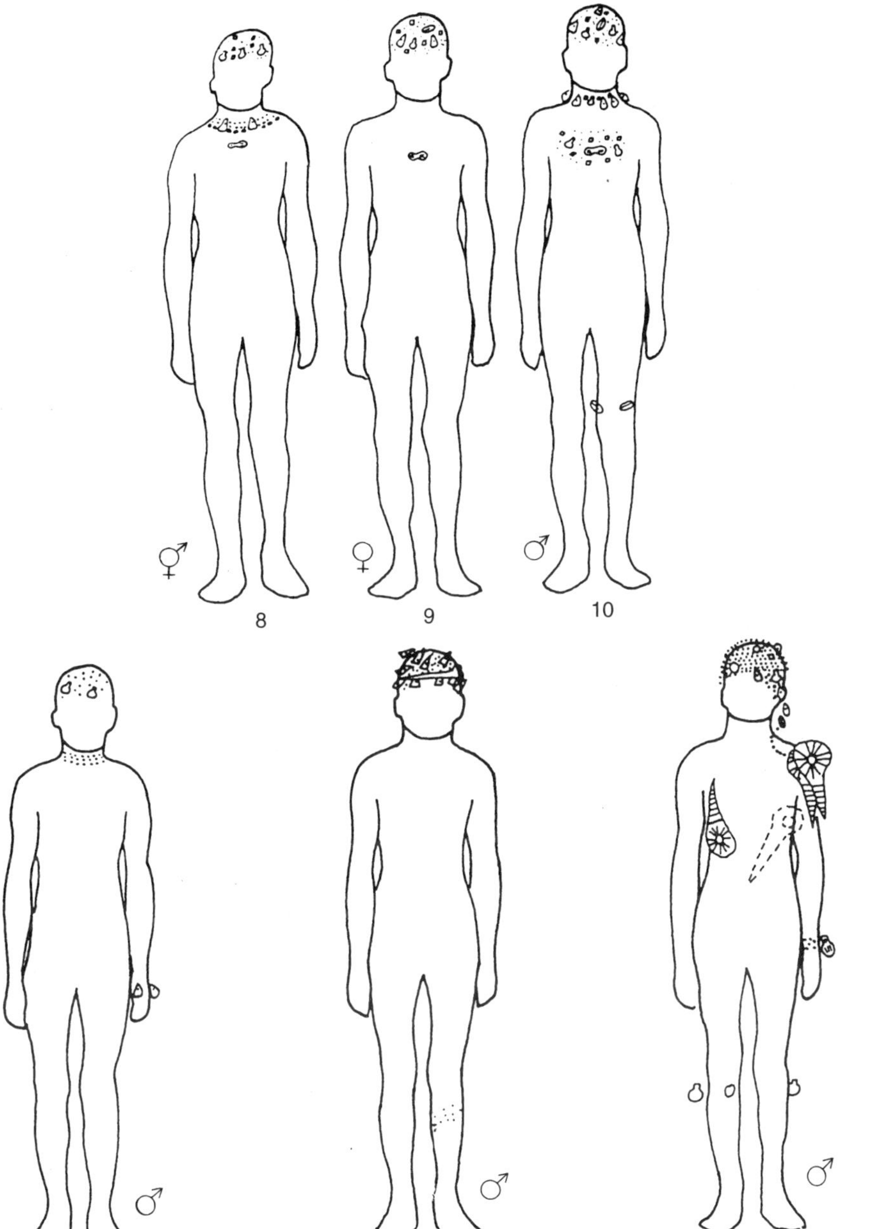

FIG. 7.17. *(continuación). Ubicación de los adornos hallados en algunos enterramientos gravetienses de Grimaldi y de otros yacimientos italianos (a partir de Zampetti y Mussi 1991: Fig. 2). Clave:*

8-10. Barma Grande, enterramientos triples 4, 3 y 2
11. Barma Grande 5
12. Grotta del Caviglione 1
13. Grotta delle Arene Candide 1

CUADRO 7.14. *Enterramientos del Gravetiense-Epigravetiense inicial (25.000-18.000 años bp) de las cuevas de Grimaldi y Balzi Rossi en la Liguria (Mussi 1986a, 1986b, Oakley, Capmbell y Molleson 1971). El enterramiento infantil doble de la Grotte des Enfants es posterior al año 14.000 bp (Mussi 1986a: 95-6).*

Grotte des Enfants = Grotta dei Fanciulli		
4	Enterramiento individual	Hombre adulto
5, 6	Enterramiento doble	Mujer anciana, adolescente hombre/mujer
Grotte du cavillon = Grotta del Caviglione		
1	Enterramiento individual	Hombre adulto
Barma Grande		
1	Enterramiento individual	Hombre adulto
2, 3, 4	Enterramiento triple	Hombre adulto, mujer adolescente, adolescente hombre/mujer
5	Enterramiento individual	Hombre adulto
6	Enterramiento individual	Hombre adulto (parcialmente incinerado)
Baousso da Torre		
1	Enterramiento individual	Hombre adulto
2	Enterramiento individual	Hombre adulto
3	Enterramiento individual	Hombre adolescente

Los materiales de Dolní Věstonice-Pavlov representan a su vez, una tradición local de enterramientos al aire libre comparables con la que acabamos de ver, en cueva, en la zona de Grimaldi. Se caracterizan por:

— El uso repetido de un mismo escenario para los enterramientos.
— La existencia de enterramientos múltiples.
— Un abundante uso de ocre, ornamentos y vestimentas.

Hasta 1995 se han encontrado en Dolní Věstonice unos treinta y cuatro individuos, incluyendo hallazgos aislados y esqueletos completos (Klíma 1995). Otros tres hallazgos destacados proceden de Pavlov (Oakley, Campbell y Mollesn 1971, Valoch 1996). Seis de estos hallazgos son esqueletos completos (cuadro 7.9). Los tres enterramientos simples son de adultos. La pequeña y grácil mujer de Dolní Věstonice III, está muy flexionada y probablemente fue vendada (Klíma 1963, Trinkaus y Jelinek 1997).[164] Las piernas de Dolní Věstonice XVI están menos flexionadas, aunque sigue pareciendo que el cuerpo fue vendado (figura 7.18). La mujer DV III, yace bajo varias escàpulas de mamut, una de las cuales presenta marcas de corte (Klíma 1963: Fig. 60); algo parecido sucede con el enterramiento masculino mal conocido de Pavlov I (Valoch 1996: Fig. 126). El hombre de DV XVI estaba colocado mirando hacia el hogar, con las piernas a sólo 20 cm de su borde, el mismo hogar precisamente en el que se conservó la pasta de bellota destinada a la alimentación infantil. Estos esqueletos pertenecen a individuos robustos que muestran heridas en sus cráneos que fueron curadas y una dentición buena.

164. Uno de los mejores ejemplos de cuerpo vendado procede de Kostienki 14 (Praslov y Rogachev 1982).

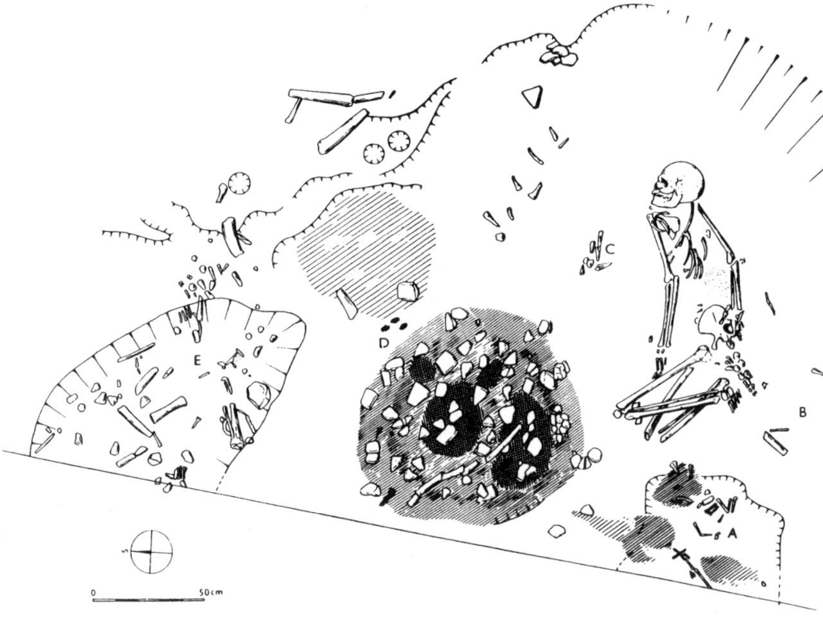

FIG. 7.18. *Enterramiento DV XVI excavado en la pendiente occidental de Dolní Věstonice II. El hogar se encuentra en el centro de una pequeña depresión que se interpreta como la plataforma de una tienda (a partir de Svoboda 1991: Fig. 6). Clave:*

A Depresión artificial con restos de carbón, pequeños huesos de animal y restos de actividad productiva, que incluye ocre y dos conchas de Dentalia

B y C Montoncitos de material lítico y huesos

D Hogar, con una base en forma de cuenco que contiene restos de carbón, loess quemado, y varios bloques de caliza. Una costilla larga de animal con restos de plantas de uso alimentario carbonizadas atraviesa a lo largo el hogar.

E Fosa poco profunda que contiene huesos de animales grandes y pequeños, un diente perforado, seis conchas de Dentalia, ocre y útiles de hueso y piedra.

El enterramiento triple, como el de DV XVI, más que en una fosa está en una ligera depresión del terreno. Parece bastante claro que los dos individuos de los extremos son unos adolescentes. El sexo del que ocupa el centro, DV XV, está menos claro debido a varias patologías (Klíma 1988: 834). Entre las patologías que presenta cabe destacar una escoliosis de la espina dorsal que le hacía encorvarse hacia la izquierda y un fémur derecho con una malformación. Este individuo tuvo que caminar cojo. Los individuos de los extremos llevan colgantes con marfil y caninos de carnívoro. Los cuerpos yacen en posiciones diferentes: uno de cara a arriba (DV XV), otro de cara a abajo (DV XIV) y el tercero con ambos brazos extendidos (DV XIII) hasta tocar el individuo del centro (DV XV) (figura 7.19). Las cabezas de los tres individuos fueron cubiertas con ocre igual que la zona de la pelvis del cuerpo del centro. Se encontraron muchos restos de carbón en la tumba lo que sugiere que los cuerpos fueron cubiertos por ramas, se les pegó fuego y luego fueron rápidamente cubiertos de tierra con el fin de extinguir el fuego ya que los huesos no están quemados (figura 7.20).

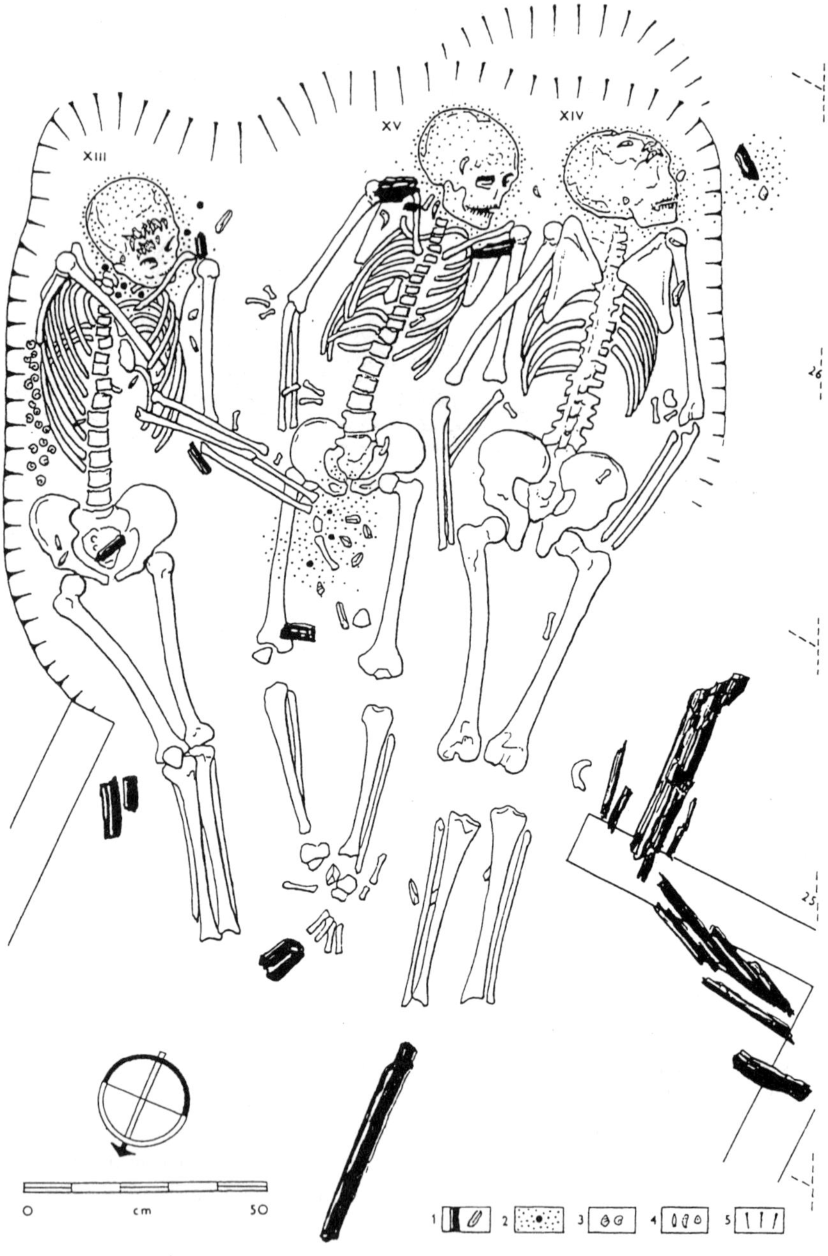

FIG. 7.19. *Enterramiento triple de Dolní Věstonice II conteniendo los esqueletos DV XIII, DV XV y DV XIV (a partir de Klíma 1995: Abb.76). Clave:*
1. *Madera quemada y útiles de piedra*
2. *Piezas pequeñas y restos esparcidos de ocre rojo*
3. *Ornamentos de concha*
4. *Dientes humanos y dientes de animal perforados, cuentas de marfil*
5. *Borde de la depresión*

FIG. 7.20. *Enterramiento triple de Dolní Věstonice II. El primer esqueleto es DV XIII (foto de Svoboda).*

Muy cerca de la fosa se encontraron dos fragmentos de una piedra calcárea alargada y redondeada con diversas marcas incisas (Emmerling, Geer y Klíma 1993, Klíma 1995). Estas veintinueve marcas se interpretan como anotaciones relacionadas con un mes lunar.[165] Están agrupadas en series de 5, 7, 7, 5 y 5 lo que si es correcto, reflejaría los cambios en la apariencia de la luna de acuerdo con su ciclo creciente o menguante (Marshack 1972); esto representaría un ejemplo tangible de la medición de un fenómeno.

Los restos humanos aislados de Dolní Věstonice II muestran un claro patrón de alineamiento (Klíma 1995: Ab. 91). Siete de los hallazgos, incluyendo dos cráneos parciales, amplían hacia el norte la zona de enterramiento en la que se encuentra el enterramiento triple. También sigue la misma orientación una línea de pequeños hogares y hoyos (Klíma 1995: Abb. 33). En Predmostí, donde unas escápulas de mamut con marcas de corte cubrían los cuerpos de la «tumba masiva», Maska insiste en que

> [...] hay que recordar una circunstancia importante: sigue habiendo huesos humanos en la parte sur y sudeste, fuera de la tumba, que aparecen junto a huesos de mamut, reno y zorro (citado por Svoboda *et al.* 1994: 459).

165. Falta una parte en la que debe de haber siete anotaciones. No se sabe como hay que «leer» estos signos. Podría ser 5, 5, 7, 7,5 o 5, 7, 7, 5, 5 lo que alteraría la precisión del instrumento como cuenta del mes lunar. Hay una marca que hace la número treinta que sólo tiene la mitad de la longitud de las demás marcas.

En Dolní Věstonice II se encontraron también dispersos alrededor del enterramiento, depósitos similares de huesos de animal, principalmente, extremidades de lobo así como grandes fragmentos de huesos de mamut (Klíma 1995: 65).

Dolní Věstonice-Pavlov: la ocasión social y el lugar

Estos ejemplos de rituales de bienvenida y despedida contribuyeron a hacer del escenario de Dolní Věstonice-Pavlov, un verdadero lugar. Se consiguió a través de la implicación de la gente y de sus distintas experiencias con este escenario que era algo más que un sitio en el que reunirse de vez en cuando, puesto que se trataba ya de una ocasión social (cuadro 3.1).

Pero, ¿qué es lo que nos permite considerar estos vestigios arqueológicos como indicativos de una ocasión social? La respuesta es directa. Las ocasiones sociales sólo pueden estudiarse dentro del contexto más amplio del comportamiento regional, presentado aquí como un paisaje social necesario para poder organizar la acción y dar sentido a la vida a base de implicarse con el mundo que nos rodea (Ingold 1993: 155). Estas ocasiones sociales no existirían como contexto para la acción si las redes no se extendieran más allá del círculo íntimo (cuadro 2.8). Tampoco tendrían un gran impacto si sólo llegaran al nivel de lo eficaz. A estos dos niveles la atención debida y la interacción propias de las reuniones y los encuentros serían suficientes para la vida social. Lo que marca la diferencia es la extensión de la vida social a través de la integración en un sistema (capítulo 2) y en particular su externalización en objetos. Por lo tanto no encontramos extraño que el nivel de los vestigios que he comentado aquí en el marco de la interacción regional, se corresponda en escenarios como Dolní Věstonice-Pavlov, con evidencias específicas de la existencia de rituales de bienvenida y despedida. Además, la estancia en este escenario implica por lo menos otra experiencia destacada más —la actuación en la que se hace estallar la vida— que debió de fijar este lugar en la memoria y las mentes de los que aquí vivieron.

Para seguir por esta línea argumentativa, debo retornar a una de mis ideas centrales —que la vida en sociedad se negocia, y que depende de los recursos —afectivos, materiales y simbólicos— que los individuos aportan para construir su entorno (capítulo 2). Tanto el mismo hecho de acudir, como el prestar atención son elementos esenciales para un modelo de interacción como éste; pero en períodos anteriores estos aspectos estaban poco desarrollados y se conserva poco rastro de los mismos. Las pruebas se circunscriben básicamente al trabajo de la piedra y a la creación de objetos de madera. Las habilidades eran transferibles y no específicas de escenario en escenario, dentro del marco regional del paisaje de la costumbre.

Ahora consideremos los indicios que tenemos de la presencia de gentes en un lugar y de su forma de prestarse atención con referencia a Dolní Věstonice-Pavlov. No sólo estamos ante un caso singular en el que aparecen criaturas de barro que silban, escupen y estallan, sino que además descubrimos en los mismos hogares y en el ocre utilizado, dos fuentes adicionales de pruebas de lo que representa el prestarse atención en los procesos de interacción.[166] Estos dos elementos están relacionados en Dolní

166. Para dirigir la atención sobre la acción, el ocre y el fuego serían comparables a la cualidades de brillo de las piedras, cuestión tratada en el capítulo 6 (Morphy 1989).

Věstonice-Pavlov. El cuerpo enterrado del hombre flexionado (DV XVI) mira hacia un hogar, mientras que el enterramiento triple contiene carbones, probablemente de las ramas quemadas que cubrían los cadáveres. Las cabezas de los cuatro individuos están salpicadas con abundante ocre. La cabeza es el principal punto de atención del cuerpo del enterrado, el foco para la interacción, el reconocimiento y el saludo, y con el lenguaje hablado, la fuente básica de negociación. Además, la asociación con el fuego sitúa la ocasión social dentro del espacio doméstico del hogar, un contexto social/espacial destinado a la negociación y la creación de vínculos de las redes íntima y eficaz.

Se presume que los cuerpos de DV XVI y DV XV iban vestidos y que tenían embadurnadas de ocre sus respectivas regiones pélvicas (Svoboda y Dvorsky 1994: 74-75). El hecho de llamar la atención sobre la cabeza y las ingles de los muertos con pigmento rojo durante el ritual de despedida, servía de reflejo del ritual de bienvenida, arqueológicamente invisible, del nacimiento y la sangre. Llegada y partida, bienvenida y despedida, tenían un simbolismo compartido. Estos rituales fragmentaban el contínuum temporal. Así se extraía significado cultural del contexto y de la temporalidad de la acción dedicada a la atención. La gente se prestaba atención y prestándose atención socializaban la actividad que estaban realizando (Ingold 1993: 159-60).

Desde esta perspectiva podemos ver que embadurnar de ocre la zona pélvica no tenía que ver sólo con el sexo o el género. Colocando deliberadamente los cuerpos en posiciones fijas y embadurnando selectivamente partes de los mismos, los vivos ponían énfasis en la continuidad temporal aunque reconociendo su inevitable partición. Estas interrupciones se contemplaban en términos de entradas y salidas de la vida en sociedad. Los enterramientos de Dolní Věstonice-Pavlov representaban rituales de despedida de una ocasión social duradera. Como tales tenían más el carácter de un «hasta la vista» que de un «adiós», ya que reafirmaban la inconsútil continuidad del lugar como experiencia vivida. Los muertos, como antepasados, formaban parte ahora de la red ampliada de los vivos.

El hecho de que haya diversas fosas en Dolní Věstonice-Pavlov añade certeza a las pruebas existentes sobre el carácter de los rituales de bienvenida y despedida asociados con este lugar. El ocre tenía que obtenerse del suelo. El propio excavar la tierra constituía un ritmo primario, la secuencia de acciones de una cadena operativa (Leroi-Gourhan 1993: 309) responsable de las plataformas sobre las que se emplazaban las cabañas, así como las poco profundas tumbas. También el loess necesario para los juegos de artificio tenía que sacarse de la tierra.

La tierra permanecía helada de forma permanente a partir de cierta profundidad, que a juzgar por los suelos de cabaña puede haber sido de unos 80 cm.[167] Ahí se encontraba el límite físico de su mundo. Esta frontera contrastaba con la superficie que es donde tenía lugar la acción. El fuego alteraba las propiedades de los materiales y por medio de la manufactura se podían transformar en objetos sociales. Los huesos aislados, testigos del poder del cuerpo humano como objeto culturalmente significativo, yacen repartidos por los espacios en los que se desarrolla la vida normal. Los individuos, vivos o muertos, quizá pasaron tiempo separados unos de otros, pero nunca fueron del todo olvidados.

167. En Kostienki hoyos y suelos de los habitáculos tienen una profundidad máxima de 1,10 m. A partir de esta profundidad se encuentra el permafrost (comunicación personal de Praslov).

Los cuerpos eran también una materia que podía convertirse en objetos. En vida, colgantes, vestimentas y útiles servían para atraer la atención hacia el rostro y trasformar el cuerpo en objeto cultural. El estudio de detalles que se repiten nos ayuda a comprender mejor de qué forma se atraía la atención hacia estos objetos. Por ejemplo, el cinturón que ciñe las caderas de la estatuillas de barro de Dolní Věstonice imita las vendas que aprietan los cuerpos de los muertos en los enterramientos individuales.

Finalmente, las pruebas arqueológicas relativas a la ocasión social en este escenario tienen que ver con valores de protección y conservación. La escápula de mamut situada sobre los cuerpos de PI y DV III, así como las ramas que cubren el enterramiento triple, son ejemplos de protección. DV XVI tiene la protección del hogar y DV XV recibe la protección de los brazos extendidos de DV XIII. Se asegura de esta forma la conservación de la persona como objeto creado por acciones y ritmos. La temporalidad de este lugar se expresaba por medio de rituales de continuidad, en los que intervenían los recursos del propio escenario y un «ver más lejos» que abarcaba el paisaje alrededor y el propio territorio o región. La elisión entre ausencia y distancia y la expresión de la red ampliada que carece de límites prácticos, queda perfectamente puesta de relieve bajo la protección de las colinas permanentes de Pavlovské.

Resumen

Los escenarios y las regiones del Paleolítico Superior europeo se construyeron de forma diferente a los que les precedieron. Los ritmos que ponen en relación las acciones desde la pequeña escala a la gran escala, exigen ahora recursos simbólicos además de materiales y emocionales. En este capítulo he examinado las pruebas sobre la existencia de redes personales que incorporan las redes íntima, eficaz y ampliada (cuadro 2.8). Escenario y territorio (región) han sido examinados a través de los conceptos de ocasión social y paisaje social. En la práctica ambos términos son inseparables y conforman el flujo ininterrumpido de la acción humana que da lugar a la definición de los escenarios como lugares (cuadro 3.1).

Pero aunque este marco de la ocasión social/paisaje social sea nuevo, los ritmos que relacionan las diferentes escalas siguen siendo los mismos. Nos referimos a la cadena operativa con sus secuencias de acciones y sus hábitos de rutina, a los senderos y pistas que ponen en relación a los individuos y los conducen a los distintos escenarios, y al entorno de intervención donde los individuos se prestan atención unos a otros, lo que hace que la interacción tenga un significado cultural.

Lo que cambia con el Paleolítico Superior es el tipo de sociedad que estos ritmos generan. Los objetos utilizados en las actividades habituales de la vida en sociedad tienen ahora una existencia independiente con relación a los cuerpos de los individuos que los produjeron y utilizaron. Estos objetos representan ahora acciones que siguen vivas aún sin estar animadas por el uso o por la asociación directa con un individuo. En el Paleolítico Inferior o Medio contribuyeron a la integración de acto e individuo a través del contacto cara a cara. Por primera vez ejercen una función más complicada, la de contribuir a la integración en un sistema que es algo que va más allá de la interacción cara a cara. Estos momentos que los objetos contribuyen a definir, estas ocasiones sociales y lugares en las que se desarrolla la vida, ejercen ahora una clara influencia sobre la voluntad individual. Subrayan un nuevo tipo de temporalidad que repercute en el poder creativo de los individuos y en los límites impuestos por las estructuras.

En este capítulo he sostenido que sólo en el Paleolítico Superior se da una implicación simbólica entre escenarios y territorio. La red ampliada se transforma en una fuente de poder y es a través del trasunto global de esta nueva red personal, que se perfilan categorías como el «otro». Anteriormente la escala de la sociedad homínida estaba limitada por la red eficaz, basada en el uso de recursos materiales. La vida tenía entonces un carácter local y se basaba en el principio de la exclusión social. El énfasis recaía en los recursos materiales y emocionales lo que significaba que los individuos fundamentaban su vida social en los recursos más inmediatos. Las gentes recorrían unos paisajes de la costumbre cuyos ritmos temporales de renovación conocían perfectamente.

En este capítulo hemos visto que hay pruebas de que se produce a partir de cierto momento un nivel de integración social que va más lejos del universo social que puede definirse mediante la red eficaz con sus reuniones y paisajes de la costumbre. Mediante el estudio de distintos casos regionales he examinado las diferencias que aparecen entre los Neanderthales y los Crô-Magnones. Ello dio lugar a una clara diferenciación regional y a una distinta estructura de poder.

Poder significa aquí, simplemente, una implicación mayor y más intensa de la gente con los recursos de su entorno. Una implicación mayor de la gente con los recursos, al reinterpretar y recrear los paisajes sociales, multiplica las posibilidades de diversificación cultural. En este sentido poder es la posibilidad de explorar el potencial de esta diversidad en favor de los proyectos sociales de los individuos. La vida ya no se limitaba al marco de lo local, pudiendo basarse tanto en principios de exclusión social como de inclusión social (cuadro 2.1).

A nivel de los escenarios, la ocasión social de Dolní Věstonice-Pavlov muestra habilidades muy distintas a las que anteriormente observamos en reuniones como Bilzingsleben (capítulo 4) o Maastricht-Bélvedère (capítulo 5). En Dolní Věstonice-Pavlov se ponen de manifiesto habilidades específicas del lugar, concretamente en la creación de estructuras que no sólo sirven para los rituales de bienvenida y despedida, sino que en el caso de los hornos, se utilizan para rituales que hacen que las vivencias experimentadas por la gente en aquel lugar sean algo memorable. Como las demás habilidades, éstas también tienen un carácter social. Sin embargo, de acuerdo con la red ampliada que facilita la integración en un sistema, estas habilidades para poder funcionar más allá de la estricta inmediatez (capítulo 2) requieren ahora de la aportación de recursos simbólicos además de materiales y emocionales.

La vida en sociedad se hace verdaderamente complicada (capítulo 2). Esto no quiere decir que en períodos anteriores la vida careciera de relaciones de poder en sus redes sociales. Lo que sucede es que la estructura de la cual proviene el poder es ahora muy distinta. Por ejemplo, existe ahora la capacidad de externalizar la memoria mediante la adscripción de poder a los objetos. Puesto que el poder se fundamenta en actos de asociación y de relación con otros individuos, la habilidad de transferir simbólicamente tales contextos dio lugar a la creación de redes individuales que incluyeron a gente además de objetos. El entorno en el Paleolítico Superior se enriqueció de significados y de símbolos. Las ocasiones sociales con sus rituales y recursos estructuraron ahora de otra forma las vidas aparentemente libres de las personas.

CAPÍTULO 8

LAS SOCIEDADES PALEOLÍTICAS DE EUROPA

La historia humana es el resultado de actividades intencionales pero no es un proyecto perseguido.

ANTHONY GIDDENS, *The Constitution of Society*

Bajo los adoquines –la playa

Eslogan de los estudiantes, París, Mayo de 1968

Hemos comentado hasta aquí las pruebas de que disponemos acerca de la existencia de vida social a lo largo del Paleolítico europeo. Soy consciente de que el continente del que he obtenido los datos y el marco temporal utilizado, hace 500.000-21.000 años, son hasta cierto punto algo parecido al relleno en el bocadillo de la evolución humana. He omitido la evolución social anterior a estas fechas que tuvo lugar en África, y me he detenido en el período del último máximo glaciar, después del cual la información crece exponencialmente. Además, a escala del Paleolítico ya sólo queda por subir un pequeño escalón más para llegar a la domesticación de plantas y animales y otros enormes cambios.

No ha sido mi intención presentar una visión general de la evolución social. Mi intención principal ha sido demostrar que el juicio de Childe, que aún tiene muchos seguidores, de que la reconstrucción de la vida en sociedad del Paleolítico está condenada al fracaso dada la falta de información, es incorrecto (1951: 85). Aunque la información sobre el Paleolítico nunca ha sido tan provechosa como la que pirámides, palacios o graneros, proporcionan a los arqueólogos sociales que trabajan períodos históricos posteriores, no por ello puede decirse que lo que falta son restos materiales. Siempre hemos dispuesto, en relación al conocimiento de las distintas etapas, de elementos de gran calidad y a menudo muy bien datados, de todos los períodos del Paleolítico, y particularmente de Europa. Esta información ha servido para examinar las variantes producidas, no importa la época, dentro de cada región y de una región a otra, marco que ha facilitado la escritura de textos de contenido social, por ejemplo, sobre los minoicos o los romanos. Actualmente disponemos de más datos sobre el Paleolítico de los que teníamos hace cincuenta años y algo parecido sucede con respecto a otros períodos de la historia. Si culpamos a la información de lo difícil que resulta investigar la sociedad del Paleolítico, siempre iremos a remolque de los demás.

El objetivo que he perseguido ha sido mostrar que lo que ha condenado al fracaso los proyectos ha sido la forma cómo se acostumbra a enfocar la investigación de la sociedad paleolítica. Deliberadamente he detenido el análisis en el 21.000 porque en este punto las cosas se vuelven más fáciles. De entrada, ya hay más información de todas las regiones de Europa. La escala temporal se acorta de forma que podemos examinar con más detalle cuestiones como la recolonización de territorios (Housley *et al.* 1997) y compararlo con, por ejemplo, el patrón de progreso que siguen más tarde los agricultores (van Andel y Runnels 1995). Aparentemente hay suficiente arte rupestre y mueble, así como una cantidad cada vez mayor de enterramientos, que acabarán constituyendo verdaderos cementerios a inicios del Mesolítico (Whittle 1996). El paso del estudio de las adaptaciones ecológicas a la reconstrucción de las relaciones sociales no es abrupto en absoluto. Diversas publicaciones se refieren a ello (Gamble y Sofer 1990, Soffer y Gamble 1990, Strauss *et al.* 1996, Zvelebil 1986). Pero ninguna de las ventajas que encontramos en el período de la última glaciación nos ha de hacer renunciar a la posibilidad de estudiar las sociedades paleolíticas más antiguas. No debemos renunciar a este reto sólo por el hecho de que la arqueología social da más de sí más tarde cronológicamente, cuando el trabajo arqueológico proporciona una gama más variada de materiales con los que trabajar.

Mi tesis a favor de una arqueología social apunta, sin embargo a cosas más básicas. Si hace falta, como pienso, que planteemos de otro modo la interpretación y reconstrucción de las sociedad en el Paleolítico, ello nos exige repensar muchas de las suposiciones y enfoques de la arqueología social de los períodos más recientes. No estoy diciendo algo nuevo sino algo que ya están haciendo muchas de las críticas postprocesuales (Hodder 1990, Thomas 1991, Tilley 1996). Sólo con añadir el Paleolítico a sus proyectos y desaparecería probablemente el peligro de una vuelta atrás a los tiempos de las tipologías sociales y las explicaciones evolucionistas (por ejemplo, Johnson y Earle 1987). Espero que incorporando el Paleolítico a esta discusión encontremos cosas nuevas que hacer con nuestros datos tan trabajosamente recogidos, aparte de hablar de calorías o del reavivado de útiles. También confío en que podamos ir algo más lejos de considerar la reconstrucción social como una mera aseveración de lo que debió de suceder durante determinados rituales y de lo que pudo pasar por la cabeza de nuestros antepasados. Dicho de otro modo, confío en que dejemos atrás la idea de que su vida social estaba restringida al espacio entre las comidas.

Lo que sigue a continuación es mi síntesis personal de las cuestiones que podemos investigar a partir de ahora; algo así como el marco de una nueva investigación que utiliza unos datos que, aunque estén condicionados por la teoría, no por ello dejan de constituir los activos necesarios con los que escribir libros que puedan seguir interesado, porque no se trata sólo de componer buenas narrativas, sino también verificarlas.

El punto de partida

Wilson definió como sigue, una de las reglas básicas para abordar el estudio de la sociedad paleolítica:

> Debemos imaginar al *H. Erectus* o a los primeros *sapiens*, no tanto como algo que está por hacer y acerca del cual cabe decir cualquier cosa, sino como una

incipiente criatura inmensamente prometedora, cuyo problema es utilizar bien sus capacidades de modo que pueda hacerse con los instrumentos y medios que le permitan organizarse para poder sobrevivir (Wilson 1980: 41).

El individuo se nos presenta como un agente creativo aunque lleno de limitaciones y no como un ser sin atributos preprogamado para producir la sociedad del *Homo heidelbergensis*. Wilson sigue su argumentación diciendo que el reto que afrontamos no es la reconstrucción al detalle de la formas sociales, sino averiguar qué principio general hizo posible que nuestros antepasados desarrollaran una vida en sociedad tan variada que es comparable a nuestra experiencia individual de vivir (*ibid.*: 54).

Los principios generales a los que me he ceñido proceden tanto de estudios sobre las sociedades humanas modernas como de estudios sobre las sociedades de primates. Hice bascular la sociedad alrededor del individuo, no del grupo y basé la vida en sociedad en las posibilidades y normas que se derivan de la interacción. Recalqué que lo verdaderamente distintivo de la vida en sociedad es el de la implicación del individuo con los demás individuos y con el mundo que le rodea, que resume la noción de intervención. Esta noción (toda acción es un acto deliberado de intervención), hace que podamos prescindir de la investigación de los vestigios materiales de instituciones sociales tales como el rango, la religión, la economía y la burocracia. En su lugar nos dedicamos a examinar los actos que surgen de la co-presencia, las acciones que pueden producirse cuando el cuerpo humano es la forma básica de comunicación social y de poder. Podemos también dedicarnos a indagar sobre el papel cambiante de los objetos y de la misma cultura en el transcurso de estos actos, especialmente cuando los objetos y otros animales adoptan los atributos de la gente. Esta extensión del comportamiento social da lugar a una «liberación de la inmediatez» (Giddens 1984: 35, Rodseth *et al.* 1991: 240) que identificamos como un hito en la evolución social humana.

Normas y recursos pueden medirse y predecirse. La interacción produce resultados que siguen patrones establecidos en función del uso de recursos de tipo emocional, material y simbólico; recursos necesarios siempre para crear lazos de intensidad e importancia diversa con la gente en el interior de las redes que cada uno teje. Los resultados de esta forma de enfocar del estudio de la estructura social, de abajo a arriba, pueden verse en los modelos demográficos recurrentes que aparecen.

Los métodos

Pero ocurre que el individuo siempre ha sido contemplado como una criatura borrosa, situada en la lejanía, perdida por los largos pasillos del tiempo del Paleolítico. Este punto de vista, que se me ha expresado en multitud de ocasiones, aún me sorprende por extraño, ya que va en contra de los datos que poseemos. Hay más contacto con el mundo a escala pequeña de la acción individual en el Paleolítico, que con el rostro ininteligible de la multitud en el Coliseo romano. ¿Por qué nos preocupamos por identificar miles de pequeños restos de una excavación del Paleolítico Inferior como la de Boxgrove, si no pensamos que de esa forma nos acercamos a la acción individual? Roe tenía razón cuando decía que este quehacer representaba los momentos más preciosos que podía vivir un arqueólogo (1981: 197). Si queremos investigar la sociedad del Paleolítico a través de la acción individual y colectiva debemos procurarnos metodologías que nos sirvan para movernos una y otra vez por yacimientos necesariamente muy distintos, que van desde los que presentan información muy precisa, a los que sólo ofrecen datos muy elementales para contextos espaciales y temporales muy extensos (figura 3.2). Pero incluso no pudiendo gozar de estos momentos mágicos en los que aparece bien conservado lo que se busca, «el hecho de que los prehistoriadores no puedan identificar a las personas no es razón para que ignoren su existencia» (Clark 1957: 248).

Los métodos del prehistoriador requieren poder salvar el espacio que va de la pequeña escala a la gran escala en la vida social humana y la historia social. La teoría de alcance medio que propugnamos, se hizo eco de las ideas de Leroi-Gourhan (1993) quien estaba particularmente empeñado en aplicar enfoques etnológicos a los contextos arqueológicos. El cuerpo como fuente de acción y como referencia de poder constituyen el núcleo de su análisis. El cuerpo produce con su movimiento y mediante la gesticulación aplicada a unos determinados materiales, unos determinados esquemas. En otras palabras, es capaz de crear aunque está limitado físicamente. La relación entre el escenario y la región, entre la escala pequeña y la grande de la actividad social se basa en unos ritmos que implican actos y gestos. La clave es entender que los actos técnicos son al mismo tiempo actos sociales; unos actos que se caracterizan por su compromiso con el mundo alrededor y no por el análisis del mismo.

De ahí que haya optado por una definición fenomenológica de cultura. El énfasis recae en el compromiso activo de la gente con su entorno y no en las relaciones entre los módulos mentales que un punto de vista cognitivo de la cultura destacaría (Mithen 1996, Parker y Milbrath 1993). A la hora de decidirme por esta opción seguí a Dennet, que dice que «el problema con los cerebros es que cuando miras dentro descubres de que no hay nadie en casa» (1991: 29). Las mentes de los individuos exigen ser contextualizadas para poder entender alguna cosa en relación a los cambios y los procesos de selección. No pueden ser el objeto principal de estudio, si es que al explicar el cambio social y cultural queremos evitar caer en el argumento del pez que se muerde la cola. Este contexto sólo lo puede proporcionar la propia vida en sociedad en la que las mentes son parte integral del organismo entero y de su entorno. Es por esta razón que he hecho una distinción entre cultura y sociedad. Cultura es una expresión de este compromiso activo con el entorno, con el mundo. La cultura estructura el tratamiento social de la información por medio de actividades que comprenden ritmos y gestos que involucran a otra gente. Este tratamiento no es necesariamente lingüístico, ni queda registrado únicamente en los rasgos estilísticos de los objetos. Más bien se trata del producto de la atención, la percepción y el movimiento, sin los cuales la vida en sociedad no existiría.

Esta manera de enfocar las cosas apunta a dos ámbitos de la cultura del Paleolítico, el aprendizaje y la memoria, que apenas hemos empezado a investigar. Aprendizaje y memoria tienen que ver con la transmisión cultural de información sobre la forma de actuar y de controlar el cuerpo, en el transcurso de un acto social. Actualmente existe una fuerte tradición que explica de forma analítica el cambio en el Paleolítico. Según este punto de vista el énfasis recae en el entrenamiento de la mente para anticipar problemas y en el uso de la cultura como instrumento para resolverlos en una permanente partida frente al medio ambiente.

Por ejemplo, el debate abierto por Binford (1989: 19) en torno a la capacidad de planificar, centró la atención en las diferencias organizativas entre Neanderthales y Crô-Magnones. El concepto de planificación trata de las diferencias en tiempo requerido e inversión tecnológica que se dan en un comportamiento que se anticipa a las necesidades y a las acciones que hace más fáciles. El resultado fue una mayor profundidad planificadora entre los Crô-Magnones que disponían de útiles más variados y complejos para «emplearlos directamente en su lucha por la supervivencia» (*ibid.*: 21).

En este momento contemplo de forma distinta la transición (Gamble 1995b). La profundidad de planificación y la capacidad de anticipación son conceptos que dependen de un poderse aislar o desapegar de la realidad. La vida entonces se divide en compartimentos estancos al objeto de poder hacer un análisis comprensible. Aparecen comportamientos específicos y el individuo empieza a diluirse en el fondo grisáceo de un marco institucional impuesto.

Clark se daba cuenta de este peligro cuando nos recordaba que ser previsores no significa que cada vez que nos metemos en actividades que tienen que ver con nuestro futuro bienestar tengamos que hacer siempre patente una cualidad tan valiosa. Más bien se trata de algo así como que «nuestra forma de planificar es tan social como el compartir recuerdos» (1989: 431). Volviendo al vocabulario utilizado en este libro, en vez de permanecer fuera, a la expectativa, estamos claramente comprometidos con la realidad de este mundo y evolucionamos participando de sus redes sociales. De esta manera el punto de vista de Clark sobre el aprendizaje y la memoria aplicada a la anticipación y a la planificación, casa mejor con una perspectiva que venga de una tradición menos analítica, que Brody describe como sigue, tras su experiencia con los cazadores atabascanos:

> Hacer una opción de caza sensata y correcta es aceptar la interconexión de todos los factores posibles y evitar el error de buscar la racionalidad en alguna consideración que se toma por básica. Y lo que es más, la decisión se toma sobre la marcha: no hay pausa entre la teoría y la práctica... Planificar tal como otras culturas lo entienden, es algo que no casa con este tipo de sensibilidad. El cazador, atento a todo lo que pasa a su alrededor, a los espíritus y al humor de la gente, hace las cosas de una manera choca con cualquier plan en firme y con cualquier tipo de explicación precisa a los demás sobre lo que va a hacer (1981: 37).

El curso de la acción no puede, por lo tanto, predeterminarse ya que la actividad por ella misma deja de lado cualquier posible plan. Es por esta razón que he desarrollado la noción de Ingold de entorno de intervención. Este concepto de un entorno mutuo que rodea a los individuos en sus quehaceres cotidianos, nos permite romper con la forma de pensar que sostiene que en el Paleolítico todo el mundo se adaptaba automáticamente al entorno. Estas partidas con el medio ambiente, de las que trata McGlade (1995: 115-6) contemplan la naturaleza como algo aparte, relegando así el papel de lo social a otros especialistas en vez de a los arqueólogos. El entorno de intervención, con su énfasis en una acción continua y en la atención que los individuos se prestan unos a otros, aleja esta dicotomía tan embarazosa. El entorno de intervención sigue dejando espacio a la selección del tipo de acción y además tiene en cuenta a esta incipiente criatura inmensamente prometedora que es el ser humano.

Las primeras sociedades paleolíticas de Europa: desde hace unos 500.000 hasta los 300.000 años

Europa fue colonizada tardíamente. La fecha exacta es objeto de discusión, pero en cierto momento entre hace medio millón de años y un millón de años, encontramos a homínidos ocupando la vertiente septentrional de la cuenca del Mediterráneo así como gran parte del continente, excepto las regiones del nordeste. El registro arqueológico cambia significativamente después de los 500.000 años. Por lo tanto hay que decir que queda mucho por investigar sobre el proceso de colonización inicial y que debemos de dejar de tratar este proceso como si fuera un acontecimiento que se produjo en una fecha determinada.

Atribuyo el proceso de colonización de Europa, su cronología tardía y el hecho de que las primeras pruebas de la misma se den en el Mediterráneo y no en el centro o el norte de Europa, a factores sociales. Los primeros europeos sabían lo que hacían ya que llevaron a cabo acciones intencionales dentro de contextos socialmente establecidos. Pero su intención no fue colonizar Europa. Se trató más bien de la consecuencia de cambios en su forma de vivir y de organizarse. De lo que sí podemos estar seguros es de las habilidades que coadyuvaron a la negociación de sus vidas en sociedad —la interacción cara a cara en una sociedad compleja—. Se trataba de habilidades genéricas que compartían todos los homínidos que pululaban por el Viejo Continente, que tenían que ver con rituales de bienvenida a los distintos escenarios que ocupaban y de atención a otros congéneres. El cuerpo era el recursos básico para construir su versión de sociedad y para involucrar a otros en sus proyectos. Los recursos que utilizaban dependían de la conversión de las formas de atención a los demás, de aseo social, cuidado y crianza de la prole, en vínculos emocionales. Este tipo de fundamentos sociales exigía una frecuente reafirmación de tales vínculos, un contacto estrecho entre individuos y continuas respuestas afectivas. El aprendizaje se transmitía verticalmente de una generación a otra en contextos que se beneficiaban del apoyo de aquellos vínculos emocionales. El resultado era una imitación fidedigna de gestos y respuestas estructurados por estos lazos afectivos negociados cara a cara. La repetición y la redundancia formaban parte de sus actos técnicos. El recuerdo de las relaciones establecidas duraba, ya que la representación de los lazos se contenía en la memoria muscular del gesto y de la acción escenificados entre individuos y aprendidos por generaciones sucesivas.

Los lazos íntimos en estas complejas sociedades se fomentaban mediante el uso de recursos materiales destinados a tramar redes eficaces. A este nivel la cooperación se desarrollaba como consecuencia de la acción práctica. No se trataba de una actividad planificada o de un comportamiento de signo distinto. No necesitamos indagar en el origen de este tipo de comportamiento puesto que debe de haber formado parte de la herencia social del último antepasado común, hace cinco millones de años. Pero de la misma manera que no debemos sorprendernos por la evidencia de un comportamiento cooperativo, tampoco es preciso que reconozcamos que la forma que tomó estaba limitada por las redes que lo sostenían. Por lo tanto, en aquel tiempo, la cooperación dependió de la co-presencia y de la negociación de relaciones sociales que utilizaba recursos personificados en los mismos individuos.

La arqueología dispone de escenarios bien conservados que muestran estructuras formales muy poco desarrolladas. Hay trazas que dejaron los individuos en sus idas y vueltas que pueden ser estudiadas como una serie de gestos que acompañaban la llegada y despedida de los individuos de las reuniones. Buscar la explicación de todo ello únicamente en términos de supervivencia funcional o práctica es dejar de lado parte de la información contenida en los datos. Una rica gama de acciones individuales se encuentra precisamente aquí porque los entornos de intervención de estos individuos no implicaba que se produjeran movimientos constantes de material. Los individuos generalmente establecían la siguiente reunión con materiales que tenían *a* mano, no que llevaban *en las propias* manos. Llevaban encima su prole, sus vestimentas, su comida y materias primas sólo cuando esta impedimenta servía para confirmar, mediante el desplazamiento a cierta distancia, los lazos íntimos y eficaces establecidos en los escenarios.

La escala de los desplazamientos es coherentemente pequeña, como muestran los estudios de materia prima. El paisaje de la costumbre abarcaba los desplazamientos de esta gente, no el paisaje social. Por ello la vida tenía un carácter local y más allá de las redes íntima y eficaz, el principio de exclusión regía las relaciones entre individuos.

Estas escalas pequeña y grande y los ritmos que las sostenían condicionaban los patrones de transmisión cultural. Aunque, sin género de dudas, estos individuos añadían acompañamientos verbales a sus actuaciones sociales, estas formas de expresión se usaban más como un sistema para llamar la atención que como un principio organizador. De forma parecida, fabricar útiles era un acto social importante, que servía para identificar a la gente en función de lo que hacía y no necesariamente por el tipo de objeto que realizaba. Pero los productos resultantes son lo suficientemente estandarizados como para mostrar que el aprendizaje de los gestos y los ritmos de la acción, dio lugar, tanto en presencia como en ausencia de otros, a un modelo vertical de transmisión cultural que estuvo fuertemente determinado por las reglas de la interacción cara a cara. No puedo decir si machos y hembras tenían redes diferentes y, si las tuvieron, si hubiera habido una gran diferencia individual entre unas y otras. Esta es una cuestión pendiente de investigación. Para resumir: los homínidos gozaron de unas vidas con un amplio margen de variación aunque manteniéndose siempre en el seno de una vecindad reducida.

La sociedad compleja de los Neanderthales, entre los 300.000 y los 27.000 años

La diferenciación individual es el fundamento del cambio tanto en los sistemas biológicos como culturales. El marco para cualquier desarrollo selectivo tuvo que ser la red eficaz ya que es la red que proporciona más posibilidades de negociación de relaciones distintas basadas en una amplia gama de recursos. Esta red se distingue de la red íntima por la menor fortaleza de los vínculos que el individuo puede forjar. Por ello las relaciones sociales vienen marcadas por un cierto grado de ambigüedad que facilita que surjan interpretaciones alternativas de un mismo mensaje. La red íntima de cada individuo presenta limitaciones que afectan a la duración de la relación y al número de componentes. Sin embargo, la calidad de los vínculos es alta, hasta el punto que las relaciones difícilmente se cuestionan y analizan, por lo que no pueden pecar de ambigüedad. La componente eficaz de la red personal de cada individuo ofrece muchas más posibilidades de competir, negociar y crear por lo que como red resulta más ambigua. El ejemplo arqueológico más claro de todo ello se da en el interior del paisaje de la costumbre donde las materias primas empiezan a ser transportadas cada vez a mayores distancias y en estados que presentan distintos grados de intervención. Con posterioridad a los 300.000 años BP las cadenas de conexión se extienden por todas las regiones de Europa. Ya no fue necesario que se contemplaran los gestos del autor de una talla para que el producto, el útil, adquiriera significado. Por lo tanto, los objetos que producían los individuos ya entrañaban la posibilidad de representar el acto de producir. La diferencia estriba en simplificar las acciones que representaban realizaciones al margen del propio cuerpo, si no en ejecución, al menos en significado. Los homínidos disponían de un sistema de comunicaciones orientado a las relaciones sociales, pero este sistema aún no actuaba como sistema de prolongación de las relaciones en el tiempo y el espacio.

Las habilidades que empleaban no eran específicas de lugares determinados, sino genéricas para toda la especie. Sin embargo empezamos a ver en algunos casos avances en la dirección de desarrollar habilidades específicas; por ejemplo, un grado mayor de diferenciación interregional, así como rutinas más complejas y cadenas operativas más largas.

Se ha dicho que durante este período se da una mayor cooperación en la caza, cosa nada sorprendente, ya que refleja una red eficaz desarrollada a mayor escala, algo que lograron perfectamente los Neanderthales. Uno de los aspectos importantes del legado neanderthal fue la técnica Levallois, cuyos productos estaban adaptados a las necesidades de la caza, así como la planificación de la caza de animales en plenas facultades. Pero como vimos más arriba, este tipo de desarrollos de carácter previsor sólo fueron posibles gracias a las redes que los individuos disponían para extender sus ámbitos de acción. Los cambios en la obtención, manufactura y uso de recursos, animales o minerales, no nos dan la medida de la complejidad, sino que más bien reflejan las propiedades latentes de las relaciones sociales para sustituir necesidades por recursos.

Esta valoración de la novedad en el registro arqueológico de los Neanderthales emana directamente del enfoque social que he asumido en este libro. Además, repercute notablemente sobre los modelos evolutivos. Se dice a menudo que nuestros cuerpos están afectados por la selección darwiniana, mientras que nuestra cultura está abierta a un desarrollo de tipo lamarquiano (Gould 1996: 219-22). Esto es cierto ya que la cultura representa ideas transmitidas y acumuladas fuera del cuerpo humano. Por lo tanto, los seres humanos estamos en disposición de acelerar y dirigir el curso de los cambios culturales, en cambio no podemos hacer lo mismo con la evolución biológica que está sometida a la selección natural. En ninguna parte esta cuestión aparece tan clara como en el diseño y manufactura de objetos.

Pero no siempre sucede así, por una simple razón conceptual. El punto de vista lamarquiano del cambio cultural propone una separación entre objeto y persona para justificar una perspectiva progresista del desarrollo cultural. El pensamiento se aplica al diseño de los objetos de una forma muy racional de manera que las lanzas cada vez son más aerodinámicas, las cabañas más confortables, y la tecnología más ligera y llevadera. Abordar directamente y resolver los problemas de la vida, anticiparse a los mismos y planificar el futuro son elementos esenciales para la estructuración del aprendizaje y la memoria, lo que conduce a una evolución cultural en un sentido material.

Afirmaría que en este período no hubo realmente separación entre objeto y persona. El desapego del objeto con respecto a la persona fue acaso una posibilidad latente más que un hecho reconocido consustancial con la actividad social. Los objetos seguían necesitando de la animación que les proporcionaban los gestos humanos para tener sentido. Cuando eran utilizados en las actividades cotidianas formaban parte del entorno mutuo de los individuos, el entorno de intervención. Lo que se aprendía y recordaba eran los gestos o acciones y los ritmos de las personas y no los productos fabricados o las innovaciones que contribuían a la supervivencia de la gente. Éstas no eran ideas brillantes que había que desarrollar o adaptar a unas circunstancias cambiantes. El lento ritmo de los cambios en el Paleolítico no se debió a la escasez de población (Clark 1957: 249). Se debió al uso que se hacía de los recursos con el fin de circunscribir la vida en sociedad a los componentes íntimo y eficaz de la red personal de cada individuo. La transmisión vertical del conocimiento, relacionada con las cadenas operativas, los senderos y las pistas, que se producía cuando las personas se desplazaban de un escenario a otro, redujo enormemente la posibilidad de encontrar soluciones nuevas a los problemas.

Estas sociedades neanderthales, producto de unos homínidos dotados de grandes cerebros y de lenguaje con el que hablar sobre ellos mismos, grandes productores de objetos, siguieron siendo con relación a la variedad y creatividad de que hacen gala, exclusivistas, localistas y complejos. Fundaron una sólida sociedad homínida que pervivió por mucho tiempo. Bien adaptados a los largos ritmos de los períodos glaciares e interglaciares, supieron sacar partido de unos recursos renovables con los que vivir en sociedad mostrando sutiles diferencias entre unos y otros.

La transición y la sociedad Crô-Magnon hace 60.000-21.000 años

La prolongación de las relaciones en el tiempo y el espacio, y la liberación de la inmediatez, herencia primate, marcan el desarrollo de una vivencia social complicada (Strum y Latour 1987). Paradójicamente para una visión progresiva del cambio en el Paleolítico, al mismo tiempo el registro arqueológico se simplifica y se hace más fácil de interpretar. Es posible, por ejemplo, describir coherentemente la dimensión espacial y temporal de las culturas arqueológicas. Esto es en parte debido a un aumento en la variedad de la cultura material, que incluye ornamentos y escenificación de rituales. Además, los escenarios se invisten de asociaciones y significados. Ya no sólo albergan reuniones sino que se transforman en ocasiones sociales y lugares. A mayor escala, estos escenarios se estructuran en el marco de un paisaje social, mientras que anteriormente sólo el paisaje de la costumbre hacía de marco para la actividad social. Los objetos se transforman en personas y la externalización de la memoria y la acción se hacen realidad gracias al componente ampliado de las redes personales y a la red global que va perfilándose.

Sin embargo, no debemos dar por supuesto que este conocimiento emana del hecho de que ahora estemos investigando a una gente que es como nosotros, los humanos modernos por tener unos miembros igual de largos y estar dotados de unas habilidades notorias. Debemos rechazar el impulso de descorrer en este momento la cortina sobre el primer acto de civilización. La sociedad humana no empezó en este momento, asociada a nuevos objetos y a la colonización de nuevas tierras (Gamble 1993a). No hemos llegado al primer peldaño de la escalera evolutiva de las bandas, las tribus, las jefaturas y los estados.

Los vestigios arqueológicos que encontramos en Europa indican una transición gradual en el proceso de sustitución de los Neanderthales. Este proceso se realiza a lo largo de 15.000 años de contactos y coexistencia en algunas partes de Europa, entre Neanderthales y Crô-Magnones.

Pero en vez de ver esa sustitución como un cambio absoluto —la aparición de una nueva sociedad que se corresponde con el nuevo tipo de homínido— nos apercibimos de que sus cimientos reposan sobre las redes íntima y eficaz de nuestra herencia homínida. El uso de materiales como recursos simbólicos en la red personal ampliada de vínculos negociados, estaba prefigurado en los actos necesarios para tallar un bifaz. El uso circunstancial de los objetos como símbolos, sean bifaces o grabados de caballos sobre huesos, se produce más a causa de la forma que le confiere el ser humano que no por razón de su forma originaria natural (Gould y Vrba 1982). Lo que los convierte en símbolos es su contribución a la integración y estructuración de la actividad humana una vez que aparecen al margen de sus creadores. De forma parecida, las acciones y gestos vinculados a la llegada a las reuniones y a los escenarios, y a la despedida de los mismos, marcan un ritmo adecuado al desarrollo del ritual, basado en actos simbólicos y no únicamente en la aportación de unos recursos materiales y emocionales.

Una vez fuera de la estructura correspondiente a la co-presencia y la percepción del otro, se requieren más recursos si se quiere, por un lado, evitar caer en la ambigüedad y la incoherencia, y, por otro, conservar la riqueza y creatividad de la vida social. Con ello se nos presenta un nuevo ejemplo de las dos caras del poder. La ampliación de relaciones tiene un precio; la vida en sociedad ha de volverse necesariamente más complicada. La presión selectiva en favor de estos cambios trabaja sobre la variedad que biológica, histórica y culturalmente, presenta cada individuo. El contexto de la selección son las distintas redes que amparan a cada persona, con las limitaciones y las posibilidades inherentes a una red global personal plena. Las fuerzas que concurren en esta red global exigen tiempo, atención y decisiones claras sobre asignación de recursos. El aprendizaje y la memoria ya no se transmiten siempre verticalmente, puesto aquí existe la posibilidad de que se transmitan horizontalmente. El efecto de estos cambios fue dramático. Los gestos conocidos que convertían al individuo en un agente social activo, que pasaban de padres a hijos y recorrían las redes íntima y eficaz, ahora podían saltar horizontalmente por entre las redes (Cullen 1996: 425). En un sistema vertical debe de producirse una reproducción fidedigna de las mismas secuencias y ritmos. Cabe esperar equilibrio y gradualismo. Pero en un sistema horizontal estas relaciones benignas ya no se producen fácilmente. Esta curiosa alquimia prende allí donde la cultura empieza a utilizarnos a nosotros tanto como la utilizamos nosotros para moderar nuestras propias vidas. Las redes ampliadas pueden ser utilizadas para negociar una posición social, tanto nuestra como la de otras personas vinculadas a uno a través de las esferas íntima y eficaz. La transmisión fidedigna da paso a relaciones asimétricas de poder que afectan ahora a la edad, al sexo y a la genealogía. El principio que regía según el cual la vida tenía un carácter local y exclusivista, cambia. Ahora la sociedad es inclusiva o es exclusiva en función de la ampliación de la vida social y de la creación de redes globales personales. El poder, en el sentido de elevar o rebajar la vida de los demás, mediante un determinado acto simbólico, adopta ahora un aspecto más simple y familiar. Sustituye con el mismo objetivo los recursos afectivos y materiales utilizados por los Neanderthales.

Las sociedades paleolíticas de Europa ofrecen la posibilidad de observar con algún detalle los variados resultados de la interacción social a lo largo de un período de unos 500.000 años. No he pretendido dar una explicación completa de por qué las redes ampliadas se desarrollaron tan tarde en la evolución humana. Pero espero que proponiendo un modelo para el estudio de la sociedad paleolítica y un método para aplicarlo a los datos del Paleolítico, podamos movernos en la dirección adecuada. Haber intentado resolver una cuestión tan importante sin examinar las sociedades de la última glaciación en Europa y de las sociedades posteriores, hubiera dado pábulo a acusaciones de pretender responder de manera localista a una cuestión de alcance investigador mundial. Sin embargo, lo que espero haber demostrado es que pertrechados con una perspectiva social, podemos empezar a hacer alguna cosa más que reconstrucciones de la población paleolítica como si se tratara de gente que sólo vivía a impulsos del estómago o como si fueran unos perfectos descerebrados. Ya podemos levantar el telón y contemplar un pasado mucho más interesante.

BIBLIOGRAFÍA

Absolon, K., and B. Klíma. 1977. *Předmostí, ein Mammutjägerplatz in Mähren*. Prague: Fontes Archaeologiae Moraviae 8.

Accorsi, C. A., E. Aiello, C. Bartolini, L. Castelletti, G. Rodolfi, and A. Ronchitelli. 1979. Il giacimento paleolitico di Serino (Avellino): stratigrafia, ambiente e paletnologia. *Atti Società Toscano Scienze Naturali* 86:435–87.

Adovasio, J. M., O. Soffer, and B. Klíma. 1996. Upper Palaeolithic fibre technology: interlaced woven finds from Pavlov I, Czech Republic, c.26,000 BP. Paper presented at The Society for American Archaeology, St Louis, 1996.

Aguirre, E., and G. Pasini. 1985. The Pliocene–Pleistocene boundary. *Episodes* 8:116–20.

Aiello, L., and R. Dunbar. 1993. Neocortex size, group size and the evolution of language. *Current Anthropology* 34:184–93.

Aiello, L., and P. Wheeler. 1995. The expensive-tissue hypothesis: the brain and the digestive system in human and primate evolution. *Current Anthropology* 36:199–221.

Aitken, M. 1990. *Science based dating in archaeology*. London: Longman.

Aitken, M. J., C. B. Stringer, and P. A. Mellars (editors). 1993. *The origin of modern humans and the impact of chronometric dating*. Princeton: Princeton University Press.

Albrecht, G., J. Hahn, and W. G. Torke. 1972. *Merkmalsanalyse von Geschoßspitzen des mittleren Jungpleistozäns in Mittel- und Osteuropa*. Tübingen: Archaeologica Ventoria 2.

Aldhouse-Green, S. 1995. Pontnewydd Cave, Wales, a later Middle Pleistocene hominid and archaeological site: a review of stratigraphy, dating, taphonomy and interpretation, in *Evolución humana en Europa y los yacimientos de la Sierra de Atapuerca*. Edited by J. M. Bérmudez de Castro, J. L. Arsuaga, and E. Carbonell, pp. 37–55. Valladolid: Junta de Castilla y León.

Allsworth-Jones, P. 1986. *The Szeletian and the transition from Middle to Upper Palaeolithic in Central Europe*. Oxford: Clarendon Press.

1990. The Szeletian and the stratigraphic succession in Central Europe and adjacent areas: main trends, recent results, and problems for resolution, in *The emergence of modern humans: an archaeological perspective*. Edited by P. Mellars, pp. 160–243. Edinburgh: Edinburgh University Press.

Ameloot-van der Heijden, N. 1994. L'ensemble lithique du niveau CA du gisement de Riencourt-les-Bapaume (Pas-de-Calais), in *Les industries laminaires au Paléolithique moyen*. Edited by S. Révillion and A. Tuffreau, pp. 63–75. Paris: Centre National de la Recherche Scientifique 18.

Ames, K. M. 1985. Hierarchies, stress, and logistical strategies among hunter-gatherers in northwestern North America, in *Prehistoric hunter-gatherers: the emergence of cultural complexity*. Edited by T. D. Price and J. A. Brown, pp. 155–80. Orlando: Academic Press.

Anconetani, P., L. Evangelista, U. Thun, and C. Peretto. 1995. The Lower Palaeolithic site Isernia la Pineta. Conference on *The role of early humans in the accumulation of European Lower and Middle Palaeolithic bone assemblages*, Schloss Monrepos, Neuwied, 1995.

Anderson-Gerfaud, P. 1990. Aspects of behaviour in the Middle Palaeolithic: functional analysis of stone tools from southwest France, in *The emergence of modern humans: an archaeological perspective*. Edited by P. Mellars, pp. 389–418. Edinburgh: Edinburgh University Press.

Andrews, J. T. 1983. Short ice age 230,000 years ago? *Nature* 303:21–2.

Andrews, P., and Y. Fernandez Jalvo. 1997. Surface modifications of the Sima de los Huesos fossil humans. *Journal of Human Evolution* 33:191–218.

Anikovich, M. 1992. Early Upper Paleolithic industries of Eastern Europe. *Journal of World Prehistory* 6:205–45.

Antoine, P. 1990. *Chronostratigraphie et environnement du Paléolithique du bassin de la Somme*. Lille: Université des Sciences et Technologies Publications de CERP 2.

Antoine, P., and A. Tuffreau. 1993. Contexte stratigraphique, climatique et paléotopographique des occupations Acheuléennes de la moyenne terrasse de la Somme. *Bulletin de la Société Préhistorique Française* 90:243–50.

Anzidei, A. P., and P. Gioia. 1992. The lithic industry at Rebibba – Casal de'Pazzi, in *New developments in Italian archaeology*, Part 1. Edited by E. Herring, R. Whitehouse and J. Wilkins, pp. 155–79. University of London: Accordia Research Centre, The Fourth Conference of Italian Archaeology.

Anzidei, A. P., and A. A. Huyzendveld. 1992. The Lower Palaeolithic site of La Polledrara di Cecanibbio (Rome, Italy), in *New developments in Italian archaeology*, Part 1. Edited by E. Herring, R. Whitehouse and J. Wilkins, pp. 141–53. University of London: Accordia Research Centre, The Fourth Conference of Italian Archaeology.

ApSimon, A. M. 1980. The last Neanderthal in France? *Nature* 287:271–2.

ApSimon, A. M., C. S. Gamble, and M. L. Shackley. 1977. Pleistocene raised beaches on Portsdown, Hampshire. *Proceedings of the Hampshire Field Club* 33:17–32.

Argyle, M. 1969. *Social interaction*. London: Tavistock.

Arsuaga, J. L., J. M. Bermúdez de Castro, and E. Carbonell (editors).1997. The Sima de los Huesos hominid site. *Journal of Human Evolution* 33:105–421.

Arsuaga, J. L., I. Martinez, A. Gracia, J. M. Carratero, and E. Carbonell. 1993. Three new human skulls from the Sima de los Huesos Middle Pleistocene site (Atapuerca, Spain). *Nature* 362:534–7.

Arts, N., and E. Cziesla. 1990. Bibliography (1880–1988) on the subject of refitting stone artefacts, in *The big puzzle*. Edited by E. Cziesla, S. Eickhoff, N. Arts, and D. Winter, pp. 677–90. Bonn: Holos, Studies in Modern Archaeology 1.

Ashton, N. M. 1983. Spatial patterning in the Middle–Upper Palaeolithic transition. *World Archaeology* 15:224–35.

Ashton, N. M., D. Q. Bowen, J. A. Holman, C. O. Hunt, B. G. Irving, R. A. Kemp, S. G. Lewis, J. McNabb, S. A. Parfitt, and M. B. Seddon. 1994. Excavation at the Lower Palaeolithic site at East Farm Barnham, Suffolk: 1989–1992. *Journal of the Geological Society* 151:599–605.

Ashton, N. M., J. Cook, S. G. Lewis, and J. Rose. 1992. *High Lodge: excavations by G. de G. Sieveking 1962–68 and J. Cook 1988*. London: British Museum Press.

Ashton, N. M., and J. McNabb. 1992. The interpretation and context of the High Lodge industries, in *High Lodge: excavations by G. de G. Sieveking 1962–68*

and J. Cook 1988. Edited by N. M. Ashton, J. Cook, S. G. Lewis, and J. Rose, pp. 164–8. London: British Museum Press.
Asquith, P. J. 1996. Japanese science and western hegemonies: primatology and the limits set to questions, in *Naked science: anthropological enquiry into boundaries, power, and knowledge*. Edited by L. Nader, pp. 239–56. New York: Routledge.
Auguste, P. 1988. Etude des restes osseux des grands mammifères des niveaux D, D1, II Base, in *Le gisement Paléolithique moyen de Biache-Saint-Vaast (Pas de Calais)*. Edited by A. Tuffreau and J. Sommé, pp. 133–69. Paris: Mémoires de la Société Préhistorique Française 21.
1992. Etude archéozoologique des grands mammifères du site pleistocène moyen de Biache-Saint-Vaast (Pas-de-Calais, France). *L'Anthropologie* 96:49–70.
1993. Acquisition et exploitation du gibier au Paléolithique moyen dans le nord de la France. Perspectives paléoécologiques et paleoethnographiques, in *Exploitation des animaux sauvages à travers le temps*, pp. 49–61. Antibes, Juan les Pins.
1995. Adaptations biologique et culturelle des Prénéandertaliens et des Néandertaliens aux modifications paléoécologiques et fauniques en France septentrionale, in *Nature et culture*. Edited by M. Otte, pp. 99–117. Liège: ERAUL 68.
Axelrod, A., and W. D. Hamilton. 1981. The evolution of cooperation. *Science* 211:1390.
Backer, A. M. 1993. Spatial distributions at La Roche à Pierrot, Saint-Césaire: changing uses of a rockshelter, in *Context of a late Neanderthal: implications of multidisciplinary research to Upper Palaeolithic adaptations at Saint-Césaire, Charente-Maritime, France*. Monographs in World Archaeology 16. Edited by F. Lévêque, A. M. Backer, and M. Guilbaud, pp. 103–27. Madison, Wisconsin: Prehistory Press.
Bader, O. N. 1967. Eine ungewöhnliche paläolithische Bestattung in Mittelrussland. *Quartär* 18:191–4.
1978. *Sunghir*. Moscow: Nauka.
Bahuchet, S. 1992. Spatial mobility and access to resources among the African Pygmies, in *Mobility and territoriality: social and spatial boundaries among foragers, fishers, pastoralists and peripatetics*. Edited by M. J. Casimir and A. Rao, pp. 205–57. Oxford: Berg.
Bailey, G. (editor). 1997. *Klithi: Archaeology of a Late Glacial landscape in Epirus (Northwest Greece)*. Cambridge: McDonald Institute for Archaeological Research.
Bailey, G., V. Papaconstantinou, and D. Sturdy. 1992. Asprochaliko and Kokkinopilos: TL dating and reinterpretation of Middle Palaeolithic sites in Epirus, north-west Greece. *Cambridge Archaeological Journal* 2:136–44.
Bar-Yosef, O. 1980. Prehistory of the Levant. *Annual Review of Anthropology* 9:101–33.
1991. Raw material exploitation in the Levantine Epi-Paleolithic, in *Raw material economies among prehistoric hunter-gatherers*. Edited by A. Montet-White and S. Holen, pp. 235–50. University of Kansas, Publications in Anthropology 19.
Barker, G., and C. S. Gamble (editors).1985. *Beyond domestication in prehistoric Europe*. London: Academic Press.
Barnard, A. 1992. *Hunters and herders of southern Africa: a comparative*

ethnography of the Khoisan peoples. Cambridge: Cambridge University Press.

Barnes, J. A. 1972. *Social networks*. Addison-Wesley Module in Anthropology 26.

Barrett, J. 1994. *Fragments from antiquity*. Oxford: Blackwell.

Barrett, J., R. Bradley, and M. Green. 1991. *Landscape, monuments and society: the prehistory of Cranborne Chase*. Cambridge: Cambridge University Press.

Barth, F. 1978. Scale and network in urban western society, in *Scale and social organization*. Edited by F. Barth, pp. 163–83. Oslo: Universitets Forlaget.

Barton, C. M. 1988. *Lithic variability and Middle Palaeolithic behaviour*. Oxford: British Archaeological Reports, International Series 408.

Baryshnikov, G., and J. F. Hoffecker. 1994. Mousterian hunters of the NW Caucasus: preliminary results of recent investigations. *Journal of Field Archaeology* 21:1–14.

Baryshnikov, G., and J. F. Hoffecker. in press. Neanderthal ecology: a regional view from the Northwestern Caucasus. *Research and Exploration* :1–28.

Bassinot, F. C., L. D. Labeyrie, E. Vincent, X. Quidelleur, N. J. Shackleton, and Y. Lancelot. 1994. The astronomical theory of climate and the age of the Brunhes–Matuyama magnetic reversal. *Earth and Planetary Science Letters* 126:91–108.

Baumann, W., D. Mania, V. Toepfer, and L. Eissmann. 1983. *Die paläolithischen Neufunde von Markkleeberg bei Leipzig*. Berlin: Deutscher Verlag der Wissenschaften.

Bazile, F. 1976. Datations absolues sur les niveaux Paléolithiques supérieurs anciens de la grotte de l'Esquicho-Grapaou (Ste. Anastasie, Gard). *Bulletin de la Société Préhistorique Française* 73:207–17.

Beck, D. in preparation. The Stadel. PhD dissertation, University of Köln.

Behre, K. 1989. Biostratigraphy of the last glacial period in Europe. *Quaternary Science Reviews* 8:25–44.

Bell, R. H. V. 1971. A grazing system in the Serengeti. *Scientific American* 225:86–93.

Belli, G., G. Belluomini, P. F. Cassoli, S. Cecchi, M. Cuarzi, L. Delitala, G. Fornaciari, F. Mallegni, M. Piperno, A. G. Segre, and E. Segre-Naldini. 1991. Découverte d'un fémur humain acheuléen à Notarchirico (Venosa, Basilicate). *L'Anthropologie* 95:47–88.

Bender, B. 1978. Gatherer-hunter to farmer: a social perspective. *World Archaeology* 10:204–22.

1981. Gatherer-hunter, intensification, in *Economic Archaeology*. Edited by A. Sheridan and G. Bailey, pp. 149–57. Oxford: British Archaeological Reports, International Series 96.

1985. Prehistoric developments in the American Midcontinent and in Brittany, Northwest France, in *Prehistoric hunter-gatherers: the emergence of cultural complexity*. Edited by T. D. Price and J. A. Brown, pp. 21–57. Orlando: Academic Press.

Bergman, C. A., M. B. Roberts, S. Collcutt, and P. Barlow. 1990. Refitting and spatial analysis of artefacts from quarry 2 at the Middle Pleistocene Acheulean site of Boxgrove, West Sussex, England, in *The big puzzle*. Edited by E. Cziesla, S. Eickhoff, N. Arts, and D. Winter, pp. 265–81. Bonn: Holos, Studies in Modern Archaeology 1.

Bermúdez de Castro, J. M. 1995. Los homínidos de la Sima de los Huesos del karst de la Sierra de Atapuerca: número minimo de individuos, edad de muerte y sexo, in *Evolución humana en Europa y los yacimientos de la Sierra de*

Atapuerca. Edited by J. M. Bérmudez, J. L. Arsuaga, and E. Carbonell, pp. 263–81. Valladolid: Junta de Castilla y León.

Bermúdez de Castro, J. M., J. L. Arsuaga, E. Carbonell, A. Rosas, I. Martinez, and M. Mosquera. 1997. A hominid from the Lower Pleistocene of Atapuerca, Spain: possible ancestor to Neandertals and modern humans. *Science* 276:1392–5.

Bermúdez de Castro, J. M., and M. E. Nicolás. 1997. Palaeodemography of the Atapuerca-SH Middle Pleistocene hominid sample. *Journal of Human Evolution* 33:333–55.

Bernard, H. R., and P. D. Killworth. 1973. On the social structure of an ocean-going research vessel and other important things. *Social Science Research* 2:145–84.

Bettinger, R. 1991. *Hunter-gatherers: archaeological and evolutionary theory*. New York: Plenum.

Beyries, S. 1987. *Variabilité de l'industrie lithique au Moustérien: approche fonctionelle sur quelques gisements françaises*. Oxford: British Archaeological Reports, International Series 328.

1988. Functional variability of lithic sets in the Middle Palaeolithic, in *Upper Pleistocene prehistory of Western Eurasia*. Edited by H. Dibble and A. Montet-White, pp. 213–24. Philadelphia: University of Pennsylvania, University Museum Monograph 54.

Bicchieri, M. G. (editor) 1972. *Hunters and gatherers today*. New York: Holt, Rinehart and Winston.

Binford, L. R. 1972. Contemporary model building: paradigms and the current state of Palaeolithic research, in *Models in archaeology*. Edited by D. L. Clarke, pp. 109–66. London: Methuen.

1973. Interassemblage variability – the Mousterian and the 'functional' argument, in *The explanation of culture change*. Edited by C. Renfrew, pp. 227–54. London: Duckworth.

1977. Forty seven trips, in *Stone tools as cultural markers*. Edited by R. V. S. Wright, pp. 24–36. Canberra: Australian Institute of Aboriginal Studies.

1978a. Dimensional analysis of behaviour and site structure: learning from an Eskimo hunting stand. *American Antiquity* 43:330–61.

1978b. *Nunamiut ethnoarchaeology*. New York: Academic Press.

1979. Organization and formation processes: looking at curated technologies. *Journal of Anthropological Research* 35:172–97.

1980. Willow smoke and dogs' tails: hunter-gatherer settlement systems and archaeological site formation. *American Antiquity* 45:4–20.

1981a. Behavioral archaeology and the Pompeii premise. *Journal of Anthropological Research* 37:195–208.

1981b. *Bones: ancient men and modern myths*. New York: Academic Press.

1983a. *In pursuit of the past*. London: Thames and Hudson.

1983b. *Working at archaeology*. New York: Academic Press.

1988. Etude taphonomique des restes fauniques de la Grotte Vaufrey, couche VIII, in *La Grotte Vaufrey à Cenac et Saint-Julien (Dordogne), paléoenvironments, chronologie et activités humaines*. Edited by J.-P. Rigaud, pp. 535–64. Paris: Mémoires de la Société Préhistorique Française 19.

1989a. *Debating archaeology*. New York: Academic Press.

1989b. Isolating the transition to cultural adaptations: an organizational approach, in *The emergence of modern humans. Biocultural adaptations in the later Pleistocene*. Edited by E. Trinkaus, pp. 18–41. Cambridge: Cambridge University Press.

1991. When the going gets tough, the tough get going: Nunamiut local groups, camping patterns and economic organisation, in *Ethnoarchaeological approaches to mobile campsites: hunter-gatherer and pastoralist case studies*. Edited by C. S. Gamble and W. A. Boismier, pp. 25–138. Ann Arbor: International Monographs in Prehistory, Ethnoarchaeological Series 1.

Binford, L. R., and J. Bertram. 1977. Bone frequencies and attritional processes, in *For theory building in archaeology*. Edited by L. R. Binford, pp. 77–153. New York: Academic Press.

Binford, L. R., and S. R. Binford. 1966. A preliminary analysis of functional variability in the Mousterian of Levallois facies. *American Anthropologist* 68:238–95.

Binford, S. R., and L. R. Binford. 1969. Stone tools and human behaviour. *Scientific American* 220:70–84.

Birdsell, J. B. 1953. Some environmental and cultural factors influencing the structuring of Australian Aboriginal populations. *American Naturalist* 87:171–207.

1958. On population structure in generalized hunting and collecting populations. *Evolution* 12:189–205.

1968. Some predictions for the Pleistocene based on equilibrium systems among recent hunter-gatherers, in *Man the hunter*. Edited by R. Lee and I. DeVore, pp. 229–40. Chicago: Aldine.

1976. Realities and transformations: the tribes of the Western Desert of Australia, in *Tribes and boundaries in Australia*. Edited by N. Peterson, pp. 95–120. Canberra: Australian Institute of Aboriginal Studies.

Bíró, T. K. 1981. A Kárpát-Medencei obszidiánok Vizsgálata. *Különlenyomat az Archeologiai Ertesito* 108:194–205.

Bischoff, J. L., J.-F. Garcia, and L. G. Straus. 1992. Uranium-series isochron dating at El Castilló Cave (Cantabria, Spain): the 'Acheulean'/'Mousterian' question. *Journal of Archaeological Science* 19:49–62.

Bischoff, J. L., K. R. Ludwig, J. F. Garcia, E. Carbonell, M. Vaquero, T. W. Stafford, and A. J. T. Jull. 1994. Dating of the basal Aurignacian sandwich at Abric Romani (Catalunya, Spain) by radiocarbon and uranium series. *Journal of Archaeological Science* 21:541–51.

Bischoff, J. L., N. Soler, J. Maroto, and R. Julia. 1989. Abrupt Mousterian/Aurignacian boundary at c.40 ka bp: accelerator 14C dates from L'Arbreda cave (Catalunya, Spain). *Journal of Archaeological Science* 16:563–76.

Bitiri, M. 1972. *Paleoliticul in Tara Oasului*. Bucuresti: Institul de Archeologie.

Blackwell, B., and H. P. Schwarcz. 1986. U-series analyses of the lower travertine at Ehringsdorf, DDR. *Quaternary Research* 25:215–22.

Blasco Sancho, M. F. 1995. *Hombres, fieras y presas: estudio arqueozoológico y tafonómico del yacimiento del paleolitico medio de la Cueva de Gabasa 1 (Huesca)*. Zaragoza: Monografías Arqueológicas 38.

Bleed, P. 1986. The optimal design of hunting weapons. *American Antiquity* 51:737–47.

Boëda, E. 1988. Analyse technologique du débitage du niveau 2A, in *Le gisement Paléolithique moyen de Biache-Saint-Vaast (Pas de Calais)*. Edited by A. Tuffreau and J. Sommé, pp. 185–214. Paris: Mémoires de la Société Préhistorique Française 21.

1994. *Le concept Levallois: variabilité des méthodes*. Paris: CNRS Editions, Centre Récherche Archéologique 9.

Boëda, E., J.-M. Geneste, and L. Meignen. 1990. Identification de chaînes opératoires lithiques du Paléolithique ancien et moyen. *Paléo* 2:43–80.
Boëda, E., and B. Kervazo. 1991. Une vieille industrie du Sud-Ouest de la France: le niveau inférieur de Barbas (Dordogne), in *Les premiers Européens*. Edited by E. Bonifay and B. Vandermeersch, pp. 27–38. Paris: CTHS.
Boissevain, J. 1968. The place of non-groups in the social sciences. *Man* 3:542–56.
1974. *Friends of friends: networks, manipulators and coalitions*. Oxford: Blackwells.
1979. Network analysis: a reappraisal. *Current Anthropology* 20:392–4.
Bonifay, E., and P. Vandermeersch. 1991. Vue d'ensemble sur le très ancien Paléolithique de l'Europe, in *Les premiers Européens*. Edited by E. Bonifay and B. Vandermeersch, pp. 309–19. Paris: CTHS.
Bonsall, C. (editor). 1991. *The Mesolithic in Europe*. Edinburgh: Edinburgh University Press.
Bordes, F. 1950. L'évolution buissonnante des industries en Europe occidentale. Considérations theorétiques sur le Paléolithique ancien et moyen. *L'Anthropologie* 54:393–420.
1953. Essai de classification des industries 'Mousteriénnes'. *Bulletin de la Société Préhistorique Française* 50:457–66.
1961a. *Typologie du Paléolithique ancien et moyen*. Bordeaux: Publications de l'Institut de Préhistoire de l'Université de Bordeaux, Mémoire No. 1.
1961b. Mousterian cultures in France. *Science* 134:803–10.
1968a. *The old stone age*. London: Weidenfeld and Nicholson.
1968b. Emplacements de tentes du Périgordien supérieur évolué à Corbiac (prés Bergerac, Dordogne). *Quartär* 19:251–62.
1972. *A tale of two caves*. New York: Harper and Row.
1973. On the chronology and contemporaneity of different Palaeolithic cultures in France, in *The explanation of cultural change: models in prehistory*. Edited by C. Renfrew, pp. 217–26. London: Duckworth.
1980. Le débitage Levallois et ses variants. *Bulletin de la Société Préhistorique Française* 77:45–9.
1981. Vingt-cinq ans après: le complexe Moustérien revisité. *Bulletin de la Société Préhistorique Française* 78:77–87.
Bordes, F., and M. Bourgon. 1951. Le complexe Moustérien: Moustérien, Levalloisien, et Tayacien. *L'Anthropologie* 57:1–44.
Bordes, F., and J. Labrot. 1967. La stratigraphie du gisement de Roc de Combe (Lot) et ses implications. *Bulletin de la Société Préhistorique Française* 64:15–28.
Bordes, F., and F. Prat. 1965. Observations sur les faunes de Riss et du Würm I en Dordogne. *L'Anthropologie* 69:31–45.
Bordes, F., and D. de Sonneville-Bordes. 1970. The significance of variability in Palaeolithic assemblages. *World Archaeology* 2:61–73.
Boriskovsky, P. I. (editor). 1984. *Palaeolithic of the USSR*. Moscow: Nauka.
Bosinski, G. 1966. Der paläolithische Fundplatz Rheindahlen, Stadtkreis Mönchengladbach. *Prähistorische Zeitschrift* 43:312–16.
1967. *Die Mittelpaläolithischen Funde im Westlichen Mitteleuropa*. Köln: Fundamenta Reihe A/4.
1982. The transition from Lower/Middle Palaeolithic in Northwestern Germany, in *The transition from Lower to Middle Palaeolithic and the origin of modern man*. Edited by A. Ronen, pp. 165–75. Oxford: British Archaeological Reports, International Series 151.
1983. Die Ausgrabungen in Kärlich/Neuwieder Becken, in *Beilage zum Jahresbericht 1982 der Gerda Henkel-Stiftung*, pp. 9–20. Düsseldorf.

1992a. *Eiszeitjäger im Neuwieder Becken: Archäologie des Eiszeitalters am Mittelrhein.* Koblenz: Gesellschaft für Archäologie an Mittelrhein und Mosel 1.
1992b. Die ersten Menschen in Eurasien. *Jahrbuch des Römisch-Germanischen Zentralmuseums Mainz* 39:131–81.
1994. Settlement patterns Central Europe. Paper presented at the *ESF Workshop on the European Middle Palaeolithic.* Arras.
1995a. The earliest occupation of Europe: western central Europe, in *The earliest occupation of Europe.* Edited by W. Roebroeks and T. van Kolfschoten, pp. 103–28. Leiden: University of Leiden and European Science Foundation.
1995b. The period 30,000–20,000 14C BP in the Rheinland. Paper presented at the *ESF Workshop on the European Upper Palaeolithic.* Pavlov.
Bosinski, G., H. Bosinski, K. Brunnacker, E. Cziesla, K. P. Lanser, F. O. Neuffer, J. Preuss, H. Spoerer, W. Tillmanns, and B. Urban. 1985. Sprendlingen: ein Fundplatz des mittleren Jungpaläolithikums in Rheinhessen. *Jahrbuch des Römisch-Germanischen Zentralmuseums* 32:3–91.
Bosinski, G., T. van Kolfschoten, and E. Turner. 1988. *Miesenheim 1 Die Zeit des Homo erectus.* Andernach: Andernach Stadtmuseum.
Bosinski, G., K. Kröger, J. Schäfer, and E. Turner. 1986. Altsteinzeitliche Siedlungsplätze auf den Osteifel-Vulkanen. *Jahrbuch des Römisch-Germanischen Zentralmuseums* 33:97–130.
Botella, M., J. Vera, and J. Porta. 1976. El yacimiento achelense de la 'Solana del Zamborino', Fonelas (Granada). Primera campana de excavaciones. *Cuadernos de Prehistoria* 1:1–45.
Bott, E. 1957. *Family and social network.* London: Tavistock.
Bouchud, J. 1975. Etude de la faune de l'Abri Pataud, in *Excavation of the Abri Pataud, Les Eyzies (Dordogne).* Edited by H. L. Movius, pp. 69–153. Cambridge, Mass.: Peabody Museum Press, American School of Prehistoric Research Bulletin 30.
Bowen, D. Q., S. Hughes, G. A. Sykes, and G. H. Miller. 1989. Land–sea correlations in the Pleistocene based on isoleucine epimerization in non-marine molluscs. *Nature* 340:49–51.
Boyle, K. V. 1990. *Upper Palaeolithic faunas from South-West France: a zoogeographic perspective.* Oxford: British Archaeological Reports, International Series 557.
Bradley, B. 1977. Experimental lithic technology with special reference to the Middle Palaeolithic. Ph.D. dissertation, University of Cambridge.
Bradley, R. J. 1984. *The social foundations of prehistoric Britain.* London: Longmans.
Breuil, H. 1912. Les subdivisions du Paléolithique supérieur et leur signification, in *Comptes rendus du 14e Congrès International d'Anthropologie et d'Archéologie Préhistorique, Genève, 1912,* pp. 165–238.
Brézillon, M. 1968. Le dénomination des objects de pierre taillée. *Gallia Préhistoire* Supplement 4.
Bricker, H. M., and H. Laville. 1977. Le gisement Châtelperronien de plein air des Tambourets (Commune de Coulardere, Haute-Garonne). *Bulletin de la Société Préhistorique Française* 74:505–17.
Bridgland, D. R. 1985. New information and results from recent excavations at Barnfield Pit, Swanscombe. *Quaternary Newsletter* 46:1–10.
1994. *Quaternary of the Thames.* London: Chapman and Hall.
Brodar, M. 1958–9. Crvena Stijena, eine neue Paläolithstation aus dem Balkan in Jugoslavien. *Quartär* 10/11:227–36.

Brodar, S., and M. Brodar. 1983. *Potocka Zijalka*. Ljubljana: Slovenska Akademija Znanosti in Umetnosti.
Brody, H. 1981. *Maps and dreams*. Vancouver: Douglas and McIntyre.
Brown, J. A., and T. D. Price. 1985. Complex hunter-gatherers: retrospect and prospect, in *Prehistoric hunter-gatherers: the emergence of cultural complexity*. Edited by T. D. Price and J. A. Brown, pp. 435–42. Orlando: Academic Press.
Brugal, J., and J. Jaubert. 1991. Les gisements paléontologiques pléistocènes à indices de fréquentation humaine: un nouveau type de comportement de prédateur? *Paléo* 3:15–41.
Brunnacker, K. 1982. Environmental conditions in Middle Europe during the Lower/Middle Palaeolithic transition, in *The transition from Lower to Middle Palaeolithic and the origin of modern man*. Edited by A. Ronen, pp. 123–9. Oxford: British Archaeological Reports, International series S151.
Brunnacker, K., and R. Streit. 1966. Neuere Gesichtspunkte zur Untersuchung von Höhlensedimenten. *Jahresheft für Karst und Höhlenkunde* 7:29–44.
Buisson, D. 1990. Les flûtes Paléolithiques d'Isturitz (Pyrénées Atlantiques). *Bulletin de la Société Préhistorique Française* 87:420–33.
Burch, E. S. 1975. *Eskimo kinsmen: changing family relationships in Northwest Alaska*. New York: West Publishing, American Ethnological Society Monograph 59.
Burch, E. S., and L. J. Ellanna (editors). 1994. *Key issues in hunter-gatherer research*. Oxford: Berg.
Burkert, W., B. Cep, Ç.-J. Kind, C. Pasda, M. Schrantz, and U. Simon. 1992. Wittlingen: Eine mittelpaläolithische Freilandfundstelle bei Bad Urach. *Fundberichte aus Baden-Württemberg* 17:1–110.
Busch, R., and H. Schwabedissen. 1991. *Salzgitter-Lebenstedt II*. Köln: Fundamenta Reihe A, Band 11/II.
Byrne, R. 1995. *The thinking ape: evolutionary origins of intelligence*. Oxford: Oxford University Press.
Byrne, R. W., and A. Whiten (editors). 1988. *Machiavellian intelligence: social expertise and the evolution of intellect in monkeys, apes and humans*. Oxford: Clarendon Press.
Cabaj, V., and V. Sitlivyl. 1994. The blade component in the Middle Palaeolithic of Ukraine: origin and evolution, in *Les industries laminaires au Paléolithique moyen*. Edited by S. Révillion and A. Tuffreau, pp. 161–77. Paris: CNRS.
Cabrera-Valdés, V. 1984. *El yacimento de la cueva de 'el Castillo' (Puente Viesgo, Santander)*. Madrid: CSIC, Bibliotheca Praehistorica Hispana XXII.
Cabrera-Valdés, V. (editor). 1993. *El origen del hombre moderno en el suroeste de Europa*. Madrid: Universidad de Educación a Distancia.
Cabrera-Valdés, V., and J. L. Bischoff. 1989. Accelerator 14C dates for Early Upper Palaeolithic (Basal Aurignacian) at El Castilló Cave (Spain). *Journal of Archaeological Science* 16:577–84.
Callow, P. 1986a. Raw materials and sources, in *La Cotte de St. Brelade 1961–1978. Excavations by C.B.M. McBurney*. Edited by P. Callow and J. M. Cornford, pp. 203–11. Norwich: Geo Books.
1986b. An overview of the industrial succession, in *La Cotte de St. Brelade 1961–1978. Excavations by C.B.M. McBurney*. Edited by P. Callow and J. M. Cornford, pp. 219–30. Norwich: Geo Books.
1986c. The stratigraphic sequence: description and problems, in *La Cotte de St. Brelade 1961–1978. Excavations by C.B.M. McBurney*. Edited by P. Callow and J. M. Cornford, pp. 55–71. Norwich: Geo Books.

Callow, P., and J. M. Cornford (editors). 1986. *La Cotte de St. Brelade 1961–1978. Excavations by C.B.M. McBurney*. Norwich: Geo Books.

Callow, P., D. Walton, and C. A. Shell. 1986. The use of fire at La Cotte de St. Brelade, in *La Cotte de St. Brelade 1961–1978. Excavations by C.B.M. McBurney*. Edited by P. Callow and J. M. Cornford, pp. 193–5. Norwich: Geo Books.

Caloi, L., G. B. L. Coccolini, M. Mussi, M. R. Palombo, S. Vitagliano, and D. Zampetti. 1988. Le Moustérien du Latium (Italie centrale): archéologie, milieu natural, chronologie. *L'Anthropologie* 92:73–98.

Campbell, J. B. 1977. *The Upper Palaeolithic of Britain*. Oxford: Oxford University Press.

Campbell, J. B., and G. Sampson. 1971. A new analysis of Kent's Cavern, Devonshire, England. *University of Oregon Anthropological Papers* 3.

Camps-Fabrer, H. (editor). 1974. *L'industrie de l'os dans la préhistoire*. University of Provence: CNRS.

Carbonell, E. 1992. Abric Romani nivell H: un model d'estraregia ocupacional al plistoce superior mediterrani. *ESTRAT: Revista d'arquelogia, prehistoria i historia antiga* 5:157–308.

Carbonell, E., J. M. Bérmudez de Castro, J. L. Arsuaga, J. C. Diez, A. Rosas, G. Cuenca-Bescos, R. Sala, M. Mosquera, and X. P. Rodriguez. 1995. Lower Pleistocene hominids and artifacts from Atapuerca-TDS (Spain). *Science* 269:826–30.

Carbonell, E., and Z. Castro-Curel. 1992. Palaeolithic wooden artefacts from the Abric Romani (Capellades, Barcelona, Spain). *Journal of Archaeological Science* 19:707–19.

Carbonell, E., S. Giralt, B. Marquez, A. Martin, M. Mosquera, A. Ollé, X. P. Rodriguez, R. Sala, M. Vaquerò, J. M. Vergès, and J. Zaragoza. 1995. El conjunto Lito-Técnico de la Sierra de Atapuerca en el marco del Pleistoceno Medio europeo, in *Evolución humana en Europa y los yacimientos de la Sierra de Atapuerca*, vol. II. Edited by J. M. Bérmudez de Castro, J. L. Arsuaga, and E. Carbonell, pp. 445–555. Valladolid: Junta de Castilla y León.

Carbonell, E., M. Mosquera, X. P. Rodriguez, and R. Sala. 1996. The first human settlement of Europe. *Journal of Anthropological Research* 51:107–14.

Carbonell, E., and X. P. Rodriguez. 1994. Early middle Pleistocene deposits and artefacts in the Gran Dolina site (TD4) of the 'Sierra de Atapuerca' (Burgos, Spain). *Journal of Human Evolution* 26:291–311.

Carls, N., J. Groiss, B. Kaulich, and L. Reisch. 1988. Neue Beobachtungen in der mittelpleistozänen Fundstelle von Hunas im LDKR. Nürnberger Land, Vorbericht zu den Grabungskampagnen 1983–1986. *Archäologisches Korrespondenzblatt* 18:109–19.

Carlstein, T. 1982. *Time resources, society and ecology: preindustrial societies*. London: George Allen and Unwin.

Carrithers, M. 1990. Why humans have cultures. *Man* 25:189–206.

Cassoli, P. F., D. Lefevre, M. Piperno, J. P. Raynal, and A. Tagliacozzo. 1993. Una paleosuperficie con resti di *Elephas* (*Palaeoloxodon*) *antiquus* e industria acheuleana nel sito di Notarchirico (Venosa, Basilicata), in *Paleosuperfici del pleistocene e del primo olocene in Italia processi di formazione e interpretazione, Firenze, 1993*, pp. 101–16.

Cassoli, P. F., and A. Tagliacozzo. 1994. Considerazioni paleontologiche, paleoecologiche e archeozoologiche sui macromammiferi e gli uccelli dei livelli del pleistocene superiore del Riparo di Fumane (VR) (Scavi 1988–91). *Bolletino Museo Civilita Statale Naturale Verona* 18:349–445.

Champagne, F., and R. Espitalié. 1981. *Le Piage, site préhistorique du Lot*. Paris: Société Préhistorique Française.
Chance, M. R. A., and R. R. Larsen (editors). 1976. *Social structure of attention*. London: John Wiley.
Chase, P. G. 1989. How different was Middle Palaeolithic subsistence? A zooarchaeological perspective on the Middle to Upper Palaeolithic transition, in *The human revolution: behavioural and biological perspectives on the origins of modern humans*. Edited by P. Mellars and C. Stringer, pp. 321–37. Edinburgh: Edinburgh University Press.
Chase, P. G., and H. L. Dibble. 1987. Middle Palaeolithic symbolism: a review of current evidence and interpretations. *Journal of Anthropological Archaeology* 6:263–96.
Chauvet, J.-M., E. Brunel Deschamps, and C. Hillaire. 1995. *Chauvet Cave: the discovery of the world's oldest paintings*. London: Thames and Hudson.
Cheney, D., and R. Seyfarth. 1990. *How monkeys see the world: inside the mind of another species*. Chicago: University of Chicago Press.
Chernysh, A. P. 1961. *Palaeolitiginia Stoanka Molodova 5*. Kiev: An. Ukr. SSR.
Childe, V. G. 1951. *Social evolution*. London: Watts.
Chmielewski, W. 1961. *Civilisation de Jerzmanovice*. Wroclaw-Warzawa-Krakow: Institut Historicae Kultury Materialnej Polskiej Akademii Nauka.
Cioni, O., P. Gambassini, and D. Torre. 1979. Grotta di Castelcivita: risultati delle ricerche negli anni 1975–77. *Atti Toscana di Scienze Naturali Memorie, Serie A* 86:275–96.
Clark, G. A. 1992a. A comment on Mithen's ecological interpretation of Palaeolithic art. *Proceedings of the Prehistoric Society* 58:107–9.
1992b. Continuity or replacement? Putting modern human origins in an evolutionary context, in *The Middle Palaeolithic: adaptation, behaviour, and variability*. Edited by H. L. Dibble and P. Mellars, pp. 183–207. Philadelphia: University of Pennsylvania, University Museum 72.
1993. Paradigms in science and archaeology. *Journal of Anthropological Research* 1:203–33.
Clark, G. A., and J. M. Lindly. 1989. The case for continuity: observations on the biocultural transition in Europe and western Asia, in *The human revolution: behavioural and biological perspectives in the origins of modern humans*. Edited by P. Mellars and C. Stringer, pp. 626–76. Edinburgh: Edinburgh University Press.
1991. On paradigmatic biases and Palaeolithic research traditions. *Current Anthropology* 32:577–87.
Clark, J. D. 1976. *The prehistory of Africa*. London: Thames and Hudson.
Clark, J. G. D. 1957. *Archaeology and society*, 3rd edition. London: Methuen.
1986. *Symbols of excellence*. Cambridge: Cambridge University Press.
1989. *Economic prehistory*. Cambridge: Cambridge University Press.
Clarke, D. L. 1968. *Analytical archaeology*. London: Methuen.
Clarke, R. J. 1990. The Ndutu cranium and the origin of *Homo sapiens*. *Journal of Human Evolution* 19:699–736.
Colson, E. 1978. A redundancy of actors, in *Scale and social organization*. Edited by F. Barth, pp. 150–62. Oslo: Universitets Forlaget.
Coltorti, M., M. Cremaschi, M. C. Delitala, D. Esu, M. Fornaseri, A. McPherron, M. Nicoletti, R. van Otterloo, C. Peretto, B. Sala, V. Schmidt, and J. Sevink. 1982. Reversed magnetic polarity at an early lower Palaeolithic site in Central Italy. *Nature* 300:173–6.
Combier, J. 1967. *Le Paléolithique de l'Ardèche, dans son cadre paléoclimatique*. Bordeaux: Delmars.

Conard, N. J. 1992. *Tönchesberg and its position in the Palaeolithic prehistory of northern Europe*. Bonn: Habelt, Römisch-Germanisches Zentralmuseum Mainz, Monograph 20.

1994. On the prospects for an ethnography of extinct hominids. *Current Anthropology* 35:281–2.

1995. The Middle Palaeolithic faunal assemblages from the 1991–1994 excavations in Wallertheim, Rheinhessen. Paper presented at *The role of early humans in the accumulation of European Lower and Middle Palaeolithic bone assemblages, Schloss Monrepos*. Neuwied.

1996. Middle Palaeolithic settlement in the Rhineland. Paper presented at Workshop 5, *Middle Palaeolithic and Middle Stone Age settlement systems*. UISPP, Forli.

Conard, N. J., and D. S. Adler. 1997. Lithic reduction and hominid behaviour in the Middle Palaeolithic of the Rhineland. *Journal of Anthropological Research* 53:147–76.

Conard, N. J., D. S. Adler, D. T. Forrest, and P. J. Kaszas. 1995. Preliminary archaeological results from the 1991–1993 excavations in Wallertheim. *Archäologisches Korrespondenzblatt* 25:13–27.

Conard, N. J., J. Preuss, R. Langohr, P. Haesaerts, T. van Kolfschoten, J. Becze-Deak, and A. Rebholz. 1995. New geological research at the Middle Palaeolithic locality of Wallertheim in Rheinhessen. *Archäologisches Korrespondenzblatt* 25:1–11.

Conkey, M. W. 1978. Style and information in cultural evolution: toward a predictive model for the Palaeolithic, in *Social archaeology*. Edited by C. L. Redman, M. J. Berman, E. V. Curtin, W. T. Langhorne, N. M. Versaggi, and J. C. Wanser, pp. 61–85. New York: Academic Press.

1985. Ritual communication, social elaboration, and the variable trajectories of Palaeolithic material culture, in *Prehistoric hunter-gatherers: the emergence of cultural complexity*. Edited by T. D. Price and J. A. Brown, pp. 299–323. Orlando: Academic Press.

Conkey, M. W., and S. H. Williams. 1991. The political economy of gender in archaeology, in *Gender at the crossroads of knowledge: feminist anthropology in a post modern era* . Edited by M. di Leonardo, pp. 102–39. Berkeley: University of California Press.

Connerton, P. 1989. *How societies remember*. Cambridge: Cambridge University Press.

Constandse-Westermann, T. S., and R. R. Newell. 1991. Social and biological aspects of the western European Mesolithic population structure: a comparison with the demography of North American Indians, in *The Mesolithic in Europe*. Edited by C. Bonsall, pp. 106–15. Edinburgh: Edinburgh University Press.

Conway, B., J. McNabb, and N. Ashton (editors). 1996. *Excavations at Barnfield Pit, Swanscombe, 1968–1972*. London: British Museum Press, British Museum Occasional Paper 94.

Conybeare, A., and G. Haynes. 1984. Observations on elephant mortality and bones in water holes. *Quaternary Research* 22:189–200.

Cook, J. 1986. A blade industry from Stoneham's pit, Crayford, in *The Palaeolithic of Britain and its nearest neighbours: recent trends*. Edited by S. N. Collcut, pp. 16–20. Sheffield: University of Sheffield, Department of Archaeology and Prehistory.

Cook, J., C. B. Stringer, A. P. Currant, H. P. Schwarcz, and A. G. Wintle. 1982. A review of the chronology of the European Middle Pleistocene hominid record. *Yearbook of Physical Anthropology* 25:19–65.

Cordy, J.-M. 1992. Apport de la paléomammologie à la paléoanthropologie en Europe, in *Cinq millions d'années, l'aventure humaine.* Edited by M. Toussaint, pp. 77–94. Liège: ERAUL 56.

Cornford, J. M. 1986. Specialised resharpening techniques and evidence of handedness, in *La Cotte de St. Brelade 1961–1978: excavations by C.B.M. McBurney.* Edited by P. Callow and J. M. Cornford, pp. 337–53. Norwich: Geo Books.

Coudret, P., M. Larriere-Cabiran, M. Olive, N. Pigeot, and Y. Taborin. 1994. Etiolles, in *Environments et habitats Magdaléniens dans le centre du Bassin parisien.* Edited by Y. Taborin, pp. 132–46. Paris: Documents d'Archéologie Française 43.

Cremaschi, M., and C. Peretto. 1988. Les sols d'habitat du site Paléolithique d'Isernia La Pineta (Molise, Italie centrale). *L'Anthropologie* 92:1017–40.

Cubitt, T. 1973. Network density among urban families, in *Network analysis: studies in human interaction.* Edited by J. Boissevain and J. C. Mitchell, pp. 67–82. The Hague: Mouton.

Cullen, B. 1996. Social interaction and viral phenomena, in *The archaeology of human ancestry: power, sex and tradition.* Edited by J. Steele and S. Shennan, pp. 420–33. London: Routledge.

Currant, A. 1989. The Quaternary origins of the modern British mammal fauna. *Biological Journal of the Linnaean Society* 38:23–30.

Cziesla, E. 1984. Das mittlere Jungpaläolithikum im westlichen Deutschland. *Archäologische Informationen* 7:28–39.

1987. L'analyse des raccords ou le concept du dynamisme en préhistoire. *Bulletin de la Société Préhistorique Luxembourgeoise* 10:77–111.

1990. On refitting of stone artifacts, in *The big puzzle.* Edited by E. Cziesla, S. Eickhoff, N. Arts, and D. Winter, pp. 21–56. Bonn: Holos, Studies in Modern Archaeology 1.

Cziesla, E., S. Eickhoff, N. Arts, and D. Winter (editors). 1990. *The big puzzle.* Bonn: Holos, Studies in Modern Archaeology 1.

D'Errico, F., and P. Villa. 1997. Holes and grooves: the contribution of microscopy and taphonomy to the problem of art origins. *Journal of Human Evolution* 33:1–31.

Damas, D. 1972a. The Copper Eskimo, in *Hunters and gatherers today.* Edited by M. G. Bicchieri, pp. 3–50. New York: Holt, Rinehart and Winston.

1972b. The structure of Central Eskimo associations, in *Alliance in Eskimo society.* Edited by L. Guemple pp. 40–55. Seattle: Proceedings of the American Ethnological Society 1971, Supplement.

Damas, D. (editor). 1969. *Contributions to anthropology: band societies.* National Museum of Canada Bulletin 228.

Dansgaard, W., S. J. Johnsen, H. B. Clausen, D. Dahl-Jensen, N. S. Gundestrup, C. U. Hammer, C. S. Hvidberg, J. P. Steffensen, A. E. Sveinbjörnsdottir, J. Jouzel, and G. Bond. 1993. Evidence for general instability of past climate from a 250-kyr ice-core record. *Nature* 364:218–20.

David, F., and C. Farizy. 1994. Les vestiges ossueux: étude archéozoologique, in *Hommes et bisons du Paléolithique Moyen à Mauran.* Edited by C. Farizy, F. David, and J. Jaubert, pp. 177–303. Paris: CNRS.

Davidson, I., and W. Noble. 1989. The archaeology of perception: traces of depiction and language. *Current Anthropology* 30:125–55.

1993. Tools and language in human evolution, in *Tools, language and cognition in human evolution.* Edited by K. R. Gibson and T. Ingold, pp. 363–88. Cambridge: Cambridge University Press.

de Jong, J. 1988. Climatic variability during the past three million years, as indicated by vegetational evolution in northwest Europe and with emphasis on data from the Netherlands. *Philosophical Transactions of the Royal Society of London B* 318:603–17.

De Loecker, D. 1994. On the refitting analysis of Site K: a Middle Palaeolithic findspot at Maastricht-Belvédère (The Netherlands). *Ethnographisch Archäologische Zeitschrift* 35:107–17.

Débenath, A. 1973. Un foyer aménagé dans le Moustérien de Hauteroche à Chateauneuf-sur-Charente (Charente). *L'Anthropologie* 77:329–38.

1976. Les civilisations du Paléolithique inférieur en Charente, in *La Préhistoire française*, vol. I. Edited by H. de Lumley, pp. 929–35. Paris: CNRS.

1992. The place of the Mousterian of the Charente in the Middle Palaeolithic of Southwest France, in *The Middle Palaeolithic: adaptation, behaviour, and variability*. Edited by H. L. Dibble and P. Mellars, pp. 53–9. Philadelphia: University of Pennsylvania, University Museum 72.

Debénath, A., and H. L. Dibble. 1994. *Handbook of Palaeolithic typology*. Vol. I. *Lower and Middle Palaeolithic of Europe*. Philadelphia: University Museum, University of Pennsylvania.

Defleur, A. 1993. *Les sépultures moustériennes*. Paris: CNRS.

Delpech, F. 1976. Les faunes du Paléolithique supérieur dans le sud-ouest de la France. Thèse, Doctorat d'Etat, Université de Bordeaux.

1984. La Ferrassie: carnivores, artiodactyles et périssodactyles, in *Le Grand Abri de la Ferrassie: fouilles 1968–1973*. Edited by H. Delporte, pp. 61–90. Paris: Etudes Quaternaires Mémoire 7.

1988. Les grands mammifères de la Grotte Vaufrey à l'exception des ursidés, in *La Grotte Vaufrey à Cenac et Saint-Julien (Dordogne), paléoenvironments, chronologie et activités humaines*. Edited by J.-P. Rigaud, pp. 213–90. Paris: Mémoires de la Société Préhistorique Française 19.

Delporte, H., and G. Mazière. 1977. L'aurignacien de la Ferrassie: observations préliminaires à la suite des fouilles récentes. *Bulletin de la Société Préhistorique Française* 74:343–61.

Dennell, R. W. 1983. A new chronology for the Mousterian. *Nature* 301:199–200.

1997. The world's oldest spears. *Nature* 385:767–8.

Dennell, R. W., H. M. Rendell, L. Hurcombe, and E. A. Hailwood. 1994. Archaeological evidence for hominids in Northern Pakistan before one million years ago. *Courier Forschungs-Institut Senckenberg* 171:151–5.

Dennell, R. W., and W. Roebroeks. 1996. The earliest colonization of Europe: the short chronology revisited. *Antiquity* 70:535–42.

Dennett, D. 1991. *Consciousness explained*. Harmondsworth: Penguin.

Desbrosse, R., and J. Kozlowski. 1988. *Hommes et climats à l'âge du mammouth: le Paléolithique supérieur d'Eurasie centrale*. Paris: Masson.

Dibble, H. L. 1987. The interpretation of Middle Palaeolithic scraper morphology. *American Antiquity* 52:109–17.

Dibble, H. L., and N. Rolland. 1992. On assemblage variability in the Middle Palaeolithic of Western Europe: history, perspectives, and a new synthesis, in *The Middle Palaeolithic: adaptation, behaviour, and variability*. Edited by H. L. Dibble and P. Mellars, pp. 1–29. Philadelphia: University of Pennsylvania, University Museum 72.

Dixon, R. M. W. 1976. Tribes, languages and other boundaries in northeast Queensland, in *Tribes and boundaries in Australia*. Edited by N. Peterson, pp. 207–38. Canberra: Australian Institute of Aboriginal Studies.

Djindjian, F. 1994. L'influence des frontières naturelles dans les déplacements des chasseurs-cueilleurs au Würm récent. *Preistoria Alpina* 28:7–28.

Dobres, M.-A., and C. R. Hoffman. 1994. Social agency and the dynamics of

prehistoric technology. *Journal of Archaeological Method and Theory* 1:211–58.
Douglas, M. 1973. *Natural symbols*. Harmondsworth: Pelican Books.
Dunbar, R. I. M. 1992a. Time: a hidden constraint on the behavioural ecology of baboons. *Behavioural Ecology and Sociobiology* 31:35–49.
1992b. Neocortex size as a constraint on group size in primates. *Journal of Human Evolution* 20:469–93.
1993. Coevolution of neocortical size, group size and language in humans. *Behavioural and Brain Sciences* 16:681–735.
1996. *Grooming, gossip and the evolution of language*. London: Faber and Faber.
Dzaparidze, V., G. Bosinski, T. Bugianisvili, L. Gabunia, A. Justus, N. Klopotovskaja, E. Kvavadze, D. Lordkipanidze, G. Majsuradze, N. Mgeladze, M. Nioradze, E. Pavelenisvili, H-U. Schmincke, D. Sologasvili, D. Tusabramisvili, M. Tvalcrelidze, and A. Vekua. 1989. Der altpaläolithische Fundplatz Dmanisi in Georgien (Kaukasus). *Jahrbuch des Römisch-Germanischen Zentralmuseums Mainz* 36:67–116.
Edmonds, M. 1990. Descriptions, understanding and the chaîne opératoire. *Archaeological Review from Cambridge* 9:55–70.
Efimenko, P. P. 1958. *Kostenki I*. Moscow–Leningrad: Nauka.
Emmerling, E., H. Geer, and B. Klíma. 1993. Eine Mondkalenderstab aus Dolní Věstonice. *Quartär* 43/44:151–62.
Enloe, J. G. 1993. Subsistence organisation in the Early Upper Paleolithic: reindeer hunters of the Abri du Flageolet, Couche V, in *Before Lascaux: the complex record of the Early Upper Paleolithic*. Edited by H. Knecht, A. Pike-Tay, and R. White, pp. 101–15. Boca Raton: CRC Press.
Erfurt, J., and D. Mania. 1990. Zur Paläontologie des jungpleistozänen Waldelefanten von Gröbern, Kreis Grafenhainichen, in *Neumark-Gröbern: Beiträge zur Jagd des mittelpaläolithischen Menschen*. Edited by D. Mania, pp. 215–44. Berlin: Deutscher Verlag der Wissenschaften.
Escalon de Fonton, M. 1966. Du Paléolithique supérieur au Mesolithique dans le midi méditerranéen. *Bulletin de la Société Préhistorique Française* 63:66–180.
Estévez, J. 1987. La fauna de l'Arbreda (sector Alfa) en el conjunt de faunes del Plistocè Superior. *Cypsela* 6:73–87.
Evans-Pritchard, E. E. 1965. *Theories of primitive religion*. Oxford: Clarendon.
Farizy, C. 1990. The transition from Middle to Upper Palaeolithic at Arcy-sur-Cure (Yonne, France): technological, economic and social aspects, in *The emergence of modern humans: an archaeological perspective*. Edited by P. Mellars, pp. 303–27. Edinburgh: Edinburgh University Press.
1993. Les prémiers européens venaient-ils d'Afrique? *L'Histoire* 165:42–5.
1994. Spatial patterning of Middle Palaeolithic sites. *Journal of Anthropological Archaeology* 13:153–60.
Farizy, C., and F. David. 1992. Subsistence and behavioural patterns of some Middle Palaeolithic local groups, in *The Middle Palaeolithic: adaptation, behaviour, and variability*. Edited by H. L. Dibble and P. Mellars, pp. 87–97. Philadelphia: University of Pennsylvania, University Museum 72.
Farizy, C., J. David, and J. Jaubert. 1994. *Hommes et bisons du Paléolithique moyen à Mauran (Haute-Garonne)*. Paris: CNRS, Gallia-Préhistoire Supplement 30.
Farrand, W. 1975. Analysis of the Abri Pataud sediments, in *Excavation of the Abri Pataud, Les Eyzies (Dordogne)*. Edited by H. L. Movius, pp. 27–68.

Cambridge, Mass.: American School of Prehistoric Research vol. 30: Peabody Museum Press.
Féblot-Augustins, J. 1990. Exploitation des matières premières dans l'Acheuléen d'Afrique: perspectives comportementales. *Paléo* 2:27–42.
1993. Mobility strategies in the late Middle Palaeolithic of central Europe and western Europe: elements of stability and variability. *Journal of Anthropological Archaeology* 12:211–65.
1997. *La circulation des matières premières au Paléolithique*. Liège: ERAUL 75.
Féblot-Augustins, J., and C. Perlès. 1992. Perspectives ethno-archéologiques sur les échanges à longue distance. *Ethnoarchéologie. Justification, problèmes, limites, Juan-les-Pins, 1992*, pp. 195–209. XIIe Rencontres Internationales d'Archéologie et d'Histoire d'Antibes.
Fedigan, L. M. 1986. The changing role of women in models of human evolution. *Annual Review of Anthropology* 15:25–66.
Firth, R. 1951. *Elements of social organization*. London: Watts.
Fischer, K., E. W. Guenther, W. D. Heinrich, D. Mania, R. Musil, and T. Nötzold. 1991. *Bilzingsleben IV Homo erectus – seine Kultur und seine Umwelt*. Berlin: Veröffentlichungen Landesmuseum für Vorgeschichte Halle 44.
Fisher, J. W., and H. C. Strickland. 1991. Dwellings and fireplaces: keys to Efe Pygmy campsite structure, in *Ethnoarchaeological approaches to mobile campsites: hunter-gatherer and pastoralist case studies*. Edited by C. Gamble and W. A. Boismier, pp. 215–36. Ann Arbor: International Monographs in Prehistory Ethnoarchaeological Series 1.
Fladerer, F. A. 1996. Die Tierreste von Alberndorf in Niederösterreich, in *Palaeolithic in the Middle Danube region: Anniversary volume to Bohuslav Klíma*. Edited by J. Svoboda, pp. 247–72. Brno: Archeologicky Ustav AV CR, Svazek 5.
Flannery, K. V. (editor). 1976. *The Early Mesoamerican village*. New York: Academic Press.
Flannery, K. V., and J. Marcus. 1994. On the perils of 'politically correct' archaeology. *Current Anthropology* 35:441–2.
Floss, H. 1994. *Rohmaterialversorgung im Paläolithikum des Mittelrheingebietes*. Bonn: Habelt, Römisch-Germanisches Zentralmuseum, Forschungsinstitut für Vor- und Frühgeschichte 21.
Foley, R. A. 1989. The evolution of hominid social behaviour, in *Comparative socioecology*. Edited by V. Standen and R. A. Foley, pp. 473–94. Oxford: Blackwell Scientific Publications.
Foley, R. A., and P. C. Lee. 1989. Finite social space, evolutionary pathways, and reconstructing hominid behaviour. *Science* 243:901–6.
1996. Finite social space and the evolution of human social behaviour, in *The archaeology of human ancestry: power, sex and tradition*. Edited by J. Steele and S. Shennan, pp. 47–66. London: Routledge.
Fox, R. 1967. *Kinship and marriage*. Harmondsworth: Penguin Books.
Franco, N. 1990. El aprovisionamiento de los recursos liticos por parte de los grupos del area interserrana Bonaerense, in *Estudios liticos en Argentina vias de analisis y desarrollo actual*. Edited by H. Nami, pp. 39–51. S. F. del V. de Catamarca.
1991. Algunas tendencias distribucionales en el material litico recuperado en el area interserrana Bonaerense. *Boletín de Centro* 1:72–9.
1994. Maximizacion en el aprovechamiento de los recursos liticos: un caso analizado en el area interserrana Bonaerense, in *Arqueología de cazadores-*

recolectores: limites, casos y aperturas, Edited by L. A. Borrero and J. L. Lanata, pp. 75–88. Buenos Aires: Arqueología Contemporánea 5.
Freeman, L. G. 1973. The significance of mammalian faunas from Palaeolithic occupations in Cantabrian Spain. *American Antiquity* 38:3–44.
1975. Acheulean sites and stratigraphy in Iberia and the Magreb, in *After the Australopithecines*. Edited by K. W. Butzer and G. Isaac, pp. 661–743. The Hague: Mouton.
Freeman, L. G., and K. W. Butzer. 1966. The Acheulean station of Torralba (Spain). A progress report. *Quaternaria* 8:9–21.
Freeman, L. G., and J. González-Echegaray. 1970. Aurignacian structural features and burials at Cueva Morín (Santander, Spain). *Nature* 226:722–6.
Frenzel, B. 1973. *Climatic fluctuations of the Ice Age*. Cleveland: Case Western Reserve University.
Freund, G. 1987. *Das Paläolithikum der Oberneder-Höhle (Landkreis Kelheim/Donau)*. Quartär Bibliothek 5. Bonn: Ludwig Rohrscheid Verlag.
Fridrich, J. 1989. *Prezletice: a lower Palaeolithic site in Central Bohemia (excavations 1969–1985)*. Prague: Museum Nationale Prague.
Friedman, J., and M. Rowlands (editors). 1977. *The evolution of social systems*. London: Duckworth.
Frison, G. 1989. Experimental use of Clovis weaponry and tools on African elephants. *American Antiquity* 54:766–84.
Fullola, J. M. 1979. Las industrias líticas de paleolítico superior Ibérico. *Trabajo Vario del servico de Investigación Prehistórica* 60.
1983. Le Paléolithique supérieur dans la zone méditerranéenne ibérique. *L'Anthropologie* 87:339–52.
Gábori, M. 1976. *Les civilisations du Paléolithique moyen entre les Alpes et l'Oural*. Budapest: Akadémiai Kiadó.
Gábori-Csank, V. 1968. *La station du Paléolithique moyen d'Erd, Hongrie*. Budapest: Akadémiai Kiadó.
Gabunia, L. and A. Vekua. 1995. A Plio-Pleistocene hominid from Dmanisi, East Georgia, Caucasus. *Nature* 373:509–12.
Gamble, C. S. 1978. Resource exploitation and the spatial patterning of hunter-gatherers: a case study, in *Social organisation and settlement*. Edited by D. Green, C. Haselgrove, and M. Spriggs, pp. 153–85. Oxford: British Archaeological Reports, International Series 47(i).
1979. Hunting strategies in the central European Palaeolithic. *Proceedings of the Prehistoric Society* 45:35–52.
1982. Interaction and alliance in Palaeolithic society. *Man* 17:92–107.
1983a. Culture and society in the upper Palaeolithic of Europe, in *Hunter-gatherer economy in prehistory*. Edited by G. N. Bailey, pp. 201–11. Cambridge: Cambridge University Press.
1983b. Caves and faunas from last glacial Europe, in *Animals and archaeology: 1. Hunters and their prey*. Edited by J. Clutton-Brock and C. Grigson, pp. 163–72. Oxford: British Archaeological Reports, International Series 163.
1984. Regional variation in hunter-gatherer strategy in the Upper Pleistocene of Europe, in *Hominid evolution and community ecology*. Edited by R. Foley, pp. 237–60. London: Academic Press.
1986a. *The Palaeolithic settlement of Europe*. Cambridge: Cambridge University Press.
1986b. Hunter-gatherers and the origin of states, in *States in history*. Edited by J. A. Hall, pp. 22–47. Oxford: Basil Blackwell.
1986c. The Mesolithic sandwich: ecological approaches and the archaeological

record of the early post-glacial, in *Hunters in transition; postglacial adaptations in the temperate regions of the Old World*. Edited by M. Zvelebil, pp. 33–42. Cambridge: Cambridge University Press.
1987. Man the shoveller: alternative models for middle Pleistocene colonization and occupation in northern latitudes, in *The Pleistocene Old World: regional perspectives*. Edited by O. Soffer, pp. 81–98. New York: Plenum.
1991a. Raising the curtain on human origins. *Antiquity* 65:412–17.
1991b. The social context for European Palaeolithic art. *Proceedings of the Prehistoric Society* 57:3–15.
1991c. Brilliant – rock art and art rock in Australia. *Nature* 351:608.
1992a. Reflexions from a darkened room. *Antiquity* 66:426–31.
1992b. Archaeology, history and the uttermost ends of the earth – Tasmania, Tierra del Fuego and the Cape. *Antiquity* 66:712–20.
1992c. Comment on Roebroeks, Conard and van Kolfschoten. *Current Anthropology* 33:569–71.
1993a. *Timewalkers: the prehistory of global colonization*. Harmondsworth: Penguin.
1993b. The center at the edge, in *From Kostenki to Clovis: Upper Paleolithic–Paleo-Indian adaptations*. Edited by O. Soffer and N. D. Praslov, pp. 313–21. New York: Plenum.
1993c. Ancestors and agendas, in *Archaeological theory – who sets the agenda?* Edited by N. Yoffee and A. Sherratt, pp. 39–52. Cambridge: Cambridge University Press.
1993d. Exchange, foraging and local hominid networks, in *Trade and exchange in prehistoric Europe*. Edited by C. Scarre and F. Healy, pp. 35–44. Oxford: Oxbow Monograph 33.
1993e. People on the move: interpretations of regional variation in Palaeolithic Europe, in *Cultural transformations and interactions in eastern Europe*. Edited by J. Chapman and P. Dolukhanov, pp. 37–55. Aldershot: Avebury.
1995a. Interpretation in the Palaeolithic, in *Interpreting archaeology; finding meaning in the past*. Edited by I. Hodder, M. Shanks, A. Alexandri, V. Buchli, J. Carman, J. Last, and G. Lucas, pp. 87–91. London: Routledge.
1995b. Lithics and social evolution, in *Lithics in context: suggestions for the future direction of lithic studies, Lithic Studies Society Occasional Paper 5*. Edited by J. Schofield, pp. 19–26. Oxford: Oxbow Books.
1995c. The earliest occupation of Europe: the environmental background, in *The earliest occupation of Europe*. Edited by W. Roebroeks and T. van Kolfschoten, pp. 279–95. Leiden: European Science Foundation & University of Leiden.
1995d. Revisiting the Middle Palaeolithic faunas of the Hohlenstein-Stadel. Paper presented at *The role of early humans in the accumulation of European Lower and Middle Palaeolithic bone assemblages*. Neuwied, Schloß Monrepos.
1995e. Large mammals, climate and resource richness in Upper Pleistocene Europe. *Acta Zoologica Cracovensis* 38:155–75.
1996a. Making tracks: hominid networks and the evolution of the social landscape, in *The archaeology of human ancestry: power, sex and tradition*. Edited by J. Steele and S. J. Shennan, pp. 253–77. London: Routledge.
1996b. Hominid behaviour in the Middle Pleistocene; an English perspective, in *The English Palaeolithic reviewed*. Edited by C. S. Gamble and A. J. Lawson, pp. 63–71. Salisbury: Trust for Wessex Archaeology.

1997. The animal bones from Klithi, in *Klithi: archaeology of a Late Glacial landscape in Epirus (Northwest Greece)*. Edited by G. Bailey, pp. 225–68. Cambridge: McDonald Institute for Archaeological Research.
1998. Palaeolithic society and the release from proximity: a network approach to intimate relations. *World Archaeology* 29:426–49.
Gamble, C. S., and O. Soffer (editors). 1990. *The world at 18 000 BP. Volume II. Low latitudes*. London: Unwin Hyman.
Gamble, C. S., and J. Steele. 1998. Hominid ranging patterns and dietary strategies. Paper presented at the Palaeoanthropology Society Meetings. Seattle.
Gardin, J. C. 1980. *Archaeological constructs*. Cambridge: Cambridge University Press.
Gardner, P. M. 1966. Symmetric respect and memorate knowledge: the structure and ecology of individualistic culture. *Southwestern Journal of Anthropology* 22:389–415.
Gargett, R. H. 1989. Grave shortcomings: the evidence for Neanderthal burial. *Current Anthropology* 30:157–90.
1994. Taphonomy and spatial analysis of a cave bear (*Ursus spelaeus*) fauna from Pod Hradem Cave, Czech Republic: implications for the archaeology of modern human origins. Ph.D. dissertation, Berkeley: University of California.
Garralda, M. D. 1993. La transición del Paleolítico Medio al Superior en la Península Ibérica: perspectivas antropológicas, in *El origen del hombre moderno en el suroeste de europa*. Edited by V. Cabrera-Valdés, pp. 373–90. Madrid: Universidad de Educación a Distancia.
Gascoyne, M., A. P. Currant, and T. C. Lord. 1981. Ipswichian fauna of Victoria Cave and the marine palaeoclimatic record. *Nature* 294:652–4.
Gaudzinski, S. 1992. Wisentjäger in Wallertheim: zur Taphonomie einer mittelpaläolithischen Freilandfundstelle in Rheinhessen. *Jahrbuch des Römisch-Germanischen Zentralmuseums Mainz* 39:245–423.
1995. Wallertheim revisited: a reanalysis of the fauna from the Middle Palaeolithic site of the Wallertheim (Rheinhessen/Germany). *Journal of Archaeological Science* 22:51–66.
Gaudzinski, S., F. Bittmann, W. Boenig, M. Frechen, and T. van Kolfschoten. 1996. Palaeoecology and archaeology of the Kärlich-Seeufer open-air site (Middle Pleistocene) in the central Rhineland, Germany. *Quaternary Research* 46:319–34.
Geist, V. 1978. *Life strategies, human evolution, environmental design*. New York: Springer Verlag.
Gellner, E. 1985. *Relativism and the social sciences*. Cambridge: Cambridge University Press.
Geneste, J.-M. 1985. Analyse lithique d'industries Moustériennes du Périgord: une approche technologique du comportement des groupes humains au Paléolithique moyen. Ph.D. dissertation: University of Bordeaux I.
1988a. Systèmes d'approvisionnement en matières premières au Paléolithique moyen et au Paléolithique supérieur en Aquitaine, in *L'Homme de Néandertal*. Edited by M. Otte. Vol. VIII, *La Mutation*, edited by J. K. Kozlowski, pp. 61–70. Liège: ERAUL 35.
1988b. Les industries de la Grotte Vaufrey: technologie du débitage, économie et circulation de la matière première lithique, in *La Grotte Vaufrey à Cenac et Saint-Julien (Dordogne), Paléoenvironments, chronologie et activités humaines*. Edited by J.-P. Rigaud, pp. 441–518. Paris: Mémoires de la Société Préhistorique Française 19.

1989. Economie des ressources lithiques dans le Moustérien du sud-ouest de la France, in *L'Homme de Néandertal.* Edited by M. Otte. Vol. VI, *La Subsistance,* edited by L. G. Freeman and M. Patou, pp. 75–97. Liège: ERAUL 33.

1990. Développement des systèmes de production lithique au cours du Paléolithique moyen en Aquitaine septentrionale, in *Paléolithique moyen récent et Paléolithique supérieur ancien.* Edited by C. Farizy, pp. 203–13. Nemours: Mémoires du Musée de Préhistoire d'Ile-de-France 3.

1991. Systèmes techniques de production lithique: variations techno-économiques dans les processus de réalisation des outillages Paléolithiques. *Techniques et culture* 17–18:1–35.

Geneste, J.-M., J. Texier, and J. Rigaud. 1991. Les plus anciens vestiges de la présence humaine en Aquitaine, in *Les premiers Européens.* Edited by E. Bonifay and B. Vandermeersch, pp. 11–26. Paris: CTHS.

Gibbard, P. L. 1988. The history of the great northwest European rivers during the past three million years. *Philosophical Transactions of the Royal Society of London B* 318:559–602.

Gibert, J. 1992. *Proyecto Orce-Cueva Victoria (1988–1992): Presencia humana en el Pleistoceno inferior de Granada y Murcia.* Orce: Museo de Prehistoria.

Gibson, J. J. 1979. *The ecological approach to visual perception.* Hillsdale: Erlbaum Associates.

Giddens, A. 1984. *The constitution of society.* Berkeley: University of California Press.

Gifford-Gonzalez, D. 1993. You can hide, but you can't run: representation of women's work in illustrations of Palaeolithic life. *Visual Anthropology Review* 9:23–41.

Gilman, A. 1984. Explaining the Upper Palaeolithic revolution, in *Marxist perspectives in archaeology.* Edited by M. Spriggs, pp. 115–26. Cambridge: Cambridge University Press.

Giusberti, G., M. Ferrari, and C. Peretto. 1991. Tipologia, frequenza e distribuzione dei reperti paleontologici e paletnologici della paleosuperficie T.3a del I settore di scavo di Isernia la Pineta (Isernia, Molise), in *Isernia la Pineta, nuovi contributi scientifici.* Edited by C. Peretto, pp. 5–42. Isernia: Istituto regionale per gli studi storici del Molise 'V. Cuoco'.

Goffman, E. 1959. *The presentation of self in everyday life.* Garden City NY: Anchor Books.

1963. *Behaviour in public places: notes on the social organisation of gatherings.* New York: Free Press.

1967. *Interaction ritual: essays on face to face behaviour.* London: Allen Lane.

González-Echegaray, J., and L. G. Freeman. 1971. *Cueva Morín, Excavaciones 1966–8.* Santander: Publicaciones del patronato de las cuevas prehistóricas de la provincia de Santander VI.

1973. *Cueva Morín, Excavaciones 1969.* Santander: Publicaciones del patronato de las cuevas prehistóricas de la provincia de Santander X.

Goodall, J. 1986. *The chimpanzees of Gombe: patterns of behaviour.* Cambridge, Mass.: Belknap Press.

Gorecki, P. P. 1991. Horticulturalists as hunter-gatherers: rock shelter usage in Papua New Guinea, in *Ethnoarchaeological approaches to mobile campsites: hunter-gatherer and pastoralist case studies.* Edited by C. S. Gamble and W. A. Boismier, pp. 237–62. Ann Arbor: International Monographs in Prehistory, Ethnoarchaeological Series 1.

Goretsky, G. I., and I. K. Ivanova. 1982. *Molodova I: unique mousterian settlement in the middle Dniestr.* Moscow: Nauka.

Goretsky, G. I., and S. M. Tseitlin (editors). 1977. *The multilayer Palaeolithic site Korman IV on the middle Dniestr.* Moscow: Nauka.
Gosden, C. 1989. Prehistoric social landscapes of the Arawe Islands, West New Britain Province, Papua New Guinea. *Archaeology in Oceania* 24:45–58.
1994. *Social being and time.* Oxford: Blackwell.
Goudie, A. 1977. *Environmental change.* Oxford: Clarendon Press.
Gouédo, J. M. 1994. Remontage d'un nucléus à lames du gisement Micoquien de Vinneuf (Yonne), in *Les industries laminaires au Paléolithique moyen.* Edited by S. Révillion and A. Tuffreau, pp. 77–102. Paris: Centre National de la Recherche Scientifique 18.
Gould, R. A. 1980. *Living archaeology.* Cambridge: Cambridge University Press.
Gould, S. J. 1991. Exaptation: a crucial tool for an evolutionary psychology. *Journal of Social Issues* 47:43–65.
1994. So near and yet so far. *New York Review of Books,* October 20:24–8.
1996. *Life's grandeur: the spread of excellence from Plato to Darwin.* London: Jonathan Cape.
Gould, S. J., and E. S. Vrba. 1982. Exaptation – a missing term in the science of form. *Palaeobiology* 8:4–15.
Gowlett, J. A. J. 1984. Mental abilities of early man: a look at some hard evidence, in *Hominid evolution and community ecology.* Edited by R. A. Foley, pp. 167–92. London: Academic Press.
1996. The frameworks of early hominid social systems: how many useful parameters of archaeological evidence can we isolate? in *The archaeology of human ancestry: power, sex and tradition.* Edited by J. Steele and S. Shennan, pp. 135–83. London: Routledge.
Gowlett, J. A. J., and R. E. M. Hedges (editors). 1986. *Archaeological results from accelerator dating.* Oxford: Alden Press.
Grahmann, R. 1955. The Lower Palaeolithic site of Markkleeberg and other comparable localities near Leipzig. *Transactions of the American Philosophical Society* 45:509–687.
Grant, J. W. A., C. A. Chapman, and K. S. Richardson. 1992. Defended versus undefended home range size of carnivores, ungulates and primates. *Behavioural Ecology and Sociobiology* 31:149–61.
Graves, P. M. 1991. New models and metaphors for the Neanderthal debate. *Current Anthropology* 32:513–41.
1994. My strange quest for Leroi-Gourhan: structuralism's unwitting hero. *Antiquity* 68:438–41.
Graves-Brown, P. M., S. Jones, and C. S. Gamble (editors). 1995. *Cultural identity and archaeology: the construction of European communities.* London: Routledge.
Green, H. S. (editor). 1984. *Pontnewydd Cave.* Cardiff: National Museum of Wales.
Gregory, C. A. 1982. *Gifts and commodities.* London: Academic Press.
Grigor'ev, G. P. 1993. The Kostenki-Avdeevo archaeological culture and the Willendorf-Pavlov-Kostenki-Avdeevo cultural unity, in *From Kostenki to Clovis: Upper Paleolithic–Paleo-Indian Adaptations.* Edited by O. Soffer and N. D. Praslov, pp. 51–65. New York: Plenum Press.
GRIP (Greenland Ice-core Project Members). 1993. Climate instability during the last interglacial period recorded in the GRIP ice core. *Nature* 364:203–7.
Groiß, J. Th., B. Kaulich, and L. Reisch. 1995. *Hunas: Menschen und ihre Umwelt im Eiszeitalter.* Institut für Paläontologie und Lehrstuhl für Ur- und Frühgeschichte der Friedrich-Alexander-Universität Erlangen-Nürnberg.

Grönhaug, R. 1978. Scale as a variable in analysis: fields in social organisation in Herat, northwest Afghanistan, in *Scale and social organisation*. Edited by F. Barth, pp. 78–121. Oslo: Universitets Forlaget.

Groves, C. P. 1989. *A theory of human and primate evolution*. Oxford: Oxford University Press.

Gruet. 1976. Les civilisations du Paléolithique moyen dans les Pays de la Loire, in *La Préhistoire française*, vol. II. Edited by H. de Lumley, pp. 1089–93. Paris: CNRS.

Guemple, L. 1972. Kinship and alliance in Belcher Island Eskimo society, in *Alliance in Eskimo society*. Edited by L. Guemple, pp. 56–78, Seattle: Proceedings of the American Ethnological Society 1971, Supplement.

Guenther, E. W. 1991. Die Gebisse der Waldelefanten von Bilzingsleben, in *Bilzingsleben IV Homo erectus – seine Kultur und seine Umwelt*. Edited by K. Fischer, E. W. Guenther, W. D. Heinrich, D. Mania, R. Musil, and T. Nötzold, pp. 149–74. Berlin: Veröffentlichungen des Landesmuseum für Vorgeschichte Halle 44.

Guichard, J. 1976. Les civilisations du Paléolithique moyen en Périgord, in *La Préhistoire française*, vol. II. Edited by H. de Lumley, pp. 1053–69. Paris: CNRS.

Guilbaud, M. 1993. Débitage from the Upper Castelperronian level at Saint-Césaire: methodological approach and implications for the transition from Middle to Upper Palaeolithic, in *Context of a late Neanderthal: implications of multidisciplinary research to Upper Palaeolithic adaptations at Saint-Césaire, Charente-Maritime, France*, Edited by F. Lévêque, A. M. Backer, and M. Guilbaud, pp. 37–58. Madison, Wisconsin: Prehistory Press, Monographs in World Archaeology 16.

Guiot, J., A. Pons, L. de Beaulieu, and M. Reille. 1989. A 140,000-year continental climate reconstruction from two European pollen records. *Nature* 338:309–13.

Guthrie, R. D. 1982. Mammals of the mammoth steppe as palaeoenvironmental indicators, in *Palaeoecology of Beringia*. Edited by D. M. Hopkins, J. V. Matthews, C. E. Schweger, and S. B. Young, pp. 307–26. New York: Academic Press.

1984. Mosaics, allelochemics and nutrients: an ecological theory of Late Pleistocene megafaunal extinctions, in *Quaternary extinctions: a prehistoric revolution*. Edited by P. Martin and R. Klein, pp. 259–98. Tucson: University of Arizona Press.

1990. *Frozen fauna of the mammoth steppe*. Chicago: Chicago University Press.

Gvozdover, M. D., V. M. Kharitonov, P. Allsworth-Jones, and R. A. Housley. 1996. AMS dates from Formozov's excavations at Starosel'e in the Crimea. *Cambridge Archaeological Journal* 6:139–49.

Hahn, J. 1974. Die jungpaläolithische Station Lommersum, Gemeinde Weilerswist, Kreis Euskirchen. *Rheinische Ausgrabungen* 15:1–49.

1977. *Aurignacien: das ältere Jungpaläolithikum in Mittel und Osteuropa*. Köln: Fundamenta Reihe A 9.

1982. *Archäologie des Jungpaläolithikums des Speckberg bei Meilenhofen*. München: Katalog Prähistorische Staatsammlung 20.

1986. *Kraft und Aggression: Die Botschaft der Eiszeitkunst im Aurignacien Süddeutschlands*? Tübingen: Archaeologica Venatoria 7.

1987. Aurignacian and Gravettian settlement patterns in Central Europe, in *The Pleistocene Old World: regional perspectives*. Edited by O. Soffer, pp. 251–61. New York: Plenum.

1988. *Die Geißenklösterle-Höhle im Achtal bei Blaubeuren I.* Stuttgart: Theiss, Landesdenkmalamt Baden-Württemberg Band 26.
1989. *Genese und Funktion einer jungpaläolithischen Freilandstation: Lommersum im Rheinland.* Köln: Rheinische Ausgrabungen 29.
1991. *Erkennen und Bestimmen von Stein- und Knochenartefakten: Einführung in die Artefaktmorphologie.* Tübingen: Archaeologica Venatoria 10.
1993. L'origine du Paléolithique supérieur en Europe Centrale: les datations C14, in *El origen del hombre moderno en el suroeste de Europa.* Edited by V. Cabrera-Valdés, pp. 61–80. Madrid: Universidad de Educación a Distancia.
Hahn, J., and S. Münzel. 1995. Knochenflöten aus dem Aurignacien des Geißenklösterle bei Blaubeuren, Alb-Donau-Kreis. *Fundberichte aus Baden-Württemberg* 20:1–12.
Hahn, J., and L. R. Owen. 1985. Blade technology in the Aurignacian and Gravettian of Geißenklösterle Cave, southwest Germany. *World Archaeology* 17:61–75.
Hallowell, A. I. 1961. The protocultural foundations of human adaptation, in *Social life of early man.* Edited by S. L. Washburn, pp. 236–55. New York: Wenner-Gren.
Haraway, D. 1989. *Primate visions: gender, race, and nature in the world of modern science.* New York: Routledge, Chapman & Hall.
Hare, A. P. 1976. *Handbook of small group research.* New York: The Free Press.
Harmon, R. S., J. Glazek, and K. Nowak. 1980. ^{230}Th/^{234}U dating of travertine from the Bilzingsleben archaeological site. *Nature* 284:132–5.
Harrold, F. J. 1989. Mousterian, Châtelperronian and early Aurignacian in western Europe: continuity or discontinuity? in *The human revolution: behavioural and biological perspectives on the origins of modern humans.* Edited by P. Mellars and C. Stringer, pp. 677–713. Edinburgh: Edinburgh University Press.
Hayden, B., M. Eldridge, A. Eldridge, and A. Cannon. 1985. Complex hunter-gatherers in interior British Columbia, in *Prehistoric hunter-gatherers: the emergence of cultural complexity.* Edited by T. D. Price and J. A. Brown, pp. 181–200. Orlando: Academic Press.
Head, L., C. Gosden, and J. P. White (editors). 1994. Social landscapes. *Archaeology in Oceania* 29.
Hedges, R. E. M., P. B. Pettitt, C. Bronk Ramsey, and G. J. Van Klinken. 1998. Radiocarbon dates from the Oxford AMS system: *Archaeometry* datelist 25. *Archaeometry* 40:227–39.
Helms, M. W. 1988. *Ulysses' sail: an ethnographic odyssey of power, knowledge, and geographical distance.* Princeton: Princeton University Press.
Heussner, K. U., and T. Weber. 1990. Das archäologische Inventar-Spezielle Untersuchungen zu den Feuersteinartefakten, in *Neumark-Gröbern: Beiträge zur Jagd des mittelpaläolithischen Menschen.* Edited by D. Mania, M. Thomae, T. Litt, and T. Weber, pp. 225–36. Berlin: Deutscher Verlag der Wissenschaften.
Hewlett, B. S., J. M. H. van de Koppel, and L. L. Cavalli-Sforza. 1986. Exploration and mating range of Aka pygmies of the Central African Republic, in *African pygmies.* Edited by L. L. Cavalli-Sforza, pp. 65–79. New York: Academic Press.
Hiatt, L. R. 1962. Local organisation among the Australian Aborigines. *Oceania* 32:267–86.
Hidjrati, N. I. 1995. Palaeolithic archaeology in north-central Caucasus: Weasel

Cave. Paper presented at the Conference of the Society for American Archaeology, Minneapolis.

Hill, J. H. 1978. Language contact systems and human adaptations. *Journal of Anthropological Research* 34:1–26.

Hinde, R. A. 1976. Interactions, relationships and social structure. *Man* 11:1–17.

1987. *Individuals, relationships and culture*. Cambridge: Cambridge University Press.

Hiscock, P. 1984. Raw material rationing as an explanation of assemblage differences: a case study of Lawn Hill, Northwest Queensland, in *Archaeology at Anzaas 1984*. Edited by G. Ward, pp. 178–90. Canberra: AIAS.

Hivernel, F. 1986. Artefacts made of quartz, in *La Cotte de St. Brelade 1961–1978: excavations by C.B.M. McBurney*. Edited by P. Callow and J. M. Cornford, pp. 315–25. Norwich: Geo Books.

Hodder, I. 1990a. *The domestication of Europe*. Oxford: Blackwell.

1990b. Commentary. *Archaeological Review from Cambridge* 9:154–7.

Hoffecker, J. F. 1987. Upper Pleistocene loess stratigraphy and Palaeolithic site chronology on the Russian Plain. *Geoarchaeology* 2:259–84.

Hoffecker, J. F., G. Baryshnikov, and O. Potapova. 1991. Vertebrate remains from the Mousterian site of Il'skaya 1 (Northern Caucasus, U.S.S.R): new analysis and interpretation. *Journal of Archaeological Science* 18:113–47.

Holdaway, S. 1989. Were there hafted projectile points in the Mousterian? *Journal of Field Archaeology* 16:79–85.

Holdaway, S., and N. Porch. 1995. Cyclical patterns in the Pleistocene human occupation of Southwest Tasmania. *Archaeology in Oceania* 30:74–82.

Hosfield, R. T. 1996. Quantifying the English Palaeolithic: GIS as an approach, in *The English Palaeolithic reviewed*. Edited by C. Gamble and A. Lawson, pp. 40–51. Salisbury: Trust for Wessex Archaeology.

Housley, R. A., C. S. Gamble, M. Street, and P. Pettitt. 1997. Radiocarbon evidence for the Late glacial human recolonisation of Northern Europe. *Proceedings of the Prehistoric Society* 63: 25–54.

Howell, F. C. 1965. *Early man*. London: Time Life Books.

1966. Observations of the earlier phases of the European Lower Palaeolithic. *American Anthropologist* 68 (2):88–201.

Howell, N. 1988. Understanding simple social structure: kinship units and ties, in *Social structures: a network approach*. Edited by B. Wellman and S. D. Berkowitz, pp. 62–82. Cambridge: Cambridge University Press.

Howell, N., and V. A. Lehotay. 1978. Ambush: a computer program for stochastic microsimulation of small human populations. *American Anthropologist* 80:905–22.

Hublin, J.-J., F. Spoor, M. Braun, F. Zonneveld, and S. Condemi. 1996. A late Neanderthal associated with Upper Palaeolithic artefacts. *Nature* 381:224–6.

Humphrey, N. K. 1976. The social function of intellect, in *Growing points in ethology*. Edited by P. Bateson and R. A. Hinde, pp. 303–17. Cambridge: Cambridge University Press.

1983. *Consciousness regained*. Oxford: Oxford University Press.

Hunn, E., and N. Williams (editors). 1982. *Resource managers: North American and Australian hunter-gatherers*. Boulder, Colorado: Westview.

Huxtable, J. 1993. Further thermoluminescence dates for burnt flints from Maastricht-Belvédère and a finalised thermoluminescence age for the Unit IV Middle Palaeolithic sites. *Mededelingen Rijks Geologische Dienst* 47:41–4.

Imbrie, J., and K. P. Imbrie. 1979. *Ice Ages: solving the mystery*. London: Macmillan.

Ingold, T. 1981. The hunter and his spear: notes on the cultural mediation of social and ecological systems, in *Economic Archaeology*. Edited by A. Sheridan and G. Bailey, pp. 119–30. Oxford: British Archaeological Reports, International Series 96.

1986a. *Evolution and social life*. Cambridge: Cambridge University Press.

1986b. *The appropriation of nature: essays on human ecology and social relations*. Manchester: Manchester University Press.

1993. The temporality of the landscape. *World Archaeology* 25:152–73.

1994. Introduction to culture, in *Companion encyclopedia of anthropology*. Edited by T. Ingold, pp. 329–49. London: Routledge.

Ingold, T., D. Riches, and J. Woodburn (editors). 1991. *Hunters and gatherers*. Volume I, *History, evolution and social change*; Volume II, *Property, power and ideology*. Oxford: Berg.

Isaac, G. 1972. Early phases of human behaviour: models in Lower Palaeolithic archaeology, in *Models in archaeology*. Edited by D. L. Clarke, pp. 167–99. London: Methuen.

1976. The activities of early African hominids: a review of archaeological evidence from the time span two and a half to one million years ago, in *Human origins: Louis Leakey and the East African evidence*. Edited by G. Isaac and E. McCown, pp. 483–514. Menlo Park: Benjamin.

1978. The food sharing behaviour of proto-human hominids. *Scientific American* 238:90–108.

1989. *The archaeology of human origins; papers by Glynn Isaac edited by Barbara Isaac*. Cambridge: Cambridge University Press.

Ivanova, I. K., and A. P. Chernysh. 1965. The Palaeolithic site of Molodova V on the middle Dniestr (USSR). *Quaternaria* 7:197–217.

Ivanova, I. K., and S. M. Tseitlin (editors). 1987. *The multilayered Palaeolithic site of Molodova V. Stone Age men and environment*. Moscow: Nauka.

Jacobi, R. M. 1980. The Upper Palaeolithic in Britain, with special reference to Wales, in *Culture and environment in prehistoric Wales*. Edited by J. A. Taylor, pp. 15–99. Oxford: British Archaeological Reports 76.

Jacobson, D. 1978. Scale and social control, in *Scale and social organization*. Edited by F. Barth, pp. 184–93. Oslo: Universitets Forlaget.

James, S. R. 1989. Hominid use of fire in the Lower and Middle Pleistocene. *Current Anthropology* 30:1–26.

Jaubert, J. 1993. Le gisement Paléolithique moyen du Mauran (Haute-Garonne): techno-économie des industries lithiques. *Bulletin de la Société Préhistorique Française* 90:328–35.

1994. Environmental background of Middle Palaeolithic occupation and Middle Palaeolithic settlement systems: Bassin de la Garonne: Region Midi-Pyrénées. Paper presented at the ESF Workshop on the European Middle Palaeolithic. Arras.

Jaubert, J., J.-P. Brugal, and Y. Quinif. 1993. Tour de Faure: Coudoulous I et II. *Bilan Scientifique 1993: Direction Régionale des Affaires Culturelles Midi-Pyrénées, Service régional de l'Archéologie*: 144–6.

Jaubert, J., B. Kervazo, Y. Quinif, J.-P. Brugal, and O. Y. Wilford. 1992. Le site Paléolithique moyen du Rescoundudou (Aveyron, France): datations U/Th et interpretation chronostratigraphique. *L'Anthropologie* 96:103–12.

Jaubert, J., M. Lorblanchet, H. Laville, R. Slott-Moller, A. Turq, and J. Brugal. 1990. *Les Chasseurs d'Aurochs de La Borde*. Paris: Documents d'Archéologie Française 27.

Jelínek, J., J. Pelísek, and K. Valoch. 1959. Der fossile Mensch Brno II. *Anthropos* 9:5–30.

Johnson, A. W., and T. Earle. 1987. *The evolution of human societies*. Stanford: Stanford University Press.

Johnson, G. A. 1978. Information sources and the development of decision-making organizations, in *Social archaeology: beyond subsistence and dating*. Edited by C. Redman, M. J. Berman, E. V. Curtin, W. T. Langhorne, N. M. Versaggi, and J. C. Wanser, pp. 87–111. New York: Academic Press.

1982. Organizational structure and scalar stress, in *Theory and explanation in archaeology: the Southampton Conference*. Edited by C. Renfrew, M. Rowlands, and B. Segraves, pp. 389–422. New York: Academic Press.

Jourdan, L., and A.-M. Moigne. 1981. Les faunes de la Caune de l'Arago à Tautavel. Significations stratigraphique, paléoclimatique, paléoecologique et paléthnographique, in *Datations absolues et analyses isotopiques en préhistoire, méthodes et limites: datation du remplissage de la Caune de l'Arago à Tautavel*. Edited by H. de Lumley and J. Labeyrie, pp. 133–62. Tautavel: Colloque International du Centre National de la Recherche Scientifique.

Jouzel, J., N. I. Barkov, J. M. Barnola, M. Bender, J. Chappellaz, C. Genthon, V. M. Kotlyakov, V. Lipenkov, C. Lorius, J. R. Petit, D. Raynaud, G. Raisbeck, C. Ritz, T. Sowers, M. Stievenard, F. Yiou, and P. Yiou. 1993. Extending the Vostok ice-core record of paleoclimate to the penultimate glacial period. *Nature* 364:407–12.

Julien, M. 1992. Du fossile directeur à la chaîne opératoire, in *La préhistoire dans le monde: nouvelle édition de La Préhistoire d'André Leroi-Gourhan*. Edited by J. Garanger, pp. 163–93. Paris: Nouvelle Clio.

Kapferer, B. 1973. Social network and conjugal role in urban Zambia: towards a reformulation of the Bott hypothesis, in *Network analysis in human interaction*. Edited by J. Boissevain and J. C. Mitchell, pp. 83–110. The Hague: Mouton.

Karlin, C., and M. Julien. 1994. Prehistoric technology: a cognitive science? in *The ancient mind: elements of cognitive archaeology*. Edited by C. Renfrew and E. Zubrow, pp. 152–64. Cambridge: Cambridge University Press.

Keeley, L. H. 1980. *Experimental determination of stone tool use: a microwear analysis*. Chicago: University of Chicago Press.

1982. Hafting and retooling: effects on the archaeological record. *American Antiquity* 47:798–809.

1988. Hunter-gatherer economic complexity and 'population pressure': a cross-cultural analysis. *Journal of Anthropological Archaeology* 7:373–411.

Kelly, R. 1983. Hunter-gatherer mobility strategies. *Journal of Anthropological Research* 39:277–306.

1995. *The foraging spectrum: diversity in hunter-gatherer lifeways*. Washington and London: Smithsonian Institution Press.

Kephart, W. M. 1950. A quantitative analysis of intragroup relationships. *American Journal of Sociology* 60:544–9.

Khalke, R.-D. 1994. Die Entstehungs-, Entwicklungs- und Verbreitungsgeschichte des oberpleistozänen *Mammuthus–Coelodonta* Faunenkomplexes in Eurasien (Großsäuger). *Abhandlungen der Senckenbergischen Naturforschenden Gesellschaft* 546:1–164.

Killworth, P. D., H. R. Bernard, and C. McCarty. 1984. Measuring patterns of acquaintanceship. *Current Anthropology* 25:381–96.

Killworth, P. D., E. C. Johnson, H. R. Bernard, G. A. Shelley, and C. McCarty. 1990. Estimating the size of personal networks. *Social Networks* 12:289–312.

Kind, C.-J. 1985. *Die Verteilung von Steinartefakten in Grabungsflächen: ein Modell zur Organisation Alt- und Mittelsteinzeitlicher Siedlungsplätze*. Tübingen: Urgeschichtliche Materialhefte 7.

King, T. F. 1978. Don't that beat the band? Nonegalitarian political organisation in prehistoric central California, in *Social archaeology: beyond subsistence and dating*. Edited by C. L. Redman, M. J. Berman, E. V. Curtin, W. T. Langhorne, N. M. Versaggi, and J. C. Wanser, pp. 225–48. New York: Academic Press.

Klein, R. G. 1965. The Middle Palaeolithic of the Crimea. *Arctic Anthropology* 3:34–68.

1969. *Man and culture in the Late Pleistocene: a case study*. San Francisco: Chandler.

Klein, R. G., and K. Cruz-Uribe. 1994. The Palaeolithic mammalian fauna from the 1910–14 excavations at El Castilló cave (Cantabria). *Museo y Centro de Investigación de Altamira* 17:141–58.

Kleinschmidt, A. 1953. Die zoologischen Funde der Grabung Salzgitter-Lebenstedt, 1952. *Eiszeitalter und Gegenwart* 3:166–88.

Klíma, B. 1954. Palaeolithic huts at Dolní Věstonice, Czechoslovakia. *Antiquity* 28:4–14.

1963. *Dolní Věstonice. Vyzkum táboriste lovcù mamutù v letech 1947–1952*. Prague: Academia.

1983. *Dolní Věstonice: táboriste lovcù mamutù*. Prague: Akademia nakladatelstvi Ceskoslovenske akademie ved.

1988. A triple burial from the Upper Palaeolithic of Dolní Věstonice, Czechoslovakia. *Journal of Human Evolution* 16:831–5.

1994. Die Knochenindustrie, Zier- und Kunstgegenstände, in *Pavlov I: excavations 1952–3*. Edited by J. Svoboda, pp. 97–159. Liège: ERAUL 66.

1995. *Dolní Věstonice II*. Liège: ERAUL 73.

Knecht, H. 1993a. Splits and wedges: the techniques and technology of early Aurignacian antler working, in *Before Lascaux: the complex record of the Early Upper Palaeolithic*. Edited by H. Knecht, A. Pike-Tay, and R. White, pp. 137–62. Boca Raton: CRC Press.

1993b. Early Upper Palaeolithic approaches to bone and antler technology, in *Hunting and animal exploitation in the later Palaeolithic and Mesolithic of Eurasia*. Edited by G. L. Peterkin, H. Bricker, and P. A. Mellars, pp. 33–47. Archaeological Papers of the American Anthropological Association 4.

Knight, C. 1983. Lévi-Strauss and the dragon: *Mythologiques* reconsidered in the light of an Australian Aboriginal myth. *Man* 18:21–50.

1991a. *Blood relations: menstruation and the origins of culture*. New Haven: Yale University Press.

1991b. *The origins of human society*, 4th edition. London: Radical Anthropology Group.

Koenigswald, W. von. 1992. Various aspects of migrations in terrestrial mammals in relation to Pleistocene faunas of central Europe, in *Mammalian migration and dispersal events in the European Quaternary*. Edited by W. von Koenigswald and L. Werdelin, pp. 39–47. *Courier Forschungsinstitut Senckenberg* 153.

Koenigswald, W. von, and T. van Kolfschoten. 1996. The *Mimomys–Arvicola* boundary and the enamel thickness quotient (SDQ) of *Arvicola* as stratigraphic markers in the Middle Pleistocene, in *The early Middle Pleistocene in Europe*. Edited by C. Turner, pp. 211–26. Rotterdam: Balkema.

Koenigswald, W. von, H.-J. Müller-Beck, and E. Pressmar. 1974. *Die Archäologie und Paläontologie der Weinberghöhlen bei Mauern (Bayern)*. Tübingen: Archaeologica Venatoria 3.

Kolfschoten, T. van. 1992. Aspects of the migration of mammals to northwestern

Europe during the Pleistocene, in particular the re-immigration of *Arvicola terrestris*, in *Mammalian migration and dispersal events in the European Quaternary*. Edited by W. von Koenigswald and L. Werdelin, pp. 213–20. *Courier Forschungsinstitut Senckenberg* 153.

Kolfschoten, T. van, W. Roebroeks, and J. Vandenberghe. 1993. The middle and late Pleistocene sedimentary and climatic sequence at Maastricht-Belvédère Interglacial. *Mededelingen Rijks Geologische Dienst* 47:81–91.

Kolfschoten, T. van, and W. Roebroeks (editors). 1985. Maastricht-Belvédère: Stratigraphy, palaeoenvironment and archaeology of the Middle and Late Pleistocene deposits. *Mededelingen Rijks Geologische Dienst* 39:1–121.

Kolfschoten, T. van, and E. Turner. 1996. Early Middle Pleistocene mammalian faunas from Kärlich and Miesenheim I and their biostratigraphical implications, in *The early Middle Pleistocene in Europe*. Edited by C. Turner, pp. 227–53. Rotterdam: Balkema.

Kolstrup, E. 1995. Palaeoenvironments in the north European lowlands between 50 and 10 ka BP. *Acta Zoologica Cracovensis* 38:35–44.

Kosse, K. 1990. Group size and societal complexity: thresholds in the long-term memory. *Journal of Anthropological Archaeology* 9:275–303.

Koyama, S., and D. H. Thomas (editors). 1982. *Affluent foragers*. Osaka: National Museum of Ethnology, Senri Ethnological Studies 9.

Kozlowski, J. K. 1974. Upper Palaeolithic site with dwellings of mammoth bone – Cracow, Spadzista Street B. *Quaternaria* 44:1–110.

Kozlowski, J. K. (editor). 1982. *Excavation in the Bacho Kiro cave, Bulgaria*. Warsaw: Paristwowe Wydarunictwo, Naukowe.

1986. The Gravettian in Central and Eastern Europe. *Advances in World Archaeology* 5:131–200.

1988. Problems of continuity and discontinuity between the Middle and Upper Palaeolithic of Central Europe, in *Upper Pleistocene Prehistory of Western Eurasia*. Edited by H. Dibble and A. Montet-White, pp. 349–60. Philadelphia: University of Pennsylvania, University Museum Monograph 54.

1990. A multiaspectual approach to the origins of the Upper Palaeolithic in Europe in *The emergence of modern humans: an archaeological perspective*. Edited by P. Mellars, pp. 419–38. Edinburgh: Edinburgh University Press.

1994. Le Paléolithique des Carpathes occidentales. *Preistoria Alpina* 28:113–26.

Kozlowski, J. K., H. Laville, and B. Ginter. 1992. *Temnata cave: excavations in Karlukovo Karst area, Bulgaria*. Crakow: Jagellonian University Press.

Kretzoi, M., and V. T. Dobosi (editors). 1990. *Vértesszöllös: man, site and culture*. Budapest: Akadémiai Kiadó.

Kretzoi, N., and L. Vértes. 1965. Upper Biharian (intermindel) pebble-industry site in western Hungary. *Current Anthropology* 6:74–87.

Kuhn, S. L. 1989. Hunter-gatherer foraging organisation and strategies of artefact replacement and discard, in *Experiments in lithic technology*. Edited by D. Amick and R. Mauldin, pp. 33–47. Oxford: British Archaeological Reports, International Series 528.

1991. "Unpacking" reduction: lithic raw material economy in the Mousterian of West-Central Italy. *Journal of Anthropological Archaeology* 10:76–106.

1992. On planning and curated technologies in the Middle Palaeolithic. *Journal of Anthropological Research* 48:185–214.

1995. *Mousterian lithic technology: an ecological perspective*. Princeton: Princeton University Press.

Kummer, H. 1968. *Social organisation of Hamadryas baboons*. Chicago: Chicago University Press.

Kuper, A. 1988. *The invention of primitive society*. London: Routledge.
Laj, C., A. Mazaud, and J. C. Duplessy. 1996. Geomagnetic intensity and ^{14}C abundance in the atmosphere and ocean during the past 50 kyr. *Geophysical Research Letters* 23:2045–8.
Landau, M. 1991. *Narratives of human evolution*. New Haven: Yale University Press.
Lanziger, M., and M. Cremaschi. 1988. Flint exploitation and production at Monte Avena in the Dolomite Region of the Italian East Alps: lithic industry, site pattern, and paleoenvironmental context, in *Upper Pleistocene prehistory of Western Eurasia*. Edited by H. Dibble and A. Montet-White, pp. 125–39. Philadelphia: University of Pennsylvania, University Museum Monograph 54.
Laplace, G. 1961. Recherches sur l'origine et l'évolution des complexes leptolithiques. *Quaternaria* 5:153–240.
1964. Les subdivisions du leptolithique italien (étude de typologie analytique). *Bulletino di Paletnologia Italiana* 15:25–63.
1966. Recherches sur l'origine et l'évolution des complexes leptolithiques. *Ecole Française de Rome, Mélanges d'Archéologie et d'Histoire* 4.
Larick, R. 1984. Palaeolithic occupations of Périgord rock shelters viewed from the cherts found within Le Flageolet I, couche V, in *Jungpaläolithische Siedlungsstrukturen in Europa*. Edited by H. Berke, J. Hahn, and C.-J. Kind, pp. 29–38. Tübingen: Urgeschichtliche Materialhefte 6.
Latour, B., and S. C. Strum. 1986. Human social origins: oh please, tell us another story. *Journal of Social and Biological Structure* 9:169–87.
Laville, H. 1975. *Climatologie et chronologie du Paléolithique en Périgord: étude sédimentologique de dépots en grottes et sous abris*. Université de Provence: Mémoire No. 4, Etudes Quaternaires.
Laville, H., J.-P. Raynal, and J.-P. Texier. 1986. Le dernier interglaciaire et le cycle climatique würmien dans le sud-ouest et le Massif Central française. *Bulletin de l'Association Française pour l'Etude du Quaternaire* 1–2:35–46.
Laville, H., J.-P. Rigaud, and J. R. Sackett. 1980. *Rock shelters of the Périgord*. New York: Academic Press.
Layton, R. 1986. Political and territorial structures among hunter-gatherers. *Man* 21:18–33.
Leacock, E., and R. B. Lee (editors). 1982. *Politics and history in band societies*. Cambridge: Cambridge University Press.
Leakey, L. 1951. *Olduvai Gorge*. Cambridge: Cambridge University Press.
Leakey, M. D., 1971. *Olduvai Gorge Volume 3: excavations in Beds I and II 1960–1963*. Cambridge: Cambridge University Press.
Leakey, M. D. and D. A. Roe. 1994. *Olduvai Gorge Volume 5: excavations in Beds III, IV and the Masek Beds, 1968–71*. Cambridge: Cambridge University Press.
Leakey, R., and R. Lewin. 1977. *Origins*. New York: Dutton.
Lebel, S. 1992. Mobilité des hominides et systèmes d'exploitation des ressources lithiques au Paléolithique ancien: La Caune de l'Arago (France). *Canadian Journal of Archaeology* 16:48–69.
Lee, R. B. 1976. !Kung spatial organisation: an ecological and historical perspective, in *Kalahari hunter-gatherers*. Edited by R. B. Lee and I. DeVore, pp. 73–97. Cambridge, Mass.: Harvard University Press.
1979. *The !Kung San: men, women, and work in a foraging society*. Cambridge: Cambridge University Press.
Lee, R. B., and I. DeVore (editors). 1968. *Man the hunter*. Chicago: Aldine.

(editors). 1976. *Kalahari hunter-gatherers: studies of the !Kung San and their neighbours*. Cambridge, Mass.: Harvard University Press.
Lemmonier, P. 1980. *Les Salines de l'ouest – logique technique, logique sociale*. Paris: Maison des Sciences de l'Homme.
1986. The study of material culture today: towards an anthropology of technical systems. *Journal of Anthropological Archaeology* 5:147–86.
1990. Topsy turvy techniques. Remarks on the social representation of techniques. *Archaeological Review from Cambridge* 9:27–37.
1993. Introduction, in *Technological choices: transformations in material cultures since the Neolithic*. Edited by P. Lemmonier, pp. 1–35. London: Routledge.
Leroi-Gourhan, A. 1961. Les fouilles d'Arcy-sur-Cure (Yonne). *Gallia Préhistoire* 4:1–16.
1968. *The art of prehistoric man in western Europe*. London: Thames and Hudson.
1993. *Gesture and speech*. Cambridge, Mass.: MIT Press.
Leroi-Gourhan, A., and M. Brézillon. 1966. L'habitation magdalénienne no. 1 de Pincevent près Montereau (Seine-et-Marne). *Gallia Préhistoire* 9:263–365.
1972. Fouilles de Pincevent: essai d'analyse ethnographique d'un habitat magdalénien (la section 36). *Gallia Préhistoire* supplément 7.
Leroi-Gourhan, A., and Arlette Leroi-Gourhan. 1964. Chronologie des grottes d'Arcy-sur-Cure (Yonne). *Gallia Préhistoire* 7:1–64.
Leroi-Gourhan, Arlette 1980. Les interstades du Würm supérieur, in *Problèmes de stratigraphie Quaternaire en France et dans les Pays Limitrophes*. Edited by J. Chaline, pp. 192–4. Dijon: Association Française pour l'Etude du Quaternaire.
Leroy-Prost, C. 1974. Les pointes en matière osseuse de l'Aurignacien. *Bulletin de la Société Préhistorique Française* 77:449–58.
Lesser, A. 1961. Social fields and the evolution of society. *Southwestern Journal of Anthropology* 17:40–7.
Lévêque, F., A. M. Backer, and M. Guilbaud (editors). 1993. *Context of a Late Neanderthal: implications of multidisciplinary research for the transition to Upper Paleolithic adaptations at Saint-Césaire, Charente-Maritime, France*. Monographs in World Archaeology 16. Madison, Wisconsin: Prehistory Press.
Lévi-Strauss, C. 1969. *The elementary structures of kinship*. Boston: Beacon Press.
Lhomme, J.-P., and S. Maury. 1990. *Tailler le silex*. Périgueux: Conseil Général de la Dordogne, Service de l'Archéologie.
Lindly, J., and G. A. Clark. 1990. Symbolism and modern human origins. *Current Anthropology* 31:233–40.
Liubin, V. P. 1989. Palaeolithic of Caucasus, in *The old stone age of the world: the Palaeolithic of Caucasus and Northern Asia*. Edited by P. I. Boriskovsky, pp. 9–142. Leningrad: Nauka.
Liubin, V. P., and G. Bosinski. 1995. The earliest occupation of the Caucasus region, in *The earliest occupation of Europe*. Edited by W. Roebroeks and T. van Kolfschoten, pp. 207–55. Leiden: University of Leiden and European Science Foundation.
Locht, J. L., C. Swinnen, P. Antoine, M. Patou-Mathis, and P. Auguste. 1994. Le gisement de Beauvais: deux occupations du Paléolithique moyen durant une phase pléniglaciaire. *Notae praehistoricae* 13:15–20.
Lockwood, J. G. 1974. *World climatology*. London: Edward Arnold.
Lourandos, H. 1977. Aboriginal spatial organization and population: south-

western Victoria reconsidered. *Archaeology and Physical Anthropology in Oceania* 12:202–25.
1985. Intensification and Australian prehistory, in *Prehistoric hunters and gatherers: the emergence of cultural complexity*. Edited by T. D. Price and J. A. Brown, pp. 385–423. New York: Academic Press.
Lovejoy, C. O. 1981. The origin of man. *Science* 211:341–50.
Lumley, H. de. 1969a. *Une cabane acheuléenne dans la Grotte du Lazaret*. Paris: Mémoires de la Société Préhistorique Française 7.
1969b. A Palaeolithic camp site at Nice. *Scientific American* 220:42–50.
1969c. Le Paléolithique inférieur et moyen du Midi méditerranéen dans son cadre géologique, 1. Ligurie-Provence. *Gallia Préhistoire* supplément 5.
1975. Cultural evolution in France in its palaeoecological setting during the middle Pleistocene, in *After the Australopithecines*. Edited by K. W. Butzer and G. Isaac, pp. 745–808. The Hague: Mouton.
1979. L'homme de Tautavel; le prémier homme en Europe. *Dossiers de l'archéologie* 36:5–111.
(editor). 1972. *La grotte Moustérienne de l'Hortus*. Marseille: Etudes Quaternaires 1.
Lumley, H. de, and M.-A. de Lumley. 1979. L'homme de Tautavel. *Dossiers de l'archéologie* 36:54–9.
Lumley, M. A. de. 1976. Les anténéandertaliens dans le Sud, in *La Préhistoire Française*, vol. I. Edited by H. de Lumley, pp. 547–60. Paris: CNRS.
Luttropp, A., and G. Bosinski. 1971. *Der altsteinzeitliche Fundplatz Reutersruh bei Ziegenhain in Hessen*. Köln: Fundamente Reihe A/6.
MacRae, R. J. 1988. The Palaeolithic of the upper Thames and its quartzite implements, in *Non-flint stone tools and the Palaeolithic occupation of Britain*. Edited by R. J. MacRae and N. Moloney, pp. 123–54. Oxford: British Archaeological Reports 189.
Magee, B. 1987. *The great philosophers*. London: BBC Books.
Mai, D. H., D. Mania, T. Nötzold, V. Toepfer, E. Vlcek, and W. D. Heinrich. 1983. *Bilzingsleben II*. Berlin: Veröffentlichungen des Landesmuseums für Vorgeschichte Halle 36.
Mandryk, C. A. S. 1993. Hunter-gatherer social costs and the nonviability of submarginal environments. *Journal of Anthropological Research* 49:39–71.
Mania, D. 1978. *Homo erectus* von Bilzingsleben, Kreis Arten, und seine Kultur. *Jahresschrift Mitteldeutsche Vorgeschichte* 62:51–86.
1986. Die Siedlungsspuren des *Homo erectus* von Bilzingsleben, in *Bilzingsleben III*. Edited by D. Mania and T. Weber, pp. 9–64. Berlin: Veröffentlichungen des Landesmuseums für Vorgeschichte Halle 39.
1990. *Auf den Spuren des Urmenschen: Die Funde von Bilzingsleben*. Berlin: Theiss.
1991a. The zonal division of the Lower Palaeolithic open-air site Bilzingsleben. *Anthropologie* 29:17–24.
1991b. Eiszeitarchäologische Forschungsarbeiten in den Tagebauen des Saale – Elbe-Gebietes. *Veröffentlichungen des Museums für Ur- und Frühgeschichte Potsdam* 25:78–100.
1995. The earliest occupation of Europe: the Elbe-Saale region (Germany), in *The earliest occupation of Europe*. Edited by W. Roebroeks and T. van Kolfschoten, pp. 85–102. Leiden: University of Leiden and European Science Foundation.
Mania, D., and A. Dietzel. 1980. *Begegnung mit dem Urmensch*. Leipzig: Theiss.
Mania, D., M. Thomae, T. Litt, and T. Weber. 1990. *Neumark-Gröbern. Beiträge zur Jagd des mittelpaläolithischen Menschen*. Berlin: Veröffentlichungen des

Landesmuseums für Vorgeschichte Halle 43.
Mania, D., and V. Toepfer. 1973. *Königsaue*. Berlin: Veröffentlichungen des Landesmuseums für Vorgeschichte Halle 26.
Mania, D., V. Toepfer, and E. Vlcek. 1980. *Bilzingsleben I*. Berlin: Veröffentlichungen des Landesmuseums für Vorgeschichte Halle 32.
Mania, D., and T. Weber (editors). 1986. *Bilzingsleben III*. Berlin: Veröffentlichungen des Landesmuseums für Vorgeschichte Halle 39.
Marcy, J.-L., P. Auguste, M. Fontugne, A.-V. Munaut, and B. Van Vliet-Lanoé. 1993. Le gisement Moustérien d'Hénin-sur-Cojeul (Pas-de-Calais). *Bulletin de la Société Préhistorique Française* 90:251–6.
Marks, A. E. 1983. The Middle to Upper Palaeolithic transition in the Levant. *Advances in World Archaeology* 2:51–98.
Marks, A. E., Y. E. Demidenko, K. Monigal, V. I. Usik, C. R. Ferring, A. Burke, J. Rink, and C. McKinney. 1997. Starosel'e and the Starosel'e child: new excavations, new results. *Current Anthropology* 38:112–23.
Maroto, J., and N. Soler. 1990. La rupture entre le Paléolithique moyen et le Paléolithique supérieur en Catalogne: Paléolithique moyen récent et Paléolithique supérieur ancien en Europe. Ruptures et transitions: examen critique des documents archéologiques. *Actes du Colloque international de Nemours, Nemours, 1990*, pp. 263–5. Mémoires du Musée de Préhistoire d'Ile de France 3.
Maroto, J., N. Soler, and A. Mir. 1987. La cueva de Mollet I (Serinya, Gerona). *Cypsela* 6:101–10.
Marquardt, W. H. 1985. Complexity and scale in the study of fisher-gatherer-hunters: an example from the eastern United States, in *Prehistoric hunter-gatherers: the emergence of cultural complexity*. Edited by T. D. Price and J. A. Brown, pp. 59–98. Orlando: Academic Press.
Marshack, A. 1972. *The roots of civilization*. New York: McGraw-Hill.
1990. Early hominid symbol and the evolution of the human capacity, in *The emergence of modern humans: an archaeological perspective*. Edited by P. Mellars, pp. 457–99. Edinburgh: Edinburgh University Press.
Marshall, G. 1993. Carnivores and Neanderthals: structured interaction, a critique of the evidence for the burial hypothesis. Unpublished Undergraduate Dissertation, University of Southampton.
Maryanski, A. R. 1993. The elementary forms of the first protohuman society: an ecological/social network approach. *Advances in Human Ecology* 2:215–41.
1996. African ape social networks: a blueprint for reconstructing early hominid social structure, in *The archaeology of human ancestry: power, sex and tradition*. Edited by J. Steele and S. J. Shennan, pp. 67–90. London: Routledge.
Maryanski, A., and M. Ishii-Kuntz. 1991. A cross-species application of Bott's hypothesis on role segregation and social networks. *Sociological Perspectives* 34:403–25.
Maryanski, A., and J. H. Turner. 1992. *The social cage: human nature and the evolution of society*. Stanford: Stanford University Press.
Mason, S., J. Hather, and G. Hillman. 1994. Preliminary investigation of the plant macro-remains from Dolní Věstonice II and its implications for the role of plant foods in Palaeolithic and Mesolithic Europe. *Antiquity* 68:48–57.
Masson, B., and L. Vallin. 1996. Ein unverlagerter Schlagplatz für Levalloisabschläge im Weichselzeitlichen Löss bei Hermies (Pas-de-Calais, Frankreich). *Archäologisches Korrespondenzblatt* 26:225–31.
Mauss, M. 1906. Essai sur les variations saisonnières des sociétés Eskimos: étude de morphologie sociale. *L'Année Sociologique* 9:39–132.

1936. Les techniques du corps. *Journal de Psychologie* 32.
1967. *The gift*. New York: W. W. Norton.
McBryde, I. 1978. Wil-im-ee Moor-ring: or, where do axes come from? *Mankind* 11:354–82.
1988. Goods from another country: exchange networks and the people of the Lake Eyre basin, in *Archaeology to 1788*. Edited by J. Mulvaney and P. White, pp. 253–73. Sydney: Waddon Associates.
in press. 'The landscape is a series of stories.' Grindstones, quarries and exchange in aboriginal Australia: a case study from the Cooper/Lake Eyre Basin, Australia, in *Siliceous rocks and culture: Proceedings of the VI International Flint Symposium*. Edited by A. Ramos-Millán. Granada: Madrid University.
McCurdy, G. G. 1931. The use of rock crystal by Palaeolithic man. *Proceedings of the National Academy of Sciences* 17:633–7.
McGlade, J. 1995. Archaeology and the ecodynamics of human-modified landscapes. *Antiquity* 69:113–32.
McNabb, J., and N. M. Ashton. 1993. The cutting edge: bifaces in the Clactonian. *Lithics* 13:4–10.
McNiven, I. J. 1990. Prehistoric aboriginal settlement and subsistence in the Cooloola region, coastal southeast Queensland. Unpublished Ph.D. Thesis, The University of Queensland.
Meillassoux, C. 1973. On the mode of production of the hunting band, in *French perspectives in African studies*. Edited by P. Alexandre, pp. 187–203. London: Oxford University Press.
Mellars, P. A. 1969. The chronology of Mousterian industries in the Périgord region of south-west France. *Proceedings of the Prehistoric Society* 35:134–71.
1970. Some comments on the notion of 'functional variability' in stone tool assemblages. *World Archaeology* 2:74–89.
1973. The character of the Middle–Upper Palaeolithic transition in south-west France, in *The explanation of culture change: models in prehistory*. Edited by C. Renfrew, pp. 255–76. London: Duckworth.
1985. The ecological basis of social complexity in the Upper Palaeolithic of southwestern France, in *Prehistoric hunter-gatherers: the emergence of cultural complexity*. Edited by T. D. Price and J. A. Brown, pp. 271–97. Orlando: Academic Press.
(editor). 1990. *The emergence of modern humans*. Edinburgh: Edinburgh University Press.
1992. Technological change in the Mousterian of southwest France, in *The Middle Palaeolithic: adaptation, behaviour, and variability*. Edited by H. L. Dibble and P. Mellars, pp. 39–45. Philadelphia: University of Pennsylvania, University Museum 72.
1996. *The Neanderthal legacy: an archaeological perspective from Western Europe*. Princeton: Princeton University Press.
Mellars, P. A., and C. Stringer (editors). 1989. *The human revolution: behavioural and biological perspectives on the origins of modern humans*. Edinburgh: Edinburgh University Press.
Mercier, N., H. Valladas, J.-L. Joron, J.-L. Reyss, F. Lévêque, and B. Vandermeersch. 1991. Thermoluminescence dating of the late Neanderthal remains from Saint Césaire. *Nature* 351:737–9.
Milardo, R. M. 1992. Comparative methods for delineating social networks. *Journal of Social and Personal Relationships* 9:447–61.

Miller, G. A. 1956. The magical number seven plus or minus two: some limits on our capacity for processing information. *Psychological Review* 63:81–97.
Milroy, L. 1987. *Language and social networks*, 2nd edition. Oxford: Blackwell.
Milton, K. 1988. Foraging behaviour and the evolution of primate intelligence, in *Machiavellian intelligence*. Edited by R. Byrne and A. Whiten, pp. 285–305. Oxford: Clarendon Press.
Miracle, P. T., L. E. Fisher, and J. Brown (editors). 1991. *Foragers in context: long-term, regional, and historical perspectives in hunter-gatherer studies*. Ann Arbor: Michigan Discussions in Anthropology 10.
Mitchell, J. C. 1974. Social networks. *Annual Review of Anthropology* 3:279–99.
Mithen, S. 1990. *Thoughtful foragers*. Cambridge: Cambridge University Press.
1993a. Individuals, groups and the Palaeolithic record: a reply to Clark. *Proceedings of the Prehistoric Society* 59:393–8.
1993b. Language, technology, and intelligence: a holy trinity for cognitive archaeology. *Cambridge Archaeological Journal* 3:285–300.
1994. Technology and society during the Middle Pleistocene: hominid group size, social learning and industrial variability. *Cambridge Archaeological Journal* 4:3–32.
1996. *The prehistory of the mind: a search for the origins of art, religion and science*. London: Thames and Hudson.
Mogosanu, F. 1976. L'Aurignacien du Banat, in *L'Aurignacien en Europe*. Congrès IX, Colloque XVI. Edited by J. K. Kozlowski, pp. 75–97. Nice: UISPP.
1978. *Paleoliticul din Banat*. Bucuresti: Academi Republicae Socialae Romaniei.
Moncel, M. H. 1994. L'industrie lithique des trois niveaux supérieurs de l'abri du Maras (Ardèche), in *Les industries laminaires au Paléolithique moyen*. Edited by S. Révillion and A. Tuffreau, pp. 117–23. Paris: Centre National de la Recherche Scientifique 18.
Monnier, J.-L. 1994. A new regional group of the Lower Palaeolithic in Brittany (France), recently dated by electron spin resonance. *Centre Recherche Academie Science Paris* 319:155–60.
Montet-White, A. 1988. Raw-material economy among medium-sized Late Palaeolithic campsites of Central Europe, in *Upper Pleistocene prehistory of Western Eurasia*. Edited by H. Dibble and A. Montet-White, pp. 361–74. Philadelphia: University of Pennsylvania, University Museum Monograph 54.
Moore, H. 1986. *Space, text and gender*. Cambridge: Cambridge University Press.
Morphy, H. 1989. From dull to brilliant: the aesthetics of spiritual power among the Yolngu. *Man* 24:21–40.
Morris, B. 1982. *Forest traders: a socio-economic study of the Hill Pandaram*. New Jersey: Humanities Press.
Moser, S. 1989. A history of reconstructions. Unpublished BA thesis, LaTrobe University.
1992. The visual language of archaeology: a case study of the Neanderthals. *Antiquity* 66:831–44.
1998. *Ancestral images*. Stroud: Sutton Publishing.
Moser, S., and C. S. Gamble. 1997. Revolutionary images: the iconic vocabulary for representing human antiquity, in *The cultural life of images: visual representation in archaeology*. Edited by B. L. Molyneaux, pp. 184–212. London: Routledge.
Moss, C. 1988. *Elephant memories*. London: Montana.
Mottl, M. 1941. Die Interglazial-und Iinterstadial-Zeiten im Lichte der

Ungarischen Säugetierfauna. *Mitteilungen aus dem Jahrbuche der Königlich-Ungarischen Geologischen Anstalt* 35:1–33.
Movius, H. L. (editor). 1975. *Excavation of the Abri Pataud, Les Eyzies (Dordogne)*. American School of Prehistoric Research, Bulletin 30. Cambridge, Mass.: Peabody Museum Press.
Movius, H. L. (editor). 1977. *Excavation of the Abri Pataud, Les Eyzies (Dordogne): Stratigraphy*. American School of Prehistoric Research, Bulletin 31. Cambridge, Mass.: Peabody Museum Press.
Moyà-Solà, S., and M. Köhler. 1997. The Orce skull: anatomy of a mistake. *Journal of Human Evolution* 33:91–7.
Mueller-Wille, S., and D. B. Dickson. 1991. An examination of some models of late Pleistocene society in southwestern Europe, in *Perspectives of the past: theoretical biases on Mediterranean hunter gatherer research*. Edited by G. A. Clark, pp. 25–55. Philadelphia: University of Pennsylvania Press.
Müller-Beck, H. 1973. Weinberghöhlen (Mauern) und Speckberg (Meilenhofen) 1964–1972, in *Neue paläolithische und mesolithische Ausgrabungen in der Bundesrepublik Deutschland*. Edited by H.-J. Müller-Beck, pp. 29–36. Tübingen, zum 9. INQUA-Kongress.
1988. The ecosystem of the 'Middle Paleolithic' (Late Lower Paleolithic) in the Upper Danube region: a stepping-stone to the Upper Paleolithic, in *Upper Pleistocene prehistory of Western Eurasia*. Edited by H. Dibble and A. Montet-White, pp. 233–54. Philadelphia: University of Pennsylvania, University Museum Monograph 54.
Münzel, S., P. Morel, and J. Hahn. 1994. Jungpleistozäne Tierreste aus der Geißenklösterle-Höhle bei Blaubeuren. *Fundberichte aus Baden-Württemberg* 19:63–93.
Murray, T. 1987. Remembrances of things present: appeals to authority in the history and philosophy of archaeology. Unpublished Ph.D. dissertation, University of Sydney.
Musil, R. 1980–1. *Ursus spelaeus. Der Höhlenbar*. Weimar: Museum für Ur und Frühgeschichte Thüringens.
1994. The fauna, in *Pavlov I: excavations 1952–3*. Edited by J. Svoboda, pp. 181–209. Liège: ERAUL 66.
Mussi, M. 1986a. On the chronology of the burials found in the Grimaldi caves. *Human evolution* 1:95–104.
1986b. Italian Palaeolithic and Mesolithic burials. *Human evolution* 1:545–56.
1988. Continuité et discontinuité dans les practiques funéraires au Paléolithique: le cas de l'Italie, in *L'Homme de Néandertal*. Edited by M. Otte, vol. V, *La Pensée*, pp. 93–107. Liège: ERAUL 32.
1990. Continuity and change in Italy at the last glacial maximum, in *The world at 18 000 BP, Volume 1: High latitudes*. Edited by O. Soffer and C. Gamble, pp. 126–47. London: Unwin Hyman.
1992. *Il Paleolitico e il Mesolitico in Italia*. Bologna: Stilus, Popoli e civiltà dell' Italia 10.
1995. The earliest occupation of Europe: Italy, in *The earliest occupation of Europe*. Edited by W. Roebroeks and T. van Kolfschoten, pp. 27–49. Leiden: University of Leiden and European Science Foundation.
Nelson, R. K. 1973. *Hunters of the northern forest*. Chicago: University of Chicago Press.
Newell, R. R. 1984. On the Mesolithic contribution to the social evolution of western European society, in *European social evolution: archaeological*

perspectives. Edited by J. L. Bintliff, pp. 69–82. Bradford: University of Bradford.

Newell, R. R., and T. S. Constandse-Westermann. 1986. Testing an ethnographic analogue of Mesolithic social structure and the archaeological resolution of Mesolithic ethnic groups and breeding populations. *Proceedings of the Koninklijke Nederlandse Akademie van Wetenschappen* 89:243–310.

Nicholson, A., and S. Cane. 1991. Desert camps: analysis of Australian Aboriginal proto-historic campsites, in *Ethnoarchaeological approaches to mobile campsites: hunter-gatherer and pastoralist case studies*. Edited by C. S. Gamble and W. A. Boismier, pp. 263–354. Ann Arbor: International Monographs in Prehistory, Ethnoarchaeological Series 1.

Nicolaescu-Plopsor, C. S., A. L. Paunescu, and F. Mogosanu. 1966. Paléolithique du Ceahlau. *Dacia* 10:5–116.

Ninkovitch, D., and N. J. Shackleton. 1975. Distribution, stratigraphic position and age of ash layer 'L' in the Panama basin. *Earth and Planetary Science Letters* 27:20–34.

Nitecki, M. H., and D. V. Nitecki (editors). 1987. *The evolution of human hunting*. New York: Plenum.

Noble, W., and I. Davidson. 1996. *Human evolution, language and mind*. Cambridge: Cambridge University Press.

O'Connell, J. F., K. Hawkes, and N. G. Blurton-Jones. 1992. Patterns in the distribution, site structure and assemblage composition of Hadza kill-butchering sites. *Journal of Archaeological Science* 19:319–45.

Oakley, K. P. 1949. *Man the tool maker*. London: Natural History Museum.

Oakley, K. P., P. Andrews, L. H. Keeley, and J. D. Clark. 1977. A re-appraisal of the Clacton spearpoint. *Proceedings of the Prehistoric Society* 43:13–30.

Oakley, K. P., B. G. Campbell, and T. I. Molleson. 1971. *Catalogue of fossil hominids. Part II: Europe*. London: British Museum (Natural History).

Oakley, K. P., and M. D. Leakey. 1937. Report on excavations at Jaywick Sands, Essex (1934); with some observations on the Clactonian Industry, and on the fauna and geological significance of the Clacton Channel. *Proceedings of the Prehistoric Society* 3:217–60.

Ohel, M. 1979. The Clactonian: an independent complex or an integral part of the Acheulian? *Current Anthropology* 20:685–726.

Oliva, M. 1984. Le Bohunicien, un nouveau groupe culturel en Moravie; quelques aspects psycho-technologiques du développement des industries Paléolithiques. *L'Anthropologie* 88:209–20.

1988a. A Gravettian site with mammoth-bone dwelling in Milovice (Southern Moravia). *Anthropologie* 26:105–12.

1988b. Discovery of a Gravettian mammoth bone hut at Milovice (Moravia, Czechoslovakia). *Journal of Human Evolution* 17:787–90.

Olive, M., and Y. Taborin (editors). 1989. *Nature et fonction des foyers préhistoriques*. Nemours: Mémoires du Musée de Préhistoire d'Ile de France 2.

Opravil, E. 1994. The vegetation, in *Pavlov I: excavations 1952–3*. Edited by J. Svoboda, pp. 175–80. Liège: ERAUL 66.

Otte, M. 1981. *Le Gravettien en Europe*. Brugge: Dissertationes Archaeologicae Gandenses, de Tempel 20.

1994. Rocourt (Liège, Belgique): Industrie laminaire ancienne, in *Les industries laminaires au Paléolithique moyen*. Edited by S. Révillion and A. Tuffreau, pp. 179–86. Paris: Centre National de la Recherche Scientifique 18.

Owen, L. R. 1988. *Blade and microblade technology. Selected assemblages from the North American Arctic and the Upper Paleolithic of Southwest Germany*. Oxford: British Archaeological Reports, International Series 441.
1996. Der Gebrauch von Pflanzen im Jungpaläolithikum Mitteleuropas. *Ethnographisch-Archäologische Zeitschrift* 37:119–46.
Paine, R. 1967. What is gossip about? An alternative hypothesis. *Man* 2:278–85.
Palma di Cesnola, A. 1976. Le leptolithique archaïque en Italie, in *Périgordien et Gravettien en Europe*. Congrès IX, Colloque XV. Edited by B. Klíma, pp. 66–99. Nice: UISPP.
1981. Italie, in *Resumen de las Investigaciones de 1976 a 1981*, vol. X Congresso, Comision X. Edited by R. Desbrosse and J. K. Kozlowski, pp. 31–5. Mexico City: UISPP.
1996. *Le Paléolithique inférieur et moyen en Italie*. Grenoble: Millon, Préhistoire d'Europe.
Palmqvist, P. 1997. A critical re-evaluation of the evidence for the presence of hominids in Lower Pleistocene times at Venta Micena, Southern Spain. *Journal of Human Evolution* 33:83–9.
Parés, J. M., and A. Pérez-González. 1995. Paleomagnetic age for hominid fossils at Atapuerca archaeological site, Spain. *Science* 269:830–2.
Parish, A. R. 1996. Female relationships in Bonobos (*Pan paniscus*): evidence for bonding, cooperation, and female dominance in a male-philopatric species. *Human Nature* 7:61–96.
Parker, S. T. 1987. A sexual selection model for hominid evolution. *Human Evolution* 2:235–53.
Parker, S. T., and C. Milbrath. 1993. Higher intelligence, propositional language, and culture as adaptations for planning, in *Tools, language and cognition in human evolution*. Edited by K. Gibson and T. Ingold, pp. 314–33. Cambridge: Cambridge University Press.
Parkington, J., and G. Mills. 1991. From space to place: the architecture and social organisation of Southern African mobile communities, in *Ethnoarchaeological approaches to mobile campsites: hunter-gatherer and pastoralist case studies*. Edited by C. S. Gamble and W. A. Boismier, pp. 355–70. Ann Arbor: International Monographs in Prehistory, Ethnoarchaeological Series 1.
Pasda, C. 1994. *Das Magdalenian in der Freiburger Bucht*. Stuttgart: Materialhefte zur Archäologie in Baden-Württemberg 24.
1996a. Rohknolle, Vollkern oder Abschlag? Strategien der Rohmaterialnutzung im Mittelpaläolithikum von Zwochau (Leipziger Tieflandsbucht). *Archäologisches Korrespondenzblatt* 26:1–12.
1996b. Silexverarbeitung am Rohmaterialvorkommen im Mittelpleistozän. *Arbeits- und Forschungsberichte zur Sächsischen Bodendenkmalpflege* 38:13–55.
Patou-Mathis, M. 1993. Etude taphonomique et paléthnographique de la faune de l'abri des Canalettes, in *L'Abri des Canalettes. Un habitat Moustérien sur les grands Causses (Nant, Aveyron)*. Edited by L. Meignen, pp. 199–237. Paris: CNRS, Monographies du Centre de Recherches Archéologiques, Monograph 10.
1994. Archéozoologie des niveaux Moustériens et Aurignaciens de la grotte Tournal à Bize (Aude). *Gallia Préhistoire* 36:1–64.
Paunescu, A. L. 1965. Sur la succession des habitats Paléolithiques et postpaléolithiques de Ripiceni-Izvor. *Dacia* 9:1–32.
Penck, A., and E. Brückner. 1909. *Die Alpen in Eiszeitalter*. Leipzig.

Peretto, C. 1991. Les gisements d'Isernia la Pineta (Molise, Italie), in *Les Premiers Européens*. Edited by E. Bonifay and B. Vandermeersch, pp. 153–68. Paris: Editions du C.T.H.S.
(editor). 1992. *I primi abitanti della Valle Padana: Monte Poggiolo nel quadro delle conoscenze Europée*. Milano: Jaca Book.
Peretto, C., C. Terzani, and M. Cremaschi (editors). 1983. *Isernia La Pineta, un accampamento più antico di 700,000 anni*. Bologna: Calderini.
Peris, J. F., P. M. G. Calatayud, and R. M. Valle. 1994. Cova del Bolomor (Tavernes de la Valldigna, Valencia) primeros datos de una secuencia del Pleistoceno medio. *Sagvntvm* 27:9–35.
1997. *Cova del Bolomor: los primeros habitantes de las tierras Valencianas*. Valencia: Diputació de València.
Perlès, C. 1976. Le feu, in *La Préhistoire française*, vol. I. Edited by H. de Lumley, pp. 679–83. Paris: CNRS.
1992. In search of lithic strategies: a cognitive approach to prehistoric chipped stone assemblages, in *Representations in archaeology*. Edited by J. Gardin and C. Peebles, pp. 223–47. Bloomington and Indianapolis: Indiana University Press.
Peterson, N. 1986. *Australian territorial organisation*. Sydney: Oceania Monograph 30.
Peyrony, D. 1933. Les industries aurignaciennes dans le bassin de la Vézère. Aurignacien et Périgordien. *Bulletin de la Société Préhistorique Française* 30:543–59.
Pfeiffer, J. E. 1982. *The creative explosion*. New York: Harper and Row.
Pickering, M. 1994. The physical landscape as a social landscape. *Archaeology in Oceania* 29:149–61.
Pigeot, N. 1990. Technical and social actors: flint knapping specialists at Magdalenian Etiolles. *Archaeological Review from Cambridge* 9:126–41.
Pillard, B. 1972. La faune des grands mammifères du Würmien II, in *La Grotte de Hortus*, Edited by H. de Lumley, pp. 163–205. Marseille: Etudes Quaternaires 1.
Piperno, M., and I. Biddittu. 1978. Studio tipologico ed interpretazione dell'industria acheulena e pre-musteriana dei livelli *m* e *d* di Torre in Pietra (Roma). *Quaternaria* 20:441–536.
Pitts, M., and M. Roberts. 1997. *Fairweather Eden: life in Britain half a million years ago as revealed by the excavations at Boxgrove*. London: Century.
Politis, G. G. 1996. Moving to produce: Nukak mobility and settlement patterns in Amazonia. *World Archaeology* 27:492–511.
Potts, R. 1988. *Early hominid activities at Olduvai*. New York: Aldine.
1993. The hominid way of life, in *The Cambridge Encyclopedia of Human Evolution*. Edited by S. Jones, R. Martin, and D. Pilbeam, pp. 325–34. Cambridge: Cambridge University Press.
Praslov, N. D. (editor). 1981. *Ketrosy. A Mousterian Site on the middle Dniestr region*. Moscow: Nauka.
Praslov, N. D., and A. N. Rogachev (editors). 1982. *Palaeolithic of the Kostenki-Borshevo area on the Don river, 1879–1979*. Leningrad: NAUKA.
Price, T. D., and J. A. Brown (editors). 1985a. *Prehistoric hunters and gatherers: the emergence of cultural complexity*. Orlando: Academic Press.
Price, T. D., and J. A. Brown. 1985b. Aspects of hunter-gatherer complexity, in *Prehistoric hunter-gatherers: the emergence of cultural complexity*. Edited by T. D. Price and J. A. Brown, pp. 3–20. Orlando: Academic Press.
1985c. Preface, in *Prehistoric hunter-gatherers: the emergence of cultural*

complexity. Edited by T. D. Price and J. A. Brown, pp. xiii–xv. Orlando: Academic Press.
Quéchon, G. 1976. Les sépultures des hommes du Palaéolithique supérieur, in *La Préhistoire Française*, vol. I. Edited by H. de Lumley, pp. 728–33. Paris: CNRS.
Quiatt, D., and V. Reynolds. 1993. *Primate behaviour: information, social knowledge, and the evolution of culture*. Cambridge: Cambridge University Press.
Radcliffe-Brown, A. R. 1952. *Structure and function in primitive society*. London: Cohen and West.
Ramaswamy, V. 1992. Explosive start to the last ice age. *Nature* 359:14.
Ranov, V. A. 1991. Les sites très anciens de l'âge de la pierre en U.R.S.S, in *Les premiers Européens*. Edited by E. Bonifay and B. Vandermeersch, pp. 209–16. Paris: CTHS.
Raposo, L., and M. Santonja. 1995. The earliest occupation of Europe: the Iberian peninsula, in *The earliest occupation of Europe*. Edited by W. Roebroeks and T. van Kolfschoten, pp. 7–26. Leiden: University of Leiden and European Science Foundation.
Raynal, J.-P., L. Magoga, and P. Bindon. 1995. Tephrofacts and the first human occupation of the French massif, in *The earliest occupation of Europe*. Edited by W. Roebroeks and T. van Kolfschoten, pp. 129–46. Leiden: University of Leiden and European Science Foundation.
Raynal, J.-P., L. Magoga, F.-Z. Sbihi-Alaoui, and D. Geraads. 1995. The earliest occupation of Atlantic Morocco: the Casablanca evidence, in *The earliest occupation of Europe*. Edited by W. Roebroeks and T. van Kolfschoten, pp. 255–62. Leiden: University of Leiden and European Science Foundation.
Redman, C., M. J. Berman, E. V. Curtin, W. T. Langhorne, N. M. Versaggi, and J. C. Wanser (editors). 1978. *Social archaeology*. New York: Academic Press.
Reiff, W. 1986. Die Sauerwasserkalke von Stuttgart. *Fundberichte aus Baden-Württemberg* 11:2–25.
Renfrew, C. 1973. *Before civilization*. London: Jonathan Cape.
Renfrew, C., and S. J. Shennan (editors). 1982. *Ranking, resource and exchange*. Cambridge: Cambridge University Press.
Rensink, E. 1993. *Moving into the north: Magdalenian occupation and exploitation of the loess landscapes of northwestern Europe*. Proefschrift: Leiden University.
Révillion, S., and A. Tuffreau (editors). 1994a. *Les industries laminaires au Paléolithique moyen*. Paris: Centre National de la Recherche Scientifique 18.
Révillion, S., and A. Tuffreau. 1994b. Introduction, in *Les industries laminaires au Paléolithique moyen*. Edited by S. Révillion and A. Tuffreau, pp. 11–17. Paris: Centre National de la Recherche Scientifique 18.
1994c. Valeur et signification du débitage laminaire du gisement Paléolithique moyen de Seclin (Nord), in *Les industries laminaires au Paléolithique moyen*. Edited by S. Révillion and A. Tuffreau, pp. 19–43. Paris: Centre National de la Recherche Scientifique 18.
Reynolds, V. 1966. Open groups in hominid evolution. *Man* 1:441–52.
Richards, G. 1987. *Human evolution: an introduction for the behavioural sciences*. London: Routledge.
Rick, J. 1987. Dates as data: an examination of the Peruvian preceramic radiocarbon record. *American Antiquity* 52:55–73.
Riek, G. 1934. *Die Eiszeitjägerstation am Vogelherd, Band 1: Die Kulturen*. Tübingen: Heine.
Rigaud, J.-P. (editor). 1988a. *La Grotte Vaufrey à Cenac et Saint-Julien*

(Dordogne): Paléoenvironments, chronologie et activités humaines. Paris: Mémoires de la Société Préhistorique Française 19.
Rigaud, J.-P. 1988b. The Gravettian peopling of Southwestern France: taxonomic problems, in *Upper Pleistocene prehistory of western Eurasia*. Edited by H. Dibble and A. Montet-White, pp. 387–96. Philadelphia: University of Pennsylvania, University Museum Monograph 54.
Rigaud, J.-P., and J.-M. Geneste. 1988. L'utilisation de l'espace dans la Grotte Vaufrey, in *La Grotte Vaufrey à Cenac et Saint-Julien (Dordogne), Paléoenvironments, chronologie et activités humaines*. Edited by J.-P. Rigaud, pp. 593–611. Paris: Mémoires de la Société Préhistorique Française 19.
Rigaud, J.-P., J. F. Simek, and G. Thierry. 1995. Mousterian fires from Grotte XVI (Dordogne, France). *Antiquity* 69:902–12.
Roberts, M. B. 1986. Excavation of the Lower Palaeolithic site at Amey's Eartham Pit, Boxgrove, West Sussex: a preliminary report. *Proceedings of the Prehistoric Society* 52:215–46.
Roberts, M. B., C. S. Gamble, and D. R. Bridgland. 1995. The earliest occupation of Europe: the British Isles, in *The earliest occupation of Europe*. Edited by W. Roebroeks and T. van Kolfschoten, pp. 165–91. Leiden: University of Leiden and European Science Foundation.
Roberts, M. B., C. B. Stringer, and S. A. Parfitt. 1994. A hominid tibia from Middle Pleistocene sediments at Boxgrove, U.K. *Nature* 369:311–13.
Rodseth, L., R. W. Wrangham, A. Harrigan, and B. B. Smuts. 1991. The human community as a primate society. *Current Anthropology* 32:221–54.
Roe, D. A. 1964. The British Lower and Middle Palaeolithic: some problems, methods of study and preliminary results. *Proceedings of the Prehistoric Society* 30:245–67.
1981. *The Lower and Middle Palaeolithic periods in Britain*. London: Routledge and Kegan Paul.
1995. The Orce basin (Andalucia, Spain) and the initial Palaeolithic of Europe. *Oxford Journal of Archaeology* 14:1–12.
Roebroeks, W. 1988. *From find scatters to early hominid behaviour: a study of Middle Palaeolithic riverside settlements at Maastricht-Belvédère (The Netherlands)*. University of Leiden: Analecta Praehistorica Leidensia 21.
1996. The English Palaeolithic record: absence of evidence, evidence of absence and the first occupation of Europe, in *The English Palaeolithic reviewed*. Edited by C. S. Gamble and A. J. Lawson, pp. 57–62. Salisbury: Trust for Wessex Archaeology.
Roebroeks, W., N. J. Conard, and T. van Kolfschoten. 1992. Dense forests, cold steppes, and the Palaeolithic settlement of northern Europe. *Current Anthropology* 33:551–86.
Roebroeks, W., D. De Loecker, P. Hennekens, and M. van Ieperen. 1992. 'A veil of stones': on the interpretation of an early Middle Palaeolithic low density scatter at Maastricht Belvédère (The Netherlands). *Analecta Praehistorica Leidensia* 25:1–16.
1993. On the archaeology of the Maastricht-Belvédère pit. *Mededelingen Rijks Geologische Dienst* 47:69–80.
Roebroeks, W., J. Kolen, and E. Rensink. 1988. Planning depth, anticipation and the organization of Middle Palaeolithic technology: the 'archaic natives' meet Eve's descendants. *Helinium* 28:17–34.
Roebroeks, W., and T. van Kolfschoten. 1994. The earliest occupation of Europe: a short chronology. *Antiquity* 68:489–503.
(editors). 1995. *The earliest occupation of Europe*. Leiden: University of Leiden and European Science Foundation.

Roebroeks, W., and A. Tuffreau. 1994. The Middle Palaeolithic of continental northwestern Europe. Paper presented at the ESF Workshop on the European Middle Palaeolithic. Arras.

Rogachev, A. N. 1957. The multilevel sites of the Kostenki-Borshevo region on the Don and the problem of the development of culture in the Upper Paleolithic epoch on the Russian Plain. *Materials and Researches on the Archaeology of the USSR* 59:9–134.

Rolland, N. 1981. The interpretation of Middle Palaeolithic variability. *Man* 16:15–42.

1990. Middle Palaeolithic socio-economic formations in Western Eurasia: an exploratory survey, in *The emergence of modern humans: an archaeological perspective*. Edited by P. Mellars, pp. 347–89. Edinburgh: Edinburgh University Press.

Rolland, N., and H. Dibble. 1990. A new synthesis of Middle Palaeolithic variability. *American Antiquity* 55:480–99.

Ronen, A. 1991. The Yiron-Gravel lithic assemblage; artifacts older than 2.4 my in Israel. *Archäologisches Korrespondenzblatt* 21:159–64.

Rowell, T. E. 1991. What can we say about social structure? in *The development and integration of behaviour*. Edited by P. Bateson, pp. 255–69. Cambridge: Cambridge University Press.

Rowley, S. 1985. Population movements in the arctic. *Etudes/Inuit/Studies* 9:3–21.

Ruddiman, W. F., and M. E. Raymo. 1988. Northern hemisphere climate régimes during the past 3Ma: possible tectonic connections. *Philosophical Transactions of the Royal Society of London B* 318:1–20.

Ruddiman, W. F., M. Raymo, and A. McIntyre. 1986. Matuyama 41,000–year cycles: North Atlantic Ocean and northern hemisphere ice sheets. *Earth and Planetary Science Letters* 80:117–29.

Rudwick, M. 1976. The emergence of a visual language for geological science 1760–1840. *History of Science* 14:149–95.

Sackett, J. R. 1982. Approaches to style in lithic archaeology. *Journal of Anthropological Archaeology* 1:59–112.

Sahlins, M. 1972. *Stone age economics*. London: Tavistock.

Saint-Périer, R. de. 1930. *La Grotte d'Isturitz I: Le Magdalénien de la Salle de St Martin*. Archives d l'Institut de Paléontologie Humaine 7. Paris: Masson.

1936. *La Grotte d'Isturitz II: Le Magdalénien de la Grande Salle*. Archives de l'Institut de Paléontologie Humaine 17. Paris: Masson.

Saint-Périer, R. de and S. de Saint-Périer. 1952. *La Grotte d'Isturitz III: Les Solutréens, les Aurignaciens et les Moustériens*. Archives de l'Institut de Paléontologie Humaine 25. Paris: Masson.

Santonja, M. 1991–2. Los últimos diez anos en la investigación del Paléolítico inferior de la cuenca del Duero. *Veleia* 8–9:7–41.

1992. La adaptación al medio en el Paleolítico inferior de la Peninsula ibérica. Elementos para una reflexión, Elephantes, ciervos y ovicaprinos, in *La Economia de la prehistoria de la peninsula iberica*. Edited by A. Moure Romanillo, pp. 37–76. Santander: Universidad de Cantabria.

Santonja, M., N. Lopez-Martinez, and A. Perez-Gonzalez. 1980. Ocupaciones Achelenses en el Valle del Jarama. *Arqueologia y Paleoecologia* 1:1–352.

Santonja, M., and P. Villa. 1990. The Lower Paleolithic of Spain and Portugal. *Journal of World Prehistory* 4:45–94.

Schafer, D. 1981. Taubach. *Ethnographisch-Archäologische Zeitschrift* 22:369–96.

Scheer, A. 1985. Elfenbeinanhänger des Gravettien in Süddeutschland. *Archäologisches Korrespondenzblatt* 15:269–85.

1990. Von der Schichtinterpretation bis zum Besiedlungsmuster – Zusammensetzungen als absoluter Nachweis, in *The big puzzle*. Edited by E. Cziesla, S. Eickhoff, N. Arts, and D. Winter, pp. 623–50. Bonn: Holos, Studies in Modern Archaeology 1.
1993. The organization of lithic resource use during the Gravettian in Germany, in *Before Lascaux: the complex record of the Early Upper Palaeolithic*. Edited by H. Knecht, A. Pike-Tay, and R. White, pp. 193–210. Boca Raton: CRC Press.
Schlanger, N. 1990. Technique as human action: two perspectives. *Archaeological Review from Cambridge* 9:18–26.
1994. Mindful technology: unleashing the chaîne opératoire for an archaeology of mind, in *The ancient mind: elements of cognitive archaeology*. Edited by C. Renfrew and E. Zubrow, pp. 143–51. Cambridge: Cambridge University Press.
1996. Understanding Levallois: lithic technology and cognitive archaeology. *Cambridge Archaeological Journal* 6:231–54.
Schmidt, R. R. 1936. *The dawn of the human mind: a study of Palaeolithic man*. London: Sidgwick and Jackson.
Schrire, C. (editor). 1984. *Past and present in hunter-gatherer studies*. London: Academic Press.
Schwarcz, H. P., R. Grun, A. G. Latham, D. Mania, and K. Brunnacker. 1988. The Bilzingsleben archaeological site: new dating evidence. *Archaeometry* 30:5–17.
Schwarcz, H. P., and I. Skoflek. 1982. New dates for the Tata, Hungary, archaeological site. *Nature* 295:590–1.
Scott, K. 1986a. The bone assemblage from layers 3 and 6, in *La Cotte de St. Brelade 1961–1978. Excavations by C.B.M. McBurney*. Edited by P. Callow and J. M. Cornford, pp. 159–83. Norwich: Geo Books.
1986b. The large mammal fauna, in *La Cotte de St. Brelade 1961–1978: excavations by C.B.M. McBurney*. Edited by P. Callow and J. M. Cornford, pp. 109–37. Norwich: Geo Books.
Segre, A., and A. Ascenzi. 1984. Fontana Ranuccio: Italy's earliest Middle Pleistocene hominid site. *Current Anthropology* 25:230–3.
Service, E. R. 1966. *The hunters*. Englewood Cliffs, NJ: Prentice-Hall.
1971. *Primitive social organization: an evolutionary perspective*, 2nd edition. New York: Random House.
Shackleton, N. J. 1987. Oxygen isotopes, ice volume and sea level. *Quaternary Science Review* 6:183–90.
Shackleton, N. J., and N. D. Opdyke. 1973. Oxygen isotope and palaeomagnetic stratigraphy of Equatorial Pacific core V28–238. *Quaternary Research* 3:39–55.
Shanks, M., and C. Tilley. 1987a. *Social theory and archaeology*. London: Polity.
1987b. *Reconstructing archaeology*. Cambridge: Cambridge University Press.
Shennan, S. J. 1996. Social inequality and the transmission of cultural traditions in forager societies, in *The archaeology of human ancestry: power sex and tradition*. Edited by J. Steele and S. J. Shennan, pp. 365–79. London: Routledge.
Shipman, P., and J. Rose. 1983. Evidence of butchery and hominid activities at Torralba and Ambrona: an evaluation using microscopic techniques. *Journal of Archaeological Science* 10:465–74.
Shnirelman, V. A. 1992. Complex hunter-gatherers: exception or common phenomenon? *Dialectical Anthropology* 17:183–96.
Sibrava, V. 1986. Correlation of European glaciations and their relation to the deep-sea record. *Quaternary Science Reviews* 5: 433–42.

Silberbauer, G. 1981. *Hunter and habitat in the central Kalahari desert.* Cambridge: Cambridge University Press.
Simán, K. 1990. Population fluctuation in the Carpathian basin from 50 to 15 thousand years BP. *Acta Archaeologica Academiae Scientiarum Hungaricae* 42:13–19.
1990–1. Some features of populational fluctuations in Europe between 50 to 15 thousand BP. *Antaeus* 19–20:11–16.
Simek, J. 1987. Spatial order and behavioural change in the French Palaeolithic. *Antiquity* 61:25–40.
Simek, J. F., and H. A. Price. 1990. Chronological change in Périgord lithic assemblage diversity, in *The emergence of modern humans: an archaeological perspective.* Edited by P. Mellars, pp. 243–62. Edinburgh: Edinburgh University Press.
Simek, J. F., and L. M. Snyder. 1988. Changing assemblage diversity in Périgord archaeofaunas, in *Upper Pleistocene prehistory of Western Eurasia.* Edited by H. Dibble and A. Montet-White, pp. 321–32. Philadelphia: University of Pennsylvania, University Museum Monograph 54.
Simon, H. A. 1974. How big is a chunk? *Science* 183:482–8.
1981. *Sciences of the artificial.* Cambridge, Mass.: MIT Press.
Singer, R., B. G. Gladfelter, and J. J. Wymer. 1993. *The Lower Palaeolithic site at Hoxne, England.* London: The University of Chicago Press.
Singer, R., J. J. Wymer, B. G. Gladfelter, and R. G. Wolff. 1973. Excavation of the Clactonian industry at the golf course, Clacton-on-Sea, Essex. *Proceedings of the Prehistoric Society* 39:6–74.
Sklenář, K. 1976. Palaeolithic and Mesolithic dwellings: problems of interpretation. *Památky Archeologické* 68:249–340.
Skrdla, P., V. Cílek, and A. Prichystal. 1996. Dolní Věstonice III, excavations 1993–1995, in *Palaeolithic in the Middle Danube region.* Edited by J. Svoboda, pp. 173–206. Brno: Archeologicky ústav AV CR.
Smiley, F. E., C. M. Sinopoli, H. Jackson, W. H. Wills, and S. A. Gregg (editors).1980. *The archaeological correlates of hunter-gatherer societies: studies from the ethnographic record.* Ann Arbor: Michigan Discussions in Anthropology 5.
Smirnov, Y. A. 1989. Intentional human burial: Middle Palaeolithic (Last Glaciation) beginning. *Journal of World Prehistory* 3:199–233.
1991. *Middle Palaeolithic burials.* Moscow: Nauka.
Smith, F. H. 1984. Fossil hominids from the Upper Pleistocene of Central Europe and the origin of modern Europeans, in *The origins of modern humans: a world survey of the fossil evidence.* Edited by F. H. Smith and F. Spencer, pp. 137–209. New York: Alan Liss.
Soffer, O. 1985a. Patterns of intensification as seen from the Upper Palaeolithic of the central Russian plain, in *Prehistoric hunter-gatherers:the emergence of cultural complexity.* Edited by T. D. Price and J. A. Brown, pp. 235–70. Orlando: Academic Press.
1985b. *The Upper Palaeolithic of the Central Russian Plain.* New York: Academic Press.
(editor). 1987. *The Pleistocene Old World: regional perspectives.* New York: Plenum.
1989. The Middle to Upper Palaeolithic transition on the Russian Plain, in *The Human Revolution: behavioural and biological perspectives on the origins of modern humans.* Edited by P. Mellars and C. Stringer, pp. 714–42. Edinburgh: Edinburgh University Press.

1993. Upper Palaeolithic adaptations in Central and Eastern Europe and man–mammoth interactions, in *From Kostenki to Clovis: Upper Paleolithic–Paleo-Indian adaptations.* Edited by O. Soffer and N. D. Praslov, pp. 31–49. New York: Plenum.

1994. Ancestral lifeways in Eurasia – the Middle and Upper Palaeolithic records, in *Origins of anatomically modern humans.* Edited by M. H. Nitecki and D. V. Nitecki, pp. 101–19. New York: Plenum.

Soffer, O., J. M. Adovasio, D. C. Hyland, B. Klíma and J. Svoboda. 1998. Perishable technologies and the genesis of the Eastern Gravettian. *Anthropologie* 36:43–68.

Soffer, O., and C. S. Gamble (editors). 1990. *The world at 18 000BP. Volume 1: High latitudes.* London: Unwin Hyman.

Soffer, O., and N. D. Praslov (editors). 1993. *From Kostenki to Clovis: Upper Paleolithic–Paleo-Indian adaptations.* New York: Plenum.

Soffer, O., and P. Vandiver. 1994. The ceramics, in *Pavlov I: excavations 1952–3.* Edited by J. Svoboda, pp. 161–73. Liège: ERAUL 66.

Soffer, O., P. Vandiver, B. Klíma, and J. Svoboda. 1993. The pyrotechnology of performance art: Moravian venuses and wolverines, in *Before Lascaux: the complex record of the Early Upper Paleolithic.* Edited by H. Knecht, A. Pike-Tay, and R. White, pp. 259–75. Boca Raton: CRC Press.

Soler, N., and J. Maroto. 1987. L'estratigrafia de la cova de l'Arbreda (Serinya, Girona). *Cypsela* 6:53–66.

Soler, N., X. Terradas, J. Maroto, and C. Plana. 1990. Le silex et les autres matières premières au Paléolithique moyen et supérieur, au nord-est de la Catalogne, in Le silex de sa genèse à l'outil: Actes du V Colloque international sur le Silex. *Cahiers du Quaternaire* 17:453–60.

de Sonneville-Bordes, D. 1960. *Le Paléolithique supérieur en Périgord.* Bordeaux: Delmas.

1974–5. Les listes types. Observations de méthode. *Quaternaria* 18:9–43.

1989. Foyers Paléolithiques en Périgord. *Mémoires du Musée de Préhistoire d'Ile de France* 2:225–37.

de Sonneville-Bordes, D., and J. Perrot. 1954–6. Lexique typologique du Paléolithique supérieur. Outillage lithique. *Bulletin de la Société Préhistorique Française* 51:327–35, 52:76–9, 53:408–12, 547–59.

Sperling, S. 1991. Baboons with briefcases: feminism, functionalism, and sociobiology in the evolution of primate gender. *Journal of Women in Culture and Society* 17.

Spiess, A. E. 1979. *Reindeer and caribou hunters: an archaeological study.* New York: Academic Press.

Stanley, V. 1980. Palaeoecology of the arctic-steppe mammoth biome. *Current Anthropology* 21:663–6.

Stanner, W. E. H. 1965. Aboriginal territorial organisation: estate, range, domain and regime. *Oceania* 36:1–26.

Stapert, D. 1992. Rings and sectors: intrasite spatial analysis of stone age sites. Doctoraat in de Letteren, Rijksuniversiteit Groningen.

Steele, J. 1994. Communication networks and dispersal patterns in human evolution: a simple simulation model. *World Archaeology* 26:126–43.

1996. On predicting hominid group sizes, in *The archaeology of human ancestry: power, sex and tradition.* Edited by J. Steele and S. Shennan, pp. 230–52. London: Routledge.

Steele, J., A. Quinlan, and F. Wenban-Smith. 1995. Stone tools and the linguistic capabilities of earlier hominids. *Cambridge Archaeological Journal* 5:245–56.

Steiner, W., and O. Wagenbreth. 1971. Zur geologischen Situation der altsteinzeitlichen Rastplätze in unteren Travertin von Ehringsdorf bei Weimar. *Alt-Thüringen* 11:47–75.
Stern, N. 1993. The structure of the Lower Pleistocene archaeological record. *Current Anthropology* 34:201–25.
Steward, J. H. 1936. The economic and social basis of primitive bands, in *Essays in anthropology presented to A. L. Kroeber*. Edited by R. H. Lowie, pp. 331–50. Berkeley: University of California Press.
1955. *Theory of culture change*. Urbana: University of Illinois Press.
Stiner, M. C. 1990. The use of mortality patterns in archaeological studies of hominid predatory adaptations. *Journal of Anthropological Archaeology* 9:305–51.
1992. Overlapping species 'choice' by Italian Upper Pleistocene predators. *Current Anthropology* 33:433–51.
1993. Modern human origins – faunal perspectives. *Annual Review of Anthropology* 22: 55–82.
1994. *Honor among thieves: a zooarchaeological study of Neandertal ecology*. Princeton: Princeton University Press.
Stiner, M. C., and S. L. Kuhn. 1992. Subsistence, technology, and adaptive variation in Middle Paleolithic Italy. *American Anthropologist* 94:306–39.
Straus, L. G. 1987. Upper Palaeolithic ibex hunting in SW Europe. *Journal of Archaeological Science* 14:163–78.
1989. Age of the modern Europeans. *Nature* 342:476–7.
1992. *Iberia before the Iberians: The Stone Age Prehistory of Cantabrian Spain*. Albuquerque: University of New Mexico Press.
1993. Preface, in *Context of a late Neanderthal: implications of multidisciplinary research for the transition to Upper Palaeolithic adaptations at Saint-Césaire, Charente-Maritime, France*. Edited by F. Lévêque, A. M. Backer, and M. Guilbaud, pp. xi–xii. Madison, Wisconsin: Prehistory Press, Monographs in World Archaeology 16.
Straus, L. G., J. L. Bischoff, and E. Carbonell. 1993. A review of the Middle to Upper Palaeolithic transition in Iberia. *Préhistoire Européenne* 3:11–27.
Straus, L. G., B. V. Eriksen, J. M. Erlandson, and D. R. Yesner (editors). 1996. *Humans at the end of the ice age: the archaeology of the Pleistocene–Holocene transition*. New York: Plenum.
Street, M., M. Baales, and B. Weninger. 1994. Absolute Chronologie des späten Paläolithikums und des Frühmesolithikums im Nördlichen Rheinland. *Archäologisches Korrespondenzblatt* 24:1–28.
Stringer, C. B. 1981. The dating of European Middle Pleistocene hominids and the existence of *Homo erectus* in Europe. *Anthropologie* 19:3–13.
1984. The definition of *Homo erectus* and the existence of the species in Africa and Europe. *Courier Forschungsinstitut Senckenberg* 69:131–43.
Stringer, C. B., and C. S. Gamble. 1993. *In search of the Neanderthals: solving the puzzle of human origins*. London: Thames and Hudson.
Stringer, C. B., and E. Mackie. 1996. *African exodus*. London: Cape.
Strum, S. C., and B. Latour. 1987. Redefining the social link: from baboons to humans. *Social Science Information* 26:783–802.
Stuart, A. J. 1982. *Pleistocene vertebrates in the British Isles*. London: Longman.
1996. Vertebrate faunas from the early Middle Pleistocene of East Anglia, in *The early Middle Pleistocene in Europe*. Edited by C. Turner, pp. 9–24. Rotterdam: Balkema.
Sturdy, D. A. 1975. Some reindeer economies in Palaeolithic Europe, in

Palaeoeconomy. Edited by E. S. Higgs, pp. 55–95. Cambridge: Cambridge University Press.

Suc, J.-P., and W. H. Zagwijn. 1983. Plio-Pleistocene correlations between the northwestern Mediterranean region and northwestern Europe according to recent biostratigraphic and palaeoclimatic data. *Boreas* 12:153–66.

Sutcliffe, A. J., and K. Kowalski. 1976. Pleistocene rodents of the British Isles. *Bulletin of the British Museum (Natural History), Geology* 27:37–137.

Svezhentsev, Y. S. 1993. Radiocarbon chronology for the Upper Paleolithic sites on the East European plain, in *From Kostenki to Clovis: Upper Paleolithic–Paleo-Indian Adaptations*. Edited by O. Soffer and N. D. Praslov, pp. 23–49. New York: Plenum Press.

Svoboda, J. 1987. Lithic industries of the Arago, Vértesszöllös, and Bilzingsleben hominids: comparison and evolutionary interpretation. *Current Anthropology* 28:219–27.

1989. Middle Pleistocene adaptation in Central Europe. *Journal of World Prehistory* 3:33–70.

(editor). 1991. *Dolní Věstonice II: western slope*. Liège: ERAUL 54.

1994a. *Paleolit Moravy a Slezska*. Brno: Dolnovesonické studies 1.

1994b. Environment and Middle Palaeolithic adaptations in eastern Central Europe. Paper presented at the ESF Workshop on the European Middle Palaeolithic. Arras.

(editor). 1994c. *Pavlov I: excavations 1952–53*. Liège: ERAUL 66.

1994d. The Pavlov site: lithic evidence from the Upper Palaeolithic. *Journal of Field Archaeology* 21:69–81.

1994e. Afterword, in *Pavlov I: excavations 1952–53*. Edited by J. Svoboda, pp. 213–25. Liège: ERAUL 66.

(editor). 1996. *Palaeolithic in the Middle Danube region: anniversary volume to Bohuslav Klíma*. Svazek 5. Brno: Archeologicky Ustav AV CR 5.

Svoboda, J., and P. Dvorsky. 1994. *Archeologové na loveckych stezkách*. Brno: Albatros.

Svoboda, J., B. Klíma, and P. Skrdla. 1995. The Gravettian project: activities during the 1991–1994 period. *Archeologické Rozhledy* 47:279–300.

Svoboda, J., J. Lozek, H. Svobodová, and P. Skrdla. 1994. Předmostí after 110 years. *Journal of Field Archaeology* 21:457–71.

Svoboda, J., V. Lozek, and E. Vlček. 1996. *Hunters between east and west: the Palaeolithic of Moravia*. New York: Plenum.

Svoboda, J., and K. Simán. 1989. The Middle–Upper Paleolithic transition in Southeastern Central Europe (Czechoslovakia and Hungary). *Journal of World Prehistory* 3:283–322.

Svoboda, J., P. Skrdla, and L. Jarosova. 1993. Analyse einer Siedlungsfläche von Dolní Věstonice. *Archäologisches Korrespondenzblatt* 23:393–404.

Svobodova, H. 1991. The pollen analysis of Dolní Věstonice II, section No.1, in *Dolní Věstonice II Western Slope*. Edited by J. Svoboda, pp. 75–88. Liège: ERAUL 54.

Swisher, C. C., G. H. Curtis, T. Jacob, A. G. Getty, A. Suprijo, and Widiasmoro. 1994. Age of the earliest known hominids in Java, Indonesia. *Science* 263:1118–21.

Taborin, Y. 1993. *La parure en coquillage au Paléolithique*. Paris: CNRS, Gallia Préhistoire supplement 29.

Tanner, N. 1981. *On becoming human*. Cambridge: Cambridge University Press.

Tattersall, I. 1995. *The last Neanderthal: the rise, success, and mysterious extinction of our closest human relatives*. New York: Macmillan.

Tavoso, A. 1984. Reflexion sur l'économie des matières premières au Moustérien. *Bulletin de la Société Préhistorique Française* 81:79–82.
Thieme, H. 1983. Der paläolithische Fundplatz Rheindahlen. Dissertation, Köln.
1990. Wohnplatzstrukturen und Fundplatzanalysen durch das Zusammensetzen von Steinartefakten: Ergebnisse vom mittelpaläolithischen Fundplatz Rheindahlen B 1 (Westwand-Komplex), in *The big puzzle*. Edited by E. Cziesla, S. Eickhoff, N. Arts, and D. Winter, pp. 543–68. Bonn: Holos, Studies in Modern Archaeology 1.
1997. Lower Palaeolithic hunting spears from Germany. *Nature* 385:807–10.
Thieme, H., and R. Maier. 1995. *Archäologische Ausgrabungen im Brauaohletagebau Schöningen, Landkreis Helmstadt*. Hannover: Verlag Habüsche Buchhandlung.
Thieme, H., and S. Veil. 1985. Neue Untersuchungen zum eemzeitlichen Elefanten-Jagdplatz Lehringen, Landkreis Verden. *Die Kunde* 36:11–58.
Thomas, J. 1991. *Rethinking the Neolithic*. Cambridge: Cambridge University Press.
Thrasher, F. M. 1927. *The gang*. Chicago: Chicago University Press.
Tilley, C. 1996. *An ethnography of the Neolithic*. Cambridge: Cambridge University Press.
Tindale, N. B. 1974. *Aboriginal tribes of Australia*. Los Angeles: University of California Press.
Tode, A. (editor). 1953. Die Untersuchung der paläolithischen Freilandstation von Salzgitter-Lebenstedt. *Eiszeitalter und Gegenwart* 3:144–220.
1982. *Der Altsteinzeitliche Fundplatz Salzgitter-Lebenstedt*. Köln: Bohlau Verlag.
Tomásková, S. 1994. Use-wear analysis and its spatial interpretation, in *Pavlov I: excavations 1952–3*. Edited by J. Svoboda, pp. 35–47. Liège: ERAUL 66.
1995. A site in history: archaeology at Dolní Věstonice/Unterwisternitz. *Antiquity* 69:301–16.
Torrence, R. 1983. Time budgeting and hunter-gatherer technology, in *Hunter-gatherer economy in prehistory*. Edited by G. Bailey, pp. 11–22. Cambridge: Cambridge University Press.
(editor). 1989. *Time, energy and stone tools*. Cambridge: Cambridge University Press.
Trinkaus, E. (editor). 1989. *The emergence of modern humans: biocultural adaptations in the later Pleistocene*. Cambridge: Cambridge University Press.
Trinkaus, E., and J. Jelínek. 1997. Human remains from the Moravian Gravettian: the Dolní Věstonice 3 postcrania. *Journal of Human Evolution* 33:33–82.
Trinkaus, E., and P. Shipman. 1993. *The Neandertals*. New York: Alfred A. Knopf.
Tuffreau, A. 1982. The Transition lower/middle Palaeolithic in northern France. in *The transition from Lower to Middle Palaeolithic and the origin of modern man*. Edited by A. Ronen, pp. 137–49. Oxford: British Archaeological Reports, International Series 151.
1988. L'industrie lithique du niveau 2A, in *Le gisement Paléolithique moyen de Biache-Saint-Vaast (Pas de Calais)*. Edited by A. Tuffreau and J. Sommé, pp. 171–85. Paris: Mémoires de la Société Préhistorique Française 21.
(editor). 1993. *Riencourt-les-Bapaume (Pas-de-Calais)*. Paris: Documents d'Archéologie Française.
Tuffreau, A., and P. Antoine. 1995. The earliest occupation of Europe: continental northwestern Europe, in *The earliest occupation of Europe*. Edited by W. Roebroeks and T. van Kolfschoten, pp. 147–63. Leiden: University of Leiden and European Science Foundation.

Tuffreau, A., J. P. Bouchet, A. V. Moigne, and A. V. Munaut. 1986. Les niveaux acheuléens de la moyenne terrasse de la vallée de la Somme à Cagny-l'Epinette (Somme). *L'Anthropologie* 90:9–27.

Tuffreau, A., S. Révillion, J. Sommé, and B. Van-Vliet-Lanoe. 1994. Le gisement Paléolithique moyen de Seclin (Nord). *Bulletin de la Société Préhistorique Française* 91:23–45.

Tuffreau, A., and J. Sommé (editors). 1988. *Le gisement Paléolithique moyen de Biache-Saint-Vaast (Pas-de-Calais).* Paris: Mémoirs de la Société Préhistorique Française 21.

Turner, A. 1990. The evolution of the guild of larger terrestrial carnivores during the Plio-Pleistocene in Africa. *Geobios* 23:349–68.

1992. Large carnivores and earliest European hominids: changing determinants of resource availability during the Lower and Middle Pleistocene. *Journal of Human Evolution* 22:109–26.

Turner, C. 1996. A brief survey of the early Middle Pleistocene in Europe, in *The early Middle Pleistocene in Europe.* Edited by C. Turner, pp. 295–317. Rotterdam: Balkema.

Turner, C., and G. E. Hannon. 1988. Vegetational evidence for late Quaternary climatic changes in southwest Europe in relation to the influence of the North Atlantic Ocean. *Philosophical Transactions of the Royal Society of London B* 318:451–85.

Turner, E. 1989. Miesenheim I: A lower Palaeolithic site in the Middle Rheineland (Neuwied Basin), FRG. *Ethnographisch Archäologische Zeitschrift* 30:521–31.

1990. Middle and Late Pleistocene macrofaunas of the Neuwied Basin region (Rhineland-Palatinate) of West Germany. *Jahrbuch des Römisch-Germanischen Zentralmuseums Mainz* 37:133–403.

1991. Pleistocene stratigraphy and vertebrate faunas from the Neuwied basin region of western Germany. *Cranium* 8:21–34.

Turner, J. H. 1991. *The structure of sociological theory,* fifth edition. Belmont: Wadsworth.

Turner, J. H., and A. Maryanski. 1991. Network analysis, in *The structure of sociological theory.* Edited by J. H. Turner, pp. 540–72. Belmont: Wadsworth.

Turq, A. 1988. L'approvisionnement en matières premières lithiques du Magdalénien du Quercy et du Haut-Agenais: étude préliminaire. *Colloque de Chancelade,* October 1988, pp. 301–8.

1989. Approche technologique et économique du faciès Moustérien de type Quina: étude preliminaire. *Bulletin de la Société Préhistorique Française* 86:244–55.

1990. Exploitation des matières premières lithiques dans le Moustérien entre Dordogne et Lot. *Cahiers du Quaternaire* 17:415–27.

1992a. Le Paléolithique inférieur et moyen entre les vallées de la Dordogne et du Lot. Thèse, L'Université de Bordeaux I.

1992b. Raw material and technological studies of the Quina Mousterian in Périgord, in *The Middle Palaeolithic: adaptation, behaviour, and variability.* Edited by H. L. Dibble and P. Mellars, pp. 75–87. Philadelphia: University of Pennsylvania, University Museum 72.

1993. L'approvisionnement en matières premières lithiques au Moustérien et au début du Paléolithique supérieur dans le nord-est du bassin Aquitain (France), in *El origen del hombre moderno en el suroeste de Europa.* Edited by V. Cabrera-Valdés, pp. 315–25. Madrid: Universidad de Educación a Distancia.

Tylor, E. B. 1881. *Anthropology: an introduction to the study of man and civilisation*. London: Macmillan.
Tzedakis, P. C. 1993. Long-term tree populations in northwest Greece through multiple Quaternary climatic cycles. *Nature* 364:437–40.
Tzedakis, P. C., and K. D. Bennett. 1995. Interglacial vegetation succession: a view from southern Europe. *Quaternary Science Reviews* 14:967–82.
Ulrix-Closset, M. 1975. *Le Paléolithique moyen dans le bassin Mosan en Belgique*. Wetteren, Bibliothèque de la Faculté de Philosophie et Lettres de l'Université de Liège, Publications Exceptionélles No. 3, Editions Universa.
Valensi, P. 1991. Etude des stries de boucherie sur les ossements de cerf élaphe des niveaux supérieurs de la grotte du Lazaret (Nice, Alpes Maritimes). *L'Anthropologie* 95:797–830.
Valeri, V. 1992. Buying women but not selling them: gift and commodity exchange in Huaulu alliance. *Man* 29:1–26.
Valladas, H., J. L. Reyss, J. L. Joron, G. Valladas, O. Bar-Yosef, and B. Vandermeersch. 1988. Thermoluminescence dating of Mousterian 'Proto-Cro-Magnon' remains from Israel and the origin of modern man. *Nature* 331:614–16.
Vallois, H. V. 1961. The social life of early man: the evidence of skeletons, in *Social life of early man*. Edited by S. L. Washburn, pp. 214–35. New York: Wenner-Gren.
Valoch, K. 1982. Die Beingeräte von Předmostí in Mähren (Tschechoslowakei). *Anthropologie* 20:57–69.
1988. *Die Erforschung der Kulna Höhle 1961–1976*. Brno: Moravske Muzeum, Anthropos 24.
1995a. Einige Aspekte der Besiedlungsstabilität im Paläolithikum, in *Man and environment in the Palaeolithic*. Edited by H. Ullrich, pp. 283–9. Liège: ERAUL 62.
1995b. Territoires d'implantation, contacts et diffusion des sociétés du Paléolithique supérieur dans l'ancienne Tchécoslovaquie. *L'Anthropologie* 99:593–608.
1996. *Le Paléolithique en Tchéquie et en Slovaquie*. Grenoble: Millon.
Van Andel, T. H. 1996. European Palaeolithic landscapes 140,000–30,000 years ago – a summary. *XIII Congress UISPP, Forli, 1996*, pp. 1–17.
Van Andel, T. H., and C. Runnels, N. 1995. The earliest farmers in Europe. *Antiquity* 69:481–500.
Van Andel, T. H., and P. C. Tzedakis. 1996. Palaeolithic landscapes of Europe and environs, 150,000–25,000 years ago: an overview. *Quaternary Science Reviews* 15:481–500.
1998. Priority and opportunity: reconstructing the European Middle Palaeolithic climate and landscape, in *Science in Archaeology*. Edited by J. Bayley, pp. 37–45. London: English Heritage.
Van den Boggard, P., C. M. Hall, H.-U. Schmincke, and D. York. 1989. Precise single grain dating of a cold to warm climate in central Europe. *Nature* 342:523–5.
Vandenberghe, J., W. Roebroeks, and T. van Kolfschoten. 1993. Maastricht-Belvédère: stratigraphy, palaeoenvironment and archaeology of the Middle and Late Pleistocene deposits: part II. *Medelingen Rijks Geologische Dienst* 47:1–91.
Vandermeersch, B. 1993. Was the Saint-Césaire discovery a burial?, in *Context of a late Neanderthal: implications of multidisciplinary research for the transition to Upper Palaeolithic adaptations at Saint-Césaire, Charente-Maritime, France*. Edited by F. Lévêque, A. M. Backer, and M. Guilbaud,

pp. 129–31. Madison, Wisconsin: Prehistory Press, Monographs in World Archaeology 16.
Vandiver, P. B., O. Soffer, B. Klíma, and J. Svoboda. 1989. The origins of ceramic technology at Dolní Věstonice, Czechoslovakia. *Science* 246:1002–8.
Vaquero, M. 1992. Processos de canvi technologic al voltant del 40,000 BP. Continuitat o rutura. *ESTRAT: Revista d'arquelogia, prehistoria i historia antiga* 5:1–156.
Vega Toscano, L. G. 1989. Ocupaciones humanas en el Pleistoceno de la depresion de Guadix-Baza: elementos de discusion, in *Geologia y paleontologia de la cuenca de Guadix-Baza*. Edited by M. T. Alberdi and F. P. Bonadonna, pp. 327–45. Madrid: E.T.S. 11.
1993. El transito del Paleolitico Medio al Paleolitico Superior en el sur de la Peninsula Iberica, in *El origen del hombre moderno en el suroeste de europa*. Edited by V. Cabrera Valdés, pp. 147–70. Madrid: Universidad de Educación a Distancia.
Vega Toscano, L. G., L. Raposo, and M. Santonja. 1994. Environments and settlements in the Middle Palaeolithic of the Iberian peninsula. Paper presented at the ESF Workshop on the European Middle Palaeolithic. Arras.
Ventura, D. 1993. La Grotta di Lamalunga. *Atti della I conferenza cittadina Altamura*.
Vértes, L. 1964. *Tata – eine mittelpaläolithische Travertinsiedlung in Ungarn*. Budapest: Akadémiai Kiado.
Villa, P. 1976–7. Sols et niveaux d'habitat du Paléolithique inférieur en Europe et du Proche Orient. *Quaternaria* 19:107–34.
1982. Conjoinable pieces and site formation processes. *American Antiquity* 47:276–90.
1991. Middle Pleistocene prehistory in southwestern Europe: the state of our knowledge and ignorance. *Journal of Anthropological Research* 47:193–217.
Vita-Finzi, C., and E. S. Higgs. 1970. Prehistoric economy in the Mount Carmel area of Palestine, site catchment analysis. *Proceedings of the Prehistoric Society* 36:1–37.
Vlček, E. 1978. A new discovery of *Homo erectus* in Central Europe. *Journal of Human Evolution* 7:239–51.
Vogel, J. 1983. C14 variations during the Upper Pleistocene. *Radiocarbon* 25:213–18.
Von den Driesch, A., and J. Boessneck. 1975. Schnittspuren an neolithischen Tierknochen. *Germania* 53:1–23.
Waal, F. de 1982. *Chimpanzee politics*. London: Jonathan Cape.
Waechter, J. d'A., M. H. Newcomer, and B. W. Conway. 1970. Swanscombe 1970. *Proceedings of the Royal Anthropological Institute of Great Britain and Ireland for 1970*: 43–64.
Ward, R., and C. Stringer. 1997. A molecular handle on the Neanderthals. *Nature* 388:225–6.
Warren, S. H. 1914. The experimental investigation of flint fracture and its application to problems of human implements. *Journal of the Royal Anthropological Institute* 44:412–50.
1920. A natural 'eolith' factory beneath the Thanet Sand. *Quarterly Journal of the Geological Society* 76:238–53.
Washburn, S. L. (editor). 1961. *Social life of early man*. New York: Wenner-Gren.
Washburn, S. L., and I. DeVore. 1961. Social behaviour of baboons and early man, in *Social life of early man*. Edited by S. L. Washburn, pp. 91–105. New York: Wenner-Gren.
Watts, W. A., J. R. M. Allen, and B. Huntley. 1996. Vegetation history and

palaeoclimate of the last glacial period at Lago Grande di Monticchio, southern Italy. *Quaternary Science Reviews* 15:133–53.
Weber, T. 1986. Die Steinartefakte des *Homo erectus* von Bilzingsleben, in *Bilzingsleben III*. Edited by D. Mania and T. Weber, pp. 65–231. Berlin: Veröffentlichungen des Landesmuseums für Vorgeschichte Halle 39.
Weißmüller, W. 1987. Eine Freilandfundstelle des mittleren Jungpaläolithikums (Périgordien-Gravettien) am Südrand der Straubinger Senke bei Salching. Ldkr. Straubing-Bogen. *Quartär* 37–38:109–34.
1995. *Sesselfelsgrotte II: Die Silexartefakte der unteren Schichten der Sesselfelsgrotte, ein beitrag zum Problem des Moustérien*. Saarbrücken: Saarbrücker Druckerei und Verlag, Quartär-Bibliothek 6.
Wellman, B., and S. D. Berkowitz (editors). 1988. *Social structures: a network approach*. Cambridge: Cambridge University Press.
Wellman, B., P. J. Carrington, and A. Hall. 1988. Networks as personal communities, in *Social structures: a network approach*. Edited by B. Wellman and S. D. Berkowitz, pp. 130–84. Cambridge: Cambridge University Press.
Wetzel, R. 1958. *Die Bocksteinschmiede mit dem Bocksteinloch der Brandplatte und dem Abhang sowie der Bocksteingrotte*. Stuttgart: Müller und Gräff.
Wetzel, R., and G. Bosinski. 1969. *Die Bocksteinschmiede im Lonetal (Markung Rammingen, Kreis Ulm)*. Stuttgart: Veröffentlichungen der Staatliche Amtes für Denkmalpflege A.15.
Whallon, R. 1984. Unconstrained clustering for the analysis of spatial distributions in archaeology, in *Intrasite spatial analysis in archaeology*. Edited by H. Hietala, pp. 242–77. Cambridge: Cambridge University Press.
1989. Elements of cultural change in the later Palaeolithic, in *The human revolution: behavioural and biological perspectives on the origins of modern humans*. Edited by P. Mellars and C. Stringer, pp. 433–54. Edinburgh: Edinburgh University Press.
White, J. W. C. 1993. Climate change: don't touch that dial. *Nature* 364:186–220.
White, L. A. 1959. *The evolution of culture*. New York: McGraw-Hill.
White, M. J. 1995. Raw materials and biface variability in southern Britain: a preliminary examination. *Lithics* 15:1–20.
White, M. J., and P. P. Pettitt. 1995. Technology of early Palaeolithic western Europe: innovation, variability and a unified framework. *Lithics* 16:27–40.
White, R. 1982. Rethinking the Middle/Upper Palaeolithic transition. *Current Anthropology* 23:169–92.
1989. Production complexity and standardization in early Aurignacian bead and pendant manufacture: evolutionary implications, in *The human revolution: behavioural and biological perspectives on the origins of modern humans*. Edited by P. Mellars and C. Stringer, pp. 366–90. Edinburgh: Edinburgh University Press.
1993a. Introduction: Gesture and speech, in *Gesture and speech*, by A. Leroi-Gourhan, pp. xiii–xxii. Cambridge, Mass.: MIT Press.
1993b. Technological and social dimensions of 'Aurignacian-age' body ornaments across Europe, in *Before Lascaux: the complex record of the Early Upper Paleolithic*. Edited by H. Knecht, A. Pike-Tay, and R. White, pp. 277–99. Boca-Raton: CRC Press.
1993c. A social and technological view of Aurignacian and Castelperronian personal ornaments in SW Europe, in *El origen del hombre moderno en el suroeste de Europa*. Edited by V. Cabrera-Valdés, pp. 327–57. Madrid: Universidad de Educación a Distancia.

1997. Substantial acts: from materials to meaning in Upper Palaeolithic representation, in *Beyond art: Pleistocene image and symbol.* Edited by M. W. Conkey, O. Soffer, D. Stratmann, and N. G. Jablonski, pp. 93–121. San Francisco: Wattis Symposium Series in Anthropology, Memoirs of the California Academy of Sciences 23.

Whitelaw, T. M. 1989. The social organisation of space in hunter-gatherer communities: some implications for social inference in archaeology. Unpublished Ph.D. thesis, Cambridge University.

1991. Some dimensions of variability in the social organisation of community space among foragers, in *Ethnoarchaeological approaches to mobile campsites: hunter-gatherer and pastoralist case studies.* Edited by C. S. Gamble and W. A. Boismier, pp. 139–88. Ann Arbor: International Monographs in Prehistory, Ethnoarchaeological Series 1.

1994. Order without architecture: functional, social and symbolic dimensions in hunter-gatherer settlement organisation, in *Architecture and order: approaches to social space.* Edited by M. Parker-Pearson and C. Richards, pp. 217–43. London: Routledge.

Whittle, A. 1996. *Europe in the Neolithic: the creation of new worlds.* Cambridge: Cambridge University Press.

Wiessner, P. 1982. Risk, reciprocity and social influences on !Kung San economics, in *Politics and history in band societies.* Edited by E. Leacock and R. Lee, pp. 61–84. Cambridge: Cambridge University Press.

Williams, B. J. 1974. A model of Band Society. *Memoir of the Society for American Archaeology* 29.

1981. Hunters: the structure of bands and the structure of the brain. *Anthropology UCLA* 7:239–53.

Wilmsen, E. N. 1989. *Land filled with flies: a political economy of the Kalahari.* Chicago: University of Chicago Press.

Wilson, L. 1988. Petrography of the Lower Palaeolithic tool assemblage of the Caune de l'Arago (France). *World Archaeology* 19:376–87.

Wilson, P. J. 1980. *Man the promising primate: the conditions of human evolution.* New Haven: Yale University Press.

1988. *The domestication of the human species.* New Haven: Yale University Press.

Wobst, H. M. 1974a. Boundary conditions for Palaeolithic social systems: a simulation approach. *American Antiquity* 39:147–78.

1974b. The archaeology of Band Society: some unanswered questions. *Memoir of the Society for American Archaeology* 29:v–xiii.

1976. Locational relationships in Palaeolithic society. *Journal of Human Evolution* 5:49–58.

1977. Stylistic behaviour and information exchange, in *Papers for the Director: research essays in honor of James B. Griffin.* Edited by C. E. Cleland, pp. 317–42. Museum of Anthropology, University of Michigan, Anthropological Papers 61.

1978. The archaeo-ethnology of hunter gatherers or the tyranny of the ethnographic record in archaeology. *American Antiquity* 43:303–9.

Woillard, G. M. 1978. Grande Pile peat bog: a continuous pollen record for the last 140,000 years. *Quaternary Research* 9:1–21.

Wolf, E. R. 1988. Inventing society. *American Ethnologist* 15:752–61.

Wolpoff, M. H., F. H. Smith, M. Malez, J. Radovcic, and D. Rukavina. 1980. Upper Pleistocene human remains from Vindija Cave. *American Journal of Physical Anthropology* 54:499–545.

Woodburn, J. 1980. Hunters and gatherers today and reconstruction of the past, in *Soviet and Western Anthropology*. Edited by E. Gellner, pp. 95–117. London: Duckworth.
1982. Egalitarian societies. *Man* 17:431–51.
1991. African hunter-gatherer social organization: is it best understood as a product of encapsulation? in *Hunters and gatherers*. Volume I: *History, evolution and social change*. Edited by T. Ingold, D. Riches, and J. Woodburn, pp. 31–64. New York: Berg.
Woodcock, A. 1981. *The Lower and Middle Palaeolithic periods in Sussex*. Oxford: British Archaeological Reports 94.
Wrangham, R. W. 1980. An ecological model of female-bonded primate groups. *Behaviour* 75:262–99.
Wylie, A. 1993. A proliferation of new archaeologies: 'beyond objectivism and relativism', in *Archaeological theory: who sets the agenda?* Edited by N. Yoffee and A. Sherratt, pp. 20–6. Cambridge: Cambridge University Press.
Wymer, J. J. 1968. *Lower Palaeolithic archaeology in Britain, as represented by the Thames valley*. London: John Baker.
1985. *Lower Palaeolithic sites in East Anglia*. Norwich: Geo Books.
1996. The English rivers Palaeolithic survey, in *The English Palaeolithic reviewed*. Edited by C. S. Gamble and A. J. Lawson, pp. 7–22. Salisbury: Trust for Wessex Archaeology.
Wynn, T. 1988. Tools and the evolution of human intelligence, in *Machiavellian intelligence*. Edited by R. Byrne and A. Whiten, pp. 271–84. Oxford: Clarendon Press.
1989. *The evolution of spatial competence*. Urbana: University of Illinois Press.
1993a. Two developments in the mind of early *Homo*. *Journal of Anthropological Archaeology* 12:299–322.
1993b. Layers of thinking in tool behaviour, in *Tools, language and cognition in human evolution*. Edited by K. Gibson and T. Ingold, pp. 389–406. Cambridge: Cambridge University Press.
Yellen, J. E. 1977. *Archaeological approaches to the present. Models for reconstructing the past*. New York: Academic Press.
Yellen, J. E., and H. Harpending. 1972. Hunter-gatherer populations and archaeological inference. *World Archaeology* 3:244–52.
Yoffee, N., and A. Sherratt (editors). 1993. *Archaeological theory: who sets the agenda?* Cambridge: Cambridge University Press.
Zagwijn, W. H. 1992a. Migration of vegetation during the Quaternary in Europe, in *Mammalian migration and dispersal events in the European Quaternary*. Edited by W. von Koenigswald and L. Werdelin, pp. 9–20. *Courier Forschungsinstitut Senckenberg* 153.
1992b. The beginning of the ice age in Europe and its major subdivisions. *Quaternary Science Reviews* 11:583–91.
Zampetti, D., and M. Mussi. 1988. Du Paléolithique moyen au Paléolithique supérieur dans le Latium (Italie centrale), in *L'Homme de Néandertal*. Edited by M. Otte. vol. VIII, *La Mutation*, edited by J. K. Kozlowski, pp. 273–88. Liège: ERAUL 35.
1991. Segni del potere, simboli del potere: la problematica del Paleolitico Superiore italiano, in *The archaeology of power*, Part 2. Edited by E. Herring, R. Whitehouse, and J. Wilkins, pp. 149–60. London: Accordia Research Centre, Papers of the Fourth Conference of Italian Archaeology.
Zavernyaev, T. M. 1978. *Xhotylevo*. Leningrad: Nauka.
Zeuner, F. E. 1959. *The Pleistocene period*. London: Hutchinson.

Zihlman, A. 1978. Women in evolution, part II: subsistence and social organisation in early hominids. *Signs. Journal of Women in Culture and Society* 4:4–20.

Zilhao, J. 1988. The early Upper Palaeolithic of Portugal, in *The early Upper Paleolithic: evidence from Europe and the Near East*. Edited by J. F. Hoffecker and C. A. Wolf, pp. 135–55. Oxford: British Archaeological Reports, International Series 437.

1993. Le passage du Paléolithique moyen au Paléolithique supérieur dans le Portugal, in *El origen del hombre moderno en el suroeste de Europa*. Edited by V. Cabrera-Valdés, pp. 127–46. Madrid: Universidad de Educación a Distancia.

Zubrow, E. 1989. The demographic modelling of Neanderthal extinction, in *The human revolution: behavioural and biological perspectives on the origins of modern humans*. Edited by P. Mellars and C. Stringer, pp. 212–32. Edinburgh: Edinburgh University Press.

Zvelebil, M. (editor). 1986. *Hunters in transition; Postglacial adaptations in the temperate regions of the Old World*. Cambridge: Cambridge University Press.

ÍNDICE DE CUADROS

ÍNDICE DE FIGURAS

AGRADECIMIENTOS

Agradecemos el permiso de reproducción de las siguientes figuras:

1.2 reimpresa con permiso de Barbar Isaac y Cambridge University Press.

1.3, 1.4, 5.15, 6.8 reimpresas con permiso de Cambridge University Press.

2.2 «Communication networks and dispersal patterns in human evolution: a simple simulation model». J. Steele, *World Archaeology* 26: 1994, figura 2, reimpresa con permiso de Routledge.

2.3 «Hunter-gatherer populations and archaeological inference». J. Yellen y H. Harpending, *World Archaeology* 3: 1972, figura 15, reimpresa con permiso de Routledge.

3.2 Wessex Archaeology.

3.3 Figura 15 de H. Brody, *Maps and dreams*, reimpresa con permiso de Hugh Brody, Douglas y McIntyre y Sheil Land Associates.

3.4 Lewis Bindford.

3.5, 3.6 «Order without architecture: functional, social and symbolic dimensions in hunter-gatherer settlement organisation», T. Whitelaw, 1994, en *Architecture and order: approaches to social space*, editado por M. Parker-Pearson y C. Richards, figuras 11.4 y 11.6 reimpresas con permiso de Routlledge.

3.8 Robert Whallon, *International Monographs in Prehistory.*

4.10, 5.24 «La circulation des matières premières au Paléolithique», J. Féblot-Augustins, 1997, figuras 22 y 37. Reimpresas con permiso de Marcel Otte y *ERAUL* volumen 75.

4.11 *Fairweather Eden*, Mike Pitts y Mark Roberts, 1997: figura 38, reimpresa con permiso de Random House.

4.13, 4.20 John Wymer.

4.14 fotografía, cortesía de C. S. Fuchs y Hartmut Thieme.

4.15 «Middle Pleistocene prehistory in southwestern Europe: the state of our knowledge and ignorance», P. Villa, 1991, figura 2, *Journal of Anthropological Research* 47. Reimpresa con permiso de Paolo Villa y *Journal of Anthropological Research.*

4.18 Antonio Tagliacozzo.

4.19 Mauro Cremaschi.

4.21, 4.22, 4.24, 4.25, 5.7, 5.25, 6.24 Dietrich Mania.

4.3, 5.8, 7.5 Gerhard Bosinski.

4.5 «Mosaics, Allelochemics, and Nutrients» de R. Dale Guthrie en *Quarternary Extinctions: A Prehistoric Revolution*, editado por Paul S. Martin y Richard G. Klein. *Copyright* © 1984 The Arizona Board of Regents. Reimpresa con permiso de University of Arizona Press.

4.6 Pierre Antoine.

5.10, 5.26, 5.27 reimpresas con permiso de Elsevier Science, Geo Abstracts.

5.13, 5.17, 5.23, 5.28, 6.10 Mellars, Paul, *The Neantderthal Legacy*, figuras 5.8, 3.9, 5.5, 7.13 y 6.16. *Copyright* © Princeton University Press. Reimpresas con permiso de Princeton University Press.

5.18 Nicholas Conard.

5.19 Reproducida con permiso de Society for American Archaeology procedente de *American Antiquity* 152, núm. 1, 1987.

5.20 Erwin Cziesla.

5.29, 5.30, 5.31, 5.32 Wil Roebroeks.

5.4 reimpresa con permiso de Jim Rose, *Quaternary Science Reviews.*

6.2 reimpresa con permiso de Prehistoric Society.

6.11, 7.6 The Human Revolution: behavioural and biological perspectives on the origins of modern humans. Editado por P. Mellars y C. Stringer, figuras 20.3 y 33.1-3, reimpresas con permiso de Edinburgh University Press.

6.12 Les sépultures moustériennes, A. Defleur 1993, figura 69. CNRS. Reimpresa con permiso de CNRS Editions, Paris.

6.14, 6.15 Harold Floss.

6.18 Anne Scheer.

6.20, 7.4, 7.8 Vicky Cabrera-Valdés.

6.21 reimpresa con permiso de American Anthropological Association.

6.23 Susanne Münzel.

6.24 Hommes et bisons du Paléolithique moyen à Mauran (Haute-Garonne). C. Farizy, J. David y J. Jaubert, 1994, figura 128, *Gallia-Préhistoire Supplement*, 30. Reimpresa con permiso de CNRS Editions, Paris.

6.6B fotografía, cortesía de Nikolai Praslov.

6.9 Hansjürgen Müller-Beck.

7.10, 7.14 Bohuslav Klíma.

7.15, 7.16 Karel Valoch.

7.17 Margherita Mussi.

7.18 *Dolní Věstonice II: western slope*, J. Svoboda, editor, 1991, Fig.6. Reimpresa con permiso de Marcel Otte y ERAUL, volumen 54.

7.19 *Dolní Věstonice II.* B. Klíma, 1995, Abbv 76. Reimpresa con permiso de Marcel Otte y ERAUL, volumen 73.

7.20 Jiri Svoboda.

Se han hecho esfuerzos para localizar a los propietarios del copyright de los materiales, en algún caso ha sido imposible y pido disculpas a cualquier propietario que se halle en este caso.

ÍNDICE